Pathé

DISQUES PATHÉ
DOUBLE FACE

ÉCOUTEZ LES DISQUES PATHÉ
QUE SUR LES APPAREILS PATHÉ

RÉPERTOIRE 1924

PATHÉPHONE

COMPAGNIE GÉNÉRALE DES MACHINES PARLANTES PATHÉ FRÈRES

Société Anonyme au Capital de 12.000.000 de Francs
(dont 4.200.000 francs remboursés)

MAISONS A
PARIS - NEW-YORK - LONDRES
MOSCOU - MILAN - BRUXELLES
AMSTERDAM - PETROGRAD
ROSTOFF - SHANGHAI - HONG-KONG
TIEN-TSIN, etc.

Siège Social — Vente en Gros et en Détail :
Salon d'auditions

30, Boulevard des Italiens, 30 — PARIS

Téléphone : **CENTRAL : 47-44 ET 47-65**
Adresse télégraphique : **PATHÉPHONE - PARIS**

Usine à CHATOU (Seine-et-Oise)

Répertoire

des

Disques PATHÉ

1924

Le présent répertoire annule les précédents

AVIS IMPORTANT

Les Prix des Disques PATHÉ figurant au présent Catalogue ont été fixés comme suit :

DIMENSIONS	COULEURS des Étiquettes	PRIX
27 %ₘ	Bleue	**10.00**
29 %ₘ	Marron	**12.00**
29 %ₘ	Blanche	**13.00**
29 %ₘ	Verte	**14.00**
29 %ₘ	Pourpre	**15.00**
29 %ₘ	Jaune	**17.00**
29 %ₘ	Grise	**22.00**

HAUSSE : 10 %

AVIS IMPORTANT

Si vous désirez vous procurer la musique des œuvres reproduites ur les DISQUES PATHÉ

adressez-vous aux

Éditions L. MAILLOCHON
31, Place de la Madeleine, 31

Téléphone : Gut. 71-68   PARIS (8e)

Airs d'opéras, d'opérettes, mélodies, etc., avec accompagnement de piano 3.50
Chant seul, sans accompagnement 0.75

Toutes les chansons et danses à la mode
Pour piano seul 3.50
Pour piano et chant 3.50

Monologues comiques, dramatiques, etc. 0.75

NOS PRINCIPAUX SUCCÈS :
Fox-Trots
Je vous aime — Les petits coins — La Muguettera — J'ai souri.
One-Steps
Dis, passe la main — C'est la faute à papa — J'attends un trottin — Ça a l'air d'une blague — Blondes.
Bostons
Ce soir — La valse des amants.

LES OPÉRETTES EN VOGUE :
J'te veux — Benjamin — Le mariage de Pyramidon — Le Djorghi.
(Morceaux détachés et petits formats.
CONTRE MANDAT OU TIMBRES POSTE

P. CODINI
31, Faubourg St-Martin - PARIS
COMPOSITEUR-ÉDITEUR des Grands Succès des
Célèbres Artistes BÉRARD, LAMY, VORELLI
sur « Disques PATHÉ Frères »

Le Compositeur P. CODINI.

MÉLODIES. — La Mélodie du Retour. — Madame, c'est vous. — Toute ma vie. — Si les baisers avaient des ailes. — Tes yeux sont des fleurs. — Quand vos beaux yeux me souriront. — Ils sont jolis vos yeux. — Si vous voulez être jolie. — Au soleil d'été j'ai fermé les yeux. — Mimi-Soleil. — Femmes, que vous êtes jolies.
CHANSONS. — Le Chant de nos Cloches. — La Prière du soir. — Le Nid. — L'Épave. — Griserie d'opium. — La Maison des Rosiers. — La Chanson des échos. — Je serai là, Mina, ma belle. — L'Oraison de la forêt. — La Légende de la moisson. — Sous les fils de la Vierge. — Le Collier de tes bras. — Heure austère (Grand Noël). — Cunégonde (Refrain populaire). — Gloire aux Sports (Gr. succès des sports).
VALSES CHANTÉES. — Viens danser. — Mon dernier amour, c'est toi. — Ta lettre. — Prière d'amour. — Tourne, Tourne. — Pour toi.
Danses « Disques PATHÉ Frères ». — Oh! là ! là! (fox-trot). — El Gaucho (tango). — Tourne, Tourne (valse popul.) — Gloire au sport (marche-one-step). — La mazurka des échos (mazurka-java). — La Marjita (tango). — Révérencia (sch. espag.) — Jolly Miller (fox-trot). — Cunégonde (one-step).

LES PLUS JOLIES CHANSONS
ENREGISTRÉES PAR LE BON CHANTEUR POPULAIRE
GEORGEL

QUAND ON FAIT LE MÊME CHEMIN.	J'AI R'TROUVÉ MON PAYS.
LES CHOSES QUE L'ON DIT.	LE PETIT RUBAN VERT.
Par MARCELLY	**Par René de BUXEUIL**
LA RONDE DU SOIR.	LES FLEURS QUE L'ON DONNE.

sur DISQUES PATHÉ, en vente chez tous nos Dépositaires et Succursales

---

LES ÉDITIONS L. DIGOUDÉ-DIODET
39, Faubourg Saint-Martin, PARIS

Alma de España	Paso doble	Oh! Madame	Fox-trot
Cœur de Gitane	Schottish	Passion	Java
Près de toi	Boston hésitation	Dolly chérie	Fox-trot
Ronde des Papillons	Fox-trot	Fohi	Mélodie
On danse	»	Seule, toi seule !	»

Ouvrages dramatiques de J. MAZELLIER :
GRAZIELLA (4 actes) et **LA VILLA MÉDICIS**, etc., etc.

Un Avis Précieux !

LES ÉDITIONS FRANCIS SALABERT
DONT ON CONNAIT LA VOGUE MONDIALE
ONT CRÉÉ, EN PLEIN CŒUR DE PARIS,

35, B^d des Capucines
12, B^d des Italiens
et
107, Avenue Victor-Hugo

Trois Maisons Modèles
POUR LA VENTE AU DÉTAIL DE TOUT
CE QUI CONCERNE LA MUSIQUE

Envoi franco, et par retour du courrier, de toute œuvre reproduite sur Disques Pathé, contre mandat ou timbres adressés à l'une des adresses ci-dessus

AIRS D'OPÉRAS, OPÉRETTES,
MÉLODIES, CHANSONS et
DANSES EN VOGUE, POUR PIANO
et CHANT ou PIANO SEUL
pour 3.50
POUR CHANT SEUL 0.75

C. JOUBERT

Éditeur de Musique, 25, Rue d'Hauteville -:- PARIS (X°)

Téléph. : Gut. 13-54 — Chèques postaux : Paris 20.655

Les **Catalogues** spéciaux de **Pianos, Instruments** avec ou sans accompagnement de piano, **Orchestre, Musique Vocale, Théâtre, Café-Concert**, sont envoyés *franco* sur demande.

MM. les Artistes, Chefs d'orchestre, Marchands, Professeurs, sont priés de faire connaître leur qualité professionnelle.

ADRESSEZ VOS COMMANDES DE CHANSONS

Musique pour Piano — Violon — Mandoline — etc., à

E. LACROIX

Éditeur et Commissionnaire

47, RUE DE LA GAITÉ — PARIS

La Maison possède le plus grand choix de chansons anciennes et nouvelles, etc., et tous les succès des meilleures Maisons d'éditions

Expédition par retour du courrier

CATALOGUE DE CHANSONS SUR DEMANDE

LOUIS BOUSQUET

81, Faubourg Saint-Denis — PARIS (X°)

Grand choix de Chansons et de Monologues

CATALOGUE SUR DEMANDE

Désirez-vous les derniers succès en vogue

CE QUI SE CHANTE...
...CE QUI SE JOUE
...CE QUI SE DANSE

Les airs d'opéras, opérettes, mélodies, chansons, chansonnettes comiques, monologues sérieux et comiques

Enregistrés sur disques PATHÉ

ADRESSEZ-VOUS A

MARCEL LABBÉ

Éditeur-Commissionnaire

20, RUE DU CROISSANT, 20
(MÉTRO-BOURSE) PARIS (IIe)

Téléphone : Central 48-97   Chèques postaux : Paris 201-79

Registre de commerce : 143-511

Seule Maison en France

ayant en magasin un choix considérable de Musique, chant seul, piano et chant, piano seul de TOUTES ÉDITIONS FRANÇAISES et ÉTRANGÈRES.

Tout ce que vous désirez vous le trouverez à cette adresse

Catalogues expédiés franco sur demande

Louis Bénech

Les grands succès de
LOUIS BÉNECH
8, Passage de l'Industrie, Paris (X^e)
sont enregistrés chez Pathé
par le célèbre Chanteur
LOUIS LYNEL

LOUIS LYNEL

Les Chansons de Louis Bénech — 8, passage de l'Industrie — PARIS (X^e)

DISQUES PATHÉ (Étiquettes bleues)
Chansons enregistrées
par LOUIS LYNEL

N°	Titres	N°	Titres
5134	Nuits de Chine (Fox-Trot oriental) / Homme aux Poupées (l') (Valse légende)	5160	Si c'est une blonde ou Si c'est une brune (One-step) / Sur la rive enchantée (Valse espagnole)
5133	Amour à Venise (l') (Chanson-valse) / C'est une belle (Fox-Trot)	5162	Mimi voici la nuit (Scottish) / Quand vous dormirez (Valse chantée)
5135	On est pas du même monde (Valse populaire) / Si les Femmes étaient des fleurs (One-step)	5163	Du gris (Étude) / Autour des usines (Vécue)
5081	Cœur de Lilas (Valse populaire) / Plus beau des Joujoux (le) (Chanson Valse)	5096	On m'appelle Frisson (Chanson populaire) / Quand il vous a parlé ou Bellacoscia (Fox-Trot)
5082	Étoile du Marin (l') (Légende) / Lorsqu'on a vieilli (Mélodie Valse)	5097	Petite Fleur des neiges (Romance Valse) / Fou de Minuit (le) Légende (avec cloche)
5069	Lune d'amour (Chansonnette) / Valsez Midinettes (Valse populaire)	5110	Ne demandez jamais aux Femmes (Valse populaire) / Train roulait (le) (Fox-Trot chanté)
5083	Mariquita Jolie (Légende espagnole) / On s'est connu (Habanera)	5111	Ninon voici le jour (Célèbre aubade) / Marchand de chevelures (le) (Légende bretonne)
5070	Ne ferme pas tes yeux (Chanson Valse) / Petite Rose (Chansonnette sentimentale)	5112	Pour celle qui passe (Valse chantée) / Caprice (Valse chantée)
5071	Si vous rencontrez une Blonde (Chan. Valse) / Il faut croire au Bonheur (Chanson Valse)	5123	Ah! Les femmes des autres (Valse gaie) / Lilette (Marche gaie)
5100	Chevalier d'amour (le) (Légende) (avec cors) / Ma petite Femme (Mélodie)	5125	Juif errant à Paris (le) (Chanson marche) / Maritza (Chanson Valse)
5124	Au rendez-vous d'amour (Chanson Valse) / Joujou (Fox-Trot)		

ORCHESTRES

Nous vous recommandons particulièrement nos succès de danses enregistrées spécialement par l'orchestre Pathé sur Disques très puissants :

N°	Titres	N°	Titres
8325	Lune d'amour (Fox-Trot) / Parc Monceau (Fox-Trot)	8358	Caprice (Célèbre valse) / Echo de la plaine (l') (Mazurka avec imitation)
8326	Valsez Midinettes (Valse) / Chanson d'un soir (Valse)	8359	Joujou (Fox-Trot) / Si les femmes... (Polka one-step)
8324	Grand Rouquin (Le) (Polka Marche) / Lilette (Polka Marche)	8360	Nuits de Chine (Célèbre fox-trot) / Mimi voici la nuit (Scottish)

LOUIS BÉNECH, 8, Passage de l'Industrie

DISQUES PATHÉ enregistrés par le barde breton **THÉODORE BOTREL**
(AVEC ACCOMPAGNEMENT DE PIANO, VIOLON ET BINIOU)

5155 { Le Couteau. / Par le petit doigt.
5156 { La cruelle berceuse. / Lilas-Blanc.
5157 { Dors, mon gâs ! / La Paimpolaise.
5158 { Le fil cassé. / Marie ta fille.
5159 { Le mouchoir de Cholet. / Le petit Grégoire.
4309 { Leur jour de gloire (Défilé de la Victoire). / Pour nos morts, sonnez, clairons !
(Poésies accompagnées par la Garde républicaine)
5084 { La valse de la Délivrance. (Valse alsacienne) / Les Miracles d'amour. (Accompagnement d'orchestre)

Les chansons de BOTREL, pour les particuliers, sont en vente à la LYRE CHANSONNIÈRE à Sannois (Seine-et-Oise). — Pour les éditeurs, s'adresser à G. ONDET.

Ch. BOREL-CLERC
COMPOSITEUR-ÉDITEUR
18, Passage de l'Industrie - PARIS

Tous les succès du
Chanteur populaire BÉRARD

LA PARISIENNE
ÉDITION MUSICALE ALMAR MARGIS
G. LORETTE, 21, RUE DE PROVENCE, PARIS (9ᵉ)
Téléph. : Marcadet 22-29 — Adresse télégr. : Paris-Musiq — Chèq. post. : 475-80

NOS SUCCÈS enregistrés sur **DISQUES PATHÉ**

Zaza (Fox-trot) | Altina Valse | C'est l'amour
Au pays de lotus d'or | El Bromista (Paso-doble) | Petites femmes de Paris
Cœur de Môme (Java) et les Sambas Brésiliennes

QUELQUES ŒUVRES du célèbre compositeur et chanteur **Raoul SOLER**
enregistrées chez PATHÉ Frères

Nº 4606. Valse Nuptiale	chantée par PRAGSON
Nº 4615. Votre Baiser d'Adieu	MARCELLY
Nº 4879. La Toussaint rouge	MARCELLY
Nº 4841. Un Soir à Barcelone	MARCELLY
Nº 4561. Ah ! mon p'tit loup	CHARLUS
Nº 4952. Lison si jolie	MERCADIER
Nº 5126. Lune jolie	GESKY

C'est Pierrot — Chaloupette — J'rigole — Les yeux des femmes
Lolita jolie — Invidia — Simple cantilène — Si les hommes savaient
Le chemin des Folies — A la Plata

M. RAOUL SOLER

MÉLODIA-ÉDITION, 15, rue de Mazagran, PARIS

MAX ESCHIG & Cie

Société française d'Éditions musicales au capital de 1.500.000 fr.
(Anciens fonds Max Eschig, E. Demets, L. Broussan, J. Vieu réunis)

48, rue de Rome et 1, rue de Madrid, PARIS-8^e

Téléphone : **WAGRAM 99-04** :: :: :: :: Métro : **EUROPE** :: :: :: :: ::
Ad. télégraphique : **ESCHIG-PARIS** Chèques postaux N° **267-13**, PARIS
Inscription au registre du commerce : **53.919**

Éditeurs de
BERGER - BERTÉ - FALL - FIJAN - FOURDRAIN - GANNE - GILBERT
GILLET - HIRCHMANN - HUGUET - JACOBI - JACQUET - KALMAN
LATTÈS - LEHAR - MENIER - MESSAGER - MOREAU-FEBVRE - RAYNAL
STRAUS - SZULC - TERRASSE - URGEL - VAN OOST - J. VIEU, etc., etc.

Le plus gros succès de la saison :
ÉPOUSE-LA ! Opérette de Pierre Veber, musique de H. Hirchmann.
Partition, extraits, etc.

La dernière œuvre de Louis Ganne :
"DANS LES BEAUX JARDINS"

Représentants exclusifs pour la France et tous les pays de langue française de

CHAPPELL & C° L^{TD}

LONDRES & NEW-YORK

ÉDITEURS DES SUCCÈS MONDIAUX
DARDANELLA - SWANIE - MISSOURI - MIAMI - ROSES OF PICARDY
PETITE MAISON GRISE - QUAKER GIRL - THE ARCADIANS, etc., etc.

DERNIÈRES NOUVEAUTÉS :

TON REGARD (It must be someone like you) . . . . . Paroles de	H. Falk.
ONE-TWO-THREE (Revue des Folies-Bergère) . —	Pothier.
DANCING TIME (Revue des Folies-Bergère) . —	L. Lemarchand.
SINGING (Danser c'est parler) . —	L. Xanrof.
LAZY MISSISSIPPI (L'Amour est venu) . —	L. Xanrof.
TES YEUX (Mazie) . —	Jacques Bousquet.
DOUCE VOIX DES OISEAUX (Brown Bird) . —	Paul Milliet.
BEAUTÉ (Beauty) . —	Paul Milliet.
MON JARDIN D'AMOUR (Lov's Garden) . —	Fernand Beissier.
LUNE D'ARGENT (I love the moon) . —	Fernand Beissier.
AUBADE FLORENTINE (A song at daybreak) . —	Fernand Beissier.

Service spécial pour MM. les Chefs d'Orchestre

AIRS D'OPÉRAS, ROMANCES
CHANSONS, MONOLOGUES

Pièces de Théâtre, Musique de Piano, Instruments avec ou sans accompagnement (Violons, Mandoline, Flûte, Piston, etc.). — Musique Chorale, d'Orchestre, d'Harmonie. — Insignes, Bannières, Giberne, Casquettes, etc.

ET POUR TOUT CE QUI CONCERNE LE COMMERCE DE MUSIQUE

AMATEURS - PROFESSEURS - SOCIÉTÉS MUSICALES

Adressez-vous à la

Maison E. BILLAUDOT, 67, Faubourg-Saint-Denis, Paris (X)

Qui exécutera vos ordres
avec RAPIDITÉ et aux MEILLEURES CONDITIONS

MAISON DE CONFIANCE, FONDÉE EN 1850

N. B. — *Sur demande accompagnée d'un timbre de* **0.25**
Envoi de notre Catalogue Général et complet

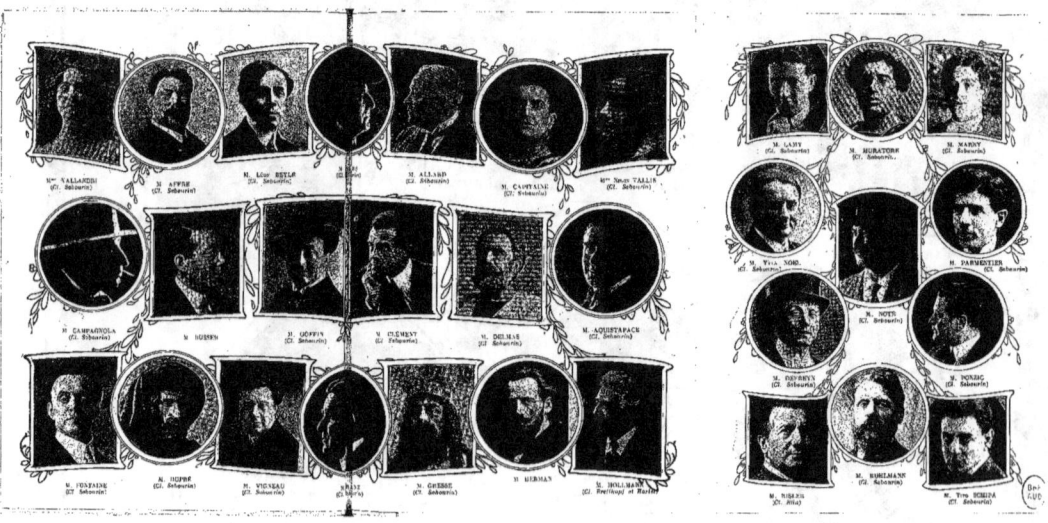

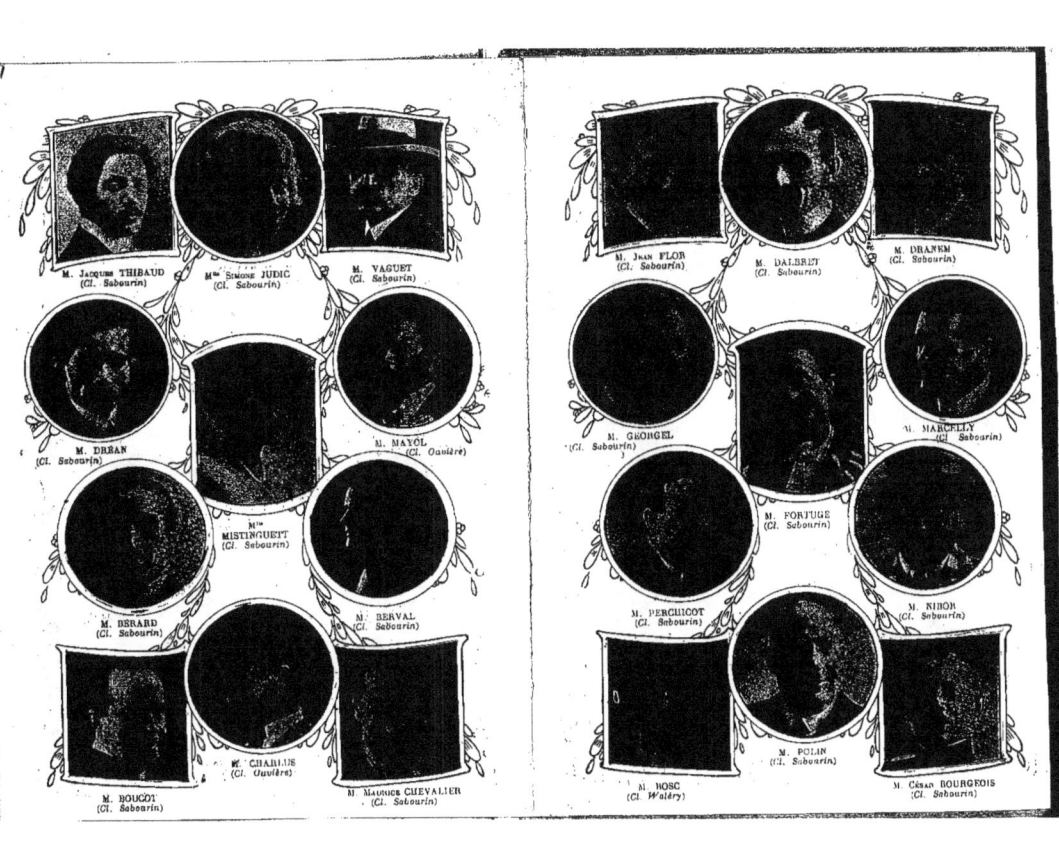

LE PROGRÈS

🙦 🙦 🙦

CETTE admirable loi de développement, cette marche toujours ascendante vers la Perfection, qu'on appelle le PROGRÈS, est une lutte continuelle avec la loi d'inertie qui repousse toute transformation, toute amélioration. La base morale du PROGRÈS, c'est la sincérité dans la reconnaissance des faits acquis ou enregistrés par la SCIENCE.

Quand l'Industrie Phonographique tout entière s'est trouvée profondément révolutionnée par la substitution du SAPHIR à l'aiguille, au lieu de se réjouir de ce progrès immense qui ouvrait de multiples champs d'études aux investigations des inventeurs, de trop zélés industriels n'ont pas craint — ils en avaient le droit, hélas ! — de perpétuer dans le public une véritable légende sur la qualité de leur procédé qui, tout d'un coup, irrémédiablement, venait de se trouver bouleversé de fond en comble — l'Électricité a remplacé le Gaz; n'est-il pas encore de bonnes gens pour venir affirmer que le Gaz est supérieur à l'Électricité ! — Mais il faut dire que le PROGRÈS est plus fort que ses ennemis et ceux-là, qui pour le combattre, usent de leur intelligence, aident par cela même au PROGRÈS. Ils suggèrent l'idée de comparaison, d'examen critique d'où doit ressortir la Vérité pure.

XIV

Or, voici deux extrémités de diaphragmes :

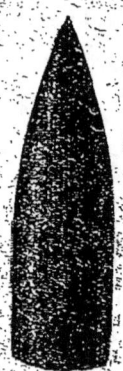

Fig. 1. Fig. 2.

La première est armée d'un SAPHIR de forme sphérique, l'autre d'une *aiguille pointue*. Ces deux extrémités frottant contre un corps dur, laquelle s'usera le plus, et usera le plus ?

Poser la question, c'est la résoudre dans l'évidence même.

Le *Saphir* donne toujours la même audition, *il ne s'use pas, il n'use pas le disque, il ne se remplace pas*. L'aiguille, par contre, donne une audition inégale, car *elle est usée en trois ou quatre minutes, elle use le disque et doit être remplacée après chaque audition*.

Les avantages du *disque Pathé à Saphir* sur le disque à aiguille sont incomparables, au point que ce dernier est appelé à disparaître. Il est remplacé par le **disque Pathé à saphir inusable**.

Note de la Direction

DISQUES PATHÉ
fonctionnant sans aiguille
(Brevetés S. G. D. G.)

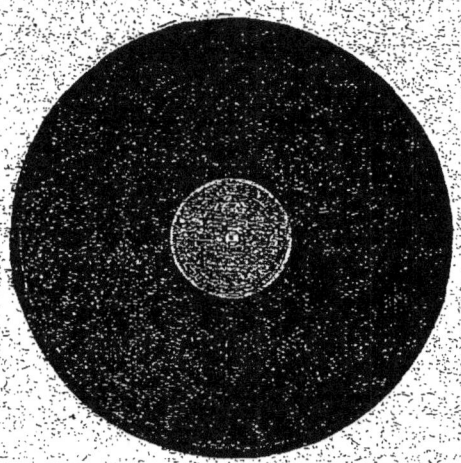

DISQUES ARTISTIQUES
DOUBLE FACE

AVIS IMPORTANT

Les disques **PATHÉ** chantent sans aiguille et sont les seuls pouvant, par l'emploi du Saphir, donner l'absolue réalité de la voix.

Pour écouter les disques à aiguilles, il faut acheter sans cesse de celles-ci, puisqu'une aiguille ne fait qu'une seule audition.

Pour écouter les disques **PATHÉ**, il n'y a rien à dépenser, puisque le Saphir est inusable.

CONCLUSION. — Les disques **PATHÉ** sont supérieurs à tous et sont meilleur marché.

L'audition des Disques **PATHÉ** commence par l'extérieur et doit être faite à raison de 80 tours à la minute.

CONDITIONS GÉNÉRALES DE VENTE

COMMANDES

1° Les commandes doivent nous être adressées par écrit ; elles ne sont valables qu'après notre accusé de réception.
Nous nous réservons la faculté d'éliminer celles qui ne nous conviendraient pas.

2° Indiquer dans les commandes la désignation exacte de chaque article. Pour les disques, il est indispensable de donner les numéros.

PRIX ET PAIEMENT

3° Les prix indiqués sont pour des **marchandises prises nues**, c'est-à-dire sans emballage, en nos magasins ou fabriques, au comptant et payables à Paris, quel que soit le mode de livraison et de recouvrement.

(*Nos traites n'opèrent ni novation, ni dérogation à cette clause attributive de juridiction.*)

Toutes contestations seront jugées par les Tribunaux de Paris, seuls compétents.

4° Toute commande pour la France non accompagnée de son montant, plus les frais d'emballage et de port, sera expédiée contre remboursement, port dû ou facturé.

Nous n'expédions à l'Étranger qu'après avoir reçu le montant en espèces, chèque sur Paris ou mandat-poste. La monnaie étrangère n'est acceptée que pour le prix que nous en obtenons au change.

REMISES — CONDITIONS DE FAVEUR

5° Nous accordons des remises et conditions de faveur aux **commerçants revendeurs** de machines parlantes ; elles sont indiquées par correspondance, sur demande accompagnée de références sur Paris.

Les commerçants revendeurs qui bénéficient de ces remises et conditions de faveur sont expressément tenus de vendre tous nos articles aux prix indiqués sur nos catalogues.

EMBALLAGE ET TRANSPORT

6° Les **frais d'emballage, le transport et la douane**, ainsi que tous les frais et risques de route, sont à la charge du client. Les emballages ne sont pas repris.

Indiquer sur chaque commande le mode d'envoi. A défaut, la Maison fera l'expédition de la façon qui lui paraîtra la plus économique, sans qu'elle veuille assumer aucune responsabilité de ce chef, ni admettre aucune réclamation concernant le transport.

Toute commande remise au chemin de fer ou à une Compagnie de transport est considérée comme livrée au client, et notre responsabilité cesse à partir de ce moment-là.

7° Nous n'assurons la marchandise que sur la demande expresse du client, renouvelée à chaque commande.

Sauf indication contraire, nous déclarons pour les douanes étrangères la valeur approximative de la marchandise. En aucun cas, nous ne pouvons être rendus responsables des conséquences de déclarations insuffisantes en l'absence d'instructions précises données à chaque commande.

8° Nos marchandises sont soigneusement examinées avant l'emballage et remises à la Compagnie de transport en parfait état.

Nous déclinons toute responsabilité pour retard, perte, avarie ou bris, dès que la Compagnie de transport nous aura délivré un récépissé de l'envoi.

Déballer et vérifier le contenu avant d'en donner décharge au livreur, lui faire payer les articles avariés ou refuser l'envoi en cas de contestation, en nous avisant.

9° Les commandes remises à nos voyageurs ou représentants ne nous engagent qu'après approbation écrite de notre Direction, qui se réserve la faculté de les modifier par correspondance.

10° Nous mettons toute diligence pour exécuter les ordres, mais nous n'assumons aucune responsabilité si, pour un motif quelconque, la livraison ne peut se faire à la date indiquée.

11° Tant que la commande n'aura pas été annulée, le client sera tenu d'en prendre livraison ; il devra l'accepter si elle est en route au moment où nous recevons contre-ordre. Les articles commandés spécialement seront livrés dans le délai le plus rapide, suivant les circonstances, et ne pourront en aucun cas être repris par la Maison.

12° Toute réclamation, pour être valable, devra nous parvenir dans la huitaine de la livraison au plus tard. Les marchandises expédiées ne sont reprises que pour des motifs plausibles et ne doivent nous être retournées qu'après notre consentement écrit.

Les marchandises retournées ne doivent : ni être avariées, ni démontées, ni avoir été employées ou installées, ni être enfin entre les mains du client depuis plus de huit jours, sauf conventions spéciales.

NOTA

Nous nous réservons expressément la faculté, sans en informer préalablement notre clientèle :

1° De supprimer certains articles figurant dans ce prix courant ;

2° D'apporter aux modèles décrits les modifications que nous jugerons utiles pour un meilleur rendement ;

3° De modifier la forme et le genre de décoration des appareils et de leurs boîtes ;

4° De changer le genre, la forme et la couleur de nos pochettes à disques et leur emballage.

Toute commande faite selon notre prix courant implique acceptation des susdites clauses.

LISTE PAR ORDRE ALPHABÉTIQUE
DES
ARTISTES
QUI NOUS ONT PRÊTÉ LEUR CONCOURS
pour l'établissement du présent Répertoire

Ackroyd (Trio) (Violon, flûte et harpe), p. 296.
Affre (Ténor) (Opéra), p. 2, 30, 121.
Albani (Ténor) (Scala, Milan), p. 122.
Albers (Baryton) (Opéra-Comique), p. 2, 13, 30, 34, 122.
Alexandre (Comédie-Franç.), p. 6, 18.
Allard (Baryton) (Op.-Com.), p. 124.
Alvar (Andrée) (Mlle) (Gaîté-Lyrique), p. 160.
Alvarez (Albert) (Ténor) (Op.), p. 125.
American Republic Band (Orchestre américain), p. 309.
Anceny (Yette) (Mlle) (Eldorado), p. 218.
Aquistapace (Baryton) (Opéra), p. 126.
Audiffred (Concert Mayol), p. 179.
Aumonier (Basse) (Opéra, Nice), p. 126.
Baer (Basse) (Opéra), p. 126.
Baldassare-Tedeschi (Mme) (Soprano italien), p. 160.
Bataille (Jean) (Pie-qui-Chante), p. 179.
Bedetti (Jean) (Soli de Violoncelle), p. 300.
Belhomme (Basse) (Opéra-Com.), p. 2, 27, 30, 34, 127.
Benedetto (de) (Soli d'accordéon), p. 303.
Bérard (Eldorado) p. 179.
Bergeret (Casino de Paris), p. 181.
Bernard (Comédie-Française), p. 18.
Bert (Pauline) (Mme) (Parisiana), p. 218.
Berthaud (Ténor d'opérette) (Op.-Com.), p. 129.
Bertrand (Ténor) (Capitole de Toulouse), p. 130.
Berval (Alcazar de Marseille), p. 183.
Beyle (Léon) (Ténor) (Op.-Com.), p. 9, 130.

Billa-Azéma (Mme) (Soprano) (Opéra-Comique), p. 2.
Billy Arnold's (Novelty Jazz-Band), p. 306.
Bloch (Humoriste alsacien), p. 184.
Boissier (Comique marseillais), p. 184.
Borgatti (Ténor italien), p. 131.
Bornéo Gardiner (Siffleur), p. 218.
Botrel (Théodore) (le Barde breton), p. 185 et 224.
Boucher (Victor) (Th. Daunou), p. 132.
Boucot (Casino de Paris), p. 185.
Bourdin (Mlle) (Comédie-Franç.), p. 18.
Bouvet (Baryton) (Opéra-Com.), p. 131.
Bovy (Mme) (Comédie-Française), p. 18.
Boyer (Baryton) (Op.-Com.), p. 30, 131.
Boyer (Lucien) (Chansonnier), p. 185.
Bruant (Chansonnier montmart.), p. 186.
Buica (Le célèbre violoniste Roumain), p. 297.
Burnier (Robert) (Baryton) (Gaîté-Lyrique), p. 132.
Buxeuil (René de), (Conc. Paris), p. 186.
Cadet (Fortuné) (Alcazar de Marseille), p. 186.
Calvé (Emma) (Mme), p. 160.
Cam (Denise) (Mlle) (Casino de Monte-Carlo), p. 161.
Cambardi (Concert Mayol), p. 186.
Campagnola (Ténor) (Opéra), p. 133.
Campredon (Mme) (Soprano) (Op.), p. 9.
Capitaine (Ténor) (Op.-Comique), p. 133.
Capper (Charles) (Soli de sifflet), p. 304.
Carré (Marguerite) (Mme) (Soprano) (Op.-Comique), p. 161.
Casa (Robert) (Scala), p. 186.
Cécilia (Trio) (Violon, flûte et harpe), p. 296.

Cercle du " Bien aller " (Trompes de chasse), p. 305.
Chambon (Basse) (Opéra), p. 134.
Champell (Mme) (Soprano) (Op.-Com.), p. 30.
Charlesky (Tyroliennomaniste), p. 186.
Charlesky (Mme), p. 187.
Charlus (Alcazar), p. 187.
Charny (Lyse) (Mme) (Contralto) (Opéra), p. 162.
Charpantier (M.) (Mlle) (Soprano) (Op.-Comique), p. 162.
Chauveron (de) (Mlle) (Comédie-Française), p. 18.
Chavat et Girier (Scala), p. 189.
Cheirel (Jeanne) (Mme) (Th. Daunou), p. 162.
Chenal (Mme) (Soprano dramatique) (Op.-Comique), p. 163.
Cherniavsky (Trio) (Soli de Violon, Violoncelle et Piano), p. 296.
Cherniavsky (J.) (Soli de Piano), p. 301.
Cherniavsky (L.) (Soli de Viol.), p. 297.
Chevalier (Maurice) (Casino de Paris), p. 190.
Chevillard (C.) (des Concerts Lamoureux), p. 250.
Christyan (Casino de Paris), p. 191.
Ciampi (Ritter) (Mme) (Soprano) (Opéra), p. 163.
Clément (Edmond) (Ténor) (Op.-Com.), p. 134.
Clergue (Baryton) (Trianon-Lyr.), p. 135.
Cocéa (Mlle) (Bouffes-Parisiens), p. 163.
Coiffier (Mlle) (Opéra-Comique), p. 21.
Collins (Sam) (Soli de Banjo), p. 302.
Combarieu (Mlle) (Soli de Violon), p. 300.
Comes (Mme) (Soprano) (Gaîté-Lyr.), p. 164.
Constantin (Scala), p. 191.
Corpait (Baryton) (Opéra), p. 135.
Couchoud (Scala), p. 192.
Criqui (Frau) (Patois alsacien), p. 223 et 224.
Criqui (Herr) (Patois alsacien), p. 223 et 224.
Dalbret (Concerts Parisiens), p. 192.
Danges (Baryton) (Opéra), p. 135.
Darbon (Chanteur marseillais), p. 193.
Debernard (G.) (Chanteur limousin), p. 193.
Defreyn (Henri) (Th. Mogador), p. 137.
Delmarre (Eldorado), p. 193.
Delmas (Basse) (Opéra), p. 137.
Delmas (Concerts Parisiens), p. 193.

Delna (Mme) (Contralto) (Opéra), p. 164.
Demoulin (Léo) (Mlle) (Variétés), p. 164.
Dereymon (Lucy) (Mlle) (Concert Mayol), p. 218.
Després (Suzanne) (Mme) (Comédie-Française), p. 225.
Devriès (David) (Ténor) (Op.-Com.), p. 137.
Diaz (Cigale), p. 193.
Dickson (Scala), p. 194.
Didur (Adamo) (Basse) (en italien), p. 138.
Ditan (Carl) (Parisiana), p. 194.
Ditcham (William) (Soli de cloches), p. 304.
Dranem (Eldorado), p. 194.
Dréan (Casino de Paris), p. 196.
Ducos (Mme) (Com.-Franc.), p. 6.
Dufleuve (Scala), p. 196.
Dufresne (Comédie-Française), p. 18.
Dulac (Opéra-Comique), p. 2.
Dumontier (Trial) (Opéra-Com.), p. 2.
Duperrey de Chantloup (M. et Mme) (Concerts Parisiens), p. 196.
Dupré (Basse) (Opéra-Comique), p. 2, 9, 21, 27, 30, 34, 138.
Dutreix (Ténor) (Opéra), p. 139.
D'Elty (Marg.) (Mlle) (Soprano) (Opéra), p. 9, 165.
Elval (Th. Royal de La Haye), p. 197.
Elzon (Mischa) (Prix d'excellence du Conservatoire de Paris), p. 298.
Enard's (les) (Duettistes), p. 197.
Estève (Mlle) (Opéra-Comique), p. 21.
Falck (Orchestre Tzigane), p. 311.
Falconnier (Comédie-Française), p. 6, 18.
Favart (Edmée) (Mlle) (Soprano) (Op.-Com.), p. 166.
Fayolle (Mme) (Com.-Française), p. 18.
Feltesse-Oscombre (Mme) (Soprano) (Monnaie, Bruxelles), p. 166.
Ferera et Franchini (Hawaiian Guitars), p. 311.
Ferréal (Scala), p. 197.
Flor (Jean) (Parisiana), p. 197.
Fontaine (Charles) (Ténor) (Opéra), p. 37, 139.
Fortugé (Scala), p. 198.
Fragson (Scala), p. 198.
Franz (Ténor) (Opéra), p. 140.
Frey (Fernand) (Cigale), p. 199.
Friant (Charles) (Ténor) (Opéra-Comique), p. 140.

Gabin (Théâtre Daunou), p. 141.
Galipaux (F.) (Palais-Royal), p. 225.
Gall (Yvonne) (Mlle) (Soprano) (Opéra), p. 30 et 167.
Gantéri (Mme) (Soprano) (Op.-Comique), p. 2, 13, 27, 34 et 37.
Ganz (Rudolph) (Piano), p. 301.
Gaudet (Mme) (Concerts Parisiens), p. 219.
Gautier (Ténor) (Opéra), p. 141.
Georgel (Concerts Parisiens), p. 199.
Georgesco (Moga) (Mme) (Soprano), p. 168.
Georgius (Concerts de Paris), p. 200.
Gerbault (Comédie-Française), p. 6, 18.
Gesky (Paul) (Olympia), p. 201.
Ghasne (Baryton) (Op.-Comique), p. 141.
Girard (Alhambra, Londres), p. 201.
Goffin (Ténor) (Opéra), p. 141.
Goulancourt (Mme) (Soprano) (Opéra), p. 9, 27 et 30.
Grandjany (Marcel) (Harpe Solo des Concerts Lamoureux), p. 304.
Granval (Comédie-Française), p. 18.
Gresse (Basse) (Opéra), p. 9, 16, 142.
Grünwald (Samuel), p. 120.
Guilbert (Yvette) (Mme) (Étoile des Concerts Parisiens), p. 219.
Guilhène (Comédie-Française), p. 6, 18.
Guyon fils (Théâtre Daunou), p. 142.
Hamel (Petit Casino), p. 201.
Heldy (Fanny) (Mme) (Soprano) (Opéra), p. 21 et 168.
Herman (Charles) (Soli de Violon), p. 297.
Hollman (J.) (Soli de Violoncelle), p. 301.
Howard (F.) Jackson (Orchestre américain), p. 306.
Ison (George) (Soli de Tubophone), p. 305.
Izar (Louis) (Patois Catalan), p. 201.
Jacques (Comédie-Française), p. 6.
Jazz Band, p. 306 à 309.
Jazz the Melody six, orchestre, p. 308.
Journet (Basse) (Opéra), p. 30 et 142.
Jouvin (Ténor) (Trianon-Lyrique), p. 16.
Judic (Simone) (Mlle) (Apollo), p. 219.
Jullien (Henri) (Ténor) (Gaîté-Lyrique), p. 142.
Julliot (Mme) (Opéra-Comique), p. 21.
Junka (Concerts Parisiens), p. 202.
Korsoff (Mlle) (Sopr.) (Op.-Com.), p. 169.
Kousnezoff (Maria) (Mme) (Soprano) (Opéra), p. 169.
Lafon (Comédie-Française), p. 18.

Lambrecht (R.) (Mlle) (Soprano) (Tri.-Lyrique), p. 170.
Lamy (Ténor) (Théâtre de Monte-Carlo), p. 142.
Lamy (Adrien) (Marigny), p. 144.
Langlois (Opéra-Comique), p. 202.
Lapeyrette (Mlle) (Contralto) (Opéra), p. 13, 27, 37 et 170.
Lassalle (Ténor) (Opéra), p. 13, 27 et 144.
Léoni (Henri) (Olympia), p. 202.
Leuntjens (Soli de Violon), p. 297.
Lherbay (Mme) (Com.-Française), p. 6.
Liébel (Emma) (Mme) (Eldorado), p. 219.
Litvinne (Mme) (Soprano), p. 170.
Lousdale (Harry) (Soli de Cloches), p. 304.
Luza (de) (Mlle) (Soprano) (Opéra), p. 171.
Lynel (Concerts Parisiens), p. 203.
Maguenat (Baryton) (Op.-Com.), p. 145.
Malbos (Mary) (Mlle) (Bouffes-Parisiens), p. 171.
Manescau (Ténor Béarnais), p. 203.
Manoël (Francis) (Pie-qui-Chante), p. 204.
Mansuelle (Ambassadeurs), p. 204.
Marcelly (Gaîté-Rochechouart), p. 204.
Marcel's (Orchestre des Folies-Bergère) (Orchestre américain), p. 307.
Marignan (Jane) (Mlle) (Soprano) (Opéra), p. 171.
Marjal (Jean) (Concert Marjal), p. 209.
Marny (Jean) (Opéra-Comique), p. 21 et 145.
Marvini (Basse) (Opéra), p. 13, 37 et 146.
Marx (Trio) (Violon, violoncelle et harpe), p. 296.
Maurer (Herr) (Patois alsacien), p. 223 et 224.
Mary-Hett (Mme) (Théâtre Daunou), p. 171.
Mayol (Concert Mayol), p. 209.
Mendels (Emile) (Soli de Violon), p. 298.
Mercadier (Scala), p. 211.
Mérentié (Mlle) (Soprano dramatique), (Opéra), p. 2, 172.
Mérey (J.) (Mme) (Soprano) (Op.-Com.), p. 172.
Mesmaecker (Opéra-Comique), p. 21.
Miette (Mme) (La Cigale, Paris), p. 220.
Miller (Eldorado), p. 211.
Milton (Marigny), p. 146.
Miranda (Mme) (Soprano) (Théâtre de la Monnaie, Bruxelles), p. 172.
Mirepoix (Mme) (Conc. Parisiens), p. 220.
Mischa-Elman (Violon), p. 298.

Disques PATHÉ double face. XXI

Mistinguett (Mlle) (Casino de Paris), p. 220 et 286.
Mitchell's Jazz-Kings, orchestre, p. 308.
Montbreuse (Gaby) (Mlle) (Olympia), p. 221.
Montéhus (Répertoire), p. 211.
Monty (Petit Casino), p. 211.
Morlet (Mme) (Soprano) (Trianon-Lyr.), p. 16, 34, 37 et 173.
Morturier (Opéra-Comique), p. 21.
Mounet (Paul) (Com.-Française), p. 6.
Mounet-Sully (Com.-Française), p. 224.
Muratore (Ténor) (Opéra), p. 146.
Musique du 158 th Infantry Band U. S. Army Band. Leader : 2 nd Lieutenant A. R. Etzveiler, p. 309.
Musique humoristique (Orchestre), p. 312.
Mustel (Orgue), p. 302.
Muzio (Claudia) (Mme) (Soprano) (en italien), p. 173.
Myral (Nina) (Mme) (Palace), p. 221.
Myro (Jane) (Mlle) (Casino de Paris), p. 221.
Nansen (Ténor) (Opéra), p. 37 et 147.
Nibor (Concert Mayol), p. 212.
Nitta-Jo (Mme) (Alhambra), p. 222.
Noël (Yves) (Baryton) (Opéra), p. 147.
Noté (Baryton) (Opéra), p. 9, 27, 37 et 148.
Oakley (Olly) (Soli de banjo), p. 302.
Parmentier (Baryton) (Op.-Com.), p. 151.
Pearly (Fred) (Auteur-Compositeur), p. 212.
Perchicot (Alhambra), p. 213.
Périer (Baryton) (Op.-Com.), p. 151.
Perval (Scala), p. 213.
Pidoux (John) (Soli de Banjo), p. 203.
Pierly (J.) (Mme) (Palais-Royal), p. 222.
Pinson (Nine) (Mme) (Alhambra), p. 222.
Polin (Comique militaire), p. 214.
Pollard's six, orchestre, p. 307.
Ponzio (Baryton) (Théâtre de la Monnaie de Bruxelles), p. 21, 25 et 151.
Posemkovsky (Georges) (Ténor) (Théâtre Impérial de Petrograd), p. 169.
Poumayrac (de) (Ténor) (Opéra-Com.), p. 13, 27, 34 et 152.
Poupon (Henri) (Chansonnier Marseillais), p. 216.
Quatuor Rosé, p. 296.
Quatuors Russes, p. 101.

Ragon (M.) (Mlle) (Soprano) (Op.-Com.), p. 173.
Raisa (Rosa) (Mme) (Soprano) (en italien), p. 173.
Raival (Folies-Bergère), p. 216.
Rallye Montmartre (Trompes de chasse) p. 305.
Randall (André) (Casino de Paris), p. 216.
Ranzato (Soli de Violon), p. 298.
Ravet (Comédie-Française), p. 6.
Razavet (Ténor) (Théâtre de la Monnaie de Bruxelles), p. 153.
Rémy (J.) (Mme), p. 6.
Renaud (Baryton) (Opéra), p. 153.
Resca (Concerts Parisiens), p. 217.
« Réveil d'Alfortville » (le) (Société) (Trompes de chasse), p. 306.
Rigaux (Baryton) (Opéra-Com.), p. 153.
Risler (Soli de Piano), p. 302.
Roch (Madeleine) (Mme) (Comédie-Française), p. 6.
Rollini (Mme) (Folies-Bergère), p. 222.
Rousselière (Ténor) (Opéra), p. 153.
Rudenyi (Jan) (Soli de Violon), p. 299.
Saïman (Mlle) (Sopr.) (Op.-Com.), p. 173.
Saint-Bonnet (Mlle) (Théâtre Daunou), p. 174.
Saint-Granier (Casino de Paris), p. 217.
Salvator (Eldorado), p. 217.
Sardanes (Orchestre Catalan), p. 310.
Sauvageot (Opéra-Comique), p. 21.
Schipa (Tito) (Ténor italien), p. 153.
Scrapiron Jazz Band, p. 309.
Sentis (José) (Orchestre mondain), p. 251.
Sibille (Mlle) (Opéra-Comique), p. 21.
Silvain (Comédie-Française), p. 225.
Sonnelly (Eldorado), p. 217.
Soulacroix (Baryton) (Op.-Com.), p. 154.
Syncopated six, orchestre, p. 307.
Thibaud (Jacques) (Soli de Violon), p. 299.
Thiéry (Marie) (Mme) (Soprano) (Opéra-Comique), p. 174.
Tiphaine (Mlle) (Soprano) (Op.-Com.), p. 174.
Tirmont (Ténor) (Op.-Com.), p. 30.
Tramel (Folies-Bergère), p. 217.
Trosselli (Ténor) (Gaîté-Lyrique), p. 34.
Turcy (Andrée) (Mlle) (Alcazar de Marseille), p. 272.
Tyber (Lina) (Mme) (Olympia), p. 222.
Urban (Bouffes-Parisiens), p. 154.

Vaguet (Ténor) (Opéra), p. 16, 155.
Valermont (Basse) (Théâtre des Champs-Élysées), p. 30.
Vallandri (Aline) (Mme) (Soprano) (Op.-Comique), p. 6, 27, 174.
Vallin (Ninon) (Mme) (Soprano) (Opéra-Comique), p. 175.
Valroger (Suzanne) (Mme) (Olympia), p. 222.
Van der Smissen (Mme) (Soprano), p. 223.
Vauthrin (Lucy) (Mlle) (Op.-Comique), p. 177.

Vigneau (Baryton) (Opéra-Com.), p. 159.
Vilbert (Odéon), p. 169.
Vildez (Carmen) (Mlle) (Eldorado), p. 223.
Vitry (Apollo), p. 218.
Vix (Geneviève) (Mlle) (Soprano) (Op.-Comique), p. 177.
Warna (Magny) (Mme) (Bouffes-Parisiens), p. 177.
Willekens et Mme Léonne, p. 218.
Worms (Jean) (Com.-Française), p. 6.
X... (Mme) (Soprano) (Opéra), p. 178.

TABLE DES MATIÈRES

Répertoire Alphabétique

Chant et Orchestre. . . . . p. 41 à 296

LE THÉATRE CHEZ SOI
(Enregistrement intégral d'œuvres théâtrales)

Carmen, Opéra-Comique, de BIZET, en 27 disques 29 c/m double face. p. 2
Cid (le), Tragédie, de CORNEILLE, en 17 disques 29 c/m double face. p. 6
Faust, Opéra, de GOUNOD, en 28 disques 29 c/m double face. p. 9
Favorite (la), Opéra, de DONIZETTI, en 21 disques 29 c/m double face. p. 13
Galathée, Opéra-Comique, de V. MASSÉ, en 15 disques 29 c/m double face . . . . p. 16
Malade Imaginaire (le), Comédie, de MOLIÈRE, en 14 disques 29 c/m double face . . . . p. 18
Manon, Opéra-Comique, de MASSENET, en 24 disques 29 c/m double face. p. 21
Noces de Jeannette (les), Opéra-Comique, de V. MASSÉ, en 10 disques 29 c/m double face. . . . . p. 25
Rigoletto, Opéra, de VERDI, en 15 disques 29 c/m double face. p. 27
Roméo et Juliette, Opéra, de GOUNOD, en 27 disques 29 c/m double face . . . . p. 30
Traviata (la), Opéra, de VERDI, en 16 disques 29 c/m double face. p. 34
Trouvère (le), Opéra, de VERDI, en 19 disques 29 c/m double face. p. 37

CHANT
OPÉRAS, OPÉRAS-COMIQUES, OPÉRETTES

Répertoires individuels (par ordre alphabétique). . . . . p. 121 à 224
Opéras et Opéras-Comiques (par ordre alphabétique). . . . . . p. 41 à 82
Opérettes (par ordre alphabétique). . . . . p. 82 à 93

DUOS, TRIOS et CHŒURS

Duos d'Opéras, d'Opéras-Comiques et d'Opérettes (par ordre alphabétique). . . . . p. 94 à 100
Duos et Chœurs religieux (par ordre alphabétique). . . . . . . p. 119
Trios . . . . p. 101
Chœurs . . . . p. 101 à 104
Chœur National Ukrainien . . . . p. 104
Quatuors Russes . . . . p. 101

CONCERT, MÉLODIES, ROMANCES, DÉCLAMATION
HYMNES NATIONAUX, CHANTS PATRIOTIQUES
CHANTS RÉVOLUTIONNAIRES et MORCEAUX RELIGIEUX

Concert (Répertoires individuels). . . . . p. 179 à 224
Déclamation (Répertoires individuels). . . . . p. 224 et 225
Mélodies et Romances . . . . (par ordre alphabétique) p. 105 à 116
Hymnes nationaux et Chants patriotiques. — — . . . p. 116 et 117
Chants hébraïques . . . . p. 120
Chants révolutionnaires — — . . . p. 117 et 288
Morceaux religieux — — . . . p. 118 et 119
Patois alsacien . . . . p. 223 et 224

ORCHESTRE

OPÉRAS, OPÉRAS-COMIQUES ET OPÉRETTES (par ordre alphabétique), p. 226 à 238.
Airs de ballets, p. 244 à 246.
Airs nationaux, p. 288.
American Republic Band, p. 309 et 310.
Berlines, p. 269.
Billy Arnold's, p. 306.
Bourrées, p. 271.
Clairons, p. 305.
Concerts Lamoureux, p. 250 et 251.
Danses originales, p. 271 et 272.
Défilés, p. 288 à 293.
Disques de dansés, p. 252 à 254.
Fantaisies, p. 240 à 242.
Fox-trots, p. 272 à 279.
Galops, p. 268.
Hawaïians, p. 311 et 312.
Hymnes nationaux, p. 288.
Jazz Band, p. 306 à 309.
Jazz the Melody six, p. 308.
Marches américaines, p. 287.
Marches de Concert, p. 242 et 243.
Marches militaires, p. 288 à 293.
Mazurkas, p. 266 et 267.
Mistinguett (Mlle), p. 286 et 287.
Mitchell's Jazz-Kings, p. 308.
Morceaux de genre, p. 246 à 250.
Musique de chambre, p. 296 à 304.
One-steps, p. 279 à 281.
Ouvertures, p. 238 à 240.
Pas de Deux, p. 269.
Pas de Quatre, p. 269.
Pas des Patineurs, p. 269.
Pas redoublés, p. 288 à 293.
Polkas, p. 260 à 265.
Pollard's six, p. 307.
Quadrilles, p. 269 et 270.
Quatuors Rosé, quatuor à cordes, p. 296.
Retraites, p. 293.
Sardanes, exécutées par la célèbre Cobla " *Antigua Pep* ", p. 310.
Scottishs, p. 267 et 268.
Scrapiron Jazz Band, p. 309.
Sentis (José), p. 251.
Shimmys, 282 et 283.
Soli d'accordéon, par M. A. de Benedetto, p. 303 et 304.
Soli d'instruments divers, p. 294 et 295.
Soli d'ocarina, p. 303.
Soli de banjo, par M. Sam Collins, p. 302 et 303.
Soli de mandoline, p. 304.
Soli de piano, par MM. J. Cherniavsky, Ganz, E. Risler, p. 301 et 302.
Soli de violon, par MM. J. Thibaud, Ch. Herman, Leuntjens, Mendels, Mischa-Elman, Ranzato, Cherniavsky, Rudenyi, Mlle Combarieu, p. 296 à 300.
Soli de violoncelle, par MM. Bedetti et Hollman, p. 300 et 301.
Soli d'orgue, par M. Mustel, p. 302.
Suites d'orchestres, p. 244 à 246.
Syncopated six, p. 307.
Tangos, p. 283 à 285.
Trompes de chasse, p. 305 et 306.
Trompettes de cavalerie, p. 305.
Two-steps, p. 285.
Tziganes, p. 310 et 311.
Valses, p. 254 à 260.

MUSIQUE HUMORISTIQUE, p. 312.

MÉTHODE LOUIS WEIL

ENSEIGNEMENT DES LANGUES VIVANTES A L'AIDE DU PHONOGRAPHE

Exposé général, p. 313 et 314.
Langue française, p. 315 à 318.
Langue anglaise, p. 219 à 322.
Langue espagnole, p. 322.
Langue allemande, p. 322 à 324.

Table par Ordre Alphabétique

DES

ARTISTES ENREGISTRÉS

et des Morceaux figurant au Répertoire

A

A baby's prayer at twilight, orchestre, p. 306.
A Bornéo, chant, p. 179.
A ce moment-là, chant, p. 194.
A Chem A Chem, chant hébraïque, p. 120.
A dame jolie, chant, p. 213.
A demain, chant, p. 199.
A Galoppo, violon, p. 298.
A grandes guides, orchestre, p. 293.
A l'aïgo saou leï limaçouns (en marseillais), chant, p. 193.
A l'Américaine, orchestre, p. 267.
A l'autel j'allais rayonnant (Le Roi d'Ys), chant, p. 71, 72 et p. 97.
A l'étendard, chant, p. 105.
A l'Exposition coloniale, chant p. 193.
A la cocodett', chant, p. 181.
A la Côte d'Azur, chant, p. 179.
A la Fête à Saint-Cloud, orchestre, p. 260.
A la France donnons des ailes, chant, p. 204.
A la gare, chant, p. 190.
A la Hongroise, orchestre, p. 266.
A LA HONGROISE (Enregistrement spécial pour la danse), orchestre, p. 252.
A la Liberté, orchestre, p. 288.
A la Martinique, chant, p. 187 et 208 ; orch., p. 260 et 267.
A la payse, chant, p. 214.
A la plaza, chant, p. 222.
A la voix séduisante (Haydée), chant, p. 56.
A Marseill' mon bon (Sian de Viaire leï Marsires), chant, p. 184.
A mi querida, orchestre, p. 254.
A nous l'orchestre, p. 288.
A nous, les amours et les roses (Manon), ch., p. 62.
A nous, un, deux, orchestre, p. 288.
A pas légers, orchestre, p. 262.
A peine au sortir de l'enfance (Joseph), ch., p. 58.
A perdre haleine, chant, p. 105.
A qui voulez-vous désormais... (Cinna) décl., p. 225.
A quinze ans (Cosi fan tutte), chant, p. 48.
A quoi bon l'économie (Manon), chant, p. 62.
A quoi pensez-vous, chant, p. 107.
A Salonique, chant, p. 209.
A toi, chant, p. 105.
A toi J'avais donné ma vie (François les Bas-Bleus), chant, p. 86.
A ton amour simple (La Basoche), chant, p. 44.
A travers la forêt, orchestre, p. 288.
A travers les obstacles, orchestre, p. 288.
A Trianon, chant, p. 110.
A vos pieds, hélas, me voilà (Mireille), chant, p. 65.
A vous, orchestre, p. 250 et 294.
ABEN-HAMET (Opéra), chant, p. 41.

Abnégation, orchestre, p. 254.
Absence Berlioz), chant, p. 105.
Absence (Noriel), orchestre, p. 249 et 295.
Absents (les), chant, p. 217.
Accordéoni (l'), chant, p. 194.
Accours dans ma nacelle (Guillaume Tell), chant, p. 55.
Achetez mes belles violettes, déclam., p. 225.
ACKROYD (Trio), viol., flûte et harpe, p. 296.
Adagio (Fiorillo), violon, p. 300.
Adam et Eve, monologue, p. 216.
Addio Santiago, chant, p. 204.
Adagio du 34ᵉ quatuor, orchestre, p. 246.
Adieu à Ninon (l'), chant, p. 109.
Adieu Grenade, chant, p. 198.
Adieu d'étudiant, chant, p. 199.
Adieu de Mimi (La Bohème), chant, p. 44.
Adieu du matin (l'), chant, p. 105.
Adieu ma p'tite Lili, chant, p. 111.
Adieu Mignon, courage (Mignon), chant, p. 64.
Adieu Mimi, chant, p. 223.
Adieu mon beau navire, chant, p. 217.
Adieu notre petite table (Manon), chant, p. 62.
Adieu tout ce que j'aime (La Traviata) (en italien), chant, p. 79.
Adieux à la forêt (les) (L'Attaque du Moulin), chant, p. 43.
Adieux au Concert (les), monologue, p. 196.
Adieux d'Hercule (les) (Astarté), chant, p. 43.
Adieux de Divonne (Sapho), chant, p. 74.
Adieux de Lohengrin (les) (Lohengrin), chant, p. 60.
Adieux de Lohengrin (Les) (Lohengrin) (en italien), chant, p. 60.
Adieux de Moulière (les), tr. de ch. p. 305.
Adieux de Suzon (les), chant, p. 211.
Adieux de Wotan (les) (La Walkyrie), orchestre, p. 238 et 242.
Adieux du matin (les), chant, p. 105.
Adjudant et sa monture (l') (Le Cœur et la Main), chant, p. 84.
Adorable cantilène (l'), chant, p. 105.
Adoration du Shah (l'), chant, p. 208.
Adorez-vous ! chant, p. 204.
Aéro-lune, orchestre, p. 288.
Aéroplane, (l'), orchestre, p. 288.
Affaires sont les affaires (les) (You-You), orchestre, p. 238 et 279.
Affranchissons-la, chant, p. 187.
AFFRE (ténor) (Opéra), p. 121.
AFRICAINE (l') (Opéra), chant, p. 41, 94, 101, orchestre, p. 226 et 240.
After you've. Intro (Watch) hope and wait little girl). (Sweet and pretty), orchestre, p. 309.
Agent Coupetout (l'), scène, p. 189.
Agnus Dei (Bizet), chant, p. 105, 118 et 119.
Ah ! bise-moi ou Bise-moi donc ! chant, p. 187.

Ah (suite)

Ah ! c'est Dieu qui vous inspire (LE BAL MASQUÉ), chant, p. 43.
Ah ! c' qu'on s'aimait, orchestre, p. 259.
Ah ! cher Monsieur (PEI-PEI), chant, p. 81.
Ah ! Forse lui che l'animo (LA TRAVIATA), chant, p. 79.
Ah ! fuyez douce image (MANON), chant, p. 62.
Ah ! gardez-le Mesdames, chant, p. 197.
Ah ! Idole si douce (LA FAVORITE), ch., p. 52 et 95.
Ah ! je l'attends, chant, p. 214.
Ah ! je veux briser ma chaîne (LES DIAMANTS DE LA COURONNE), chant, p. 49.
Ah ! l'honnête homme (ROBERT LE DIABLE), chant, p. 71 et p. 97.
Ah ! la charmante promenade (VÉRONIQUE), chant, p. 93.
Ah ! la danse, chant, p. 190.
Ah ! la guerre ! (L'ATTAQUE DU MOULIN), chant, p. 43.
Ah ! la musique américaine, chant, p. 187 et 208.
Ah ! le beau rêve, chant, p. 217.
Ah ! le cruel (ARIANE), chant, p. 42.
Ah ! les assassins, monologue, p. 189.
Ah ! les Chinois, chant, p. 194.
Ah ! les femmes des autres, chant, p. 203.
Ah ! les femmes qui vous aiment, chant, p. 207.
Ah ! lève-toi soleil (ROMÉO ET JULIETTE), chant, p. 73.
Ah ! Mathilde, idole de mon âme (GUILLAUME TELL), chant, p. 55 et 95.
Ah ! mes fidèles (L'AIGLE), chant, p. 42.
Ah ! Mireille, chant, p. 222.
Ah ! mon fils (LE PROPHÈTE), chant, p. 70.
Ah ! mon p'tit loup ! chant, p. 187.
Ah ! qu'c'était bien, chant, p. 212.
Ah ! qu'ils étaient heureux, chant, p. 212.
Ah ! qu'on est bête, chant, p. 208.
Ah ! quand donc ! chant, p. 198 et 212.
Ah ! que j'suis content, chant, p. 194.
Ah ! que l'amour, chant, p. 198.
Ah ! que la nuit est belle (HAYDÉE), chant, p. 56.
Ah ! quel plaisir d'être soldat (LA DAME BLANCHE), chant, p. 49.
Ah ! quel retard, chant, p. 199.
Ah ! quelle tendresse, chant, p. 219.
Ah ! si j'étais dragon du roi (LES DRAGONS DE VILLARS), chant, p. 50 et 94.
Ah ! si les femmes, chant, p. 183.
Ah ! si vous avez, chant, p. 199.
Ah ! si vous connaissiez la vie, chant, p. 185.
Ah ! si vous étiez Nicolas (duo) (CIBOULETTE), chant, p. 83 et 98.
Ah ! si vous saviez Mesdames ! chant, p. 213.
Ah ! si vous voulez de l'amour, chant, p. 187.
Ah ! tais-toi (PEI-PEI), chant, p. 91 orch. p. 235.
Ah ! tais-toi (THÉRÈSE), chant, p. 77.
Ah ! tais-toi ! chant, p. 192.
Ah ! viens dans la forêt (LAKMÉ), chant, p. 59.
Ah ! vive le soleil, chant, p. 208.
Ah ! voui ! chant, p. 208.
Aïcha la brune, chant, p. 208.
AÏDA (Opéra), chant, p. 42 ; orchestre, p. 226 et 242.
AIGLE (l') (Opéra-Com.), chant, p. 42.
Aigrette, orchestre, p. 260.
Ailes au vent, orchestre, p. 288.

Aime-moi Emma (LA-HAUT), chant, p. 88.
Aimer, chant, p. 223.
Aimer... aimer encore ou "Chanson de Printemps" chant, p. 186.
Aimer, c'est forger sa peine (To love brings us all our pain), chant, p. 109.
Aimer, c'est pleurer, chant, p. 194.
Aimer toujours, orchestre, p. 254.
Aimons, il faut aimer (GALATHÉE), ch., p. 55 et 95.
Aimons-nous, chant, p. 105.
Aimons toujours, chant, p. 105.
Ain't we got fun, orchestre, p. 272 et 286.
Air (LE BARBIER DE SÉVILLE), chant, p. 43.
Air à danser, orchestre, p. 244.
Air bouffe (LE POSTILLON DE LONJUMEAU), ch., p. 69.
Air d'Aben-Hamet (ABEN-HAMET), chant, p. 41.
Air d'Agathe (LE FREISCHÜTZ), chant, p. 54.
Air d'Alexandrie (THAÏS), chant, p. 77.
Air d'Elisabeth « Salut à toi » (LE TANNHAÜSER), chant, p. 76.
Air d'Hérodiade (HÉRODIADE), chant, p. 56.
Air d'Ottavio (DON JUAN), chant, p. 50.
Air de Bartholo (LE BARBIER DE SÉVILLE), chant, p. 43.
Air de Chimène (LE CID), chant, p. 47.
Air de Daphné (LES NOCES CORINTHIENNES), chant, p. 66.
Air de Didon (LES TROYENS), chant, p. 80.
Air de Faust (LA DAMNATION DE FAUST), ch., p. 49.
Air de Figaro (LE BARBIER DE SÉVILLE), ch., L. 43.
Air de frère Ange (LA ROTISSERIE DE LA REINE PÉDAUQUE), chant, p. 73.
Air de Gilda (RIGOLETTO), chant, p. 70.
Air de Gilda (RIGOLETTO), (en italien), chant, p. 70.
Air de Jean (HÉRODIADE), chant, p. 66 et 57.
Air de l'Oasis (ANTAR), chant, p. 42.
Air de la calomnie (LE BARBIER DE SÉVILLE), ch., p. 43.
Air de la Cocarde (LA COCARDE DE MIMI-PINSON), chant, p. 84 et 221.
Air de la folie (HAMLET), chant, p. 56.
Air de la lettre (LA PÉRICHOLE), chant, p. 90.
Air de la lettre (LA TOSCA), chant, p. 78.
Air de la lettre (VÉRONIQUE), chant, p. 93.
Air de la paresse (RIP), chant, p. 92.
Air de la reine de la nuit (LA FLUTE ENCHANTÉE), chant, p. 54.
Air de Leporello (DON JUAN), chant, p. 50.
Air de Margared (LE ROI D'YS), chant, p. 72.
Air de Pamina (LA FLUTE ENCHANTÉE), ch., p. 54.
Air de Phanuel (HÉRODIADE), chant, p. 57.
Air de Rachel (LA JUIVE), chant, p. 59.
Air de Rodolphe (LA BOHÈME), chant, p. 44.
Air de Ryscor (PATRIE), chant, p. 68.
Air de Salomé (HÉRODIADE), chant, p. 57.
Air de Saltarello (LA MASCOTTE), chant, p. 89.
Air de Sigurd (SIGURD), chant, p. 75.
Air de Suzanne (LES NOCES DE FIGARO), chant, p. 66.
Air de Titania (MIGNON), chant, p. 64.
Air de Vasco de Gama (L'AFRICAINE), ch., p. 41.
Air de Vulcain (PHILÉMON ET BAUCIS), chant, p. 60.
Air de Zarastra (LE MAGE), chant, p. 61.
Air des bijoux (FAUST), chant, p. 51.
Air des cartes (CARMEN), chant, p. 45.
Air des Clochettes (LAKMÉ), chant, p. 59.

Disques PATHÉ double face. XXVII

Ai (suite)

Air des gloupious (LE MÉDECIN MALGRÉ LUI), chant, p. 64.
Air des larmes (MARTHA), chant, p. 63.
Air des larmes (WERTHER), chant, p. 81.
Air des lettres (WERTHER), chant, p. 81.
Air des regrets (MANON), chant, p. 62.
Air du Charlatan (LE GRAND MOGOL), chant, p. 87.
Air du balcon (LOHENGRIN), chant, p. 60.
Air du chasseur (LE PARDON DE PLOERMEL), chant, p. 68.
Air du cimetière (LES NUITS PERSANNES), ch., p. 67.
Air du Cours-la-Reine (MANON), chant, p. 63.
Air du duc (LA BASOCHE), chant, p. 44.
Air du Juif Coppélius (LES CONTES D'HOFFMANN), chant, p. 48.
Air du Mage (LE MAGE), chant, p. 61.
Air du page (ROMÉO ET JULIETTE), chant, p. 72.
Air du petit Pierre (LES CADEAUX DE NOEL), chant, p. 45.
Air du rossignol (LES NOCES DE JEANNETTE), chant, p. 67.
Air du sabre (LES NUITS PERSANNES), chant, p. 67.
Air du sommeil (L'AFRICAINE), chant, p. 41.
Air du sonneur (PATRIE), chant, p. 68.
Air du tambour-major (LE CAID), chant, p. 45.
Air du Toréador (CARMEN), chant, p. 45.
Air du veau d'or (FAUST), chant, p. 51.
Air national suédois, orchestre, p. 288.
Airs de ballets, orchestre, p. 244 à 246.
Airs nationaux, orchestre, p. 288.
ALBANI (ténor) (Scala de Milan), p. 122.
ALBATROS (l') (Opéra), violon, p. 298.
ALBERS (baryton) (Opéra-Comique), p. 122.
Albert de Belgique, orchestre, p. 288.
ALEXANDRE (Comédie-Française), p. 6 et 18.
Alger la nuit, chant, p. 105.
Algérien (l'), orchestre, p. 288.
All that I need is you, orchestre, p. 272 et 308.
ALLARD (baryton) (Opéra-Comique), p. 124.
Allègrement! orchestre, p. 279.
Allegro de Concert, violon, p. 300.
Allegro du grand air de Rosine (LE BARBIER DE SÉVILLE), chant, p. 43.
Alleluia (LE CID), chant, p. 47.
Alleluia d'amour, chant, p. 105.
Allies Patrol, orchestre, p. 309.
Allobroges (les), chant, p. 104. Orchestre, p. 288.
Allo ! Chéri ! chant, p. 203. Orchestre, p. 279.
ALLO ! CHÉRI ! (Enregistrement spécial pour la danse), orchestre, p. 253.
Allo ! Mademoiselle ou la Demoiselle et le Pompier, chant, p. 189.
Allons que tout s'apprête (LE SONGE D'UNE NUIT D'ÉTÉ), chant, p. 75.
Allons tous les deux, chant, p. 105.
Alon! the way to Waikiki, orchestre hawaiian, p. 312.
ALVAR (Andrée) (Mlle) (Gaîté-Lyrique), p. 160.
ALVAREZ (Albert) (ténor) (Opéra), p. 125.
Alza manolita, chant, p. 204, orchestre, p. 254.
AMADIS (Opéra), chant, p. 42.
Amarilli (en italien), chant, p. 105 et 118.
Amant de la Tour Eiffel (l'), orchestre, p. 260-294.

Amants (les), chant, p. 199.
Amants et les fleurs (Les), chant, p. 219.
Amaro sol per te (duo) (LA TOSCA) (en italien), chant, p. 78 et 97.
Amateur explorateur (l'), orchestre, p. 264.
Amargura (en espagnol), chant, p. 176.
AMBASSADRICE (l') (Opéra-Com.), orch., p. 226, 238 et 295.
Ame des violons (l'), chant, p. 202.
AME EN PEINE (l') (Opéra-Com.), chant, p. 42.
A-m-é-r-i-c-a-, orchestre, p. 309.
Américain (l'), orchestre, p. 273.
Américaine, chant, p. 210.
Américains (les), chant, p. 222.
AMERICAN REPUBLIC BAND, orchestre américain, p. 309.
Amina, orchestre, p. 246.
Amorosa, orchestre, p. 266.
Amour (l'), chant, p. 214 ; orchestre, p. 261.
AMOUR (l') (Enregistrement spécial pour la danse) orchestre, p. 252.
Amour à Florence (l'), chant, p. 213.
AMOUR A LA PACHA (l') (Opérette), chant, p. 82 et 104.
Amour à Séville (l'), chant, p. 196.
Amour à Venise (l'), chant, p. 203.
Amour alsacien, chant, p. 186.
Amour au Chili (l'), chant, p. 208.
Amour au poulailler (l'), chant, p. 181.
Amour aux oiseaux (l'), chant, p. 194.
Amour brisé (l'), chant, p. 179 et 204.
Amour c'est charmant (l') (ON! QUE FORTUNE!) (Revue) (Duo), chant, p. 183.
Amour d'un soir d'automne, chant, p. 105.
Amour est enfant de Bohême (l') (CARMEN), chant, p. 45.
Amour est une folie (l'), chant, p. 198.
Amour est une vertu rare (l') (THAIS), chant, p. 77.
Amour expliqué (l'), chant, p. 219.
Amour frappe à ta porte (l'), chant, p. 194.
AMOUR MASQUÉ (l') (Comédie musicale), chant, p. 82.
Amour n'est qu'un beau rêve (l'), chant, p. 192.
Amour quand tu nous tiens, chant, p. 204.
Amour que veux-tu de moi, chant, p. 105.
Amour qui rit (l'), chant, p. 187 ; orchestre, p. 261, 289 et 293.
Amour quitte son nid (l'), chant, p. 211.
Amour sacré (LA MUETTE DE PORTICI), chant, p. 66 et 96.
Amour s'envole (l'), chant, p. 108 et 202.
Amour ! viens aider ma faiblesse (SAMSON ET DALILA), chant, p. 74.
Amoureuse, chant, p. 105, orchestre, p. 254.
Amoureuse ballade, chant, p. 208.
AMOUREUX DE CATHERINE (les) (Opérette), chant, p. 82.
Amoureux mélomanes (les), chant, p. 188.
Amoureux sauvetage, chant, p. 192 et 203.
Anatomie du conscrit (l'), chant, p. 214.
ANCENY (Yette) (Mlle) (Eldorado), p. 218.
Andalouse (l'), chant, p. 105.
Andalucia, orchestre, p. 254.
Andante (J. HOLLMANN), violoncelle, p. 301.
Andante du Concerto (MENDELSSOHN), violon, p. 298.

An (suite)

Andante du quatuor en ré mineur, quatuor à cordes, p. 296.
Andante et valse, banjo, p. 302.
Andouill's Marche, chant, p. 195.
ANDREA CHÉNIER (Opéra) (en italien), chant, p. 42.
Anémone, orchestre, p. 258.
Ange si pur (LA FAVORITE), chant, p. 53.
Angel Child, orchestre, p. 273 et 308.
Angélus aux champs (l'), chant, p. 114.
Angélus de la mer (l'), chant, p. 105, 106 et 197.
Angélus de Verdun (l'), chant, p. 206.
Anges du Paradis (MIREILLE), chant, p. 65.
Anita, orchestre, p. 267.
Anna, qu'est-ce que t'attends ou Vas-y ma poule, chant, p. 187.
Annette et Lubin, orchestre, p. 246.
Annie Laurie, violon, p. 299.
Anniversaire de Billikins (l'), orchestre, p. 285.
Ariona, orchestre, p. 261.
ANTAR (Opéra), chant, p. 42.
Antoine, chant, p. 182; orchestre, p. 282.
ANTOINE (Enregistrement spécial pour la danse), orchestre, p. 253.
Antonin, chant, p. 208.
Apache, orchestre, p. 279.
Aphrodite (Prélude), violon, p. 297.
Apollon de Versailles (l'), chant, p. 214.
APPRENTI SORCIER (l'), orchestre, p. 226 et 250.
Après la guerre, orchestre, p. 261 et 294.
Après la rupture, chant, p. 211.
Après l'étape, orchestre, p. 288.
Après le sombre orage (LES SALTIMBANQUES), chant, p. 92.
Après un rêve, chant, p. 107.
April Showers, orchestre, p. 273 et 308.
Aqueros mountinos. Si Canté (en béarnais), chant, p. 203.
AQUISTAPACE (Baryton) (Opéra), p. 126.
Arabian nights, orchestre, p. 309.
Aragon, orchestre, p. 252 et 269.
Arc de Triomphe (l'), chant, p. 201 orchestre, p. 289.
Araguaya, orchestre, p. 283.
Archers du Roy (les), chant, p. 200.
Ardente, orchestre, p. 254.
Are you from Dixie, orchestre, p. 307.
Arenas, orchestre, p. 251 et 269.
Argentina, orchestre, p. 254.
ARGENTINA (Enregistrement spécial pour la danse), p. 253.
Aria (LA NAVARRAISE), chant, p. 66.
Aria, violon, p. 298 et 299, violoncelle, p. 301.
Aria de la Sonate (OPUS. II) (SCHUMANN-HOLLMAN), violoncelle, p. 301.
ARIANE (Opéra), chant, p. 42.
Arioso (TCHARODEYKO), chant, p. 169.
Arizona, chant, p. 179, orchestre, p. 307.
ARLÉSIENNE (l') (Drame lyrique), monologue, p. 102, orch., p. 226-238 et 244, violoncelle, p. 301.
Armons-nous, orchestre, p. 288.
Arrêtons-nous ici (LE CHALET), chant, p. 47.
Arrière-garde (l'), chant, p. 214.
Arrouah... Sidi !!! chant, p. 208.
Article 214 (l'), chant, p. 167.
ASCANIO (Opéra), chant, p. 43.
Ascenseur (l'), orchestre, p. 279.

Asile héréditaire (GUILLAUME TELL), chant, p. 55.
Asleep in the Deep, orchestre, p. 251 et 254.
Assez de bas d'soie, chant, p. 192.
Assommoir (l'), chant, p. 200.
ASTARTÉ (Opéra-Com.), chant, p. 43.
ATHALIE (Opéra), orchestre, p. 226, 242 et 243.
ATTAQUE DU MOULIN (l') (Opéra-Com.), chant, p. 43 ; orchestre, p. 227 et 240.
Attoh Nigleso, chant hébraïque, p. 120.
Au bon moment, chant, p. 210.
Au bord de la Loire, orchestre, p. 266.
Au bord du Rio, chant, p. 219.
Au caprice du vent, chant, p. 106.
Au chant des binious, chant, p. 222.
Au cirque, saynète, p. 181.
Au clair de la lune, chant, p. 213.
Au loin, chant, p. 106.
Au music-hall, chant, p. 183.
Au pas, orchestre, p. 289.
Au pays des clairs de lune, chant, p. 204.
Au Pays du Chrysanthème, chant, p. 208.
Au petit jour du matin, chant, p. 106.
Au plus malin, monologue, p. 184.
Au r'voir et merci ! orchestre, p. 261.
Au rendez-vous d'amour, chant, p. 203.
Au thé tango, chant, p. 183.
Aux Alpins, chant, p. 186.
Aux armes, orchestre, p. 289 et 291.
Aux avant-postes, orchestre, p. 289.
Aux Bat' d'Af, chant, p. 186.
Aux bombardiers, orchestre, p. 289.
Aux cloches de France, chant, p. 106.
Aux colonies, chant, p. 214.
Aux Halles, chant, p. 199.
Aux montagnes de Katskill « Légende » (RIP), chant, p. 92.
Aux oiseaux bleus, c'est le Paradis (VOU-YOU), chant, p. 93 et 219.
Aux omnibus de la Trinité, saynète, p. 225.
Aux pommes, chant, p. 185.
Aux Tuileries, orchestre, p. 261 et 312.
Aubade, violon, p. 297.
Aubade (LE ROI D'YS), chant, p. 72.
Aubade à la rose, chant, p. 209.
Aubade d'amour (NOEL DE PIERROT), chant, p. 106.
Aubade Florentine « A song at Daybreak », chant, p. 109.
Aubade printanière, orchestre, p. 246.
Aubade tyrolienne, chant, p. 186.
Aube est tout près d'éclore (l') (LE BARBIER DE SÉVILLE), chant, p. 43.
Aube naît (l'), chant, p. 106.
Aube vermeille (l') (LES MAITRES-CHANTEURS), chant, p. 62.
AUDIFFRED (Concert Mayol), p. 179.
AUMONIER (basse) (Opéra de Nice), p. 126.
Automobile marche (LA PRINCESSE DOLLAR), orchestre, p. 235.
Autre cortège (l'), monologue, p. 209.
Auvergnate (l'), orchestre, p. 265 et 271.
Avalon, chant, p. 155, orchestre, p. 273 et 286.
Ave Maria (CHÉRUBINI), chant, p. 118.
Ave Maria (GOUNOD), chant, p. 118, violon, p. 295, violoncelle, p. 301.
Ave Maria (TITO SCHIPA), chant, p. 118.
Ave Maria (OTELLO), chant, p. 67.
Ave Maria (SCHUBERT), violoncelle, p. 301.

Av (suite)

Ave Maria de Lourdes, chant religieux, p. 119.
Avec la douce chansonnette (CHARLES VI), ch., p. 47.
Avec le sourire, chant, p. 190, orchestre, p. 273.
AVEC LE SOURIRE (Enregistrement spécial pour la danse), orchestre, p. 254.
Avec madame Durand, chant, p. 187.
Avec toi (ESCLAVE D'AMOUR), chant, p. 204.
Avec ton souvenir, chant, p. 106 et 213.
Avec Ugène, orchestre, p. 256.
Aventure espagnole, chant, p. 187.
Aventurier (l'), orchestre, p. 289.
Aveugle (l'), chant, p. 179.

B

Babet et Cadet (MAM'ZELLE NITOUCHE), chant, p. 89.
BAER (basse) (Opéra). p. 126.
Bagnard (le), chant, p. 204.
Baigneuse de Beaucaire (la), chant, p. 187.
Bains de mer (les), orchestre, p. 289.
Baisers (les), chant, p. 222 ; orchestre, p. 273.
Baisers par-ci, baisers par-là, chant, p. 187.
Bal de la Reine (le), orchestre, p. 255.
BAL MASQUÉ (le) (Opéra), chant, p. 43.
Bal masqué (le), orchestre, p. 261.
Balance automatique (la), chant, p. 214.
Balancello (le), orchestre, p. 251, 264 et 271.
BALDASSARE-TEDESCHI (Mme) (Soprano italien), p. 160.
Ballade argentine, orchestre, p. 283.
Ballade de la Reine Mab (ROMÉO ET JULIETTE), chant, p. 72.
Ballade de Nedda (PAILLASSE), chant, p. 68.
Ballade de Nélusko (L'AFRICAINE), chant, p. 41.
Ballade des p'tits poussins, chant, p. 181.
Ballade du roi de Thulé (FAUST), chant, p. 51.
Ballade hygiénique, chant, p. 185.
Ballet d'Henri VIII, orchestre, p. 244.
Ballet d'Hérodiade, orchestre, p. 245.
Ballet d'Isoline, orchestre, p. 244.
Ballet de Coppélia, orchestre, p. 244.
Ballet de Faust, orchestre, p. 244.
Ballet de Sylvia, orchestre, p. 244, violon, p. 298.
Ballet égyptien, orchestre, p. 244.
Baltique (la), chant, p. 208 ; orch., p. 279.
Bamboulette, chant, p. 204.
Banderilleros (les), orchestre, p. 242 et 243.
BARBE-BLEUE (Opérette), chant, p. 83.
BARBIER DE SÉVILLE (le) (Opéra-Com.), chant, p. 43 ; orchestre, p. 227 et 238.
Barcarolle, chant, p. 106.
Barcarolle (TCHAIKOWSKI), violon, p. 298.
Barcarolle (LES CONTES D'HOFFMANN), chant, p. 48, violon, p. 296.
Barque volée (la), chant, p. 106.
BASOCHE (la) (Opéra-Com.), chant, p. 44, orch., p. 227 et 246.
Bateaux parisiens (les), chant, p. 209.
BATTAILLE (Jean) (Pie-qui-chante), p. 179.
Battura (la), orchestre, p. 271.
Batutas, orchestre, p. 271.
Baya (la), chant, p. 187 ; orch., p. 261.
Bayadère (la), orchestre, p. 260.
Bayo-Baya, orchestre, p. 283.
Beau blond (le), chant, p. 194.

BEAU DANUBE BLEU (le)) (Enregistrement spécial pour la danse), orchestre, p. 253.
Beau Danube bleu (le), orchestre, p. 255.
Beau grenadier (le), chant, p. 196.
Beau polichinelle (le), chant, p. 213.
Beau rêve (le), chant, p. 106 et 217.
Beauté de ma Mie (la), chant, p. 201.
Beauté Mystique, orchestre, p. 246.
Beautiful-Ohio, chant, p. 204, orchestre, p. 309.
Beauvaisienne (la), orchestre, p. 289.
Bébé à Jésus, chant, p. 118 et 119.
Bec de gaz où il est tombé sur un bec, chant, p. 221.
Bec de lièvre (la), tr. de chasse, p. 305.
BEDETTI (Jean), violoncelle, p. 300.
Bégonias (les), chant, p. 209.
Béguin (le), orchestre, p. 255 et 273.
BELHOMME (basse) (Opéra-Com.), p. 127.
Bella Bocca, orchestre, p. 261 et 294.
Bella coscia ou « Quand il vous a parlé », chant, p. 203.
Belle adorée, chant, p. 204.
Belle Andalouse, chant, p. 209.
Belle cuisinière (la), chant, p. 214.
BELLE DE NEW-YORK (la) (Opérette), orchestre, p. 260.
Belle meunière (la), orchestre, p. 261.
Belle sultane, orchestre, p. 255.
Belles filles d'Arles (les), orchestre, p. 248.
Bellerive, orchestre, p. 255.
Belliqueux (le), orchestre, p. 290.
BENEDETTO (A. de), accordéon, p. 303.
Bénédiction (ROMÉO ET JULIETTE), chant, p. 72.
Bénédiction des poignards (LES HUGUENOTS), chant, p. 57.
Bengali (le), orchestre, p. 261 et 294.
BENJAMIN (Opérette), chant, p. 83.
BENVENUTO CELLINI (Opéra) (DIAZ), chant, p. 44.
BÉRARD (Eldorado), p. 179.
Berceaux (les), chant, p. 106.
Berceuse (FAURÉ) ; violon, p. 298 et 299.
Berceuse (JOCELYN), chant, p. 58 ; violon, p. 298.
Berceuse (MIGNON), chant, p. 65.
Berceuse (PANURGE), chant, p. 90.
Berceuse à Bimboline, chant, p. 106.
Berceuse à Julot, chant, p. 179.
Berceuse au bleuet, chant, p. 205.
Berceuse corse (COLOMBA), chant, p. 48.
Berceuse de Bébé, chant, p. 199.
Berceuse des nuits (la), chant, p. 204.
Berceuse du cœur, chant, p. 106.
Berceuse improvisée, chant, p. 106.
Berceuse langoureuse, chant, p. 218.
Berceuse tendre, chant, p. 202.
Berger philosophe (le), chant, p. 186.
Bergère Colinette (LES SALTIMBANQUES), chant, p. 92.
Bergère légère, chant, p. 106.
Bergère Watteau, orchestre, p. 266 et 294.
BERGERET (Casino de Paris), p. 181.
Berlines, orchestre, p. 269.
Berline française, orchestre, p. 269.
BERNARD (Comédie-Française), p. 18.
BERT (Pauline) (Mme) (Parisiana), p. 218.
BERTHAUD (ténor) (Opéra-Com.), p. 129.
BERTRAND (Ténor) (Capitole de Toulouse), p. 130.
BERVAL (Alcazar de Marseille), p. 18.

Be (suite)

Beth ceu de Pau (en béarnais), chant, p. 203.
Bettina, orchestre, p. 255.
Beware of chuchinchow, orchestre, p. 273.
BEYLE (Léon) (ténor) (Opéra-Com.), p. 130.
Biaiseuse (la), orchestre, p. 261.
Bibi la rousti, chant, p. 185.
Biblche, chant, p. 214.
Biche au bois (la), chant, p. 192.
Bicot (le), orchestre, p. 261.
Bien chapeautée (Phi-Phi), chant, p. 91.
Big Boot Dance (Danse des grands souliers), orch. p. 257 et 267.
BILLA-AZÉMA (Mme) (Soprano) (Opéra-Com.), p. 2.
Billets doux, chant, p. 219, orchestre, p. 273 et 286.
BILLY ARNOLD'S (Novelty Jazz-Band), p. 306.
Bim Dentist (Patois alsacien), chant, p. 224.
Bim Ganselspiel (Patois alsacien), chant 224.
Bimini Bay, orchestre, p. 273 et 308.
Bindelesdaa (Patois alsacien), chant, p. 224.
Biniou (le), chant, p. 106.
Blanche de Castille, orchestre, p. 267.
BLOCH (humoriste alsacien), p. 184.
Blonde aux yeux bleus, chant, p. 192.
Blondes, chant, p. 197.
Blondinette, orchestre, p. 277.
Blowing Bubbles « Balles légères », chant, p. 155.
Blue orchestre, p. 273 et 306.
Blue-Bell, orchestre, p. 287.
Blue Song, chant, p. 106.
Bluff, orchestre, p. 279.
Bobby je vous adore (duo) (Les Linottes), chant, p. 88 et 99.
BOCCACE (Opérette), chant, p. 83.
Bœufs (les), chant p. 106.
BOHÈME (la) (Opéra-Com.) (Puccini), chant, p. 44, orchestre, p. 243.
BOHÈME (la) (Opéra-Com.) (Leoncavallo), chant, p. 45.
Bois épais redouble ton ombre (Amadis), chant, p. 42.
BOISSIER (Comique Marseillais), p. 184.
Boîte de Pandore (la), orchestre, p. 255.
Boiteuse du régiment (la), chant, p. 214.
Boléro (Leblond), orchestre, p. 246 et 294.
Boléro de Concert, orchestre, p. 246 et 292.
Bon Dieu des roses (le), chant, p. 204.
Bon laboureur (le) (chanson à boire), ch., p. 106.
Bon pour les animaux, chant, p. 195.
Bon tout d'même, chant, p. 196.
Bon train, orchestre, p. 289.
Bonheur d'être aimé (le), chant, p. 201.
Bonheur est chose légère (le) (Le Timbre d'Argent), chant, p. 77.
Bonheur par l'amour (le), chant, p. 107.
Boniments printaniers, chant, p. 202.
Bonjour Lison, chant, p. 186.
Bonjour Mam'zelle ! chant, p. 214.
Bonjour Suzon, chant, p. 107 et 211.
Bonne fortune (Canivez), orchestre, p. 235.
Bonn' fortune (Steenebrugen), orch., p. 261.
Bonne tournée (la), orchestre, p. 261.
Bonne de Saint Antoine (la), chant, p. 214.
Bonnets au vent, orchestre, p. 261.
Bonsoir (le), trompes de chasse, p. 306.

Bonsoir, belle amie, chant, p. 213.
Bonsoir m'amour ! chant, p. 219.
Bonsoir Mam'zelle Rose ! chant, p. 180.
Bôra-Bôra (la), orchestre, p. 267.
BORGATTI (Ténor italien), p. 131.
BORNÉO-GARDINER (Siffleur), p. 216.
Boston, orchestre, p. 287.
BOTREL (Théodore) (le Barde breton), p. 185-28.
Bou-Dou-Ba-Da-Bouh ! chant, p. 209.
BOUCHER (Victor) (Théâtre Daunou), p. 132.
BOUCOT (Casino de Paris), p. 185.
Boue (la), chant, p. 220.
Bouillabaisse marseillaise, monologue, p. 216.
Boula-Matali, orchestre, p. 288.
Bouquet (le), chant, p. 105.
Bouquet de Mélodies, orchestre, p. 241.
Bourbaki, orchestre, p. 289.
BOURDIN (Mlle) (Comédie-Française), p. 13.
Bourgeois et domestique, scène comique, p. 189.
Bourra (la), orchestre, p. 255.
Bourrée auvergnate, orchestre, p. 271.
Bourre le crâne, chant, p. 222.
Bous-bouss-mée, chant, p. 222 et 271.
Bout-en-train, accordéon, p. 303.
BOUVET (baryton) (Opéra-Comique), p. 131.
BOVY (Mme) (Comédie-Française), p. 18.
BOYER (baryton) (Opéra-Comique), p. 131.
BOYER (Lucien), chansonnier, p. 185.
Brabançonne et chant populaire belge (la), orch. p. 288.
Bras dessus, bras dessous, orchestre, p. 263.
Brepeiro, orchestre, p. 271.
Brelan d'oiseaux, chant, p. 182.
Brésiliennes (les), chant, p. 203.
Bressières (les), orchestre, p. 261-294.
Bridou au théâtre, chant, p. 214.
Bright eyes, orchestre, p. 251 et 279.
Brinchs de Bruch, orchestre, p. 310.
Brindilles parfumées, orchestre, p. 266.
BRINDILLES PARFUMÉES (Enregistrement spécial pour la danse), orchestre, p. 252.
Brindisi (Cavalleria Rusticana), chant, p. 46.
Brindisi (La Traviata), chant, p. 79.
B-se argentine, orchestre, p. 255 et 311.
E-se d'amour, orchestre, p. 255.
Brise du soir (Gillet), orchestre, p. 246.
Brise du soir (Kessels), orchestre, p. 255.
BRUANT (chansonnier), p. 186.
Bruja (la), « La Jota » (en espagnol), chant, p. 107.
Brune andalouse, orchestre, p. 255.
Brunette, orchestre, p. 261.
Bruxelles, orchestre, p. 2.0 et 294.
Bruxelles en Jota, orchestre, p. 289.
Bruxelles-Exposition, orchestre, p. 289.
Bruxelles-Kermess, orchestre, p. 289.
BUICA (Le célèbre violoniste Roumain), p. 297.
Bulles légères « Blowing Bubbles », chant, p. 155.
Burlesque sur les motifs du Forgeron musicien, orchestre, p. 249.
BURNIER (Robert) (Baryton) (Gaîté Lyrique), p. 132.
BUXEUIL (René DE) (Concerts Parisiens), p. 186.
By the sapphire sea, orchestre, p. 273 et 308.
By the Wathers of Minnetonka (en anglais), chant, p. 112.

C

C'coquin d'Porto (J'TE VEUX), orchestre, p. 252 et 283.
C'est à Tahiti, chant, p. 183.
C'est aujourd'hui dimanche, chant, p. 214.
C'est au bal musette, chant, p. 221.
C'est des amours... les hommes, chant, p. 183.
C'est du Jazz-band, orchestre, p. 256 et 273.
C'EST DU JAZZ-BAND (Enregistrement spécial pour la danse), orchestre, p. 253.
C'est en Alsace, chant, p. 202.
C'est en passant, chant, p. 205.
C'est en Zélande, chant, p. 107.
C'est fini!, dialogue, p. 226.
C'est fou la place que ça tient (J'TE VEUX), chant, p. 87.
C'est François (FRANÇOIS LES-BAS-BLEUS), ch., p. 86.
C'est gentil, chant, p. 214.
C'est grand'pitié (CHARLES VI), chant, p. 47.
C'est ici même à cette place (MARIE-MAGDELEINE), chant, p. 63.
C'est jeune et ça n'sait pas, chant, p. 198 et 217-221, orchestre, p. 273, 286.
C'est l'amour (LES SALTIMBANQUES), chant, p. 92.
C'est l'amour, chant, p. 186.
C'est l'amour d'une belle « Couplet » (LA FLUTE ENCHANTÉE), chant, p. 54.
C'est l'amour qui passe, chant, p. 192.
C'est la chanson de mon village, chant, p. 204.
C'est la chanson la plus jolie, chant, p. 179.
C'est la faute à papa, chant, p. 196.
C'est la femme à tout le monde, chant, p. 188.
C'est la lumière (MADAME FAVART), chant, p. 88.
C'est la mode et voilà tout, chant, p. 213.
C'est la pluie, chant, p. 192.
C'est la valse du faubourg, chant, p. 209.
C'est la valse du soir, chant, p. 179.
C'est la vie (LA-HAUT), chant, p. 88.
C'est le Dieu de la jeunesse (LAKMÉ), ch., p. 59 et 95.
C'est ma bonne, chant, p. 190.
C'est maman, chant, p. 213.
C'est mon Angélina, chant, p. 196.
C'est mon frère, chant, p. 187.
C'est Paris! chant, p. 205.
C'est Paris (LA-HAUT), chant, p. 88, orchestre, p. 276, 286, 307 et 308.
C'est pas chic (You-You), chant, p. 93 et 219.
C'est pas d'sa faute, chant, p. 212.
C'est pas possible, chant, p. 213.
C'est pour l'armée, chant, p. 205.
C'est pour la payse, chant, p. 180, orchestre, p. 252.
C'est pour les petites femmes, chant, p. 187 et 208.
C'est pour les poires, chant, p. 188.
C'est pour ta fête, chant, p. 202.
C'est pour vous, chant, p. 199.
C'est Rigadin, orchestre, p. 285 et 289.
C'est sa banlieue... (CIBOULETTE), chant, p. 83.
C'est Titin, chant, p. 184.
C'est toi, m'amour!, chant, p. 219.
C'est un plaisir si grand (DÉDÉ), chant, p. 84.
C'est un rayon de soleil, chant, p. 183.
C'est un refrain d'amour, chant, p. 205.
C'est un soir de Paris, chant, p. 209.
C'est une belle, chant, p. 203.
C'est une chanson d'amour, chant, p. 209.
C'est une fleurette, chant, p. 220.
C'est une gamine charmante (PHI-PHI), chant, p. 91.
C'est une valse populaire, chant, p. 193.
C'était un rêve, chant, p. 211.
C'était une fille, chant, p. 191.
C'était un' petit' dactylo, chant, p. 183.
C'que c'est qu'l'amour, chant, p. 211.
C'que tu m'as fait, chant, p. 214 ; orch., p. 259 et 311.
C'qui m'plaît par dessus tout, chant, p. 183.
Ça, c'est bien ma veine, chant, p. 191.
Ça, c'est d'l'amour, chant, p. 214.
Ça, c'est une chose... (TA BOUCHE), chant, p. 92 ; orchestre, p. 237, 282 et 309.
Ça fait bien, chant, p. 213.
Ça n'est pas américain, chant, p. 199.
Ça n'existe pas!, chant, p. 213.
Ça passe le temps, chant, p. 212.
Ça pousse, orchestre, p. 261.
Ça qu'est bon, Madame!, chant, p. 183.
Ça sent toujours l'amour, chant, p. 194 et 222.
Ça va s'passer, chant, p. 198.
Ça vat-et-ça vient, chant, p. 214.
Ça vous fait quéqu' chose, chant, p. 214.
Cabotine, chant, p. 209.
Cacaouette-Cacaouette, chant, p. 207 ; orch., p. 261.
Cach' ton piano, chant, p. 196 ; orchestre, p. 279.
CACH' TON PIANO (Enregistrement spécial pour la danse), orchestre, p. 253.
Cachucha, sifflet, p. 218.
CADEAUX DE NOËL (les), chant, p. 45.
CADET (Fortuné) (Alcazar de Marseille), p. 186.
Cadet-Rousselle, chant, p. 223.
Cadets (les), orchestre, p. 287.
Cadets d'Autriche (les), orchestre, p. 289.
Cadets de Brabant (les), orchestre, p. 289.
Cadets de Russie (les), orchestre, p. 289.
Cadres de l'armée (les), chant, p. 214.
CAID (le), Opéra-Com., chant, p. 45 ; orchestre, p. 227 et 238.
Caïd (le), orchestre, p. 273, 282, 289 et 306.
Caille et Coucou, orchestre, p. 261 et 312.
Cailloux du Rhin, chant, p. 220.
Cairo, orchestre, p. 273 et 279.
Cajolerie, orchestre, p. 265.
Callate Roberto, orchestre, p. 251 et 283.
CALIFE DE BAGDAD (le) (Opéra-Com.), orch., p. 227, 238 et 250.
CALVÉ (Emma) (Mme), p. 160.
CAM (Denise) (Mlle) (Casino de Monte-Carlo), p. 161.
CAMBARDI (Concert Mayol), p. 186.
Camélia, orchestre, p. 262.
Camomille, chant, p. 107, orchestre, p. 275, 282 et 308.
CAMPAGNOLA (ténor) (Opéra), p. 183.
CAMPREDON (Mme) (Soprano) (Opéra), p. 9.
Camprodon, orchestre, p. 310.
Camptown Carnival, orchestre, p. 302.
Canadian Patrol, orchestre, p. 309.
Canard amoureux (le), chant, p. 212.
Canard marseillais (le), monologue, p. 210.
Candeur virginale, chant, p. 215.
Candidat muet (le), scène, p. 189.
Cannes la jolie, orchestre, p. 255.
Canons (les), chant, p. 192.
Cantabile (SAMSON ET DALILA), chant, p. 74.
Cantabile (LA SOMNAMBULE) (en italien), ch., p. 75.
Cant dels Aussellets, orchestre, p. 310.

Ca (suite)

Cantique d'amour (MIARKA), chant, p. 64.
Cantique du pain (LE MÉNESTREL), chant, p. 118.
Canzone del Porter (MARTHA) (en italien), chant, p. 63.
Canzonetta, violon, p. 300 ; violoncelle, p. 301.
Capelli d'oro (en italien), chant, p. 173.
CAPITAINE (ténor) (Opéra-Com.), p. 133.
CAPPER (Charles), (Sifflet), p. 304.
CAPRICCIO ESPAGNOL, orchestre, p. 251.
Capriccio-Valse, violon, p. 299.
Caprice, chant, p. 203 ; orchestre, p. 255, violon, p. 297 et 299.
Caprice hongrois, violoncelle, p. 300.
Capricho, orchestre, p. 251 et 283.
Capricieuse, orchestre, p. 261 et 294.
Capucine, orchestre, p. 261.
Car moi j'aime ça, chant, p. 210.
Caravan, orchestre, p. 273 et 306.
Caravane (la) (MAROUF, SAVETIER DU CAIRE), chant, p. 63.
Caresse andalouse, chant, p. 107.
Caresse de fleurs, chant, p. 107 ; violon, p. 297.
Caresses (les), chant, p. 109.
Carillon de guerre, chant, p. 107.
Carillon printanier, orchestre, p. 267.
Carillonneur (le), chant, p. 180.
CARILLONNEUR DE BRUGES (le) (Opéra-Com.), chant, p. 45.
Carmagnole (la), chant, p. 117 ; orchestre, p. 288.
Carmela, orchestre, p. 271.
Carmélite (la), chant, p. 180.
CARMEN (Op.-Com.), chant, p. 45 ; orch., p. 227-240.
CARMEN (Opéra-comique) de BIZET, enregistrement complet en 27 disques 29 ½ double face, p. 2.
Carmen l'Andalouse, chant, p. 205 ; orch., p. 246.
Carmena, sifflet, p. 218.
Carnaval de Venise (le), orch., p. 241-246 ; viol., p. 297 et 298.
Carne de Cabaret, orchestre, p. 283.
Caro nome che il mio cor (RIGOLETTO), chant, p. 70.
Caroli, orchestre, p. 283.
Carolina, orchestre, p. 277 et 306.
Carolina in the morning, orchestre, p. 273 et 306.
Caroline ! Caroline ! orchestre, p. 261.
CARRÉ (Marguerite) (Mme) (soprano) (Opéra-Com.), p. 261.
Carte postale, orchestre, p. 266 et 294.
Cas de M. Dupont (le), chant, p. 188.
CASA (Robert) (Scala), p. 186.
Casoar (le), orchestre, p. 274.
Casta Diva (NORMA) (en italien), chant, p. 67.
Castaldo-March, orchestre, p. 290.
Castillane, orchestre, p. 289.
Catalans (les), orchestre, p. 265 et 289.
Catarina, orchestre, p. 269.
Cathédrales (les), chant, p. 105.
Causerie sur l'ail, monologue, p. 186.
Causerie sur la chaise, monologue, p. 216.
Cavalerie légère, orchestre, p. 237 et 238.
CAVALLERIA RUSTICANA (Opéra-Com., chant, p. 46 ; orchestre, p. 227 et 246 ; violon, p. 299.
Cavatine (LA DAME BLANCHE), chant, p. 49.
Cavatine (LA SOMNAMBULE), (en italien), chant, p. 75.
Cavatine (LE BARBIER DE SÉVILLE), (en italien), chant, p. 44.

Cavatine (FAUST), chant, p. 51.
Cavatine (RAFF), orchestre, p. 246 ; violon, p. 299.
Cavatine (ROMÉO ET JULIETTE), chant, p. 72 et 73.
Ce gosse-là ! chant, p. 198.
Ce matin-là, chant, p. 107.
Ce n'est qu'une petite femme, chant, p. 183.
Ce que c'est qu'un drapeau, chant, p. 116, orch., p. 289.
Ce que disent les pierres, chant, p. 107.
Ce que dit la brise, chant, p. 107.
Ce soir j'arrive donc (LE PRÉ-AUX CLERCS), chant, p. 69.
Ce sont les yeux, chant, p. 205.
Cécile, orchestre, p. 261, 284, 294 et 295.
CECILIA (Trio), violon, flûte et harpe, p. 296.
Cédilles (les), chant, p. 209.
Célèbre et véritable maxixe brésilienne (la), orch., p. 271 et 287.
Célèbre Largo (HAENDEL), violon, violoncelle et harpe, p. 296.
Célèbre menuet, orchestre, p. 246.
Célèbre menuet (MOZART), violon, p. 299.
Célèbre pas de l'ours, orchestre, p. 271.
Célèbre Sérénade, chant, p. 107.
Célèbre sérénade (GOUNOD), chant, p. 107.
Célèbre Sérénata (TOSELLI) chant, p. 107 et 143.
Célèbres bourrées, orchestre, p. 271.
Célèbres montagnardes, orchestre, p. 271.
Célèbres variations de Rode (en italien), chant, p. 163.
Célestin et Floridor (MAM'ZELLE NITOUCHE), chant, p. 89.
Célibataire (le), chant, p. 209.
Célina, chant, p. 204 ; orchestre, p. 262.
Celle que l'on ne connait pas, chant, p. 212.
Celle qui passe, chant, p. 107.
113e de ligne (le), chant, p. 186.
CENT VIERGES (les) (Opérette), orch., p. 227-255.
CENT VIERGES (les) (Enregistrement spécial pour la danse), orchestre, p. 253.
CERCLE DU « BIEN ALLER » Trompes de chasse, p. 305.
Cerf (le), trompes de chasse, p. 305.
Certainement j'aime Clairette (LA FILLE DE MADAME ANGOT), chant, p. 85.
Ces envoyés du Paradis (LA MASCOTTE), chant, p. 89.
Cette méprisable petite armée, orchestre, p. 247.
Cette petite femme-là, orchestre, p. 262.
Ceux qui aiment sont des fous, ch., p. 219.
Chabriliant (la), trompes de chasse, p. 305.
Chacun de nous aime sa femme, chant, p. 199.
Chagrins d'amour, orchestre, p. 255.
CHALET (le) (Op.-Com.), ch., p. 47, 94, 102, orchestre, p. 228, 240, 243 et 294.
CHAMBON (basse) (Opéra), p. 134.
Champ paternel (JOSEPH), chant, p. 59.
CHAMPELL (Mme) (soprano) (Opéra-Comique), p. 30.
Champêtrerie, chant, p. 185.
Chand de ballons, chant, p. 180.
Chanson, chant, p. 107 ; violon, p. 299.
Chanson à boire (LE BON LABOUREUR), chant, p. 107.
Chanson à boire (PANURGE), chant, p. 90.
Chanson ancienne, (LA BASOCHE), chant, p. 44.
Chanson arabe, orchestre, p. 247.
Chanson argentine, orchestre, p. 283.
Chanson bachique, (HAMLET), chant, p. 56.

Ch (suite)

Chanson bohème (CARMEN), chant, p. 46.
Chanson d'Alain (GRISÉLIDIS), chant, p. 55.
Chanson d'amour (LES CONTES D'HOFFMANN), chant, p. 48 et 94.
Chanson d'un soir, chant, p. 201, orchestre, p. 260.
Chanson de Barberine, chant, p. 107.
Chanson de Falstaff (LE SONGE D'UNE NUIT D'ÉTÉ), chant, p. 75.
Chanson de l'adieu, chant, p. 107.
Chanson de l'échaudé (MADAME FAVART), ch., p. 88.
Chanson de la fille (LA FILLE DU TAMBOUR-MAJOR), chant, p. 86.
Chanson de la Flûte (HANS LE JOUEUR DE FLUTE), chant, p. 87.
Chanson de la France (BRUANT), chant, p. 186.
Chanson de la Grand'maman orchestre, p. 247.
Chanson de la Mule, (LA MULE DE PÉDRO), chant, p. 66.
Chanson de Longnac (ROIS DE PARIS), chant, p. 72.
Chanson de Magali (MIREILLE), chant, p. 65 et 96.
Chanson de Manon (la), orchestre, p. 197.
Chanson de Marinette (la), chant, p. 107.
Chanson de Minuit (la), chant, p. 180.
Chanson de Mireille, chant, p. 223.
Chanson de Musette (LA BOHÈME), chant, p. 45.
Chanson de printemps, violon, p. 297.
Chanson de Printemps ou « Aimer... aimer encore », chant, p. 186.
Chanson de Scozzone (ASCANIO), chant, p. 43.
Chanson des abeilles (la), orchestre, p. 247.
Chanson des bois, orchestre, p. 262.
Chanson des bonnes (L'AMOUR MASQUÉ), chant, p. 82.
Chanson des Châteaux en Espagne (MONSIEUR DE LA PALISSE), chant, p 89 et 219.
Chanson des échos (la), chant, p. 108.
Chanson des épées (LA FILLE DE ROLAND), chant, p. 54 et 110.
Chanson des femmes, chant, p. 217.
Chanson des Linottes (LES LINOTTES), chant, p. 88.
Chanson des mouchoirs (la), chant, p. 209.
Chanson des Petits Païens (PHI-PHI), chant, p. 91.
Chanson des peupliers (la), chant, p. 108.
Chanson des pierres plates (la), chant, p. 193.
Chanson des soldats, orchestre, p. 288.
Chanson des sonneurs (la), chant, p. 108.
Chanson des yeux bleus, chant, p. 222.
Chanson des yeux clos (la), chant, p. 205.
Chanson du blé (LES SAISONS), chant, p. 73.
Chanson du bonheur (la), chant, p. 205.
Chanson du bonnet (la), chant, p. 214.
Chanson du Cabanon (la), chant, p. 183.
Chanson du capitaine (LA MASCOTTE), chant, p. 89.
Chanson du Chamelier, chant, p. 108.
Chanson du chevrier, chant, p. 182.
Chanson du Cidre (LES CLOCHES DE CORNEVILLE), chant, p. 83 et 219.
Chanson du cœur (la), chant, p. 180.
Chanson du Dimanche (MIGNON), chant, p. 65.
Chanson du moissonneur (LE CHEMINEAU), chant p. 47.
Chanson du montagnard (la), chant, p. 182.
Chanson du petit bossu (LE PETIT DUC), ch., p. 91.
Chanson du porter (MARTHA), chant, p. 64.
Chanson du Printemps (LA WALKYRIE), ch., p. 81.

Chanson du saule (OTELLO), chant, p. 67.
Chanson du soir (la), chant, p. 205.
Chanson du Tonnelier (BOCCACE), chant, p. 83.
Chanson du Trombonne, chant, p. 198.
Chanson du turco, chant, p. 182.
Chanson et chœur du IIIe acte (LES CLOCHES DE CORNEVILLE), chant, p. 83 et 104.
Chanson gothique (LA DAMNATION DE FAUST), chant, p. 49.
Chanson matinale, chant, p. 108.
Chanson militaire (LA GRANDE-DUCHESSE DE GÉ-ROLSTEIN), chant, p. 87 et 99.
Chanson politique (LA FILLE DDE MADAME ANGOT), chant, p. 85.
Chanson populaire russe (en russe), chant, p. 101.
Chanson pour Jean, chant, p. 108.
Chanson pour Mireille, chant, p. 192.
Chanson pour moi, chant, p. 190.
Chanson pour mon chien, chant p. 186.
Chanson pour Nina, chant, p. 108.
Chanson pour toi, chant, p. 213.
Chanson qui nous a bercé (la) ou La première chanson, chant, p. 108.
Chanson rêvée, chant, p. 133.
Chanson triste, chant, p. 108.
Chanson trompeuse, chant, p. 218.
Chansons qui passent (les), chant, p. 205.
Chant d'Afrique, chant, p. 182.
Chant d'alouette, orchestre, p. 263.
Chant d'amour, violon, p. 299.
Chant d'amour, chanson divine, chant, p. 222.
Chant d'été, violon, p. 299.
Chant de l'ange Israël (le), chant, p. 108.
Chant de la forge (SIEGFRIED), chant, p. 74.
Chant de la mer (le), chant, p. 108.
Chant de la nature, chant, p. 108.
Chant de nos Cloches (le), chant, p. 180.
Chant des coloniaux (le), chant, p. 192.
Chant du départ (le), chant, p. 116-117, orch., p. 288.
Chant du gondolier, orchestre, p. 246.
Chant du retour (le), chant, p. 205, orch., p. 289.
Chant du soir, chant, p. 108.
Chant du soldat (le), chant, p. 108.
Chant du soleil (le), chant, p. 220.
Chant du veilleur (le), (LE VEILLEUR DE NUIT), chant, p. 80.
Chant populaire belge et la Brabançonne, orch. p. 288.
Chant sans paroles, violon, p. 297.
Chant suisse des épées, orchestre, p. 288.
Chante Cabotine, chant, p. 220.
Chante, Lisette, chant, p. 180.
Chante, ma Lison, chant, p. 217.
Chante, Manon, orchestre, p. 255.
Chante Miarka, chant, p. 223.
Chante, mon binIou, chant, p. 202.
Chante, petit ploupiou, chant, p. 197.
Chanteclair, chant, p. 107.
Chanteclerette (la), orchestre, p. 264.
Chanteurs de cours (les) (duo), chant, p. 185 et 221.
Chantez petits oiseaux, chant, p. 182.
Chantons clair, chant, p. 196.
Chantons quand même, chant, p. 215.
Chants du soir, orchestre, p. 255.
Chants hébraïques, p. 120.
Chants révolutionnaires, p. 117 et 288.

PATHÉPHONE, 30, Bd des Italiens, PARIS.

Ch (suite)

Chants russes, violon, p. 297, violoncelle, p. 300.
Chapeau à la main (le), chant, p. 189.
Chapeau américain (le), chant, p. 195.
Chapelet bénit (le), chant, p. 205.
Charge de l'armée française, orchestre, p. 312.
Chargez! chant, p. 180.
Charité (la), chant, p. 108 et 118.
Charlatan (le), scène dialoguée, p. 218.
CHARLES VI (Opéra), chant, p. 47.
CHARLESKY (Alhambra), p. 186.
CHARLESKY (Mme) (Alhambra), p. 187.
Charlie, orchestre, p. 255.
Chariot Fox-trot, chant, p. 220.
CHARLUS (Alcazar), p. 187.
Charmante (LA DAME EN ROSE), chant, p. 84.
Charmante, chant, p. 200.
Charme de la femme (le), chant, p. 208.
Charme de ta voix (le), chant, p. 194.
Charme secret, chant, p. 205, violon, p. 297.
Charmeur des Tuileries (le), chant, p. 182.
CHARNY (Lyse) (Mlle) (Contralto) (Opéra), p. 162.
CHARPENTIER (Mlle) (soprano) (Op.-Com.), p. 162.
Charretier brutal (le), monologue, p. 211.
Chasse aux cailles, orchestre, p. 266.
Chasse cette crainte importune (FORTUNIO), ch., p. 54.
Chasse du jeune Henri (la), orchestre, p. 239.
Chasseurs, sachez chasser, chant, p. 195.
Châteaudun, orchestre, p. 269.
CHAUVERON (DE) (Mlle) (Comédie-Française), p. 18.
CHAVAT ET GIRIER (Scala), p. 189.
Ché!..., orchestre, p. 283.
Ché! mi amigo, orchestre, p. 283.
CHEIREL (Jeanne) (Mme) (Théâtre Daunou), p. 162.
CHEMINEAU (le) (Opéra-comique), chant, p. 47, orchestre, p. 228 et 240.
Chemineau, chemine! chant, p. 197.
CHENAL (Mlle) (soprano) (Opéra-Com.), p. 163.
« Chéfle », orchestre, p. 274.
Cher Ami (LE COMTE DE LUXEMBOURG), orchestre, p. 228.
Cher Hippias, (LES NOCES CORINTHIENNES), chant, p. 66.
CHERNIAVSKY (Trio), violon, violoncelle et piano p. 296.
CHERNIAVKSY (J.), piano, p. 301.
CHERNIAVKSY (L.), violon, p. 297.
CHEVAL DE BRONZE (le), (Op.) orch., p. 228-240.
CHEVALIER (Maurice) (Casino de Paris), p. 190.
Chevalier blanc (le), chant, p. 108 et 180.
Chevalier d'amour (le), chant, p. 203.
Chevalier du guet (le), chant, p. 195 et 223.
Chevau-légers (les), orchestre, p. 289.
Cheveux blancs (les), chant, p. 192.
CHEVILLARD (C.) (des Concerts Lamoureux), p. 250.
Chèvrefeuille, orchestre, p. 256.
Chevrier, chante! chant, p. 187.
Chevrier d'amour (le), chant, p. 217.
Chez des soldats (COSI FAN TUTTE), chant, p. 46.
Chez l'horloger, orchestre, p. 292 et 312.
Chez le dentiste, scène dialoguée, p. 218.
Chez le docteur, dialogue, p. 225.
Chez le photographe, scène dialoguée, p. 189.

Chi se ne scorda cchiu (en italien), chant, p. 108.
Chiado Sherzo, solo de mandoline, p. 304.
« Chicago », orchestre, p. 274 et 308.
Chichirinette (la), orchestre, p. 262.
Chien de madame Élise (le), chant, p. 192.
Chien policier (le), monologue, p. 210.
Chiens et chats, orchestre, p. 262.
Chiffons, chant, p. 197.
Chiquito, orchestre, p. 271.
Chitarrata (Guitare), chant, p. 109.
Chiudo cli occhi (MANON) (en italien), chant, p. 62.
Chœur (LE RÉGIMENT DE SAMBRE-ET-MEUSE) chant, p. 102.
Chœur de la forge (LA JOLIE FILLE DE PERTH) chant, p. 58 et 102.
Chœur de la kermesse, (FAUST), chant, p. 51 et 102.
Chœur de la vengeance (RIGOLETTO), ch., p. 70 et 103.
Chœur des Bohémiens (LE TROUVÈRE), ch., p. 80-103.
Chœur des buveurs (LE CHALET), chant, p. 47 et 102.
Chœur des buveurs (LA TAVERNE DES TRABANS), chant, p. 77 et 103.
Chœur des chasseurs (LE FREISCHUTZ OU ROBIN DES BOIS), chant, p. 54 et 102.
Chœur des conspirateurs (LA FILLE DE MADAME ANGOT), chant, p. 85 et 104.
Chœur des corsaires (ZAMPA), chant, p. 82 et 103.
Chœur des étudiants (LES CONTES D'HOFFMANN), chant, p. 48 et 102.
Chœur des gardes-chasse (LE SONGE D'UNE NUIT D'ÉTÉ), chant, p. 76 et 103.
Chœur des Girondins, chant, p. 116.
Chœur des matelots (L'AFRICAINE), ch., p. 41 et 101.
Chœur des moines (ROBERT LE DIABLE), chant, p. 71 et 103.
Chœur des pèlerins (LE TANNHAÜSER), chant, p. 76 et 103.
Chœur des prêtres (LA FLUTE ENCHANTÉE), chant, p. 54 et 102.
Chœur du cidre (LE VOYAGE EN CHINE), chant, p. 81 et 103.
Chœur du dimanche (MIGNON), chant, p. 64 et 103.
CHŒUR NATIONAL UKRANIEN, p. 104.
Chœurs (par ordre alphabétique), p. 101 à 104.
Choisis Lison, chant, p. 206, orchestre, p. 289.
Chong (He come from Hong-Kong) orch., p. 274.
Choral de Luther (LES HUGUENOTS), chant, p. 57.
Choral des épées (FAUST), chant, p. 51 et 102.
Choral en mi bémol majeur, orgue, p. 302.
Choses que l'on dit (les), chant, p. 200.
Chou-Chou poids plume, match de boxe, p. 225.
Chouette (la), chant, p. 200.
CHRIST'YAN (Casino de Paris), p. 191.
Christine de Suède, orchestre, p. 267.
Christmas, orchestre, p. 255.
Chrysanthèmes, chant, p. 213.
CIAMPI (Ritter) (Mme) (Soprano) (Opéra), p. 163.
CIBOULETTE (Opérette), chant, p. 93 et 98.
CID (le) (Opéra), chant, p. 47 et 94 ; orch., p. 228.
CID (le) (tragédie) de CORNEILLE, enregistrement, complet en 17 disques 29 c/m double face, p. 6.
Cidre (le), chant, p. 199.
Ciel a visité la terre (le), chant, p. 118.
Ciel luisait d'étoiles (le) (LA TOSCA), chant, p. 78.
Cielito Mio, orchestre, p. 251 et 283.
Cigale et la fourmi (la), table, 199.
CIGALE ET LA FOURMI (la) (Opérette), p. 83.
Cimetière de campagne, chant, p. 100.

C1 (suite)

CINNA (Tragédie), déclamation, p. 225.
CINQ-MARS (Opéra), chant, p. 47.
Cinq minutes au Ciné-Journal, chant, p. 209.
Cinquantaine (la), violoncelle, p. 301.
5ᵉ Symphonie en ut mineur (VAN BEETHOVEN), orchestre, p. 247.
Clair de lune (H. DE MERTENS), chant, p. 108.
Clair de lune (GABRIEL FAURÉ), chant, p. 108 et 110.
Clair de lune (WERTHER), violoncelle, p. 30.
Clairon (le), p. 116.
Clairon goguenard (le), chant, p. 182.
Clairons, orchestre, p. 295.
Clairons français (les), chant, p. 181.
Clématite, chant, p. 171 ; orchestre, p. 188 et 266.
CLÉMENT (Ed.) (ténor) (Opéra-Com.), p. 134.
CLERGUE (baryton) (Trianon-Lyrique), p. 135.
Cliquettes (les), orchestre, p. 262.
CLOCHE DU RHIN (la) (Opéra), chant, p. 47.
Clocher de mon village (le), chant, p. 204.
Cloches (les), chant, p. 115.
CLOCHES DE CORNEVILLE (les) (Opérette), chant, p. 83, 104 et 219 ; orchestre, p. 228, 239 et 240.
Cloches de mai, orchestre, p. 266.
Cloches du castel (les), orchestre, p. 267.
Clochettes d'amour, chant, p. 201 ; orchestre, p. 252 et 283.
Clochettes enchantées, orchestre, p. 262.
Clochettes et musettes, orchestre, p. 247 et 294.
Clotilde, orchestre, p. 255.
Clown (le), chant, p. 180.
Coal black mammy, orchestre, p. 274.
Cocarde (la), orchestre, p. 289.
COCARDE DE MIMI-PINSON (la) (Opérette), chant, p. 84-98 et 221.
Coccinelle, chant, p. 194.
COCÉA (Mˡˡᵉ) (Bouffes-Parisiens), p. 163.
Cocher marseillais (le), scène, p. 184.
Cochon-Chameau (les), chant, p. 188.
Coco (la), chant, p. 220.
Cocorico ! ou L'Aigle et le Coq, chant, p. 201.
COCORICO (Opérette), chant, p. 84.
Cœur d'artichaut, chant, p. 192.
Cœur d'enfant, chant, p. 192.
Cœur de chêne, chant, p. 205.
Cœur de Daisy (le), orchestre, p. 247.
Cœur de Gaby (le), chant, p. 217.
Cœur de gitane, chant, p. 192.
Cœur de la femme (le), chant, p. 208.
Cœur de Lilas, chant, p. 203.
Cœur de Loulou (le), chant, p. 179.
Cœur de ma jolie (la), chant, p. 205.
Cœur de Madeleine (le), orchestre, p. 255.
Cœur de pâtre, chant, p. 187.
Cœur de voyou, chant, p. 205.
Cœur des mamans (le), chant, p. 193.
Cœur est un grelot (le), chant, p. 194.
Cœur est un trésor (le), chant, p. 207.
CŒUR ET LA MAIN (le) (Opérette), chant, p. 84 et 219 ; orchestre, p. 228, 240 et 269.
Cœur n'est pas un joujou (le), chant, p. 205.
Cœur tzigane (le), chant, p. 180 ; orch., p. 255 et 310.
Cœurs et fleurs (Hearts and flowers), solo de harpe, p. 301.
COIFFIER (Mˡˡᵉ) (Opéra-Comique), p. 21.

Colbert, orchestre, p. 293.
Coleta (la), orchestre, p. 251 et 269.
Colibri (le), orchestre, p. 261 et 294.
College Rag, orchestre, p. 302.
COLLINS (Sam.) banjo, p. 302.
COLOMBA (Opéra), chant, p. 48.
COLOMBE (la) (Opéra), chant, p. 48 ; orch., p. 243-244.
Colombes (les), (SALAMMBÔ), chant, p. 73.
Colombinella, chant, p. 201.
Colombo, orchestre, p. 289.
Colonel du 603ᵉ à la répétition (le), scène, p. 189-225.
Colporteur égaré (le), chant, p. 187.
COMBARIEU (Mˡˡᵉ), violon, p. 300.
Come Darling, chant, p. 209.
COMES (Mathilde) (Mᵐᵉ) (Soprano) (Gaîté-Lyrique), p. 164.
Comin' thro' the Rye (en anglais), chant, p. 115.
Comm' c'était ma vocation (BENJAMIN), chant, p. 83.
Comm' tout l' monde, monologue, p. 189.
Comme à vingt ans, chant, p. 108.
Comme ça fait plaisir, chant, p. 215.
Comme elle boite, chant, p. 188.
Comme frère et sœur (duo) (CHOUFLEURI), chant, p. 83 et 98.
Comme il tient ma pensée (ESCLARMONDE), chant, p. 50.
Comme la nuit, chant, p. 107.
Comme la plume au vent (RIGOLETTO), chant, p. 70-71.
Comme l'oiseau, chant, p. 217.
Comme on change, chant, p. 195.
Comme une cigarette, chant, p. 209.
Comme une pâle fleur (HAMLET), chant, p. 50.
Comment je veux t'aimer, chant, p. 204.
Comment l'esprit vient aux filles, chant, p. 219.
Commission mal faite (la), chant, p. 215.
Compagnie ! Bonjour ! chant, p. 196.
Compère et compagnon, orchestre, p. 252 à 294.
COMTE DE LUXEMBOURG (le), orchestre, p. 228.
Concert (Répertoire individuels), p. 170 à 224.
Concertino pour clarinette, orchestre, p. 247-294.
Concerto (MENDELSSOHN), violon, p. 298.
Concerto (WETTGE), orchestre, p. 249.
Concerto andante (GEORGES GOLTERMANN), violoncelle, p. 301.
Concerto en mi (MENDELSSOHN), violon, p. 300.
Concours des chanteurs (LE TANNHAUSER), chant, p. 76.
Condé, orchestre, p. 290.
Conducteur de tram, chant, p. 184.
Conférence macabre, monologue, p. 216.
Confession d'amour, chant, p. 113.
Connais-tu le pays ? (MIGNON), chant, p. 65.
Conscrit (le), orchestre, p. 289.
Conseils à Benjamin ou Suis ton petit bonhomme de chemin (BENJAMIN), chant, p. 83.
Conseils à la mariée, chant, p. 195.
Conseils aux dames, chant, p. 179.
CONSTANTIN (Scala) (Mˡˡᵉ), p. 191.
Conte Louis XV, chant, p. 209.
Content comme tout, chant, p. 195.
CONTES D'HOFFMANN (les) (Opéra-com.), chant, p. 48, 94, 102 ; orchestre, p. 228, 243, 247, trio, p. 296.
Coplas andaluz (en espagnol), chant, p. 113.
Coppélia, orchestre, p. 244.
Coq Wallon, orchestre, p. 289.
Coquelicot (ANDRIEU), orchestre, p. 255.

Co (suite)

Coquelicot (MÉTRA), orchestre, p. 268 et 269.
Coquelicots (les), (DIVET), orchestre, p. 255.
Coquerico, orchestre, p. 262 et 294.
Coquet (le), orchestre, p. 240, 243 et 294.
Coquetterie, orchestre, p. 262 et 295.
Cor (le), chant, p. 108.
Coralie ou la Fête à Coralie, chant, p. 206.
Corbeaux d'Allemagne, chant, p. 222.
Corbleu ! Marion, chant, p. 179 et 218.
Cordoba, orchestre, p. 269.
Cornemuse du marin (la), orchestre, p. 295.
Cornette, orchestre, p. 262 et 295.
Cornettino, orchestre, p. 295.
Cornu (la), trompes de chasse, p. 305.
CORPAIT (baryton), (Opéra), p. 135.
Corrientes, orchestre, p. 252 et 283.
Corsaire (le), chant, p. 180.
Corso blanc (le), orchestre, p. 262.
COSÌ FAN TUTTE (Opéra-Comique), chant, p. 48.
Cosi fan tutte, chant, p. 108.
Côte d'Or (la), chant, p. 106.
Cotre maudit (le), chant, p. 181.
COUCHOUD (Scala), p. 192.
Coucou, piano, p. 302.
Coucou et rossignol, orchestre, p. 262.
Coucou, rossignol, pinson, chant, p. 182.
Couic ! ! Couac ! ! chant, p. 182.
Coup de grisou (le), chant, p. 180.
Coup de Jarnac (le), orchestre, p. 262.
COUPE DU ROI DE THULÉ (la) (Opéra), ch., p. 48.
Couplet d'Ourias (MIREILLE), chant, p. 65.
Couplet de l'Ange gardien (LÀ-HAUT), chant, p. 88.
Couplet du Bélier (PARIS OU LE BON JUGE), chant, p. 90.
Couplet du Panache (PARIS OU LE BON JUGE), chant, p. 90.
Couplets d'Estelle et de Véronique (VÉRONIQUE), chant, p. 93.
Couplets d'Olivier « Enfin un jour plus doux se lève » (LES MOUSQUETAIRES DE LA REINE), chant, p. 66.
Couplets de Germaine (LES CLOCHES DE CORNEVILLE), chant, p. 83.
Couplets de "Je ne sais quoi " (LA MASCOTTE), chant, p. 89.
Couplets de l'Inspecteur (MAM'ZELLE NITOUCHE), chant, p. 89.
Couplets de la Boulotte (BARBE-BLEUE), ch., p. 83.
Couplets de Là-Haut (LÀ-HAUT), chant, p. 88.
Couplets de la paresse (RIP), chant, p. 82.
Couplets de midi, minuit (L'OMBRE), chant, p. 67.
Couplets de Mimi (LA BOHÈME), chant, p. 44.
Couplets de Mimi (LA PETITE BOHÈME), ch., p. 91.
Couplets de Putiphar (JOSÉPHINE VENDUE PAR SES SŒURS), chant, p. 87.
Couplets de Siébel (FAUST), chant, p. 51.
Couplets des amoureux (LA COLOMBE), chant, p. 48.
Couplets des mariés (LA GRANDE-DUCHESSE DE GÉROLSTEIN), chant, p. 87 et 99.
Couplets du Chou et de la rose (LE GRAND MOGOL), chant, p. 87.
Couplets du champagne (LA FEMME A PAPA), chant, p. 85.
Couplets du dodo (GILLETTE DE NARBONNE), chant, p. 86.

Couplets du jardinier, (BOCCACE), chant, p. 83.
Couplets du Mysoli (LA PERLE DU BRÉSIL), chant, p. 69.
Couplets du petit bonhomme (MADAME L'ARCHIDUC), chant, p. 88.
Couplets du roi de Béotie (ORPHÉE AUX ENFERS), chant, p. 90.
Couplets du tailleur (LA FILLE DU TAMBOUR-MAJOR), chant, p. 86.
Couplets du 21ᵉ (LA FILLE DU RÉGIMENT), ch., p. 53.
Couronnement de la rosière, chant, p. 189 et 218.
Courriers (les), orchestre, p. 262.
Cours mon aiguille (LES NOCES DE JEANNETTE), chant, p. 67.
Course au chapeau (la), chant, p. 188.
Courtisans, race vile et damnée (RIGOLETTO), chant, p. 71.
Cousine, chant, p. 208.
Couteau (le), chant, p. 185 et p. 213.
Création de la femme (la), monologue, p. 184 et p. 217.
Credo d'amour, chant, p. 108.
Credo de Iago (OTELLO), chant, p. 67.
Credo du paysan (le), p. 105 et 109.
CRÉPUSCULE DES DIEUX (le) (Opéra), chant, p. 49.
Cri d'amour, chant, p. 105.
Cri du poilu, chant, p. 222.
Cri-Cri, chant, p. 211.
Crime (le), chant, p. 200.
Criolita, orchestre, p. 251 et 283.
CRIQUI (Frau) (Patois alsacien), p. 223 et 224.
CRIQUI (Herr) (Patois alsacien), p. 223 et 224.
Crocodile (le), orchestre, p. 289.
Croissant d'or, orchestre, p. 289.
Croix du Chemin (la), chant, p. 109.
Croupionnette (la), orchestre, p. 271.
Crucifix (le), chant, p. 118 et 119.
Cruel mystère, chant, p. 109.
Cruelle berceuse (la), chant, p. 185.
Cucurbitacé (le), chant, p. 195.
Cueillette, chant, p. 106.
Cueillons les roses (LES LINOTTES), chant, p. 58.
Cunha Medley, orchestre hawaiian, p. 311.
Cupidon-roi, chant, p. 180.
Curé et le rabbin (le), monologue, p. 196.
Cutie, orchestre, p. 274 et 308.
Cyclamen, orchestre, p. 269.
Cygne (le), violoncelle, p. 301 ; violon, p. 299.
Cyrano de Bergerac, orchestre, p. 289.
Czarine (la), orchestre, p. 266.

D

D'amour l'ardente flamme (Romance) (LA DAMNATION DE FAUST), chant, p. 49.
D'Artagnan, orchestre, p. 289.
D'art et d'amour je vivais toute (LA TOSCA), chant, p. 78 et 79.
D' la Madeleine à l'Opéra, chant, p. 209.
D' la vraie amour ou N'en v'là d' l'amour, chant, p. 221.
D'un amour qui me brave (LUCIE DE LAMMERMOOR), chant, p. 61.
Dagobert et Saint-Éloi, chant, p. 212.
Dal labbro il canto estasiato vola (FALSTAFF), chant, p. 50.

Da (suite)

DALBRET (Concerts Parisiens), p. 192.
DAME BLANCHE (la) (Opéra-com.), chant, p. 49, orchestre, p. 229 et 239.
Dame de carreau (la), banjo, p. 303.
Dame de cœur (la), orchestre, p. 261.
DAME DE PIQUE (la) (Opéra), orch., p. 229 et 239.
Dame du Cinéma (la), chant, p. 190.
DAME EN ROSE (La) (Opérette), chant, p. 84-219, orchestre, p. 229, 267 et 286.
DAME QUI RIT (la) (Opérette), chant, p. 200, orchestre, p. 229.
DAMNATION DE FAUST (la) (Opéra), chant, p. 49, orchestre, p. 243.
Dancing fool, orchestre, p. 273 et 308.
Dancing partout, chant, p. 196.
Dancing Time, orchestre, p. 274.
Dancing with my Baby, orchestre, p. 304.
Danger s'accroît (le) (THÉRÈSE), chant, p. 77.
DANGÈS (baryton) (Opéra), p. 135.
Dans c' t'auto, chant, p. 198.
Dans l'amidon, chant, p. 195.
Dans la belle nuit d'amour, chant, p. 217.
Dans la bonne société (LA PETITE MARIÉE), chant, p. 91.
Dans la cité lointaine (LOUISE), chant, p. 60.
Dans la forêt profonde (LAKMÉ), chant, p. 59.
Dans la rue, chant, p. 199 et 213.
Dans la vie faut pas s'en faire (duo) (DÉDÉ), chant, p. 85 et 98, orchestre, p. 229, 274 et 308.
Dans le biplan, orchestre, p. 262.
Dans le jardin d'amour (duo), chant, p. 97 et 162.
Dans le jardin il y a l'obier, chœur national ukrainien, p. 104.
Dans le service de l'Autriche (LE CHÂLET), ch., p. 47.
Dans le sommeil (SI J'ÉTAIS ROI), chant, p. 74.
Dans le Soumida, chant, p. 179.
Dans les bois, orchestre, p. 266.
Dans les bouges de Paris, chant, p. 200.
Dans les cieux, chant, p. 199 et 209.
Dans les couloirs du métropolitain, chant, p. 205.
Dans les faubourgs, chant, p. 200.
Dans les ombres, orchestre, p. 248.
Dans les taudis de Paris, chant, p. 211.
Dans ma gondole, chant, p. 195.
Dans mon aéroplane, orchestre, p. 257.
Dans mon pays, chant, p. 198 et 209.
Dans mon vieux temps, chant, p. 192.
Dans notre quartier (OH ! QUE FORTUNE !) (Revue), chant, p. 183.
Dans son regard plus sombre (HAMLET), chant, p. 56.
Dans tes yeux si bleus, chant, p. 207.
Dans ton cœur, chant, p. 194.
Dans un délire extrême (LA JOCONDE), chant, p. 58.
Dans un fauteuil, orchestre, p. 274 et 286.
DANS UN FAUTEUIL (Enregistrement spécial pour la danse), orchestre, p. 254.
Danse annamite, orchestre, p. 271.
Danse bosniaque, orchestre, p. 247.
Danse d'amour (la), orchestre, p. 247.
Danse d'Anitra (PEER GYNT), Trio, p. 245 et 296.
Danse de l'ours, orchestre, p. 247 et 271.
Danse des bouges londoniens, orchestre, p. 271.
Danse des Cosaques, orchestre, p. 248.
Danse des grands souliers « Big Boot-Danse » ; orchestre, p. 257 et 267.
Danse des lutins, orchestre, p. 247.
Danse des plébéiens, orchestre, p. 246.
Danse du Zambèze, orchestre, p. 271.
Danse espagnole (en sol majeur), piano, p. 302.
Danse hongroise, orchestre, p. 247 ; violon, p. 297.
Danse Java (la), chant, p. 200.
Danse macabre, orchestre, p. 245 et 247.
Danse marocaine, orchestre, p. 250.
Danse napolitaine, orchestre, p. 247.
Danse persane, orchestre, p. 244.
Danse polonaise, solo de harpe, p. 304.
Danse Russe, orchestre, p. 271.
Danse sauvage, orchestre, p. 247.
Danse vénitienne, orchestre, p. 245 et 271.
Danse des Pélicans (La Pélikettie), chant, p. 207.
Danses anciennes, orchestre, p. 246.
Danses espagnoles, orchestre, p. 272.
Danses Polovtsiennes (LE PRINCE IGOR), orchestre, p. 235 et 251.
Danses originales, p. 271 et 272.
Danses populaires Roumaines, solo de violon, p. 297.
Dansez le Shimmy, chant, p. 197, orchestre, p. 274 et 286.
Dansez-vous le Fox-trot? chant, p. 200, orch., p. 274.
DANSEZ-VOUS LE FOX-TROT ? (Enregistrement spécial pour la danse), orchestre, p. 254.
Dansons la Marshialotte, chant, p. 184.
Dansons le Shimmy, chant, p. 200.
DARBON (Chanteur marseillais), p. 193.
Dardanella, orchestre, p. 273.
D'conscrit (Patois alsacien), chant, p. 223.
D'Hüssmadame (Patois alsacien), chant, p. 223.
D'r Backelehrbue (Patois alsacien), chant, p. 224.
D'r Vetter Bläsel (Patois alsacien), chant, p. 223.
DEBERNARD (G.) (chanteur limousin), p. 193.
Débuché (le), trompes de chasse, p. 306.
De 5 à 7, orchestre, p. 251 et 283.
DE 5 A 7 (Enregistrement spécial pour la danse), orchestre, p. 253.
De l'art, splendeur immortelle (BENVENUTO CELLINI), p. 44.
De l'influence des poissons sur les ondulations de la mer, monologue, p. 199.
De mon temps (TA BOUCHE), chant, p. 92.
De Naples à Florence (LE TIMBRE D'ARGENT), chant, p. 77.
Deauville, orchestre, p. 262 et 295.
Debout ! chant, p. 109.
Déception, chant, p. 211, orchestre, p. 272.
Déclamation (Répertoires individuels), p. 224, 225.
DÉDÉ (Opérette), chant, p. 84 et 98, orchestre, p. 229 et 308.
Dédé-Valse, orchestre, p. 256.
Défilé de la Garde Républicaine, orchestre, p. 289.
Défilé de la 35e division, orchestre, p. 289.
Défilé des Nations, orchestre, p. 269; accordéon p. 303.
Défilé (HARMONIE PATHÉ), orchestre, p. 289.
Défilé joyeux, orchestre, p. 269.
Défilés, orchestre, p. 288 à 293.
DEFREYN (Henry) (Théâtre Mogador), p. 137.
Déjà dans ma plus tendre enfance (MISS HELYETT), chant, p. 89.
DÉJANIRE (Opéra), orchestre, p. 229 et 240.
Délices du nègre (les), banjo, p. 303.
Dellilah-Valse, chant, p. 197, orchestre, p. 256.

De (suite)

DELILAH-VALSE (Enregistrement spécial pour la danse), orchestre, p. 263.
DELMARRE (Eldorado), p. 193.
DELMAS (basse) (Opéra), p. 137.
DELMAS (Concerts Parisiens), p. 193.
DELNA (Mme) (contralto) (Opéra), p. 164.
Déluge (le), violon, p. 297 et 298.
Demain (BUCOVICS), chant, p. 211 et 213.
Demain (POFF et PICCOLINI), chant, p. 205.
Demoiselle du Cinéma (la), chant, p. 195, orchestre, p. 274.
Demoiselle du journal (la), chant, p. 209.
Demoiselles de magasin (les), orchestre, p. 265.
Demoiselles de mon quartier (les), chant, p. 188.
DEMOULIN (Léo) (Mlle) (Variétés), p. 164.
Dengozo, orchestre, p. 274, 311 et 312.
Deo gratias (LE DOMINO NOIR), chant, p. 50.
Départ de la garde pour la revue, orchestre, p. 288.
Départ du bleu (le), chant, p. 180.
Depuis l'instant (L'AME EN PEINE), chant, p. 42.
Depuis le jour où je me suis donnée (LOUISE), chant, p. 61.
DEREYMON (Lucy) (Mlle) (Con. Mayol), p. 218.
Dernier amour, chant, p. 197.
Dernier baiser (TORSI), orchestre, p. 248 et 311.
Dernier rendez-vous, chant, p. 205.
Dernier tango (le), chant, p. 200, orch., p. 283.
Dernière chanson, chant, p. 205.
Dernière ivresse, chant, p. 109, orchestre 256.
Derniers vœux, chant, p. 110.
Désir (ANGELO D'AMBROSIO), chant, p. 109.
Dér'l (le), chant, p. 105.
Désir d'amour, chant, p. 244.
Désir déjà (le) (DÉDÉ), chant, p. 85.
Des courtisans qui passeront (LA MASCOTTE), chant, p. 89.
Des rayons de l'aurore (LE BARBIER DE SÉVILLE), chant, p. 44.
Des sourires d'enfants (MOURETTE), chant, p. 66.
Des terres et des coupons (TA BOUCHE) (duo), chant, p. 82.
Descendez, on vous demande, chant, p. 192.
Déserteur (le), chant, p. 193.
DESPRÉS (Suzanne) (Mme) (Comédie-Française), p. 225.
Destiny, orchestre, p. 256.
Deux amis (les) (MOREMANS), orchestre, p. 262 et 294.
DEUX AVARES (les) (Opéra), chant, p. 49 et 102.
Deux Bavards (les), orchestre, p. 262 et 295.
Deux bègayeurs, scène, p. 185.
Deux bons copains, scène, p. 189.
Deux grenadiers (les), chant, p. 109.
Deux guitares (les), solo de violon, p. 297.
Deux pigeons (les), orchestre, p. 244.
Deuxième concerto, violon, p. 297.
Deuxième mazurka, piano, p. 301 et 302.
Deuxième polonaise brillante, violon, p. 299.
2e Serenata (la) (TOSELLI), chant, p. 109, violon, p. 298.
Deuxième symphonie en ré (VAN BEETHOVEN), orchestre, p. 247 et 249.
Devant la Madone, orchestre, p. 245 et 248.
DEVRIES (David) (ténor) (Opéra-Com.), p. 137.

Di Dudle, chant hébraïque, p. 120.
Diablotine (la), orchestre, p. 255.
Diabolette (la), orchestre, p. 262.
Diabolic Dance, orchestre, p. 271.
Diabolo (le), orchestre, p. 257.
Diamant, orchestre, p. 262.
DIAMANTS DE LA COURONNE (les) (Opéra-comique), chant, p. 49 ; orchestre, p. 229 et 238.
Diane (la) (LE CAÏD), chant, p. 45.
Diane (la), orchestre, p. 288.
DIAZ (Cigale), p. 193.
DICKSON (Scala), p. 194.
DIDUR (Adamo) (basse) (en italien), p. 138.
Dieu pour le Tsar et gloire au Tsar, orch., p. 288.
Dieu protège le Tsar, orchestre, p. 288.
Dieu que ma voix tremblante (LA JUIVE), chant, p. 59.
Dieu vous créa si jolie, chant, p. 217.
Diligence sous bois, orchestre, p. 248.
DIMITRI (Opéra), chant, p. 50.
Dis ! passe ta main, chant, p. 211.
Dis-lui ! chant, p. 109.
Dis-moi, chant, p. 190.
Dis-moi ! ils ne t'enchantent pas ? (LOHENGRIN) (en italien), chant, p. 60.
Dis-moi que je suis belle (THAÏS), chant, p. 77.
Dis-moi quel est ton pays ? chant, p. 107.
Discrète, orchestre, p. 266.
Disez-lui, chant, p. 195.
DISQUES DE DANSES, p. 252 à 254.
DITAN (Carl) (Parisiana), p. 194.
DITCHAM (WILLIAM), soli de cloches, p. 304.
Divine (Valse-hésitation), orchestre, p. 256.
DIVORCÉE (la) (Opérette), chant, p. 229, 242, 248 et 290.
Dixie Land (en anglais), chant, p. 109 et 116.
1804 (MARCHE FRANÇAISE), orchestre, p. 290.
Djmmileh, orchestre, p. 271.
Djer-kiss, orchestre, p. 309.
Do it again, orchestre, p. 279 et 308.
Doina (la) et Danses Roumaines, solo de violon, p. 297.
Dollar valse (LA PRINCESSE DOLLAR), orchestre, p. 235.
Dolorès (J. SENTIS), orchestre, p. 251 et 290.
DOMINO NOIR (Opéra-com.), chant, p. 50, orchestre, p. 230 et 239.
DON JUAN (Opéra), chant, p. 50.
Donne-moi ton cœur, chant, p. 205.
Dormez, ma mie, chant, p. 109.
Dormi pure, chant, p. 113.
Dors, enfant, chant, p. 109.
Dors, mon enfant, chant, p. 109.
Dors, mon gâs, chant, p. 109.
Dors, ô cité perverse (HÉRODIADE), chant, p. 56.
Double-Quatre, orchestre, p. 262.
Douce chanson (la), chant, p. 204.
Douce tendresse, orchestre, p. 266.
Doute (le), chant, p. 180.
Doute de la lumière (HAMLET), chant, p. 56 et 95.
Doux pays d'Alsace (LES AMOUREUX DE CATHERINE), chant, p. 82.
DRAGONS DE VILLARS (les) (Opéra-Com.), chant, p. 50 et 94 ; orchestre, p. 230 et 240.
DRANEM (Eldorado), p. 194.
Drapeau du paysan (le), chant, p. 197.
Drapeau passe (le), chant, p. 209.
Dream Kiss, orchestre hawaïan, p. 312.

Disques PATHÉ double face. XXXIX

Dr (suite)

Dreams of India, orchestre, p. 274 et 306.
Dreamy Hawaii, orchestre hawaiian, p. 312.
Dreamy Paradise, orchestre hawaiian, p. 311.
DRÉAN (Casino de Paris) p. 196.
Drifting, orchestre hawaiian, p. 312.
Du moment qu'on n'en sait rien, chant, p. 199.
Du mouron pour les p'tits oiseaux, déclamation, p. 225.
Du temps passé (LE VAISSEAU FANTÔME), chant, p. 80.
DUCOS (Y.) (Mme) (Comédie-Française), p. 6.
Duetto de l'âne (VÉRONIQUE), chant, p. 93 et 100.
Duetto du 1er acte (LE JOUR ET LA NUIT), chant, p. 88 et 99.
Duetto espagnol (MISS HELYETT), chant, p. 89 et 100.
DUFLEUVE (Scala), p. 196.
DUFRESNE (Comédie-Française), p. 18.
DULAC (Opéra-Comique), p. 2.
DUMONTIER (Trial) (Opéra-Comique), p. 2.
Dunkerque, orchestre, p. 290.
Duo (LA REINE DE CHYPRE), chant, p. 70 et 95.
Duo d'amour (GIROFLÉ-GIROFLA), chant, p. 86 et 99.
Duo de Clairette et Pitou (LA FILLE DE MADAME ANGOT), chant, p. 85 et 98.
Duo de la consigne (LA GRANDE-DUCHESSE DE GÉROLSTEIN), chant, p. 87 et 99.
Duo de la lecture (LA PETITE MARIÉE), chant, p. 91 et 100.
Duo de la lettre (MANON), chant, p. 62 et 96.
Duo de la rencontre (MANON), chant, p. 62 et 96.
Duo de la séduction (LA POUPÉE), chant, p. 92 et 100.
Duo de l'Espagnole et de la jeune Indienne (LA PÉRICHOLE), chant, p. 90 et 100.
Duo de l'escarpolette (VÉRONIQUE) (duo), chant p. 93 et 100.
Duo de l'oasis (THAÏS), chant, p. 77 et 97.
Duo des dindons (LA MASCOTTE), chant, p. 89 et 100.
Duo des hirondelles (MIGNON), chant, p. 65 et 96.
Duo des inséparables (LÀ-HAUT), chant, p. 88-99.
Duo des larmes (LA PETITE MARIÉE) ch., p. 91 et 100.
Duo des rendez-vous (LE PRÉ AUX CLERCS), chant, p. 69 et 96.
Duo du IIe acte (LA FILLE DE MADAME ANGOT) chant, p. 85 et 98.
Duo du martinet (LE PETIT FAUST), ch., p. 91 et 100.
Duo du paravent (MAM'ZELLE NITOUCHE), ch., p. 89 et 98.
Duo du petit troupier (LA FILLE DU TAMBOUR-MAJOR), chant, p. 86 et 98.
Duo du plaisir (HANS LE JOUEUR DE FLUTE), chant, p. 87 et 99.
Duo du 1er Acte (MADAME BUTTERFLY), chant, p. 61 et 95.
Duo du 1er acte (MIREILLE), chant, p. 65 et 96.
Duo du 1er acte (LES PÊCHEURS DE PERLES), chant, p. 69 et 96.
Duo du 1er acte, Madrigal (ROMÉO ET JULIETTE), chant, p. 73 et 97.
Duo du 2e acte (RIGOLETTO), chant, p. 71 et 97.
Duo du 3e acte (RIGOLETTO), chant, p. 71 et 97.
Duo du 4e acte, Nuit d'hyménée (ROMÉO ET JULIETTE), chant, p. 73 et 97.
Duo du IVe acte (LA FAVORITE), ch., p. 53 et 95.
Duo du Séminaire (1re partie)(MANON), ch., p. 63 et 96.
Duo du Séminaire (2e partie) (MANON), ch., p. 68 et 96.
Duo du Vaterland (LE PETIT FAUST), ch., p. 91 et 100.

Duo mauresque (GIROFLÉ-GIROFLA), ch., p. 86 et 99.
Duo politique (LA FILLE DE MADAME ANGOT), chant, p. 85 et 98.
Duos d'opéras, d'opéras-comiques et d'opérettes (par ordre alphabétique), p. 94 à 100.
Duos religieux (par ordre alphabétique), p. 119.
DUPERREY DE CHANTLOUP (M. et Mme) (Conc. Parisiens), p. 196.
DUPRÉ (basse) (Opéra-Comique), p. 138.
DUTREIX (ténor) (Opéra) p. 139.

E

E Bürehochzitt (Patois alsacien), chant, p. 223.
E Canta il grillo (en italien), chant, p. 111.
E Dienschtmann als Fremdeführer (Patois alsacien), chant, p. 224.
E Ehscheidungsprozeβ (Patois alsacien), ch., p. 224.
E Liewesparel uff em Cuntades (Patois alsacien), chant, p. 223.
E Lucevan le stelle (LA TOSCA), chant, p. 79.
E Namesdaa-Serenade (Patois alsacien), ch., p. 223.
E Partie in de Bruemther Wald (Patois alsacien), chant, p. 223.
E Partie 66 (Patois alsacien), chant, p. 224.
E Pompier défile un Strosburri (Patois alsacien), chant, p. 223 et 224.
E Pompierfescht in Schnokepeterbach (Patois alsacien), chant, p. 224.
E Suferi G'sellschaft (Patois alsacien), chant, p. 224.
Ecco ridente in cielo... (LE BARBIER DE SÉVILLE) (en italien), chant, p. 44.
Echo comique (l'), scène comique, p. 190.
Echo de la plaine (l'), orchestre, p. 266.
Echo tyrolien (l'), chant, p. 187.
Echos du Tyrol, chant, p. 182.
Eclaireur (l'), orchestre, p. 290.
Ecoute la chanson du soir, chant, p. 220.
Ecoutez l'âme des cloches, chant, p. 205.
Ecoutez votre cœur, chant, p. 197.
Edelweiss, orchestre, p. 256.
Edera, orchestre, p. 256.
Eglitna, orchestre, p. 288.
Eglantine, orchestre, p. 256.
Ehmannssorje (Patois alsacien), chant, p. 223.
El pas força, chant, p. 189.
Einer üs de Crimée (Patois alsacien), chant, p. 223-224.
El Barrio, orchestre, p. 267.
EL BARRIO (Enregistrement spécial pour la danse), orchestre, p. 253.
El Bjar, orchestre, p. 248.
El Bollitero, orchestre, p. 283.
El Capeo, orchestre, p. 269.
El Capitan, orchestre, p. 287-283.
El Coréo, orchestre, p. 262.
El Esquinazo, orchestre, p. 284.
El Gegant del Pil, orchestre, p. 310.
El Guadalquivir, orchestre, p. 256.
El Guanaco, orchestre, p. 283.
El Irrésistible, orchestre, p. 283.
El Kantara, orchestre, p. 261.
El majo discreto (en espagnol), chant, p. 176.
El Mas Criollo, orchestre, p. 251, 283 et 290.
El nene (Le petit enfant), orchestre, p. 256 et 283.
El Otario, orchestre, p. 284.
El Pensiamento, orchestre, p. 283.
El Puñao de Rosas, orchestre, p. 291.

En (suite)

- El Punga, orchestre, p. 284.
- El Torero Cafouillos, chant, p. 196.
- Eldtangen, accordéon, p. 304.
- Electeur et candidat, scène, p. 190.
- Electric girl, orchestre, p. 274 et 306.
- Elégie (Ernst), violon p. 299.
- Elégie (tirée des Erynnies), chant, p. 157.
- Elégie (MASSENET), chant, p. 105 et 109.
- Eléonore, chant, p. 196, orchestre, p. 282.
- ELISIR D'AMORE (Opéra) (en italien), chant. p. 138.
- Ell' prend l'boul'vard Magenta, chant, p. 209.
- Elle, chant, p. 180.
- Elle a..., chant, p. 209.
- Elle a fui la tourterelle (Romance) (LES CONTES D'HOFFMANN), chant, p. 48.
- Elle a perdu son zigomar, chant, p. 188.
- Elle aime ça, chant, p. 198.
- Elle avait seize ans, chant, p. 197.
- Elle avait un petit chien, chant, p. 212.
- Elle bavardait chez la concierge, chant, p. 212.
- Elle distribue des billets ou Gentille comme tout chant, p. 188.
- Elle est de Cuba, chant, p. 187.
- Elle est de l'Italie ou Mon italienne, chant, p. 207.
- Elle est du Congo, chant, p. 215.
- Elle est là près de lui (MIGNON), chant, p. 65.
- Elle est Marseillaise, chant, p. 198 ; orchestre, p. 256.
- Elle est tellement innocente (LA FILLE DE MADAME ANGOT), chant, p. 85.
- Elle était brune, chant, p. 197.
- Elle était en train de lire, chant, p. 212.
- Elle et lui, orchestre, p. 262.
- Elle faisait prout ! prout ! chant, p. 188.
- Elle le suivait, chant, p. 195.
- Elle m'aime (LA BASOCHE), chant, p. 44.
- Elle m'aime pas, chant, p. 196.
- Elle n'était pas jolie, chant, p. 193.
- Elle ne croyait pas (MIGNON), chant, p. 64 et 65.
- Elle ne sait pas, chant, p. 191 et 212.
- Elle porte un nom charmant (DÉDÉ), ch., p. 84 et 98.
- Elle s'appelle Caroline, chant, p. 220, orch. p. 277.
- Elle vendait des petits gâteaux, chant, p. 210.
- Elles y pensent tout d'même (J'TE VEUX), chant, p. 87.
- ELSÄSSER AUFNAHMEN (Patois alsacien), p. 223 et 224.
- ELTY (D') (Mlle M.) (soprano) (Opéra), p. 165.
- ELVAL (Théâtre Royal de la Haye), p. 197.
- ELZON (Mischa) (violon) (Prix d'excellence du Conservatoire de Paris), p. 298.
- Émanations parfumées, orchestre, p. 256.
- Embarquement pour Cythère (l'), chant, p. 223.
- Embrasse-moi, orchestre, p. 272.
- Emma, orchestre, p. 266.
- Emma Livry, orchestre, p. 262 et 295.
- Employé de l'Ouest-État (l'), chant, p. 196.
- ENARD'S (les) (Chanteurs populaires), p. 197.
- En Arménie, ménie (L'AMOUR A LA PACHA), chant, p. 82 et 204.
- En attendant, chant, p. 212.
- En auto, saynète, p. 225.
- En Auvergne, orchestre, p. 271.
- En avant, orchestre, p. 290.
- En avant les p'tits gars, chant, p. 198.
- En avant pour l'Exposition de Charleroi orch., p. 243 et 290.
- En avant, toujours en avant, orchestre, p. 290.
- En bombe, orchestre, p. 262.
- En bon ordre, orchestre, p. 290.
- En buissonnant, orchestre, p. 256.
- En chasse, monologue, p. 184.
- En contemplant cette assemblée (LE TANNHAUSER), chant, p. 76.
- En 1820, chant, p. 195.
- En douce, chant, p. 220, orchestre, p. 274 et 286.
- En écoutant le phono, chant, p. 188.
- En fermant les yeux, chant, p. 109.
- En fermant vos jolis yeux, chant, p. 204.
- En flânant boulevard Saint-Martin, chant, p. 197.
- En frottant le salon, chant, p. 214.
- En goguette, orchestre, p. 289.
- En la arena ou Dans l'aréne, chant, p. 180.
- En marche vers l'amour, chant, p. 205.
- En Orient, orchestre, p. 290.
- En passant par la Lorraine, chant, p. 109 et 223.
- En plantant un clou, chant, p. 210.
- En quatre-vingt-treize, chant, p. 181.
- En relisant vos lettres, orchestre, p. 248 et 311.
- En r'montant à Ménilmontant, chant p. 198.
- En rêve, chant, p. 211.
- En revenant de Longchamp, chant, p. 205.
- En r'venant d'la revue orchestre, p. 262.
- En sifflant, chant, p. 182.
- En Tunisie, orchestre, p. 262.
- Enclume (l'), orchestre, p. 262.
- Encore, chant, p. 209.
- Endors-toi, chant, p. 109.
- Enfant chantait la Marseillaise (l'), chant, p. 109.
- Enfants (les), chant, p. 110.
- Enfants d'Ecosse (les), accordéon, p. 303.
- Enfants terribles (les), orchestre, p. 266.
- Enfin, l'heure est venue (LE PARDON DE PLOERMEL) chant, p. 68.
- Enfin, me voilà seul (LES NOCES DE JEANNETTE), chant, p. 67.
- Enfin, nous voici ma petite (LE PETIT DUC), chant, p. 91.
- Enfin un jour plus doux se lève . Couplets d'Olivier . (LES MOUSQUETAIRES DE LA REINE), chant, p. 65.
- English Midinett, orchestre, p. 290.
- English Soldier, chant, p. 190.
- English Spoken, orchestre, p. 263.
- Enivrement, orchestre, p. 254.
- Enlèvement (l'), chant, p. 110.
- Entends-tu la chanson, chant, p. 217.
- Enterrement de Chapuzot (l'), monologue, p. 189.
- Enterrement de Krümoll (l'), monologue, p. 184.
- Enthousiasme, orchestre, p. 292.
- Entrée de Butterfly (MADAME BUTTERFLY) (en italien), chant, p. 61.
- Entrata de Pagliaccio (PAILLASSE), chant, p. 68.
- Entrée à Tananarive (l'), orchestre, p. 290.
- Entrée de Méphisto (FAUST), chant, p. 51 et 91.
- Entrée de Raoul (LES HUGUENOTS), chant, p. 57.
- Entrée de Werther (WERTHER), chant, p. 81.
- Entrée des Gladiateurs, orchestre, p. 243.
- Entry of the Bulgars, orchestre, p. 290.
- Envol de fleurs, chant, p. 213.
- Episode de plantation, banjo p. 303.
- ÉPOUS'LA (Opérette), chant, p. 85.
- Epouse quelque brave fille (MANON), chant, p. 63.
- Epouseux du Berry (les), chant, p. 188.
- Erinnyes (les), orchestre, p. 245.

Disques PATHÉ double face.

Er (suite)

ERNANI (Opéra), chant, p. 50, orchestre, p. 230, 238, 248 et 295.
Erre à travers les mers (QUO VADIS), chant, p. 70.
Erreur de M. Tséveichmotz (l'), monologue, p. 184.
Ervine, écoute-moi (LA CLOCHE DU RHIN), ch., p. 47.
Erwin, orchestre, p. 240 et 295.
Escarcelle (l'), chant, p. 110.
ESCLARMONDE (Opéra-comique), chant, p. 50.
Esclave d'amour (Avec toi), chant, p. 204.
Espana, orchestre, p. 248, 251 et 256.
ESPANA (Enregistrement spécial pour la danse), orchestre, p. 253.
Espérance, chant, p. 107.
Esprit léger, orchestre, p. 290.
Esprit viennois (l'), orchestre, p. 290.
Esprits gardiens (SIGURD), chant, p. 75.
Est-ce bien toi, chant, p. 220.
Est-ce moral, monologue, p. 225.
ESTÈVE (Mlle) (Opéra-Comique), p. 21.
Estudiantina (l') (LACOME), chant, p. 104.
Estudiantina (l') (WALDTEUFEL), orchestre, p. 256.
ESTUDIANTINA (l') (WALDTEUFEL) (Enregistrement spécial pour la danse), orchestre, p. 253.
Et c'est toi qui déchires... (LE BAL MASQUÉ), chant, p. 43.
Et ils se sont aimés, chant, p. 208.
Et toi, Freia (SIGURD), chant, p. 75.
Et tout c' qu'il faut, chant, p. 190.
Et voilà comme (DÉDÉ), chant, p. 85 et 98.
Été (l'), sifflet, p. 218.
Etendard de la pitié (l'), chant, p. 205.
Etendard étoilé (l'), chant, p. 180.
Eternel refrain (l'), orchestre, p. 268.
Eternelle chanson (l'), chant, p. 202.
Eternelle nature, chant, p. 187.
Etoile (l'), orchestre, p. 290.
Etoile confidente (l'), chant, p. 110.
Etoile d'amour, chant, p. 110.
Etoile d'Angleterre (l'), orchestre, p. 263.
Etoile du berger (l'), orchestre, p. 268.
Etoile du Casino (l'), orchestre, p. 263 et 295.
Etoile du marin (l'), chant, p. 203.
Etrange valse (l'), orchestre, p. 256 et 286.
Etude en sol bémol (CHOPIN), piano, p. 302.
Eva, orchestre, p. 262 et 294.
Everybody step, orchestre, p. 274 et 308.
Evocation des nonnes (ROBERT LE DIABLE), ch. p. 71.
Excuse-moi ! chant, p. 199.
Exilé sur la terre (LE TROUVÈRE), chant, p. 80.
Exposé général, p. 313 et 314.
Express-Orient, orchestre, p. 248.
Extase (J. HOLLMANN), violoncelle, p. 391.
Extra-Dry, orchestre, p. 271 et 279.

F

Face au drapeau, orchestre, p. 289.
Fâcheuse complaisance, chant, p. 209.
Facteur rigolo (le), chant, p. 195.
Faiblesse, chant, p. 110.
FALCK, orchestre tzigane, p. 311.
FALCONNIER (Comédie-Française), p. 6 et 18.
Fallen Roses, orchestre, p. 260.

FALSTAFF (Opéra) (en italien), chant, p. 50.
Famille Kikempois (la), chant, p. 196.
Fanchon ! Ah ! c'est toi que je revois (FRANÇOIS LES BAS-BLEUS), chant, p. 86 et 99.
FANCHONNETTE (la) (Opéra-com.), chant, p. 51.
Fanfan la fleur, chant, p. 180.
Fanfare-polka, orchestre, p. 268.
Fantaisie (FAUST), orchestre, p. 230 et 240.
Fantaisie aux ailes d'or (LAKMÉ), chant, p. 59.
Fantaisie Ballet, orchestre, p. 245.
Fantaisie brillante, orchestre, p. 263.
Fantaisie originale, orchestre, p. 248.
Fantaisie sur les petits Païens, chant, p. 191.
Fantaisies, orchestre, p. 240 à 242.
Farandole de Provence, chant, p. 202.
FARFADET (le) (Opéra), chant, p. 51.
Fascination, orchestre, p. 268 et 311.
Fata, orchestre, p. 275, 287, 307.
Fatma la brune, chant, p. 205.
Faunes (les), orchestre, p. 256.
FAUST (Opéra), chant, p. 51, 94, 101 et 102; orch., p. 230, 240 et 256.
FAUST (Opéra de GOUNOD, enregistrement complet en 28 disques, 29 c/m double face, p. 9.
Faust (BALAY), orchestre, p. 290.
Faut du courage, chant, p. 218.
Faut jamais dire ça aux femmes, chant, p. 190.
Fauteuil 52 (le), monologue, p. 199.
FAUVETTE DU TEMPLE (la) (Opérette), orch., p. 230 et 240.
FAVART (Edmée) (Mlle) (soprano) (Opéra-Com.), p. 166.
Favori (le), orchestre tzigane, p. 258 et 310.
FAVORITE (la) (Opéra), chant, p. 52 et 95, orch., p. 230 et 240.
FAVORITE (la) (Opéra de DONIZETTI, enregistr. complet en 21 disques 29 c/m double face, p. 13.
FAYOLLE (Mme) (Comédie-Française), p. 18.
Fée aux Roses (la), chant, p. 217.
FELTESSE OSCOMBRE (Mme) (soprano) (Théâtre de la Monnaie, Bruxelles), p. 166.
Fémina-Féminette, orchestre, p. 262.
Femme à la rose (la), chant, p. 220.
FEMME A PAPA (la) (Opérette) chant, p. 85.
Femme au régiment (la), chant, p. 215.
Femme aux bijoux (la), chant, p. 205.
Femme et l'amour (la), chant, p. 191.
Femme et la pipe (la), monologue, p. 189.
Femme et le bon Dieu (la), chant, p. 209.
Femme et z'homme, chant, p. 212.
Femme exquise, orchestre, p. 197.
Femme greffée (la), monologue p. 195.
Femme médecin (la), chant, p. 192.
Femme qu'il me faut (la), monologue, p. 212.
Femmes de Landru (les), chant, p. 185.
Femmes de Panâme (les), chant, p. 179.
Femmes ! Femmes ! chant, p. 205.
Femmes que vous êtes jolies, chant, p. 111 et 217.
Fend l'Air, orchestre, p. 290.
FERERA ET FRANCHINI, Hawaiian guitars, p. 311.
Ferla (la), orchestre, p. 245 et 271.
Ferme tes jolis yeux, chant, p. 202.
Fernande, chant, p. 196.
FERREAL (Scala), p. 197.
Fête du nègre (la), orchestre, p. 248 et 311.
Fête du Printemps (HAMLET), orchestre, p. 241 et 292.

Fe (suite)

Fête militaire, orchestre, p. 266.
Feuilles du matin, orchestre, p. 256.
Feuillets d'album, violon, p. 300.
Flametta, orchestre, p. 266.
Fiançailles (WESLY), orchestre, p. 256.
Fiançailles roses (les), chant, p. 211.
Fier Gaulois, orchestre, p. 290.
Fifreline, orchestre, p. 262.
Fil cassé (le), chant, p. 185.
Fille à Cholse (la), chant, p. 183.
Fille d'Espagne, chant, p. 222.
Fille de la meunière (la), orchestre, p. 263.
Fille de la patronne (la), chant, p. 209.
FILLE DE MADAME ANGOT (la) (Opérette), chant, p. 85, 98 et 104 ; orchestre, p. 230 et 241.
Fille de Parthenay (la), chant, p. 188.
FILLE DE ROLAND (la) (Op.-com.), chant, p. 54.
FILLE DE ROLAND (LA), déclamation, p. 224.
chant, p. 54 et 110.
Fille des Rois (L'AFRICAINE), chant, p. 41.
Fille du Croque-Mort (la), chant, p. 212.
FILLE DU RÉGIMENT (LA) (Opéra-comique), chant, p. 53 et 95 ; orchestre, p. 230 et 241.
FILLE DU TAMBOUR-MAJOR (LA) (Opérette), chant, p. 86 et 98 ; orchestre, p. 230 et 241.
Fille et le chien (la), chant, p. 220.
Filles de la Rochelle (les), chant, p. 109.
FILS DE L'ARÉTIN (le) (Op.-com.), chant, p. 54.
Fils d'un passant, chant, p. 193.
Fils du pâtre (le), chant, p. 186.
Final de la Sonate en la bémol (BEETHOVEN), piano, p. 302.
Finale du 2e acte (duo) (LA COCARDE DE MIMI-PINSON), chant, p. 84, 98 et 221.
Fine lame, orchestre, p. 263 et 295.
Finlandaise (la), orchestre, p. 266.
Fioretta d'amore (*Fleur d'amour*), chant, p. 222.
Florina, chant, p. 184.
Fita, orchestre, p. 254.
Fives-Lille, orchestre, p. 290.
Flacon d'Origan (Le), chant, p. 211.
Flegmatic dance, orchestre, p. 275.
Fleur d'amour (la) chant, p. 192.
Fleur d'antan, orchestre, p. 266.
Fleur d'automne, violoncelle, p. 301.
Fleur de Paris, chant, p. 210.
Fleur de thé, chant, p. 199 et p. 205.
Fleur que tu m'avais jetée (la) (CARMEN), chant, p. 46.
Fleur simple, orchestre, p. 248.
Fleurs du pays (les), chant, p. 220.
Fleurs du Tyrol, chant p. 187.
Fleurs que nous aimons (les), chant, p. 205 ; orch. p. 248 et 311.
Flirt en mer, chant, p. 183.
FLOR (Jean) (Alhambra), p. 197.
Flor de Navarra, orchestre, p. 247 et 284.
Floréal, orchestre, p. 266.
Florida, orchestre, p. 284.
FLORIDA (Enregistrement spécial pour la danse), orchestre, p. 253.
Flors Boscanas, orchestre, p. 310.
Flots du Danube (les), orchestre, p. 256.
FLUP (Opérette), chant, p. 86.

FLUTE ENCHANTÉE (la) (Opéra-Comique), chant, p. 54, 95 et 102; orchestre, p. 231 et 239.
Flutiau (le), chant, p. 186.
Foi de son flambeau divin (la) (MIREILLE), Chant, p. 65 et 95.
Foins (les), chant, p. 110.
Folâtre Rossie (la), banjo, p. 303.
Folie d'amour, chant, p. 180 et p. 181.
Follie, Follie (LA TRAVIATA), chant, p. 79.
Folle complainte, chant, p. 195.
FOLLE ESCAPADE (la) (Opérette), orchestre, p. 284.
FONTAINE (Charles) (ténor) (Opéra), p. 139.
Foolish Crab, orchestre, p. 275.
Forgerons (les), orchestre, p. 262.
Forget me not, accordéon, p. 304.
For me and my gal, ch., p. 208 ; orchestre, p. 307.
Fort au jeu, monologue, p. 195.
FORTUGÉ (Scala), p. 198.
FORTUNIO (Opéra-Comique), chant, p. 54.
FORZA DEL DESTINO (la) (Opéra), violon, p. 299.
Fossoyeur (le), chant, p. 200.
Fou de minuit (le), chant, p. 203.
Fou de Notre-Dame (le), chant, p. 206.
Fox-trots, orchestre, p. 272 à 279.
FRAGSON (Scala), p. 198.
Française blonde, chant, p. 180.
France qui passe (la), orchestre, p. 263.
FRANÇOIS LES BAS-BLEUS (Opérette), ch., p. 86 99.
Frangesa, orchestre, p. 263.
FRANGESA (Enregistrement spécial pour la danse), orchestre, p. 252.
FRANZ (ténor) (Opéra), p. 140.
Fraternitas, chant, p. 195.
FREISCHUTZ (le) ou Robin des bois (Opéra), chant, p. 54 et 102; orchestre, p. 231 et 239.
Frénésie, chant, p. 111.
Frères Joyeux, orchestre, p. 260.
Frères Siamois (les), orchestre, p. 263.
Frétadou-Polka, chant, p. 222.
FREY (Fernand) (Cigale), p. 199.
FRIANT (Charles) (ténor) (Opéra-Comique), p. 140.
Frimas, orchestre, p. 266.
Fringant (le), orchestre, p. 290.
Trotteur de la colonelle (le), chant, p. 215.
Froufrous d'amour, chant, p. 223.
Fugitive ivresse, orchestre, p. 256.
Fumeur d'opium, chant, p. 180.
Furioso, orchestre, p. 266.
Furiana (la), orchestre, p. 271.
Furlani-Furiana, chant, p. 188.
Funny frog dance, orchestre p. 285.

G

GABIN, (Théâtre Daunou), p. 141.
Gaby, chant, p. 180 et 197.
Gage d'amour, orchestre, p. 266.
Gai chevrier, chant, p. 187.
Gai compagnon, orchestre, p. 290.
Gais refrains militaires, orchestre, p. 263.
Gaîtés du téléphone (les), monologue, p. 199.
GALATHÉE (Opéra-comique), chant, p. 55 et 95, orchestre, p. 231 et 295.
GALATHÉE (Op.-com.), de VICTOR MASSÉ, enregistrement complet en 15 disques de 29 c/m double face, p. 16.
GALIPAUX (Palais-Royal), p. 225.

Ga (suite)

GALL (Yvonne) (Mlle) (soprano) (Opéra), p. 30-167.
Galop Tonnerre, orchestre, p. 268.
Galops, orchestre, p. 268.
Gamora, orchestre, p. 290.
Gamin de Paris (le), chant, p. 204 ; orch., p. 263.
GAMIN DE PARIS (le) (Enregistrement spécial pour la danse), orchestre, p. 252.
Gand-Attractions, orchestre, p. 290.
GANTERI (Mme) (soprano) (Opéra-comique), p. 2, 13, 27, 34 et 37.
GANZ, piano, p. 301.
Garçon trottin (le), chant, p. 195.
Garde à vous ! chant, p. 186.
Garde-chasse (le), chant, p. 207.
Garde de nuit, orchestre, p. 248.
Garde-le ma jolie, chant, p. 192.
Garde passe (la) (LES DEUX AVARES), chant, p. 49 et 102.
Gardes de la Reine (les), orchestre, p. 256.
Gardez-vous de sortir le soir, chant, p. 198.
Gardien de la Paix (le), chant, p. 183.
GARDINER (Bornéo) (siffleur), p. 218.
Gars de France (les), chant, p. 180 et 206.
Gaucha (la), orchestre, p. 271 et 284.
GAUDET (Mme) (Concerts de Paris), p. 219.
GAUTIER (ténor) (Opéra), p. 141.
Gavotte (BACH), violon, p. 298.
Gavotte (F.-J. GOSSE), violon, p. 299.
Gavotte (J. HOLLMANN), violoncelle, p. 301.
Gavotte (MANON), chant, p. 62 et 63.
Gavotte de Mignon, violon, p. 298, cloches, p. 304.
Gavotte des baisers, orchestre, p. 248.
Gavotte des marionnettes, orchestre, p. 248.
Gavotte-Directoire, orchestre, p. 249.
Gavotte-Idylle, orchestre, p. 249 et 311.
Gavotte mondaine, orchestre, p. 249.
Gavotte-Ninon, orchestre, p. 244.
Gavotte-Stéphanie, orchestre, p. 249.
Gavotte-Trianon, orchestre, p. 249.
Gavotte-Watteau, orchestre, p. 249.
Gayant, orchestre, p. 299.
Gazouillement de Printemps (SINDING), piano, p. 301.
Général ! Caporal ! monologue, p. 189.
Gentil coiffeur (le), chant, p. 188 et 208.
Gentil coquelicot, chant, p. 223.
Gentil page, orchestre, p. 249.
GEORGEL (Concerts Parisiens), p. 166.
GEORGESCO (Meva) (Mme) (soprano) (Opéra), p. 166.
Georgia Blues, orchestre, p. 275 et 308.
GEORGIUS (Concerts de Paris), p. 200.
Gervaise, orchestre, p. 256.
GESKY (Olympia), p. 201.
Get out and get under, orchestre, p. 285.
GHASNE (baryton) (Opéra-Com.), p. 141.
Gigue (la), orchestre, p. 271.
Gigue, Aoh ! yes ! (la), chant, p. 182.
GILLETTE DE NARBONNE (Opérette), chant p. 86 et 99 ; orchestre, p. 231 et 241.
GIOCONDA (la) (Opéra), orchestre, p. 231 et 245.
GIRALDA (Opéra), orchestre, p. 231 et 238.
Giralda (la), orchestre, p. 290.
GIRARD (Alhambra de Londres), p. 201.
GIROFLÉ-GIROFLA (Opérette), chant, p. 86 et 99.
Gitana (BUCCALOSI), orchestre, p. 257.

Gitana (la) (HEMMERLÉ), orchestre, p. 272.
Glissons, glissette, chant, p. 197.
Gloire au sport ! chant, p. 180.
Gloire aux femmes, orchestre, p. 266.
Gloria patri, chant, p. 119.
Glu (la), chant, p. 213.
Go as you please Polka, orchestre, p. 304.
God bless the Prince of Wales, orchestre, p. 288.
God save the King, orchestre, p. 288.
Goélands (les), chant, p. 220.
GOFFIN (ténor) (Opéra), p. 141.
Golden Fox-trot, orchestre, p. 275.
Gosse et le chien (le), chant, p. 209.
Gosse et le trottin (le), chant, p. 192.
Gosse d'amour, chant, p. 211, orchestre, p. 272.
Gosse du commandant (le), chant, p. 215.
Gosse du sixième (la), chant, p. 201.
GOULANCOURT (Mme) (soprano) (Opéra) p. 9, 27 et 30.
Goupillon (le), orchestre, p. 269.
Gourko, orchestre, p. 243.
Grâce de Dieu (la), orchestre, p. 272.
Gracieux murmures, orchestre, p. 261 et 294.
Gracieux sourire, orchestre, p. 266.
Grain de beauté (STOUPAN), p. 257.
Gran Jota de la Dolorès, orchestre, p. 249.
Granada, orchestre, p. 271.
Grand air (LE MAÎTRE DE CHAPELLE), chant, p. 61.
Grand air de Phanuel (HÉRODIADE), chant, p. 57.
Grand air du 1er acte (LA TRAVIATA), chant, p. 79.
Grand air du 1er acte (L'AFRICAINE), chant, p. 41.
Grand duo du IVe acte (LES HUGUENOTS), chant, p. 57 et 95.
Grand' mère marque du linge, monologue, p. 209.
GRAND MOGOL (Opérette), chant, p. 87.
Grand requin (le), orchestre, p. 263.
Grand Sully (le), orchestre, p. 290.
GRANDE-DUCHESSE DE GÉROLSTEIN (la) (Opérette), chant, p. 87, 99 ; orch., p. 231 et 241.
Grande patrouille des fusiliers (la), banjo, p. 309.
Grande Rouquine (la), chant, p. 213.
Grande vie (la) (J'TE VEUX), chant, p. 87.
GRANDJANY (Marcel) (HARPE-SOLO DES CONCERTS LAMOUREUX), p. 304.
GRANDVAL (Comédie-Française), p. 18.
Green, chant, p. 110.
Grenade, orchestre, p. 257.
GRENADE (Enregistrement spécial pour la danse) orchestre, p. 253.
Grégoire, chant, p. 222.
Grenadier du Caucase (le), orchestre, p. 290.
GRESSE (basse) (Opéra), p. 142.
Gri Gri d'amour (le) (duo), chant, p. 185 et 221.
Gris, je suis gris (LES MOUSQUETAIRES AU COUVENT), chant, p. 90.
Grisante valse, chant, p. 207.
GRISÉLIDIS (Opéra-comique), chant, p. 55.
Griserie (LA PÉRICHOLE), chant, p. 90.
Griserie d'amour, chant, p. 223.
Griserie d'Opium, chant, p. 105.
Grognard (le), orchestre, p. 290.
Grondeur (le), orchestre, p. 289.
GRUNWALD (Samuel), p. 120.
Guet d'amour (le), chant, p. 180.
Gueule à l'envers (la), chant, p. 185.

Gu (suite)

Gueux et la lune (le), chant, p. 211.
GUILBERT (Yvette) (Mlle) (étoile des Concerts Parisiens), p. 219.
GUILHÈNE (Comédie-Française), p. 6 et 18.
GUILLAUME TELL (Opéra), chant, p. 55, 95 et 101 ; orch. p. 231 et 239.
GUYON fils, (Théâtre Daunou), p. 142.

H

Habanera (CARMEN), chant, p. 46.
Habanera, chant, p. 105.
Habitation à bon marché, monologue, p. 217.
Haïa, chant, p. 209.
Hail to the spirit of Liberty, orchestre, p. 267.
Hallali sur pied (l'), trompes de chasse, p. 306.
Hallow of your hand, orchestre, p. 307.
Halte-là ! chant, p. 186.
Halte-là ! (CARMEN), chant, p. 46.
HAMEL (Petit Casino), p. 201.
HAMLET (Opéra), ch., p. 56-95 ; orch., p. 241-292.
HANS LE JOUEUR DE FLUTE (Opérette), chant, p. 87 et 99 ; orchestre, p. 231, 239 et 241.
Hardi les gars, chant p. 192.
Harem, orchestre, p. 275 et 286.
Harpe (soli de), p. 304.
Hâtez-vous d'aimer, orchestre, p. 255 et 310.
Havana (LA FOLLE ESCAPADE), orchestre, p. 284.
Havanaise, violon, p. 300.
Hawaiian Butterfly, orchestre hawaiian, p. 312.
Hawaiian eyes, orchestre hawaiian, p. 312.
Hawaiiana, orchestre, p. 252 et 257.
HAYDÉE (Opéra-comique), chant, p. 56.
Hayrick Dance, cloches, p. 304.
Hearts and flowers (Cœurs et fleurs) solo de harpe, p. 304.
Heire Kati, violon, p. 297.
Hélas ! C'est près de vous, chant, p. 111.
Hélas, elle a raison ma chère (LE PETIT DUC), chant, p. 91.
HELDY (Fanny) (Mme) (soprano) (Opéra), p. 21 et 168.
Hello central give me no man's land, orch., p. 306.
Hello ! Charley, orchestre p. 275.
Hello ! Hello ! who's your lady friend ?... orch., p. 291.
HENRI VIII (Opéra), chant, p. 56 ; orch., p. 231.
Henriette, chant, p. 209.
Hep ! orchestre, p. 275 et 286.
Héritage de Pierrot (l'), orchestre, p. 263.
Héritiers Balandard (les), chant, p. 195.
HERMAN (Charles), violon, p. 297.
HÉRODIADE (Opéra), chant, p. 56 ; orch., p. 231-243.
Héros (le), orchestre, p. 289.
Héroïne de Beauvais (l'), orchestre, p. 268.
HÉROÏNE DE BEAUVAIS (l') (Enregistrement spécial pour la danse), orchestre, p. 252.
Heure du dîner (l'), déclamation, p. 225.
Heure exquise (l'), (The perfect hour), chant, p. 110.
Heure suprême (l'), chant, p. 194.
Heureux en choix, orchestre, p. 262.
Heureux hyppos (les), orchestre, p. 272 et 285.
Heureux petit berger (MIREILLE), chant, p. 65.
Heureux temps ! chant, p. 116.
Hiawatha ou l'Amour malin, orchestre, p. 261-204.
Hilarité céleste (l') (LÀ-HAUT), chant, p. 88 orchestre, p. 276.
Himalaya, orchestre, p. 280-286.
Hindustan, chant, p. 187, orchestre, p. 206-310.
Hirondelles de Vienne (les), orchestre, p. 290.
Hirondelles du village (les), orchestre, p. 257.
Histoire d'anguille, chant, p. 215.
Histoire d'une pauvre enfant, chant, p. 195.
Histoire de ma vie, monologue, p. 186.
Histoire proverbiale, monologue, p. 216.
Histoires de poupées (A Broken Doll), chant, p. 192, orchestre p. 249.
Hitchy-Kou, chant, p. 199.
Hoch Heidesburg, accordéon, p. 304.
Hold me, orchestre, p. 275.
HOLLMANN (J.), violoncelle, p. 301.
Hommage aux cols bleus, monologue, p. 209.
Homme aux guenilles (l'), chant, p. 206.
Homme aux poupées (l'), chant, p. 203.
Homme qui rit (l'), chant, p. 217.
Homme rouge (l'), chant, p. 181.
Hong-Kong, orchestre, p. 272 et p. 280.
Hongroise (la) (PARÈS), orchestre, p. 266.
Honneur (l'), chant, p. 213.
Honneurs (les), trompes de chasse, p. 306.
Honolulu Bay, orchestre hawaiian, p. 312.
Honolulu Paradise, orchestre hawaiian, p. 312.
Hooch « An Indian Idol », orchestre, p. 275-308.
Hop ! Eh ! Ah ! Di ! Ohé ! chant, p. 199 et 204.
Horse-Guards, orchestre, p. 290.
Hortensia, orchestre, p. 268.
HORTENSIA (Enregistrement spécial pour la danse), orchestre, p. 253.
Hosanna, chant, p. 118.
Hot lips, orchestre, p. 276-286.
Hôtel Victoria, orchestre, p. 284.
Houdja (la), « Marama », chant, p. 201.
Housarde (la), orchestre, p. 257.
HOWARD (F.) **JACKSON** (Orchestre américain), p. 306.
How'd you like to be my Daddy, orch., p. 306.
How' ya gonna keep 'em down on the Farm, orch., p. 280.
Huckleberry Finn, orchestre, p. 309.
Humming, orchestre, p. 251 et 275.
HUGUENOTS (les) (Opéra), chant, p. 57 et 95.
Hungarian Rag, orchestre, p. 307.
Hurouse Jardinière (l') (en limousin), ch., p. 193.
Hussard de la mort (le), chant, p. 180.
Hymen ! Hymen ! (NÉRON), chant, p. 66.
Hyménée d'un pinson (l'), chant, p. 182.
Hymne à Éros, chant, p. 110.
Hymne à la charité, chant, p. 118.
Hymne à la France, chant, p. 110.
Hymne à la liberté (LA VIVANDIÈRE), chant, p. 80.
Hymne à la nuit, chant, p. 110.
Hymne anglais, orchestre, p. 288.
Hymne au soleil, (MIARKA), chant, p. 64.
Hymne d'amour, chant, p. 110.
Hymne guerrier (PATRIA), chant, p. 113.
Hymne mexicain, orchestre, p. 288.
Hymne national de la République Chinoise, orchestre, p. 293.
Hymne national Anglais et Rule Britannia, orchestre, p. 288.
Hymne populaire danois, orchestre, p. 288.
Hymne portugais, orchestre, p. 288.

Hy (suite)

Hymne roumain, orchestre, p. 288.
Hymne serbe, orchestre, p. 288.
Hymnes nationaux et Chants patriotiques (par ordre alphabétique), chant, p. 116 et 117.
Hymnes nationaux, orchestre, p. 288.

I

I haol tuoi (*Tes baisers*), chant, p. 111.
I hate to lose you, orchestre, p. 306.
I'll Build a Stairway to Paradise, orchestre, p. 274 et 286.
I'll sing thee Songs of Araby, orchestre, p. 304.
I'm always chasing rainbows, from « Oh, look », orchestre, p. 309.
I'm glad I can make you cry, orchestre, p. 280.
I'm Just Wild About Harry, orchestre, p. 280, 287, 307 et 308.
Ida la Rouge, chant, p. 206.
Ida, sweet as apple cider, orchestre, p. 309.
Idéale, chant, p. 110.
Idyll (MILES), violon, p. 299.
Idylle (CHABRIER), piano, p. 302.
Idylle, violoncelle, p. 301.
Idylle à Colombo, chant, p. 217.
Idylle hindoue, chant, p. 209.
If you could care (Si vous aviez pour moi l'amour que j'ai pour vous), chant, p. 197, orchestre, p. 257.
IF YOU COULD CARE (Enregistrement spécial pour la danse), orchestre, p. 253.
Il a tout du ballot, chant, p. 204.
Il baclo (*Le Baiser*), orch., p. 258; sifflet, p. 218.
Il est à moi, chant, p. 220.
Il est... content le chef de gare, chant, p. 204.
Il est d'étranges soirs, chant, p. 110.
Il est des Musulmans (MAROUF, SAVETIER DU CAIRE), chant, p. 63.
Il est doux, Il est bon (HÉRODIADE), chant, p. 57.
Il est là, chant, p. 212.
Il est secrétaire, chant, p. 200.
Il est venu (LA COUPE DU ROI DE THULÉ), ch., p. 48.
Il était intimidé, chant, p. 210.
Il était syndiqué, chant, p. 209.
Il faut croire au bonheur, chant, p. 203.
Il faut me céder ta maîtresse (LE CHALET), chant, p. 47 et 94.
Il faut partir (LA FILLE DU RÉGIMENT), chant, p. 53.
Il faut pour aimer, chant, p. 211.
Il la suivit, chant, p. 200.
Il m'a suffit, chant, p. 200.
Il m'aime (LES DRAGONS DE VILLARS), ch., p. 50.
Il neige, chant, p. 106.
Il n'était pas là, chant, p. 195.
Il n'osait pas se décider, chant, p. 200.
Il partit au printemps (GRISÉLIDIS), chant, p. 55.
Il pleut, chant, p. 109.
Il pleut bergère, chant, 223; orchestre, p. 249 et 295.
Il se disait, chant, p. 210.
IL SEGRETO DI SUSANNA (en italien), chant, 110 et 176.
Il serait vrai (LES MOUSQUETAIRES AU COUVENT), chant, p. 90.
Ile des baisers (l'), chant, p. 111 et 223.
Ils ne passeront pas, chant, p. 206.
Ils ont rendu l'Alsace, chant, p. 201.
Ils sont jolis vos yeux, chant, p. 111.
Ils vont au bois, chant, p. 200.
Imitation de Cornemuse, solo de violon, p. 297.
Immensité (l'), orchestre, p. 236.
Impressions d'Italie, orchestre, p. 245.
In a boat, orchestre, p. 276 et 308.
In my tippy Canoe, orchestre hawaiian, p. 312.
In the devils Garden, orchestre, p. 215 et 308.
Incrédule, chant, p. 111.
Indécision « Big or small hat » orchestre, p. 275-308.
Indiana, orchestre, p. 287 et 291.
Indianola, orchestre, p. 275.
Indiscrétion punie, monologue, p. 184.
Indiscrétions musicales, chant, p. 219.
Infanteria ligeria, orchestre, p. 291.
Infelice e tu credevi (ERNANI) (en italien), chant, p. 50.
In grandmas Days, orchestre, p. 307.
In grembo-a me (L'AFRICAINE) (en talien), chant, p. 41.
Innocente amourette (l'), chant, p. 219.
Inno di Garibaldi, orchestre, p. 288.
Inquiétude, chant, p. 110.
Insensé (l'), chant, p. 106 et 111.
Insouciante, orchestre, p. 266.
Inspirez-moi, race divine (LA REINE DE SABA), chant, p. 70.
Internationale (l'), chant, p. 117; orch., p. 288.
Introduction et Humoresque, violon, p. 297.
Introduction et Rondo capriccioso, violon, p. 300.
Invitation à la valse (l'), orch., p. 243, 249 et 292, piano, p. 302.
Invitation d'amour, chant, p. 214.
Invocation, orchestre, p. 251 et 284.
Invocation (DIMITRI), chant, p. 50.
Invocation (FAUST), chant, p. 51.
Invocation (ROMÉO ET JULIETTE), chant, p. 73.
Invocation à la nature (LA DAMNATION DE FAUST), chant, p. 49.
Invocation à la nature (WERTHER), chant, p. 81.
Invocation valse (LES TRAVAUX D'HERCULE), chant, p. 93.
Irène, orchestre, p. 257 et 286.
IRÈNE (Enregistrement spécial pour la danse), orchestre, p. 253.
ISON (George), tuyophone, p. 305.
ITALIENNE A ALGER (l') (Opéra bouffe), orch., p. 232 et 239.
It's a long, long way to Tipperary, orchestre, p. 291, sifflet, p. 218.
IZAR (Louis) (Patois Catalan), p. 201.

J

J'adore les brunes, chant, p. 202.
J'ai bon caractère, chant, p. 195.
J'ai du cinéma, chant, p. 191.
J'ai engueulé l' patron, chant, p. 188.
J'ai fait trois fois... (LES CLOCHES DE CORNEVILLE), chant, p. 84.
J'ai gagné le gros lot, chant, p. 188.
J'ai l'air d'un' poire (EPOUS'LA), chant, p. 85.
J'ai le téléphone, chant, p. 185.
J'ai mis du papier collant, chant, p. 195.
J'ai pardonné, chant, p. 106.
J'ai perdu mon Eurydice (ORPHÉE), chant, p. 67.

Ja (suite)

J'ai peur de trop t'aimer, chant, p. 202.
J'ai pleuré, je ris !..., chant, p. 220.
J'ai pris un échantillon, chant, p. 212.
J'ai l' trouvé mon pays, chant, p. 199.
J'ai rêvé de t'aimer, chant, p. 213.
J'ai soif d'amour, chant, p. 188; orch., p. 269.
J'ai tant pleuré, orchestre, p. 255.
J'ai tout donné pour toi, chant, p. 186.
J'ai trouvé trois filles, chant, p. 114.
J'ai trouvé une fleur, chant, p. 194 et 213.
J'ai vingt-huit ans, c'est le bel âge (CIBOULETTE), chant, p. 33.
J'ai vu Napoléon 1er, monologue, p. 184.
J'aim' ça, chant, p. 196.
J'aime la mer, chant, p. 195.
J'aime les fleurs ! chant, p. 111.
J'aime ma mie ! chant, p. 220.
J'aime pour mon malheur, chant, p. 169.
J'aime une brune, chant, p. 217.
J'aurais sur ma poitrine (WERTHER), chant, p. 81.
J'aurais voulu t'aimer, chant, p. 217.
J'avais tout ça... (DÉDÉ), chant, p. 85.
J' comprends les animaux, scène imitative, p. 201.
J'en ai marre, chant, p. 220. Orchestre, p. 275 et 286.
J'EN AI MARRE... (Enregistrement spécial pour la danse), orchestre, p. 253.
J'en demande, chant, p. 199.
J'étais pur... chant, p. 209.
J'ignorais son nom (SI J'ÉTAIS ROI), chant, p. 74.
J'irai la voir un jour, chant religieux, p. 119.
J'irai pas à son enterrement, chant, p. 211.
J'm'aime t'y, chant, p. 217.
J' m'en balance, chant, p. 196.
J' m'en balance (LÀ-HAUT), chant, p. 88.
J' m'en fous... je t'aime, chant, p. 188.
J' n'ose pas, chant, p. 191.
J'ose pas (DÉDÉ), chant, p. 85.
J'ose pas, j' suis timide, chant, p. 212.
J'oublie tout, ma jolie, chant, p. 210.
J'oublierai, chant, p. 213.
J'suis le p'tit jeune homme que vous cherchez, chant, p. 198.
J'suis pas habitué, chant, p. 212.
J' suis vaseux, chant, p. 188.
J' TE VEUX (Opérette), chant, p. 87 et 221; orchestre, p. 232.
J'te veux (J'TE VEUX), orchestre, p. 257.
J' voux garder mon chapeau, chant, p. 198.
JACQUES (Comédie-Française), p. 6.
Jaloux et coquette, orchestre, p. 266.
Jamais ! chant, p. 201.
Jamais dans son rêve un poète (LA FLUTE ENCHANTÉE), chant, p. 54.
Jamais en colère, chant, p. 191.
Jambe en bois (la), chant, p. 194 ; orch., p. 263.
Jambes de Paris (les), orchestre, p. 275 et 286.
Japanese lanterns blues, orchestre, p. 181, 274, 308.
Japanese Sandman, orchestre, p. 276 et 286.
JAPANESE SANDMAN (Enregistrement spécial pour la danse), orchestre, p. 254.
Japanese lanterns blues, chant, p. 181.
Jardin d'amour, orchestre, p. 257.
Jardin de Cupidon (le), orchestre, p. 247.
Jardins de l'Alcazar (LA FAVORITE), chant, p. 53.

Java (la), chant, p. 220, orchestre, p. 276, 286.
Java-Javi-Java (la) (J'TE VEUX), chant, p. 87, orchestre, p. 252 et 283.
Javanette (la), chant, p. 198.
Jazzbandette (la), chant, p. 184.
JAZZ BAND, orchestre américain, p. 306 et 309.
Jazz band... partout !, chant, p. 183.
Jazz bands (les), chant, p. 191.
Jazz THE MELODY SIX, orchestre, p. 308.
Je cherche papa, chant, p. 198, orchestre, p. 273.
Je commandite (LES LINOTTES), chant, p. 88, 221.
Je connais une blonde, chant, p. 189 et 204.
Je croyais t'aimer, chant, p. 206.
Je file ma quenouille, chœur national ukranien, p. 104.
Je gob' les femmes, chant, p. 213.
Je la veux, chant, p. 196.
Je le suis, monologue, p. 215.
Je m'donne (DÉDÉ), ch., p. 85 et 98, orch., p. 229, 274 et 308.
Je marche sur tous les chemins (MANON), ch., p. 62.
Je me souviens de Naples, chant, p. 411.
Je meurs d'amour, chant, p. 206.
Je n'ai jamais aimé, chant, p. 205.
Je n'ai pas de gosse, chant, p. 213.
Je n'ai que toi, chant, p. 202.
Je n'aime que toi, chant, p. 108.
Je n'ose plus, chant, p. 223.
Je n' ose pas, chant, p. 202.
Je n' sais pas, chant, p. 200.
Je n' sais quoi (le) (J'TE VEUX), chant, p. 87 et 221.
Je ne peux pas vivre sans amour, ch., p. 191 et 221.
Je ne sais que t'aimer, chant, p. 110.
Je ne sais quelle ardeur me pénètre (LES NOCES DE FIGARO), chant, p. 56.
Je ne veux pas t'aimer, chant, p. 186.
Je ne veux que des fleurs, chant, p. 111.
Je ne vous dis que ça (You'd be surprised), ch., p. 190.
Je pense « Penso », chant, p. 115.
Je pense à vous (MAITRE PATHELIN), chant, p. 81.
Je pense toujours à toi, chant, p. 105.
Je regardais en l'air (LES CLOCHES DE CORNEVILLE), chant, p. 84.
Je sais des secrets merveilleux (SIGURD), chant, p. 75.
Je sais que vous êtes jolie, ch., p. 217, orchestre, p. 249.
Je sais une étoile jolie, chant, p. 206.
Je serai boulanger, chant, p. 111.
Je serai là, chant, p. 181.
Je suis douce par caractère (LE BARBIER DE SÉVILLE), chant, p. 43.
Je suis encore tout étourdie (MANON), ch. p. 62 et 63.
Je suis gris, chant, p. 182 et 205.
Je suis myope, chant, p. 191.
Je suis nerveux, chant, p. 217.
Je suis noir, chant, p. 200.
Je suis très tendre et très timide (FORTUNIO), chant, p. 54.
Je suis toujours là, chant, p. 198 et 212.
Je t'ai donné mon cœur, chant, p. 206.
Je t'ai vue toute petite, chant, p. 198.
Je t'aime, chant, p. 107 et 111.
Je t'apporte mon cœur... Folie ! chant, p. 206.
Je te veux, chant, p. 202.
Je veux oublier, chant, p. 106.
Je voudrais du tabac, chant, p. 212.
Je vous ai connue au printemps, chant, p. 111.
Je vous ai tant aimée, chant, p. 241.

DISQUES PATHÉ double face.   XLVII

Je (suite)

Je vous aime... chant, p. 198, orchestre, p. 276.
Je vous aime toutes, chant, p. 210.
Je vous dois tout (LA FILLE DE MADAME ANGOT), chant, p. 85.
Je vous pardonne, chant, p. 193.
Je vous trouve si jolie, chant, p. 198.
Jean et Jeannette, orchestre, p. 264.
Jean qui pleure et Jean qui rit, orch., p. 262 et 294.
Jérusalem, chant, p. 111.
Jésus de Nazareth, chant, p. 118.
Jeune fille et la Palombe (la) (COLOMBA), chant, p. 48.
Jeune homme du métro (le), chant, p. 222.
Jeune Ouliana (la), chœur national ukrainien, p. 104.
Jeunes bien balancés (les), chant, p. 183.
Jeunes fillettes, chant, p. 115.
Jeunesse d'ici (la), chant, p. 183.
Ji-Ji-Boo, orchestre, p. 273 et 338.
Jimmy, orchestre, p. 274 et 308.
Joaquina, orchestre, p. 283 et 284.
JOCELYN (Opéra-Com.), ch., p. 58 ; orch., p. 232 249, violon, p. 298.
JOCONDE (la) (Opéra-comique), chant, p. 58.
Joconde (la), orchestre, p. 263.
Joli fruit (le), chant, p. 88 ; orchestre, p. 263.
Joli roman d'amour, chant, p. 194.
Joli vin (le), chant, p. 223.
Jolie blanchisseuse (la), chant, p. 210.
Jolie boiteuse (la), chant, p. 198 ; orchestre, p. 291.
Jolie dactylo (la), chant, p. 200.
JOLIE FILLE DE PERTH (la) (Opéra-comique), chant, p. 58 et 102.
Jolie marchande de tabac (la), chant, p. 215.
Jolie patineuse (la), orchestre, p. 257.
Jolis cheveux (les), chant, p. 200.
JONGLEUR DE NOTRE-DAME (le) (Opéra-Com.), chant, p. 58.
JOSEPH (Opéra), chant, p. 58.
JOSÉPHINE VENDUE PAR SES SŒURS (Opérette), chant, p. 97.
Jota (en espagnol), chant, p. 176.
Jouet (le), chant, p. 209.
Joujou, chant, p. 203, orchestre, p. 276.
JOUR ET LA NUIT (le) (Opérette), chant, p. 88, 99 ; orchestre, p. 232 et 241.
JOURNET (basse) (Opéra), p. 30 et 142.
Jours de mon enfance (LE PRÉ AUX CLERCS), chant p. 69.
Jours fortunés de notre enfance (LA FILLE DE MADAME ANGOT), chant, p. 85 et 98.
JOUVIN (ténor) (Trianon-Lyrique), p. 16.
Joyeuse, orchestre, p. 263.
Joyeuse entrée (la), saynète, p. 218.
Joyeuse entrée du Prince Carnaval, orchestre, p. 263.
Joyeux (le), accordéon, p. 303.
Joyeux buveur (le), accordéon, p. 303.
Joyeux Monôme, orchestre, p. 263.
JOYEUX MONOME (Enregistrement spécial pour la danse), orchestre, p. 252.
Juana, orchestre, p. 257.
Juanita, orchestre, p. 257.
Jubilé Impérial, orchestre, p. 291.
JUDIC (Simone) (Mlle) (Apollo), p. 219.
Jueves, orchestre, p. 252 et 284.
Juif errant à Paris (le), chant, p. 203.

JUIVE (la) (Opéra), ch., p. 59 ; orch., p. 232 et 241.
Jules, chant, p. 201.
Jules et moi, chant, p. 215.
JULLIEN (Henri) (Ténor) (Gaîté-Lyrique), p. 142.
JULLIOT (Mme) (Opéra-Comique), p. 21.
Julot-Tango, chant, p. 219.
JUNKA (Concerts Parisiens), p. 202.

K

Ka-Lua, orchestre hawaïan, p. 311.
Kâdisch, chant hébraïque, p. 120.
Kalamazou, chant, p. 221.
K-K-K-Katy, chant, p. 195, orchestre, p. 309.
Karmi ou l'Amour est plus fort que la mort, chant, p. 206.
Kawaha, orchestre hawaïan, p. 312.
Ke-sa-ko, orchestre, p. 272.
Keddusoba « Mimekomo », chant hébraïque, p. 120.
Keel Row, orchestre, p. 295.
Keep a' Shuffling, orchestre, p. 304.
Ke-son, orchestre, p. 291.
Kévidé, chant hébraïque, p. 120.
Ki-Yi, orchestre, p. 285.
Kic-King (le), orchestre, p. 272.
Kilwe in Schnokelerbach (Patois alsacien), chant, p. 224.
Kimono, orchestre, p. 276.
Kimyayo, orchestre, p. 288.
King-Cotton, orchestre, p. 287.
Kismet, orchestre, p. 249.
Kol Nidrej (trio Cherniavsky), p. 296.
Kœnigihball, orchestre, p. 257.
Korrigane (la), orchestre, p. 232 et 244.
KORSOFF (Mlle) (soprano) (Opéra-Com.), p. 169.
KOUSNEZOFF (Maria) (Mme) (soprano) (Opéra-Comique), p. 169.
Kraquette (la), orchestre, p. 272.
Krasnoë-Sélo, orchestre, p. 293.

L

Là-bas, chant p. 201.
Là-bas (J'TE VEUX), orchestre, p. 232 et 282.
Là-bas, là-bas dans la montagne (CARMEN), chant, p. 46.
La Corte del Amor, La de ojos Azules (en espagnol), chant, p. 107.
La donna è mobile (RIGOLETTO), chant, p. 71.
La voilà ! la voilà ! (LA FILLE DU RÉGIMENT), chant, p. 53 et 95.
Lac (le), chant, p. 111 et 118.
Lac des fées (le), orchestre, p. 239.
Lafleurance, orchestre, p. 263 et 295.
LAFON (Comédie-Française), p. 19.
Laisse-moi contempler ton visage (FAUST), chant, p. 51 et 94.
Laisse-moi pleurer, chant, p. 194.
Laissez-moi vous parler d'amour, chant, p. 207.
Laissez pleurer mon cœur, chant, p. 197.
Là-haut sur la butte ou Lettre d'un poilu à sa Titine (orchestre), p. 191.
LA-HAUT (Opérette-Bouffe), chant, p. 88 et 99 ; orchestre, p. 232-276-280-286-307-308.
LAKMÉ (Op.-Com.), ch., p. 59-95, orch., p. 232-241.
LALLA ROUKH (Opéra-Comique), chant, p. 60.

La (suite)

LAMBRECHT (R.) (Mme) (soprano) (Trianon-Lyrique), p. 170.
Lamenti di Frederico (L'ARLÉSIENNE) (en italien), chant, p. 42.
Lamerito, chant, p. 111.
LAMY (ténor) (Théâtre de Monte-Carlo), p. 142.
LAMY (Adrien) (Marigny), p. 144.
Lancashire Clogs, orchestre, p. 285.
Lancé (le), trompes de chasse, p. 306.
Lanciers (les), orchestre, p. 269 et 270.
LANCIERS (Quadrille) (Enregistrement spécial pour la danse), orchestre, p. 254.
LANGLOIS (Opéra-Comique), h. 202.
Langue anglaise, p. 319 à 322.
Langue allemande, p. 322 à 324.
Langue espagnole, p. 322.
Langue française, p. 315 à 318.
Langue musicale, monologue, p. 184.
LAPEYRETTE (Mme) (contralto) (Opéra), p. 170.
Larmes (les), chant, p. 111.
Larmes de la vie (les), chant, p. 211.
LASSALLE (ténor) (Opéra), p. 144.
Lawzy Massy, orchestre, p. 307.
Lé Poutou (Patois toulousain), chant, p. 201.
Lead, Kindly light, orchestre, p. 310.
Leçon d'épinette (la), chant, p. 188.
Leçon de mazurka (la) ou « Mazurka Alsacienne », chant, p. 185.
Lecture du rapport, monologue, p. 215.
Légende de la Sauge (LE JONGLEUR DE NOTRE-DAME), chant, p. 56.
Légende de Marianna (la), chant, p. 202.
Légende de Saint-Nicolas (la), chant, p. 179 et 219.
Légende (WIENIAWSKI) (violon), p. 298.
Légende de l'ombrelle (YOU-YOU), ch., p. 93-219.
Légende du calvaire (la), chant, p. 181.
Légion qui passe (la), orchestre, p. 291.
Légionnaire (le), (IZOÏRD), chant, p. 205.
Léon de Gonfaron, monologue, p. 184.
LÉONI (Henri) (Olympia), p. 202.
Léonore, viens (LA FAVORITE), chant, p. 53.
Léopold II, orchestre, p. 289.
Lettre anonyme, scène, p. 190.
Lettre d'adieu, chant, p. 205.
Lettre (la) (LA PÉRICHOLE), chant, p. 90.
Lettre d'amour (la), orchestre, p. 249.
Lettre de Manon (la), orchestre, p. 248.
Lettre de faire part (la) (LA PETITE FONCTIONNAIRE), chant, p. 91.
Lettre en panne, chant, p. 214.
Lettre incohérente, chant, p. 215.
Lettre pour toi, chant, p. 186.
Lettre tendre, chant, p. 199.
LEUNTJENS, violon, p. 297.
Leur jour de gloire (14 Juillet 1919), déclamation, p. 185 et 224.
LHERBAY (Mme) (Comédie-Française), p. 6.
Liberty bell, orchestre, p. 306.
LIEBEL (Emma) (Mme) (Eldorado), p. 219.
Lilas blanc, chant, p. 185 et 210.
Lilette, chant, p. 203, orchestre, p. 263.

Liline, orchestre, p. 272.
Lille en fête, orchestre, p. 291.
Little fly, orchestre, p. 281.
Lily jolie, chant, p. 194.
Lily of the valley, orchestre, p. 273 et 312.
LILY OF THE VALLEY (Enregistrement spécial pour la danse), orchestre, p. 253.
LINOTTES (les) (Opérette), chant, p. 88-99 et 221.
Lion de Flandre (le), orchestre, p. 293.
Liserons (les), orchestre, p. 257.
Lison, Lisette « version française », chant, p. 180 et 218 ; orchestre, p. 280.
Lison si jolie, chant, p. 207 et p. 211.
Litanies, chant, p. 112.
LITVINNE (Mme) (soprano), p. 170.
Livre de la vie (le), chant, p. 111.
Loge de Raboué (la), trompes de chasse, p. 305.
LOHENGRIN (Opéra), ch., p. 60, orch., p. 233-243.
Loin de moi ta lèvre qui ment, chant, p. 133.
Loin de sa femme (GRISÉLIDIS), chant, p. 55.
Loin de son amie (LA JUIVE), chant, p. 59.
Loin de toi, chant, p. 206.
Lola, orchestre, p. 243, 263 et 295.
London-Polka, orchestre, p. 262 et 264.
Long des murs (le), chant, p. 183.
Long du corridor (le), chant, p. 188 et 195.
Long du Missouri (le), chant, p. 202 et 209, orch., p. 258.
Lorsqu'à folles amours (LA TRAVIATA), ch., p. 79.
Lorsqu'à mes yeux (MARTHA), chant, p. 64.
Lorsqu'on a vieilli, chant, p. 203.
Lo Brianço (en limousin), chant, p. 193.
Lo Cant del pastoret, orchestre, p. 310.
Lo Méchanto Maïré (en limousin), chant, p. 193.
Lo Pardal « Le moineau » (en catalan), chant, p. 201.
Lo Pont del Fresser, orchestre, p. 310.
Loi d'un (la), chant, p. 196.
Lolita (en italien), chant, p. 111.
Los Chulos, orchestre, p. 251 et 291.
Lou Chobrétaïré (en limousin), chant, p. 193.
Lou Cinéma, chant, p. 222.
Lou cœur de mo mio (en limousin), chant, p. 193.
Lou marchand de cansons, monologue, p. 184.
Lou Parasou, chant, p. 193.
Louftinguette (la), orchestre, p. 272.
Louis d'or (les), chant, p. 108.
LOUISE (Op. com.), chant, p. 60 ; orc., p. 233 et 241.
Louisville lou, orchestre, p. 282 et 306.
Loulou, orchestre, p. 205 et 284.
Loulou, restons chez nous, chant, p. 181.
Loup (le), trompes de chasse, p. 306.
Loup de mer (le), chant, p. 160.
Loups (les), chant, p. 211.
LOUSDALE (Harry) (Soli de cloches), p. 304.
Lovable eyes, orchestre, p. 278 et 308.
Love Nest « Nid d'amour », orchestre, p. 282.
Lovin' Sam, orchestre, p. 279-287-307.
Lozi, orchestre, p. 263.
Luba, orchestre, p. 263.
Lucette, orchestre, p. 268.
LUCETTE (Enregistrement spécial pour la danse), orchestre, p. 253.
LUCIE DE LAMMERMOOR (Opéra), chant, p. 61.
Lugdunum, orchestre, p. 239 et 243.

Disques PATHÉ double face. XLIX

Lu (suite)

Lui non plus, chant, p. 212.
Lula, orchestre, p. 251 et 257.
Lu-lu-Fado, orchestre, p. 272 et 281.
Lune d'amour, chant, orchestre, p. 203 et 276.
Lune indiscrète (la), orchestre, p. 276.
Lune jolie, chant, p. 201.
Lune vous regarde (la), chant, p. 220.
Luxembourg-marche (LE COMTE DE LUXEMBOURG), orchestre, p. 228.
LUZA (de) (Mlle) (soprano) (Opéra), p. 171.
LYNEL (Concerts Parisiens), p. 203.
Lys noir (le), orchestre, p. 284.
LYS NOIR (le) (Enregistrement spécial pour la danse, orchestre, p. 253.

M

M'amour, chant, p. 199 ; orchestre, p. 257.
M'amour, sèche tes larmes, chant p. 201.
Ma, orchestre, p. 276 et 308.
Ma bergère, chant, p. 187.
Ma bien-aimée, chant. p. 111.
Ma brune, chant p. 186.
Ma chérie si jolie, chant, p. 206.
Ma chinoise, chant, p. 206.
Ma confiance en toi s'est bien montrée (LOHENGRIN), chant, p. 60.
Ma cousine Lison, chant, p. 210.
Ma gosse, chant, p. 200.
Ma gosse chérie, chant, p. 180.
Ma Graziella, chant, p. 206.
Ma Loulette, chant, p. 193.
Ma Lulu d'Honolulu (duo) (LES LINOTTES), chant, p. 88, 99 et 221.
Ma maîtresse a quitté la tente (LALLA-ROUKH), chant, p. 60.
Ma mère j'entends le violon (LA CIGALE ET LA FOURMI), chant, p. 83.
Ma mère me disait (ZAPOROGETS), chant, p. 169.
Ma mie Pâquerette, chant, p. 202.
Ma Miette, orchestre, p. 257.
Ma Ninette, orchestre, p. 263.
Ma petite Canadienne, chant, p. 192.
Ma petite Espagnole, chant, p. 215.
Ma petite femme, chant, p. 203.
Ma petite Marseillaise, chant, p. 183.
Ma petite Yankee, chant, p. 208.
Ma p'tite Nana, chant, p. 196.
Ma Portugaise, chant, p. 195.
Ma Poulidetto, chant, p. 183.
Ma poupée blonde, chant, p. 206.
Ma première chanson, chant, p. 210.
Ma Provençale (OH ! - QUE FORTUNE !) (Revue), chant, p. 183.
Ma Rosine, chant, p. 183 et 189.
Ma trompette, chant, p. 182.
Ma voisine, chant, p. 114.
Macanudo, orchestre, p. 284.
Machicha (la), orchestre, p. 291.
Machinalement (TA BOUCHE), chant, p. 92, orchestre, p. 237, 278 et 309.
Madame Boniface, orchestre, p. 255.
Madame ! C'est vous, chant, p. 105.
MADAME BUTTERFLY (Op.-com.), ch. p. 61 et 95.

MADAME FAVART (Opérette), chant, p. 88.
MADAME L'ARCHIDUC (Opérette), chant, p. 88.
Madame la lune, orchestre, p. 257.
Madeleine, orchestre, p. 263 et 295.
Madelon de la victoire (la), chant, p. 179 et 206.
Mad'moiselle Sourire, chant, p. 193.
M'admoisell' voulez-vous, chant, p. 192.
Mado, orchestre, p. 261.
Madrid, orchestre, p. 291.
Madrigal (PATRIE), chant, p. 68.
Madrigal (ROMÉO ET JULIETTE), chant, p. 73 et 97.
Madrigal François Ier, orchestre, p. 249.
Madrilena (la), orchestre, p. 263.
MAGE (le) (Opéra), chant, p. 61.
Magic-Tango, orchestre, p. 284.
MAGUENAT (baryton) (Opéra-Com.), p. 145.
Magyar (le), orchestre, p. 269.
Magyar-Czardas, orchestre, p. 259 et 310.
Mahaina Malamalama, orchestre, hawaiian, p. 312.
Mal, chant, p. 105, 111 et 114.
Mal tyrolien, chant, p. 187.
Mains de femmes (les), chant, p. 209.
Maintenant... Dansons la scottish espagnole, chant, p. 199.
Maintenant... sur la Riviera, chant, p. 197.
Mais avec une femme, chant, p. 200.
Mais elle est si jolie, chant, p. 236.
Mais il n'est qu'un Paris, chant, p. 181.
Mais quand c'est une petite femme, chant, p. 183 et 188.
Mais ton tour viendra, chant, p. 206.
Mais voilà, chant, p. 185 et 204.
Maison grise (la), (FORTUNIO), chant, p. 54.
Maison des rosiers (la), chant, p. 220.
Maisons (les), chant, p. 218.
Maisons de notre village (les), chant, p. 179.
MAITRE DE CHAPELLE (LE) (Opéra-Comique), chant, p. 61.
MAITRE PATHELIN (Opéra-com.), chant, p. 61.
MAITRES-CHANTEURS (LES) (Opéra) chant, p. 62, violoncelle, p. 300.
Maîtresse de piano (la), chant, p. 215.
Majestic-Danc', chant p. 182.
MALADE IMAGINAIRE (LE) (Comédie) de Molière en 14 disques 29 c/m double face, p. 18.
Malaga, orchestre, p. 263.
Malaguenas, orchestre, p. 272.
Malborough, orchestre, p. 249, 295 et 303.
MALBOS (Mary) (Mlle) (Bouffes-Parisiens), p. 171.
Mal de dents (le), chant, p. 217.
Mal de mer (le), monologue, p. 184.
Malgré moi (PFEIFFER), chant, p. 111 et 121.
Malgré moi (PARADIS), orchestre, p. 259.
Malgré les serments, chant, p. 208.
Malgré toi, chant, p. 202 et 259 ; orchestre, p. 310.
Mamma morta (la) (ANDREA CHÉNIER) (en italien), chant, p. 42.
Maman jolie, chant, p. 204.
Mam'zelle Quat'sous (SOULAIRE), chant, p. 217.
Mam'zelle Juliette, chant, p. 215.
Mam'zelle la Victoire, chant, p. 202.
MAM'ZELLE NITOUCHE (Opérette), ch., p. 89 et 100.
Mam'zelle Risette, chant, p. 203.
Mandarine, orchestre, p. 268.
MANDARINE (Enregistrement spécial pour la danse), orchestre, p. 253.
Mandolinata, violon, p. 299.

Ma (suite)

MANESCAU (ténor béarnais), p. 203.
Mangia Mangia Papirusa !!, orchestre p. 252 et 284.
MANOEL (Francis) (Pie-qui-chante), p. 204.
MANON (Op.-com.), ch., p. 62-96 et 233; orch. p. 241.
Manon (Opéra-Comique) de MASSENET, enregistrement complet en 24 disques 29 ½ double face, p. 21.
MANSUELLE (Ambassadeurs), p. 204.
Manuel du chauffeur, chant, p. 195.
Marcelle, orchestre, p. 257.
MARCEL'S JAZZ BAND (Folies-Bergère), p. 307.
MARCELLY (Gaîté-Rochechouart), p. 204.
Marchand de chevelures (le), chant, p. 203.
Marchand de sable (le), chant, p. 192.
Marchande de marée (LA FILLE DE MADAME ANGOT), chant, p. 85 et 219.
Marche à l'échelle, chant, p. 205 ; orch., p. 263.
Marche algérienne, orchestre, p. 291.
Marche aux flambeaux N° 3, orchestre, p. 243-291.
Marche-Aviation, chant, p. 181.
Marche canadienne, orchestre, p. 288 et 291.
Marche cosaque, orchestre, p. 289.
Marche d'amour, chant, p. 222.
Marche d'entrée des Boyards, orch., p. 243.
Marche de l'Indépendance, orchestre, p. 291.
Marche de l'Oberland, orchestre, p. 291.
Marche de nuit, orchestre, p. 263 et 295.
Marche de Paris (la), orchestre, p. 291.
Marche de la Vénerie, trompes de chasse, p. 306.
Marche des Alsaciens-Lorrains, orchestre, p. 288.
Marche des artistes, orchestre, p. 291.
Marche des brasseurs belges, orchestre, p. 291.
Marche des Brésiliennes, orchestre, p. 291.
Marche des cerfs, trompe de chasse, p. 305.
Marche des chauffeurs, orchestre, p. 293.
Marche des conscrits, orchestre, p. 291.
Marche des Eclaireurs de France, orchestre, p. 291.
Marche des fantômes, orchestre, p. 243.
Marche des femmes (LA VEUVE JOYEUSE), orchestre, p. 243.
Marche des Galibots, orchestre, p. 291.
Marche des gardes françaises, orchestre, p. 291.
Marche des grenadiers belges, orchestre, p. 291.
Marche des gymnastes autrichiens, orchestre, p. 289.
Marche des hommes bleus, chant, p. 206.
Marche des Korrigans, orchestre, p. 243.
Marche des lutins, orchestre, p. 290.
Marche des midinettes, orchestre, p. 291.
Marche des musiciens, orchestre, p. 291.
Marche des Nations, chant, p. 206.
Marche des P'tits Japonais, orchestre, p. 247.
Marche des Parisiennes, orchestre, p. 291.
Marches des petits Français, orchestre, p. 290.
Marche des Rois (L'ARLÉSIENNE), chant, p. 42 et 102.
Marche des sports, orchestre, p. 292.
Marche des sultanes, orchestre, p. 292.
Marche des trompettes (AÏDA), orch., p. 226 et 242.
Marche donc, chant, p. 215.
Marche du 113° d'Infanterie, orchestre, p. 292.
Marche du Couronnement d'Edouard VII, orchestre, p. 243.
Marche du gaz Loubet, orchestre, p. 243 et 292.
Marche du phono-cinéma, orchestre, p. 293.
Marche du roi Marie 1er, orchestre, p. 292.

Marche du Sacre (LE PROPHÈTE), orch., p. 242 et 243.
Marche farandole, orchestre, p. 290.
Marche flamande, orchestre, p. 290.
Marche funèbre, orchestre, p. 242, 243, 250 et 292.
Marche funèbre d'une marionette, orch., p. 243.
Marche grecque, orchestre, p. 292.
Marche guerrière (ATHALIE), orchestre, p. 242 et 243.
Marche héroïque (THIELS), orchestre, p. 292.
Marche héroïque (SAINT-SAËNS), orchestre, p. 243.
Marche hongroise de Rackoczy, orch., p. 243 et 292.
Marche indienne, orchestre, p. 293.
Marche lilloise, orchestre, p. 291.
Marche lorraine, chant, p. 106 ; orchestre, p. 292.
Marche-manœuvre, chant, p. 182.
Marche militaire française, orchestre, p. 292.
Marche miniature, orchestre, p. 243 et 248.
Marche mutine, orchestre, p. 292.
Marche nuptiale (MENDELSSOHN), orchestre, p. 291.
Marche nuptiale (PÉCOUD), orchestre, p. 243.
Marche patriotique, orchestre, p. 292.
Marche persane, orchestre, p. 243.
Marche provençale, orchestre, p. 291 et 292.
Marche royale espagnole et Hymne de Riego, orch., p. 292.
Marche russe, orchestre, p. 292.
Marche tartare, orchestre, p. 290.
Marche tricolore, orchestre, p. 291.
Marche turque, orchestre, p. 243.
Marche vers l'avenir, chant, p. 109.
Marche victorieuse, cloches, p. 312.
Marches américaines, orchestre, p. 287.
Marches de Concert, orchestre, p. 242 et 243.
Marches militaires, orchestre, p. 288 à 293.
Marchons légèrement, chant, p. 215.
Marcia Reale Italiana, orchestre, p. 288.
Margared, ô ma sœur (LE ROI D'YS), (duo), chant, p. 72 et 97.
Margie, chant, p. 155 ; orchestre, p. 276.
Margot la blonde ou « J'ai peur des blondes », chant, p. 206.
Margot les p'tits défauts, chant, p. 210.
Margot reste au village, chant, p. 206 et 219.
Margot, verse du pinard, chant, p. 182.
Marguerite au rouet, chant, p. 111.
Marguerite, oh ! gai (la), chant, p. 223.
Mariage aux oiseaux, chant, p. 199.
Mariage de Mlle Pippermann (le), monolo., p. 184.
Mariage des Roses (le), chant, p. 112.
Mariage du manchot (le), chant, p. 219.
MARIE-MAGDELEINE (Opéra), p. 63-102.
Marie ?... Fagués pas de chichi !..., chant, p. 183.
Marie ta fille, chant, p. 185.
Mariette, orchestre, p. 263.
MARIGNAN (Jane) (Mlle) (soprano (Opéra), p. 171.
Marina (en italien), chant, p. 168.
Marinaresca (en italien), chant, p. 112.
Marine (la), chant, p. 183.
Mariolle (la), chant, p. 205 ; orchestre, p. 257.
Marion, orchestre, p. 276.
Marionnett's, chant, p. 219, orchestre, p. 276.
MARIONNETTE'S (Enregistrement spécial pour la danse), orchestre, p. 254.
Mariposa (la), orchestre, p. 265, 272 et 287.
Mariquita jolie, chant, p. 203.
Maritza, chant, p. 293.
Marius à Paris, scène d'imitation, p. 182.
MARJAL (Concert Marjal), p. 209.

Ma (suite)

Marmousette, orchestre, p. 268.
MARNY (ténor) (Opéra-Comique), chant, p. 21 et 145.
MAROUF, SAVETIER DU CAIRE (Opéra-Comique), chant, p. 63.
Marquisette, orchestre, p. 252 et 258.
Marseillaise (la), chant, p. 113-116-117; orch., p. 288.
Marseillaise de l'Aviation (la), chant, p. 197, orchest., p. 291.
Marseillais malin (le), monologue, p. 184.
Marsiale (la), chant, p. 185.
Marsihalos (les), chant, p. 183.
MARTHA (Opéra-Comique), ch., p. 63; orch., p. 283, 239 et 242.
Martin et Martina, orchestre, p. 249.
MARVINI (basse) (Opéra), p. 13, 37 et 146.
MARX (Trio), violon, violoncelle et harpe, p. 296.
Mary, orchestre, p. 310.
MARY-HETT (Mme) (Théâtre Daunou), p. 171.
Mary Rose (en anglais), chant, p. 112.
Mascarade, orchestre, p. 243 et 245.
MASCOTTE (la) (Opérette) chant, p. 89 et 100, orchestre, p. 233, 241 et 242.
Matelots à l'abordage, chant, p. 180.
Matinée d'Avril, chant, p. 105.
Mattchiche (la), orch., p. 253 et 272 ; ocarina, p. 303.
Maudite à jamais soit la race (SAMSON ET DALILA), chant, p. 74.
MAURER (Herr) (Patois alsacien), chant, p. 223-224.
Max, orchestre, p. 262 et 295.
Maxixe d'amour, chant, p. 208.
May, chant, p. 217.
Maynada, orchestre, p. 310.
MAYOL (Concert Mayol), p. 209.
Mazie, orchestre, p. 276 et 286.
Mazurka (opus 26), violon, p. 297.
Mazurka (CHOPIN), violoncelle, p. 301.
Mazurka alsacienne ou « La leçon de mazurka », chant, p. 185.
Mazurka de concert, violon, p. 297.
Mazurka des microbes (la), chant, p. 192.
Mazurka du ballet (COPPELIA), orchestre, p. 244.
Mazurka en la mineur (CHOPIN), piano, p. 302.
Mazurka jolie, orchestre, p. 267.
MAZURKA JOLIE (Enregistrement spécial pour la danse), orchestre, p. 252.
Mazurkas, orchestre, p. 266 et 267.
Me cal mouri, chant, p. 112.
MÉDECIN MALGRÉ LUI (le) (Opéra-Comique), chant, p. 64.
Méditation (THAÏS), violon, p. 298 et 299.
Médjée, chant, p. 180.
Méfie-toi, fillette, chant, p. 197.
Méfiez-vous d'Anatole !, chant, p. 200.
Méfiez-vous fillettes, chant, p. 195.
Mémaris (les), orchestre, p. 246 et 292.
Méli-Mélo, orchestre, p. 264 et 295.
Mélodie (RUBINSTEIN), violoncelle, p. 301.
Mélodie (TCHAÏKOVSKY), violon, p. 299.
Mélodie câline, chant, p. 207.
Mélodie d'amour, chant, p. 207 et 218.
Mélodie norvégienne, violon, p. 300.
Mélodie tzigane, chant, p. 169.
Mélodies et Romances (par ordre alphabétique), p. 105 à 116.
Mélodies irlandaises, orchestre, p. 249.
Ménage modèle ou Je t'aime, chant, p. 195.
MENDELS (Émile), violon, p. 298.
Mendiant d'Espagne (le), chant, p. 112.
Ménestrel (le), Cantique du pain, chant, p. 118.
Menuet, chant, p. 106.
Menuet à la zingarete, orchestre, p. 247.
Menuet dans au style ancien, orchestre, p. 246.
Menuet du petit roi, orchestre, p. 249.
Menuet et Barcarolle (LES CONTES D'HOFFMANN), orchestre, p. 228.
Menuet favori, orchestre, p. 249.
Menuet poudré, orchestre, p. 244 et 249.
Menuet pour la poupée, orchestre, p. 249.
MÉPHISTOPHÈLES (Opéra), chant, p. 64.
MERCADIER (Scala), p. 211.
Merci, bons Allemands ! chant, p. 192.
MÉRENTIÉ (Mlle) (soprano dramatique) (Opéra), p. 172.
MÉREY (Jane) (Mme) (soprano) (Op.-Com.), p. 172.
Merle blanc (le), orchestre, p. 265.
Merveilleuses (les), orchestre, p. 258.
Mes adieux au 63e de ligne, orchestre, p. 292.
Mes débuts dans le monde, chant, p. 193.
Mes larmes, chant, p. 112.
Mes parents sont venus me chercher, chant, p. 198, orchestre, p. 277 et 282.
Mesdames ! si vous n'aviez pas ça ! chant, p. 212.
Mesdames, vous en faites pas, chant, p. 192.
Mesdemoiselles, chant, p. 190.
MESMÆCKER (Opéra-Comique), p. 21.
Messager d'amour, orchestre, p. 264 et 295.
MESSALINE (Opéra), chant, p. 64.
Messe de Saint-Hubert, trompes de chasse, p. 305.
Messe profane, chant, p. 186.
Mössti in Krüttkopfhuse (Patois alsacien), chant, p. 223 et 224.
MÉTHODE LOUIS WEILL (Enseignement de langues vivantes à l'aide du Phonographe), p. 318.
Mets des bigoudis, chant, p. 195.
Mexico, orchestre, p. 284.
MEXICO (Enregistrement spécial pour la danse), orchestre, p. 253.
Mi noche triste, orchestre, p. 258 et 284.
Mi Chiamano Mimi (LA BOHÈME), chant, p. 44-45.
Mia bella, chant, p. 183.
Mia bella Marsellesa, chant, p. 183.
MIARKA (Opéra), chant, p. 64.
Mia-Vina, accordéon, p. 303.
Micaëlla-Mia, chant, p. 206 ; orchestre, p. 258.
Michel Strogoff, orchestre, p. 292.
MIETTE (Mme) (la Cigale Parisienne), p. 220.
MIGNON (Op.-Com.) chant, p. 64-96 et 103; orchest., p. 233, 239 et 241.
Mignonne amie, chant, p. 109.
MILLER (Eldorado), p. 211.
MILLIONS D'ARLEQUIN (les), chant, p. 197, orchestre, p. 910.
Milonguita, chant, p. 155 ; orchestre, p. 258.
MILTON (Marigny), p. 146.
Mimi-Bohème, orchestre, p. 246.
Mimi d'amour, chant, p. 205.
Mimi garde-moi, chant, p. 181.
Mimi Soleil, chant, p. 112.
Mimi-Taxi, chant, p. 199.
Mimi voici la nuit, orchestre, p. 268.
Mimosa, orchestre, p. 259.

Mi (suite)

Mimosette, chant, p. 207.
Minuetto, orchestre, p. 249.
Minuit, chant, p. 112.
Mio figlio (L'ORACOLO) (en italien), chant, p. 138.
Mioches (les), chant, p. 213.
Miracles d'amour (les), chant, p. 185.
Miralda, orchestre, p. 257.
MIRANDA (Mme) (soprano) (TH. MONNAIE BRUXELLES), p. 172.
MIREILLE (Op.-Com.) (GOUNOD), chant, p. 65, 96; orchestre, p. 233 et 241.
Mireille (MASSENET), chant, p. 106 et 113.
MIREPOIX (Mme) (Concerts Parisiens), p. 220.
Mirka la gitane, chant, p. 197.
Miroir (le), chant, p. 112.
MISCHA-ELMAN, violon, p. 298.
Miserere (LE TROUVÈRE), chant, p. 80, orchestre, p. 295.
Miserere du Marin (le), chant, p. 118.
Miss, orchestre, p. 258 et 287.
MISS HELYETT (Opérette), chant, p. 89-100; orch., p. 234 et 241.
Miss Love, orchestre, p. 264.
Mississipi, orchestre, p. 280.
Mister Jolly Boy, orchestre, p. 302.
Mister ragtime, orchestre, p. 280 et 286.
MISTER RAGTIME (Enregistrement spécial pour la danse), orchestre, p. 254.
MISTINGUETT (Mlle) (CASINO DE PARIS), p. 220 et 286.
MITCHELL'S JAZZ-KINGS, orchestre, p. 308.
Mitzy, orchestre, p. 258.
Mo-na-lu, orchestre hawaiian, p. 311.
Modern-style, orchestre, p. 268.
Mœ Uhane, orchestre hawaiian, p. 311.
Moi j' m'appell' Ciboulette (CIBOULETTE), chant, p. 83.
Moi, j' m'en fous, chant, p. 213.
Moi je l' fais, chant, p. 212.
Moi, je n'suis pas exigeant, chant, p. 186.
Moi je t'aimes, toi tu m'aimes, chant, p. 183.
Moi jolie... (LES DRAGONS DE VILLARS), chant, p. 50 et 94.
Moine du commandant (le), chant, p. 215.
Moineau (le) « Lo Pardal » (en catalan), chant, p. 201.
Moineaux (les), orchestre, p. 263 et 264.
Mollet de Rose (le), chant, p. 219.
Môme Ban-ban (la), chant, p. 183.
Môme Nana (la), chant, p. 213.
Moment musical, orchestre, p. 242 et 243.
Mômes de la cloche (les), chant, p. 222.
Mon beau Tyrol, chant, p. 187.
Mon bien-aimé (MARIE-MAGDELEINE), chant, p. 63.
Mon bijou (Mi Jewel), orchestre, p. 248.
Mon Chantecler, chant, p. 182.
Mon Cygne aimé (LOHENGRIN) (en italien), chant, p. 60.
Mon cœur soupire (LES NOCES DE FIGARO), chant, p. 66.
Mon Ecossaise, chant, p. 215.
Mon grand verre, chant, p. 110.
Mon homme, chant, p. 221; orchestre, p. 268 et 286.
Mon navire si beau (SURCOUF), chant, p. 76.

Mon nom est Jonquelet (LE GRAND MOGOL), chant, p. 87.
Mon numéro, chant, p. 210.
Mon p'tit copain, chant, p. 213.
Mon père m'a donné un mari, chant, p. 223.
Mon soleil, c'est ton sourire, « Smiles », chant, p. 190.
Mon thermomètre, chant, p. 189.
Mon tour de Java, chant, p. 220.
Mon Udoxie, chant, p. 204.
Mon vieux clocher, chant, p. 180.
Mondaine, orchestre, p. 258.
Monôme-Polka, orchestre, p. 264.
Monsieur Beaucaire, orchestre, p. 245.
MONSIEUR DE LA PALISSE (Opérette), chant, p. 89 et 219.
Monsieur et Madame Poisse, chant, p. 209.
Monsieur qui attend (le), chant, p. 187.
Montagnards (les), chant, p. 104.
Montagnes fortunées « Montanyas regaladas » (en catalan), chant, p. 201.
Montanyas regaladas « Montagnes fortunées » (en catalan), chant, p. 201.
MONTBREUSE (Gaby) (Mlle) (Olympia), p. 221.
Monte-Cristo, orchestre, p. 257.
MONTEHUS (Répertoire), chant, p. 211.
Monténégrine (la), chant, p. 210.
MONTY (Petit Casino), p. 211.
Morceaux de genre, orchestre, p. 246 et 250.
Morceaux religieux (par ordre alphabétique), chant, p. 118 et 119.
Morenita, chant, p. 197.
MORLET (Mme) (soprano) (Trianon-Lyr.), p. 173.
Mort d'Isolde (TRISTAN ET ISOLDE), chant, p. 79.
Mort d'Otello (OTELLO) (en italien), chant, p. 67.
Mort de Marguerite (la) (MÉPHITOSPHÉLÈS), chant, p. 64.
Mort de Siegfried (le Crépuscule des Dieux), chant, p. 49.
Mort de Valentin (FAUST), chant, p. 52.
Mort de Werther (la) (WERTHER), chant, p. 81.
MORTURIER (Opéra-Comique), p. 21.
Morvandiau (le), chant, p. 222.
Mots d'amour (les) (YOU-YOU), chant, p. 93; orchestre, p. 238 et 279.
Mots d'amour (les), chant, p. 220.
Mouchoir Rouge de Cholet (le) (1793), chant, p. 185.
Moulin de la Vierge (le), trompes de chasse, p. 305.
Moulin de Longchamp (le), chant, p. 112.
Moulin de Maître-Jean (le), chant, p. 181.
Moulin de Suzette (le), chant, p. 181.
Moulin rustique, chant, p. 182.
Moulinet-Polka, orchestre, p. 263.
Moumoutte, monologue, p. 189.
MOUNET (Paul) (Comédie-Française), p. 6.
MOUNET-SULLY (Comédie Française), p. 224.
MOURETTE (Opéra), chant, p. 66.
Mousmé (la), chant, p. 267.
MOUSMÉ (la) (Enregistrement spécial pour la danse), orchestre, p. 252.
Mousmé du joli Japon, chant, p. 210.
MOUSQUETAIRES AU COUVENT (les) (Opérette), chant, p. 90; orchestre, p. 234 et 241.
MOUSQUETAIRES DE LA REINE (les) (Op.-Com.), chant, p. 66; orchestre, p. 234.
Moustaches-Polka, orchestre, p. 264.
Muet mélomane (le), monologue, p. 188.
Muet violoniste (le), monologue, p. 225.

Mu (suite)

Muguet, orchestre, p. 264.
MUETTE DE PORTICI (la) (Opéra), chant, p. 66. et 96 ; orchestre, p. 234 et 239.
MULE DE PEDRO (la) (Opéra-Bouffe), chant, p. 66.
Muletier (le), chant, p. 107.
MURATORE (ténor) (Opéra), p. 146.
Murmures de la forêt, orchestre, p. 264.
Murmurez et l'entendrai, trio Ackroyd, p. 296.
Musette neuve (la), chant, p. 112.
Musicien ambulant, chant, p. 185.
Musique de chambre, orchestre, p. 296 à 304.
MUSIQUE DU 158 th. INFANTRY BAND. U. ARMY BAND LEADER. 2nd. LIEUTENANT A. R. ETZVEILER, p. 309.
Musique ! Folle ! chant, p. 181.
Musique humoristique, p. 312.
Musique lointaine, chant, p. 112.
Musique qui passe (la), chant, p. 181.
Musotte, orchestre, p. 264.
MUSTEL, orgue, p. 302.
Muttering Fritzi, orchestre, p. 307.
MUZIO (Claudia) (Mme) (Soprano) (en italien), p. 173.
My Isle of Golden Dreams, orchestre, p. 251 et 258.
My land of memory, orchestre hawaiian, p. 312.
My Mammy, orchestre, p. 276 et 286.
My Star, orchestre, p. 277 et 286.
Myosotis, orchestre, p. 244.
MYRAL (Nina) (Mme) (Palace), p. 221.
Myrella la jolie, chant, p. 207.
MYRO (Jane) (Mlle) (Casino de Paris), p. 221.
Myrtes sont flétris (les), chant, p. 112.

N

N'allez pas au bois, chant, p. 210.
N' Everything, orchestre, p. 307.
N'fais pas ça Marguerite, chant, p. 210.
Nachtigall, orchestre, p. 261 et 312.
NANSEN (ténor) (Opéra), p. 147.
Napoli, orchestre, p. 250.
Napoli la Bella, accordéon, p. 303.
Napolinata, chant, p. 106.
Napolinetta, orchestre, p. 264.
Napolinette, chant, p. 222.
Napolitana, chant, p. 192 ou orchestre, p. 250.
Nationale-Marche, orchestre, p. 292.
Nature et Soleil, chant, p. 187.
Naughty Hawaii, orchestre hawaiian, p. 312.
Naughty waltz, orchestre, p. 251 et 258.
NAVARRAISE (la) (Opéra-comique), chant, p. 66.
Ne brisez pas un cœur, chant p. 112.
Ne brisez pas vos joujoux, chant p. 200.
Ne bronchez pas (MANON) chant p. 62.
Ne comme ça, chant p. 191.
Ne demandez jamais aux femmes chant p. 203.
Ne désespérez jamais, cloches p. 312.
Ne ferme pas tes yeux chant, p. 203.
Ne gueul' pas, Joséphine, chant, p. 204.
Ne jouez pas avec le cœur d'une femme, chant, p. 207.
Ne me refuse pas (HÉRODIADE), chant, p. 57.
Ne parle pas (LES DRAGONS DE VILLARS), ch., p. 50.
Ne parle pas au malheureux (RIGOLETTO), ch., p. 71.
Ne parlons plus d'amour, chant, p. 207 ; orch., p. 256.

Ne pleure pas, bébête, chant, p. 191.
Ne rendez pas les hommes fous, ou La chanson du Passant, chant, p. 201.
Nearer, my God, to thee, orchestre, p. 310.
Nécessaire et le superflu (le), chant, p. 222.
Nègres comiques (les), banjo, p. 302.
Nell Gwyn, orchestre, p. 250.
NÉRON (Opéra), chant, p. 66.
9 Jullo, orchestre, p. 252 et 284.
Néva (la), orchestre, p. 267.
NÉVA (la) (Enregistrement spécial pour la danse), orchestre, p. 252.
NIBOR (Concert Mayol), p. 212.
Nicolas (la), trompes de chasse, p. 305.
Nid d'amour « Love Nest », orchestre, p. 198.
Nièce à Bertrand (la), chant, p. 183.
Nigger in a Fit, orchestre, p. 302.
Nights of gladness, orchestre, p. 256.
Nil parco di Salice, orchestre, p. 278.
Nina, orchestre, p. 264.
Ninette, orchestre, p. 261 et 264.
NINETTE (Enregistrement spécial pour la danse), orchestre, p. 252.
Ninette, si tu voulais, chant, p. 210.
Ninon, chant, p. 112.
Ninon, je vous aime, chant, p. 223.
Ninon la Gaîté, chant, p. 112.
Ninon voici le jour, chant, p. 203.
Ninon, voici les roses, ch., p. 111 ; orch., p. 258-311.
Ninuccia, orchestre, p. 256 et 311.
Nistonne (la) (OH ! QUÉ FORTUNE !) (Revue), chant, p. 183.
NITTA-JO (Mme) (Alhambra), p. 222.
Noce à Piédalouette (la), scène, p. 184.
NOCES CORINTHIENNES (les) (Opéra), chant, p. 66.
Noces de Fanchette, chant, p. 188.
NOCES DE FIGARO (les) (Opéra-com.), ch., p. 66 ; orch., p. 234-239 et 241.
NOCES DE JEANNETTE (les) (Op.-com.), chant, p. 67, orchestre, p. 234 et 241.
NOCES DE JEANNETTE (les) Opéra-Comique, de V. MASSÉ, enregistrement complet en 10 disques de 29 c/m double face, p. 25.
Nocturne, violoncelle, p. 301.
Nocturne en fa dièse majeur (CHOPIN), piano, p. 302.
Nocturne en mi bémol (CHOPIN-SARASATE), violon, p. 297.
Nocturne en mi bémol (CHOPIN), piano, p. 301.
Nocturnes (les), chant, p. 217.
Nocturne (BORODINE), quator à cordes, p. 296.
Noël (ADAM), chant, p. 105-118 et 119.
Noël (A. HOLMÈS), chant, p. 111 et 118.
Noël (GEORGES ET JEAN FRAGEROLLE), chant, p. 118.
NOEL (Yves) (baryton) (Opéra), p. 147.
Noël d'amour, chant, p. 112.
Noël de la Victoire, chant, p. 113.
Noël de Pierrot (AUBADE D'AMOUR), chant, p. 106.
Noël des bergers, chant, p. 113.
Noël des gueux (BÉON), chant, p. 108.
Noël des gueux (GÉRALD VARGUES), chant, p. 113.
Noël neige, chant, p. 202.
Noël païen, chant, p. 110.
Noël tragique, chant, p. 202.
Non, je n'ai pas sommeil ce soir (TARRASS-BOULBA), chant, p. 76.

N (suite)

Non, non, jamais les hommes (TA BOUCHE), chant, p. 92 ; orchestre, p. 237-281 et 308.
NORMA (Opéra) (en italien), chant, p. 67.
Nos souvenirs, chant, p. 219.
Nos vieilles larmes, chant, p. 112.
Nos vingt ans, chant, p. 114.
NOTÉ (baryton) (Opéra), p. 8, 27, 37 et 148.
Notre étoile, chant, p. 192.
Notre grand Paris, chant, p. 179 et 221.
Notre Père, chant religieux, p. 119.
Notre Père qui êtes aux cieux, chant, p. 118.
Notre Président, chant, p. 199 ; orchestre, p. 292.
Notre Régiment (en russe), chant, p. 101.
Notte sul mare, chant, p. 113.
Nous avons fait un beau voyage (duo) (CIBOULETTE), (chant, p. 83 et 98.
Nous dansons (LA PRINCESSE DOLLAR), orch., p. 235.
Nous en avons ! chant, p. 138.
Nous n'irons plus au bois, chant, p. 217 et 223.
Nous sommes les troufions, chant, p. 214.
Nous voulons donner une soirée, dialogue, p. 225.
Nouveau départ (le), trompes de chasse, p. 306.
Nouveaux jouets parisiens, orchestre, p. 250.
Nouvelle Brabançonne (la), chant, p. 117.
Nouvelle étoile, orchestre, p. 264 et 295.
Novelettes, orchestre, p. 250.
Novembre, chant, p. 106.
Now and Then, orchestre, p. 276 et 287.
Noyer (le), chant, p. 112.
Nuit (la), orchestre, p. 256.
Nuit d'amour (Nocturne), (COLOMBO), chant, p. 84.
Nuit d'été, orchestre, p. 255.
Nuit d'hyménée (duo) (ROMÉO ET JULIETTE), chant, p. 73 et 97.
Nuit sur mer, chant, p. 223.
Nuit tragique, chant, p. 197 et 207.
Nuits à Séville (les), chant, p. 207.
Nuits de Chine, chant, p. 203, orchestre, p. 277.
Nuits de Naples, chant, p. 173 et 197.
NUITS PERSANES (les) (Opéra), chant, p. 67.
Nuits qui chantent (les), chant, p. 115.

O

« O » « Oh ! fox-trot », orchestre, p. 277 et 286.
O beau pays de la Touraine (LES HUGUENOTS), chant, p. 57.
O bimba bimbetta, (en italien), chant, p. 113.
O céleste Aïda (AÏDA), chant, p. 42.
O de beautés égales (LA TOSCA), chant, p. 78.
O Dieu de quelle ivresse... (LES CONTES D'HOFFMANN), chant, p. 48.
O dolci mani (LA TOSCA) (en italien), chant, p. 76.
O jours de ma première tendresse (LE CID), chant, p. 47 et 94.
O-La-La-wee-wee, orch., p. 280-287, chant, p. 192.
O liberté, m'amie (LE JONGLEUR DE NOTRE-DAME), chant, p. 59.
« O ma Gaby », chant, p. 208.
O ma lyre immortelle (SAPHO), chant, p. 74.
O ma Sélika (L'AFRICAINE), chant, p. 41 et 94.
O Marenariello, chant, p. 114.
O Mathilde (GUILLAUME TELL), chant, p. 55.
O mon Fernand (LA FAVORITE), chant, p. 53.

O noble lame (LE CID), chant, p. 47.
O nuit d'amour (MESSALINE), chant, p. 64.
O nuit enchanteresse (LES NOCES DE FIGARO), chant, p. 66.
O Paradis (L'AFRICAINE), chant, p. 41.
O puissante, puissante magie (LE PARDON DE PLOËRMEL), chant, p. 68.
O Richard ! o mon roi (RICHARD CŒUR DE LION), chant, p. 70.
O Salutaris, chant, p. 118 et 119.
O sole mio, chant, p. 110 et 113 ; orch., p. 250-291.
O Thérésa, regarde dans cette eau (THÉRÈSE), chant, p. 77.
O Ugénie, chant, p. 214.
O viens ma gosse, chant, p. 184.
Oahu, orchestre hawaïen, p. 312.
OAKLEY (Olly) (Soli de Banjo), p. 302.
Oasis (l'), orchestre, p. 276.
Obertass, violon, p. 298.
Océan (l'), chant, p. 180.
ŒDIPE ROI (Tragédie), déclamation, p. 223.
Œil assassin (l'), chant, p. 191.
Œillets (les) (en espagnol), chant, p. 113.
Oh gee ! Oh gosh ! orchestre, p. 274 et 308.
Oh ! How I hate to get up in the morning, orchestre américain, p. 309.
Oh ! là là ! orchestre, p. 277.
Oh ! là là ! oui, oui, chant, p. 192.
Oh ! la troublante volupté (LA REINE JOYEUSE), chant, p. 92.
Oh ! le rose bleu, orchestre, p. 282.
Oh ! les amoureux, chant, p. 219.
Oh ! les femmes, orchestre, p. 292.
Oh ! les valses lentes, chant, p. 195.
Oh ! ma poupée d'amour ! chant, p. 192.
Oh ! ma quique, chant, p. 183.
Oh ! Maurice ! chant, p. 191.
Oh ! me ! oh my ! orchestre, p. 272 et 286.
OH, ME ! OH MY ! (Enregistrement spécial pour la danse), orchestre, p. 253.
Oh ! mon beau château, chant, p. 223.
Oh ! qu' c'est bête, chant, p. 206.
Oh ! que Fortune ! monologue, p. 186.
Oh ! si les fleurs avaient des yeux, chant, p. 112.
Oh ! transport, douce ivresse (LA FILLE DU RÉGIMENT), chant, p. 53.
Ohé ! Dupont, ohé ! Dubois, chant, p. 108.
Ohé ! Mélanie ! orchestre, p. 280.
Ohé ! ohé ! hop là ! orchestre, p. 258.
Oiseau captif (l') (GRISÉLIDIS), chant, p. 65.
Oiseau s'éveille (l'), chant, p. 207.
Oiseau tapageur (l'), orchestre, p. 264 et 295.
Oiseaux du soir (les), chant, p. 220.
Oiseaux légers, chant, p. 112 et p. 113.
Old English Country Dance, orchestre, p. 250.
Old Glory goes marching on, orchestre, p. 307.
Old love is never forgotten, orchestre, p. 250.
Olé ! orchestre, p. 271.
Olong-Li, orchestre, p. 248 et 311.
Olympienne (l'), orchestre, p. 264 et 295.
Omar Raby Elozor, chant hébraïque, p. 120.
OMBRE (l') (Op.-com.) ch., p. 67 ; orch., p. 284-290.
On a décoré la ville, chant, p. 192.
On a oublié, chant, p. 112.
On cantonne à Saint-Quentin, orchestre, p. 249.
On dirait que tout sommeille (LE FARFADET), chant, p. 51.

Disques PATHÉ double face.

On (suite)

On dit qu' c'est d' l'amour, chant, p. 188.
On m'a fait mon portrait, chant, p. 196.
On m'appelle Frisson, chant, p. 203.
On m'appelle Mimi (LA BOHÈME), chant, p. 45.
On n'est pas du même monde, chant, p. 203.
On n'me prend pas au sérieux, chant, p. 212.
On n'y pense pas, chant, p. 2-3.
On pardonne tout, chant, p. 200 et 220.
On s'en contrefout, chant, p. 186.
On s'est connu, chant, p. 203.
On the Bosphorus (Sur le Bosphore), orch., p. 249.
Ondines (les), chant, p. 179.
One fleeting hour, orchestre, p. 310.
One hour of flirt with you « J'aime les fleurs », orchestre, p. 280.
One-steps, orchestre, p. 279 à 281.
Oubin! orchestre, p. 277 et 287.
Op. 18 N° 4 (BEETHOVEN) (Allegro), quatuor à cordes, p. 295.
Op. 18 N° 5 (BEETHOVEN) (Menuetto), quatuor à cordes, p. 295.
Op. 18 N° 5 (BEETHOVEN) (Thème et variations) (1re partie), quatuor à cordes, p. 296.
Op. 18 N° 5 (BEETHOVEN) (Thème et variations) (2e partie), quatuor à cordes, p. 296.
Op. 15 (GLAZOUNOFF) (Orientale), quatuor à cordes, p. 296.
Opéras et Opéras-comiques (par ordre alphabétique), chant, p. 41 à 82, orchestre, p. 226 à 238.
Opérettes (par ordre alphabétique), chant, p. 82 à 93 ; orchestre, p. 226 à 238.
OR ET L'ARGENT (l') (Opérette), orch., p. 234 et 258.
ORACOLO (l') (en italien), chant, p. 136.
Orfi, orchestre, p. 310.
Orgie (l'), chant, p. 181.
Orientale, violon, p. 300.
ORPHÉE (Opéra), chant, p. 67.
ORPHÉE AUX ENFERS (Opérette), chant, p. 90 ; orchestre, p. 270.
Ose Anna (LA-HAUT), ch., p. 88, orch., p. 276 et 282.
OTELLO (Opéra), chant, p. 67.
Où c'est-y qu'il t'as eu ça (LES LINOTTES), ch., p. 221.
Où fleurit l'oranger, orchestre, p. 268.
Où je vais, j'n'en savons rien (MADAME L'ARCHIDUC), chant, p. 88.
Où Tristan va se rendre (TRISTAN ET ISOLDE), chant, p. 79.
Où vas-tu ? chant, p. 203.
Où voulez-vous aller ? chant, p. 113.
Oublions le passé, chant, p. 191 et 207.
Oublions les baisers, chant, p. 202.
Oui, je t'aime (TARASS-BOULBA) (duo), chant, p. 76, et 169.
Oui Madame, des belles qu'il aime (DON JUAN), chant, p. 50.
Oui... non (duo), chant, p. 216 et 221.
Ouistiti (le), orchestre, p. 279.
Oumipné Chatônou, chant hébraïque, p. 120.
Ousqu'est la baisse, chant, p. 168.
Ouverture, orchestre, p. 288 à 240.
Ouvre tes yeux bleus, trio Ackroyd, p. 296.
Ovairier (l'), chant, p. 183.
Over There, orchestre, p. 293.

P

P'tit cochon d'amour, chant, p. 215.
P'tit! Dame des Galeries (la), chant, p. 209.
P'tit jeune homme (le), chant, p. 219.
P'tit objet (le), chant, p. 215.
P'tit Quinquin (le), chant, p. 282.
P'tit rat de l'Opéra (le), ou La Danseuse et le vieux comte, p. 210.
P'tit rouquin du Faubourg Saint-Martin (le), chant, p. 198.
P'tit soldat (le), chant, p. 216.
P'tite branche de lilas, chant, p. 204.
P'tite pharmacienne (la), chant, p. 215.
P'tit's femm's de rien du tout (les), chant, p. 191, orchestre, p. 273 et 286.
P'tit's femmes qui passent (les), chant, p. 213.
P'TITES MICHU (les) (Opérette), chant, p. 90 et 100.
P'tits systèmes (les), chant, p. 216.
Pa-ta-poum, orchestre, p. 277.
Page d'amour, chant, p. 200.
PAILLASSE (Opéra) (LEONCAVALLO), chant, p. 68 ; orch., p. 234 et 241.
Paillasse (TAVEN), orchestre, p. 248 et 311.
Paillasse n'est plus (PAILLASSE), chant, p. 68.
Palmpolaise (la), chant, p. 185 et 205.
Paloma (la), chant, p. 113 ; orchestre, p. 249 et 255 ; ocarina, p. 295 et 303.
Pampille (la), chant, p. 188 ; orchestre, p. 272.
Panache et pompon, orchestre, p. 267.
Panier à salade (le), chant, p. 218.
Panier d'œufs (le), chant, p. 223.
Panis angelicus, chant, p. 118 et 119.
PANURGE (Opérette), chant, p. 90.
Papa l'Arbi, orchestre, p. 292.
Papiers (les), monologue, p. 189.
Papillon (le), accordéon, p. 303.
Papillon volage, orchestre, p. 247.
Papillons de nuit (les), chant, p. 220.
Par jalousie, chant, p. 198.
Par le petit doigt, chant, p. 185, 188 et 218.
Par quel charme dis-moi, (PAUL ET VIRGINIE), chant, p. 69.
Parade de clowns, orchestre, p. 289.
Parade des soldats de plomb, orch., p. 282 et 312.
Parade militaire, orchestre, p. 241 et 292.
Paraguay (la), orchestre, p. 261.
Parais à ta fenêtre, chant, p. 113.
Parapluie (le), chant, p. 210.
Parc Monceau, orchestre, p. 276.
Parce qu'ils étaient amoureux, chant, p. 196.
Parce que... (LA-HAUT), chant, p. 88.
Pardon, chant, p. 197.
PARDON DE PLOERMEL (le) (Op.-com.), chant, p. 68.
Pardon Mam'zelle (duo), chant, p. 217 et 221 ; orchestre, p. 280 et 286.
Pardonne-moi, chant, p. 198.
Pardonne-moi chère Patrie (LA VEUVE JOYEUSE) chant, p. 93.
Parfum d'éventail ; orch., p. 257.
Parfum du soir, chant, p. 183.
Paris, chant, p. 201.
Paris-Belfort, orchestre, p. 292.
Paris-Bruxelles, orchestre, p. 292.
Paris-Fêtard, orchestre, p. 290.

Pa (suite)

Paris-Marche, orchestre, p. 290.
Paris-Métro, orchestre, p. 270.
PARIS OU LE BON JUGE (Opérette), chant, p. 90.
Paris reste Paris, orchestre, p. 290.
Paris-Tyrol, chant, p. 187.
Parisien (le), orchestre, p. 292.
Parisienne, orchestre, p. 258.
Parisienne y aqu' ça (la), chant, p. 188 ; orch., p. 292.
PARMENTIER (baryton) (Opéra-Comique), p. 151.
Parmi les rêves, chant, p. 111.
Parmi tant d'amoureux (LES NOCES DE JEANNETTE), chant, p. 67.
PARSIFAL (Opéra), chant, p. 67.
Partida (la), chant, p. 113.
Partie de cartes, dialogue, p. 225.
Pas ça (MADAME L'ARCHIDUC), chant, p. 88.
Pas béni, scène comique, p. 189.
Pas bileux, chant, p. 196.
Pas de Deux, orchestre, p. 269.
Pas de minuit, orchestre, p. 269.
Pas de quatre, orchestre, p. 269.
Pas des aviateurs, orchestre, p. 269.
Pas des marionnettes, orchestre, p. 238 et 250.
Pas des patineurs, orchestre, p. 269.
Pas des siffleurs, orchestre, p. 203.
Pas guerrier (SIGURD), orchestre, p. 237.
Pas plus que vous, chant, p. 183.
Pas pour moi, chant, p. 191.
Pas pressé, chant, p. 195.
Pas redoublé, orchestre, p. 289.
Pas redoublé, orchestre, p. 288 à 293.
Pap s'en faire, chant, p. 201.
Pas sur la bouche, orchestre, p. 263.
Paso-doble Bolero, orchestre, p. 251 et 269.
Passant (le), chant, p. 181.
Passe-pied, orchestre, p. 249.
Passe-pied de la reine, orchestre, p. 249.
Passe-temps, chant, p. 182.
Passion, chant, p. 220.
Pastorale, chant, p. 113.
Patches, orchestre, p. 276.
PATCHES (Enregistrement spécial pour la danse), orchestre, p. 254.
Pater Noster, chant, p. 119.
Pater Noster (NIEDERMEYER), chant religieux, p. 118 et 119.
Pater Noster (E. CHIZAT), chant religieux, p. 119.
Pathé-Succès, orchestre, p. 241.
Patins dorés, orchestre, p. 269.
Patins et fourrures, orchestre, p. 267.
Patineurs (les), orchestre, p. 258.
Patineuses norvégiennes (les), orchestre, p. 269.
PATOIS ALSACIEN, p. 223 et 224.
Pâtre des Batignolles (le), ch., p. 198 ; orch., p. 267.
Patria, chant, p. 113.
PATRIE (Opéra), chant, p. 68 ; orchestre, p. 234.
Patrouille nocturne, banjo, p. 312.
Patrouille turque, orchestre, p. 243.
PAUL ET VIRGINIE (Opéra-Com.), chant, p. 69.
Pauvre Butterfly ! chant, p. 114.
Pauvre fleur ! chant, p. 106.
Pauvre France, chant, p. 193.
Pauvre martyr-obscur (PATRIE), chant, p. 69.
Pauvre Paillasse (PAILLASSE), chant, p. 68.

Pauvres fous, chant, p. 113.
Paye tes dettes, orchestre, p. 264.
Pays de rêve, orchestre, p. 282.
Peach-Brandy, orchestre, p. 293.
PEARLY (Fred) (Auteur-Compositeur), p. 212.
PÊCHEURS DE PERLES (Les) (Opéra), chant, p. 69 et 96.
Pédicure amoureux (le), scène, p. 189.
PEER GYNT, orchestre, p. 245 ; trio, p. 296.
Peggy, orchestre, p. 252 et 277.
Pélican (le), orchestre, p. 277.
Pélikette (la) (Danse des Pélicans), chant, p. 207.
Pendulette d'Alsace, chant, p. 218.
Pense-bête (le), chant, p. 215.
Pensée d'automne, chant, p. 113.
Pensez à la France, chant, p. 192.
Pensez à moi, chant, p. 113.
Pensez aux mamans, chant, p. 202.
Pensiamento (el), orchestre, p. 283.
Pépin de la dame (le), chant, p. 216.
Père Chante-Misère (le), chant, p. 202.
Père la Victoire (le), ch., p. 201, orchestre, p. 291.
Père Ra-Fla (le), chant, p. 113, 117 et 197.
PERCHICOT (Alhambra), p. 213.
PÉRICHOLE (la) (Opérette), chant, p. 90 et 100.
PÉRIER (Jean) (baryton), (Op.-Com.), p. 151.
Période électorale, scène, p. 189.
PERLE DU BRÉSIL (la) (Opéra-Comique), chant, p. 69.
Permission (la), chant, p. 207.
Perqué, chant, p. 213.
Perroquet (le), orchestre, p. 280 et 286.
PERROQUET (le) (Enregistrement spécial pour la danse), p. 253.
Perruche et Perroquet, orchestre, p. 268.
Per tu ploro, orchestre, p. 310.
PERVAL (Scala), p. 213.
Pervenche, orchestre, p. 258.
Pesca d'amore (en italien), chant, p. 108.
PESSIN, chants hébraïques, p. 120.
Peter gink, orchestre, p. 309.
Petit amant (le) (TA BOUCHE), chant, p. 92.
Petit ballon rouge (le) chant, p. 192.
Petit bonheur, chant, p. 194.
Petit chagrin, chant, p. 211.
Petit Chichois (le), monologue, p. 184.
PETIT DUC (le) (Opérette), chant, p. 91.
PETIT FAUST (le) (Opérette), chant, p. 91 et 100.
Petit Grégoire (le), chant, p. 185, 188, 210 et 218.
Petit lapin, orchestre, p. 265.
Petit matelot, chant, p. 204 et 210.
Petit panier (le), ch., p. 188 ; orch., p. 260 et 263.
Petit prodige (le), chant, p. 210.
Petit ruban vert (le), chant, p. 200.
Petit siffleur (le), chant, p. 113.
Petit soldat de plomb (le) (MAM'ZELLE NITOUCHE) (duo) chant, p. 89 et 100.
Petite amie (la), chant, p. 111 et 115.
PETITE BOHÈME (la) (Opérette), chant, p. 91.
Petite Bretonne (la), orchestre, p. 264.
Petite dinde (VÉRONIQUE), chant, p. 93.
Petite fleur, orchestre, p. 258.
Petite fleur des neiges, chant, p. 203.
Petite folle, orchestre, p. 262.
PETITE FONCTIONNAIRE (La) (Opérette), chant, p. 91.
Petite guerre (la), orchestre, p. 292.

DISQUES PATHÉ double face.   LVII

Pe (suite)

Petite horloge (la), orchestre, p. 200.
Petite marche orientale, orchestre, p. 242.
Petite Marguerite (la), chant, p. 195.
PETITE MARIÉE (la) (Opérette), ch., p. 91 et 100.
Petite marraine, chant, p. 210.
Petite masseuse (la), chant, p. 215.
Petite médaille en argent (la), chant, p. 192.
Petite porteuse de pain (la), chant, p. 210.
Petite rose, chant, p. 203.
Petite sérénade (la) (en russe), chant, p. 101.
Petite souris, orchestre, p. 266.
Petite Tonkinoise (la), ch., p. 215 ; orch., p. 268.
Petite valse, violoncelle, p. 301.
Petites communiantes (les), chant, p. 107.
Petites compensations (les), chant, p. 215.
Petits (les), chant, p. 141.
Petits bambins d'amour, chant, p. 114.
Petits chagrins, orchestre, p. 258.
Petits clairons (les), orchestre, p. 264.
Petits cris suprêmes (les), scène, p. 188.
Petits joyeux (les), chant, p. 186.
Petits machins (les), chant, p. 189.
Petits oiseaux (les), orchestre, p. 189, 258 et 295.
Petits-Païens (les), (PHI-PHI), ch., p. 91 ; orch., p. 235 et 280.
Pétoulette (la), chant, p. 184.
Peuchère (la petite Marseillaise), chant, p. 198.
Peuple, chante, chant, p. 181.
Peut-être ou Chanson d'amour, chant, p. 207.
PHÈDRE (Opéra), orchestre, p. 235 et 239.
PHILÉMON ET BAUCIS (Opéra-Comique), chant, p. 69 ; orchestre, p. 235 et 241.
Philomène, chant, p. 189 ; orchestre, p. 263 et 264.
PHI-PHI (Opérette), chant, p. 91 ; orchestre, p. 235 et 258.
Piano, p. 301 et 302.
Pica-Pica, orchestre, p. 264 et 290.
Picas y Banderillas, orchestre, p. 291.
PIDOUX (John) (banjo), p. 303.
Pie Jesu, chant, p. 119.
PIERLY (Mme Jeanne) (Palais-Royal), p. 222.
Pierrette, orchestre, p. 251 et 283.
Piff Paf! (LES HUGUENOTS), chant, p. 57.
Pifferaro (le), chant, p. 182.
Pile ou face, orchestre, p. 268.
Pilou-Pilou (le), orchestre, p. 272.
Pimperline et Pimperlin, chant, p. 179 et 219.
Pins and Needles, chant, p. 277.
PINSON (Nine) (Mme) (Alhambra), p. 222.
Pinsonnette et Pinsonnet, chant, p. 187.
Ploupious de France, chant, p. 114 ; orch., p. 293.
Pirouette, orchestre, p. 249.
Piston embarrassé (le), chant, p. 188.
Piston et Pistonnette, orchestre, p. 262 et 295.
Pitchounetta, orchestre, p. 259.
Pitre (le), p. 181.
Place à la Liberté, orchestre, p. 291.
Place Pigalle, chant, p. 211.
Plaisir à travers les âges, chant, p. 209.
Plaisir d'amour, chant, p. 106.
Pleurs du cerf (trompes de chasse, p. 305.
Plis de la main (les) chant, p. 215.
Pluie (la), chant, p. 114.

Pluie, le Vent, la Neige (la), chant, p. 208.
Pluie de perles, orchestre, p. 262 et 295.
Plume et porte-plume, chant, p. 192.
Plumes au vent, chant, p. 180.
Plus beau des joujoux (le), chant, p. 203.
Plus belles femmes (les), chant, p. 192.
Plus blanche que la blanche hermine (LES HUGUENOTS), chant, p. 57.
Plus joli rêve (le), chant, p. 202 et 220.
Plus jolie (la), orchestre, p. 267 ; accordéon, p. 303.
Plus jolie du monde (la), chant, p. 208.
Plus malin (le), monologue, p. 184.
Plus près de toi, mon Dieu, chant, p. 114.
Plus troublant poème, chant, p. 114, orch., p. 258.
Plus y a d' l'amour, chant, p. 180.
Poches (les), chant, p. 210.
Poesia campera, orchestre, p. 284.
Poète des salons (le), chant, p. 189.
Poète et paysan, orchestre, p. 239.
Poignée de mains, orchestre, p. 264.
Poil au quoi ? scène dialoguée, p. 189.
Point du jour (le), trompes de chasse, p. 306.
Poisson d'avril, orchestre, p. 265.
Polca criolla, orchestre, p. 251 et 264.
POLIN (Comique militaire), p. 214.
Polka de mes parents (la), chant, p. 188.
Polka de polichinelle, orchestre, p. 264.
Polka des apaches, orchestre, p. 261.
Polka des bébés, orchestre, p. 264.
Polka des boulevardiers, orchestre, p. 265.
Polka des clairons, orchestre, p. 265.
Polka des clochettes, orchestre, p. 264.
Polka des clowns, orchestre, p. 265 et 312.
Polka des coiffeurs, orchestre, p. 265.
Polka des commères, orchestre, p. 263 et 312.
Polka des dindons, orchestre, p. 262.
Polka des grelots, orchestre, p. 262.
Polka des laitiers, orchestre, p. 264.
Polka des officiers, orchestre, p. 265.
Polka des oiseaux, orchestre, p. 265 et 295.
Polka des pachas, orchestre, p. 265.
Polka des perroquets, orchestre, p. 261.
Polka des petites Parisiennes, orchestre, p. 263.
POLKA DES PETITES PARISIENNES (Enregistrement spécial pour la danse), orch., p. 252-254.
Polka des poulettes, orchestre, p. 182.
Polka des ratichons, orchestre, p. 264.
Polka des sabots, orchestre, p. 261.
Polka des souris blanches, orch. p. 262, 264 et 295.
Polka du grain de beauté, orchestre, p. 264.
POLKA DU GRAIN DE BEAUTÉ (Enregistrement spécial pour la danse), orchestre, p. 252.
Polka orientale, orchestre, p. 262 et 265.
Polka originale, orchestre, p. 265.
Polka réaliste, orchestre, p. 265 et 272.
Polka villageoise, orchestre, p. 265.
Polkas, orchestre, p. 260 à 265.
POLLARD'S SIX, orchestre, p. 307.
Polnische Taenze (Danse Polonaise), solo de harpe, p. 304.
Polo (le), orchestre, p. 293.
Polonaise, orchestre, p. 250 ; violon, p. 298.
Polonaise en la majeur, piano, p. 301.
Pom ! Pom ! Pom ! chant, p. 195.
Pomone, orchestre, p. 255.
Pomonette, orchestre, p. 277.
Pont du diable (le), chant, p. 207.

Po (suite)

PONZIO (Baryton) (Théâtre de la Monnaie de Bruxelles), p. 21, 25 et 151.
Poor Butterfly ! orchestre, p. 277.
Popsy Wopsy, orchestre, p. 285.
POSEMKOVSKY (Georges) (ténor) (Théâtre Impérial de Pétrograd), p. 169.
POSTILLON DE LONGJUMEAU (le) (Op.-com.), chant, p. 69.
Pot pourri sur des cramignons liégeois, orchestre, p. 250.
Poudre de riz (la), chant, p. 179.
Poule chanteuse (la), chant, p. 113.
Poule couveuse (la), monologue, p. 184.
Poule et le renard (la), chant, p. 199.
Poulido (Patois toulousain), chant, p. 201.
Poulido Partisano (la), chant, p. 184.
POUMAYRAC (DE) (ténor) (Op.-Comique), p. 152.
POUPÉE (la) (Opérette), chant, p. 92 et 100.
Poupée animée (la), chant, p. 190, orchestre, p. 268.
POUPÉE ANIMÉE (la), (Enregistrement spécial pour la danse), orchestre, p. 253.
POUPÉE DE NUREMBERG (Op.-com.), orchestre, p. 235 et 239.
Poupée et le Pantin (la), chant, p. 155; orchestre, p. 251 et 277.
POUPON (Henri) (Chansonnier marseillais), p. 216.
Pour bien réussir dans la chaussure (DÉDÉ), chant, p. 85.
Pour celle qui passe, chant, p. 203.
Pour être heureux, chant, p. 208.
Pour faire le jus « Chanson du Jus » (LA COCARDE DE MIMI-PINSON), chant, p. 84 et 221.
Pour faire sa voix Pathé frères, chant, p. 112.
Pour faire un brave (LES MOUSQUETAIRES AU COUVENT), chant, p. 90.
Pour jamais la destinée (LA TRAVIATA), ch., p. 79.
Pour l'amour (PHI-PHI), chant, p. 91; orchestre, p. 235 et 277.
Pour l'amour de Norma, chant, p. 207.
Pour l'amour de You-You (YOU-YOU), chant, p. 93 et 219; orchestre, p. 238 et 281.
Pour la République, chant, p. 216.
Pour les bambins, orchestre, p. 265.
Pour les pauvres petits pierrots, déclamation, p. 225.
Pour m'amuser, chant, p. 216.
Pour me rapprocher de Marie (LA FILLE DU RÉGIMENT), chant, p. 53.
Pour mes vingt sous, chant, p. 211.
Pour nos morts, sonnez clairons ! déclamation, p. 185 et 224.
Pour que les femmes soient jolies, chant, p. 181.
Pour qui que vous me prenez, dites ? monologue, p. 184.
Pour sa pomme, chant, p. 220.
Pour se faire remarquer, chant, p. 200.
Pour ses parents, chant, p. 188.
Pour t'écrire que je t'aime, chant, p. 181, orchestre, p. 277.
Pour t'avoir encore, chant, p. 213.
Pour tant d'amour (LA FAVORITE), chant, p. 53.
Pour toi, chant, p. 181; orchestre, p. 258.
Pour toi (TA BOUCHE), chant, p. 92.
Pour toi et pour moi (For me and my pal), chant, p. 208.
Pour trente sous « Couplet du Gestionnaire » (LA COCARDE DE MIMI-PINSON), chant, p. 84.
Pour un baiser, chant, p. 107 et 194.
Pour un regard de vos beaux yeux, chant, p. 179.
Pour une étoile, chant, p. 207.
Pourquoi dans les grands bois (LAKMÉ), chant, p. 59.
Pourquoi elle se donne, chant, p. 188.
Pourquoi m'avoir dit?..., chant, p. 207.
Pourquoi me réveiller... (WERTHER), chant, p. 82.
Pourquoi mentir ! chant, p. 197.
Pourquoi n'as-tu rien dit ? chant, p. 259-310.
Pourvu que je vive encore, chant, p. 191.
Povero fiore ! chant, p. 114.
Povero Pagliaccio (PAILLASSE), chant, p. 68.
Praludium, orchestre, p. 248.
PRÉ AUX CLERCS (le) (Op.-com.), chant, p. 69 et 96.
Preghiera, vissi d'arte, vissi d'amore (LA TOSCA) chant, p. 78.
Prélude (APHRODITE), violon, p. 297.
Prélude à l'après-midi d'un faune, orch., p. 250-251.
PREMIER JOUR DE BONHEUR (le) (Opéra-com.), orchestre, p. 235 et 242.
Premier jour où je vis Jeanne (le), chant, p. 114.
Premier pas (le) (J'TE VEUX), chant, p. 87 et 221.
Premier pas (le), orchestre, p. 267.
Premier rendez-vous (le), chant, p. 220.
Première chanson (la) ou La chanson qui nous a bercé, chant, p. 108.
Première revue (la), orchestre, p. 216.
Première valse, chant, p. 187; orchestre p. 259.
Prendi l'anel ti dono (LA SOMNAMBULE), chant, p. 75.
Prends garde ! chant, p. 222.
Prends garde à Tchou-Tchin-Tchou, chant, p. 208, orchestre, p. 273.
Prends garde à toi, petite ! chant, p. 217.
Prends-moi ! orchestre, p. 259 et 311.
Prends mon baiser, chant, p. 108.
Prends un siège, décl., p. 225.
Prenez donc une femme, chant, p. 200.
Prenez garde aux yeux bleus, chant, p. 217.
Près de la porte Saint-Denis, chant, p. 208.
Près de Saint-Cloud, chant, p. 179.
Près des remparts de Séville (CARMEN), chant, p. 46.
Prévenus rigolos (les), scène, p. 189.
Priaha, chœur national ukranien, p. 104.
Prière (O. CRÉMIEUX), chant, p. 107.
Prière d'après l'Aria de la Suite en ré, ch., p. 114.
Prière (GUILLAUME TELL), chant, p. 55.
Prière (LA TOSCA), chant, p. 78 et 79.
Prière (LE CID), chant, p. 47.
Prière (MARIE-MAGDELEINE), chant, p. 63 et 102.
Prière (ZAMPA), p. 82 et 103.
Prière (HASSELMANS), solo de harpe, p. 304.
Prière d'amour, chant, p. 180.
Prière de Bébé (la), chant, p. 169 et 218.
Prière d'Élisabeth (LE TANNHAUSER), chant, p. 76.
Prière de l'ouvrière (la), chant, p. 211.
Prière des forêts (la), chant, p. 108.
Prière des ruines (la), chant, p. 191.
Prière du soir (la), chant, p. 192.
Prières de la vie (les), chant, p. 202.
PRINCE YGOR (le), orchestre, p. 235 et 251.
PRINCESSE DOLLAR (la), orchestre, p. 235.
PRINCESSE LILY (Opérette), orchestre, p. 259 et 284.

Pr (suite)

Printania, chant, p. 182.
Printemps passé, orchestre, p. 258.
Printemps qui commence (SAMSON ET DALILA), chant, p. 74.
Procession (la), chant, p. 105 et 114.
Professeur de tyrolienne, chant, p. 187.
Profitons bien de la jeunesse (MIGNON), chant, p. 62.
Profitez, Jeunesse, chant, p. 180.
Projet, chant, p. 109.
Prologue (PAILLASSE), chant, p. 66.
Promenade aux Tuileries (la), chant, p. 215.
Promenade des élégantes, orchestre, p. 33.
Promenade du paysan (la), chant, p. 113 et 114.
Promenade-Polka, orchestre, p. 265.
Promesse de mon avenir (LE ROI DE LAHORE), chant, p. 72.
Promesses d'amour (les), chant, p. 206.
PROPHÈTE (le) (Opéra), chant, p. 70 ; orch., p. 235, 242 et 243.
Protégés (les), chant, p. 215.
Pruneaux-Figues, chant, p. 190.
Puisque ton cœur est pris, chant, p. 207.
Pura Clase, orchestre, p. 252 et 284.
Pure comme les anges, chant, p. 199.

Q

Qu'en dis-tu, petite, chant, p. 114.
Qu'est-ce que je vois là, chant, p. 219.
Qu'il est loin mon pays (SAPHO), chant, p. 74.
Qu'une belle pour quelques instants (RIGOLETTO), chant, p. 71.
Quadrille américain (1er, 2e, 3e, 4e et 5e fig.), orch., p. 270.
Quadrille (1er, 2e, 3e, 4e et 5e fig.) (LE CŒUR ET LA MAIN), orchestre, p. 269.
Quadrille (1er, 2e, 3e, 4e et 5e fig.) (COQUELICOT), orchestre, p. 269.
Quadrille (1er, 2e, 3e, 4e et 5e fig.) (LE GOUPILLON), orchestre, p. 269.
Quadrille (1er, 2e, 3e, 4e et 5e fig.) (LES LANCIERS), orchestre, p. 269 et 270.
Quadrille (1er, 2e, 3e, 4e et 5e fig.) (LA MASCOTTE), orchestre, p. 270.
Quadrille (1er, 2e, 3e, 4e et 5e fig.) (ORPHÉE AUX ENFERS), orchestre, p. 270.
Quadrille (1er, 2e, 3e, 4e et 5e fig.) (REFRAINS DE L'ARMÉE), orchestre, p. 270.
Quadrille (1er, 2e, 3e, 4e et 5e fig.) (TOUCHE-A-TOUT), orchestre, p. 270.
Quadrille (1er, 2e, 3e, 4e et 5e fig.) (DES VARIÉTÉS PARISIENNES), orchestre, p. 270.
Quadrille (1er, 2e, 3e, 4e et 5e fig.) (LA VIE PARISIENNE), orchestre, p. 270.
Quadrilles, orchestre, p. 269 et 270.
Quand ça te prend, chant, p. 219.
Quand chantent les grillons, chant, p. 180.
Quand il vous a paré ou s Bella coscia », chant, p. 203.
Quand il vous regarde, chant, p. 220.
Quand il y a une femme dans un coin, (duo), chant, p. 191 et 221.
Quand Johnny-va voir sa belle, chant, p. 210.
Quand je regarde dans tes yeux, chant, p. 112.

Quand l'amour meurt, ch., p. 213 ; orch., p. 257.
Quand l'épervier se lamente (COLOMBA), chant, p. 48.
Quand l'oiseau chante, chant, p. 114.
Quand la flamme de l'amour (LA JOLIE FILLE DE PERTH), chant, p. 58.
Quand le cœur chante, chant, p. 180.
Quand le coq chanta, chant, p. 207.
Quand le soir, chant, p. 207.
Quand les femmes font comme les enfants, chant, p. 208.
Quand les femmes sont belles, chant, p. 211.
Quand les lilas refleuriront, chant, p. 211.
Quand les papillons, chant, p. 206.
Quand Madelon, chant, p. 117 et 207 ; orch., p. 293.
Quand on a du sens (LA BOUCHE) (duo), chant, p. 92.
Quand on a trop aimé, chant, p. 207.
Quand on fait le même chemin, chant, p. 199.
Quand on sait se débrouiller (J'TE VEUX), chant, p. 67.
Quand on vient en permission, chant, p. 179.
Quand refleuriront les roses, chant, p. 196.
Quand reviendront les hirondelles, chant, p. 223.
Quand un homme est amoureux, chant, p. 211.
Quand un soldat, chant, p. 216.
Quand une femme vous aime, (LA DAME QUI RIT), chant, p. 200, orchestre, p. 277.
Quand une femme vous fait les doux yeux, chant, p. 210.
Quand vient la saison nouvelle, chant, p. 201.
Quand y a pas d' lune, chant, p. 200 ; orch., p. 259.
Quand Zézette zozotte, chant, p. 200, orchestre, p. 275.
Quanto sei bella, chant, p. 206 ; orchestre, p. 250.
Quatre saisons (les), chant, p. 185.
4e de ligne en campagne (le), orchestre, p. 290.
Quatuor (LA BOUCHE), chant, p. 92.
QUATUORS ROSE, p. 286.
QUATUORS RUSSES, p. 101.
Que c'est gentil, chant, p. 169.
Que cette main est froide (LA VIE DE BOHÈME), chant, p. 80.
Que je n'ose pas dire, chant, p. 210.
Que l'homme est donc bête (LA PETITE FONCTIONNAIRE), chant, p. 91.
Queen of Diamonds, Barn Dance, orchestre, p. 303.
Quel bonheur ! Quelle joie ! !, chant, p. 213.
Quel est donc ce trouble charmant (LA TRAVIATA) (en italien) chant, p. 79.
Questa o quella (RIGOLETTO), p. 71.
Questions de Louise (les), chant, p. 216.
Qui donc commande ? (HENRI VIII), chant, p. 59.
Qui a gagné la guerre ? chant, p. 180 ; orchestre, p. 293.
Qui te fait si sévère ? (THAÏS), chant, p. 77.
QUO VADIS ? (Opéra-comique), chant, p. 70.

R

Racconto di Rodolfo (LA BOHÈME), chant, p. 45.
Rachel quand du Seigneur (LA JUIVE), chant, p. 59.
Radis noir, chant, p. 188.
RAGON (Marcelle) (Mlle) (soprano) (Opéra-Com.), p. 173.
Raie (la), chant, p. 195.
RAISA (Rosa) (Mme) (soprano), p. 173.
RAIVAL (Folies-Bergère), p. 216.

PATHÉPHONE, 30, Bd des Italiens, PARIS.

Ra (suite)

Ralla-Bebeck (la), chant, p. 181.
Rallye les Charmes, trompes de chasse, p. 305.
Rallye-Vendée (le), trompes de chasse, p. 305.
Rameaux (les), chant, p. 114.
Ramoneur, marche, chant, p. 195.
Rancœur lasse, chant, p. 114.
RANDALL (André) (Casino de Paris), p. 216.
RAWZATO, violon, p. 296.
Rappel des oiseaux (le), piano, p. 302.
Rappelle-toi, chant, p. 114.
Rappelez-vous nos promenades (GIULIETTA DEI NARBONNE), chant, p. 86 et 98.
Rapsodie hongroise, violon, p. 296.
Rapsodie hongroise n° 6, piano, p. 301.
Rapsodie n° 14, piano, p. 302.
Rapsodie norvégienne, orchestre, p. 245.
Rassurez-vous, Monsieur Gaston, (LES PETITES MICHU), chant, p. 90 et 160.
RAVET (Comédie Française), p. 6.
RAZAVET (André) (Théâtre de la Monnaie de Bruxelles), p. 153.
Razzia, orchestre, p. 268.
Récit du Graal (LOHENGRIN), chant, p. 60.
Rel!, chant, p. 195.
Récit (LE BARBIER DE SÉVILLE), chant, p. 43.
Récit (LES NOCES DE FIGARO), chant, p. 66.
Récit du 3e acte (LE TANNHAUSER) (en italien), chant p. 76.
Récit du Graal (LOHENGRIN) (en italien), ch. p. 60.
Recondita armonia (LA TOSCA), chant, p. 79.
Records del ma terra, orchestre, p. 310.
Rédemption, chant, p. 220.
Réformé (le), chant, p. 214.
Refrains de l'armée (les), orchestre, p. 270.
Refrains suisses, chant, p. 102.
Regarde-les, ces yeux (RAYMONDE), chant, p. 50.
Regimental March, orchestre, p. 307.
Régiment de Sambre-et-Meuse (le), chant, p. 115, 117 et 118, orchestre, p. 282.
Régiment des Braves (le), orchestre, p. 280.
Régiment en marche (le), orchestre, p. 261.
Régiment qui passe (le), orchestre, p. 288.
Reginella (en italien), chant, p. 112.
Regrets (les) (LE TASSE), chant, p. 77.
REINE DE CHYPRE (LA) (Opéra), chant, p. 70 et 96.
REINE DE SABA (LA) (Opéra), chant, p. 70, orchestre, p. 235.
Reine des bals (la), orchestre, p. 267.
REINE DES BALS (la) (Enregistrement spécial pour la danse), orchestre, p. 252.
REINE JOYEUSE (LA) (Opérette), chant, p. 92, orchestre, p. 272.
REINE JOYEUSE (la) (Enregistrement spécial pour la danse), orchestre, p. 252.
Reine-Marguerite, orchestre, p. 255.
Remède de l'Auvergnat (le), monologue, p. 184.
REMY (J.) (Mme), p. 6.
Renard (le), trompes de chasse, p. 305.
RENAUD (baryton) (Opéra), p. 153.
Rencontre fleurie, chant, p. 194.
Rendez-moi mes vingt ans, chant, p. 206.
Rendez-vous (les) (duo) (LE PRÉ AUX CLERCS), chant, p. 60 et 96.
Rendez-vous d'Elsa (le), chant, p. 215.
Rends-moi mes billes (LES PIOUPIOUS), ch. p. 221.

Rentrée du troupeau (la), chant, p. 187.
Rentrons, Mimi, chant, p. 193.
Repentir, chant, p. 185.
Répertoires individuels (par ordre alphabétique), p. 121 à 224.
Réponds-moi, chant, p. 181.
Requin de Tartarin (le), monologue, p. 184.
RESCA (Concerts Parisiens), p. 217.
Reservao, orchestre, p. 284.
Réservistes-rigolos (les), chant, p. 190.
Restaurant-Dancing, monologue, p. 225.
Resta paysan, monologue, p. 212.
Retour après la victoire (le), chant, p. 115 et 117, orchestre, p. 293.
Retour au camp, orchestre, p. 292.
Retour de Paris, chant, p. 219.
Retour de Rome (le) (TANNHAUSER), chant, p. 76.
Retour de Vienne, orchestre, p. 265.
Retour des Montagnards (le), chant, p. 192.
Retour du nègre (le) (banjo), p. 302.
Retraite aux flambeaux japonaise, orch., p. 250.
Retraite de Crimée, orchestre, p. 293.
Retraite fédérale, orchestre, p. 288.
Retraite joyeuse, orchestre, p. 288.
Retraite montmartroise, orchestre, p. 293.
Retraite passe (la), chant, p. 205.
Retraite tartare, orchestre, p. 293.
Retraites, orchestre, p. 249.
Rêve d'amour, chant, p. 105.
Rêve d'amour (CAPAROCHE ET PRALLY), chant p. 196.
Rêve d'Elsa (LOHENGRIN), chant, p. 60.
Rêve d'un soir, chant, p. 202.
Rêve de bonheur, chant, p. 217.
Rêve de Des Grieux (le) (MANON), chant p. 63.
Rêve de valse, chant, p. 114.
Rêve du nègre (le), orchestre, p. 249.
Rêve et souvenir, orchestre, p. 249.
Rêve du fou, chant, p. 111.
Rêve passe (le), chant, p. 197, orchestre, p. 293.
Réveil (le), chant, p. 108.
Réveil au Tyrol, chant, p. 186.
RÉVEIL D'ALFORTVILLE (le) (Trompes de chasse), p. 306.
Réveil (le), trompes de chasse, p. 306.
Réveil des aigles (le), chant, p. 205.
Réveil du nègre (le), banjo, p. 302.
Rêverie (J. HOLMANN), violoncelle, p. 301.
Rêverie (SCHUMANN), violoncelle, p. 301, violon, p. 297.
Rêverie (Tzuna), orchestre, p. 250.
Rêverie de Jacques (LA ROTISSERIE DE LA REINE PÉDAUQUE), chant, p. 73.
Reviens, chant, p. 110.
Reviens, amour, chant, p. 110.
Reviens, Musette, chant, p. 205.
Revons, chant, p. 107.
Rhin (le), orchestre, p. 266.
RHIN (le) (Enregistrement spécial pour la danse), orchestre, p. 252.
Rhin allemand (le), chant, p. 116.
Ribono Schel Olam, chant, istraque, p. 120.
RICHARD CŒUR DE LION (Opéra-comique), chant, p. 70.
Rien ne peut changer mon âme (LE BARBIER DE SÉVILLE), chant, p. 43.
Rien qu'un baiser, chant, p. 210.
Rien que nous deux, chant, p. 205.

DISQUES PATHÉ double face.   LXI

Ri (suite)

Rien, si ce n'est ton cœur, chant, p. 114.
Rieuse, orchestre, p. 267.
RIGAUX (baryton) (Opéra-Comique), p. 153.
Rigodon de Dardanus, orchestre, p. 246.
Rigolard et Pleurnichard, monologue, p. 189.
RIGOLETTO (Opéra), chant, p. 70, 97 et 103, orchestre, p. 236 et 242.
RIGOLETTO (Opéra), de VERDI, enregistrement complet en 15 disques 29 c/m double face, p. 27.
Pigneur (le), chant, p. 191.
Riquet (le), chant, p. 216.
Rigolomanie (la), chant, p. 191.
Rio-Nights, orchestre hawaïan, p. 312.
RIP (Opérette), chant, p. 92 ; orchestre, p. 236.
RISLER (Edouard), piano, p. 302.
Ritorna vincitor ! (AIDA), chant, p. 42.
Robe d'innocence (la), chant, p. 193.
Robe grenat (la), chant, p. 212.
Robert ! Robert ! toi que j'aime (ROBERT LE DIABLE), chant, p. 71.
Robert E. Lee, orchestre, p. 246.
ROBERT LE DIABLE (Opéra), chant, p. 71, 97 et 103, orchestre p. 236 et 238.
Robert Macaire, orchestre, p. 252 et 277.
ROBIN DES BOIS ou « le Freischütz » (Opéra), chant, p. 54 et 102 ; orchestre, 231 et 239.
ROCH (Madeleine) (Mᵐᵉˢ) (Comédie-Française), p. 6.
Roi Bohême (le), chant, p. 181.
ROI D'YS (le) (Opéra), chant, p. 71 et 97 ; orch., p 236-239 et 241.
Roi Dagobert (le), chant, p. 223.
ROI DE LAHORE (le) (Opéra), chant, p. 72.
Roi de Thulé (le) (FRAGEROLLE), chant, p. 107.
Roi des Frutadous (le), monologue, p. 184.
Roi des Tyroliens (le), chant, p. 187.
Roi du Ciel (LE PROPHÈTE), chant, p. 70.
ROI L'A DIT (le) (Opéra-comique), orch., p. 236-239.
ROIS DE PARIS (Opéra-comique), chant, p. 72.
ROLLINI (Mˡˡᵉ) (Folies-Bergère), p. 222.
ROMA (Opéra), chant, p. 72.
Romance (DIMITRI), chant, p. 50.
Romance (LA FANCHONNETTE), chant, p. 51.
Romance (LES MOUSQUETAIRES DE LA REINE), chant, p. 66.
Romance (LE VOYAGE EN CHINE), chant, p. 81.
Romance (A.-C. DEBUSSY), chant, p. 105.
Romance (RUBINSTEIN), violon, p. 297.
Romance (SVENDSEN), violon, p. 299.
Romance de Faust (Iᵉʳ acte), (MÉPHISTOPHÉLÈS), chant, p. 64.
Romance de Faust (IVᵉ acte) (MÉPHISTOPHÉLÈS), chant, p. 64.
Romance de la tourterelle (LE POSTILLON DE LONGJUMEAU), chant, p. 69.
Romance de l'étoile (LE TANNHAUSER), chant, p. 76.
Romance de Santuzza (CAVALLERIA RUSTICANA), chant, p. 46.
Romance de son amant (la) (LES LINOTTES), chant, p. 88.
Romance des deux pigeons, chant, p. 217.
Romance des enfants (RIP), chant, p. 92.
Romance du Marquis (LES CLOCHES DE CORNEVILLE), chant, p. 83.
Romance en mi, violoncelle, p. 301.

Romance sans paroles, violoncelle, p. 301, violon, p. 299.
Romanitcha (la), orchestre, p. 266.
Romanza senza parole, violon, p. 299.
ROMÉO ET JULIETTE (Opéra), chant, p. 72-97, orchestre, p. 236 et 240.
ROMÉO ET JULIETTE (Opéra) de GOUNOD, enregistrement complet en 27 disques 29 c/m double face, p. 30.
Ronde de nuit (la), chant, p. 213.
Ronde des aéroplanes, orchestre, p. 250.
Ronde des bébés, orchestre, p. 291.
Ronde des Lutins, violon, p. 298.
Ronde des petites Pierrettes, orchestre, p. 285.
Ronde des petits pierrots, orchestre, p. 293 et 312.
Ronde du IIᵉ acte (VÉRONIQUE), chant, p. 93.
Ronde du postillon (LE POSTILLON DE LONGJUMEAU), chant, p. 69.
Ronde du soir (la), chant, p. 207 et p. 213 ; orchestre, p. 256.
Ronde du veau d'or (la) (FAUST), chant, p. 52.
Rondeau de la Paysanne (LE PETIT DUC), ch., p. 91.
Rondeau du Café-Concert (le), chant, p. 209.
Rondel, chant, p. 115.
Rondel de l'adieu, chant, p. 114.
Rondo final (LA SOMNANBULE) (en italien), chant, p. 75.
Roosevelt, orchestre, p. 287.
Rosalba, orchestre, p. 267.
Rose a perdu ce matin, chant, p. 209.
Rose de Tolède (la), chant, p. 223.
Roseburds, sifflet, p. 218.
Rose-Mousse, orchestre, p. 259.
Rose-rouge, orchestre, p. 259.
Roses d'automne, chant, p. 217.
Roses de Picardie, orchestre, p. 251-254 et 277.
Rosetta, orchestre, p. 268.
ROSETTE (Enregistrement spécial pour la danse), orchestre, p. 253.
Roslère (la), chant, p. 213.
Rosilla (la), chant, p. 112.
Rosina, orchestre, p. 272 et 286.
Rosita l'Argentine, chant, p. 115.
Rossignol (le), ocarina, p. 303.
ROTISSERIE DE LA REINE PEDAUQUE (la) (Opéra-comique), chant, p. 73.
Roudoudou (le), chant, p. 221.
Rouet (le), violoncelle, p. 301.
Rouet d'amour (le), chant, p. 204.
Roulante (la), chant, p. 222.
Roulez tambours (FAVART), chant, p. 192.
ROUSSELIÈRE (ténor) (Opéra), p. 153.
Royal-Picard, orchestre, p. 293.
Rrras et les flas (les), chant, p. 193.
Rubans, chant, p. 181 ; orchestre, p. 282.
Rubans de la vie (les), chant, p. 202.
RUDENYI, violon, p. 299.
Ruines d'Athènes, orchestre, p. 243 et 249.
Ruisseau (le), chant, p. 220.
Runnin' Wild, orchestre, p. 273 et 306.
RUY BLAS (Opéra), orchestre, p. 236 et 239.

S

Sa mère veillait sur elle, chant, p. 189.
Sa mimi d'amour, chant, p. 179.
Sa môme, chant, p. 220.
Sa Muguette, chant, p. 200.

Sa (suite)

Sa poupée, chant, p. 192.
Sa robe blanche, chant, p. 202.
Sabots de Lancashire (les), banjo, p. 303.
Sabre du colonel (le), monologue, p. 189.
Sabretache (la), chant, p. 115.
Sabrette, orchestre, p. 268.
Sac d'argent (le), chant, p. 209.
Sacrée corvée, chant, p. 214.
SAIMAN (Mlle) (soprano (Opéro-Com.), p. 173.
SAINT-BONNET (Mlle) (THÉATRE DAUNOU), p. 174.
Saint-Georges, orchestre, p. 293.
SAINT-GRANIER (Casino de Paris), p. 217.
Saint-Hubert (la), orchestre, p. 231.
Saint-Louis-Blues, orchestre hawaiian, p. 311.
Saint Patrick's Day, violon, p. 299.
Sais-tu, chant, p. 108.
SAISONS (les) (Opéra-comique), chant, p. 73.
Salade polyglotte, chant, p. 182.
SALAMMBO (Opéra), chant, p. 73.
Sales pipelets (les), monologue, p. 189.
Sally won't you come back, orchestre, p. 276-286.
Salomé, chant, p. 107, orchestre, p. 278.
SALOMÉ (Enregistrement spécial pour la danse), orchestre, p. 254.
Saltarello, violon, p. 300.
SALTIMBANQUES (les) (Opérette), chant, p. 92; orchestre, p. 236 et 242.
Salut à Copenhague, orchestre, p. 293.
Salut à la France (LA FILLE DU RÉGIMENT), ch., p. 53.
Salut à la Patrie, orchestre, p. 293.
Salut à toi « Air d'Elisabeth » (LE TANNHAUSER), chant, p. 76.
Salut au 85e, orchestre, p. 290.
Salut au 128e, orchestre, p. 290.
Salut au Tyrol, chant, p. 187.
Salut aux Pyrénées, chant, p. 192.
Salut d'amour, violon, p. 297 et 299.
Salut, demeure chaste et pure (FAUST), chant, p. 52.
Salut lointain, orchestre, p. 293.
Salut, ô mon dernier matin (FAUST), chant, p. 52.
Salut, printemps, orchestre, p. 255.
Salut, splendeur du jour (SIGURD), chant, p. 75.
Salut, tombeau (ROMÉO ET JULIETTE), chant, p. 73.
Salutation angélique (la), chant, p. 118.
SALVATOR (Eldorado), p. 217.
Samba da Noite, orchestre, p. 252.
Samba do Carnaval, orchestre, p. 252.
Sambre-et-Meuse, chant, p. 116, 117, et 118, orchestre, p. 292.
SAMSON ET DALILA (Opéra), chant, p. 74, violoncelle, p. 300 ; orchestre, p. 236-242 et 265.
Sancta Maria, chant, p. 118.
Sand dunes, orchestre, p. 281.
Sanglier (le), trompes de chasse, p. 306.
Sans m'en apercevoir, chant, p. 193.
Sans peur et sans reproche, orchestre, p. 293.
Sans qu'on le veuille, chant, p. 199.
Sans savoir... pour un baiser, chant, p. 179.
Sans se biloter, orchestre, p. 265.
Santa Lucia Luntana, chant, p. 108.
Santiago, orchestre, p. 254 et 256.
SAPHO (GOUNOD) (Opéra), chant, p. 74.
SAPHO (MASSENET) (Opéra), chant, p. 74.
Sapins (les), chant, p. 114.

Sarabande et Passepied, violon, p. 297.
SARDANES (Orchestre Catalan), p. 310.
Sari-Attractions, orchestre, p. 291.
Saskatchewan (le) (LA DAME EN ROSE), orchestre, p. 229-267 et 286.
Satanella, orchestre, p. 265.
SAUVAGEOT (Opéra-Comique), p. 21.
Savoia-Roma, orchestre, p. 243.
Say it with music, orchestre, p. 278 et 309.
Scandinave (la), orchestre, p. 266.
Scène de l'Église (FAUST), chant, p. 52 et 94.
Scène de la Meule (SAMSON ET DALILA), chant, p. 74.
Scène de Lentulus (ROMA), chant, p. 72.
Scène et air de Max (ROBIN DES BOIS), chant, p. 51.
Scène du bal (LA VEUVE JOYEUSE), solo de mandoline, p. 304.
Scène du mancenillier (L'AFRICAINE), chant, p. 41.
Scène du miroir (THAIS), chant, p. 77.
Scène du Miserere (LE TROUVÈRE), chant, p. 80 et 97.
Scène du tombeau (ROMÉO ET JULIETTE), chant, p. 72 et 73.
Scènes Alsaciennes, orchestre, p. 245 et 249.
Scènes Bohémiennes, orchestre, p. 245 et 246.
Scènes Pittoresques, orchestre, p. 246.
Scherlopkinette, orchestre, p. 285.
Scherzando, violon, p. 300.
Scherzo du quatuor en ré mineur, quatuor à cordes, p. 296.
Scherzo en mi mineur (MENDELSSOHN), piano p. 302.
Scherzo pour orchestre, orchestre, p. 226-250-251.
SCHIPA (Tito) (ténor italien), p. 153.
Schottisch espagnole (la), chant, p. 213.
Schujette, chant, p. 188 et 210.
Scintille, diamant (LES CONTES D'HOFFMANN), chant, p. 48.
Scottish de Mimi, orchestre, p. 268.
Scottish des cloches, orchestre, p. 268.
Scottish des Pierrots, orchestre, p. 268.
Scottish des priseurs, orchestre, p. 268.
Scottish des trompettes, orchestre, trompettes, p. 268.
Scottish du carillon, orchestre, p. 268.
Seconde étreinte (la) (TA BOUCHE) (duo), chant, p. 92.
Séduction (la), orchestre, p. 284.
Séduction (la) (SEDUZIONE), violon, p. 298.
Séduction (SAPHO), chant, p. 74.
Séduisante (la), orchestre, p. 265.
Séguedille (la) (CARMEN), chant, p. 46.
Séguedille (duo), (LA PÉRICHOLE), chant, p. 90 et 101.
Sélect, orchestre, p. 259.
Selon la saison, chant, p. 211.
SÉMIRAMIS (Opéra), orch., p. 236-239; ocarina, p. 303.
Semper fidelis, orchestre, p. 291.
Sendback my honeyman, orchestre, p. 278 et 303.
Sentier fleuri (le), orchestre, p. 266.
SENTIS (José), orchestre mondain, p. 251.
Sérafina, orchestre, p. 268.
Sérénade (GABRIEL PIERNÉ), violon, p. 299.
Sérénade (DON JUAN), chant, p. 50.
Sérénade (DRDLA), violon, p. 298.
Sérénade (DRIGO), violon, p. 298.
Sérénade (LE FILS DE L'ARÉTIN), chant, p. 54.
Sérénade (GOUNOD), sifflet, p. 218; trio, p. 296.
Sérénade (MÉTRA), orchestre, p. 25.
Sérénade (A. D'AMBROSIO), violon, p. 299.
Sérénade (SCHUBERT), orch., p. 250 et 210.
Sérénade (TCHAIKOVSKY), chant, p. 114.

Disques PATHÉ double face. LXIII

Se (suite)

Sérénade (TOSELLI), violon, p. 299 ; ch., p. 107 et 143.
Sérénade (J. HOLLMANN), violoncelle, t. 301.
Sérénade (TILL), orchestre, p. 242 et 285.
Sérénade (WIDOR), trio Mlle MARX, p. 296.
Sérénade (la) (PAOLO TOSTI), chant, p. 115.
Sérénade à Carolina, chant, p. 184.
Sérénade à Magali, chant, p. 193.
Sérénade à ma mie, chant, p. 216.
Sérénade à Sorrente, chant, p. 207.
Sérénade amoureuse, violon, p. 299.
Sérénade au clair de lune, ch., p. 210.
Sérénade d'autrefois, solo de mandoline, p. 304.
Sérénade d'avril, chant, p. 114.
Sérénade de Don Juan, chant, p. 115.
Sérénade de Gillotin, orchestre, p. 250.
Sérénade de Milenka, ch., p. 105 ; violoncelle, p. 301.
Sérénade de la purée, chant, p. 213.
Sérénade des anges, trio, p. 296 ; violon, p. 299.
Sérénade des mandolines, violon, p. 299.
Sérénade du passant (MAQUET), chant, p. 115.
Sérénade du passant (MASSENET), chant, p. 114.
Sérénade du piouplou, chant, p. 216.
Sérénade française, chant, p. 107.
Sérénade galante, violon, p. 299.
Sérénade napolitaine, chant, p. 115.
Sérénade nocturne, chant, p. 110.
Sérénade pour elle, chant, p. 112.
Sérénade villageoise, chant, p. 182.
Serenata (BRAGA) (en italien), chant, p. 115.
Serenata, violon, p. 298.
Serenata (JOSEPH RICO), chant, p. 109.
Serenata, orchestre, p. 248 et 311.
Serenata (la), violon, p. 298.
Serenata d'Arlecchino (PAILLASSE) (en italien), chant, p. 68.
Serments d'amour, chant, p. 198.
Serments de femme, chant, p. 213.
Serments et les roses (les), chant, p. 192.
Se tu m'ami, se sospiri, chant, p. 112.
Serrez vos rangs ! (BRUANT), chant, p. 186.
Ses jours (GUILLAUME TELL), chant, p. 56 et 101.
Séville, accordéon, p. 303.
Sheik (le), chant, p. 201, orchestre, p. 278.
Shimmy-Doll, orchestre, p. 282.
Shimmy du chien (le) (YOU-YOU), orchestre, p. 238 et 283.
Shimmy-Shimmy, orchestre, p. 276 et 282.
Shooting Stars, tubophone, p. 305.
Si c'est une blonde ou Si c'est une brune, chant, p. 203.
Si c'était pour en arriver là (J'TE VEUX), chant, p. 87.
Si ça durait tout l' temps, chant, p. 193.
Si ce n'est que pour ça, chant, p. 200.
Si Dieu l'avait voulu (HÉRODIADE), chant, p. 56.
Si d'Annunzio avait voulu, monologue, p. 185.
Si j'ai ton cœur, chant, p. 196.
Si j'avais su (duo) (DÉDÉ), chant, p. 85 et 98 ; orchestre, p. 229, 282 et 308.
Si j'étais..., chant, p. 212.
Si j'étais civil, chant, p. 216.
Si j'étais Dieu, chant, p. 115.
Si j'étais petit, chant, p. 196.
Si J'ÉTAIS ROI (Op.-Com.), chant, p. 74 ; orch., p. 237 et 239.

Si j'étais un petit serpent (LE GRAND MOGOL), chant, p. 87.
Si l'osais vous le dire, chant, p. 217.
Si jamais..., chant, p. 220.
Si l'on connaissait la femme, chant, p. 211.
Si l'on s'aime chant, p. 209.
Si les femmes... orchestre, p. 265 et 281.
Si les femmes étaient des fleurs, chant, p. 203.
Si les femmes étaient toutes fidèles, chant, p. 191.
Si les filles d'Arles étaient Reines « Couplet d'Ourrias » (MIREILLE), chant, p. 65.
Si ma blonde était brune, chant, p. 200.
Si mes vers avaient des ailes, orchestre, p. 296.
Si nous sommes sur la terre ou Vive la gaité, chant, p. 184.
Si pour de beaux yeux... (LA TOSCA), chant, p. 79.
Si tout l' monde avait, chant, p. 212.
Si tu connaissais Loulou, chant, p. 208.
Si tu le veux, chant, p. 105.
Si tu le voulais, chant, p. 110 et 112.
Si tu m'aimais, chant, p. 109.
Si tu m'as aimé... pardonne, chant, p. 207.
Si tu savais, orchestre, p. 259.
Si tu veux..., chant, p. 206 ; orch., p. 259 et 293.
Si tu veux... Marguerite, chant, p. 199 ; orch., p. 293.
Si tu veux venir, chant, p. 193.
Si vous aimez une femme, chant, p. 194.
Si vous avez du pognon, chant, p. 213.
Si vous croyez que je vais dire (FORTUNIO), chant, p. 54.
Si vous fermez les yeux, chant, p. 179.
Si vous l'aviez compris, chant, p. 106 et 107.
Si vous n'aimez pas ça (LÀ-HAUT), chant, p. 88, orchestre, p. 276 et 308.
Si vous n'étiez pas si jolie, chant, p. 212.
Si vous rencontrez une blonde, chant, p. 203.
Si vouz voulez vous faire aimer, chant, p. 204.
Si vous vouliez prendre mon cœur, chant, p. 196 ; orchestre, p. 281.
Siamese Patrol, orchestre, p. 250.
SIAN DE VIAIRE LEI MARSIHES (Opérette), chant, p. 184.
Sian Propret Lei Sorda, monologue, p. 184.
SIBILLE (Mlle) (Opéra-Comique), p. 21.
Sicilienne (CAVALLERIA RUSTICANA), chant, p. 46.
Sidi Brahim (la), orchestre, p. 291.
SIEGFRIED (Opéra), chant, p. 74.
Siffleur marcheur, chant, p. 182.
Sifflez, pierrettes, orchestre, p. 261 et 312.
Sifflomanie, chant, p. 188.
SIGURD (Opéra), chant, p. 75 ; orch., p. 237 et 242.
Silence de la nuit (LES NOCES CORINTHIENNES), chant, p. 66.
SILVAIN (Comédie-Française), p. 225.
Silly Billy, orchestre, p. 272.
Simple aveu, violon, p. 296 et 298.
Simple valse, chant, p. 114.
Simplette, orchestre, p. 257.
Sing'em blues, orchestre, p. 278 et 309.
Sirènes (les), orchestre, p. 258.
Situation intéressante, chant, p. 214.
Six fiancées à l'épreuve (les), chant, p. 189.
6e Poème norvégois, orchestre, p. 249.
Smarteuse, orchestre, p. 265.
Smiles, orchestre, p. 307 et 310.
Smiles « Mon soleil, c'est ton sourire », chant, p. 198.

So (suite)

Sobre las olas (*Sur les flots*), orchestre, p. 256.
Sœurs jumelles (les), chant, p. 210.
Sogniamo (en italien), chant, p. 115.
Soir (le), chant, p. 112.
Soirée (la) (en russe), chant, p. 101.
Soirs (les), chant, p. 202.
Soldat (le) (CANTELON), chant, p. 197.
Soldat (le) (PASTOR), chant, p. 113.
Soldat aviateur (le), chant, p. 216.
Soldat méfiant (le), chant, p. 215.
Soldat trottin (le), chant, p. 216.
Soldats dans le parc (les), orchestre, p. 289.
Soldes et occasions, chant, p. 219.
Soleil (le), chant, p. 181.
Soleil d'amour, chant, p. 181.
Soleil de la France, chant, p. 115.
Soli d'accordéon, par M. A. DE BENEDETTO, p. 303 et 304.
Soli d'instruments divers, p. 294 et 295.
Soli d'ocarina, p. 303.
Soli d'orgue, par M. MUSTEL, p. 302.
Soli de banjo, par M. SAM COLLINS, p. 302 et 303.
Soli de cloches, p. 304.
Soli de harpe, p. 304.
Soli de mandoline, p. 304.
Soli de piano, par M. J. CHERNIAVSKY, GANZ, E. RISLER, p. 301 et 302.
Soli de sifflets, p. 304.
Soli de tubophone, p. 305.
Soli de violon, par MM. J. THIBAUD, CH. HERMAN, LEUNTJENS, MENDELS, MISCHA-ELMAN, RANZATO, CHERNIAVSKY, RUDENYI, Mlle COMBARIEU, p. 296 à 300.
Soli de violoncelle, par MM. BÉDETTI, CHERNIAVSKY et HOLLMAN, p. 300 et 301.
Solitude (la) (SAPHO), chant, p. 74.
Sombre forêt (GUILLAUME TELL), chant, p. 56.
Some little Bird, orchestre, p. 352 et 278.
Some sunny day, orchestre, p. 278 et 309.
Somewhere in Honolulu, orchestre hawaiian, p. 312.
Sommeil, chant, p. 115.
SOMNAMBULE (la) (Opéra), chant, p. 75; orch., p. 237, 241 et 290.
Somniada, orchestre, p. 310.
Son amoureux, chant, p. 186.
Son petit Fenestron, chant, p. 183.
Son regard, son doux sourire (LE TROUVÈRE), chant, p. 80.
Sonando, orchestre, p. 259.
Sonate (CÉSAR FRANCK), soli de violon, p. 298.
Sonate en la majeur (A. VIVALDI), violon, p. 297
SONGE D'UNE NUIT D'ÉTÉ (le) (Opéra-Com.), chant, p. 75 et 103; orchestre, p. 237 et 240.
Songeuse, orchestre, p. 259.
SONNELLY (Eldorado), p. 217.
Sonneries réglementaires d'Infanterie, clairons, p. 305.
Sonneries réglementaires de cavalerie, trompettes, p. 305.
Sonnet (DUPRATO), chant, p. 108.
Sonnet matinal, chant, p. 115.
Sonneur des amours (le), chant, p. 216.
Sonnez! Sonnez! (LE CARILLONNEUR DE BRUGES), chant, p. 45.
Sonnez, trompettes, orchestre, p. 264.

Sooucisso de Mempenti, monologue, p. 216.
Sorcière d'amour, chant, p. 207.
Sors d'ici, chant, p. 213.
Sortie du chenil (la), trompes de chasse, p. 306.
SOULACROIX (baryton) (Opéra-Comique), p. 154.
Source (la), solo de harpe, p. 304.
Sourire (le), chant, p. 107.
Souris noire (la), chant, p. 186.
Sous bois, orchestre, p. 243 et 292.
Sous l'Aigle d'or, chant, p. 182.
Sous l'Aigle double orchestre, p. 292 et 293.
Sous l'éventail, orchestre, p. 254.
Sous le ciel bleu, orchestre, p. 293.
Sous le ciel de tous les pays, chant, p. 179.
Sous le clair de lune, chant, p. 193.
Sous le grand ciel de France, chant, p. 180.
Sous le regard (LE JOUR ET LA NUIT), chant, p. 88.
Sous les armes, orchestre, p. 293.
Sous les étoiles, orchestre, p. 250.
Sous les fils de la Vierge, chant, p. 111.
Sous les gothas, chant, p. 196.
Sous les minarets, orchestre, p. 197 et 208.
Sous les Orangers fleuris, chant, p. 179.
Sous les pieds d'une femme (LA REINE DE SABA) chant, p. 70.
Sous les platanes, orchestre, p. 268.
Sous les ponts de Paris, chant, p. 200; orch., p. 259.
Sous les quinconces, orchestre, p. 266.
Sous les tilleuls, orchestre, p. 267.
SOUS LES TILLEULS (Enregistrement spécial pour la danse), orchestre, p. 252.
Sous Napoléon, chant, p. 216.
Souvenir, violon, p. 299.
Souvenir d'Alsace, chant, p. 205.
Souvenir d'Argentine, chant, p. 217.
Souvenir d'Orient, orchestre, p. 290.
Souvenir de Croisset, orchestre, p. 255.
Souvenir de Moscou, violon, p. 299.
Souvenir de Saint-Rome, orchestre, p. 247 et 294.
Souvenir de tango, chant, p. 206.
Souvenirs de Rouen, trompes de chasse, p. 305.
Souviens-toi, Ninon! chant, p. 202.
Spectre infernal (HAMLET), chant, p. 56.
Sphinx, orchestre, p. 259.
SPHINX (Enregistrement spécial pour la danse), orchestre, p. 253.
Spleen, chant, p. 108.
Spooning, orchestre, p. 278 et 287.
Sportman (le), trompes de chasse, p. 305.
Sprée (la), orchestre, p. 260.
Stabat Mater, chant religieux, p. 119.
Stances (FLÉGIER), chant, p. 106 et 115.
Stances (GOUBLIER), chant, p. 110.
Stances (HANS LE JOUEUR DE FLUTE), chant, p. 87.
Stances (LE SONGE D'UNE NUIT D'ÉTÉ), chant, p. 76.
Stances à la Charité, chant, p. 115.
Stances amères, chant, p. 213.
Stances au soleil, chant, p. 114.
Stars, orchestre, p. 275 et 308.
Stations de tramways marseillais (les), mon., p. 184.
Statue (la), chant, p. 214.
Stéphanie Gavotte, orchestre, p. 304.
Stella amorosa, orchestre, p. 259.
Strophes (HAMLET), chant, p. 56.
Stumbling, orchestre, p. 272 et 308.
Sublime France, chant, p. 115 et 117.
Suévroise (la), orchestre, p. 265.

Su (suite)

Suis ton petit bonhomme de chemin ou Conseils à Benjamin (BENJAMIN), chant, p. 83.
Suite algérienne, orchestre, p. 243.
Suite printanière, orchestre, p. 245 et 250.
Sunray, orchestre tzigane, p. 278 et 310.
Sunshine, orchestre, p. 252 et 259.
Super Flumina Babylonis, chant religieux, p. 119.
Supplication, chant, p. 211.
Suprême enjeu, chant, p. 207.
Sur la mer calmée (MADAME BUTTERFLY), ch., p. 61.
Sur la pointe des pieds, chant, p. 201.
Sur la rive enchantée, chant, p. 203.
Sur la Riviera, chant, p. 207 ; orchestre, p. 268.
SUR LA RIVIERA (Enregistrement spécial pour la danse), orchestre, p. 253.
Sur la route de zag-a-zig, orchestre, p. 246.
Sur la route grise, chant, p. 115.
Sur la zone endormie, chant, p. 220.
Sur l'éléphant blanc, chant, p. 206.
Sur le flot qui vous entraîne (CINQ-MARS), ch., p. 47.
Sur le Bosphore, chant, p. 220, orchestre, p. 268.
Sur le lac, orchestre, p. 246 et 294.
Sur le pont d'Avignon, chant, p. 223.
Sur les cimes neigeuses, chant, p. 207.
Sur les flots du Bosphore, chant, p. 292.
Sur son veston, chant, p. 212.
Sur un air américain, chant, p. 199 ; orchest., p. 281.
SUR UN AIR AMÉRICAIN (Enregistrement spécial pour la danse), orchestre, p. 253.
Sur un air de Shimmy, ch., p. 201 ; orch., p. 282.
SUR UN AIR DE SHIMMY (Enregistrement spécial pour la danse), orchestre, p. 253.
Sur un transatlantique, chant, p. 183.
SURCOUF (Opéra-Comique), chant, p. 76.
Suzanita, orchestre, p. 281.
Suzette (LINCKE), chant, p. 215 ; orch., p. 293.
Swanee, orchestre, p. 281 et 286.
SWANEE (Enregistrement spécial pour la danse), orchestre, p. 253.
Swanie, chant, p. 207.
Swanie River (en anglais), chant, p. 115.
Sweet Hawaiian Girl of Mine, orchestre hawaiian, p. 312.
Sweet Lady, orchestre, p. 278 et 308.
Swingin' down the Lane, orchestre, p. 274 et 306.
Swiss Echo Song, sifflet, p. 304.
Sylvette, chant, p. 114.
Sylvia, chant, p. 181.
Sylvie, chant, p. 115.
Sympathie, orchestre, p. 259.
Sympathique, chant, p. 187 et 198.
SYNCOPATED SIX, orchestre, p. 307.

T

T'aimer, chant, p. 204.
T'en as-t'y du charbon, chant, p. 213.
T'en fais pas Mimile, chant, p. 205.
T'es toujours mon gars, chant, p. 202.
TA BOUCHE (Opérette), chant, p. 92 ; orch., p. 237, 308 et 309.
Ta Bouche (TA BOUCHE) (valse) (duo), chant, p. 92.
Tabasco-Marsch, orchestre, p. 267.
Talaut-Talaut! chant, p. 196.
Tais-toi (MADAME L'ARCHIDUC), chant, p. 88.

Tambourin (le), piano, p. 302.
Tambourin chinois, solo de violon, p. 297.
Tango argentin (le), chant, p. 189.
Tango chanté (L'AMOUR MASQUÉ), chant, p. 82.
Tango chaviré (le), chant, p. 199.
Tango de la Butte (le), orchestre, p. 284.
Tango de la folie (le), chant p. 207.
Tango de Manon (le), chant, p. 200.
Tango de Miarka (le), chant, p. 207.
Tango du pendu (le), orchestre, p. 234.
Tango du rêve (le), chant, p. 219, orchestre, p. 285.
TANGO DU RÊVE (le) (Enregistrement spécial pour la danse), orchestre, p. 253.
Tango lorsque tu nous liens (DÉDÉ), chant, p. 85.
Tango neurasthénique (le), chant, p. 200.
Tango rouge (le), chant, p. 180 ; orch., p. 285 et 293.
Tangos, orchestre, p. 283 à 285.
Tanguinette (la), orchestre, p. 284 et 285.
TANNHAUSER (le) (Opéra), chant, p. 76 et 103 ; orch., p. 237, 240, 243, 251 et 290.
Tant qu'il aura de l'amour, chant, p. 193.
Tao-tao (le) (Danse japonaise), chant, p. 207, orch. p. 267.
Tapage nocturne, scène dialoguée, p. 218.
Tapis vert (Le), chant, p. 179.
TARASS-BOULBA (Opéra-Comique), chant, p. 76.
Tarentelle (RAFF), violon, p. 299.
Tarentelle de la poupée, orchestre, p. 247.
Tarentelle romantique, violon, p. 299.
TASSE (le) (Opéra), chant, p. 77.
Tasse de thé (la), orchestre, p. 252, 277, 278 et 286.
TASSE DE THÉ (la) (Enregistrement spécial pour la danse), orchestre, p. 254.
Ta-Ta-Ga-Da (les), chant, p. 182.
TAVERNE DES TRABANS (la) (Op. Com.), chant, p. 77 et 103.
Tcharodeyko, chant, p. 169.
Tchike Tchika, chant, p. 208.
Té et pis mé chant, p. 214.
Te sola « Toi seule », chant, p. 112.
Te souvient-il du lumineux voyage (THAÏS), ch. p. 77 et 97.
Télégraphe sans fil (le), chant, p. 216.
Tell me little Gypsy, orchestre, p. 252 et 278.
Temps des cerises (le), p. 111 et 114.
Ten little fingers and Ten little toes. Down in Tennessee, orchestre, p. 275 et 308.
Tendre chanson (la), chant, p. 217.
Tendresse, chant, p. 202.
Tendresses, chant, p. 204.
Tentacion, orchestre, p. 251 et 285.
Tes baisers (I baci tuoi), chant, p. 111.
Tes jolies choses, chant, p. 180.
Tes yeux, chant, p. 116.
Tes yeux seront mes étoiles, chant, p. 206.
Tes yeux sont bleus, chant, p. 113.
Tesoro mio, orchestre, p. 259 et 298 ; violon, p. 310.
THAÏS (Opéra), ch., p. 77 et 97 ; violon, p. 298, 299.
The bell of Chicago, orchestre, p. 287 et 293.
The bell of London, orchestre, p. 293.
The British Grenadiers, orchestre, p. 288.
The British Patrol, orchestre, p. 287.
The Brooklyn Cake-Walk, orchestre, p. 272.
The Butterfly, tubophone, p. 305.
The Dark-town Strutter's Ball, orch., p. 307.
The Darkies' Patrol, March, banjo, p. 302.

Th (suite)

The dirty dozen « a Jazz Drag », orchestre américain, p. 309.
The Fusllier Grand Patrol, March, banjo, p. 303.
The High scholl Cadets, orchestre, p. 287.
The liberty Bell, orchestre, p. 287.
The loyal legion, orchestre, p. 287 et 293.
The Missouri waltz, orchestre, p. 281.
The mocking bird, sifflet, p. 218.
The Montmartre Rag, orchestre, p. 278 et 309.
The Pickaninnies Paradise (orchestre américain), p. 309.
The Pink Lady, orchestre, p. 260.
The pipes of pan are calling, sifflet, p. 218.
THE QUAKER GIRL (Opérette), orchestre, p. 256.
The ragtime volunteers are off to war « Jazz » (orchestre américain), p. 309.
The Ragtime Germ (Zig-Zag), orchestre, p. 281.
The Rosary, orchestre, p. 242 et 295.
The Rum Tum Tiddle Dance, orchestre, p. 285.
The Sheik of araby, orchestre, p. 278 et 287.
The Shimmy shake (Hello ! Charley), orch., p. 275.
The small String « La Petite ficelle », chant, p. 200.
The star spangled Banner (en anglais), chant, p. 109 et 116.
The Star spangled Banner, orch., p. 288 et 291.
The Stars and Stripes for ever, orch., p. 287 et 293.
The Story Book Ball, orchestre, p. 307.
The Tunderer, orchestre, p. 287 et 293.
The tango (le), chant, p. 199.
THE VAMP (Enregistrement spécial pour la danse), orchestre, p. 254.
The violet' song, chant, p. 198, orchestre, p. 279, 286.
THE VIOLET' SONG (Enregistrement spécial pour la danse), orchestre, p. 254.
Thème avec variations (PROCH) (en italien), chant, p. 168.
Thérésa, Théréson, Thérésine, chant, p. 210.
THÉRÈSE (Opéra), chant, p. 77.
Thérèse, orchestre, p. 258.
They called it Dixieland, orchestre, p. 278.
They were all out of step but Jim, orch., p. 306.
THIBAUD (Jacques), violon, p. 299.
THIÉRY (Marie) (Mme) (soprano) (Opéra-Comique), p. 174.
TIMBRE D'ARGENT (le) (Op.-com.), chant, p. 77.
Tibi-Dabo (le), chant, p. 280.
Tic-toc-choc ou Les Maillotins, piano, p. 302.
Till we meet again, orchestre, p. 259 et 287.
TIPHAINE (Mlle) (soprano) (Opéra-Comique), p. 174.
Tire, tire, Ninette, chant, p. 22.
TIRMOH (ténor) (Opéra-Comique), p. 30.
Tisseurs de rêve (les), chant, p. 186.
Titi tyrolien (le), chant, p. 187.
Titin le terrible, monologue, p. 184.
Titin Premier (TITIN), chant, p. 155.
Tizi-Ouzou (la), chant, p. 210.
To love brings us all our pain (Aimer c'est forger sa peine), chant, p. 109.
To-morrow, orchestre, p. 273 et 308.
To night « Cette nuit », orchestre, p. 275.
Toast à l'Alsace, orchestre, p. 255.
Toi seule « Te sola », chant, p. 112.
Toinette, chant, p. 184.

Toinon (OH ! QUE FORTUNE !) (REVUE) (Duo), chant, p. 183.
Toilte hostia, chant religieux, p. 118.
Ton charme me grise, chant, p. 206.
Ton cœur a pris mon cœur, orchestre, p. 259, 311.
Ton cœur est un oiseau, chant, p. 220.
Ton cœur m'attend (LA FLUTE ENCHANTÉE), chant, p. 54.
Ton doux regard se voile (LAKMÉ), chant, p. 59, 60.
Ton doux sourire, chant, p. 208.
Ton sourire, chant, p. 116.
Ton souvenir est là, chant, p. 204.
Tonnerre de Marseille (le), monologue, p. 184.
Toot, toot, tootole, orchestre, p. 273 et 308.
Topinambours (les), chant, p. 189.
Torchligt Parade, orchestre, p. 302.
Torna à Surriento (REVIENS A SORRENTE), chant, p. 223.
Torna à Surriento (en italien), chant, p. 115.
Torna amore (en italien), chant, p. 113.
TOSCA (la) (Op.-com.), chant, p. 78 et 97 ; orch. p. 237 et 242.
Touareg, orchestre, p. 279 et 306.
Touche-à-Tout, orchestre, p. 270.
Toujours ou jamais, orchestre, p. 259.
Toulousaine (la), chant, p. 203.
Tour de la cuillère (le), monologue, p. 184.
Tour pointue (la), chant, p. 192 et 222.
Tourbillon du soir (le), chant, p. 211.
Tourne, tourne, chant, p. 207 ; orchestre, p. 259.
Tournez... Tournez (LA FILLE DE MADAME ANGOT), chant, p. 85.
Tourterelle (la), orch., p. 265 ; ocarina, p. 303.
Tous bolchevistes, chant, p. 190.
Tous en cœur, orchestre, p. 264.
Tous les amants, chant, p. 208.
Tous les amoureux font ça, chant, p. 195.
Tous les chemins (duo) (DÉDÉ), chant, p. 84 et 98.
Tous les rêves d'amour, chant, p. 220.
Toussaint (la), chant, p. 118.
Toussaint rouge (la), chant, p. 207.
Tout à la joie, orchestre, p. 263.
Tout autour des tours de Notre-Dame, ch., p. 198.
Tout bleu, tout bleu, orchestre, p. 255.
Tout doucement, chant, p. 210.
Tout droit, orchestre, p. 280.
Tout en dansant le Fox-trot, chant, p. 191.
Tout en rose, chant, p. 193 ; orchestre, p. 288.
Tout en tirant mon aiguille (LA FILLE DU TAMBOUR-MAJOR), chant, p. 86.
Tout le long de la Tamise, ch., p. 205 ; orch., p. 247.
Tout le long du quai, chant, p. 192.
Tout le long du Sébasto, chant, p. 220.
Tout m'abandonne (OTELLO), chant, p. 67.
Tout passe un jour, chant, p. 202.
Tout petit, chant, p. 187.
Tout petits béguins (les), chant, p. 220.
Tout simplement, chant, p. 217.
Toute ma vie, chant, p. 116.
Toute petite, chant, p. 220 ; orchestre, p. 221, 265.
Tout's les femmes, chant, p. 207 et 209 ; orchestre, p. 265.
Toutes les femmes (duo), chant, p. 179 et 221.
Toutes les mêmes, chant, p. 198.
Toutou rusé (le), chant, p. 198.
Tradimento « Trahison », chant, p. 106.

Tr (suite)

Trahison, chant, p. 213.
Train des Conscrits (le), chant, p. 202.
Train fatal (le), chant, p. 207.
Train roulait (le), chant, p. 203.
Traître (le), chant, p. 180.
Tram (le), orchestre, p. 293.
TRAMEL (Folies-Bergère), p. 217.
TRAVAUX D'HERCULE (Opérette), chant, p. 93.
TRAVIATA (la) (Opéra), chant, p. 79 ; sifflet, p. 218.
TRAVIATA (la) (Opéra) de VERDI, enregistrement complet en 16 disques 29 c/m double face, p. 34.
Trèfle incarnat, orchestre, p. 269.
Treizième caprice de Paganani, violon, p. 297.
Trémoussante (la), orchestre, p. 272 et 281.
Très doggy, orchestre, p. 250.
Très jolie, orchestre, p. 253 et 259.
Très moutarde, orchestre, p. 285.
Trésor caché, chant, p. 181.
Trésors de ma bonne amie (les), chant, p. 214.
Trésors de ma mie (les), chant, p. 213.
Trianeros, orchestre, p. 285.
Tribut de Zamora (le), orchestre, p. 246.
Tricks, orchestre, p. 279 et 306.
Trio du duel (FAUST), chant, p. 51 et 101.
Trionfal di nuova speme (duo) (LA TOSCA) (en italien), chant, p. 78 et 97.
Triomphe, orchestre, p. 290.
Trios (par ordre alphabétique), p. 101.
Triple boston mondain, orchestre, p. 259.
Tripoli, orchestre hawaïïan, p. 312.
TRISTAN ET ISOLDE (Opéra), chant, p. 79.
Troïka (la), orchestre, p. 265.
Troïka de Moscou, p. 265.
Trois folies (les), chant, p. 181.
Trois gosses (les), chant, p. 179 et 218.
Trois hussards (les), chant, p. 109.
Trombone en goguette (le), chant, p. 182.
Trompes de chasse, p. 305 et 306.
Trompette (le), chant, p. 188.
Trompette des Alpes, chant, p. 186.
Trompette et robinet, chant, p. 188.
Trompette-Marche, orchestre, p. 290.
Trompette rigolo (le), chant, p. 182.
Trompettes de cavalerie, p. 305.
Trop froide, chant, p. 216.
Trop grand pour moi, chant, p. 212.
Trop lourd est le poids du veuvage (LA BASOCHE), chant, p. 44.
TROSSELLI (ténor) (Opéra-Comique), p. 34.
Trottin qui trotte (le), chant, p. 210.
Trottins (les), chant, p. 198.
Trottins et apprentis ! chant, p. 209.
Troubadour sicilien, chant, p. 182.
Troublante volupté (LA REINE JOYEUSE), orch. p. 272.
Troufion et Truffard, scène comique, p. 190.
Troupe Joli-Cœur (la), orchestre, p. 240.
Troupier national (le), chant, p. 196.
Troupiers de Marguerite (les), chant, p. 215.
Troupiers mécontents (les), chant, p. 216.
TROUVÈRE (le) (Opéra), chant, p. 80, 97 et 103, orchestre, p. 242 et 295.

TROUVÈRE (le) (Opéra) de VERDI, enregistrement complet en 19 disques, 29 c/m double face, p. 37.
TROYENS (les) (Opéra), chant, p. 80.
Truc de Pitalugue (le), histoire marseillaise, p. 184.
Tu espera, orchestre, p. 250 et 311.
Tu finiras sur les planches, chant, p. 200.
Tu l'as eu, chant, p. 210.
Tu le r'verras Panama, chant, p. 222 ; orch., p. 281.
Tu m'as donné le grand frisson, chant, p. 207.
Tu m'as donné le plus doux rêve (LAKMÉ), chant, p. 60.
Tu m'eus, chant, p. 214.
Tu ne sauras jamais !..., chant, p. 206.
Tu n'es qu'une gosse, chant, p. 219.
Tu n'es qu'une poupée, chant, p. 210.
Tu n' te souviens pas, chant, p. 218.
Tu sais bien que parfois (L'AIGLE), chant, p. 42.
Tu seras pardonné (LE JONGLEUR DE NOTRE-DAME), chant, p. 58.
Tu verras Montmartre, chant, p. 185 ; orchestre, p. 281, 287 et 307.
Tu voudrais me voir pleurer, chant, p. 220.
Tulip Tima, orchestre, p. 274.
TURCY (Andrée) (Mme) (Alcazar de Marseille), p. 222.
Turkish-Ideals, orchestre, p. 278 et 308.
Tutta Mia, chant, p. 194.
Two-steps, orchestre, p. 285.
Ty-Tee, orchestre, p. 273, 275 et 308.
TYBER (Lina) (Mme) (Olympia), p. 222.
Tyrolienne jolie, chant, p. 187.
Tyrolienne pour Lison, chant, p. 187.
Tyrole, accordéon, p. 304.
Tyrol-Valse, chant, p. 187.

U

Udite o rustici (ELISIR D'AMORE) (en italien), chant, p. 138.
Uff em Bezirfiskommando (Patois alsacien), chant, p. 223 et 224.
Uff em Schikem er Messti (Patois alsacien), chant, p. 224.
Uff em Tram in Strosburri (Patois alsacien), chant, p. 224.
Un agent courait, chant, p. 201.
Un an d'amour, chant, p. 202.
Un ange, une femme inconnue (LA FAVORITE), chant, p. 53.
Un autre est son époux (WERTHER), chant, p. 62.
Un baiser c'est bien douce chose (LA MASCOTTE), chant, p. 89.
Un baiser de femme jolie, chant, p. 180.
Un bel di vedremo (MADAME BUTTERFLY), ch., p. 61.
Un Cimmarron, orchestre, p. 285.
Un coup de soleil, chant, p. 189.
Un dans l'autre, (l'), chant, p. 191.
Un homme économe, chant, p. 196.
Un jour comme un murmure (PAILLASSE), chant, p. 68.
Un jour di l'Eitoulla (en limousin), chant, p. 193.
Un jour viendra, chant, p. 201.
Un marchand de vin qui n'entend rien, scène, p. 190.
Un nid d'amour, chant, p. 217.
Un p'tit bibelot, chant, p. 196.
Un p'tit bouquet de deux sous, chant, p. 207.

Un (suite)

Un petit bout d'homme, chant, p. 210.
Un petit comptoir en étain (duo) (LA COCARDE DE MIMI-PINSON), chant, p. 84, 98 et 221.
Un p'tit coup d' pinard, chant, p. 192.
Un p'tit mot, chant, p. 193.
Un peu beaucoup, passionnément, orch., p. 255.
Un peu d'amour, chant, p. 202.
Un peu d' tout, chant, p. 104.
Un regard d'amour, chant, p. 205.
Un regard de ses yeux (SI J'ÉTAIS ROI), chant, p. 74.
Un seul espoir encore me reste (LE VAISSEAU FANTÔME), chant, p. 80.
Un soir à Barcelone, chant, p. 205.
Un soir en passant, chant, p. 200.
Un soir, un Capitaine (LE CŒUR ET LA MAIN), chant, p. 84 et 219.
Un sourire, S. V. P., chant, p. 211.
Un souvenir poignant (SIGURD), chant, p. 75.
Un tas de bêtises, chant, p. 188.
Un tout p'tit bout de rien du tout, chant, p. 210.
Une âme seule est pure (PARSIFAL), ch., p. 67.
Une canne et des gants, chant, p. 185.
Une femme a passé par là, chant, p. 194 et 206.
UNE FEMME QUI PASSE (Enregistrement spécial pour la danse), orchestre, p. 253.
Une femme qui passe (duo), ch., p. 216, 221, 281, 266.
Une fille aimante, chant, p. 204.
Une petite promenade, chant, p. 208.
Une simple idée, orchestre, p. 241.
Une simple poupée, chant, p. 197.
Une soirée d'été (en russe), chant, p. 101.
Une terrible histoire, saynète, p. 218.
Une tournée à la foire, scène, p. 218.
Une toute petite, chant, p. 185.
Uns'ri Dienschtbotte von Hitte (Patois alsacien), chant, p. 224.
Up to date, orchestre, p. 281.
URBAN (Bouffes Parisiens), p. 154.

V

Va, mon gosse, chant, p. 193.
Va, petit mousse (LES CLOCHES DE CORNEVILLE), chant, p. 84.
Val Tosca (LA TOSCA), chant, p. 79.
Va vit' rue Thérèse (ÉPOUS'LA), chant, p. 65.
Vague (la), orchestre, p. 260.
Vague de paresse (la), chant, p. 212.
VAGUET (ténor) (Opéra), p. 16 et 155.
Vainement ma bien-aimée (LE ROI D'YS), chant, p. 72.
Vainement Pharaon (JOSEPH), chant, p. 58.
VAISSEAU FANTOME (le) (Opéra), chant, p. 80; orchestre, p. 237, 242 et 243.
Valéria, orchestre, p. 267.
VALLANDRI (Aline) (Mme) (soprano) (Opéra-Comique), p. 174.
VALLIN (Ninon) (Mme) (soprano) (Opéra-Comique), p. 175.
Vallon (le), chant, p. 116.
Vallon rose (le), chant, p. 187.
Vallons de l'Helvétie (LE CHALET), chant, p. 47.
VALROGER (Suzanne) (Mme) (Olympia), p. 222.

Valse (MIREILLE), chant, p. 65.
Valse (ROMÉO ET JULIETTE), chant, p. 73.
Valse-Ariette (ROMÉO ET JULIETTE), chant, p. 73
Valse à Julot (la ou Vas-y ma poulette, chant, p. 207.
Valse à Lili (la) ou Le Retour au foyer, ch., p. 20.
Valse à petits pas (la), chant, p. 183.
Valse au Tyrol (la), chant, p. 187.
Valse aux étoiles (la), chant, p. 179.
Valse Banffy, orchestre, p. 260 et 310.
Valse basque, orchestre, p. 257, 258 et 311.
Valse bleue, orchestre, p. 259.
Valse bleue, orchestre hawaiian, p. 312.
Valse bleu horizon (la), chant, p. 181.
Valse brune, orchestre, p. 260.
Valse caline, orchestre, p. 255.
Valse chaloupée, (la), chant, p. 192.
Valse chavirée, chant, p. 206.
Valse classique, orchestre, p. 310.
Valse d'amour (la), chant, p. 183.
Valse de concert, violon, p. 297.
Valse de féerie, orchestre, p. 244.
Valse de la cigogne, orchestre, p. 260.
Valse de la délivrance (la), chant, p. 185.
Valse de Musette (LA BOHÊME) (en italien), chant, p. 45.
Valse de nos amours (la), chant, p. 223.
Valse des amazones, orchestre, p. 260.
Valse des bas noirs, orchestre, p. 255.
Valse des beaux dimanches (la), chant, p. 213.
Valse des blondes (la), orchestre, p. 257.
Valse des camoufleurs (la), chant, p. 200.
Valse des cambrioleurs, orchestre, p. 260.
Valse des chasseurs, orchestre, p. 259.
Valse des faubourgs, chant, p. 206.
Valse des gosses, chant, p. 186 et p. 210.
Valse des ombres (la), chant, p. 180.
Valse des p'tits pois, orchestre, p. 255.
Valse des roses, orchestre, p. 260.
Valse du baiser (LA DAME EN ROSE), chant, p. 81 et 219.
Valse du baiser (la) (FLUP), chant, p. 86.
Valse du Pastis (la), chant, p. 183.
Valse du pavé (la), chant, p. 211.
Valse du prince paysan, orchestre, p. 260.
Valse en do dièse mineur, piano, p. 302.
Valse favorite, orchestre, p. 256.
Valse infernale (ROBERT LE DIABLE), ch., p. 71.
Valse mauve, orchestre, p. 260 et 310.
Valse militaire, orchestre, p. 259.
Valse militaire belge, orchestre, p. 260.
Valse noire (la), chant, p. 198.
Valse nonchalante, piano, p. 302.
Valse nuptiale, chant, p. 199 et 206; orch., p. 260.
Valse pathétique, orchestre, p. 260.
Valse plaintive, chant, p. 217 ; orchestre, p. 260, 311.
Valse poudrée, orchestre, p. 260.
Valse Remembrance, orchestre, p. 260.
Valse sincère, orchestre, p. 260.
Valses, orchestre, p. 254 à 260.
Valsez, jolies gosses, chant, p. 220.
Valsez midinettes, chant, p. 203 ; orchestre, p. 260.
VAN DER SMISSEN (Mme) (soprano), p. 229.
Vanity fair, orchestre, p. 309.
Variations de Proch, chant, p. 116.
Variation du Carnaval de Venise, chant, p. 163.

Disques PATHÉ double face. LXIX

Va (suite)

Variety Star, orchestre, p. 279.
Variétés parisiennes (les), orchestre, p. 270.
Vas-y Mélia, chant, p. 204.
Vas-y Mélina, chant, p. 214.
VAUTHRIN (Lucy) (Mlle) (soprano) (Opéra-Com.), p. 177.
VEILLEUR DE NUIT (le) (Op.-Com.), chant, p. 80.
Venez, agréable printemps, chant, p. 115.
Venez danser le Shimmy, chant, p. 183.
Venezia, chant, p. 219 ; orchestre, p. 260.
Venus Shimmy, orchestre, p. 280 et 287.
VENUS SHIMMY (Enregistrement spécial pour la danse), orchestre, p. 253.
Vénus-Tango, orchestre, p. 284.
Vercingétorix, orchestre, p. 293.
Véritable Manola (la), chant, p. 108.
VÉRONIQUE (Opérette), ch. p. 93 et 100 ; orch. p. 237 et 242.
Véronique est malade, chant, p. 188.
Verre en main (le), orchestre, p. 262 et 265.
Vers l'avenir, chant, p. 117.
Vers notre beau pays de France (LE VOYAGE EN CHINE), chant, p. 81.
Verse, Babet, chant, p. 181.
Verse, Margot, chant, p. 116.
Vesper, orgue, p. 302.
VEUVE JOYEUSE (la), chant, p. 93 ; orchestre, p. 238, 243, 260, 303 et 304.
Veux-tu, chant, p. 111 et 115.
Victoire ! ! !, orchestre, p. 281.
Victoire ou la Mort (la), orchestre, p. 289.
Vidalinetta (la), orchestre, p. 272.
VIE DE BOHÈME (la) (Opéra-Comique), chant, p. 80.
VIE PARISIENNE (la) (Opérette), orch. p. 270.
Vidalita (en espagnol), chant, p. 176.
Vieille Garde (la), orchestre, p. 292.
Vieilles de chez nous (les), chant, p. 116.
Vieilles jeunes filles (les), chant, p. 209.
Vieilles larmes (les), chant, p. 213.
Viens ! (Viens), chant, p. 116.
Viens, aimer (MESSALINE), chant, p. 64.
Viens avec nous, petit (LA VIVANDIÈRE), chant, p. 80.
Viens cher amant (LES NOCES DE FIGARO), chant, p. 66.
Viens chez moi, chant, p. 200.
Viens, dans ma hutte, chant, p. 195.
Viens, Margarita, chant, p. 215.
Viens près de moi, chant, p. 197.
Viens, Titine, orchestre, p. 289.
Vierge à la Crèche (la), chant, p. 114.
Vieux airs Limousins, orchestre, p. 242.
Vieux brisquard (le), orchestre, p. 289.
Vieux cantonnier (le), monologue, p. 211.
Vieux chant d'amour, trio, p. 296.
Vieux pâtre (le), chant, p. 167.
Vieux polichinelle, chant, p. 116.
Vieux Tyrolien (le), chant, p. 187.
VIGNEAU (baryton) (Opéra-comique), p. 159.
Vigne aux moineaux (la), chant, p. 188.
VILBERT (Odéon), p. 160.
VILDEZ (Carmen) (Mlle) (Eldorado), p. 223.
Villageoise (la), orchestre, p. 265 et 295.
Villanelle (LA BASOCHE), chant, p. 44.
Ville et Campagne, orchestre, p. 267.

Vincenette à votre âge (MIREILLE), chant, p. 95 et 96.
Vin de France (le), chant, p. 111.
Vinou scho séany, chant hébraïque, p. 120.
Violette bleue (la), orchestre, p. 267.
Violettes (les) (RAMEAU), chant, p. 115.
Violettes (les) (VALDTEUFEL), orchestre, p. 260.
Violettes de Bretagne, orchestre, p. 267.
Violettes de Cannes, orchestre, p. 267.
Violin Concerto n° 2 (VIEUX-TEMPS), violon, p. 299.
Violon (soli de), p. 296 à 300.
Violon brisé (le), chant, p. 113.
Violoncelle (soli de), p. 300 et 301.
Vipère (la), chant, p. 200.
Virelai d'Alsace, chant, p. 116.
Virell et Virelette, chant, p. 112.
Virgina Blues, orchestre, p. 279 et 306.
Virtuose du trottoir, chant, p. 182.
Virtuosité, orchestre, p. 263, 265 et 295.
Vision, chant, p. 113.
Vision fugitive (HÉRODIADE), chant, p. 57.
Visionnaire (les), chant, p. 199.
Visite à Ninon, chant, p. 211.
Visite du major (la), chant, p. 188.
VITRY (Apollo), p. 218.
Viva Espana, orchestre, p. 250 et 293.
VIVANDIÈRE (la) (Opéra-comique), chant, p. 80 ; orchestre, p. 238 et 242.
Vivandière et houzards, orchestre, p. 290.
Vive l'Afrique, chant, p. 182.
Vive l'express de Normandie, chant, p. 189.
Vive l'oncle Sam, chant, p. 205.
Vive la campagne, chant, p. 195.
Vive la gaîté ou Si nous sommes sur la terre, chant, p. 184.
Vive Monsieur le Maire, orchestre, p. 292.
VIX (Geneviève) (Mlle) (soprano) (Opéra-comique), p. 177.
« Vocero » ni les canons (COLOMBA), chant, p. 48.
Vœux suprêmes, chant, p. 202.
Voici des lis (DÉDÉ), chant, p. 85.
Voici des roses (LA DAMNATION DE FAUST), chant, p. 49.
Voilà ce qu'ils ont fait, chant, p. 181.
Voilà comment est Jean (TA BOUCHE) (duo), chant, p. 92.
Voilà donc la terrible cité (THAÏS), chant, p. 77.
Voilà l' plaisir... voilà l'amour, chant, p. 222.
Voir ainsi (le) (LE SONGE D'UNE NUIT D'ÉTÉ), chant, p. 76.
Voisinage, chant, p. 108.
Voix des chênes (la), chant, p. 106 et 107.
Voix des cloches (la), chant, p. 250 et 292.
Voix des pierres (la), chant, p. 220.
Voix du clocher (la), chant, p. 265.
Voix du cor (la), chant, p. 182.
Vol ce l'Est, trompes de chasse, p. 306.
Volga (en russe), chant, p. 181.
Vos maîtresses, Messieurs, chant, p. 200.
Vos yeux, chant, p. 106.
Votre baiser d'adieu, chant, p. 206.
Votre cocarde « Finale du 1er acte » (LA COCARDE DE MIMI-PINSON), chant, p. 84.
Votre jouet, chant, p. 220.
Voui ! voui ! Marie, orchestre, p. 281.
Voulez-vous ma clef ?, chant, p. 204.
Voulez-vous d' l'amour, chant, p. 207.
Vous avez quequ' chose, chant, p. 189.

Vo (suite)

Vous avez trop, chant, p. 212.
Vous qui du Dieu vivant (LA JUIVE), chant, p. 59.
Vous qui faites l'endormie (FAUST), chant, p. 52.
Vous êtes jolie, chant, p. 105.
Vous êtes mouillée mad'moiselle, chant, p. 193.
Vous êtes trop jolie, chant, p. 207.
Vous n'aurez pas toujours vingt ans, chant, p. 186.
Vous n'avez pas ça, chant, p. 181.
Vous pouvez recommencer, chant, p. 210.
VOYAGE EN CHINE (le) (Opéra-comique), chant, p. 81 et 103 ; orchestre, p. 238 et 239.
Voyons ma tante à ma coiffure (VÉRONIQUE), chant, p. 93.
Vrai bostang (le), orchestre, p. 285.
Vrai cake-walk (le), orchestre, p. 272.
Vrai tango brésilien amapa (le), orchestre, p. 285 et 311.
Vraie de vraie (la), chant, p. 210.

W

Wabash-Blues, orchestre, p. 278 et 309.
Walking, orchestre, p. 265.
WALKYRIE (la) (Opéra), chant, p. 81 ; orchestre, p. 238 et 242, violoncelle, p. 300.
WARNA (Maguy) (Mme) (Bouffes Parisiens), p. 177.
Way down in Macon Georgia « I'll be makin Georgia me », (orchestre américain), p. 309.
Way down yonder in new Orleans, orchestre, p. 279, 307 et 287.
Walkiki (le) (Hello! Charley!) orch., p. 275.
Weal Jedá, chant, hébraïque, p. 120.
WERTHER (Opéra-comique), chant, p. 81 ; violoncelle, p. 301.
Weseorew, chant hébraïque, p. 120.
When Alexander! takes his Ragtime Band to France, orchestre, p. 307.
When Bhudda Smiles, orchestre, p. 277.
When Happiness Reigns, orchestre, p. 278 et 287.
When Irish eyes are smilling, sifflé, p. 218.
When the boys from Dixie eat the melon on the Rhine, orchestre, p. 274.
When the sun goes down, orchestre, p. 278 et 308.
When the War is over I'll return to you, orch., p. 307.
Whispering, chant, p. 207 ; orchestre, p. 252, 276, 279 et 286.
WHISPERING (Enregistrement spécial pour la danse), orchestre, p. 254.
Who Cares? orchestre, p. 278 et 309.

Will o the Wisp (Zig-Zag), orchestre, p. 281.
WILLEKENS et LEONE (Mme), scènes dialoguées, p. 218.
Wimnin, orchestre, p. 281.
Wind in the trees, orchestre, p. 279 et 306.
WORMS (Jean) (Comédie-Française), p. 6.

X

X... (Mme) (soprano) (Opéra), p. 178.

Y

Y a de bons moments, chant, p. 214.
Y a l' feu en ville, chant, p. 215.
Y a qu' les amoureux, ch., p. 196 ; orch., p. 292.
Y a qu'un truc qui marche toujours, chant, p. 200.
Yacka hula, Hickey dula, chant, p. 190.
Y a bon... Y a bon..., chant, p. 191.
Y... como le va, orchestre, p. 283.
Y en a plus, chant, p. 196.
Y en a qu'un, chant, p. 220.
Y n' savait pas ! ou C'était un gosse, chant, p. 198.
Yahama, chant, p. 202.
Yeux cousus (les), chant, p. 195.
Yeux dans les yeux (les), chant, p. 194.
Yeux sont les reflets du cœur (les), chant, p. 193.
Yo lo sais! chant, p. 210.
Yo t'aime, chant, p. 209.
Yorima, chant, p. 181.
Yo-ri-ma, orchestre, p. 274.
YOU-YOU (Opérette), chant, p. 93 et 219 ; orchestre, p. 238.
You-You sous les bambous, chant, p. 222.
You'd be surprised « Je ne vous dis que ça », chant, p. 190.
You've got to see Mamma every night, orchestre, p. 279, 287 et 307.

Z

Zambiga, chant, p. 169.
ZAMPA (Opéra-comique), chant, p. 82 et 103 ; orch., p. 238 et 240.
Zaporojets, chant, p. 169.
Zaza, chant, p. 186.
ZIG-ZAG, orchestre, p. 281.
Zinpara (la), orchestre, p. 267.
Zipholo (le) orchestre, p. 264.
Zoological-Garden, orchestre, p. 287.
Zou! un poou de mortier, monologue, p. 186.
Zuiderzée ou le Vrai diabolo, orchestre, p. 267.
Zwei illfischer, (Patois alsacien), chant, p. 224.

LE THÉATRE CHEZ SOI

Enregistrement intégral d'Œuvres Théâtrales

Carmen
Opéra-Comique, de BIZET
Enregistrement complet en 27 disques
29 c/m double face

Le Cid
Tragédie, de CORNEILLE
Enregistrement complet en 17 disques
29 c/m double face

Faust
Opéra, de GOUNOD
Enregistrement complet en 28 disques
29 c/m double face

La Favorite
Opéra, de DONIZETTI
Enregistrement complet en 21 disques
29 c/m double face

Galathée
Opéra-Comique, de V. MASSÉ
Enregistrement complet en 15 disques
29 c/m double face

Le Malade Imaginaire
Comédie, de MOLIÈRE
Enregistrement complet en 14 disques
29 c/m double face

Manon
Opéra-Comique, de MASSENET
Enregistrement complet en 24 disques
29 c/m double face

Les Noces de Jeannette
Opéra-Comique, de V. MASSÉ
Enregistrement complet en 10 disques
29 c/m double face

Rigoletto
Opéra, de VERDI
Enregistrement complet en 15 disques
29 c/m double face

Roméo et Juliette
Opéra, de GOUNOD
Enregistrement complet en 27 disques
29 c/m double face

La Traviata
Opéra, de VERDI
Enregistrement complet en 16 disques
29 c/m double face

Le Trouvère
Opéra, de VERDI
Enregistrement complet en 19 disques
29 c/m double face

PATHÉPHONE, 30, Bd des Italiens, PARIS.

"LE THÉÂTRE CHEZ SOI"

CARMEN

Opéra-Comique en 4 Actes

Livret de Henri MEILHAC et Ludovic HALÉVY

Musique de Georges BIZET

ENREGISTREMENT COMPLET EN 27 DISQUES DOUBLE FACE

sous la direction de

M. RUHLMANN

Chef d'Orchestre de l'Opéra

DISTRIBUTION :

MM.
Don José..... Affre (Opéra).
Escamillo.... Albers (Opéra-Com.).
Le Dancaïre.. Belhomme (Op.-Com.).
Le Remendado. Dumontier (Op.-Com.).
Zuniga...... Dupré (Opéra-Com.).
Moralès..... Dulac (Opéra-Com.).

Mmes
Carmen....... Mérentié (Opéra).
Micaëla...... Vallandri (Op.-Com.).
Frasquita.... Gantéri (Op.-Com.).
Mercédès..... Bilia-Azéma (Op.-C.).

Premier Acte

			COULEURS DES ÉTIQUETTES
1650	1 Prélude d'orchestre. 2 Scène et chœurs. CHŒUR : *Sur la place chacun passe.*	Direction RUHLMANN. Mme VALLANDRI. M. BELHOMME et CHŒURS.	Marron
1651	3 Scène et chœurs (SUITE). MICAËLA : *Mon brigadier à moi s'appelle.* 4 CHŒUR DES GAMINS : *Avec la garde montante.*	Mme VALLANDRI. M. DUPRÉ et CHŒURS. CHŒURS.	Marron

Disques PATHÉ double face.

"LE THÉATRE CHEZ SOI"

CARMEN (suite)

Premier Acte (suite)

N°	Contenu	Interprètes	Couleurs des étiquettes
1652	5. CHŒUR DES GAMINS (SUITE) : Et la garde descendante rentre. 6. CHŒUR DES CIGARIÈRES : La cloche a sonné... dans l'air, nous suivons des yeux la fumée.	CHŒURS. CHŒURS.	Marron
1653	7. LES SOLDATS : Mais nous ne voyons pas Habanera et chœurs. CARMEN : L'Amour est enfant de Bohême. 8. Habanera et chœurs (SUITE). CARMEN : L'oiseau que tu croyais surprendre.	Mlle MÉRENTIÉ. Mlle MÉRENTIÉ.	Marron
1654	9. JOSÉ : Qu'est-ce que cela veut dire? (Duo entre DON JOSÉ et MICAELA). JOSÉ : Parle-moi de ma mère. 10. Suite du duo. MICAELA : Tu vas, m'a-t-elle dit, t'en aller à la ville. JOSÉ : Ma mère, je la vois...	Mme VALLANDRI et M. AFFRE. Mme VALLANDRI et M. AFFRE.	Marron
1655	11. Fin du duo. MICAELA : Quel démon, quel péril?... JOSÉ : ... tout cela, n'est-ce pas, mignonne. 12. JOSÉ : Attends un peu maintenant... CHŒUR : Que se passe-t-il donc là-bas?	Mme VALLANDRI et M. AFFRE. M. DUPRÉ et CHŒURS.	Marron
1656	13. LE LIEUTENANT : Au diable tout ce bavardage ! CHŒUR (SUITE). 14. Chanson et mélodrame. JOSÉ : Tout ce que j'ai pu comprendre...	M. DUPRÉ et CHŒURS. Mlle MÉRENTIÉ et M. DUPRÉ.	Marron
1657	15. CARMEN : Où me conduisez-vous?... Poème entre JOSÉ et CARMEN. Séguedille. CARMEN : Près des remparts de Séville. 16. Séguedille (SUITE). CARMEN : Oui, mais toute seule on s'ennuie.	Mlle MÉRENTIÉ. Mlle MÉRENTIÉ.	Marron
1658	17. Finale du 1er acte. JOSÉ : Le lieutenant !... CARMEN : Prends garde... 18. Orchestre (1er Entr'acte).	Mlle MÉRENTIÉ et M. DUPRÉ. Direction RUHLMANN.	Marron

Deuxième Acte

N°	Contenu	Interprètes	Couleurs
1659	19. Chanson bohème. CARMEN : Les tringles des sistres tintaient. 20. Chanson bohème (FIN). CARMEN : Tra la la la...	Mmes MÉRENTIÉ, GANTÉRI et BILLA-AZÉMA. Mmes MÉRENTIÉ, GANTÉRI et BILLA-AZÉMA.	Marron

PATHÉPHONE, 30, Bd des Italiens, PARIS.

" LE THÉATRE CHEZ SOI "

CARMEN (suite)

Deuxième Acte (suite)

				Couleurs des étiquettes
1660	21	LE LIEUTENANT : *J'étais de service...* CHŒUR : *Vivat le toréro !...*	CHŒURS.	Marron
	22	Couplets d'ESCAMILLO : *Votre toast, je peux vous le rendre...* *... Toréador en garde.*	M. ALBERS et CHŒURS.	
1661	23	Couplets d'ESCAMILLO (FIN). *En secouant ses banderilles.*	M. ALBERS et CHŒURS	Marron
	24	Sortie d'ESCAMILLO. (Orchestre et poème). FRASQUITA : *Pourquoi étais-tu si pressé.*	Direction RUHLMANN.	
1662	25	Quintette. LE DANCAIRE : *Nous avons en tête une affaire.*	Mmes MÉRENTIÉ, GANTÉRI et BILLA-AZÉMA. MM. BELHOMME et DUMONTIER.	Marron
	26	Quintette (FIN). CARMEN : *Je suis amoureuse.*	Mmes MÉRENTIÉ, GANTÉRI et BILLA-AZÉMA. MM. BELHOMME et DUMONTIER.	
1663	27	LE DANCAIRE : *En voilà assez, je t'ai dit...* Chanson et Poème. DON JOSÉ : *Halte-là ! Qui va là ? Dragon d'Alcala !*	M. AFFRE.	Marron
	28	Poème. CARMEN : *Enfin, te voilà...*	Mlle MÉRENTIÉ.	
1664	29	CARMEN : *Je vais danser en votre honneur.* Duo, danse des castagnettes.	Mlle MÉRENTIÉ et M. AFFRE.	Marron
	30	Duo (SUITE). DON JOSÉ : *C'est mal à toi, Carmen...*	Mlle MÉRENTIÉ et M. AFFRE.	
1665	31	DON JOSÉ : *Tu m'entendras.* *La fleur que tu m'avais jetée...*	M. AFFRE.	Marron
	32	Duo (FIN). CARMEN : *Non, tu ne m'aimes pas.*	Mlle MÉRENTIÉ et M. AFFRE.	
1666	33	Finale du 2e acte. LE LIEUTENANT : *Holà ! Carmen ! Holà !*	Mlle MÉRENTIÉ. MM. AFFRE et BELHOMME.	Marron
	34	Finale du 2e acte (SUITE). LE LIEUTENANT : *... plus tard.* CHŒUR : *Suis-nous à travers la campagne.*	Mlle MÉRENTIÉ. MM. AFFRE, BELHOMME, DUMONTIER et CHŒURS.	

Troisième Acte

1667	35	Orchestre (2e Entr'acte).	Direction RUHLMANN.	Marron
	36	CHŒUR : *Écoute, compagnon, écoute !...*	SEXTUOR et CHŒURS.	
	37	Sextuor (SUITE) : *Notre métier, notre métier est bon.*	SEXTUOR et CHŒURS.	
1668	38	CARMEN : *Qu'est-ce que tu regardes là ?...* Trio des cartes. FRASQUITA : *Mêlons !* MERCÉDÈS : *Coupons !*	Mmes GANTÉRI et BILLA-AZÉMA.	Marron

DISQUES PATHÉ double face.

"LE THÉATRE CHEZ SOI"

CARMEN (suite)

Troisième Acte (suite)

				Couleurs des étiquettes
1669	39	Trio des cartes (SUITE). FRASQUITA : *Moi, je vois un jeune amoureux.*	Mmes MÉRENTIÉ, GANTÉRI et BILLA-AZÉMA.	Marron
	40	Trio des cartes (SUITE). CARMEN : *En vain, pour éviter les réponses.*	Mmes MÉRENTIÉ, GANTÉRI et BILLA-AZÉMA.	
1670	41	LE DANCAIRE : *Ah! toi, tu vas nous laisser.* Morceau d'ensemble. CARMEN : *Quant au douanier, c'est notre affaire.*	Mmes MÉRENTIÉ, GANTÉRI, BILLA-AZÉMA et CHŒURS.	Marron
	42	Air de MICAELA. MICAELA : *C'est des contrebandiers le refuge.*	Mme VALLANDRI.	
1671	43	Air de MICAELA (SUITE). *Je vais voir de près cette femme.*	Mme VALLANDRI.	Marron
	44	ESCAMILLO : *Quelques lignes plus bas.* Duo entre DON JOSÉ et ESCAMILLO : *Je suis Escamillo.*	MM. AFFRE et ALBERS.	
1672	45	Finale du 3° acte. CARMEN : *Holà! Holà! José.*	Mlle MÉRENTIÉ, MM. ALBERS, AFFRE, BELHOMME et CHŒURS.	Marron
	46	Finale du 3° acte (SUITE). LE REMENDADO : *Halte!... quelqu'un est là.* MICAELA : *Là-bas est la chaumière.*	Mmes MÉRENTIÉ, VALLANDRI. M. AFFRE et CHŒURS.	
1673	47	Fin du 3° acte. MICAELA : *Hélas! José, ta mère se meurt.*	Mme VALLANDRI, MM. AFFRE et ALBERS.	Marron
	48	Orchestre (3° Entr'acte).	Direction RUHLMANN.	

Quatrième Acte

1674	49	CHŒUR : *A deux cuartos, à deux cuartos.*	Mmes GANTÉRI, BILLA-AZÉMA, M. BELHOMME et CHŒURS. ENFANTS, SOPRANI, TÉNORS et BASSES.	Marron
	50	Marche et CHŒUR : *Les voici...*		
1675	51	Marche et CHŒUR (SUITE). *Un autre quadrille s'avance...* ESCAMILLO : *Si tu m'aimes, Carmen.* CARMEN : *Ah! je t'aime, Escamillo.*	Mlle MÉRENTIÉ MM. ALBERS et CHŒURS.	Marron
	52	Marche et CHŒUR (FIN). FRASQUITA : *Carmen, un bon conseil.* Duo CARMEN, DON JOSÉ. CARMEN : *C'est toi!*	Mmes MÉRENTIÉ, GANTÉRI, BILLA-AZÉMA et M. AFFRE.	
1676	53	Duo (SUITE). CARMEN : *Jamais je n'ai menti... ... Entre nous tout est fini.*	Mlle MÉRENTIÉ et M. AFFRE.	Marron
	54	Duo (FIN). CARMEN : *Libre elle est née.* CHŒUR FINAL *Vivat! Vivat! la course est belle.*	M. AFFRE et CHŒURS.	

LE CID

Tragédie en 5 Actes
de Pierre CORNEILLE

Enregistrement complet en 17 disques double face
Par les Artistes de la Comédie-Française

DISTRIBUTION

MM.		Mmes
Don Diègue....... Paul Mounet.	Chimène.......	M. Roch.
Don Arias....... Falconnier.	Leonor.......	Lherbay.
Don Gomès....... Ravet.	Elvire.......	Y. Ducos.
Don Rodrigue....... Alexandre.	Dona Urraque.......	J. Rémy.
Don Alonse....... Guilhène.		M.
Don Sanche....... Jean Worms.	Un page de l'Infante.. Jacques.
Don Fernand....... Gerbault.	

NOTA. — Les trois coups frappés comme au théâtre qui s'entendent dans l'enregistrement indiquent un changement de décor ou d'acte.

Premier Acte

			COULEURS DES ÉTIQUETTES
1677	1 CHIMÈNE : Elvire, m'as-tu fait un rapport bien sincère ! CHIMÈNE : Allons, quoi qu'il en soit, en attendre l'issue.	Mmes Madeleine ROCH et Yvonne DUCOS.	
	2 L'INFANTE : Page, allez avertir Chimène de ma part... LEONOR : Vous souvient-il encor de qui vous êtes fille !	Mmes LHERBAY et Jeanne RÉMY.	Marron
1678	3 L'INFANTE : Il m'en souvient si bien que j'épandrai mon sang... L'INFANTE : Je vous suis.	Mmes LHERBAY et Jeanne RÉMY. M. JACQUES.	Marron
	4 L'INFANTE : Juste ciel, d'où j'attends mon remède. DON DIÈGUE : Et sur de grands exploits bâtir sa renommée.	MM. Paul MOUNET et RAVET.	
1679	5 LE COMTE : Les exemples vivants sont d'un autre pouvoir... DON DIÈGUE : Passe, pour me venger, en de meilleures mains.	MM. Paul MOUNET et RAVET.	Marron
	6 DON DIÈGUE : Rodrigue, as-tu du cœur ? DON DIÈGUE : Je vais les déplorer : va, cours, vole, et nous venge.	MM. Paul MOUNET et ALEXANDRE.	
1680	7 DON RODRIGUE : Percé jusques au fond du cœur... DON RODRIGUE : Si l'offenseur est père de Chimène.	M. ALEXANDRE.	Marron
	8 LE COMTE : Je l'avoue entre nous, mon sang un peu trop chaud... LE COMTE : Mais non pas me résoudre à vivre sans honneur.	MM. FALCONNIER et RAVET.	

1681

1682

1683

1684

1685

1686

DISQUES PATHÉ double face.

" LE THÉÂTRE CHEZ SOI "

CID (le) (suite)

COULEURS DES ÉTIQUETTES

Deuxième Acte

1681	9	DON RODRIGUE : A moi, Comte, deux mots. CHIMÈNE : Que tu vas me coûter de pleurs et de soupirs !...	MM. RAVET, ALEXANDRE, Mmes Madeleine ROCH et Jeanne RÉMY.	
	10	L'INFANTE : Tu n'as dans leur querelle aucun sujet de craindre. L'INFANTE : Dans mon esprit charmé jette un plaisir secret.	Mmes Madeleine ROCH, Jeanne RÉMY et M. JACQUES.	Marron
1682	11	LÉONOR : Cette haute vertu qui règne dans votre âme... DON FERNAND : Soit qu'il résiste ou non, vous assurer de lui.	Mmes LHERBAY et Jeanne RÉMY. MM. FALCONNIER et GERBAULT.	
	12	DON SANCHE : Peut-être un peu de temps le rendrait moins rebelle. DON FERNAND : C'est assez pour ce soir.	MM. FALCONNIER, Jean WORMS et GERBAULT.	Marron
1683	13	DON ALONSE : Sire, le Comte est mort. CHIMÈNE : Tout ce qu'enorgueillit un si haut attentat.	MM. Paul MOUNET, GUILHÈNE, GERBAULT, et Mme Madeleine ROCH.	
	14	DON FERNAND : Don Diègue, répondez. CHIMÈNE : M'ordonner du repos, c'est croître mes malheurs.	MM. Paul MOUNET, GERBAULT et Mme Madeleine ROCH.	Marron

Troisième Acte

1684	15	ELVIRE : Rodrigue, qu'as-tu fait ? d'où viens-tu, misérable? CHIMÈNE : Celle que je n'ai plus sur celle qui me reste.	Mmes Madeleine ROCH, Yvonne DUCOS, MM. ALEXANDRE et Jean WORMS.	
	16	ELVIRE : Reposez-vous, Madame. CHIMÈNE : Le poursuivre, le perdre, et mourir après lui.	Mmes Madeleine ROCH et Yvonne DUCOS.	Marron
1685	17	DON RODRIGUE : Eh bien ! sans vous donner la peine de poursuivre... DON RODRIGUE : Celui qui met sa gloire à l'avoir répandu.	M. ALEXANDRE et Mme Madeleine ROCH.	
	18	CHIMÈNE : Ah ! Rodrigue, il est vrai, quoique ton ennemie... DON RODRIGUE : A mourir par la main qu'à vivre avec la haine.	M. ALEXANDRE et Mme Madeleine ROCH.	Marron
1686	19	CHIMÈNE : Va, je ne te hais point. DON DIÈGUE : Ma crainte est dissipée et mes ennuis cessés.	Mmes Madeleine ROCH, Yvonne DUCOS, MM. Paul MOUNET et ALEXANDRE.	
	20	DON DIÈGUE : Rodrigue, enfin le ciel permet que je te voie ! DON DIÈGUE : Que ce qu'il perd au Comte, il le recouvre en toi.	MM. Paul MOUNET et ALEXANDRE.	Marron

PATHÉPHONE, 30, Bd des Italiens, PARIS.

"LE THÉATRE CHEZ SOI"

CID (le) *(suite)*

Quatrième Acte

				Couleurs des étiquettes
1687	21	CHIMÈNE : *N'est-ce point un faux bruit? le sais-tu bien, Elvire?* CHIMÈNE : *Et son bras valeureux n'est funeste qu'à moi.*	Mmes Madeleine ROCH, Yvonne DUCOS et Jeanne RÉMY.	Marron
	22	L'INFANTE : *Ma Chimène, il est vrai qu'il a fait des merveilles.* CHIMÈNE : *Après mon père mort, je n'ai point à choisir.*	Mmes Madeleine ROCH et Jeanne RÉMY.	
1688	23	DON FERNAND : *Généreux héritier d'une illustre famille.* DON FERNAND : *Mais poursuis.*	MM. ALEXANDRE et GERBAULT.	Marron
	24	DON RODRIGUE : *Sous moi donc cette troupe s'avance... Et ne l'ai pu savoir jusques au point du jour.*	M. ALEXANDRE.	
1689	25	DON RODRIGUE : *Mais enfin sa clarté montre notre avantage...* CHIMÈNE : *Non pas au lit d'honneur, mais sur un échafaud.*	MM. Paul MOUNET, ALEXANDRE, GUILHÈNE, GERBAULT et Mme Madeleine ROCH.	Marron
	26	CHIMÈNE : *Qu'il meure pour mon père et non pour la patrie!* DON FERNAND : *Les Mores, en fuyant, ont emporté son crime.*	Mme Madeleine ROCH et M. GERBAULT.	

Cinquième Acte

1690	27	DON DIÈGUE : *Quoi! Sire, pour lui seul vous renversez des lois...* DON FERNAND : *Qui que ce soit des deux, j'en ferai ton époux.*	MM. Paul MOUNET, J. WORMS, GERBAULT et Mme Madeleine ROCH.	Marron
	28	CHIMÈNE : *Quoi! Rodrigue, en plein jour! d'où te vient cette audace?* CHIMÈNE : *Et défends ton honneur, si tu ne veux plus vivre.*	Mme Madeleine ROCH et M. ALEXANDRE.	
1691	29	DON RODRIGUE : *Après la mort du Comte et les Mores défaits...* DON RODRIGUE : *Pour en venir à bout c'est trop peu que de vous.*	M. ALEXANDRE et Mme Madeleine ROCH.	Marron
	30	L'INFANTE : *T'écouterai-je encor, respect de ma naissance...* LÉONOR : *Et l'autorise enfin à paraître apaisée.*	Mmes LHERBAY et Jeanne RÉMY.	
1692	31	L'INFANTE : *Je le remarque assez et toutefois mon cœur...* CHIMÈNE : *Mon honneur lui fera mille autres ennemis.*	Mmes Madeleine ROCH, LHERBAY, Yvonne DUCOS et Jeanne RÉMY.	Marron
	32	ELVIRE : *Gardez, pour vous punir de cet orgueil étrange...* CHIMÈNE : *Jusqu'au dernier soupir mon père et mon amant.*	Mmes Madeleine ROCH, Yvonne DUCOS et M. Jean WORMS.	
1693	33	DON DIÈGUE : *Enfin, elle aime, Sire, et ne croit plus au crime...* DON RODRIGUE : *J'ose tout entreprendre et puis tout achever.*	MM. Paul MOUNET, ALEXANDRE, Jean WORMS, GERBAULT et Mme Jeanne RÉMY.	Marron
	34	DON RODRIGUE : *Mais si ce fier honneur, toujours inexorable...* DON FERNAND : *Laisse faire le temps, la vaillance et ton roi.*	MM. ALEXANDRE, GERBAULT et Mme Madeleine ROCH.	

DISQUES PATHÉ double face.   9

"LE THÉÂTRE CHEZ SOI"

FAUST

Opéra en 5 Actes

Livret de Michel CARRÉ et Jules BARBIER
Musique de Ch. GOUNOD

ENREGISTREMENT COMPLET EN 28 DISQUES DOUBLE FACE

sous la direction de
M. RUHLMANN
Chef d'Orchestre de l'Opéra

DISTRIBUTION :

MM		Mmes	
Faust........	Beyle (Léon) (Op.-C.)	Marguerite.....	Campredon (Opéra)
Méphistophélès	Gresse (Opéra)	Siebel.........	D'Elty (Marguerite) (Opéra)
Valentin......	Noté (Opéra)		
Wagner.......	Dupré (Op.-Comique)	Marthe........	Goulancourt (Opéra)

COULEURS
DES
ÉTIQUETTES

Premier Acte

1622	1 Introduction (orchestre).	Direction RULHMANN.	Marron
	2 Introduction (FIN). (Orchestre).	Direction RUHLMANN.	
1623	3 Scène. FAUST : *Rien ! en vain j'interrogo...*	M. LÉON BEYLE.	Marron
	4 Scène (SUITE) et Chœur. FAUST : *Salut ! ô mon dernier matin !* CHŒUR : *Paresseuse fille.*	M. LÉON BEYLE et CHŒURS.	

PATHÉPHONE, 30, Bd des Italiens, PARIS.

"LE THÉATRE CHEZ SOI."

FAUST (suite)

	COULEURS DES ÉTIQUETTES

Premier Acte (suite)

1624	5	Scène (FIN) et Chœurs. FAUST : *O coupe des aïeux.* CHŒURS : *Aux champs l'aurore nous rappelle.*	MM. LÉON BEYLE, GRESSE et CHŒURS.	Marron	1632
	6	Duo. MÉPHISTOPHÉLÈS : *D'où vient la surprise ?*	MM. LÉON BEYLE et GRESSE.		
1625	7	Duo (SUITE). MÉPHISTOPHÉLÈS : *Ici, je suis à ton service.*	MM. LÉON BEYLE et GRESSE.	Marron	1633
	8	Duo (FIN). MÉPHISTOPHÉLÈS : *Viens !*	MM. LÉON BEYLE et GRESSE.		
1626	9	Kermesse. CHŒURS : *Vin ou bière.*	M. DUPRÉ et CHŒURS.	Marron	
	10	Kermesse (FIN). CHŒURS : *Voyez ces hardis compères.*	CHŒURS.		
1627	11	Scène et récitatif. VALENTIN : *O sainte médaille.*	Mlle D'ELTY. MM. NOTÉ, GRESSE, DUPRÉ et CHŒURS.	Marron	1634
	12	Strophes. MÉPHISTOPHÉLÈS : *Le Veau d'or est toujours debout.*	M. GRESSE et CHŒURS.		
1628	13	Scène et Chœur. VALENTIN : *Singulier personnage !*	Mlle D'ELTY. MM. NOTÉ, GRESSE, DUPRÉ et CHŒURS.	Marron	1635
	14	Choral des Épées. CHŒUR : *De l'enfer qui vient émousser nos armes.*	Mlle D'ELTY. MM. NOTÉ, DUPRÉ et CHŒURS.		1636
1629	15	Scène (FIN) Valse et Chœur. MÉPHISTOPHÉLÈS : *Nous nous retrouverons.*	Mlle D'ELTY. MM. LÉON BEYLE, GRESSE et CHŒURS.	Marron	
	16	Valse et Chœur (FIN). FAUST : *La voici !... C'est elle !...*	Mmes CAMPREDON, D'ELTY. MM. LÉON BEYLE, GRESSE et CHŒURS.		1637

Deuxième Acte

					1638
1630	17	Couplets. SIÉBEL : *Faites-lui mes aveux.*	Mlle D'ELTY.	Marron	
	18	Couplets (FIN). Scène et Récitatif. SIÉBEL : *Voyons maintenant !*	Mlle D'ELTY. MM. LÉON BEYLE et GRESSE.		1639
1631	19	Cavatine. FAUST : *Quel trouble inconnu me pénètre !* FAUST : *Salut ! demeure chaste et pure.*	M. LÉON BEYLE.	Marron	
	20	Cavatine (FIN). Scène. FAUST : *O nature.*	MM. LÉON BEYLE et GRESSE.		1640

Disques PATHÉ double face.

" LE THÉÂTRE CHEZ SOI "

FAUST (suite)

			COULEURS DES ÉTIQUETTES

Deuxième Acte (suite)

1632	21 Scène et Chanson du roi de Thulé. MARGUERITE : *Je voudrais bien savoir quel était ce jeune homme.* *Il était un roi de Thulé.* 22 Chanson du roi de Thulé (FIN). MARGUERITE : *Quand il sentit venir la mort...*	Mme CAMPREDON. Mme CAMPREDON.	Marron
1633	23 Scène (FIN). Air des Bijoux. MARGUERITE : *Les grands seigneurs ont seuls des airs si résolus.* MARGUERITE : *Ah ! je ris de me voir si belle.* 24 Air des Bijoux (FIN). MARGUERITE : *Achevons la métamorphose.*	Mme CAMPREDON. Mme CAMPREDON.	Marron
1634	25 Scène et Quatuor. MARTHE : *Seigneur Dieu, que vois-je !* 26 Scène et Quatuor (SUITE). FAUST : *Prenez mon bras un moment !*	Mmes CAMPREDON, GOULANCOURT, MM. LÉON BEYLE et GRESSE. Mmes CAMPREDON, GOULANCOURT, MM. LÉON BEYLE et GRESSE.	Marron
1635	27 Scène et Quatuor (FIN). FAUST : *Eh quoi ! toujours seule !* 28 Scène. MARGUERITE : *Retirez-vous !... voici la nuit.*	Mmes CAMPREDON, GOULANCOURT, MM. LÉON BEYLE et GRESSE. Mmes CAMPREDON, GOULANCOURT, MM. LÉON BEYLE et GRESSE.	Marron
1636	29 Duo. MARGUERITE : *Il se fait tard !... adieu !...* 30 Duo (SUITE). FAUST et MARGUERITE : *Éternelle !...*	Mme CAMPREDON et M. LÉON BEYLE. Mme CAMPREDON et M. LÉON BEYLE.	Marron
1637	31 Duo (SUITE). FAUST : *Marguerite !...* 32 Duo (FIN). FAUST : *Félicité du ciel !*	Mme CAMPREDON et M. LÉON BEYLE. Mme CAMPREDON et MM. LÉON BEYLE et GRESSE.	Marron

Troisième Acte

1638	33 Entr'acte. Récitatif et Scène. MARGUERITE : *Elles ne sont plus là...* 34 Scène (FIN). SIÉBEL : *Encore des pleurs.*	Mmes CAMPREDON, D'ELTY et CHŒURS. Mmes CAMPREDON et D'ELTY.	Marron
1639	35 Scène de l'Église. MARGUERITE : *Seigneur, daignez permettre à votre humble servante.* 36 Scène de l'Église (SUITE). MÉPHISTOPHÉLÈS : *Souviens-toi du passé.*	Mme CAMPREDON, M. GRESSE et CHŒURS. Mme CAMPREDON et M. GRESSE.	Marron
1640	37 Scène de l'Église (FIN). CHŒUR RELIGIEUX. *Quand du Seigneur le jour luira.* 38 Chœur des soldats. CHŒURS : *Déposons les armes.*	Mme CAMPREDON, M. GRESSE et CHŒURS. Mlle D'ELTY. M. NOTÉ et CHŒURS.	Marron

FAUST *(suite)*

Troisième Acte *(suite)*

			COULEURS DES ÉTIQUETTES
1641	39 Chœur de soldats (FIN). CHŒURS : *Gloire immortelle de nos aïeux.*	CHŒURS.	Marron
	40 Récit. Scène. VALENTIN : *Allons, Siébel !*	Mlle D'ELTY, MM. NOTÉ, LÉON BEYLE et GRESSE.	
1642	41 Sérénade. MÉPHISTOPHÉLÈS : *Vous qui faites l'endormie.*	M. GRESSE.	Marron
	42 Trio du Duel. VALENTIN : *Que voulez-vous, Messieurs !.*	MM. NOTÉ, LÉON BEYLE et GRESSE.	
1643	43 Trio du Duel (FIN) Mort de Valentin VALENTIN : *En garde !... et défends-toi !.*	Mmes CAMPREDON, D'ELTY, MM. NOTÉ, GRESSE et CHŒURS.	Marron
	44 Mort de Valentin (FIN). VALENTIN : *Ce qui doit arriver arrive à l'heure dite.*	M. NOTÉ et CHŒURS.	

Quatrième Acte

1644	45 La nuit de Walpurgis. FAUST : *Arrête !*	MM. LÉON BEYLE, GRESSE et CHŒURS.	Marron
	46 La nuit de Walpurgis (SUITE). MÉPHISTOPHÉLÈS : *Jusqu'aux premiers feux du matin.*	M. GRESSE et CHŒURS.	
1645	47 Ballet (*Les Nubiennes*) (Orchestre).	Direction RUHLMANN.	Marron
	48 Ballet (SUITE) (*L'Adagio*) (Orchestre).	Direction RUHLMANN.	
1646	49 Ballet (SUITE) (*Danse antique*). (*Variation de Cléopâtre*) (Orchestre).	Direction RUHLMANN.	Marron
	50 Ballet (SUITE) (*Les Troyennes*). (*Variation du Miroir*) (Orchestre).	Direction RUHLMANN.	
1647	51 Ballet (SUITE) (*Danse de Phryné*) (Orchestre).	Direction RUHLMANN.	Marron
	52 Ballet (FIN) (*Danse de Phryné*) (FIN). MÉPHISTOPHÉLÈS : *Que ton ivresse, ô volupté !*	MM. LÉON BEYLE et GRESSE.	

Cinquième Acte

1648	53 Trio final. FAUST : *Va-t'en !*	MM. LÉON BEYLE et GRESSE.	
	54 Trio final (SUITE). FAUST : *Marguerite !*	Mme CAMPREDON et M. LÉON BEYLE.	Marron
1649	55 Trio final (SUITE). MARGUERITE : *Attends !*	Mme CAMPREDON, MM. LÉON BEYLE et GRESSE.	
	56 Trio final. (*Apothéose*). MÉPHISTOPHÉLÈS : *Quittons ce lieu sombre.*	Mme CAMPREDON, MM. LÉON BEYLE, GRESSE et CHŒURS.	Marron

Disques PATHÉ double face.

"LE THÉATRE CHEZ SOI"

LA FAVORITE

Opéra en 4 Actes

Livret de A. ROYER et G. VAEZ

Musique de DONIZETTI

Enregistrement complet en 21 disques double face
sous la direction de
M. RUHLMANN
Chef d'Orchestre de l'Opéra

DISTRIBUTION :

MM.		M.	
Balthazar	Marvini (Opéra).	Don Gaspard.	De Poumayrac (O.-C.).
Fernand	Lassalle (Opéra).	Léonor.	Mme Lapeyrette (Opéra).
Alphonse	Albers (Op.-Comique).	Inès	Gantéri (Opéra).

Premier Acte

			COULEURS DES ÉTIQUETTES
1551	1 Ouverture (Orchestre). 2 Ouverture (Orchestre) (SUITE et FIN).	Direction RUHLMANN. Direction RUHLMANN.	Marron
1552	3 Introduction. CHŒUR DES MOINES : *Pieux monastère !* 4 Cavatine. FERNAND : *Un ange, une femme inconnue.*	MM. MARVINI, LASSALLE et CHŒURS. MM. MARVINI et LASSALLE.	Marron
1553	5 Duo. BALTHAZAR : *Toi, mon fils, ma seule.* 6 Duo (SUITE). BALTHAZAR : *La trahison, la perfidie.*	MM. MARVINI et LASSALLE. MM. MARVINI et LASSALLE.	Marron
1554	7 Air et Chœurs. INÈS : *Rayons dorés, tiède zéphir...* 8 Air et Chœur. Récitatif. INÈS. *Doux zéphyr, sois-lui fidèle...*	Mme GANTÉRI et CHŒURS. Mme GANTÉRI. M. LASSALLE et CHŒURS.	Marron
1555	9 Duo. LÉONOR : *Mon idole ! mon idole !* 10 Duo (SUITE). FERNAND : *Toi, ma seule amie...*	Mlle LAPEYRETTE et M. LASSALLE. Mmes LAPEYRETTE, GANTÉRI et M. LASSALLE.	Marron
1556	11 Air. FERNAND : *Celui qui vient la chercher.* 12 Récit. ALPHONSE : *Jardins de l'Alcazar...*	Mme GANTÉRY et M. LASSALLE. MM. ALBERS et DE POUMAYRAC.	Marron

PATHÉPHONE, 30, Bd des Italiens, Paris.

"LE THÉATRE CHEZ SOI"

FAVORITE (la) *(suite)*

COULEURS DES ÉTIQUETTES

Deuxième Acte

1557	13	Air. ALPHONSE : *Léonor ! viens j'abandonne Dieu.*	M. ALBERS.	Marron	1565
	14	Duo. ALPHONSE : *Pour la fête, préviens toute ma cour.* LÉONOR : *Ainsi donc on raconte...*	Mmes LAPEYRETTE, GANTÉRI et M. ALBERS.		
1558	15	Duo (SUITE). ALPHONSE : *Dans ce palais regnent...*	Mlle LAPEYRETTE et M. ALBERS.	Marron	1566
	16	Ballet (Orchestre).	Direction RUHLMANN.		
1559	17	Ballet (SUITE) (Orchestre).	Direction RUHLMANN.	Marron	
	18	Récitatif. DON GASPARD : *Ah! Sire, vous refusez de croire...*	Mlle LAPEYRETTE. MM. ALBERS, DE POUMAYRAC, MARVINI et CHŒURS.		
1560	19	Finale. BALTHAZAR : *Redoutes la fureur...*	Mlle LAPEYRETTE, MM. ALBERS, DE POUMAYRAC, MARVINI et CHŒURS.	Marron	
	20	Finale (SUITE). BALTHAZAR : *Vous tous qui m'écoutez.*	Mmes LAPEYRETTE, GANTÉRI, MM. ALBERS, MARVINI, DE POUMAYRAC et CHŒURS.		

1567

Troisième Acte

1568

1561	21	Récitatif. FERNAND : *Me voici donc près d'elle !*	M. LASSALLE.	Marron	1569
	22	Récitatif (FIN) et Trio. DON GASPARD : *De son sort avez-vous décidé ?*	Mlle LAPEYRETTE. MM. DE POUMAYRAC, ALBERS et LASSALLE.		
1562	23	Trio (SUITE). ALPHONSE : *Pour tant d'amour...*	Mlle LAPEYRETTE, MM. ALBERS et LASSALLE.	Marron	1570
	24	Trio (FIN) et Récitatif. ALPHONSE : *Pour tant d'amour...*	Mlle LAPEYRETTE et M. ALBERS.		
1563	25	Air. LÉONOR : *O mon Fernand, tous les biens de la terre...*	Mlle LAPEYRETTE.	Marron	1571
	26	Air (SUITE). LÉONOR : *Venez, cruels.*	Mlle LAPEYRETTE.		
1564	27	Récitatif et Chœurs. LÉONOR : *Inès, viens.*	Mmes LAPEYRETTE, GANTÉRI, M. DE POUMAYRAC et CHŒURS.	Marron	
	28	Récitatif et chœur (SUITE). FERNAND : *Ah ! de tant de bonheur.*	Mlle LAPEYRETTE. MM. LASSALLE, ALBERS, DE POUMAYRAC et CHŒURS.		

Disques PATHÉ double face.

"LE THÉÂTRE CHEZ SOI"

FAVORITE (la) *(suite)*

			Couleurs des étiquettes

Troisième Acte *(suite)*

1565	29. Finale. Don Gaspard : *Quel marché de bassesse !* 30. Finale (SUITE). Fernand : *Pour moi du ciel la faveur...*	M. DE POUMAYRAC et CHŒURS. MM. LASSALLE, DE POUMAYRAC, MARVINI et CHŒURS.	Marron
1566	31. Finale (SUITE). Fernand : *Sire, je vous dois tout.* 32. Finale (FIN). Alphonse : *Écoutez-moi bien, Fernand.*	Mlle LAPEYRETTE, MM. LASSALLE, ALBERS, MARVINI, DE POUMAYRAC et CHŒURS. Mlle LAPEYRETTE. MM. ALBERS, LASSALLE, MARVINI, DE POUMAYRAC et CHŒURS.	Marron

Quatrième Acte

1567	33. Chœur. Moines : *Frères, creusons l'asile...* 34. Chœur (SUITE). Balthazar : *Les cieux s'emplissent...*	CHŒURS. M. MARVINI et CHŒURS.	Marron
1568	35. Récitatif. Balthazar : *Dans un instant, mon frère...* 36. Récitatif (FIN). Fernand : *La maîtresse du roi !...* Cavatine. Fernand : *Ange si pur, que dans un...*	MM. MARVINI et LASSALLE. M. LASSALLE.	Marron
1569	37. Récitatif. Balthazar : *Es-tu prêt ?, viens.* 38. Chœur. Religieux : *Que du Très-Haut...*	Mlle LAPEYRETTE, MM. MARVINI et LASSALLE. Mlle LAPEYRETTE, M. LASSALLE et CHŒURS.	Marron
1570	39. Récitatif. Léonor : *Fuyons ce monastère...* 40. Duo. Léonor : *En priant, j'ai marché...*	Mlle LAPEYRETTE et M. LASSALLE. Mlle LAPEYRETTE et M. LASSALLE.	Marron
1571	41. Duo (SUITE). Fernand : *Adieu ! je dois vous fuir.* 42. Finale. Chœur : *Que du Très-Haut...*	Mlle LAPEYRETTE et M. LASSALLE. Mlle LAPEYRETTE, MM. LASSALLE, MARVINI et CHŒURS.	Marron

PATHÉPHONE, 30, Bd des Italiens, Paris.

"LE THÉATRE CHEZ SOI"

GALATHÉE

Opéra-Comique en 2 Actes
Livret de Jules BARBIER et Michel CARRÉ
Musique de Victor MASSÉ

ENREGISTREMENT COMPLET EN 15 DISQUES DOUBLE FACE
sous la direction de
ARCHAINBAUD, Chef d'Orchestre de la Gaîté-Lyrique.

DISTRIBUTION :

	MM.		M.
Pygmalion....	Gresse (Opéra).	*Ganymède*.....	Vaguet (Opéra).
Midas.........	Jouvin (Trian-Lyr.).	*Galathée*......	Mme Morlet (Trian.-Lyr.).

Premier Acte

				COULEURS DES ÉTIQUETTES	
1572	1. Ouverture (Orchestre).	Direction ARCHAINBAUD.			1579
	2. Introduction et Chœur. CHŒUR : *L'aurore, en souriant*.	M. VAGUET et CHŒURS.		Marron	
1573	3. Poème. GANYMÈDE : *Hein ! je crois qu'on frappe à la porte !...* Couplets de MIDAS : *Depuis vingt ans j'exerce*.	MM. VAGUET et JOUVIN.			1580
	4. Poème. GANYMÈDE : *Je vous en fais mon compliment*. Trio. PYGMALION : *Qu'ai-je vu ?...*	MM. VAGUET, GRESSE et JOUVIN.		Marron	1581
1574	5. Trio (SUITE). GANYMÈDE : *Holà*... 6. Trio (FIN). PYGMALION : *Toutes les femmes*...	MM. VAGUET, GRESSE et JOUVIN. MM. VAGUET, GRESSE et JOUVIN.		Marron	1582
1575	7. Air de PYGMALION : *Tristes amours !* 8. Air de PYGMALION (SUITE) : *Je la vois*...	M. GRESSE. M. GRESSE.		Marron	1583
1576	9. Air de PYGMALION (FIN) : *O Vénus, sois-moi clémente !* 10. Scène. GALATHÉE : *Moi... je suis*...	M. GRESSE. Mme MORLET et M. GRESSE.		Marron	1584
1577	11. Duo. PYGMALION : *Aimons, il faut aimer*... 12. Duo (FIN). PYGMALION : *Et maintenant*...	Mme MORLET et M. GRESSE. Mme MORLET et M. GRESSE.		Marron	1585
1578	13. Poème. GALATHÉE : *Quels sont ces objets*... 14. Poème. GALATHÉE : *Le voilà parti !*... Air de la lyre. GALATHÉE : *Que dis-tu ?...* (ACC^t DE HARPE).	Mme MORLET et M. GRESSE. Mme MORLET.		Marron	1586

Disques PATHÉ double face.

" LE THÉATRE CHEZ SOI "

GALATHÉE *(suite)*

COULEURS DES ÉTIQUETTES

Premier Acte *(suite)*

1579	15 Air (SUITE). GALATHÉE : *Roses parfumées...* 16 Air (FIN). GALATHÉE : *Mais quels transports.*	Mme MORLET. Mme MORLET.	Marron

Deuxième Acte

1580	17 Entr'acte (Orchestre) (COR SOLO. — FLUTE SOLO). 18 Poème. GANYMÈDE : *Est-ce que mon maître n'a pas appelé.* Air de la paresse. GANYMÈDE : *Ah ! qu'il est doux de ne rien faire.*	Direction ARCHAINBAUD. M. VAGUET.	Marron
1581	19 Air de la paresse (FIN). GANYMÈDE : *Chacun ici-bas.* 20 Poème. GANYMÈDE : *Eh ! mais que vois-je là-bas ?*	M. VAGUET. Mme MORLET. MM. VAGUET et JOUVIN.	Marron
1582	21 Trio bouffe. MIDAS : *Il me semblait n'être pas laid !* 22 Trio bouffe (FIN). GALATHÉE : *Il me paraît laid tout de même !*	Mme MORLET. MM. VAGUET et JOUVIN. Mme MORLET. MM. VAGUET et JOUVIN.	Marron
1583	23 Poème. MIDAS : *Me voilà bien avancé !...* 24 Quatuor. PYGMALION : *Allons, à table !*	Mme MORLET. MM. VAGUET, GRESSE et JOUVIN. Mme MORLET. MM. VAGUET, GRESSE et JOUVIN.	Marron
1584	25 Quatuor (SUITE). GALATHÉE : *Sa couleur...* 26 Quatuor (SUITE). GALATHÉE : *Déjà dans la coupe profonde...*	Mme MORLET. MM. VAGUET, GRESSE et JOUVIN. Mme MORLET. MM. VAGUET, GRESSE et JOUVIN.	Marron
1585	27 Quatuor (FIN). PYGMALION : *Assez ! ne buvez plus de vin.* 28 Poème. GALATHÉE : *Ganymède !* Duettino. GALATHÉE : *Ganymède ! c'est toi que j'aime !...*	MM. VAGUET, GRESSE et JOUVIN. Mme MORLET et M. VAGUET.	Marron
1586	29 Finale. PYGMALION *Grands* MIDAS *Dieux !* 30 Finale. CHŒUR : *Pygmalion !*	MM. VAGUET, GRESSE et JOUVIN. MM. VAGUET, GRESSE, JOUVIN et CHŒURS.	Marron

PATHÉPHONE, 30, Bd des Italiens, PARIS.

"LE THÉATRE CHEZ SOI"

LE MALADE IMAGINAIRE

Comédie en 3 Actes

de MOLIÈRE

Interprétée par les Artistes de la Comédie-Française

Enregistrement complet en 14 disques double face
avec la même distribution qu'à la Comédie-Française

DISTRIBUTION

MM.
M. Diafoirus ...... Lafon.
Thomas Diafoirus .. Granval.
M. Purgon .... Alexandre.
Cléante .... Guilhène.
Argan .... Bernard.
Béralde .... Gerbault.

MM.
M. Fleurant ...... Falconnier.
M. de Bonnefoi ... Dufresne.
Mmes
Béline .... Fayolle.
Angélique .... Bovy.
Mlles
Toinette .... De Chauveron.
Louison .... la petite Bourdin.

NOTA. — Les trois coups frappés comme au théâtre qui s'entendent dans l'enregistrement indiquent un changement de décor ou d'acte.

			COULEURS DES ÉTIQUETTES
Premier Acte			
1694 { 1 Argan : Trois et deux font cinq... Argan : Soixante et trois livres, quatre sols six deniers. 2 Argan : Si bien donc que, de ce mois. Toinette : Monsieur Fleurant nous donne des affaires.	M. Mme Mlle	BERNARD. BERNARD. BOVY et DE CHAUVERON.	Marron
1695 { 3 Angélique : Toinette ! Angélique : Assurément, mon père. 4 Argan : Comment l'as-tu vu ? Toinette : Il faut qu'il ait tué bien des gens, pour s'être fait si riche !	Mme M. Mlle M. Mme Mlle	BOVY. BERNARD et DE CHAUVERON. BERNARD. BOVY et DE CHAUVERON.	Marron
1696 { 5 Argan : Huit mille livres de rentes sont quelque chose... Argan : Et il y a je ne sais combien que je vous dis de me la chasser. 6 Béline : Mon Dieu ! mon fils. M. de Bonnefoi : Ou de l'un d'eux lors du décès du premier mourant.	M. Mlle Mme Mme MM. Mlle	BERNARD. DE CHAUVERON. BOVY et FAYOLLE. FAYOLLE. DUFRESNE, BERNARD et DE CHAUVERON.	Marron

1697

1698

1699

1700

1701

Disques PATHÉ double face. 19

"LE THÉÂTRE CHEZ SOI"
MALADE IMAGINAIRE (le) (suite)

				COULEURS DES ÉTIQUETTES
1697	7	ARGAN : Voilà une coutume bien impertinente.	MM. BERNARD, DUFRESNE et Mme FAYOLLE.	
	8	BÉLINE : Allons, mon pauvre petit fils. TOINETTE : Les voilà avec un notaire. TOINETTE : De peur d'ébranler le cerveau de Monsieur.	Mlle DE CHAUVERON. MM. GUILHÈNE, BERNARD et Mme BOVY.	Marron

Deuxième Acte

1698	9	CLÉANTE : Monsieur, je suis ravi de vous trouver debout. M. DIAFOIRUS : Et non pour leur porter de l'incommodité.	MM. GUILHÈNE, BERNARD et LAFON. Mlle DE CHAUVERON et Mme BOVY.	
	10	ARGAN : Je reçois Monsieur. ARGAN : De vous voir un garçon comme cela.	MM. BERNARD, LAFON, GUILHÈNE, GRANVAL et Mlle DE CHAUVERON.	Marron
1699	11	M. DIAFOIRUS : Monsieur, ce n'est pas parce que je suis son père. TOINETTE : Cela servira à parer notre chambre.	MM. LAFON, GRANVAL, Mme BOVY et Mlle DE CHAUVERON.	
	12	THOMAS DIAFOIRUS : Avec la permission aussi de Monsieur. CLÉANTE : Sa tendresse le fait parler ainsi.	MM. GRANVAL, LAFON, BERNARD, GUILHÈNE, Mlle DE CHAUVERON et Mme BOVY.	Marron
1700	13	CLÉANTE : Hélas, belle Philis. ANGÉLIQUE : Il ne doit point vouloir accepter une personne qui serait à lui par contrainte.	MM. GUILHÈNE, BERNARD, GRANVAL, LAFON, Mlle DE CHAUVERON, Mmes BOVY et FAYOLLE.	
	14	THOMAS DIAFOIRUS : Nego consequentiam. BÉLINE : Qui fait hausser les épaules à tout le monde.	MM. GRANVAL, BERNARD, Mme BOVY, Mlle DE CHAUVERON et Mme FAYOLLE.	Marron
1701	15	ANGÉLIQUE : Tout cela, Madame, ne servira de rien. LOUISON : Ah ! mon papa !...	Mme BOVY. MM. BERNARD, LAFON, GRANVAL, Mme FAYOLLE et la petite BOURDIN.	
	16	ARGAN : Ah ! ah ! petite masque. BÉRALDE : Et cela vaudra bien une ordonnance de M. Purgon. Allons.	MM. GERBAULT, BERNARD et la petite BOURDIN.	Marron

PATHÉPHONE, 30, Bd des Italiens, PARIS.

" LE THÉATRE CHEZ SOI "

MALADE IMAGINAIRE (le) (suite)

COULEURS DES ÉTIQUETTES

Troisième Acte

1702	17	BÉRALDE : Eh bien ! mon frère, qu'en dites-vous ? BÉRALDE : De toutes les médecines qu'on vous a fait prendre.	MM. GERBAULT, BERNARD et Mlle DE CHAUVERON.	Marron
	18	ARGAN : Mais savez-vous, mon frère, BÉRALDE : Rien, mon frère.	MM. BERNARD et GERBAULT.	
1703	19	ARGAN : Rien ? BÉRALDE : Il n'a justement de la force que pour porter son mal.	MM. BERNARD et GERBAULT.	Marron
	20	ARGAN : Les sottes raisons que voilà ! ARGAN : Faites-le venir, je m'en vais le prendre.	MM. BERNARD, GERBAULT, FALCONNIER, ALEXANDRE et Mlle DE CHAUVERON.	
1704	21	M. PURGON : Je vous aurais tiré d'affaire avant qu'il fût peu. ARGAN : Toutes ces maladies-là que je ne connais point, ces...	MM. ALEXANDRE, BERNARD, GERBAULT et Mlle DE CHAUVERON.	Marron
	22	TOINETTE : Monsieur, agréez que je vienne vous rendre visite. ARGAN : Des bontés que vous avez pour moi.	Mlle DE CHAUVERON. MM. BERNARD et GERBAULT.	
1705	23	TOINETTE : Donnez-moi votre pouls. ARGAN : Vous savez que les malades ne reconduisent point.	Mlle DE CHAUVERON. M. BERNARD.	Marron
	24	BÉRALDE : Voilà un médecin, vraiment, qui paraît fort habile. TOINETTE : Tenez, le voilà tout de son long dans cette chaise !	MM. GERBAULT, BERNARD, Mlle DE CHAUVERON et Mme FAYOLLE.	
1706	25	BÉLINE : Le ciel en soit loué ! ANGÉLIQUE : Pour vous témoigner mon ressentiment.	Mme FAYOLLE. MM. BERNARD, GERBAULT, GUILHÈNE, Mme BOVY et Mlle DE CHAUVERON.	Marron
		INTERMÈDE Cérémonie burlesque d'un homme qu'on fait médecin. (Version de la Comédie-Française.)		
	26	ARGAN : Ah ! ma fille ! ANGÉLIQUE : Oui, puisque mon oncle nous conduit.	M. BERNARD. Mme BOVY. MM. GUILHÈNE, GERBAULT et Mlle DE CHAUVERON.	
1707	27	Savantissimi doctores. In nostro docto corpore.	Intermède par tous les Artistes qui tiennent les différents rôles.	Marron
	28	Super illas maladias. In nostro docto corpore.	Intermède par tous les Artistes qui tiennent les différents rôles.	

Disques PATHÉ double face. 21

"LE THÉATRE CHEZ SOI"

MANON

Opéra-Comique en 5 Actes et 6 Tableaux

Livret de MM. Henri MEILHAC et Philippe GILLE

Musique de MASSENET

ENREGISTREMENT COMPLET EN 24 DISQUES 29 C/M DOUBLE FACE

Sous la direction de

M. Henri BUSSER

Chef d'Orchestre de l'Opéra

DISTRIBUTION

MM.
Chevalier des Grieux... Jean Marny (Op.-C.).
Lescaut............... Ponzio (Th. de la M.).
Le Comte des Grieux... Dupré (Opéra-Com.).
Guillot de Morfontaine Mesmaecker (O.-C.).
De Brétigny........... Sauvageot (Op.-C.).
L'Hôtelier............ Morturier (Op.-C.).

Mmes
Manon Lescaut........ Fanny Heldy (Op.).
Poussette............ Coiffier (Op.-Com.).
Javotte.............. Sibille (Op.-Com.).
Rosette.............. Estève (Op.-Com.).
La servante.......... Julliot (Op.-Com.).
Chœurs............... de l'Opéra-Comiq

			COULEURS DES ÉTIQUETTES
Premier Acte			
1718	1 Prélude d'orchestre. 2 QUINTETTE : Holà ! hé ! monsieur l'hôtelier.	Direction, HENRI BUSSER. MM. MESMAECKER, SAUVAGEOT, Mlle COIFFIER, SIBILLE et ESTÈVE.	Marron
1719	3 SUITE DU QUINTETTE, AVEC L'HÔTELIER : Hors-d'œuvre de choix. 4 CHŒURS DES BOURGEOIS ET VOYAGEURS. AIR DE LESCAUT : C'est bien ici l'hôtellerie.	MM. MESMAECKER, SAUVAGEOT, MORTURIER. Mlle COIFFIER, SIBILLE et ESTÈVE. M. PONZIO et CHŒURS.	Marron
1720	5 AIR DE MANON : Ah ! mon cousin. Je suis encore tout étourdie. 6 REPRISE DU CHŒUR DES VOYAGEURS : Partez, on sonne.	Mlle FANNY HELDY. CHŒURS.	Marron

PATHÉPHONE, 30, Bd des Italiens, PARIS.

"LE THÉÂTRE CHEZ SOI"

MANON (suite)

COULEURS DES ÉTIQUETTES

Premier Acte (suite)

N°			Couleur	
1721	7	Scène : POUSSETTE, JAVOTTE, ROSETTE, MANON, GUILLOT, BRÉTIGNY, LESCAUT : *Hôtelier de malheur.* — Mlles FANNY HELDY, COIFFIER, SIBILLE, ESTÈVE. MM. MESMAECKER, SAUVAGEOT et PONZIO.	Marron	172
	8	AIR DE LESCAUT : *Écoutez la sagesse.* — M. PONZIO.		
1722	9	AIR DE MANON : *Restons ici puisqu'il le faut. Voyons, Manon, plus de chimères.* — Mlle FANNY HELDY.	Marron	173
	10	DES GRIEUX, MANON - DUO (1re PARTIE) : *Quelqu'un ! vite à mon banc de pierre.* — Mlle FANNY HELDY. M. JEAN MARNY.		
1723	11	SUITE DU DUO : *Ah ! parlez-moi.* — Mlle FANNY HELDY. M. JEAN MARNY.	Marron	173
	12	FIN DU DUO ET DU 1er ACTE : *Nous vivrons à Paris.* — Mlle FANNY HELDY. M. JEAN MARNY.		

Deuxième Acte

				173
1724	13	Introduction - Duo : MANON, DES GRIEUX. — Mlle FANNY HELDY. M. JEAN MARNY.	Marron	
	14	SUITE DU DUO : MANON, DES GRIEUX. — Mlle FANNY HELDY. M. JEAN MARNY.		
1725	15	SCÈNE ET QUATUOR : *Enfin, les amoureux, je vous tiens tous les deux.* — Mlle FANNY HELDY. MM. JEAN MARNY, PONZIO et SAUVAGEOT.	Marron	173
	16	SUITE DU QUATUOR : *Je venais d'écrire à mon père.* — Mlle FANNY HELDY. MM. JEAN MARNY, PONZIO et SAUVAGEOT.		
1726	17	FIN DU QUATUOR ET SCÈNE MANON, DES GRIEUX. — Mlle FANNY HELDY. MM. JEAN MARNY, PONZIO et SAUVAGEOT.	Marron	1734
	18	AIR DE MANON : *Allons ! il le faut. Adieu notre petite table.* — Mlle FANNY HELDY.		
1727	19	SCÈNE - MANON, DES GRIEUX : Chante Manon. « Le Rêve de Des Grieux ». — Mlle FANNY HELDY. M. JEAN MARNY.	Marron	1735
	20	Fin de la Scène - MANON, DES GRIEUX et fin du 2e acte. — Mlle FANNY HELDY. M. JEAN MARNY.		

Troisième Acte (Cours-la-Reine) 1er Tableau

1736

1728	21	Entr'acte - MENUET - ORCHESTRE. Direction : HENRI BUSSER.	Marron
	22	CHŒURS : *C'est la fête au Cours-la-Reine.* TRIO DES FEMMES : *La charmante promenade.* — Mlles COIFFIER, SIBILLE et ESTÈVE.	

Disques PATHÉ double face.

"LE THÉÂTRE CHEZ SOI"

MANON *(suite)*

Troisième Acte *(suite)*

			COULEURS DES ÉTIQUETTES
1729	23. AIR DE LESCAUT : *Choisir et pourquoi.* 24. SCÈNE DES TROIS FEMMES. GUILLOT, BRÉTIGNY ET CHŒURS : *Bonjour Poussette.*	M. PONZIO et CHŒURS. Mlles COIFFIER, SIBILLE et ESTÈVE. MM. MESMAECKER, SAUVAGEOT et CHŒURS.	Marron
1730	25. AIR DE MANON : *Suis-je gentille ainsi.* 26. GAVOTTE DE MANON : *Obéissons quand leur voix m'appelle.*	Mlle FANNY HELDY et CHŒURS HOMMES. Mlle FANNY HELDY et CHŒURS HOMMES.	Marron
1731	27. SCÈNE - BRÉTIGNY, LE COMTE, MANON ET LES CHŒURS : *Et maintenant restez seul un instant.* 28. SCÈNE - BRÉTIGNY, LE COMTE, MANON : *Je devine alors la raison.*	Mlle FANNY HELDY. MM. DUPRÉ, SAUVAGEOT et CHŒURS. Mlle FANNY HELDY. MM. DUPRÉ et SAUVAGEOT.	Marron
1732	29. SCÈNE - MANON, LE COMTE, BRÉTIGNY, GUILLOT, LESCAUT : *Manon, encore un mot.* 30. BALLET-CHŒURS ET GUILLOT : *Voici l'Opéra.*	Mlle FANNY HELDY. MM. DUPRÉ, SAUVAGEOT, MESMAECKER et PONZIO. M. MESMAECKER et CHŒURS.	Marron
1733	31. Suite du Ballet et Final. CHŒURS - LESCAUT, MANON, GUILLOT.	Mlle FANNY HELDY. MM. PONZIO, MESMAECKER et CHŒURS.	Marron

Troisième Acte (Saint-Sulpice) 2e Tableau

	32. Introduction et Chœurs des Dévotes. *Quelle éloquence! l'admirable orateur.*	CHŒURS FEMMES.	Marron
1734	33. SCÈNE DU COMTE ET DE DES GRIEUX. AIR DU COMTE : *Allons mon cher.* 34. AIR DE DES GRIEUX : *Ah! fuyez douce image.*	MM. DUPRÉ et JEAN MARNY. M. JEAN MARNY.	Marron
1735	35. Chœurs de Coulisse. SCÈNE - MANON : *Pardonnez-moi, Dieu de toute puissance.* 36. DUO - MANON, DES GRIEUX : *Ah! vous...*	Mlle FANNY HELDY et CHŒURS. Mlle FANNY HELDY. M. JEAN MARNY.	Marron
1736	37. Suite du Duo et fin du 3e acte : *N'est-ce plus ma main.*	Mlle FANNY HELDY. M. JEAN MARNY.	Marron

Quatrième Acte (Transylvanie)

	38. Chœurs des Joueurs - TRIO DES TROIS FEMMES ET LESCAUT.	Mlles COIFFIER, SIBILLE, ESTÈVE. M. PONZIO et CHŒURS.	Marron

PATHÉPHONE, 30, Bd des Italiens, PARIS.

"LE THÉATRE CHEZ SOI"

MANON (suite)

COULEURS DES ÉTIQUETTES

Quatrième Acte (suite)

1737	39. Scène de MANON, DES GRIEUX, LESCAUT, GUILLOT : M'y voici donc, j'aurais dû résister.	Mlle FANNY HELDY. MM. JEAN MARNY, PONZIO et MESMAECKER.	
	40. Scène du Jeu: MANON, DES GRIEUX, LESCAUT, GUILLOT, LES TROIS FEMMES : La fortune n'est intraitable.	Mlles FANNY HELDY, COIFFIER, SIBILLE, ESTÈVE. MM. JEAN MARNY, PONZIO et MESMAECKER.	Marron
1738	41. MANON, LES TROIS FEMMES : Ce bruit de l'or.	Mlle FANNY HELDY, COIFFIER, SIBILLE, ESTÈVE.	
	42. Suite de la Scène du Jeu. MANON, DES GRIEUX, GUILLOT, LESCAUT, CHŒURS ET LES TROIS FEMMES : Au jeu, au jeu.	Mlles FANNY HELDY, COIFFIER, SIBILLE, ESTÈVE. MM. JEAN MARNY, MESMAECKER, PONZIO et CHŒURS.	Marron
1739	43. SCÈNE DU COMTE ET FINAL : Le coupable est Monsieur.	Mlle FANNY HELDY, les trois femmes. MM. DUPRÉ, JEAN MARNY, MESMAECKER et CHŒURS.	Marron

Cinquième Acte

	44. Prélude. Scène - DES GRIEUX, LESCAUT ET CHŒUR DES ARCHERS : Manon, pauvre Manon.	MM. JEAN MARNY, PONZIO et CHŒURS HOMMES.	Marron
1740	45. Suite de la Scène. DES GRIEUX, LESCAUT, LE SERGENT ET LE CHŒUR DES ARCHERS : Capitaine, ô gué, ès-tu fatigué.	MM. JEAN MARNY, PONZIO et le CHŒUR.	Marron
	46. Duo - MANON, DES GRIEUX : Ah ! des guenx.	Mlle FANNY HELDY. M. JEAN MARNY.	
1741	47. Suite du duo - MANON, DES GRIEUX : Ah ! je sens une pure flamme.	Mlle FANNY HELDY. M. JEAN MARNY.	Marron
	48. Suite et fin du Duo - MANON, DES GRIEUX.	Mlle FANNY HELDY. M. JEAN MARNY.	

Jean

1708
1709
1710
1711
1712

Disques PATHÉ double face. 25

"LE THÉÂTRE CHEZ SOI"

LES NOCES DE JEANNETTE

Opéra-Comique en 1 Acte
Livret de Michel CARRÉ et Jules BARBIER
Musique de Victor MASSÉ

ENREGISTREMENT COMPLET EN 10 DISQUES DOUBLE FACE
sous la direction de
de M. Laurent HALET

DISTRIBUTION :

Jean.......... **M.** Ponzio (Théâtre de la Monnaie). | Jeannette.......... **Mme** Ninon Vallin (Opéra-Comique).

et les Chœurs.

				COULEURS DES ÉTIQUETTES
1708	1 Ouverture.		Direction LAURENT HALET.	Marron
	2 Ouverture (SUITE et FIN).		Direction LAURENT HALET.	
1709	3 Poème : Eh ben, je l'ai échappé belle. Chant (JEAN) : Enfin me voilà seul (1re partie).		Mme NINON VALLIN et M. PONZIO.	Marron
	4 Chant (SUITE) (JEAN) : Oui, ma Jeannette, pardon.		Mme NINON VALLIN et M. PONZIO.	
1710	5 Poème : Eh ! Jean !		MM. PONZIO et LAURENT.	Marron
	6 Poème : Oh ! mais je n'ai pas pleuré. Chant (JEANNETTE) : Parmi tant d'amoureux.		Mmes NINON VALLIN et de BUSSON, Mme NINON VALLIN et M. PONZIO.	
1711	7 Chant (JEANNETTE) : Lorsqu'on nous fit asseoir. Chant (JEAN) : Margot lève ton sabot.		Mme NINON VALLIN. M. PONZIO et CHŒURS.	Marron
	8 Chant (JEANNETTE) : Quoi ! c'est moi que l'on raille.		Mme NINON VALLIN et M. PONZIO.	
1712	9 Duo : Halte-là, s'il vous plaît !		Mme NINON VALLIN et M. PONZIO.	Marron
	10 Duo (SUITE) : Mais... Plaît-il ? Je croyais le bonhomme perclus.		Mme NINON VALLIN et M. PONZIO.	

PATHÉPHONE, 30, Bd des Italiens, PARIS.

"LE THÉATRE CHEZ SOI"

NOCES DE JEANNETTE (les) (suite)

				COULEURS DES ÉTIQUETTES
1713	11	Poème : *N'allez pas croire, au moins.*	M. PONZIO.	Marron
	12	Poème : *Ça sera tout de même gentil.* Chant (JEAN) : *Ah ! vous ne savez pas ma chère.*	Mmes NINON VALLIN et de BUSSON. Mme NINON VALLIN et M. PONZIO.	
1714	13	Chant (JEANNETTE) : *Cours mon aiguille dans la laine* (1re partie).	Mme NINON VALLIN.	Marron
	14	Chant (suite) (JEANNETTE) : *S'il s'aperçoit que sa Jeannette.*	Mme NINON VALLIN.	
1715	15	Chant (JEANNETTE) : *Des chaises, du moins, où l'on peut s'asseoir.*	M. PONZIO. Mmes NINON VALLIN et de BUSSON.	Marron
	16	Chant (JEANNETTE) : *Air du Rossignol Au bord du chemin* (1re partie).	Mme NINON VALLIN.	
1716	17	Chant (JEANNETTE) : *Cette nuit sur ma croisée.*	Mme NINON VALLIN.	Marron
	18	Poème : *Pourquoi chantez-vous?* Duo : *Allons, je veux qu'on s'assoie.*	Mme NINON VALLIN et M. PONZIO.	
1717	19	Poème : *Eh ! dites donc vous autres !* Finale (1re partie).	MM. PONZIO et LAURENT. Mme NINON VALLIN et CHŒURS.	Marron
	20	Finale (2e partie) : *Maintenant, sonnes, cloches du village.*	M. PONZIO et CHŒURS.	

DISQUES PATHÉ double face
" LE THÉÂTRE CHEZ SOI "

RIGOLETTO
Opéra en 4 Actes
Traduction française d'Edouard DUPREZ
Musique de G. VERDI

ENREGISTREMENT COMPLET EN 15 DISQUES DOUBLE FACE
sous la direction de
M. RUHLMANN
Chef d'Orchestre de l'Opéra

DISTRIBUTION :

	MM.		M.
Rigoletto.	Noté (Opéra).	Borsa.	De Poumayrac (O.-C.).
Le duc.	Lassalle (Opéra).		Mmes
Sparafucile.	} Dupré (Opéra-Co-	Madeleine.	Lapeyrette (Opéra).
Marcello.	mique)	Joanna.	Goulancourt (Opéra).
Comte de Monterone.		La Comtesse.	Gantéri (Op.-Com.).
Comte de Ceprano.	Belhomme (Opéra-Comique).	Un page.	Vallandri (Op.-Com.)
		Gilda.	

COULEURS DES ÉTIQUETTES

Premier Acte

1536 {
1. Prélude et Introduction (Orchestre). — Direction RUHLMANN.
2. Introduction (suite).
   LE DUC : *Oui, cher Baron.*
   Ballade.
   LE DUC : *Qu'une belle.*
   Menuet.
   Mme GANTÉRI.
   MM. LASSALLE et DE POUMAYRAC.
   Marron

1537 {
3. RIGOLETTO : *Seigneur Ceprano, qu'avez-vous en tête?*
   MUSIQUE MILITAIRE.
   Morceau d'ensemble.
   MARCELLO : *Merveille!*
   MM. NOTÉ, LASSALLE, DE POUMAYRAC, BELHOMME, DUPRÉ et CHŒURS.
4. Suite et strette de l'Introduction.
   MONTERONE : *Il va m'entendre!*
   MM. NOTÉ, LASSALLE, DE POUMAYRAC, BELHOMME, DUPRÉ et CHŒURS.
   Marron

"LE THÉATRE CHEZ SOI"

RIGOLETTO (suite)

COULEURS DES ÉTIQUETTES

Deuxième Acte

1538	5 Duo (Baryton et Basse). RIGOLETTO : *Le vieillard m'a maudit !* 6 Scène. RIGOLETTO : *Tous deux égaux !*	MM. NOTÉ et DUPRÉ. M. NOTÉ.	Marron
1539	7 Duo (Soprano et Baryton). RIGOLETTO : *Et sa voix...* 8 Duo (SUITE). GILDA : *De ma retraite solitaire.*	Mme VALLANDRI et M. NOTÉ. Mmes VALLANDRI, GOULANCOURT. MM. NOTÉ et LASSALLE.	Marron
1540	9 Duo (FIN). RIGOLETTO : *Ah ! veille, ô femme.* 10 Scène et Duo (Soprano et Ténor). GILDA : *Joanna, je meurs de honte !*	Mme VALLANDRI et M. NOTÉ. Mme VALLANDRI, GOULANCOURT et M. LASSALLE.	Marron
1541	11 Duo (SUITE). LE DUC : *Vois à tes pieds.* 12 Duo (FIN). LE DUC : *Ah ! redis encore !...*	Mme VALLANDRI et M. LASSALLE. MM. LASSALLE, BELHOMME et DE POUMAYRAC.	Marron
1542	13 Air (Soprano). GILDA : *O doux nom, o nom charmant.* 14 Scène. RIGOLETTO : *J'ai peur... pourquoi !...*	Mme VALLANDRI, MM. BELHOMME, DUPRÉ, DE POUMAYRAC et CHŒURS. MM. NOTÉ, BELHOMME, DUPRÉ et DE POUMAYRAC.	Marron
1543	15 CHŒUR : *Piano, piano.* 16 Scène II. MARCELLO. BORSA : *Seigneur, Seigneur !...* CEPRANO. CHŒURS.	MM. NOTÉ, BELHOMME, DE POUMAYRAC, DUPRÉ et CHŒURS. MM. LASSALLE, DUPRÉ, DE POUMAYRAC, BELHOMME et CHŒURS.	Marron

Troisième Acte

| 1544 | 17 Scène.
MARCELLO : *Paix ! voici le bouffon !*
18 Air (Baryton).
RIGOLETTO : *Courtisans, race vile.* | Mme GANTÉRI.
MM. DUPRÉ, NOTÉ,
DE POUMAYRAC,
BELHOMME et CHŒURS.
M. NOTÉ. | Marron |

Disques PATHÉ double face.

"LE THÉATRE CHEZ SOI"

RIGOLETTO *(suite)*

Troisième Acte *(suite)*

			COULEURS DES ÉTIQUETTES
1545	19 Scène et Chœur. GILDA : *Mon père !*	Mmes VALLANDRI, MM. NOTÉ, DUPRÉ, DE POUMAYRAC et CHŒURS.	Marron
1546	20 Duo (Soprano et Baryton). RIGOLETTO : *Parle, ma fille...* 21 Duo (SUITE). RIGOLETTO : *Ah ! pleure !...* 22 Duo (FIN). RIGOLETTO : *Dans toute sa bonté.*	Mme VALLANDRI et M. NOTÉ. Mme VALLANDRI et M. NOTÉ. Mme VALLANDRI. MM. NOTÉ, DUPRÉ et BELHOMME.	Marron
1547	23 Prélude et Scène. RIGOLETTO : *Et tu l'aimes ?* 24 Chanson (Ténor). LE DUC : *Comme la plume au vent.*	MM. NOTÉ, LASSALLE et DUPRÉ. MM. NOTÉ, LASSALLE et DUPRÉ.	Marron

Quatrième Acte

1548	25 Quatuor (Soprano, Contralto, Ténor et Basse). LE DUC : *Un jour, bel ange.* 26 Quatuor (SUITE et FIN). LE DUC : *C'a, mon âme s'abandonne.*	Mmes VALLANDRI, LAPEYRETTE, MM. NOTÉ et LASSALLE. Mmes VALLANDRI, LAPEYRETTE, MM. NOTÉ, LASSALLE et DUPRÉ.	Marron
1549	27 Scène. RIGOLETTO : *Écoute, il faut partir.* 28 Scène (SUITE). MADELEINE : *Pauvre jeune homme.*	Mmes VALLANDRI, LAPEYRETTE. MM. NOTÉ, LASSALLE et DUPRÉ. Mmes VALLANDRI, LAPEYRETTE. MM. LASSALLE et DUPRÉ.	Marron
1550	29 Scène, Trio (Soprano, Contralto et Basse). MADELEINE : *Si jeune et si beau.* 30 Scène finale. RIGOLETTO : *L'heure est venue enfin.*	Mmes VALLANDRI, LAPEYRETTE et M. DUPRÉ. MM. NOTÉ, LASSALLE et DUPRÉ.	Marron

PATHÉPHONE, 30, Bd des Italiens, PARIS.

"LE THÉATRE CHEZ SOI"

ROMÉO ET JULIETTE

Opéra en 5 Actes

Livret de Michel CARRÉ et Jules BARBIER

Musique de Ch. GOUNOD

Enregistrement complet en 27 disques double face
sous la direction de
M. RUHLMANN
Chef d'Orchestre de l'Opéra

DISTRIBUTION :

MM.
Roméo......... Affre (Opéra).
Tybalt........ Tirmont (Op.-Com.).
Mercutio...... Boyer (Op.-Comique).
Pâris......... Dupré (Op.-Comique).
Gregorio...... Belhomme (Op.-Comique).
Capulet....... Albers (Op.-Comique).

MM.
Frère Laurent. Journet (Opéra).
Le Duc........ Valermont (Th. Ch.-Él.).
Mmes
Juliette...... Yvonne Gall (Opéra).
Stéphano...... Champell (Op.-Comique).
Gertrude...... Goulancourt (Opéra).

Chœurs de l'Opéra-Comique.

Premier Acte

N°			Couleurs des étiquettes
1501	1. Ouverture-Prologue (Orchestre).	Direction RUHLMANN.	Marron
	2. Chœurs : *Vérone vit jadis*.	ARTISTES et CHŒURS.	
1502	3. Introduction. — Bal des Capulet. Chœur (suite) : *L'heure s'envole*.	CHŒURS.	Marron
	4. TYBALT-PARIS. TYBALT : *Eh bien ! cher Pâris*.	MM. TIRMONT, DUPRÉ et ALBERS.	
1503	5. Entrée de Juliette : *Écoutez ! Écoutez !* CAPULET : *Allons ! jeunes gens !*	Mlle YVONNE GALL et M. ALBERS.	Marron
	6. CAPULET : *Qui reste à sa place*. Chœur.	M. ALBERS et CHŒURS.	
1504	7. Scène. MERCUTIO : *Enfin, la place est libre*. Ballade de la reine Mab. MERCUTIO : *Mab, la reine des mensonges*.	MM. BOYER, AFFRE et CHŒURS.	Marron
	8. Récit et Scène. ROMÉO : *Eh bien ! que l'avertissement*. MERCUTIO-CHŒURS.	MM. AFFRE, BOYER et CHŒURS.	

Disques PATHÉ double face

"LE THÉATRE CHEZ SOI"

ROMÉO ET JULIETTE (suite)

Premier Acte (suite)

			Couleurs des étiquettes
1505	9 Orchestre. JULIETTE : *Voyons, nourrice, on m'attend !* GERTRUDE. — Récit (Ariette). JULIETTE : *Je veux vivre dans le rêve.* 10 Suite de l'Ariette. JULIETTE : *Cette ivresse de jeunesse.*	Mlle YVONNE GALL et Mme GOULANCOURT. Mlle YVONNE GALL.	Marron
1506	11 Récit (ROMÉO-GRÉGORIO). ROMÉO : *Le nom de cette belle enfant !* Madrigal. ROMÉO : *Ange adorable.* 12 Madrigal (SUITE). ROMÉO : *Les saintes ont pourtant une bouche vermeille.* Finale. (JULIETTE-ROMÉO-TYBALT).	MM. AFFRE, BELHOMME Mlle YVONNE GALL et Mme GOULANCOURT. MM. AFFRE, TIRMONT et Mlle YVONNE GALL.	Marron
1507	13 Final (SUITE). JULIETTE : *C'était Roméo !* (CAPULET-TYBALT-PARIS-MERCUTIO). 14 Orchestre. ROMÉO : *O nuit, sous tes ailes obscures.*	MM. AFFRE, TIRMONT, DUPRÉ, BOYER, ALBERS. M. AFFRE et CHŒURS.	Marron

Deuxième Acte

1508	15 Cavatine : *L'amour ! L'amour !...* Chœur. Suite de la Cavatine. ROMÉO : *Ah ! lève-toi soleil.* 16 Scène et chœur. JULIETTE : *Hélas ! moi le haïr.* ROMÉO : *Est-il vrai.*	M. AFFRE. M. AFFRE. M. AFFRE. Mlle YVONNE GALL et CHŒURS.	Marron
1509	17 JULIETTE : *N'accuse pas mon cœur.* 18 GERTRUDE : *De qui parlez-vous donc ?* Chœur. — Duo. ROMÉO : *O nuit divine.*	M. AFFRE, Mlle YVONNE GALL et CHŒURS. MM. AFFRE, BELHOMME, Mlle YVONNE GALL et Mme GOULANCOURT.	Marron
1510	19 JULIETTE : *Fais-moi dire quel jour.* 20 Duo (SUITE). ROMÉO : *Ah ! ne fuis pas encore.* JULIETTE : *Ah ! on peut nous surprendre.*	M. AFFRE et Mlle YVONNE GALL. M. AFFRE et Mlle YVONNE GALL.	Marron
1511	21 Duo (SUITE). ROMÉO : *Adieu !* JULIETTE : *Adieu !* 22 Entr'acte (Orchestre). ROMÉO : *Mon père. Dieu vous garde.* FRÈRE LAURENT : *Eh ! quoi le jour à peine se lève.*	M. AFFRE et Mlle YVONNE GALL. MM. AFFRE et JOURNET.	Marron

PATHÉPHONE, 30, Bd des Italiens, PARIS.

"LE THÉATRE CHEZ SOI"

ROMÉO ET JULIETTE (suite)

COULEURS DES ÉTIQUETTES

Troisième Acte

	23	FRÈRE LAURENT : L'amour ! Encore l'indigne Rosaline. (ROMÉO-JULIETTE).	Mlle YVONNE GALL. MM. AFFRE et JOURNET.		15
1512	24	Trio. FRÈRE LAURENT : Dieu, qui fit l'homme à son image. JULIETTE-ROMÉO : Seigneur ! nous promettons d'obéir.	Mlle YVONNE GALL. MM. AFFRE et JOURNET.	Marron	15
1513	25	FRÈRE LAURENT : Roméo, tu choisis Juliette pour femme. (JULIETTE-GERTRUDE-ROMÉO-FRÈRE LAURENT).	Mme GOULANCOURT. MM. AFFRE et JOURNET.	Marron	152
	26	Chanson de STÉPHANO : Depuis hier, je cherche en vain.	Mme CHAMPELL.		
1514	27	Chanson de STÉPHANO (SUITE) : Les vautours sont à la curée. Finale. STÉPHANO : Voici nos gens. (GRÉGORIO-CHŒURS).	Mme CHAMPELL. M. BELHOMME et CHŒURS.	Marron	152
	28	CHŒURS : Quelle rage, vertudieu. (MERCUTIO-TYBALT-ROMÉO).	MM. AFFRE, TIRMONT, BOYER et CHŒURS.		
1515	29	MERCUTIO : Eh bien ! donc. (ROMÉO-TYBALT-CHŒURS) : Capulet, race immonde.	MM. AFFRE, TIRMONT, BOYER et CHŒURS.	Marron	152
	30	Finale (SUITE). (Orchestre). ROMÉO : A toi !	MM. AFFRE, ALBERS, TIRMONT. Mme CHAMPELL et CHŒURS.		152
1516	31	Basses : Le Duc !	MM. AFFRE, ALBERS, VALERMONT. Mme CHAMPELL et CHŒURS.	Marron	
	32	ROMÉO : Ah ! jour de deuil. CHŒURS (Hommes).	M. AFFRE et CHŒURS.		

Quatrième Acte

	33	Orchestre. JULIETTE : Va, je t'ai pardonné. ROMÉO : Ah ! redis-le ce mot si doux.	M. AFFRE et Mlle YVONNE GALL.		152
1517	34	Duo. ROMÉO et JULIETTE : Nuit d'hyménée. JULIETTE : Non, ce n'est pas le jour.	M. AFFRE et Mlle YVONNE GALL.	Marron	152
1518	35	ROMÉO : Ah ! vienne donc la mort. JULIETTE : Ah ! tu dis vrai.	M. AFFRE et Mlle YVONNE GALL.		152
	36	JULIETTE : Adieu, mon âme. Quatuor (Commencement). (GERTRUDE-JULIETTE-CAPULET).	M. ALBERS. Mlle YVONNE GALL et Mme GOULANCOURT.	Marron	

Disques PATHÉ double face.

"LE THÉÂTRE CHEZ SOI"

ROMÉO ET JULIETTE (suite)

			COULEURS DES ÉTIQUETTES
	Quatrième Acte *(suite)*		
1519	37 Quatuor (SUITE). CAPULET : *Que l'hymne nuptial.* (JULIETTE - GERTRUDE - FRÈRE LAURENT). 38 CAPULET : *Frère Laurent saura te dicter ton devoir.* Scène.	MM. ALBERS, JOURNET. Mlle YVONNE GALL et Mme GOULANCOURT. MM. ALBERS, JOURNET. Mlle YVONNE GALL.	Marron
1520	39 FRÈRE LAURENT : *Bientôt une pâleur livide.* JULIETTE : *Non, à votre main j'abandonne ma vie.* 40 JULIETTE : *Mon père, tout m'accable.* Ballet, Cortège nuptial (Orchestre).	M. JOURNET et Mlle YVONNE GALL. Direction RUHLMANN.	Marron
1521	41 Entrée des joailliers (Orchestre). 42 Ballet (SUITE). La Fiancée et les Fleurs. Valse des Fleurs (Orchestre).	Direction RUHLMANN. Direction RUHLMANN.	Marron
1522	43 Ballet (SUITE). Valse des Fleurs (SUITE). Danse de la fiancée (Orchestre). 44 Ballet (SUITE). L'Invitation. La jeune fille au voile. Danse bohémienne. (Orchestre).	Direction RUHLMANN. Direction RUHLMANN.	Marron
1523	45 Ballet (SUITE). Danse bohémienne (SUITE et FIN). (Orchestre). 46 Orchestre). CAPULET : *Ma fille.*	Direction RUHLMANN. M. ALBERS.	Marron
1524	47 JULIETTE : *La haine est le berceau.* 48 Le sommeil de JULIETTE. (Orchestre.)	M. ALBERS, Mlle YVONNE GALL et CHŒURS. Direction RUHLMANN.	Marron

Cinquième Acte

1525	49 ROMÉO : *C'est là !...* 50 ROMÉO : *Ah! je te contemple sans crainte.*	M. AFFRE. M. AFFRE et Mlle YVONNE GALL.	Marron
1526	51 JULIETTE : *Dieu ! quelle est cette voix.* 52 ROMÉO : *Console-toi, pauvre âme...* JULIETTE : *O douleur !... ô torture !...*	Mlle YVONNE GALL. M. AFFRE et Mlle YVONNE GALL.	Marron
1527	53 JULIETTE : *Va ! ce moment est doux !* FIN 88011 Promenade des Élégantes. RANZATO (Intermezzo) (Orch.).	M. AFFRE et Mlle YVONNE GALL. Direction RANZATO.	Marron

PATHÉPHONE, 30, Bd des Italiens, PARIS.

" LE THÉATRE CHEZ SOI "

LA TRAVIATA

Opéra en 4 Actes

Traduction française d'Édouard DUPREZ

Musique de G. VERDI

ENREGISTREMENT COMPLET EN 16 DISQUES DOUBLE FACE

sous la direction de

M. ARCHAINBAUD

Chef d'Orchestre de la Gaîté-Lyrique

DISTRIBUTION :

MM.		M.	
D'Orbel.......	Belhomme (Op.-Com.).	Rodolphe.......	Trosselli (Trian.-Lyr.).
Le docteur.....	Dupré (Op.-Comique).		Mmes
Emile.........	De Poumayrac (O.-C.).	Violetta.......	Morlet (Trian.-Lyr.).
Le marquis.....	Albers (Op.-Comique).	Clara.........	Gantéri (Op.-Comique).
		Annette.......	

Premier Acte

			Couleurs des étiquettes
1587	1 Prélude d'Orchestre. 2 Introduction. CHŒURS : *A la fête, il manque des fidèles.*	Direction ARCHAINBAUD. Mmes MORLET, GANTÉRI, MM. TROSSELLI, BELHOMME, DUPRÉ, DE POUMAYRAC et CHŒURS.	Marron
1588	3 Fin de l'Introduction. EMILE : *Toi d'Orbel.* Brindisi. RODOLPHE : *Buvons, amis.* 4 Brindisi (FIN). VIOLETTA : *Verses...* ENSEMBLE ET DUO : *Quel bruit?...*	Mmes MORLET, GANTÉRY, MM. TROSSELLI, BELHOMME, DUPRÉ, DE POUMAYRAC et CHŒURS. Mmes MORLET, GANTÉRI, MM. TROSSELLI, BELHOMME, DUPRÉ, DE POUMAYRAC et CHŒURS.	Marron

Disques PATHÉ double face.

"LE THÉATRE CHEZ SOI"

TRAVIATA (la) *(suite)*

Premier Acte *(suite)*

1589	5	Duo (SUITE). RODOLPHE : *Un jour pour charmer ma vie.*	Mme MORLET. M. TROSSELLI.	Marron
	6	Duo (FIN). EMILE : *Eh bien ! que faites-vous ?* Scène et Air. VIOLETTA : *Quel trouble ?*	Mme MORLET. MM. TROSSELLI et DE POUMAYRAC.	
1590	7	Air (SUITE). VIOLETTA : *Quel est donc ce trouble charmant ?...*	Mme MORLET.	Marron
	8	Air (FIN). VIOLETTA : *Folie ! Folie !*	Mme MORLET et M. TROSSELLI.	

Deuxième Acte

1591	9	Scène et Air. RODOLPHE : *Non, non ! loin d'elle tout plaisir est trompeur,...*	M. TROSSELLI.	Marron
	10	Scène. RODOLPHE : *D'où venez-vous, Annette ?*	Mmes MORLET, GANTÉRI et M. TROSSELLI.	
1592	11	Scène. D'ORBEL : *Vous êtes Violetta ?*	Mme MORLET et M. ALBERS.	Marron
	12	Air et Scène. D'ORBEL : *C'est mon trésor, ma vie !*	Mme MORLET et M. ALBERS.	
1593	13	Scène (SUITE). VIOLETTA : *Ah ! de mes larmes...*	Mme MORLET et M. ALBERS.	Marron
	14	Scène (FIN). VIOLETTA : *Qu'ordonnez-vous ?*	Mme MORLET et M. ALBERS.	
1594	15	RODOLPHE : *C'est moi !* VIOLETTA : *C'est lui !*	Mme MORLET et M. TROSSELLI.	Marron
	16	Scène et Air. RODOLPHE : *Ton cœur est bien à moi !*	MM. ALBERS et TROSSELLI.	
1595	17	Air (FIN). D'ORBEL : *Ne reviendras-tu jamais...*	MM. ALBERS, TROSSELLI et BELHOMME.	Marron
	18	Entr'acte et Scène. CLARA : *Oui, chers amis...* CHŒUR DES BOHÉMIENS : *Enfants de la Bohême.*	Mme GANTÉRI. MM. DUPRÉ, BELHOMME et CHŒURS.	

PATHÉPHONE, 30, Bd des Italiens, PARIS.

"LE THÉATRE CHEZ SOI"

TRAVIATA (la) *(suite)*

| | | COULEURS DES ÉTIQUETTES |

Troisième Acte

1596	19 Chœur des Matadors : *Ah! venez les voir...*	Mme GANTÉRI, MM. DUPRÉ, BELHOMME et CHŒURS.	Marron
	20 Morceau d'ensemble. Tous : Rodolphe, *vous ici !*	Mmes MORLET, GANTÉRI, MM. TROSSELLI, BELHOMME, DUPRÉ, DE POUMAYRAC et CHŒURS.	
1597	21 Morceau d'ensemble (SUITE). Violetta : *Il viendra.*	Mmes MORLET, GANTÉRI, MM. TROSSELLI, BELHOMME. DUPRÉ, DE POUMAYRAC et CHŒURS.	Marron
	22 Morceau d'ensemble (SUITE). Rodolphe : *Par un amour coupable !*	Mme GANTÉRI, MM. TROSSELLI BELHOMME. DUPRÉ, DE POUMAYRAC et CHŒURS	
1598	23 Morceau d'ensemble (FIN). Violetta : *A toi, Rodolphe, à toi ma vie !*	Mmes MORLET, GANTÉRI. MM. TROSSELLI, BELHOMME, DUPRÉ, DE POUMAYRAC, et CHŒURS.	Marron
	24 Entr'acte (Orchestre).	Direction ARCHAINBAUD.	

Quatrième Acte

1599	25 Scène. Violetta : *Annette?* 26 Scène. Violetta (lisant) : *Vous avez tenu votre promesse.*	Mmes MORLET, GANTÉRI et M. BELHOMME. Mme MORLET.	Marron
1600	27 Air. Violetta : *Adieu tout ce que j'aime !* Chœur des Masques (dans la coulisse). *C'est le bœuf gras...* 28 Scène et Duo. Annette : *Madame!*	Mme MORLET et CHŒURS. Mmes MORLET, GANTÉRI et M. TROSSELLI.	Marron
1601	29 Duo (SUITE). Violetta : *L'amour m'enivre.* 30 Scène et Duo (FIN). Violetta : *Ah! partons!...*	Mme MORLET et M. TROSSELLI. Mme MORLET et M. TROSSELLI.	Marron
1602	31 Scène finale. D'Orbel : *Ah! ma fille !...* 32 Scène finale (FIN). Violetta : *A toi mon bien-aimé.*	Mme MORLET, MM. TROSSELLI et ALBERS. Mmes MORLET, GANTÉRI, MM. TROSSELLI, ALBERS et BELHOMME.	Marron

Disques PATHÉ double face.

"LE THÉATRE CHEZ SOI"

LE TROUVÈRE

Opéra en 4 Actes

Traduction française d'Emilien PACINI
Musique de G. VERDI

ENREGISTREMENT COMPLET EN 19 DISQUES DOUBLE FACE

sous la direction de

M. RUHLMANN

Chef d'Orchestre de l'Opéra

DISTRIBUTION :

MM.
Le Comte de Luna... Noté (Opéra).
Manrique (Le Trouv.) Fontaine (Op.).
Fernand................ Marvini (Opéra).
Ruiz..................... Nansen (Opéra).

Mmes
Azucena (La Bohém.) Lapeyrette (Op.).
Léonore................ Morlet (Trianon-Lyrique).
Inès.................... Ganteri (Op.-C.).

		COULEURS DES ÉTIQUETTES
	## Premier Acte	
1603	1. Chœur d'Introduction et Cavatine. M. MARVINI et CHŒURS HOMMES. FERNAND : *Alerte ! qu'on veille.* 2. Chœur d'Introduction et Cavatine M. MARVINI et (SUITE). CHŒURS HOMMES. FERNAND : *Paraît à ses regards.*	Marron
1604	3. Suite de l'Introduction. M. MARVINI et CHŒURS : *Son père.* CHŒURS HOMMES. FERNAND : *Brisé par sa peine amère.* 4. Scène et Air (LÉONORE, INÈS). Mmes MORLET et GANTERI. INÈS : *Qui vous arrête ?* LÉONORE (1er couplet) : *La nuit est calme et sereine.*	Marron

"LE THÉATRE CHEZ SOI"

TROUVÈRE (le) *(suite)*

Premier Acte *(suite)*

1605	5 Scène et Air (SUITE) (LÉONORE, INÈS). LÉONORE (2ᵉ couplet) : *Pour moi céleste ivresse.*	Mᵐᵉˢ MORLET et GANTÉRI.		
	6 Scène et Romance (LE COMTE, LE TROUVÈRE). Scène et Trio (LES MÊMES, LÉONORE). LE COMTE : *La nuit est calme.* LE TROUVÈRE (Romance) : *Exilé sur la terre* (AVEC ACCᵗ DE HARPE).	Mᵐᵉ MORLET. MM. NOTÉ et FONTAINE.	Marron	16

16

Deuxième Acte

1606	7 LÉONORE (Air) : *L'amour ardent.* Scène et Trio (SUITE) (LE COMTE, LÉONORE, LE TROUVÈRE). LÉONORE *Ah ! quelle erreur.*	Mᵐᵉ MORLET. MM. NOTÉ et FONTAINE.	Marron	
	8 CHŒUR DES BOHÉMIENS : *Le jour renait.* Chanson d'AZUCENA : *La flamme brille* (1ᵉʳ couplet).	Mˡˡᵉ LAPEYRETTE. CHŒURS HOMMES ET FEMMES.		
1607	9 Chanson d'AZUCENA : *La flamme brille* (2ᵉ couplet). CHŒUR DES BOHÉMIENS : *Au bohémien joyeux.*	Mˡˡᵉ LAPEYRETTE. CHŒURS HOMMES ET FEMMES.	Marron	161
	10 Ballade. MANRIQUE : *Nous voilà sous...* AZUCENA (Ballade) : *C'est là qu'ils l'ont trainée.*	Mˡˡᵉ LAPEYRETTE et M. FONTAINE.		161
1608	11 Ballade (SUITE). Scène et Duo (MANRIQUE, AZUCENA). AZUCENA : *J'étends ma main tremblante...*	Mˡˡᵉ LAPEYRETTE et M. FONTAINE.	Marron	161
	12 Scène et Duo (SUITE) (MANRIQUE, AZUCENA). MANRIQUE : *Au milieu de la carrière.*	Mˡˡᵉ LAPEYRETTE et M. FONTAINE.		
1609	13 Scène et Duo (FIN) (MANRIQUE, AZUCENA). MANRIQUE : *Un messager vers nous s'avance.* AZUCENA : *O mon fils, toi que j'adore.*	Mˡˡᵉ LAPEYRETTE et M. FONTAINE.	Marron	161
	14 Scène et Air (LE COMTE. FERNAND). LE COMTE : *Tout est désert.* LE COMTE : (Air) *Son regard, son doux sourire.*	MM. NOTÉ et MARVINI.		

Disques PATHÉ double face. 39

"LE THÉATRE CHEZ SOI"

TROUVÈRE (le) *(suite)*

COULEURS DES ÉTIQUETTES

Deuxième Acte *(suite)*

1610 {
15 Scène (SUITE) (LE COMTE, FERNAND, CHŒURS) (On entend les cloches). LE COMTE : *Qu'entends-je, ô ciel !* LE COMTE : *Cruelle impatience.* CHŒUR : *Allons, amis.* — MM. NOTÉ, MARVINI et CHŒURS HOMMES.
16 Chœur et Finale (LÉONORE, CHŒUR DES RELIGIEUSES). CHŒUR DES RELIGIEUSES : *L'exil est sur la terre.* — Mme MORLET et CHŒURS FEMMES.
} Marron

1611 {
17 SUITE du Finale (LÉONORE, INÈS, LE COMTE, FERNAND, CHŒUR DES RELIGIEUSES). LÉONORE : *Pourquoi pleurer ?* — MM. NOTÉ, MARVINI, Mmes MORLET, GANTÉRI et CHŒURS FEMMES.
18 Morceau d'ensemble (SUITE du Finale). LÉONORE : *O ciel ! Manrique, est-ce bien lui.* — MM. NOTÉ, MARVINI, Mmes MORLET, GANTÉRI et CHŒURS FEMMES.
} Marron

Troisième Acte

1612 {
19 Morceau d'ensemble (SUITE du Finale). (LES MÊMES, suivants du COMTE, suivants du TROUVÈRE). LÉONORE : *Oh ! ce n'est pas du ciel un rêve.* — MM. NOTÉ, MARVINI, Mmes MORLET, GANTÉRI, CHŒURS HOMMES et FEMMES.
20 Chœur de Soldats (FERNAND et CHŒURS). CHŒURS : *Les dés ont pour nous des charmes.* FERNAND : *Chers compagnons.* — M. MARVINI et CHŒURS HOMMES.
} Marron

1613 {
21 Chœurs de Soldats (SUITE et FIN). *Oui, demain la fête.* — M. MARVINI et CHŒURS HOMMES.
22 Ballet (n° 3). — (*La Bohémienne*). (Orchestre). Direction RUHLMANN.
} Marron

1614 {
23 Ballet (SUITE et FIN) (Orchestre). Direction RUHLMANN.
24 Romance. — Prière. — Ensemble (LE COMTE, FERNAND, AZUCENA). LE COMTE : *Dans les bras d'un rival.* — Mlle LAPEYRETTE, MM. NOTÉ et MARVINI.
} Marron

1615 {
25 Romance. — Prière. — Ensemble. (SUITE et FIN) (LES MÊMES, CHŒURS). AZUCENA (Romance) : *Je vivais pauvre et sans peine.* AZUCENA (Prière) : *Prenez pitié de ma douleur.* — Mlle LAPEYRETTE, MM. NOTÉ et MARVINI, CHŒURS HOMMES.
26 Scène et Air (LÉONORE, MANRIQUE). LÉONORE : *Quel est ce bruit lointain ?* MANRIQUE (Air) : *O toi, mon seul espoir.* — Mme MORLET et M. FONTAINE.
} Marron

PATHÉPHONE, 30, Bd des Italiens, PARIS.

" LE THÉATRE CHEZ SOI "

TROUVÈRE (le) *(suite)*

COULEURS DES ÉTIQUETTES

Quatrième Acte

1616
- 27 Scène et Air (SUITE et FIN) (LÉONORE) MANRIQUE, RUIZ, CHŒURS).
  LÉONORE : *S'il faut que je succombe.*
  MANRIQUE : *Supplice infâme.*
  CHŒURS : *Aux Armes !*
  Mme MORLET, MM. FONTAINE, NANSEN et CHŒURS HOMMES.
- 28 Scène, Air et Duo (LÉONORE, RUIZ).
  RUIZ : *C'est là, voici la tour.*
  Mme MORLET et M. NANSEN.

Marron

1617
- 29 Scène, Air et Duo (SUITE).
  LÉONORE : (Air) *Brise d'amour fidèle.*
  Mme MORLET.
- 30 Scène, Air et Duo (SUITE) (LÉONORE, MANRIQUE, CHŒURS).
  CHŒURS : *Miserere, pitié pour notre frère* (Cloche des morts).
  LÉONORE : *Ces voix en prière.*
  MANRIQUE : *Dieu, que ma voix implore* (avec ACC^t DE HARPE).
  Mme MORLET, M. FONTAINE, CHŒURS HOMMES et FEMMES.

Marron

1618
- 31 Scène, Air et Duo (SUITE et FIN). (LÉONORE, MANRIQUE, CHŒURS).
  LÉONORE : *La mort m'environne.*
  CHŒURS : *Miserere !...*
  MANRIQUE : *Je meurs, heureux encore* (avec ACC^t DE HARPE).
  Mme MORLET. M. FONTAINE, CHŒURS HOMMES et FEMMES.
- 32 Scène et Duo (LE COMTE, LÉONORE).
  LE COMTE : *C'est l'ordre que le fils soit puni par la hache.*
  Mme MORLET et M. NOTÉ.

Marron

1619
- 33 Scène et Duo (SUITE et FIN).
  LÉONORE : *Comte !*
  LE COMTE : *Arrière !*
  LÉONORE : *Sauvé, sauvé, bonheur divin !*
  LE COMTE : *Un seul regard moins inhumain.*
  Mme MORLET et M. NOTÉ.
- 34 Duo (MANRIQUE, AZUCENA).
  MANRIQUE : *Mère, tu dors.*
  Mlle LAPEYRETTE, M. FONTAINE.

Marron

1620
- 35 Duo (SUITE et FIN).
  AZUCENA : *Ah ! que d'un fils une tendre parole.*
  AZUCENA : *O ma patrie !*
  Mlle LAPEYRETTE et M. FONTAINE.
- 36 Scène et Trio (MANRIQUE, LÉONORE, AZUCENA).
  MANRIQUE : *Quoi ! qu'ai-je vu ?*
  Mlle LAPEYRETTE, Mme MORLET et M. FONTAINE.

Marron

1621
- 37 Suite du Trio et Scène finale). (LÉONORE, MANRIQUE, LE COMTE).
  MANRIQUE : *Arrière !*
  LÉONORE : *Quel martyre !*
  Trio. — LE COMTE : *Ah ! l'ingrate est parjure.*
  Mme MORLET, MM. NOTÉ et FONTAINE.
- 38 Scène finale.
  CHŒURS : *Miserere... priez pour notre frère.*
  Mmes LAPEYRETTE. MORLET. MM. NOTÉ. FONTAINE. CHŒURS HOMMES et FEMMES.

Marron

Disques PATHÉ double face. 41

CHANT

Opéras, Opéras-Comiques

(Enregistrements avec accompagnement d'orchestre)

				COULEURS DES ÉTIQUETTES
0013	Air d'Aben-Hamet. Samson et Dalila. *Maudite à jamais soit la race.*	M. M.	ALBERS (Opéra-Comique). Albers.	Marron
P. 0034	Air d'Aben-Hamet. Lakmé. *Ton doux regard se voile.*	M. M.	NOTÉ (Opéra). Noté.	Marron

Africaine (l') (MEYERBEER)

0001	Air de Vasco de Gama. Aïda. *O céleste Aïda.*	M. M.	AFFRE (Opéra). Affre.	Marron
0009	Air de Vasco de Gama. Huguenots (les). *Plus blanche que la blanche hermine.*	M. M.	ALBANI (Scala Milan). Albani.	Marron
0023	Air de Vasco de Gama. (ACC^t PIANO). Joseph. *Champ paternel* (ACC^t PIANO).	M. M.	ALVAREZ (Opéra). Alvarez.	Marron
0219	Air de Vasco de Gama. Sigurd. *Esprits gardiens.*	M. M.	CHARLES FONTAINE (Opéra). Charles Fontaine.	Verte
0040	Air de Vasco de Gama. Carmen. *La fleur que tu m'avais etée.*	M. M.	VAGUET (Opéra). Vaguet.	Marron
0053	Air du Sommeil. Juive (la). *Air de Rachel.*	Mme	MATHILDE COMÈS (Gaîté-Lyrique).	Marron
0179	Ballade de Nélusko. Fille des Rois.	M. M.	DANGÈS (Opéra). Dangès.	Marron
P. 0035	Ballade de Nélusko. Fille des Rois.	M. M.	NOTÉ (Opéra). Noté.	Marron
2507	Chœur des matelots. Robert le Diable. *Chœur des moines.*	MM.	DE POUMAYRAC, NANSEN, DANGÈS et BELHOMME	Marron
0372	Grand air du 1er acte. Manon. *Ah ! fuyez douce image.*	M. M.	RAZAVET (Théâtre de la Monnaie). Razavet.	Marron
0331	In grembo a me (en italien). Norma. *Casta Diva* (en italien).	Mme Mme	ROSA RAISA (Soprano). Rosa Raisa.	Verte
P. 2533	O ma Sélika. Cid (le). *O jours.*	Mme Mme	COMÈS et M. AFFRE. Comès et M. Affre.	Marron
0054	Scène du mancenillier. Hérodiade. *Air de Salomé.*	Mme	MATHILDE COMÈS. (Gaîté-Lyrique).	Marron

CHANT. — OPÉRAS, OPÉRAS-COMIQUES (suite) (acc¹ d'orchestre)

Aïda (Verdi)

0001	Céleste Aïda. Africaine (l'). *Air de Vasco de Gama.*	M. AFFRE (Opéra). M. Affre.	Marron
0010	O céleste Aïda. Rigoletto. *Comme la plume.*	M. ALBANI (Scala Milan). M. Albani.	Marron
0309	O céleste Aïda. Faust. *Cavatine.*	M. GOFFIN (Opéra). M. Goffin.	Verte
0376	O céleste Aïda. Lohengrin. *Récit du Graal.*	M. CHARLES FONTAINE (Opéra) M. Charles Fontaine.	Verte
0329	Ritorna vincitor (Part. I) (en italien). Ritorna vincitor (Part. II) (en italien).	Mme CLAUDIA MUZIO (Soprano). Mme Claudia Muzio.	Verte
0245	Ritorna vincitor ! (en italien). Rigoletto. *Caro nome che il mio cor* (en italien).	Mlle YVONNE GALL (Opéra). Mlle Yvonne Gall.	Verte

Aigle (l') (Nouguès)

0014	Ah ! mes fidèles. Patrie. *Pauvre martyr obscur.*	M. ALBERS (Opéra-Comique). M. Albers.	Marron
0015	Tu sais bien que parfois. Messaline. *O nuit d'amour.*	M. ALBERS (Opéra-Comique). M. Albers.	Marron

Amadis (Lulli)

3166	Bo's épais redouble ton ombre (ACC¹ PIANO). Mariage des roses (le) (Mélodie) (AC¹ PIANO).	M. CLÉMENT (Opéra-Comique). M. Clément.	Verte

Ame en peine (l') (Flotow)

P. 0030	Depuis l'instant. Farfadet (le) *On dirait que tout sommeille.*	M. GHASNE (Opéra-Comique). M. Ghasne.	Marron

Andréa Chénier (Giordano)

0332	La mamma morta (en italien). Capelli d'oro. *Stornello* (en italien).	Mme ROSA RAISA (Soprano). Mme Rosa Raisa.	Verte

Antar (Gabriel Dupont)

0317	Air de l'Oasis. Madame Butterfly. *Sur la mer calmée.*	Mme FANNY HELDY (Opéra). Mme Fanny Heldy.	Verte

Ariane (Massenet)

0127	Ah ! le cruel. Faust. *Ballade du roi de Thulé.*	Mlle MÉRENTIÉ (Opéra). Mlle Mérentié.	Marron

Arlésienne (l') (Bizet)

10243	Lamenti di Frederico. (Cilea). Manon. *Chiudo gli occhi, Sogno.*	M. TITO SCHIPA (Ténor Italien). M. Tito Schipa.	Verte
2508	Marche des Rois (CHŒUR). Zampa. *Prière.*	MM. DEVRIÈS, NANSEN, DANGÈS et BELHOMME. MM. Devriès, Dangès et Belhomme.	Marron

CHANT. — OPÉRAS, OPÉRAS-COMIQUES (suite) (acc¹ d'orchestre)

COULEURS DES ÉTIQUETTES

Ascanio (SAINT-SAËNS)

0298	Chanson de Scozzone. / Bohème (la). *Chanson de Musette.*	Mme LYSE CHARNY (Opéra). / Mme Lyse Charny.	Verte

Astarté (XAVIER LEROUX)

P. 0002	Adieux d'Hercule (les). / Dragons de Villars (les). *Ne parle pas.*	M. AFFRE (Opéra). / M. Affre.	Marron

Attaque du Moulin (l') (BRUNEAU)

0003	Adieux à la forêt (les). / Guillaume Tell. *Asile héréditaire.*	M. AFFRE (Opéra). / M. Affre.	Marron
0221	Adieux à la forêt (les). / Mignon. *Elle ne croyait pas.*	M. CHARLES FONTAINE (Opéra). / M. Charles Fontaine.	Verte
0359	Adieux à la forêt (les). / Sapho. *Qu'il est loin mon pays.*	M. CHARLES FRIANT (Opéra-Com.). / M. Charles Friant.	Verte
0322	Ah ! la guerre. / Hamlet. *Strophes.*	Mme LYSE CHARNY (Opéra). / Mme Lyse Charny.	Verte

Bal masqué (le) (VERDI)

P. 0081	Ah ! c'est Dieu qui vous inspire. / Néron. *Hymen ! Hymen ! (Epithalam.).*	M. NOTÉ (Opéra). / M. Noté.	Marron
0233	Et c'est toi qui déchires. / Rigoletto. *Courtisans, race vile et damnée.*	M. Yves NOEL (Opéra). / M. Yves Noël.	Marron
P. 0199	Et c'est toi qui déchires... / Patria. *Hymne guerrier.*	M. NOTÉ (Opéra). / M. Noté.	Marron

Barbier de Séville (le) (ROSSINI)

0380	Air. Je suis douce par caractère. / Récit. Rien ne peut changer mon âme.	Mme RITTER CIAMPI (Opéra). / Mme Ritter Ciampi.	Verte
0305	Air de Bartholo. / Paillasse. *Prologue.*	M. ALLARD (Opéra-Comique). / M. Allard.	Verte
0215	Air de Figaro. / Hérodiade. *Vision fugitive.*	M. VIGNEAU (Opéra-Comique). / M. Vigneau.	Marron
0350	Air de la Calomnie. / Paillasse. *Prologue.*	M. AQUISTAPACE (Opéra). / M. Aquistapace.	Verte
0202	Air de la Calomnie. / Faust. *Ronde du Veau d'or.*	M. BELHOMME (Opéra-Comique). / M. Belhomme.	Marron
0143	Air de la Calomnie. / Jolie Fille de Perth (la). *Quand la flamme de l'amour.*	M. DUPRÉ (Opéra-Comique). / M. Dupré.	Marron
0057	Allegro du grand air de Rosine (ACC¹ PIANO). / Fille du Régiment (la). *Salut à la France* (ACC¹ PIANO).	Mme Jane MÉREY (Opéra-Comique). / Mme Jane Mérey.	Marron
0099	Aube est tout près d'éclore (l'). / Don Juan. *Sérénade.*	M. VAGUET (Opéra). / M. Vaguet.	Marron

PATHÉPHONE, 30, Bd des Italiens, Paris.

CHANT. — OPÉRAS, OPÉRAS-COMIQUES (suite) (acc* d'orchestre)

COULEURS DES ÉTIQUETTES

BARBIER DE SÉVILLE (le) (ROSSINI) (suite).

0254	Cavatine (en italien). Thème avec variations (PROCH) (en ital.).	Mme MOGA GEORGESCO (Soprano). Mme Moga Georgesco.	Verte
0095	Des rayons de l'aurore (acct piano). Louise. Dans la cité lointaine.	M. VAGUET (Opéra). M. Vaguet.	Marron
10244	Ecco ridente in cielo... Atto I. Cavatina. 2. a parte.	M. TITO SCHIPA (Ténor Italien). M. Tito Schipa.	Verte

Basoche (la) (ANDRÉ MESSAGER)

0279	A ton amour simple. Villanello.	M. CLÉMENT (Opéra-Comique). M. Clément.	Verte
0349	Air du duc. Jongleur de Notre-Dame (le). Légende de la Sauge.	M. ALLARD (Opéra-Comique). M. Allard.	Verte
0280	Chanson ancienne. Le Mage. Air de Zarâstra.	M. CLÉMENT (Opéra-Comique). M. Clément.	Verte
0379	Elle m'aime. Rip. Romance des enfants.	M. ALLARD (Opéra-Comique). M. Allard.	Verte
0384	Trop lourd est le poids du veuvage. Travaux d'Hercule (les). Invocation valse.	M. ALLARD (Opéra-Comique). M. Allard.	Verte

Benvenuto Cellini (DIAZ)

P. 0082	De l'art, splendeur immortelle. Faust. Mort de Valentin.	M. NOTÉ (Opéra). M. Noté.	Marron
0149	De l'art, splendeur immortelle. Hamlet. Chanson bachique.	M. ALBERS (Opéra-Comique). M. Albers.	Marron
0362	De l'art splendeur immortelle. Rip. Aux montagnes de Kasthil « Légende ».	M. VIGNEAU (Opéra-Comique). M. Vigneau.	Verte

Bohème (la) (PUCCINI)

0170	Adieu de Mimi. Madame Butterfly. Sur la mer calmée.	Mme NINON VALLIN (Opéra-Comique). Mme Ninon Vallin.	Verte
0283	Air de Rodolphe. Roma. Scène de Lentulus.	M. CHARLES FONTAINE (Opéra-Com.) M. Charles Fontaine.	Verte
0074	Couplets de Mimi. Mignon. Connais-tu le pays.	Mme NINON VALLIN (Opéra-Comique). Mme Ninon Vallin.	Verte
0198	Mi chiamano Mimi (en italien). Madame Butterfly. Un bel di Vedremo (en italien).	Mme MARIA KOUSNEZOFF (Opéra). Mme Maria Kousnezoff.	Verte
0203	Mi chiamano Mimi (en italien). Tosca (la). Preghiera. Vissi d'arte, vissi d'amore (en italien).	Mme MARIA KOUSNEZOFF (Opéra). Mme Maria Kousnezoff.	Verte
0244	Mi chiamano Mimi (en italien). Tosca (la) Preghiera. Vissi d'arte, vissi d'amore (en italien).	Mlle YVONNE GALL (Opéra). Mlle Yvonne Gall.	Verte

Disques PATHÉ double face. 45

CHANT. — OPÉRAS, OPÉRAS-COMIQUES (suite) (acc¹ d'orchestre)

BOHÈME (la) (PUCCINI) (suite).

			COULEURS DES ÉTIQUETTES
0330	Mi chiamano Mimi (en italien).	Mᵐᵉ CLAUDIA MUZIO (Soprano).	Verte
	Madame Butterfly. Entrée de Mᵐᵉ Butterfly (Iᵉʳ ACTE) (en italien).	Mᵐᵉ Claudia Muzio.	
0071	On m'appelle Mimi (ACC¹ PIANO).	Mᵐᵉ JANE MÉREY (Opéra-Comique).	Marron
	Fille du Régiment (la). Il faut partir. (ACC¹ PIANO).	Mᵐᵉ Jane Mérey.	
10314	Racconto di Rodolfo (en italien).	M. TITO SCHIPA (Ténor italien).	Verte
	Cavalleria Rusticana (Siciliana) (en italien).	M. Tito Schipa.	
0381	Valse de Musette (en italien).	Mᵐᵉ RITTER CIAMPI (Opéra).	Verte
	Célèbres variations de Rode (en italien).	Mᵐᵉ Ritter Ciampi.	

Bohème (la) (LEONCAVALLO)

0298	Chanson de Musette.	Mˡˡᵉ LYSE CHARNY (Opéra).	Verte
	Ascanio. Chanson de Scozzone.	Mˡˡᵉ Lyse Charny.	

Cadeaux de Noël (les) (XAVIER LEROUX)

0167	Air du petit Pierre.	Mˡˡᵉ SAIMAN (Opéra-Comique).	Marron
	Tosca (la). Prière.	Mˡˡᵉ Saiman.	

Caïd (le) (A. THOMAS)

0062	Air du Tambour-Major.	M. BELHOMME (Opéra-Comique).	Marron
	Haydée. A la voix séduisante.	M. Belhomme.	
0063	Diane (la).	M. BELHOMME (Opéra-Comique).	Marron
	Pardon de Ploërmel (le). Air du chasseur.	M. Belhomme.	

Carillonneur de Bruges (le) (GRISAR)

P. 0164	Sonnez ! sonnez !	M. GHASNE (Opéra-Comique).	Marron
	Messaline. Viens aimer.	M. Ghasne.	

Carmen (BIZET)

0213	Air des Cartes (ACC¹ PIANO).	Mᵐᵉ DELNA (Opéra).	Marron
	Troyens (les). Air de Didon (ACC¹ PIANO).	Mᵐᵉ Delna.	
0352	Air du Toréador.	M. AQUISTAPACE (Opéra).	Verte
	Tosca (la). Va! Tosca (Final du 1ᵉʳ acte).	M. Aquistapace.	
0047	Air du Toréador.	M. VIGNEAU (Opéra-Comique).	Marron
	Faust. Mort de Valentin.	M. Vigneau.	
0037	Air du Toréador (ACC¹ PIANO).	M. RENAUD (Opéra).	Marron
	Damnation de Faust (la). Voici des roses (ACC¹ PIANO).	M. Renaud.	
0273	Amour est enfant de Bohème (l').	Mᵐᵉ EMMA CALVÉ.	Verte
	Air des cartes.	Mᵐᵉ Emma Calvé.	

PATHÉPHONE, 30, Bd des Italiens, PARIS.

CHANT. — OPÉRAS, OPÉRAS-COMIQUES (suite) (acc^t d'orchestre)

COULEURS DES ÉTIQUETTES

CARMEN (Bizet) (suite).

N°	Titres	Interprètes	Couleur
0274	Chanson bohème. / Cavalleria Rusticana. *Romance de Santuza.*	Mme EMMA CALVÉ. / Mme Emma Calvé.	Verte
0177	Fleur que tu m'avais jetée (la). / Parais à ta fenêtre (Sérénade).	M. AFFRE (Opéra). / M. Affre.	Marron
0027	Fleur que tu m'avais jetée (la) (ACC^t PIANO) / Manon. *Le Rêve de Des Grieux* (ACC^t PIANO).	M. LÉON BEYLE / (Opéra-Comique).	Marron
0220	Fleur que tu m'avais jetée (la). / Favorite (la). *Ange si pur.*	M. CHARLES FONTAINE (Opéra). / M. Charles Fontaine.	Verte
0356	Fleur que tu m'avais jetée (la). / Tosca (la). *Le ciel luisait d'étoiles.*	M. CHARLES FRIANT (Opéra-Com.). / M. Charles Friant.	Verte
0040	Fleur que tu m'avais jetée (la). / Africaine (l'). *Air de Vasco de Gama.*	M. VAGUET (Opéra). / M. Vaguet.	Marron
0049	Habanera. / Werther. *Les Larmes.*	Mlle CHENAL (Opéra-Comique). / Mlle Chenal.	Marron
0321	Habanera. / Colomba. *Berceuse corse.*	Mme LYSE CHARNY (Opéra). / Mme Lyse Charny.	Verte
0246	Halte-là. / Fortunio. *La maison grise.*	M. MURATORE (Opéra). / M. Muratore.	Jaune
0299	Là-bas, là-bas dans la montagne. / Colomba « *Vocero* » *ni les canons.*	Mme LYSE CHARNY (Opéra). / Mme Lyse Charny.	Verte
0335	Seguedille (la). Près des remparts de Séville. / Chanson bohême.	Mme LYSE CHARNY (Opéra). / Mme Lyse Charny.	Verte

CARMEN (Bizet)

Opéra-comique complet en 27 disques.

SÉRIE « LE THÉATRE CHEZ SOI » (Voir page 2)

Cavalleria Rusticana (Mascagni)

N°	Titres	Interprètes	Couleur
0185	Brindisi (ACC^t PIANO). / Tosca (la). *Le ciel luisait d'étoiles.*	M. MURATORE (Opéra). / M. Muratore.	Marron
0055	Romance de Santuza. / Vivandière (la). *Hymne à la Liberté.*	Mme DELNA (Opéra). / Mme Delna.	Marron
0274	Romance de Santuza. / Carmen. *Chanson de Bohême.*	Mme EMMA CALVÉ. / Mme Emma Calvé.	Verte
10314	Siciliana (en italien). / Bohème (la). *Racconto di Rodolfo* (en italien).	M. TITO SCHIPA (Ténor Italien). / M. Tito Schipa.	Verte
0104	Sicilienne. / Favorite (la). *Ange si pur.*	M. VAGUET (Opéra). / M. Vaguet.	Marron
0120	Siciliana (ACC^t PIANO). / Manon. *Ah! fuyez douce image.*	M. CLÉMENT (Opéra-Comique). / M. Clément.	Verte
0156	Sicilienne (ACC^t DE HARPE). / Mireille. *Anges du Paradis.*	M. LÉON BEYLE (Opéra-Comique). / M. Léon Beyle.	Marron

Disques PATHÉ double face. 47

CHANT. — OPÉRAS, OPÉRAS-COMIQUES (suite) (acc¹ d'orchestre) | COULEURS DES ÉTIQUETTES

Chalet (le) (ADAM)

0388	Arrêtons-nous ici. « Vallons de l'Helvétie ». Hérodiade. Air de Phanuel « Dors, ô Cité perverse ».	M. AQUISTAPACE (Opéra). M. Aquistapace.	Verte
2529	Chœur des buveurs. Mignon. Chœur du dimanche.	CHŒURS (Opéra-Comique). Chœurs.	Marron
0064	Dans le service de l'Autriche. Songe d'une nuit d'été (le). Chanson de Falstaff.	M. BELHOMME (Opéra-Comique). M. Belhomme.	Marron
2510	Il faut me céder ta maîtresse (DUO). Il faut me céder ta maîtresse (DUO) (suite).	MM. BERTHAUD et BELHOMME. MM. Berthaud et Belhomme.	Marron
0065	Vallons de l'Helvétie. Domino noir (le). Deo gratias.	M. BELHOMME (Opéra-Comique). M. Belhomme.	Marron

Charles VI (HALÉVY)

P. 0083	Avec la douce chansonnette. Traviata (la). Lorsqu'à de folles...	M. NOTÉ (Opéra). M. Noté.	Marron
0016	C'est grand'pitié. Coupe du Roi de Thulé (la). Il est écrit.	M. ALBERS (Opéra-Comique). M. Albers.	Marron
P. 0084	C'est grand'pitié. Patrie. Air de Rysoor.	M. NOTÉ (Opéra). M. Noté.	Marron

Chemineau (le) (XAVIER LEROUX)

0017	Chanson du moissonneur. Favorite (la). Jardins de l'Alcazar.	M. ALBERS (Opéra-Comique). M. Albers.	Marron

Cid (le) (MASSENET)

0070	Air de Chimène. Werther. Air des lettres.	Mlle MÉRENTIÉ (Opéra). Mlle Mérentié.	Marron
0209	Alleluia. Hérodiade. Il est doux, il est bon...	Mlle YVONNE GALL (Opéra). Mlle Yvonne Gall.	Verte
P. 2533	Ô jours de ma première tendresse (DUO). Africaine (l'). Ô ma Sélika (DUO).	Mme COMÈS et M. AFFRE. Mme Comès et M. Affre.	Marron
0258	Ô noble lame (avec chœurs). Damnation de Faust (la). Invocation à la nature.	M. FRANZ (Opéra). M. Franz.	Verte
0115	Prière. Lohengrin. Récit du Graal.	M. VAGUET (Opéra). M. Vaguet.	Marron
0260	Prière du Cid. Sigurd. Air de Sigurd.	M. FRANZ (Opéra). M. Franz.	Verte

Cinq-Mars (GOUNOD)

0161	Sur le flot qui vous entraîne. Otello. Credo de Iago.	M. ALBERS (Opéra-Comique). M. Albers.	Marron

Cloche du Rhin (la) (S. ROUSSEAU)

0096	Ervine, écoute-moi. Favorite (la). Un ange, une femme.	M. VAGUET (Opéra). M. Vaguet.	Marron

CHANT. — OPÉRAS, OPÉRAS-COMIQUES (suite) (acc¹ d'orchestre)

COULEURS DES ÉTIQUETTES

Colomba (HENRI BUSSER)

0321	Berceuse corse. Carmen. *Habanera*.	Mme LYSE CHARNY (Opéra). Mme Lyse Charny.	Verte
0295	Jeune fille et la Palombe (la). Quand l'épervier se lamente.	Mlle YVONNE GALL (Opéra). Mlle Yvonne Gall.	Verte
0299	" Vocero " ni les canons. Carmen. *Là-bas, là-bas dans la montagne*.	Mme LYSE CHARNY (Opéra). Mme Lyse Charny.	Verte

Colombe (la) (GOUNOD)

0066	Couplets des amoureux. Postillon de Longjumeau (le). *Air bouffe*.	M. BELHOMME (Opéra-Comique). M. Belhomme.	Marron

Contes d'Hoffmann (les) (OFFENBACH)

0333	Barcarolle (DUO) (en français). Serenata (BRAGA) (en italien).	Mmes CLAUDIA MUZIO et KATHLEEN HOWARD. Mme Claudia Muzio.	Verte
0301	Barcarolle. Werther. *Les larmes*.	Mlle GENEVIÈVE VIX (Opéra-Com.). Mlle Geneviève Vix.	Verte
0275	Barcarolle. Célèbre sérénade.	Mme EMMA CALVÉ. Mme Emma Calvé.	Verte
2504	Chanson d'amour (DUO). Fille de Mme Angot (la). *Jours fortunés* (DUO)	Mlle CHENAL et M. BEYLE. Mlle CHENAL et Mlle TIPHAINE.	Marron
2531	Chœur des étudiants. Deux Avares (les). *La garde passe*.	MM. DEVRIÈS, NANSEN, DANGÈS et BELHOMME.	Marron
0262	Elle a fui la tourterelle. Romance. Manon. *Air des regrets*.	Mme NINON VALLIN (Opéra-Comique). Mme Ninon Vallin.	Verte
0315	Elle a fui la tourterelle. Louise. *Depuis le jour où je me suis donnée*.	Mlle GENEVIÈVE VIX. Mlle Geneviève Vix.	Verte
0366	Elle a fui la tourterelle. Lakmé. *Pourquoi dans les grands bois*.	Mlle YVONNE GALL (Opéra). Mlle Yvonne Gall.	Verte
0373	O Dieu de quelle ivresse... Roméo et Juliette. *Ah! lève-toi soleil* « Cavatine ».	M. RAZAVET (Théâtre de la Monnaie). M. Razavet.	Marron
0150	Scintille diamant. Quo Vadis. *Erres à travers les mers*.	M. ALBERS (Opéra-Comique). M. Albers.	Marron
0234	Scintille diamant. Air du juif Coppélius.	M. PARMENTIER (Opéra-Comique). M. Parmentier.	Verte

Cosi fan tutte (MOZART)

0293	Chez des soldats. A quinze ans.	Mlle EDMÉE FAVART (Opéra-Comique). Mlle Edmée Favart.	Verte

Coupe du Roi de Thulé (la) (DIAZ)

0016	Il est venu (Grand air). Charles VI. *C'est grand'pitié*.	M. ALBERS (Opéra-Comique). M. Albers.	Marron
P. 0085	Il est venu (Grand air). Cloches de Corneville (les). *J'ai fait trois fois...*	M. NOTÉ (Opéra). M. Noté.	Marron

DISQUES PATHÉ double face.

CHANT. — OPÉRAS, OPÉRAS-COMIQUES (suite) (acc¹ d'orchestre) | COULEURS DES ÉTIQUETTES

Crépuscule des Dieux (le) (RICHARD WAGNER)

| 0286 | Mort de Siegfried. | M. FRANZ (Opéra). | Verte |
| | Tristan et Isolde. *Où Tristan va se rendre.* | M. Franz. | |

Dame Blanche (la) (BOIELDIEU)

0227	Ah ! quel plaisir d'être soldat (1ʳᵉ PARTIE).	M. CAPITAINE (Opéra-Comique).	Marron
	Ah ! quel plaisir d'être soldat (2ᵉ PARTIE).	M. Capitaine.	
0230	Cavatine (1ʳᵉ PARTIE).	M. CAPITAINE (Opéra-Comique).	Marron
	Cavatine (2ᵉ PARTIE).	M. Capitaine.	
0121	Cavatine.	M. CLÉMENT (Opéra-Comique).	Verte
	Manon. *Rêve de Des Grieux.*	M. Clément.	

Damnation de Faust (la) (BERLIOZ)

0102	Air de Faust.	M. VAGUET (Opéra).	Marron
	Haydée. *Ah ! que la nuit est belle.*	M. Vaguet.	
0261	Chanson gothique.	Mᵐᵉ NINON VALLIN (Opéra-Com.).	Verte
	D'amour l'ardente flamme. Romance.	Mᵐᵉ Ninon Vallin.	
0258	Invocation à la nature.	M. FRANZ (Opéra).	Verte
	Cid (le). *O noble lame* (avec chœurs).	M. Franz.	
0039	Invocation à la nature.	M. ROUSSELIÈRE (Opéra).	Marron
	Faust. *Salut, demeure chaste et pure.*	M. Rousselière.	
0107	Invocation à la nature.	M. VAGUET (Opéra).	Marron
	Flûte enchantée (la). *Jamais dans son rêve un poète.*	M. Vaguet.	
0144	Invocation à la nature.	M. DUTREIX (Opéra).	Marron
	Sigurd. *Air de Sigurd.*	M. Dutreix.	
0077	Voici des roses.	M. BAER (Opéra).	Marron
	Faust. *Scène de l'Église.*	M. Baer.	
0136	Voici des roses.	M. DANGÈS (Opéra).	Marron
	Tannhauser (le). *Romance de l'Étoile.*	M. Dangès.	
0037	Voici des roses. (ACC¹ PIANO).	M. RENAUD (Opéra).	Marron
	Carmen. *Air du Toréador* (ACC¹ PIANO).	M. Renaud.	
0018	Voici des roses.	M. ALBERS (Opéra-Comique).	Marron
	Sigurd. *Et toi, Freia.*	M. Albers.	
P. 0086	Voici des roses.	M. NOTÉ (Opéra).	Marron
	Rois de Paris. *Chanson de Longnac.*	M. Noté.	

Deux Avares (les) (GRÉTY)

| 2531 | Garde passe (la) (CHŒUR). | MM. DEVRIES, NANSEN. | Marron |
| | Contes d'Hoffmann (les). *Chœur des étudiants.* | DANGÈS et BELHOMME. | |

Diamants de la Couronne (les) (AUBER)

| 0216 | Ah ! je veux briser ma chaîne. | Mᵐᵉ JANE MORLET (Trianon-Lyrique). | Marron |
| | Songe d'une nuit d'été (le). *Le voir ainsi.* | Mᵐᵉ Jane Morlet. | |

CHANT. — OPÉRAS, OPÉRAS-COMIQUES (suite) (acc¹ d'orchestre)

Dimitri (V. Joncières)

N°	Titre	Interprète	Couleur
0281	Romance. / Juive (la). *Dieu que ma voix tremblante*.	M. CHARLES FONTAINE (Opéra-Com.) / M. Charles Fontaine.	Verte
0285	Invocation. / Juive (la). *Rachel, quand du Seigneur*.	M. CHARLES FONTAINE (Opéra-Com.) / M. Charles Fontaine.	Verte

Domino noir (le) (Auber)

| 0065 | Deo gratias. / Chalet (le). *Vallons de l'Helvétie*. | M. BELHOMME (Opéra-Comique). / M. Belhomme. | Marron |

Don Juan (Mozart)

0101	Air d'Ottavio. / Faust. *Salut, demeure*.	M. VAGUET (Opéra). / M. Vaguet.	Marron
0389	Air de Leporello. Oui, Madame, des belles qu'il aime (1ʳᵉ PARTIE). / Air de Leporello. Oui, Madame, des belles qu'il aime (2ᵉ PARTIE).	M. AQUISTAPACE (Opéra). / M. Aquistapace.	Verte
0019	Sérénade. / Roi de Lahore (le). *Promesse de...*	M. ALBERS (Opéra-Comique). / M. Albers.	Marron
0099	Sérénade. / Barbier de Séville (le). *L'aube est...*	M. VAGUET (Opéra). / M. Vaguet.	Marron

Dragons de Villars (les) (Maillart)

2536	Ah ! si j'étais dragon du roi (DUO). / Moi jolie... (DUO).	Mˡˡᵉ J. MARIGNAN et M. VIGNEAU. / Mˡˡᵉ J. MARIGNAN et M. VAGUET.	Marron
0205	Il m'aime. / Grisélidis. *Il partit au printemps*.	Mᵐᵉ ALINE VALLANDRI (Opéra-Com.). / Mᵐᵉ Aline Vallandri.	Marron
P. 0002	Ne parle pas. / Astarté. *Les Adieux d'Hercule*.	M. AFFRE (Opéra). / M. Affre.	Marron
0145	Ne parle pas. / Faust. *Salut, demeure*.	M. GAUTIER (Opéra). / M. Gautier.	Marron

Ernani (Verdi)

| 0328 | Infelice e tu credevi (en italien). / Martha. *Canzonne del Porter* (en italien). | M. ADAMO DIDUR (Basse). / M. Adamo Didur. | Verte |

Esclarmonde (Massenet)

| 2023 | Comme il tient ma pensée. / Tarass-Boulba. *Non je n'ai pas sommeil ce soir*. | Mᵐᵉ MARIA KOUSNEZOFF (Opéra). / Mᵐᵉ Maria Kousnezoff. | Verte |
| 2024 | Regarde-les ces yeux. / Tarass-Boulba. *Oui, je t'aime* (DUO). | Mᵐᵉ MARIA KOUSNEZOFF (Opéra). / Mᵐᵉ Maria Kousnezoff et M. G. Posemkovski. | Verte |

Falstaff (Verdi)

| 0334 | Dal labbro il canto estasiato vola. / Somnambule (la). *Prende l'anel ti dono*. | M. TITO SCHIPA (Ténor italien). / M. Tito Schipa. | Verte |

Disques PATHÉ double face. 51

CHANT. — OPÉRAS, OPÉRAS-COMIQUES (suite) (acc¹ d'orchestre). | COULEURS DES ÉTIQUETTES

Fanchonnette (la) (CLAPISSON)

| 0229 | Romance. | M. CAPITAINE (Opéra-Comique). | Marron |
| | Lalla-Roukh. *Ma maîtresse a quitté la tente.* | M. Capitaine. | |

Farfadet (le) (ADAM)

| P. 0030 | On dirait que tout sommeille. | M. GHASNE (Opéra-Comique). | Marron |
| | Âme en peine (l'). *Depuis l'instant.* | M. Ghasne. | |

Faust (GOUNOD)

0382	Air des bijoux.	Mᵐᵉ RITTER CIAMPI (Opéra).	Verte
	Variations du Carnaval de Venise.	Mᵐᵉ Ritter-Ciampi.	
0212	Air des bijoux.	Mˡˡᵉ YVONNE GALL (Opéra).	Verte
	Ballade du Roi de Thulé.	Mˡˡᵉ Yvonne Gall.	
0353	Air du veau d'or.	M. AQUISTAPACE (Opéra).	Verte
	Lakmé. *Ton doux regard se voile.*	M. Aquistapace.	
0123	Ballade du Roi de Thulé.	Mᵐᵉ MARIA KOUSNEZOFF (Opéra).	Verte
	Roméo et Juliette. *Valse-ariette.*	Mᵐᵉ Maria Kousnezoff.	
0324	Ballade du roi de Thulé.	Mᵐᵉ NINON VALLIN (Opéra-Comique).	Verte
	Air des bijoux.	Mᵐᵉ Ninon Vallin.	
0127	Ballade du Roi de Thulé.	Mˡˡᵉ MÉRENTIÉ (Opéra).	Marron
	Ariane. *Ah ! le cruel.*	Mˡˡᵉ Mérentié.	
0371	Cavatine.	M. CHARLES FONTAINE (Opéra).	Verte
	Tosca (la). *Le ciel luisait d'étoiles.*	M. Charles Fontaine.	
0309	Cavatine.	M. GOFFIN (Opéra).	Verte
	Aïda. *O céleste Aïda.*	M. Goffin.	
0320	Chanson de la Coupe du Roi de Thulé.	Mᵐᵉ FANNY HELDY (Opéra).	Verte
	Air des bijoux.	Mᵐᵉ Fanny Heldy.	
2538	Chœur de la Kermesse.	MM. DEVRIÈS, NANSEN, DANGÈS et BELHOMME.	Marron
	Régiment de Sambre-et-Meuse (le) (CHŒUR).	MM. DE POUMAYRAC, NANSEN, DANGÈS et BELHOMME.	
2528	Choral des Épées.	MM. DEVRIÈS, NANSEN, DANGÈS et BELHOMME.	Marron
	Taverne des Trabans (la). *Chœur des buveurs.*		
0056	Couplets de Siébel.	Mˡˡᵉ D'ELTY (Opéra).	Marron
	Cloches de Corneville (les). *Couplets de Germaine.*	Mˡˡᵉ D'Elty.	
2541	Entrée de Méphisto (DUO).	MM. VAGUET et BELHOMME.	Marron
	Entrée de Méphisto (DUO) (SUITE).	MM. Vaguet et Belhomme.	
P. 0087	Invocation.	M. NOTÉ (Opéra).	Marron
	Rigoletto. *Ne parle pas au malheureux.*	M. Noté.	
2542	Laisse-moi contempler ton visage (DUO).	Mᵐᵉ VALLANDRI et M. VAGUET.	Marron
	Trio du duel.	MM. MURATORE, DANGÈS et BELHOMME.	

CHANT. — OPÉRAS, OPÉRAS-COMIQUES (suite) (acc¹ d'orchestre)

		COULEURS DES ÉTIQUETTES

FAUST (GOUNOD) (suite).

N°	Titre	Artiste	Couleur
0232	Mort de Valentin. / Hérodiade. Vision fugitive.	M. YVES NOEL (Opéra). / M. Yves Noël.	Marron
P. 0082	Mort de Valentin. / Benvenuto Cellini. De l'art, splendeur...	M. NOTÉ (Opéra). / M. Noté.	Marron
0047	Mort de Valentin. / Carmen. Air du Toréador.	M. VIGNEAU (Opéra-Comique). / M. Vigneau.	Marron
0137	Mort de Valentin. / Favorite (la). Pour tant d'amour.	M. DANGÈS (Opéra). / M. Dangès.	Marron
0202	Ronde du veau d'or. / Barbier de Séville (le). Air de la Calomnie.	M. BELHOMME (Opéra-Comique). / M. Belhomme.	Marron
0145	Salut, demeure chaste et pure. / Dragons de Villars (les). Ne parle pas.	M. GAUTIER (Opéra). / M. Gautier.	Marron
0039	Salut, demeure chaste et pure. / Damnation de Faust (la). Invocation à la nature.	M. ROUSSELIÈRE (Opéra). / M. Rousselière.	Marron
0101	Salut, demeure chaste et pure. / Don Juan. Air d'Ottavio.	M. VAGUET (Opéra) / M. Vaguet.	Marron
0004	Salut, ô mon dernier matin. / Favorite (la). Ange si pur.	M. AFFRE (Opéra). / M. Affre.	Marron
0377	Salut, ô mon dernier matin. / Les Huguenots. Plus blanche que la blanche hermine.	M. CHARLES FONTAINE (Opéra). / M. Charles Fontaine.	Verte
0020	Scène de l'Église. / Paillasse. Prologue.	M. ALBERS (Opéra-Comique). / M. Albers.	Marron
0029	Scène de l'Église (ACC¹ PIANO). / Huguenots (les). Bénédiction des poignards (ACC¹ PIANO).	M. DELMAS (Opéra). / M. Delmas.	Marron
0077	Scène de l'Église. / Damnation de Faust (la). Voici des roses.	M. BAER (Opéra). / M. Baer.	Marron
0196	Scène de l'Église. Fragment (ACC¹ PIANO). / Sapho. O ma lyre immortelle (Stances) (ACC¹ PIANO).	Mme LITVINNE. / Mme Litvinne.	Marron
2540	Scène de l'Église (DUO avec CHŒURS) (1re PARTIE). / Scène de l'Église (DUO avec CHŒURS) (2e PARTIE).	Mlle YVONNE GALL et M. NOTÉ. / Mlle Yvonne Gall et M. Noté.	Jaune
0098	Vous qui faites l'endormie (Sérénade). / Philémon et Baucis. Air de Vulcain.	M. BELHOMME (Opéra-Comique). / M. Belhomme.	Marron

FAUST (GOUNOD)
Opéra complet en 28 disques.

SÉRIE « LE THÉATRE CHEZ SOI » (Voir page 9)

Favorite (la) (DONIZETTI)

| 2537 | Ah ! idole si douce (DUO). / Robert le Diable. Ah ! l'honnête homme (DUO). | MM. CHAMBON et VAGUET (Opéra). / MM. Chambon et Vaguet. | Marron |

Disques PATHÉ double face.

CHANT. — OPÉRAS, OPÉRAS-COMIQUES (suite) (acc¹ d'orchestre)

COULEURS DES ÉTIQUETTES

FAVORITE (la) (DONIZETTI) (suite)

N°	Titres	Interprètes	Couleur
0004	Ange si pur. / Faust. Salut, ô mon dernier matin.	M. AFFRE (Opéra). / M. Affre.	Marron
0220	Ange si pur. / Carmen. La fleur que tu m'avais jetée.	M. CHARLES FONTAINE (Opéra). / M. Charles Fontaine.	Verte
0104	Ange si pur. / Cavalleria Rusticana. Sicilienne.	M. VAGUET (Opéra). / M. Vaguet.	Marron
0190	Duo du IVᵉ acte (ACC¹ PIANO). / Orphée. J'ai perdu mon Eurydice.	Mᵐᵉ DELNA et M. ALVAREZ. / Mᵐᵉ Delna (Opéra).	Marron
0017	Jardins de l'Alcazar. / Chemineau (le). Chanson du Moissonneur.	M. ALBERS (Opéra-Comique). / M. Albers.	Marron
0088	Jardins de l'Alcazar. / Pour tant d'amour.	M. NOTÉ (Opéra). / M. Noté (Opéra).	Marron
0038	Léonore, viens ! (Grand air) (ACC¹ PIANO). / Soir (le) (Mélodie) (ACC¹ PIANO).	M. RENAUD (Opéra). / M. Renaud.	Marron
0134	Oh ! mon Fernand. / Miarka. Hymne au soleil.	Mᵐᵉ DELNA (Opéra). / Mᵐᵉ Delna.	Marron
0137	Pour tant d'amour. / Faust. Mort de Valentin.	M. DANGÈS (Opéra). / M. Dangès.	Marron
0096	Un ange, une femme inconnue. / Cloche du Rhin (la). Evinè, écoute-moi.	M. VAGUET (Opéra). / M. Vaguet.	Marron

FAVORITE (LA) (DONIZETTI)

Opéra complet en 21 disques.

SÉRIE : LE THÉATRE CHEZ SOI (Voir page 13).

Fille du Régiment (la) (DONIZETTI)

N°	Titres	Interprètes	Couleur
0224	Couplets du 21ᵉ (ACC¹ PIANO). / Flûte enchantée (la). Air de Pamina (ACC¹ PIANO).	Mᵐᵉ JANE MÉREY (Opéra-Comique). / Mᵐᵉ Jane Mérey.	Marron
0071	Il faut partir (ACC¹ PIANO). / Bohême (la). On m'appelle Mimi (ACC¹ PIANO).	Mᵐᵉ JANE MÉREY (Opéra-Comique). / Mᵐᵉ Jane Mérey.	Marron
0201	Il faut partir. / Mireille. Heureux petit berger.	Mˡˡᵉ MARIE THIÉRY (Opéra-Comique). / Mˡˡᵉ Marie Thiéry.	Marron
2532	La voilà ! La voilà ! (DUO). / Oh ! transport, douce ivresse.	Mˡˡᵉ KORSOFF et M. BELHOMME. / Mˡˡᵉ Korsoff (Opéra-Comique).	Marron
0231	Pour me rapprocher de Marie. / Pré aux Clercs (le) (Air). Ce soir j'arrive donc.	M. CAPITAINE (Opéra-Comique). / M. Capitaine.	Marron
0057	Salut à la France (ACC¹ PIANO). / Barbier de Séville (le). Allegro (ACC¹ PIANO).	Mᵐᵉ JANE MÉREY (Opéra-Comique). / Mᵐᵉ Jane Mérey.	Marron
0168	Salut à la France. / Manon. Adieu, notre petite table.	Mˡˡᵉ SAIMAN (Opéra-Comique). / Mˡˡᵉ Saiman.	Marron

PATHÉPHONE, 30, Bd des Italiens, PARIS.

CHANT. — OPÉRAS, OPÉRAS-COMIQUES (*suite*) (acc^t d'orchestre)

			COULEURS DES ÉTIQUETTES

Fille de Roland (la) (RABAUD)

0028	Chanson des Épées (ACC^t PIANO). Grisélidis. *Chanson d'Alain* (ACC^t PIANO).	M. LÉON BEYLE (Opéra-Comique). M. Léon Beyle.	Marron
3162	Chanson des Épées. Hymne à la France (BUSSER). *Ceux qui pieusement*.	M. FRANZ (Opéra). M. Franz.	Verte

Fils de l'Arétin (le) (LAURENT)

0105	Sérénade. Fortunio. *Je suis très tendre*.	M. VAGUET (Opéra). M. Vaguet.	Marron

Flûte enchantée (la) (MOZART)

0253	Air de la Reine de la Nuit (en italien). Traviata (la). *Quel est donc ce trouble charmant* (en italien).	Mme MOGA GEORGESCO. Mme Moga Georgesco.	Verte
0224	Air de Pamina (ACC^t PIANO). Fille du Régiment (la). *Couplet du 21e* (ACC^t PIANO).	Mme JANE MÉREY (Opéra-Comique). Mme Jane Mérey.	Marron
0348	C'est l'amour d'une belle (couplet). Grisélidis. *Loin de sa femme*.	M. AQUISTAPACE (Opéra). M. Aquistapace.	Verte
2523	Chœur des prêtres. Marie-Magdeleine. *Prière*.	MM. DE POUMAYRAC, NANSEN, DANGÈS et BELHOMME.	Marron
0107	Jamais dans son rêve un poète. Damnation de Faust (la). *Invocation à la nature*.	M. VAGUET (Opéra). M. Vaguet.	Marron
2511	Ton cœur m'attend (DUO). Petite Mariée (la). *Duo de la lecture*.	Mlle JANE MARIGNAN et M. BELHOMME.	Marron

Fortunio (MESSAGER)

0214	Chasse cette crainte importune. Ombre (l'). *Couplets de midi, minuit*.	M. VIGNEAU (Opéra-Comique). M. Vigneau.	Marron
0105	Je suis très tendre et très timide. Fils de l'Arétin (le). *Sérénade*.	M. VAGUET (Opéra). M. Vaguet.	Marron
0106	Maison grise (la). Si vous croyez que je vais dire.	M. VAGUET (Opéra). M. Vaguet.	Marron
0246	Maison grise (la). Carmen. *Halte-là*.	M. MURATORE (Opéra). M. Muratore.	Jaune

Freischütz (le) ou Robin des Bois (WEBER)

0307	Air d'Agathe (1re PARTIE). Air d'Agathe (2e PARTIE).	Mlle YVONNE GALL (Opéra). Mlle Yvonne Gall.	Verte
2524	Chœur des chasseurs. Songe d'une nuit d'été (le). *Chœur des gardes*.	MM. DEVRIÈS, NANSEN, DANGÈS et BELHOMME.	Marron
0109	Scène et air de Max (1re PARTIE). Scène et air de Max (2e PARTIE).	M. VAGUET (Opéra). M. Vaguet.	Marron

DISQUES PATHÉ double face. 55

CHANT. — OPÉRAS, OPÉRAS-COMIQUES (suite) (acc' d'orchestre) | COULEURS DES ÉTIQUETTES

Galathée (Victor Massé)

2543	Aimons, il faut aimer (DUO).	Mlle JANE MARIGNAN et M. BELHOMME.	Marron
	Aimons, il faut aimer (DUO).	Mlle Jane Marignan et M. Belhomme.	

GALATHÉE (Victor Massé)
Opéra-comique complet en 15 disques.
SÉRIE « LE THÉATRE CHEZ SOI » (Voir page 16)

Grisélidis (Massenet)

0028	Chanson d'Alain (acc' piano). Fille de Roland (la). Chanson des épées. (acc' piano).	M. LÉON BEYLE (Opéra-Comique). M. Léon Beyle.	Marron
0117	Chanson d'Alain. Miarka. Cantique d'amour.	M. VAGUET (Opéra). M. Vaguet.	Marron
0205	Il partit au printemps. Dragons de Villars (les). Il m'aime.	Mme ALINE VALLANDRI (Opéra-Com.) Mme Aline Vallandri.	Marron
0348	Loin de sa femme. Flûte enchantée (la). Couplet « C'est l'amour d'une belle ».	M. AQUISTAPACE (Opéra). M. Aquistapace.	Verte
0236	Loin de sa femme. Maître de Chapelle (le). Grand air.	M. PARMENTIER (Opéra-Comique). M. Parmentier.	Verte
0378	Loin de sa femme. Panurge. Chanson à boire.	M. ALLARD (Opéra-Comique). M. Allard.	Verte
0021	Oiseau captif (l'). Mourette. Des sourires d'enfants.	M. ALBERS (Opéra-Comique). M. Albers.	Marron

Guillaume Tell (Rossini)

2547	Ah! Mathilde, idole de mon âme (DUO). Pêcheurs de perles (les). Duo du 1er acte.	MM. FONTAINE et NOTÉ. MM. Fontaine et Noté.	Jaune
0238	Accours dans ma nacelle (Barcarolle). Juive (la). Loin de son amie.	M. LAMY (Théâtre de Monte-Carlo). M. Lamy.	Marron
0003	Asile héréditaire. Attaque du Moulin (l'). Les Adieux à la forêt.	M. AFFRE (Opéra). M. Affre.	Marron
0011	Asile héréditaire. Otello. Tout m'abandonne.	M. ALBANI (Scala, Milan). M. Albani.	Marron
0217	Asile héréditaire. Lakmé. Fantaisie aux ailes d'or.	M. CHARLES FONTAINE (Opéra). M. Charles Fontaine.	Verte
0146	Asile héréditaire. O Mathilde.	M. GAUTIER (Opéra). M. Gautier.	Marron
0138	Prière. Sois immobile. Hamlet. Spectre infernal.	M. DANGÈS (Opéra). M. Dangès.	Marron

PATHÉPHONE, 30, Bd des Italiens, Paris.

CHANT. — OPÉRAS, OPÉRAS-COMIQUES (suite) (acc¹ d'orchestre)

GUILLAUME TELL (ROSSINI) (suite).

N°	Titre	Interprète	Couleur
P. 2501	Ses jours (TRIO). / Huguenots (les). *Grand duo du IV⁰ acte.*	MM. AFFRE, ALBERS et BELHOMME. / M™ᵉ COMÈS et M. AFFRE.	Marron
0048	Sombre forêt. / Mignon. *Air de Titania.*	M¹¹ᵉ M™ᵉ CHARPANTIER (Op.-Com.). / M¹¹ᵉ Marguerite Charpantier.	Marron
0242	Sombre forêt. / Thaïs. *Qui te fait si sévère* (avec CHŒURS)	M¹¹ᵉ YVONNE GALL (Opéra). / M¹¹ᵉ Yvonne Gall.	Verte

Hamlet (A. THOMAS)

0072	Air de la folie. / Huguenots (les). *O beau pays de la Touraine.*	M™ᵉ X... (Opéra-Comique). / M™ᵉ X...	Marron
P. 0089	Chanson bachique. / Comme une pâle fleur.	M. NOTÉ (Opéra). / M. Noté.	Marron
0149	Chanson bachique. / Benvenuto Cellini. *De l'art, splendeur immortelle.*	M. ALBERS (Opéra-Comique). / M. Albers.	Marron
0226	Dans son regard plus sombre. / Hérodiade. *Ne me refuse pas.*	M¹¹ᵉ LAPEYRETTE (Opéra). / M¹¹ᵉ Lapeyrette.	Marron
2546	Doute de la lumière (DUO). / Gloria patri (DUO).	M¹¹ᵉ YVONNE GALL et M. NOTÉ (Opéra). / Yvonne Gall et M. Noté.	Jaune
0138	Spectre infernal. / Guillaume Tell. *Prière.*	M. DANGÈS (Opéra). / M. Dangès.	Marron
0322	Strophes. / Attaque du Moulin (l'). *Ah! la guerre.*	M™ᵉ LYSE CHARNY (Opéra). / M™ᵉ Lyse Charny.	Verte

Haydée (AUBER)

| 0062 | A la voix séduisante. / Caïd (le). *Air du Tambour-major.* | M. BELHOMME (Opéra-Comique). / M. Belhomme. | Marron |
| 0102 | Ah! que la nuit est belle. / Damnation de Faust (la). *Air de Faust.* | M. VAGUET (Opéra). / M. Vaguet. | Marron |

Henri VIII (SAINT-SAENS)

| P. 0090 | Qui donc commande? / Roi de Lahore (le). *Promesse de.* | M. NOTÉ (Opéra). / M. Noté. | Marron |
| 0155 | Qui donc commande? / Hérodiade. *Vision fugitive.* | M. CORPAIT (Opéra-Comique). / M. Corpait. | Marron |

Hérodiade (MASSENET)

0323	Air d'Hérodiade. / Si Dieu l'avait voulu.	M¹¹ᵉ LYSE CHARNY (Opéra). / M¹¹ᵉ Lyse Charny.	Verte
0325	Air de Jean. / Paillasse (LEONCAVALLO). *Pauvre Paillasse.*	M. GOFFIN (Opéra). / M. Goffin.	Verte
0005	Air de Jean. / Trouvère (le). *Exilé sur la terre.*	M. AFFRE (Opéra). / M. Affre.	Marron

Disques PATHÉ double face.

CHANT. — OPÉRAS, OPÉRAS-COMIQUES (suite) (acc. d'orchestre)

HÉRODIADE (MASSENET) (suite)

N°	Titre	Interprète	Étiquette
0114	Air de Jean. / Jocelyn, Berceuse.	M. VAGUET (Opéra). / M. Vaguet.	Marron
0370	Air de Jean. / Roméo et Juliette, Cavatine.	M. CHARLES FONTAINE (Opéra). / M. Charles Fontaine.	Verte
0388	Air de Phanuel, « Dors, ô Cité perverse ». / Chalet (le) « Arrêtons-nous ici », « L'aitante de l'Hélvétie ».	M. AQUISTAPACE (Opéra). / M. Aquistapace.	Verte
0054	Air de Salomé. / Africaine (l') Scène du Mancenillier.	Mme MATHILDE COMÈS (Gaîté-Lyrique).	Marron
0181	Grand air de Phanuel. / Saisons (les), Chanson du blé (ACC. PIANO).	M. BAER (Opéra). / M. Baer.	Marron
0056	Il est doux, il est bon. / Sigurd, Salut, splendeur du jour.	Mlle CHENAL (Opéra-Comique). / Mlle Chenal.	Marron
0209	Il est doux, il est bon. / Cid (le) Alleluia.	Mlle YVONNE GALL (Opéra). / Mlle Yvonne Gall.	Verte
0226	Ne me refuse pas. / Hamlet, Dans mon regard plus sombre.	Mme LAPEYRETTE (Opéra). / Mlle Lapeyrette.	Marron
P. 0091	Vision fugitive. / Patrie, Pauvre martyr obscur.	M. NOTÉ (Opéra). / M. Noté.	Marron
0232	Vision fugitive. / Faust, Mort de Valentin.	M. YVES NOËL (Opéra). / M. Yves Noël.	Marron
0155	Vision fugitive. / Henri VIII, Qui donc commande?	M. CORPAIT (Opéra-Comique). / M. Corpait.	Marron
0139	Vision fugitive. / Credo du Paysan (le).	M. DANGÈS (Opéra). / M. Dangès.	Marron
0215	Vision fugitive. / Barbier de Séville (le) Air de Figaro.	M. VIGNEAU (Opéra-Comique). / M. Vigneau.	Marron

Huguenots (les) (MEYERBEER)

N°	Titre	Interprète	Étiquette
0037	Bénédiction des poignards. / Robert le Diable, Valse infernale.	M. MARVINI (Opéra). / M. Marvini.	Marron
0029	Bénédiction des poignards (ACC. PIANO). / Faust, Scène de l'Église (ACC. PIANO).	M. DELMAS (Opéra). / M. Delmas.	Marron
0178	Bénédiction des poignards. / Jongleur de Notre-Dame (le) Tu me pardonnes.	M. DUPRÉ (Opéra-Comique). / M. Dupré.	Marron
P. 0153	Choral de Luther, Seigneur remparts. / Pif! Paf!	M. AUMONIER (Opéra, Nice). / M. Aumonier.	Marron
0006	Entrée de Raoul. / Plus blanche que la blanche hermine.	M. AFFRE (Opéra). / M. Affre.	Marron
P. 2501	Grand duo du IVe acte. / Guillaume Tell, Ses jours (TRIO).	Mme COMÈS et M. AFFRE. / MM. AFFRE, ALBERS et BELHOMME.	Marron
0072	O beau pays de la Touraine. / Hamlet, Air de la folie.	Mme X... (Opéra). / Mme X...	Marron
0009	Plus blanche que la blanche hermine. / Africaine (l') Air de Vasco de Gama.	M. ALBANI (Scala, Milan). / M. Albani.	Marron
0147	Plus blanche que la blanche hermine. / Martha, Lorsqu'à mes yeux.	M. GAUTIER (Opéra). / M. Gautier.	Marron
0375	Plus blanche que la blanche hermine. / Paillasse, Pauvre Paillasse.	M. RAZAVET (Théâtre de la Monnaie). / M. Razavet.	Marron
0377	Plus blanche que la blanche hermine. / Faust, Salut, ô mon dernier matin.	M. CHARLES FONTAINE (Opéra). / M. Charles Fontaine.	Verte

CHANT. — OPÉRAS, OPÉRAS-COMIQUES (suite) (acc' d'orchestre)

COULEURS DES ÉTIQUETTES

Jocelyn (B. Godard)

0114	Berceuse. Hérodiade. Air de Jean.	M. VAGUET (Opéra). M. Vaguet.	Marron
0243	Berceuse. Louise. Depuis le jour où je me suis donnée.	Mlle YVONNE GALL (Opéra). Mlle Yvonne Gall.	Verte

Joconde (la) (Nicolo)

0159	Dans un délire extrême. Tannhauser (le). Romance de l'Etoile.	M. BOUVET (Opéra-Comique). M. Bouvet.	Marron

Jolie Fille de Perth (la) (Bizet)

2526	Chœur de la forge. Cloches de Corneville (les). Chanson et chœur du IIIe acte.	MM. DE POUMAYRAC, NANSEN, DANGÈS et BELHOMME.	Marron
0143	Quand la flamme de l'amour. Barbier de Séville (le). Air de la Calomnie.	M. DUPRÉ (Opéra-Comique). M. Dupré.	Marron
0079	Quand la flamme de l'amour. Lakmé. Ton doux regard se voile.	M. BAER (Opéra). M. Baer.	Marron
0187	Quand la flamme de l'amour. Martha. Chanson du Porter.	M. BELHOMME (Opéra-Comique). M. Belhomme.	Marron

Jongleur de Notre-Dame (le) (Massenet)

0140	Légende de la sauge. Thaïs. Air d'Alexandrie.	M. DANGÈS (Opéra). M. Dangès.	Marron
0349	Légende de la Sauge. Basoche (la). Air du duc : Eh ! que ne parliez-vous.	M. ALLARD (Opéra-Comique). M. Allard.	Verte
0284	O liberté, m'amie. Noël de la Victoire. (Mélodie).	M. CHARLES FONTAINE (Opéra-Com.) M. Charles Fontaine.	Verte
0360	O liberté, m'amie. Vie de Bohème (la). Que cette main est froide.	M. CHARLES FRIANT (Opéra-Com.). M. Charles Friant.	Verte
0178	Tu seras pardonné. Huguenots (les). Bénédiction des poignards.	M. DUPRÉ (Opéra-Comique). M. Dupré.	Marron

Joseph (Méhul)

0222	A peine au sortir de l'enfance. Songe d'une nuit d'été (le). Stances.	M. VAGUET (Opéra). M. Vaguet.	Marron
0023	Champ paternel (acc^t piano). Africaine (l'). Air de Vasco de Gama. (acc^t piano).	M. ALVAREZ (Opéra). M. Alvarez.	Marron
0042	Vainement Pharaon. Roi d'Ys (le). l'aimement ma bien-aimée.	M. VAGUET (Opéra). M. Vaguet.	Marron

CHANT. — OPÉRAS, OPÉRAS-COMIQUES (suite) (acc' d'orchestre)

COULEURS DES ÉTIQUETTES

Juive (la) (HALÉVY)

N°	Titres	Interprètes	Couleur
0053	Air de Rachel. / Africaine (l'). *Air du Sommeil*.	Mme MATHILDE COMES (Gaîté-Lyrique).	Marron
0281	Dieu que ma voix tremblante. / Dimitri. (*Romance*).	M. CHARLES FONTAINE (Opéra-Com.) / M. Charles Fontaine.	Verte
0238	Loin de son amie. / Guillaume Tell. (*Barcarolle*). *Accours dans ma nacelle*.	M. LAMY (Théâtre de Monte-Carlo). / M. Lamy.	Marron
0285	Rachel quand du Seigneur. / Dimitri. *Invocation*.	M. CHARLES FONTAINE (Opéra-Com.) / M. Charles Fontaine.	Verte
0175	Rachel quand du Seigneur. / Prophète (le). *Roi du ciel*.	M. ALBANI (Scala, Milan). / M. Albani.	Marron
P. 0154	Vous qui du Dieu vivant (Malédiction). / Pardon de Ploërmel (le). *Air du chasseur*.	M. AUMONIER (Opéra. Nice). / M. Aumonier.	Marron

Lakmé (LÉO DELIBES)

N°	Titres	Interprètes	Couleur
2022	Ah ! viens dans la forêt. Cantilène. / Il est d'étranges soirs (ANDRÉ ROUBAUD). (*Mélodie*).	M. CLÉMENT (Opéra-Comique). / M. Clément.	Verte
0059	Air des clochettes. / Mireille. *Valse*.	Mme VALLANDRI (Opéra-Comique). / Mme Vallandri.	Marron
2555	C'est le Dieu de la jeunesse (DUO). / Roi d'Ys (le). *A l'autel j'allais rayonnant* (DUO).	Mme NINON VALLIN et M. MARNY. / Mme Ninon Vallin et M. Marny.	Jaune
0171	Dans la forêt profonde. / Manon. *Je suis encore tout étourdie*.	Mme NINON VALLIN (Opéra-Comique). / Mme Ninon Vallin.	Verte
0119	Fantaisie aux ailes d'or. / Werther. *Pourquoi me réveiller*.	M. CLÉMENT (Opéra-Comique). / M. Clément.	Verte
0217	Fantaisie aux ailes d'or. / Guillaume Tell. *Asile héréditaire*.	M. CHARLES FONTAINE (Opéra). / M. Charles Fontaine.	Verte
0357	Fantaisie aux ailes d'or. / Werther. *Pourquoi me réveiller...*	M. CHARLES FRIANT (Opéra-Com.). / M. Charles Friant.	Verte
0257	Pourquoi dans les grands bois. / Mireille. (GOUNOD). *A vos pieds hélas, me voilà* (avec chœurs).	Mlle MARCELLE RAGON (Opéra-Com.). / Mlle Marcelle Ragon.	Marron
0366	Pourquoi dans les grands bois. / Contes d'Hoffmann. *Elle a fui la tourterelle*.	Mlle YVONNE GALL (Opéra). / Mlle Yvonne Gall.	Verte
0353	Ton doux regard se voile. / Faust. *Air du veau d'or*.	M. AQUISTAPACE (Opéra). / M. Aquistapace.	Verte
0079	Ton doux regard se voile (ACC^t PIANO). / Jolie Fille de Perth (la). *Quand la flamme de l'amour* (ACC^t PIANO).	M. BAER (Opéra). / M. Baer.	Marron

CHANT. — OPÉRAS, OPÉRAS-COMIQUES (suite) (acc¹ d'orchestre)

COULEURS DES ÉTIQUETTES

LAKMÉ (Léo Delibes) (suite).

N°	Titre	Interprète	Couleur
0034	Ton doux regard se voile. / Aben-Hamet. *Air d'Aben-Hamet.*	M. NOTÉ (Opéra). / M. Noté.	Marron
0343	Ton doux regard se voile. / Paillasse. *Prologue.*	M. VIGNEAU (Opéra-Comique). / M. Vigneau.	Verte
0172	Tu m'as donné le plus doux rêve. / Paillasse. *Ballade de Nedda.*	Mme NINON VALLIN (Opéra-Comique). / Mme Ninon Vallin.	Verte
0133	Tu m'as donné le plus doux rêve (acc¹ piano). / Thaïs. *L'amour est une...* (acc¹ piano).	Mme JANE MÉREY (Opéra-Comique). / Mme Jane Mérey.	Marron

Lalla-Roukh (F. David)

| 0229 | Ma maîtresse a quitté la tente. / Fanchonnette (la). *Romance.* | M. CAPITAINE (Opéra-Comique). / M. Capitaine. | Marron |
| 0043 | Ma maîtresse a quitté la tente. / Paul et Virginie. *Par quel charme...* | M. VAGUET (Opéra). / M. Vaguet. | Marron |

Lohengrin (Wagner)

0312	Adieux de Lohengrin (les) (en italien). / Otello. *Mort d'Otello* (en italien).	M. BORGATTI (Ténor italien). / M. Borgatti.	Grise
0287	Adieux de Lohengrin (les). / Soleil de la France (Mélodie).	M. FRANZ (Opéra). / M. Franz.	Verte
0069	Ma confiance en toi s'est bien montrée (Exhortation à Elsa). / Sigurd. *Esprits gardiens.*	M. VAGUET (Opéra) / M. Vaguet.	Marron
0313	Mon Cygne aimé (1re partie) (en italien). / Mon Cygne aimé (2e partie) (en italien).	M. BORGATTI (Ténor italien). / M. Borgatti.	Grise
0115	Récit du Graal. / Cid (le). *Prière.*	M. VAGUET (Opéra). / M. Vaguet.	Marron
0264	Récit du Graal. / Musique lointaine (André Roubaud) (Mélodie).	M. FRANZ (Opéra). / M. Franz.	Verte
0314	Récit du Graal (en italien). / Dis-moi ! ils ne t'enchantent pas ? (en italien).	M. BORGATTI (Ténor italien). / M. Borgatti.	Grise
0376	Récit du Graal. / Aïda. *O céleste Aïda.*	M. CHARLES FONTAINE (Opéra). / M. Charles Fontaine.	Verte
0292	Rêve d'Elsa. / Air du balcon.	Mlle YVONNE GALL (Opéra). / Mlle Yvonne Gall.	Verte

Louise (G. Charpentier)

| 0095 | Dans la Cité lointaine. / Barbier de Séville (le). *Des rayons de l'aurore* (acc¹ piano). | M. VAGUET (Opéra). / M. Vaguet. | Marron |

Disques PATHÉ double face. 61

CHANT. — OPÉRAS, OPÉRAS COMIQUES (suite) acc* d'orchestre | COULEURS DES ÉTIQUETTES

LOUISE (G. CHARPENTIER) (suite).

N°	Titres	Artistes	Couleur
0243	Depuis le jour où je me suis donnée. Jocelyn, Berceuse.	Mlle YVONNE GALL (Opéra). Mlle Yvonne Gall.	Verte
0075	Depuis le jour où je me suis donnée. Manon. Adieu notre petite table.	Mme NINON VALLIN (Opéra-Comique). Mme Ninon Vallin.	Verte
0182	Depuis le jour où je me suis donnée. Pré aux Clercs (le). Jours de mon enfance.	Mme JANE MORLET (Trianon-Lyrique). Mme Jane Morlet.	Marron
0315	Depuis le jour où je me suis donnée. Contes d'Hoffmann (les). Elle a fui la tourterelle.	Mlle GENEVIÈVE VIX (Op. Com.). Mlle Geneviève Vix.	Verte

Lucie de Lammermoor (DONIZETTI)

| 0036 | D'un amour qui me brave. Messaline. O nuit d'amour. | M. NOTÉ (Opéra). M. Noté. | Marron |

Madame Butterfly (PUCCINI)

2558	Duo du Ier acte (1re PARTIE). Duo du Ier acte (2e PARTIE).	Mme FANNY HELDY et M. JEAN MARNY. Mme Fanny Heldy et M. Jean Marny.	Jaune
0330	Entrée de Butterfly (1er ACTE) (en italien). Bohème (la). Mi chiamano Mimi (en italien).	Mme CLAUDIA MUZIO (Soprano). Mme Claudia Muzio.	Verte
0170	Sur la mer calmée. Bohème (la). Adieu de Mimi.	Mme NINON VALLIN (Opéra-Comique). Mme Ninon Vallin.	Verte
0317	Sur la mer calmée. Aïtar. Air de l'Oasis.	Mme FANNY HELDY (Opéra). Mme Fanny Heldy.	Verte
0368	Sur la mer calmée. Tosca (la). Prière de Tosca.	Mlle DE LUZA (Opéra). Mlle De Luza.	Marron
0198	Un bel di vedremo (en italien). Bohème (la). Mi chiamano Mimi.	Mme MARIA KOUSNEZOFF (Opéra). Mme Maria Kousnezoff.	Verte

Mage (le) (MASSENET)

| 0007 | Air du Mage. Roméo et Juliette, Cavatine. | M. AFFRE (Opéra). M. Affre. | Marron |
| 0280 | Air de Zarastra. Basoche (la). Chanson ancienne. | M. CLÉMENT (Opéra-Comique). M. Clément. | Verte |

Maître de Chapelle (le) (PAER)

| 0236 | Grand air. Grisélidis. Loin de sa femme. | M. PARMENTIER (Opéra-Comique). M. Parmentier. | Verte |

Maître Pathelin (BAZIN)

| 0044 | Je pense à vous... Si j'étais Roi. J'ignorais son nom. | M. VAGUET (Opéra). M. Vaguet. | Marron |

CHANT. — OPÉRAS, OPÉRAS-COMIQUES (suite) (acc¹ d'orchestre)

Maîtres-Chanteurs (les) (WAGNER)

0272	L'aube vermeille. Parsifal. Une âme seule est pure.	M. FRANZ (Opéra). M. Franz.	Verte

Manon (MASSENET)

0169	A nous les amours et les roses. Timbre d'argent (le). Le bonheur est chose légère (ACC¹ VIOLON et PIANO).	Mme NINON VALLIN (Opéra-Comique). Mme Ninon Vallin.	Verte
0241	A nous les amours et les roses (avec CHŒURS). Profitons bien de la jeunesse (avec CHŒURS).	Mlle YVONNE GALL (Opéra). Mlle Yvonne Gall.	Verte
0058	A nous les amours et les roses (ACC¹ PIANO). Traviata (la). Brindisi (ACC¹ PIANO).	Mme JANE MÉREY (Opéra-Comique). Mme Jane Mérey.	Marron
0235	A quoi bon l'économie. Ne bronchez pas.	M. PARMENTIER (Opéra-Comique). M. Parmentier.	Verte
0240	Adieu notre petite table. Je marche sur tous les chemins.	Mlle YVONNE GALL (Opéra). Mlle Yvonne Gall.	Verte
0225	Adieu notre petite table (ACC¹ PIANO). Je suis encore tout étourdie (ACC¹ PIANO).	Mme JANE MÉREY (Opéra-Comique). Mme Jane Mérey.	Marron
0168	Adieu notre petite table. Fille du Régiment (la). Salut à la France.	Mlle SAJMAN (Opéra-Comique). Mlle Sajman.	Marron
0122	Adieu notre petite table. Gavotte.	Mme MARIA KOUSNEZOFF (Opéra). Mme Maria Kousnezoff.	Verte
0075	Adieu notre petite table. Louise. Depuis le jour.	Mme NINON VALLIN (Opéra-Comique). Mme Ninon Vallin.	Verte
0120	Ah ! fuyez douce image. Cavalleria Rusticana. Sicilienne (ACC¹ PIANO).	M. CLÉMENT (Opéra-Comique). M. Clément.	Verte
0249	Ah ! fuyez douce image. Roi d'Ys (le). Aubade.	M. MURATORE (Opéra). M. Muratore.	Jaune
0372	Ah ! fuyez douce image. Africaine (l'). Grand air du 1er acte.	M. RAZAVET (Théâtre de la Monnaie). M. Razavet.	Marron
0262	Air des regrets. Contes d'Hoffmann (les). Elle a fui la tourterelle. Romance.	Mme NINON VALLIN (Opéra-Comique). Mme Ninon Vallin.	Verte
10243	Chiudo gli occhi. Sogno. Arlesiana (l'). Lamenti di Frederico.	M. TITO SCHIPA (Ténor Italien). M. Tito Schipa.	Verte
2503	Duo de la lettre. Duo de la rencontre.	Mme VALLANDRI et M. VAGUET. Mme Vallandri et M. Vaguet.	Marron
2519	Duo de la lettre. Mireille. Duo du 1er acte.	Mme NINON VALLIN et M. BEYLE. Mme Ninon Vallin et M. Beyle.	Marron
2534	Duo de la rencontre (ACC¹ PIANO). Roi d'Ys (le). A l'autel j'allais... (ACC¹ PIANO).	Mme MARGUERITE CARRÉ et M. LÉON BEYLE. Mme Carré et M. Léon Beyle.	Marron
0193	Duo de la rencontre (1re PARTIE). Mignon. Adieu, Mignon, courage.	Mme NINON VALLIN et M. LÉON BEYLE. M. LÉON BEYLE.	Marron

Disques PATHÉ double face. 63

CHANT. — OPÉRAS, OPÉRAS-COMIQUES (suite) (acc¹ d'orchestre)

COULEURS DES ÉTIQUETTES

MANON (MASSENET) (suite).

N°	Titre	Interprète	Étiquette
2553	Duo du Séminaire (1ʳᵉ PARTIE). / Duo du Séminaire (2ᵉ PARTIE).	Mme NINON VALLIN et M. MARNY. / Mme Ninon Vallin et M. Marny.	Jaune
0163	Épouse quelque brave fille. / Rigoletto. *Courtisans*.	M. DANGÈS (Opéra). / M. Dangès.	Marron
0080	Épouse quelque brave fille. / Philémon et Baucis. *Air de Vulcain*.	M. BAER (Opéra). / M. Baer.	Marron
0302	Gavotte. / Air du Cours-la-Reine.	Mlle GENEVIÈVE VIX (Opéra-Comique). / Mlle Geneviève Vix.	Verte
0211	Je suis encore tout étourdie. / Rigoletto. *Air de Gilda*.	Mlle YVONNE GALL (Opéra). / Mlle Yvonne Gall.	Verte
0171	Je suis encore tout étourdie. / Lakmé. *Dans la forêt profonde*.	Mme NINON VALLIN (Opéra-Comique). / Mme Ninon Vallin.	Verte
0027	Rêve de Des Grieux (le) (ACC¹ PIANO). / Carmen. *La fleur que tu m'avais jetée* (ACC¹ PIANO).	M. LÉON BEYLE (Opéra-Comique). / M. Léon Beyle.	Marron
0041	Rêve de Des Grieux (le). / Fille du Tambour-major (la). *Tout en tirant mon aiguille*.	M. VAGUET (Opéra). / M. Vaguet.	Marron
0121	Rêve de Des Grieux (le). / Dame Blanche (la). *Cavatine*.	M. CLÉMENT (Opéra-Comique). / M. Clément.	Verte
0291	Rêve de Des Grieux (le). / Paillasse. *Paillasse n'est plus*.	M. CAMPAGNOLA (Opéra). / M. Campagnola.	Verte

MANON (MASSENET)

Opéra-comique complet en 24 disques.
SÉRIE "LE THÉÂTRE CHEZ SOI" (Voir page 21)

Marie-Magdeleine (MASSENET)

N°	Titre	Interprète	Étiquette
0354	C'est ici même à cette place. / Werther. *Air des lettres*.	Mme LYSE CHARNY (Opéra). / Mme Lyse Charny.	Verte
0184	Mon bien-aimé (IIIᵉ acte). / Samson et Dalila. *Mon cœur s'ouvre à ta voix*.	Mlle MÉRENTIÉ (Opéra). / Mlle Mérentié.	Marron
2523	Prière. / Flûte enchantée (la). *Chœur des Prêtres*.	MM. DE POUMAYRAC-NANSEN, DANGÈS et BELHOMME.	Marron

Marouf Savetier du Caire (H. RABAUD)

N°	Titre	Interprète	Étiquette
0237	Il est des musulmans. / La Caravane.	M. PARMENTIER (Opéra-Comique). / M. Parmentier.	Verte

Martha (FLOTOW)

N°	Titre	Interprète	Étiquette
0112	Air des larmes. / Roméo et Juliette. *Scène du tombeau*.	M. VAGUET (Opéra). / M. Vaguet.	Marron
0157	Air des larmes. / Tosca (la). *Air de la lettre*.	M. LÉON BEYLE (Opéra-Comique). / M. Léon Beyle.	Marron
0328	Canzone del Portier (en italien). / Ernani (VERDI). *Infelice e tu credevi* (en italien).	M. ADAMO DIDUR (Basse). / M. Adamo Didur.	Verte

PATHÉPHONE, 30, Bd des Italiens, PARIS.

CHANT. — OPÉRAS, OPÉRAS-COMIQUES (suite) (acc¹ d'orchestre)

MARTHA (FLOTOW) (suite).

			COULEURS DES ÉTIQUETTES
0187	Chanson du Porter. Jolie fille de Perth (la). Quand la flamme de l'amour.	M. BELHOMME (Opéra-Comique). M. Belhomme.	Marron
0147	Lorsqu'à mes yeux. Huguenots (les). Plus blanche que la blanche...	M. GAUTIER (Opéra). M. Gautier.	Marron
0025	Lorsqu'à mes yeux (ACC¹ PIANO). Roméo et Juliette. Cavatine (ACC¹ PIANO).	M. ALVAREZ (Opéra). M. Alvarez.	Marron

Médecin malgré lui (le) (GOUNOD)

| 0351 | Air des ujougjous. Philémon et Baucis. Air de Vulcain. | M. AQUISTAPACE (Opéra). M. Aquistapace. | Verte |

Méphistophélès (BOITO)

0263	Mort de Marguerite (la). Noces de Figaro (les). Air de Suzanne.	Mᵐᵉ NINON VALLIN (Opéra-Comique). Mᵐᵉ Ninon Vallin.	Verte
P. 0008	Romance de Faust (Iᵉʳ acte). Sigurd. Esprits gardiens.	M. AFFRE (Opéra). M. Affre.	Marron
P. 0176	Romance de Faust (IVᵉ acte). Malgré moi (Mélodie) (PFEIFFER).	M. AFFRE (Opéra). M. Affre.	Marron

Messaline (I. DE LARA)

0015	O nuit d'amour. Aigle (l'), Tu sais bien que parfois.	M. ALBERS (Opéra-Comique). M. Albers.	Marron
P. 0036	O nuit d'amour. Lucie de Lammermoor. D'un amour qui...	M. NOTÉ (Opéra). M. Noté.	Marron
P. 0164	Viens aimer. Carillonneur de Bruges (le). Sonnez, sonnez.	M. GHASNE (Opéra-Comique). M. Ghasne.	Marron

Miarka (A. GEORGES)

| 0117 | Cantique d'amour. Grisélidis. Chanson d'Alain. | M. VAGUET (Opéra). M. Vaguet. | Marron |
| 0134 | Hymne au soleil. Favorite (la). O mon Fernand. | Mᵐᵉ DELNA (Opéra). Mᵐᵉ Delna. | Marron |

Mignon (A. THOMAS)

0116	Adieu Mignon, courage. Elle ne croyait pas.	M. VAGUET (Opéra). M. Vaguet.	Marron
0193	Adieu Mignon, courage. Manon, Duo de la rencontre (Iʳᵉ PARTIE).	M. LÉON BEYLE (Opéra-Comique). Mᵐᵉ Ninon Vallin et M. Léon Beyle.	Marron
0124	Adieu Mignon, courage. Elle ne croyait pas.	M. DEVRIÈS (Opéra-Comique). M. Devriès.	Marron
0363	Adieu Mignon, courage. Orphée. Air : J'ai perdu mon Eurydice.	M. RAZAVET (Théâtre de la Monnaie). M. Razavet.	Marron
0048	Air de Titania. Guillaume Tell. Sombre forêt.	Mˡˡᵉ MARGUERITE CHARPANTIER (Opéra-Comique).	Marron

Disques PATHÉ double face 65

CHANT. — OPÉRAS, OPÉRAS-COMIQUES (suite) (acc¹ d'orchestre)

MIGNON (A. THOMAS) (suite)

N°	Titres	Interprètes	Couleurs des étiquettes
3137	Berceuse. / Chanson pour Jean (Mélodie) (E. CHIZAT).	M. BELHOMME (Opéra-Comique). / M. Belhomme.	Marron
2529	Chanson du dimanche. / Chalet (le). Chœur des buveurs.	CHŒURS (Opéra-Comique). / Chœurs.	Marron
0206	Connais-tu le pays... / Werther. Air des larmes.	Mlle MÉRENTIÉ (Opéra). / Mlle Mérentié.	Marron
0074	Connais-tu le pays... / Bohème (la). Couplets de Mimi.	Mme NINON VALLIN (Opéra-Comique). / Mme Ninon Vallin.	Verte
2535	Duo des Hirondelles. / Pré aux clercs (le) (DUO). Les rendez-vous.	Mme VALLANDRI et M. BELHOMME. / Mlle MARIGNAN et M. BELHOMME.	Marron
0173	Elle est là près de lui. / Thaïs. Scène du miroir.	Mme NINON VALLIN (Opéra-Comique). / Mme Ninon Vallin.	Verte
0158	Elle ne croyait pas. (ACC¹ PIANO). / Si j'étais Roi. J'ignorais son nom.	M. LÉON BEYLE (Opéra-Comique). / M. Léon Beyle.	Marron
0221	Elle ne croyait pas. / L'attaque du Moulin. Adieux à la forêt.	M. CHARLES FONTAINE (Opéra). / M. Charles Fontaine.	Verte
0148	Elle ne croyait pas. / Werther. Pourquoi me réveiller.	M. GAUTIER (Opéra). / M. Gautier.	Marron
0251	Elle ne croyait pas. / Werther. Pourquoi me réveiller.	M. MURATORE (Opéra). / M. Muratore.	Jaune

Mireille (GOUNOD)

N°	Titres	Interprètes	Couleurs
0257	A vos pieds hélas, me voilà (avec chœurs) / Lakmé (Léo DELIBES). Pourquoi dans les grands bois.	Mlle MARCELLE RAGON (Opéra-Com.) / Mlle Marcelle Ragon.	Marron
0110	Anges du Paradis. / Roméo et Juliette. Ah ! lève-toi soleil.	M. VAGUET (Opéra). / M. Vaguet.	Marron
0156	Anges du Paradis. / Cavalleria Rusticana. Sicilienne.	M. LÉON BEYLE (Opéra-Comique). / M. Léon Beyle.	Marron
0374	Anges du Paradis. Cavatine. / Werther. Invocation à la nature.	M. RAZAVET (Théâtre de la Monnaie). / M. Razavet.	Marron
2554	Chanson de Magali (DUO) / La Foi de son Flambeau divin (DUO)	Mme NINON VALLIN et M. MARNY. / Mme Ninon Vallin et M. Marny.	Jaune
2519	Duo du 1er acte. / Manon. Duo de la lettre.	Mme NINON VALLIN et / M. LÉON BEYLE.	Marron
0201	Heureux petit berger. / Fille du Régiment (la). Il faut partir.	Mlle MARIE THIÉRY (Opéra-Comique). / Mlle Marie Thiéry.	Marron
P. 0097	Si les filles (Couplets). / Tannhauser (le). En contemplant...	M. NOTÉ (Opéra). / M. Noté.	Marron
0361	Si les filles d'Arles sont Reines « Couplet d'Ourias ». / Roi de Lahore (le). Promesse de mon avenir.	M. VIGNEAU (Opéra-Comique). / M. Vigneau.	Verte
0385	Si les filles d'Arles sont Reines « Couplet d'Ourias ». / Paillasse. Berceuse.	M. ALLARD (Opéra-Comique). / M. Allard.	Verte
0059	Valse. / Lakmé. Air des clochettes.	Mme VALLANDRI (Opéra-Comique). / Mme Vallandri.	Marron
2520	Vincenette à votre âge (DUO) / Roméo et Juliette. Madrigal (DUO).	Mme VALLANDRI et M. VAGUET. / Mme Vallandri et M. Vaguet.	Marron

CHANT. — OPÉRAS, OPÉRAS-COMIQUES (suite) (acc¹ d'orchestre)

Mourette (Pons)

0021 { Des sourires d'enfants. M. ALBERS (Opéra-Comique). — Marron
       Grisélidis. L'oiseau captif. M. Albers.

Mousquetaires de la Reine (les) (Halévy)

0346 { Couplets d'Olivier « Enfin un jour plus doux M. LAMY (Théâtre de Monte-Carlo). — Marron
       se lève ».
       Voyage en Chine (le). Romance « Vers M. Lamy.
       notre beau pays de France »

0111 { Romance. M. VAGUET (Opéra). — Marron
       Paillasse. Pauvre Paillasse. M. Vaguet.

Muette de Portici (la) (Auber)

2548 { Amour sacré (DUO). MM. FONTAINE et NOTÉ. — Jaune
       Reine de Chypre (la) (DUO). MM. Fontaine et Noté.

Mule de Pedro (la) (Victor Massé)

0342 { Chanson de la Mule. M. PONZIO (Théâtre de la Monnaie). — Verte
       Si j'étais Roi. Dans le sommeil. M. Ponzio.

Navarraise (la) (Massenet)

0282 { Aria. M. CHARLES FONTAINE (Opéra-Com.) — Verte
       Thérèse. Ah t'tais-toi. M. Charles Fontaine.

Néron (Rubinstein)

0081 { Hymen ! Hymen ! (Épithalame). M. NOTÉ (Opéra). — Marron
       Bal masqué (le). Ah ! c'est Dieu. M. Noté.

Noces Corinthiennes (les) (Henri Busser)

0345 { Air de Daphné. Cher Hipplas. Mlle YVONNE GALL (Opéra). — Verte
       Silence de la nuit. Mlle Yvonne Gall.

Noces de Figaro (les) (Mozart)

0383 { Air de Suzanne. O nuit enchanteresse. Mme RITTER CIAMPI (Opéra). — Verte
       Air de Suzanne (suite). Viens cher amant. Mme Ritter Ciampi.

0263 { Air de Suzanne. Mme NINON VALLIN (Opéra-Comique). — Verte
       Méphistophélès. La mort de Marguerite. Mme Ninon Vallin.

0131 { Je ne sais quelle ardeur me pénètre. Mlle MARGUERITE CHARPANTIER — Marron
       Robert le Diable. Robert ! Robert ! toi... (Opéra-Comique).

0308 { Mon cœur soupire. Mlle YVONNE GALL (Opéra). — Verte
       Marguerite au rouet (Poème lyrique). Mlle Yvonne Gall.

9288 { Mon cœur soupire. Mme EMMA CALVÉ. — Verte
       Amour que veux-tu de moi (Mélodie). Mme Emma Calvé.

Disques PATHÉ double face. 67

CHANT. — OPÉRAS, OPÉRAS-COMIQUES (suite) (acc¹ d'orchestre) | COULEURS DES ÉTIQUETTES

Noces de Jeannette (les) (V. MASSÉ)

0132	Air du Rossignol. / Parmi tant d'amoureux.	M¹¹ᵉ MARGUERITE CHARPANTIER (Opéra-Comique).	Marron
0256	Cours mon aiguille. / Amoureux de Catherine (les). Doux pays d'Alsace (avec chœurs).	M¹¹ᵉ MARCELLE RAGON (Opéra-Com.). / M¹¹ᵉ Marcelle Ragon.	Marron
0160	Enfin, me voilà seul. / Richard Cœur de Lion. O Richard.	M. BOYER (Opéra-Comique). / M. Boyer.	Marron

Noces de Jeannette (les) (V. MASSÉ)

Opéra-Comique complet en 10 disques.
SÉRIE " LE THÉATRE CHEZ SOI ! " (Voir page 25).

Norma (BELLINI)

| 0331 | Casta Diva (en italien). / Africaine (l'). In grembo a me (en italien). | Mᵐᵉ ROSA RAISA (Soprano). / Mᵐᵉ Rosa Raisa. | Verte |

Nuits persanes (les) (SAINT-SAËNS)

| 0113 | Air du cimetière. / Air du sabre. | M. VAGUET (Opéra). / M. Vaguet. | Marron |

Ombre (l') (FLOTOW)

| P. 0092 | Couplets de midi, minuit. / Paillasse. Un jour comme un murmure. | M. NOTÉ (Opéra). / M. Noté. | Marron |
| 0214 | Couplets de midi, minuit. / Portugio. Chasse cette crainte importune. | M. VIGNEAU (Opéra-Comique). / M. Vigneau. | Marron |

Orphée (GLUCK)

| 0190 | J'ai perdu mon Eurydice. / Favorite (la). Duo du IVᵉ acte (acc¹ PIANO). | Mᵐᵉ DELNA (Opéra). / Mᵐᵉ Delna et M. Alvarez. | Marron |
| 0363 | J'ai perdu mon Eurydice. / Mignon. Adieu Mignon, courage. | M. RAZAVET (Théâtre de la Monnaie). / M. Razavet. | Marron |

Otello (VERDI)

0296	Ave Maria. / Chanson du saule.	M¹¹ᵉ YVONNE GALL (Opéra). / M¹¹ᵉ Yvonne Gall.	Verte
0161	Credo de Iago. / Cinq-Mars. Sur le flot qui vous entraîne.	M. ALBERS (Opéra-Comique). / M. Albers.	Marron
0312	Mort d'Otello (en italien). / Lohengrin. Les adieux de Lohengrin (en italien).	M. BORGATTI (Ténor Italien). / M. Borgatti.	Grise
0011	Tout m'abandonne. / Guillaume Tell. Asile héréditaire.	M. ALBANI (Scala, Milan). / M. Albani.	Marron

Parsifal (WAGNER)

| 9272 | Une âme seule est pure. / .... | M. FRANZ (Opéra). / M. Franz. | Verte |

CHANT. — OPÉRAS, OPÉRAS-COMIQUES (suite) (acc⁺ d'orchestre)

COULEURS DES ÉTIQUETTES

Paillasse (LEONCAVALLO)

N°	Titre	Interprète	Couleur
0172	Ballade de Nedda. Lakmé. Tu m'as donné le plus doux rêve.	Mme NINON VALLIN (Opéra-Comique). Mme Ninon Vallin.	Verte
0061	Entrata de Pagliaccio (ACC⁺ PIANO). Povero Pagliaccio (ACC⁺ PIANO).	M. ALVAREZ (Opéra). M. Alvarez.	Marron
0291	Paillasse il est plus. Manon. L' rêve de Des Grieux.	M. CAMPAGNOLA (Opéra). M. Campagnola.	Verte
0375	Pauvre Paillasse. Huguenots (les). Plus blanche que la blanche hermine.	M. RAZAVET (Théâtre de la Monnaie). M. Razavet.	Marron
0325	Pauvre Paillasse. Hérodiade (MASSENET). Air de Jean.	M. GOFFIN (Opéra). M. Goffin.	Verte
0012	Pauvre Paillasse. Werther. Pourquoi me réveiller.	M. ALBANI (Scala, Milan). M. Albani.	Marron
0204	Pauvre Paillasse (ACC⁺ PIANO). Sigurd. Un souvenir poignant (ACC⁺ PIANO).	M. ALVAREZ (Opéra). M. Alvarez.	Marron
0218	Pauvre Paillasse. Tosca (la). O de beautés égales.	M. CHARLES FONTAINE (Opéra). M. Charles Fontaine.	Verte
0111	Pauvre Paillasse. Mousquetaires de la Reine (les) Romance.	M. VAGUET (Opéra). M. Vaguet.	Marron
0305	Prologue. Barbier de Séville (le). Air de Bartholo.	M. ALLARD (Opéra-Comique). M. Allard.	Verte
0020	Prologue. Faust. Scène de l'Église.	M. ALBERS (Opéra-Comique). M. Albers.	Marron
0350	Prologue. Barbier de Séville (le). Air de la Calomnie.	M. AQUISTAPACE (Opéra). M. Aquistapace.	Verte
0343	Prologue. Lakmé. Ton doux regard se voile.	M. VIGNEAU (Opéra-Comique). M. Vigneau.	Verte
0386	Serenata d'Arlecchino. Tosca (la). O dolci mani.	M. TITO SCHIPA (Ténor italien). M. Tito Schipa.	Verte
P. 0092	Un jour comme un murmure. Ombre (l'). Couplets de midi, minuit.	M. NOTÉ (Opéra). M. Noté.	Marron

Pardon de Ploërmel (le) (MEYERBEER)

N°	Titre	Interprète	Couleur
0063	Air du chasseur. Caïd (le). Le Diable.	M. BELHOMME (Opéra-Comique). M. Belhomme.	Marron
P. 0154	Air du chasseur. Juive (la). Vous qui du Dieu vivant.	M. AUMONIER (Opéra, Nice). M. Aumonier.	Marron
0022	O puissante, puissante magie. Enfin l'heure est venue.	M. ALBERS (Opéra-Comique). M. Albers.	Marron

Patrie (PALADILHE)

N°	Titre	Interprète	Couleur
P. 0084	Air de Rysoor. (C'est ici). Charles VI. C'est grand pitié.	M. NOTÉ (Opéra). M. Noté.	Marron
0067	Air du sonneur. Vallon (le). (Mélodie).	M. BELHOMME (Opéra-Comique). M. Belhomme.	Marron
0045	Madrigal. Tosca (la). Le vol toscan d'un oeil.	M. VAGUET (Opéra). M. Vaguet.	Marron

Disques PATHÉ double face

CHANT. — OPÉRAS, OPÉRAS-COMIQUES (suite) (avec orchestre)

PATRIE (PALADILHE) (suite)

0014	Pauvre martyr obscur	M. ALBERS (Opéra-Comique)	Marron
	Aïeul (l')	M. Albers	
0091	Pauvre martyr obscur	M. NOTÉ (Opéra)	Marron
	Hérodiade. Vision fugitive	M. Noté	

Paul et Virginie (V. Massé)

| 0043 | Par quel charme, dis-moi? | M. VAGUET (Opéra) | Marron |
| | Lalla Roukh. Ma maîtresse a | M. Vaguet | |

Pêcheurs de Perles (les) (Bizet)

| 2347 | Duo du 1er acte | MM. FONTAINE et NOTÉ | Jaune |
| | Guillaume Tell. À Mathilde (acte 2) mon âme (DUO) | MM. Fontaine et Noté | |

Perle du Brésil (la) (Félicien David)

| 0276 | Couplets du Mysoli (1re PARTIE) | Mme EMMA CALVÉ | Verte |
| | Couplets du Mysoli (2e PARTIE) | Mme Emma Calvé | |

Philémon et Baucis (Gounod)

0351	Air de Vulcain	M. ARIUSTAPACE (Opéra)	Verte
	Médecin malgré lui (le). Air du docteur	M. Ariustapace	
0080	Air de Vulcain	M. BAER (Opéra)	Marron
	Manon. Épouse quelque brave fille	M. Baer	
0098	Air de Vulcain	M. BELHOMME (Opéra-Comique)	Marron
	Faust.	M. Belhomme	

Postillon de Longjumeau (le) (Adam)

0066	Air bouffe	M. BELHOMME (Opéra-Comique)	Marron
	Colombe (la). Couplets des épouseux	M. Belhomme	
0347	Romance de la tourterelle	M. LAMY (Théâtre de Monte-Carlo)	Marron
	Ronde du Postillon (1er acte)	M. Lamy	
0228	Ronde du postillon	M. CAPITAINE (Opéra-Comique)	Marron
	Romance de la tourterelle	M. Capitaine	

Pré aux Clercs (le) (Hérold)

0231	Ce soir j'arrive donc (Air)	M. CAPITAINE (Opéra-Comique)	Marron
	Fille du Régiment (la). Pour me rapprocher de Marie	M. Capitaine	
0182	Jours de mon enfance	Mme MORLET (Trianon-Lyrique)	Marron
	Louise. Depuis le jour où je me suis donnée	Mme Morlet	
2535	Rendez-vous (DUO)	Mlle MARIGNAN et M. BELHOMME	Marron
	Mignon. Duo des Hirondelles	Mme VALLANDRI et M. BELHOMME	

CHANT. — OPÉRAS, OPÉRAS-COMIQUES (suite) (acc¹ d'orchestre) | COULEURS DES ÉTIQUETTES

Prophète (le) (MEYERBEER)

0166	Ah ! mon fils (Arioso).	Mlle LAPEYRETTE (Opéra).	Marron
	Samson et Dalila. *Cantabile*.	Mlle Lapeyrette.	
0175	Roi du ciel.	M. ALBANI (Scala, Milan).	Marron
	Juive (la). *Rachel quand du Seigneur*.	M. Albani.	

Quo Vadis ? (J.-C¹. NOUGUÈS)

0150	Errer à travers les mers.	M. ALBERS (Opéra-Comique).	Marron
	Contes d'Hoffmann (les). *Scintille diamant*.	M. Albers.	

Reine de Chypre (la) (HALÉVY)

2548	Duo.	MM. FONTAINE et NOTÉ.	Jaune
	Muette de Portici (la). *Amour sacré* (DUO).	MM. Fontaine et Noté.	

Reine de Saba (la) (GOUNOD)

0060	Inspirez-moi, race divine.	M. AFFRE (Opéra).	Marron
	Rigoletto. *Comme la plume au vent*.	M. Affre.	
P. 0188	Sous les pieds d'une femme.	M. AUMONIER (Opéra, Nice).	Marron
	Roméo et Juliette. *Invocation*.	M. Aumonier.	

Richard Cœur de Lion (GRÉTRY)

0160	O Richard ! ô mon roi.	M. BOYER (Opéra-Comique).	Marron
	Noces de Jeannette (les). *Enfin, me voilà seul*.	M. Boyer.	
0195	O Richard ! ô mon roi.	M. VIGNEAU (Opéra-Comique).	Marron
	Où voulez-vous aller ! (Barcarolle).	M. Vigneau.	

Rigoletto (VERDI)

0211	Air de Gilda.	Mlle YVONNE GALL (Opéra).	Verte
	Manon. *Je suis encore tout étourdie*.	Mlle Yvonne Gall.	
0304	Air de Gilda (en italien).	Mme MOGA GEORGESCO (Soprano).	Verte
	Traviata (la). *Adieu tout ce que j'aime*. (en italien).	Mme Moga Georgesco.	
0245	Caro nome che il mio cor (en italien).	Mlle YVONNE GALL (Opéra).	Verte
	Aïda. *Ritorna vincitor* (en italien).	Mlle Yvonne Gall.	
2525	Chœur de la Vengeance.	MM. DE POUMAYRAC, NANSEN, DANGÈS et BELHOMME.	Marron
	Zampa. *Chœur des corsaires*.		
0060	Comme la plume au vent.	M. AFFRE (Opéra).	Marron
	Reine de Saba (la). *Inspirez-moi, race divine*.	M. Affre.	
0364	Comme la plume au vent.	M. RAZAVET (Théâtre de la Monnaie).	Marron
	Tosca (la). *O di beautés égales*.	M. Razavet.	
0010	Comme la plume au vent.	M. ALBANI (Scala, Milan).	Marron
	Aïda. *O celeste Aïda*.	M. Albani.	

Disques PATHÉ double face.

CHANT. — OPÉRAS, OPÉRAS-COMIQUES (suite) (acc¹ d'orchestre).

N°	Titre	Interprète	Couleurs des étiquettes
	RIGOLETTO (VERDI) (suite)		
0046	Comme la plume au vent. / Qu'une belle pour quelques instants.	M. VAGUET (Opéra). / M. Vaguet.	Marron
0200	Courtisans, race vile et damnée. / Tosca (la). Si pour de beaux yeux...	M. ALBERS (Opéra-Comique). / M. Albers.	Marron
0233	Courtisans, race vile et damnée. / Bal masqué (le). Et c'est toi qui déchires...	M. YVES NOEL (Opéra). / M. Yves Noël.	Marron
P. 0093	Courtisans, race vile et damnée. / Sigurd. Et toi, Freïa.	M. NOTÉ (Opéra). / M. Noté.	Marron
0163	Courtisans, race vile et damnée. / Manon. Épouse quelque brave fille.	M. DANGÈS (Opéra). / M. Dangès.	Marron
2545	Duo du II⁰ acte. / Duo du III⁰ acte.	Mlle YVONNE GALL et M. NOTÉ (Opéra). / Mlle Yvonne Gall et M. Noté.	Jaune
10316	La donna e mobile (en italien). / Questa o quella (en italien).	M. TITO SCHIPA (Ténor Italien). / M. Tito Schipa.	Verte
P. 0087	Ne parle pas au malheureux. / Faust. Invocation.	M. NOTÉ (Opéra). / M. Noté.	Marron
0076	Qu'une belle pour quelques instants. / Trouvère (le). Miserere.	M. AFFRE (Opéra). / M. Affre.	Marron
0326	Qu'une belle pour quelques instants. / Comme la plume au vent.	M. GOFFIN (Opéra). / M. Goffin.	Verte

RIGOLETTO (VERDI)
Opéra complet en 15 disques.
SÉRIE " LE THÉATRE CHEZ SOI " (Voir p. 27)

Robert le Diable (MEYERBEER)

N°	Titre	Interprète	
2537	Ah! l'honnête homme (DUO). / Favorite (la). Ah! l'idole si douce (DUO).	MM. CHAMBON et VAGUET (Opéra). / MM. Chambon et Vaguet.	Marron
2507	Chœur des moines. / Africaine (l'). Chœur des matelots.	MM. DE POUMAYRAC, NANSEN, DANGÈS et BELHOMME.	Marron
0078	Évocation des nonnes. / Roméo et Juliette. Bénédiction.	M. BAER (Opéra). / M. Baer.	Marron
0131	Robert! Robert! toi que j'aime. / Noces de Figaro (les). Je ne sais quelle...	Mlle MARGUERITE CHARPANTIER (Opéra-Comique).	Marron
0031	Valse infernale. / Huguenots (les). Bénédiction des poignards.	M. MARVINI (Opéra). / M. Marvini.	Marron

Roi d'Ys (le) (E. LALO)

| 2534 | A l'autel j'allais rayonnant (DUO) (acc¹ PIANO). / Manon. Duo de la rencontre (acc¹ PIANO). | Mme MARGUERITE CARRÉ et M. LÉON-BEYLE. / Mme Mr Carré et M. Léon Beyle. | Marron |

CHANT. — OPÉRAS, OPÉRAS-COMIQUES (suite) (acct d'orchestre)

ROI D'YS (le) (E. LALO) (suite)

2555	A l'autel j'allais rayonnant (DUO). Lakmé. C'est le Dieu de la jeunesse (DUO).	Mme NINON VALLIN et M. MARNY. Mme Ninon Vallin et M. Marny.	Jaune
0340	Air de Margared. Lorsque je l'ai vu. Sapho. Adieux de Divonne.	Mme LYSE CHARNY (Opéra). Mme Lyse Charny.	Verte
0249	Aubade. Manon. Ah ! fuyez douce image.	M. MURATORE (Opéra). M. Muratore.	Jaune
2560	Margared, ô ma sœur (DUO). Dans le jardin d'amour (DUO).	Mme LYSE CHARNY et Mlle YVONNE GALL.	Jaune
0042	Vainement ma bien-aimée (Aubade). Joseph. Vainement Pharaon.	M. VAGUET (Opéra). M. Vaguet.	Marron

Roi de Lahore (le) (MASSENET)

0019	Promesse de mon avenir. Don Juan. Sérénade.	M. ALBERS (Opéra-Comique). M. Albers.	Marron
P. 0090	Promesse de mon avenir. Henri VIII. Qui donc commande.	M. NOTÉ (Opéra). M. Noté.	Marron
0141	Promesse de mon avenir. Traviata (la). Lorsqu'à de folles amours.	M. DANGÈS (Opéra). M. Dangès.	Marron
0361	Promesse de mon avenir. Mireille. Si les filles d'Arles sont Reines. Couplet d'Ourias.	M. VIGNEAU (Opéra-Comique). M. Vigneau.	Verte

Rois de Paris (G. HUE)

P. 0086	Chanson de Longnac. Damnation de Faust (la). Voici des Roses.	M. NOTÉ (Opéra). M. Noté.	Marron

Roma (MASSENET)

0283	Scène de Lentulus. Bohème (la). Lift de Rodolphe.	M. CHARLES FONTAINE (Opéra-Com.) M. Charles Fontaine.	Verte

Roméo et Juliette (GOUNOD)

0165	Air du Page. Véronique. Ronde du IIe acte.	Mlle D'ELTY (Opéra). Mlle D'Elty.	Marron
0182	Ballade de la Reine Mab. Rip. Romance des enfants.	M. BOYER (Opéra-Comique). M. Boyer.	Marron
0078	Bénédiction. Robert le Diable. Évocation.	M. BAER (Opéra). M. Baer.	Marron
0370	Cavatine. Hérodiade. Air de Jean.	M. CHARLES FONTAINE (Opéra). M. Charles Fontaine.	Verte
0310	Cavatine. Scène du tombeau.	M. GOFFIN (Opéra). M. Goffin.	Verte

Disques PATHÉ double face. 73

CHANT. — OPÉRAS, OPÉRAS-COMIQUES (suite) acc¹ d'orchestre)

ROMÉO ET JULIETTE (GOUNOD) (suite)

N°	Titre	Interprète	Couleur
0007	Cavatine. Mage (le). *Air du Mage*.	M. AFFRE (Opéra). M. Affre.	Marron
0025	Cavatine (ACC¹ PIANO). Martha. *Lorsqu'à mes yeux* (ACC¹ PIANO).	M. ALVAREZ (Opéra). M. Alvarez.	Marron
0110	Cavatine. Mireille. *Anges du Paradis*.	M. VAGUET (Opéra). M. Vaguet.	Marron
0373	Cavatine : Ah ! lève-toi soleil. Contes d'Hoffmann (les). *O Dieu de quelle ivresse*.	M. RAZAVET (Théâtre de la Monnaie). M. Razavet.	Marron
0188	Invocation. Reine de Saba (la). *Sous les pieds d'une...*	M. AUMONIER (Opéra, Nice). M. Aumonier.	Marron
2520	Madrigal (DUO). Mireille. *Vincenette à votre âge* (DUO).	Mᵐᵉ VALLANDRI et M. VAGUET. Mᵐᵉ Vallandri et M. Vaguet.	Marron
2549	Madrigal (DUO). Nuit d'hyménée (DUO).	Mˡˡᵉ YVONNE GALL et M. MARNY. Mˡˡᵉ Yvonne Gall et M. Marny.	Jaune
0265	Salut ! tombeau ! Sigurd (REYER). *Esprits gardiens*.	M. FRANZ (Opéra). M. Franz.	Verte
0207	Salut, tombeau ! Werther. *J'aurais sur ma poitrine*.	M. MURATORE (Opéra). M. Muratore.	Marron
0112	Scène du tombeau. Martha. *Air des larmes*.	M. VAGUET (Opéra). M. Vaguet.	Marron
0123	Valse-Ariette. Faust. *Ballade du Roi de Thulé*.	Mᵐᵉ MARIA KOUSNEZOFF (Opéra).	Verte
0073	Valse. Petits Bambins d'amour (Mélodie berceuse).	Mᵐᵉ X... (Opéra). Mᵐᵉ X...	Marron

ROMÉO ET JULIETTE (GOUNOD)
Opéra complet en 27 disques
SÉRIE " LE THÉATRE CHEZ SOI " (Voir page 30)

Rôtisserie de la Reine Pédauque (la) (C. LÉVADÉ)

N°	Titre	Interprète	Couleur
0306	Air de Frère Ange. Rip. *Couplets de la paresse*.	M. ALLARD (Opéra-Comique). M. Allard.	Verte
3175	Rêverie de Jacques. Clair de lune (GABRIEL FAURÉ) (Mélodie).	M. MARNY (Opéra-Comique). M. Marny.	Verte

Saisons (les) (V. MASSÉ)

| 0181 | Chanson du blé (ACC¹ PIANO). Hérodiade. *Grand air de Phanuel*. | M. BAER (Opéra). M. Baer. | Marron |

Salammbô (REYER)

| 0126 | Colombes (les). Tosca (la). *Prière*. | Mˡˡᵉ MERENTIE (Opéra). Mˡˡᵉ Merentie. | Marron |

CHANT. — OPÉRAS, OPÉRAS-COMIQUES (suite) (acc¹ d'orchestre)

COULEURS DES ÉTIQUETTES

Samson et Dalila (SAINT-SAENS)

N°	Titres	Interprètes	Étiquette
0135	Cantabile. Mon cœur s'ouvre à ta voix. / Werther. Air des lettres.	Mme DELNA (Opéra). / Mme Delna.	Marron
0166	Cantabile. Mon cœur s'ouvre à ta voix. / Prophète (le). Ah ! mon fils (Arioso).	Mlle LAPEYRETTE (Opéra). / Mlle Lapeyrette.	Marron
0184	Cantabile. Mon cœur s'ouvre à ta voix. / Marie-Magdeleine. Mon bien-aimé.	Mlle MÉRENTIÉ (Opéra). / Mlle Mérentié.	Marron
0013	Maudite à jamais soit la race. / Aben-Hamet. Air d'Aben-Hamet.	M. ALBERS (Opéra-Comique). / M. Albers.	Marron
0336	Printemps qui commence. / Amour! viens aider ma faiblesse.	Mme LYSE CHARNY (Opéra). / Mme Lyse Charny.	Verte
0259	Scène de la Meule (avec chœurs). / Scène de la Meule (suite et fin) (avec chœurs).	M. FRANZ (Opéra). / M. Franz.	Verte

Sapho (GOUNOD)

N°	Titres	Interprètes	Étiquette
0129	O ma lyre immortelle (Stances). / Sigurd. Je sais des secrets merveilleux.	Mlle LAPEYRETTE (Opéra). / Mlle Lapeyrette.	Marron
0196	O ma lyre immortelle (Stances) (ACC¹ PIANO). / Faust. Scène de l'Eglise (Fragment) (ACC¹ PIANO).	Mme LITVINNE. / Mme Litvinne.	Marron

Sapho (MASSENET)

N°	Titres	Interprètes	Étiquette
0340	Adieux de Divonna. / Roi d'Ys (le). Air de Margared. Lorsque je l'ai vu.	Mme LYSE CHARNY (Opéra). / Mme Lyse Charny.	Verte
0359	Qu'il est loin mon pays. / Attaque du Moulin (l'). Les adieux à la forêt.	M. CHARLES FRIANT (Opéra-Com.). / M. Charles Friant.	Verte
0290	Séduction. / Vivandière (la). Viens avec nous, petit.	Mme EMMA CALVÉ. / Mme Emma Calvé.	Verte
0316	Séduction (la). / Solitude (la).	Mlle GENEVIÈVE VIX (Op.-Com.). / Mlle Geneviève Vix.	Verte

Si j'étais Roi (ADAM)

N°	Titres	Interprètes	Étiquette
0342	Dans le sommeil. / Mule de Pedro (la). Chanson de la mule.	M. PONZIO (Théâtre de la Monnaie). / M. Ponzio.	Verte
0044	J'ignorais son nom. / Maître Pathelin. Je pense à vous.	M. VAGUET (Opéra). / M. Vaguet.	Marron
0158	J'ignorais son nom. / Mignon. Elle ne croyait pas (ACC¹ PIANO).	M. LÉON BEYLE (Opéra-Comique). / M. Léon Beyle.	Marron
0239	Un regard de ses yeux (Cavatine). / Mascotte (la). Des courtisans qui passeront.	M. LAMY (Théâtre de Monte-Carlo). / M. Lamy.	Marron

Siegfried (WAGNER)

N°	Titres	Interprètes	Étiquette
0266	Chant de la Forge. / ...	M. ...	Verte

DISQUES PATHÉ double face. 75

CHANT. — OPÉRAS, OPÉRAS-COMIQUES (suite) (acc¹ d'orchestre)

COULEURS DES ÉTIQUETTES

Sigurd (REYER)

0260 { Air de Sigurd. M. FRANZ (Opéra).
       Cid (le). *Prière du Cid.* M. Franz. | Verte

0144 { Air de Sigurd. M. DUTREIX (Opéra).
       Damnation de Faust (la). *Invocation à la nature.* M. Dutreix. | Marron

0008 { P. Esprits gardiens. M. AFFRE (Opéra).
       Méphistophélès. *Romance de Faust* (1ᵉʳ acte). M. Affre. | Marron

0219 { Esprits gardiens. M. CHARLES FONTAINE (Opéra).
       Africaine (l'). *Air de Vasco de Gama.* M. Charles Fontaine. | Verte

0069 { Esprits gardiens (Air de Sigurd). M. VAGUET (Opéra).
       Lohengrin. *Ma confiance en toi.* M. Vaguet. | Marron

0265 { Esprits gardiens. M. FRANZ (Opéra).
       Roméo et Juliette (GOUNOD). *Salut, tombeau.* M. Franz. | Verte

0369 { Esprits gardiens. M. BERTRAND (Capitole de Toulouse).
       Tosca (la). *O de beautés égales.* M. Bertrand. | Marron

0018 { Et toi, Freia. M. ALBERS (Opéra-Comique).
       Damnation de Faust (la). *Voici des roses.* M. Albers. | Marron

0093 { P. Et toi, Freia. M. NOTÉ (Opéra).
       Rigoletto. *Courtisans, race vile.* Id. Noté. | Marron

0142 { Et toi, Freia. M. DANGÈS (Opéra).
       Trouvère (le). *Son regard.* M. Dangès. | Marron

0129 { Je sais des secrets merveilleux. Mˡˡᵉ LAPEYRETTE (Opéra).
       Sapho. *O ma lyre immortelle.* Mˡˡᵉ Lapeyrette. | Marron

0050 { Salut, splendeur du jour. Mˡˡᵉ CHENAL (Opéra-Comique).
       Hérodiade. *Il est doux, il est bon.* Mˡˡᵉ Chenal. | Marron

0204 { Un souvenir poignant (ACC¹ PIANO). M. ALVAREZ (Opéra).
       Paillasse. *Pauvre Paillasse* (ACC¹ PIANO). M. Alvarez. | Marron

Somnambule (la) (BELLINI)

0303 { Cantabile (en italien). Mᵐᵉ MOGA GEORGESCO (Soprano).
       Marina. *Boléro-Valse* (en italien). Mᵐᵉ Moga Georgesco. | Verte

0255 { Cavatine (en italien). Mᵐᵉ MOGA GEORGESCO (Soprano).
       Rondo final (en italien). Mᵐᵉ Moga Georgesco. | Verte

0334 { Prendi l'anel ti dono. M. TITO SCHIPA (Ténor Italien).
       Falstaff. *Dal labbro il canto estasiato vola.* M. Tito Schipa. | Verte

Songe d'une nuit d'été (le) (A. THOMAS)

0180 { Allons, que tout s'apprête (ACC¹ PIANO). M. GRESSE (Opéra).
       Deux Grenadiers (les) (ACC¹ PIANO). M. Gresse. | Marron

0064 { Chanson de Falstaff. M. BELHOMME (Opéra-Comique).
       Chant du Départ (prière à l'Autriche). M. Belhomme. | Marron

PATHÉPHONE, 30, Bd des Italiens, PARIS.

	CHANT. — OPÉRAS, OPÉRAS-COMIQUES (suite) (acc¹ d'orchestre)		COULEURS DES ÉTIQUETTES
	SONGE D'UNE NUIT D'ÉTÉ (le) (A. THOMAS) (suite)		
2524	Chœur des gardes-chasse. Freischütz (le) ou Robin des Bois. Chœur des chasseurs.	MM. DEVRIES, NANSEN, DANGÈS et BELHOMME.	Marron
0222	Stances. Joseph. A peine au sortir de l'enfance.	M. VAGUET (Opéra). M. Vaguet.	Marron
0216	Voir ainsi (le) (Cavatine). Diamants de la Couronne (les). Ah! je veux briser ma chaîne.	Mme JANE MORLET (Trianon-Lyrique). Mme Jane Morlet.	Marron

Surcouf (PLANQUETTE)

| 0339 | Mon navire si beau. François les bas bleus. C'est François les Bas Bleus. | M. PONZIO (Théâtre de la Monnaie). M. Ponzio. | Marron |

Tannhauser (le) (WAGNER)

0367	Air d'Elisabeth. Salut à toi. Tristan et Isolde. Mort d'Isolde.	Mlle YVONNE GALL (Opéra). Mlle Yvonne Gall.	Verte
2527	Chœur des pèlerins. Fille de Mme Angot (la). Chœur des conspirateurs.	MM. DEVRIES, NANSEN, DANGÈS et BELHOMME.	Marron
P. 0094	Concours des chanteurs. Romance de l'Étoile.	M. NOTÉ (Opéra). M. Noté.	Marron
P. 0097	En contemplant cette assemblée. Mireille. Si les filles d'Arles.	M. NOTÉ (Opéra). M. Noté.	Marron
0128	Prière d'Elisabeth. Werther. Air des larmes.	Mlle MÉRENTIÉ (Opéra). Mlle Mérentié.	Marron
0297	Prière d'Elisabeth. Tasse (le). Les regrets.	Mlle YVONNE GALL (Opéra). Mlle Yvonne Gall.	Verte
0311	Récit du IIIe acte (en italien). Walkyrie (la). Chanson du Printemps (en italien).	M. BORGATTI (Ténor Italien). M. Borgatti.	Grise
0278	Retour de Rome (le) (1re PARTIE). Retour de Rome (le) (2e PARTIE).	M. FRANZ (Opéra). M. Franz.	Verte
0159	Romance de l'Étoile. Joconde (la). Dans un délire extrême.	M. BOUVET (Opéra-Comique). M. Bouvet.	Marron
0136	Romance de l'Étoile. Damnation de Faust (la). Voici des roses.	M. DANGÈS (Opéra). M. Dangès.	Marron
0338	Romance de l'Étoile. Thaïs. Air d'Alexandrie. Voilà donc la terrible Cité.	M. VIGNEAU (Opéra-Comique). M. Vigneau.	Verte

Tarass-Boulba (SAMUEL ROUSSEAU)

| 2023 | Non, je n'ai pas sommeil ce soir. Esclarmonde. Comme il tient ma pensée. | Mme MARIA KOUSNEZOFF (Opéra). Mme Maria Kousnezoff. | Verte |
| 2024 | Oui je t'aime (DUO). Esclarmonde. Regarde-les, ces yeux. | Mme MARIA KOUSNEZOFF et M. G. POSEMKOWSKI. Mme Maria Kousnezoff. | Verte |

Disques PATHÉ double face.

CHANT. — OPÉRAS, OPÉRAS-COMIQUES (suite) (acc^t d'orchestre)

| | | COULEURS DES ÉTIQUETTES |

Tasse (le) (B. GODARD)

0297 { Regrets (les)   Mlle YVONNE GALL (Opéra).   Verte
      Tannhauser (le). Prière d'Elisabeth.   Mlle Yvonne Gall.

Taverne des Trabans (la) (MARÉCHAL)

2528 { Chœur des buveurs.   MM. DEVRIES, NANSEN,   Marron
      Faust. Choral des épées.   DANGÈS et BELHOMME.

Thaïs (MASSENET)

0140 { Air d'Alexandrie.   M. DANGÈS (Opéra).   Marron
      Jongleur de Notre-Dame (le). Légende de la sauge.   M. Dangès.

0338 { Air d'Alexandrie. Voilà donc la terrible cité.   M. VIGNEAU (Opéra-Comique).   Verte
      Tannhauser (le). Romance de l'Étoile.   M. Vigneau.

0208 { Amour est une vertu rare (l').   Mlle YVONNE GALL (Opéra).   Verte
      Scène du miroir.   Mlle Yvonne Gall.

0133 { Amour est une vertu rare (l') (acc. piano).   Mme JANE MÉREY (Opéra-Comique).   Marron
      Lakmé. Tu m'as donné le plus doux rêve.   Mme Jane Mérey.

2539 { Duo de l'oasis.   Mlle YVONNE GALL et M. NOTE.   Jaune
      Crucifix (le). Duo religieux.   Mlle Yvonne Gall et M. Note.

2506 { Duo de l'oasis.   Mlle J. MARIGNAN et M. ALBERS.   Marron
      Te souviens-tu du lumineux voyage (DUO).   Mlle J. MARIGNAN et M. DANGÈS.

0242 { Qui te fait si sévère? (avec chœurs).   Mlle YVONNE GALL (Opéra).   Verte
      Guillaume Tell. Sombre forêt.   Mlle Yvonne Gall.

0173 { Scène du Miroir.   Mme NINON VALLIN (Opéra-Comique).   Verte
      Mignon. Elle est là près de lui.   Mme Ninon Vallin.

0300 { Scène du Miroir.   Mlle GENEVIÈVE VIX (Opéra-Comique).   Verte
      Qui te fais si sévère?   Mlle Geneviève Vix.

0344 { Scène du Miroir. Dis-moi que je suis belle.   Mme FANNY HELDY (Opéra).   Verte
      Traviata (la). Adieu tout ce que j'aime.   Mme Fanny Heldy.

Thérèse (MASSENET)

0282 { Ah! tais-toi.   M. CHARLES FONTAINE (Opéra-Com.)   Verte
      Navarraise (la). Aria.   M. Charles Fontaine.

0151 { Danger s'accroît (le).   M. ALBERS (Opéra-Comique).   Marron
      O Thérèse, regarde dans cette eau...   M. Albers.

Timbre d'argent (le) (SAINT-SAËNS)

0169 { Bonheur est chose légère (le) (acc. piano).   Mme NINON VALLIN (Opéra-Comique).   Verte
      Manon. A nous les amours et les roses.   Mme Ninon Vallin.

0183 { De Naples à Florence (acc. piano).   M. SOULACROIX (Opéra-Comique).   Marron
      Rip. Air de la paresse (acc. piano).   M. Soulacroix.

CHANT. — OPÉRAS, OPÉRAS-COMIQUES (suite) (acc¹ d'orchestre)

Tosca (la) (Puccini)

N°	Titre	Interprète	Couleur
0157	Air de la lettre. / Martha. *Air des larmes.*	M. LÉON BEYLE (Opéra-Comique). / M. Léon Beyle.	Marron
12554	Amaro sol per te. Duetto finale I, A PARTE. / Trionfal di nuova speme. Duetto finale 2. A PARTE.	M. TITO SCHIPA et Mme BALDASSARE-TEDESCHI. / M. TITO SCHIPA et Mme BALDASSARE-TEDESCHI.	Verte
0271	Ciel luisait d'étoiles (le). / Werther. *Invocation à la nature.*	M. CAMPAGNOLA (Opéra). / M. Campagnola.	Verte
0371	Ciel luisait d'étoiles (le). / Faust. *Cavatine.*	M. CHARLES FONTAINE (Opéra). / M. Charles Fontaine.	Verte
0356	Ciel luisait d'étoiles (le). / Carmen. *La fleur que tu m'avais jetée.*	M. CHARLES FRIANT (Opéra-Com.). / M. Charles Friant.	Verte
0185	Ciel luisait d'étoiles (le). / Cavalleria Rusticana. *Brindisi* (acc¹ piano).	M. MURATORE (Opéra). / M. Muratore.	Marron
0045	Ciel luisait d'étoiles (le). / Patrie. *Madrigal.*	M. VAGUET (Opéra). / M. Vaguet.	Marron
0365	Ciel luisait d'étoiles (le). / Werther. *J'aurais sur ma poitrine.*	M. RAZAVET (Théâtre de la Monnaie). / M. Razavet.	Marron
0369	O de beautés égales. / Sigurd. *Esprits gardiens.*	M. BERTRAND (Capitole de Toulouse). / M. Bertrand.	Marron
0218	O de beautés égales. / Paillasse. *Pauvre Paillasse* (Arioso).	M. CHARLES FONTAINE (Opéra). / M. Charles Fontaine.	Verte
0358	O de beautés égales. / Werther. *Invocation à la nature.*	M. CHARLES FRIANT (Opéra-Com.). / M. Charles Friant.	Verte
0364	O de beautés égales. / Rigoletto. *Comme la plume au vent.*	M. RAZAVET (Théâtre de la Monnaie). / M. Razavet.	Marron
0386	O dolci mani. / Pagliacci. *Serenata d'Arlecchino.*	M. TITO SCHIPA (Ténor Italien). / M. Tito Schipa.	Verte
0203	Preghiera. *Vissi d'arte, vissi d'amore* (en italien). / Bohème (la). *Mi Chiamano Mimi* (en italien).	Mme MARIA KOUSNEZOFF (Opéra). / Mme Maria Kousnezoff.	Verte
0244	Preghiera. *Vissi d'arte, vissi d'amore* (en italien). / Bohème (la). *Mi Chiamano Mimi* (en italien).	Mlle YVONNE GALL (Opéra). / Mlle Yvonne Gall.	Verte
0368	Prière de Tosca. / Madame Butterfly. *Sur la mer calmée.*	Mlle DE LUZA (Opéra). / Mlle De Luza.	Marron
0051	Prière. *D'art et d'amour je vivais toute.* / Ave Maria.	Mlle CHENAL (Opéra-Comique). / Mlle Chenal.	Marron
0210	Prière. *D'art et d'amour je vivais toute.* / Procession (la) (C. Franck) (Mélodie).	Mlle YVONNE GALL (Opéra). / Mlle Yvonne Gall.	Verte

Disques PATHÉ double face. 79

CHANT. — OPÉRAS, OPÉRAS-COMIQUES (suite) (acc! d'orchestre).

TOSCA (la) (Puccini) (suite)

N°	Titres	Interprète	Couleur
0167	Prière. D'art et d'amour je vivais toute. / Cadeaux de Noël (les). Air du Petit Pierre.	M!!e SAIMAN (Opéra-Comique). / M!!e Saiman.	Marron
0126	Prière. D'art et d'amour je vivais toute. / Salammbô. Les Colombes.	M!!e MÉRENTIÉ (Opéra). / M!!e Mérentié.	Marron
10315	Recondita armonia (en italien). / E lucevan le stelle (en italien).	M. TITO SCHIPA (Ténor-Italien). / M. Tito Schipa.	Verte
0200	Si pour de beaux yeux... / Rigoletto. Courtisans, race vile et damnée.	M. ALBERS (Opéra-Comique). / M. Albers.	Marron
0352	Va! Tosca (Final du Ier acte). / Carmen. Air du Toréador.	M. AQUISTAPACE (Opéra). / M. Aquistapace.	Verte

Traviata (la) (Verdi)

N°	Titres	Interprète	Couleur
0304	Adieu tout ce que j'aime (en italien). / Rigoletto. Air de Gilda (en italien).	Mme MOGA GEORGESCO (Soprano). / Mme Moga Georgesco.	Verte
0344	Adieu tout ce que j'aime. / Thaïs. Scène du miroir. Dis-moi que je suis belle.	Mme FANNY HELDY (Opéra). / Mme Fanny Heldy.	Verte
0194	Ah! Forsè lui che l'animo (en italien). / Follie, Follie (en italien).	Mme MARIA KOUSNEZOFF (Opéra). / Mme Maria Kousnezoff.	Verte
0058	Brindisi (acc! piano). / Manon. A nous les amours (acc! piano).	Mme JANE MÉREY (Opéra-Comique). / Mme Jane Mérey.	Marron
0318	Grand air du Ier acte (1re partie). Quel trouble. / Grand air du Ier acte (2e partie). Quel trouble.	Mme FANNY HELDY (Opéra). / Mme Fanny Heldy.	Verte
P. 0083	Lorsqu'à de folles amours. / Charles VI. Avec la douce chansonnette.	M. NOTÉ (Opéra). / M. Noté.	Marron
0141	Lorsqu'à de folles amours. / Roi de Lahore (le). Arioso.	M. DANGÈS (Opéra). / M. Dangès.	Marron
0130	Pour jamais la destinée. / Variations de Proch.	Mme MIRANDA (Opéra). / Mme Miranda.	Marron
0253	Quel est donc ce trouble charmant (en italien). / Flûte enchantée (la). Aria (Air de la Reine de la Nuit) (en italien).	Mme MOGA GEORGESCO (Soprano). / Mme Moga Georgesco.	Verte

TRAVIATA (LA) (Verdi)

Opéra complet en 16 disques.
SÉRIE " LE THÉÂTRE CHEZ SOI " (Voir page 34).

Tristan et Isolde (Richard Wagner)

N°	Titres	Interprète	Couleur
0367	Mort d'Isolde. / Tannhäuser (le). Air d'Elisabeth « Salut à toi. »	M!!e YVONNE GALL (Opéra). / M!!e Yvonne Gall.	Verte
0286	Où Tristan va se rendre. / Crépuscule des Dieux (le). Mort de Siegfried.	M. FRANZ (Opéra). / M. Franz.	Verte

CHANT. — OPÉRAS, OPÉRAS-COMIQUES (suite) (acc¹ d'orchestre)

COULEURS DES ÉTIQUETTES

Trouvère (le) (VERDI)

N°	Titre	Interprètes	Étiquette
2509	Chœur des Bohémiens.	MM. DEVRIÈS, NANSEN, DANGÈS et BELHOMME.	Marron
	Voyage en Chine (le). Chœur du cidre.	MM. Devriès, Gilly, Dangès et Belhomme	
0005	Exilé sur la terre (Romance).	M. AFFRE (Opéra).	Marron
	Hérodiade. Air de Jean.	M. Affre.	
0076	Miserere.	M. AFFRE (Opéra).	Marron
	Rigoletto. Qu'une belle...	M. Affre.	
0142	Son regard, son doux sourire.	M. DANGÈS (Opéra).	Marron
	Sigurd. Et toi, Freïa.	M. Dangès.	
0192	Scène du Miserere (DUO).	Mᵐᵉ VALLANDRI et M. VAGUET.	Marron
	Rien, si ce n'est ton cœur (Mélodie).	M. Vaguet.	

TROUVÈRE (LE) (VERDI)

Opéra complet en 10 disques.
SÉRIE " LE THÉÂTRE CHEZ SOI " (Voir page 37).

Troyens (les) (BERLIOZ)

0197	Air de Didon (ACC¹ PIANO).	Mᵐᵉ LITVINNE.	Marron
	Incrédule (Mélodie). (ACC¹ PIANO).	Mᵐᵉ Litvinne.	
0213	Air de Didon (ACC¹ PIANO).	Mᵐᵉ DELNA (Opéra).	Marron
	Carmen. Air des Cartes (ACC¹ PIANO).	Mᵐᵉ Delna.	

Vaisseau fantôme (le) (WAGNER)

0152	Du temps passé.	M. ALBERS (Opéra-Comique).	Marron
	Un seul espoir encore me reste.	M. Albers.	

Veilleur de nuit (le) (E. CHIZAT)

0068	Chant du Veilleur (le).	M. BELHOMME (Opéra-Comique).	Marron
	Noël des Bergers (Mélodie).	M. Belhomme.	

Vie de Bohême (la) (PUCCINI)

0360	Que cette main est froide.	M. CHARLES FRIANT (Opéra-Com.).	Verte
	Jongleur de Notre-Dame (le). O liberté, m'amie.	M. Charles Friant.	

Vivandière (la) (B. GODARD)

0055	Hymne à la liberté.	Mᵐᵉ DELNA (Opéra).	Marron
	Cavalleria Rusticana. Romance de Santuzza.	Mᵐᵉ Delna.	
0290	Viens avec nous petit.	Mᵐᵉ EMMA CALVÉ.	Verte
	Sapho. Séduction.	Mᵐᵉ Emma Calvé.	

Disques PATHÉ double face. 81

CHANT. — OPÉRAS, OPÉRAS-COMIQUES (suite) (acc¹ d'orchestre) | COULEURS DES ÉTIQUETTES

Voyage en Chine (le) (BAZIN)

0346	Romance. Vers notre beau pays de France.	M. LAMY (Théâtre de Monte-Carlo).	Marron
	Mousquetaires de la Reine (les). Couplets d'Olivier Enfin un jour plus doux se lève.	M. Lamy.	
2509	Chœur du cidre.	MM. DEVRIES, GILLY, DANGÈS et BELHOMME.	Marron
	Trouvère (le). Chœur des Bohémiens.	MM. Devriès, Nansen, Dangès et Belhomme.	

Walkyrie (la) (WAGNER)

0266	Chanson du printemps.	M. FRANZ (Opéra).	Verte
	Siegfried. Chant de la forge.	M. Franz.	
0311	Chanson du Printemps (en italien).	M. BORGATTI (Ténor Italien).	Grise
	Le Tannhauser. Récit du 3ᵉ acte (en ital.).	M. Borgatti.	

Werther (MASSENET)

0049	Air des larmes.	Mlle CHENAL (Opéra-Comique).	Marron
	Carmen. Habanera.	Mlle Chenal.	
0301	Air des larmes.	Mlle GENEVIÈVE VIX (Opéra-Comique).	Verte
	Contes d'Hoffmann (les). Barcarolle.	Mlle Geneviève Vix.	
0206	Air des larmes.	Mlle MÉRENTIÉ (Opéra).	Marron
	Mignon. Connais-tu le pays.	Mlle Mérentié.	
0128	Air des larmes.	Mlle MÉRENTIÉ (Opéra).	Marron
	Tannhauser (le). Prière d'Elisabeth.	Mlle Mérentié.	
0355	Air des larmes.	Mme LYSE CHARNY (Opéra).	Verte
	Amoureuse (Mélodie).	Mme Lyse Charny.	
0354	Air des lettres.	Mme LYSE CHARNY (Opéra).	Verte
	Marie-Magdeleine. C'est ici même à cette place.	Mme Lyse Charny.	
0070	Air des lettres.	Mlle MÉRENTIÉ (Opéra).	Marron
	Cid (le). Pleurez mes yeux.	Mlle Mérentié.	
0135	Air des lettres.	Mme DELNA (Opéra).	Marron
	Samson et Dalila. Cantabile.	Mme Delna.	
0337	Entrée de Werther. Invocation à la nature.	M. JEAN MARNY (Opéra-Comique).	Verte
	Mort de Werther (la).	M. Jean Marny.	
2021	Invocation à la nature.	M. CLÉMENT (Opéra-Comique).	Verte
	Absence (BERLIOZ). (Mélodie).	M. Clément.	
0374	Invocation à la nature.	M. RAZAVET (Théâtre de la Monnaie).	Marron
	Mireille. Anges du Paradis « Cavatine ».	M. Razavet.	
0271	Invocation à la nature.	M. CAMPAGNOLA (Opéra).	Verte
	Tosca (la). Le ciel luisait d'étoiles.	M. Campagnola.	
0358	Invocation à la nature.	M. CHARLES FRIANT (Opéra-Com.).	Verte
	Tosca (la). O de beautés égales.	M. Charles Friant.	
0207	J'aurais sur ma poitrine.	M. MURATORE (Opéra).	Marron
	Roméo et Juliette. Salut, tombeau.	M. Muratore.	
0365	J'aurais sur ma poitrine.	M. RAZAVET (Théâtre de la Monnaie).	Marron
	Tosca (la). Le ciel luisait d'étoiles.	M. Razavet.	

CHANT. — OPÉRAS, OPÉRAS-COMIQUES (suite) (acc' d'orchestre)

WERTHER (MASSENET) (suite)

N°	Titres	Interprètes	Étiquette
0357	Pourquoi me réveiller... / Lakmé. Fantaisie aux ailes d'or.	M. CHARLES FRIANT (Opéra-Com.). / M. Charles Friant.	Verte
0012	Pourquoi me réveiller... / Paillasse. Pauvre Paillasse.	M. ALBANI (Scala, Milan). / M. Albani.	Marron
0118	Pourquoi me réveiller... / Orphée aux Enfers. Couplets du roi de Béotie.	M. VAGUET (Opéra). / M. Vaguet.	Marron
0119	Pourquoi me réveiller... / Lakmé. Fantaisie aux ailes d'or.	M. CLÉMENT (Opéra-Comique). / M. Clément.	Verte
0125	Pourquoi me réveiller... / Un autre est son époux.	M. DEVRIÈS (Opéra-Comique). / M. Devriès.	Marron
0148	Pourquoi me réveiller... / Mignon. Elle ne croyait pas.	M. GAUTIER (Opéra). / M. Gautier.	Marron
0251	Pourquoi me réveiller... / Mignon. Elle ne croyait pas.	M. MURATORE (Opéra). / M. Muratore.	Jaune

Zampa (HÉROLD)

N°	Titres	Interprètes	Étiquette
2525	Chœur des corsaires. / Rigoletto. Chœur de la Vengeance.	MM. DE POUMAYRAC, NANSEN, DANGÈS et BELHOMME.	Marron
2508	Prière (CHŒUR). / Arlésienne (l'). Marche des Rois.	MM. DEVRIÈS, DANGÈS et BELHOMME. / MM. Devriès, Nansen, Dangès et Belhomme.	Marron

Opérettes

(Enregistrements avec accompagnement d'orchestre)

Amour à la Pacha (l') (ZIM)

N°	Titres	Interprètes	Étiquette
5088	En Arménie, niénie (avec CHŒURS). / Tendresse. Valse-Hésitation.	M. MARCELLY (Gaîté-Rochechouart). / M. Marcelly.	Bleue

Amour masqué (l') (ANDRÉ MESSAGER)

N°	Titres	Interprètes	Étiquette
2053	Tango chanté. / Chanson des bonnes.	M. URBAN (Bouffes-Parisiens). / M. Urban.	Marron

Amoureux de Catherine (les) (H. MARÉCHAL)

N°	Titres	Interprètes	Étiquette
0256	Deux pays d'Alsace (avec CHŒURS). / Noces de Jeannette (les) (MASSÉ). Cours mon aiguille.	Mlle MARCELLE RAGON (Opéra-Com.). / Mlle Marcelle Ragon.	Marron

Disques PATHÉ double face. 85

CHANT. — OPÉRETTES (suite) (acc.¹ d'orchestre) — COULEURS DES ÉTIQUETTES

Barbe-Bleue (Offenbach)

| 2001 | Couplets de la Boulotte.
Mascotte (la). *Chanson du Capitaine.* | Mlle LÉO DEMOULIN (Variétés).
Mlle Léo Demoulin. | Marron |

Benjamin (René Mercier)

| 2070 | Conseils à Benjamin ou Suis ton petit bonhomme de chemin.
Comm' c'était ma vocation. | M. BURNIER (Gaité-Lyrique).
M. Burnier. | Marron |

Boccace (Suppé)

| 2036 | Chanson du Tonnelier (avec chœurs).
Hans, le joueur de flûte. *Chanson de la flûte* (avec chœurs). | M. PONZIO (Théâtre de la Monnaie).
M. Ponzio. | Marron |
| 2014 | Couplets du Jardinier.
Périchole (la). *Griserie.* | Mlle LÉO DEMOULIN (Variétés).
Mlle Léo Demoulin. | Marron |

Ciboulette (Reynaldo Hahn)

2064	Comme frère et sœur (DUO). Ah ! si vous étiez Nicolas (DUO).	M. HENRY DEFREYN et Mlle EDMÉE FAVART.	Verte
2063	J'ai vingt-huit ans, c'est le bel âge. Monologue. Nous avons fait un beau voyage (DUO).	M. HENRY DEFREYN (Th. Mogador). M. HENRY DEFREYN et Mlle EDMÉE FAVART.	Verte
2065	Moi j'm'appell' Ciboulette. C'est sa banlieue.	Mlle EDMÉE FAVART (Opéra-Com.). Mlle Edmée Favart.	Marron

Cigale et la Fourmi (la) (Audran)

| 2016 | Ma mère, j'entends le violon.
Femme à Papa (la). *Couplets du champagne.* | Mlle ROSALIA LAMBRECHT (Trianon-Lyrique).
Mlle Rosalia Lambrecht. | Marron |

Cloches de Corneville (les) (Planquette)

2556	Chanson du Cidre (avec chœurs). Fille de Madame Angot (la). *Marchande de marée* (avec chœurs).	Mlle SIMONE JUDIC (Apollo). Mlle Simone Judic.	Marron
2526	Chanson et chœur du IIIe acte. Jolie Fille de Perth (la). *Chœur de la forge.*	MM. DE POUMAYRAC, HANSEN, DANGÈS et BELHOMME.	Marron
2037	Romance du Marquis. Mousquetaires au couvent (les). *Gris, je suis gris...*	M. PONZIO (Théâtre de la Monnaie). M. Ponzio.	Marron
0056	Couplets de Germaine. Faust. *Couplet de Siebel.*	Mlle D'ELTY (Opéra). Mlle D'Elty.	Marron

PATHÉPHONE, 30, Bd des Italiens, PARIS.

CHANT. — OPÉRETTES (suite) (acc. d'orchestre)

COULEURS DES ÉTIQUETTES

CLOCHES DE CORNEVILLE (les) (PLANQUETTE) (suite)

0085	J'ai fait trois fois. Coupe du Roi de Thulé (la). Il est venu.	M. NOTÉ (Opéra). M. Noté.	Marron
2011	J'ai fait trois fois. Mascotte (la). Les envoyés.	M. RIGAUX (Opéra-Comique). M. Rigaux.	Marron
0100	Je regardais en l'air. Va, petit mousse.	M. VAGUET (Opéra). M. Vaguet.	Marron

Cocarde de Mimi-Pinson (la) (HENRI GOUBLIER FILS)

2061	Air de la Cocarde. Un petit comptoir en étain (DUETTO BOUFFE).	Mⁱˡᵉ DENISE CAM (Casino de Monte-Carlo) et CHŒURS. M. HENRI JULLIEN (Gaîté-Lyrique) et Mᵐᵉ NINA MYRAL (Palace).	Marron
2066	Finale du 2ᵉ acte (DUO). Pour faire le jus « Chanson du jus ».	Mⁱˡᵉ DENISE CAM (Casino de Monte-Carlo) et M. BURNIER (Gaîté-Lyrique). Mᵐᵉ NINA MYRAL (Palace) et CHŒURS.	Marron
2062	Votre Cocarde « FINALE DU 1ᵉʳ ACTE ». Pour trente sous « Couplet du Gestionnaire ».	M. BURNIER (Gaîté-Lyrique) et CHŒURS. M. HENRI JULLIEN (Gaîté-Lyrique) et CHŒURS.	Marron

Cocorico ! (GANNE)

2017	Nuit d'amour ! (Nocturne). Mousquetaires au couvent (les). Il serait vrai.	M. LAMY (Théâtre de Monte-Carlo). M. Lamy.	Marron

Cœur et la Main (le) (LECOCQ)

2007	Adjudant et sa monture (l'). Petit Duc (le). Chanson du petit bossu.	M. BOYER (Opéra-Comique). M. Boyer.	Marron
2027	Un soir un capitaine. Monsieur de la Palisse. Chanson des châteaux en Espagne.	Mⁱˡᵉ SIMONE JUDIC (Apollo). Mⁱˡᵉ Simone Judic.	Marron

Dame en Rose (la) (IVAN CARYLL)

4003	Valse du baiser. Marionnette's. Fox-trot.	Mⁱˡᵉ SIMONE JUDIC (Apollo). Mⁱˡᵉ Simone Judic.	Marron
2028	Valse du baiser. Charmante.	M. HENRY DEFREYN (Th. Mogador). M. Henry Defreyn.	Marron

Dédé (CHRISTINÉ) Paroles de ALBERT WILLEMETZ

2035	C'est un plaisir si grand. Flup (SZULC). La valse du baiser.	Mᵐᵉ MAGUY WARNA (Bouffes-Paris.). Mᵐᵉ Maguy Warna.	Marron
2034	Elle porte un nom charmant. Tous les chemins (DUO).	M. URBAN (Bouffes-Parisiens). Mⁱˡᵉ CODÉA et M. URBAN.	Marron

Disques PATHÉ double face.

CHANT. — OPÉRETTES (suite) (acc! d'orchestre)

			COULEURS DES ÉTIQUETTES
	DÉDÉ (Christiné) Paroles de Albert Willemetz (suite)		
2031	Je m'donne.	M. MAURICE CHEVALIER (Bouffes-Parisiens).	Marron
	Dans la vie faut pas s'en faire (DUO).	MM. MAURICE CHEVALIER et URBAN.	
2030	Pour bien réussir dans la chaussure.	M. MAURICE CHEVALIER (Bouffes-Parisiens).	Marron
	J'ose pas.	M. Maurice Chevalier.	
2032	Si j'avais su (DUO).	M. MAURICE CHEVALIER et M!!e COCÉA (Bouffes-Parisiens).	Marron
	Et voilà comme.	M!!e COCÉA.	
2033	Tango lorsque tu nous tiens!	Mme MAGUY-WARNA (Bouffes-Paris.)	Marron
	Désir déjà (le). Valse.	Mme Maguy Warna.	
2054	Voici des lis (Valse chantée).	M. URBAN (Bouffes-Parisiens).	Marron
	J'avais tout pa... (Couplet).	M. Urban.	

Epous' la (H. Hirchmann)

5149	J'ai l'air d'un' poire (Fox-trot).	M. MARJAL (Concert Marjal).	Bleue
	Ya vit' rue Thérèse (One-step grivois).	M. Marjal.	

Femme à Papa (la) (Hervé)

2016	Couplets du Champagne.	M!!e ROSALIA LAMBRECHT (Trianon-Lyrique).	Marron
	Cigale et la Fourmi (la). Ma mère, j'entends le violon.	M!!e Rosalia Lambrecht.	

Fille de Madame Angot (la) (Lecocq)

2039	Certainement, j'aime Clairette.	M. PONZIO (Théâtre de la Monnaie).	Marron
	You-You. Les mots d'amour. Fox-trot.	M. Ponzio.	
2527	Chœur des conspirateurs.	MM. DEVRIES, NANSEN, DANGES et BELHOMME.	Marron
	Tannhäuser (le). Chœur des pèlerins.		
2505	Duo de Clairette et Pitou.	M!!e LÉO DEMOULIN et M. BERTHAUD.	Marron
	Duo du II e acte.		
2544	Duo politique.	M!!e ROSALIA LAMBRECHT et M. CLERGUE.	Marron
	Miss Helyett. Duetto espagnol.	M!!e LÉO DEMOULIN et M. BERTHAUD.	
0103	Elle est tellement innocente.	M. VAGUET (Opéra).	Marron
	Mousquetaires au couvent (les). Il serait vrai.	M. Vaguet.	
2013	Je vous dois tout.	M!!e EDMÉE FAVART (Opéra-Com.).	Marron
	Petite Bohème (la). Couplets de Mimi.	M!!e Edmée Favart.	
2504	Jours fortunés de notre enfance (DUO).	M!!e CHENAL et M!!e TIPHAINE.	Marron
	Contes d'Hoffmann. Chanson d'amour (DUO).	M!!e CHENAL et M. LÉON BEYLE.	
2556	Marchande de marée (avec chœurs).	M!!e SIMONE JUDIC (Apollo).	Marron
	Cloches de Corneville (les). Chanson du Cidre (avec chœurs).	M!!e Simone Judic.	
2552	Tournez... Tournez... Valse (avec chœurs).	M!!e EDMÉE FAVART (Opéra-Com.).	Marron
	Chanson politique (avec chœurs).	M!!e Edmée Favart.	

PATHÉPHONE, 30, Bd des Italiens, PARIS.

CHANT. — OPÉRETTES (suite) (acc' d'orchestre)

COULEURS DES ÉTIQUETTES

Fille du Tambour-major (la) (OFFENBACH)

2012	Chanson de la fille. Petite Mariée (la). Dans la bonne société.	Mlle EDMÉE FAVART (Opéra-Com.). Mlle Edmée Favart.	Marron
2003	Couplets du tailleur. Joséphine vendue par ses sœurs. Couplets de Putiphar.	M. BERTHAUD (Th. Monte-Carlo) M. Berthaud.	Marron
2512	Duo du petit troupier. Mam'zelle Nitouche. Duo du paravent.	Mlle LÉO DEMOULIN et M. BERTHAUD.	Marron
0041	Tout en tirant mon aiguille. Manon. Le rêve de Des Grieux.	M. VAGUET (Opéra). M. Vaguet.	Marron

Flup (SZULC)

2035	Valse du baiser (la). Dédé. C'est un plaisir si grand.	Mme MAGUY WARNA (Bouffes Paris.). Mme Maguy Warna.	Marron

François les Bas-Bleus (BERNICAT et MESSAGER)

2010	A toi j'avais donné ma vie. Mousquetaires au couvent (les). Pour faire un brave mousquetaire.	M. BOYER (Opéra-Comique). M. Boyer.	Marron
0339	C'est François les Bas-Bleus. Surcouf. Mon navire si beau.	M. PONZIO (Théâtre de la Monnaie) M. Ponzio.	Marron
2015	C'est François (ACC^t PIANO). Véronique. Air de la lettre (ACC^t PIANO).	M. PÉRIER (Opéra-Comique). M. Périer.	Marron
2559	Fanchon ! Ah ! c'est toi que je revois (DUO). Mascotte (la). Duo des dindons.	M. PONZIO et Mlle EDMÉE FAVART. M. Ponzio et Mlle Edmée Favart.	Verte

Gillette de Narbonne (AUDRAN)

2002	Couplets du dodo. Véronique. Couplets d'Estelle et de Véronique.	Mlle LÉO DEMOULIN (Variétés). Mlle Léo Demoulin.	Marron
2521	Rappelez-vous nos promenades (DUO). P'tites Michu (les). Rassurez-vous, Monsieur Gaston (DUO).	Mlle ROSALIA LAMBRECHT et M. CLERGUE. Mlle Rosalia Lambrecht et M. Clergue.	Marron

Giroflé-Girofla (LECOCQ)

2513	Duo d'amour. Petite Mariée (la). Duo des larmes.	Mlle LÉO DEMOULIN et M. BERTHAUD.	Marron
2522	Duo mauresque. Véronique. Duetto de l'âne.	Mlle ROSALIA LAMBRECHT et M. CLERGUE.	Marron

DISQUES PATHÉ double face. 87

CHANT. — OPÉRETTES (suite) (acc¹. d'orchestre) — COULEURS DES ÉTIQUETTES

Grand Mogol (le) (AUDRAN)

0341	Air du Charlatan. Mon nom est Joquelet.	M.	PONZIO (Théâtre de la Monnaie).	Marron
	Saltimbanques (les). *C'est l'amour* (Valse).	M.	Ponzio.	
0108	Couplets du chou et de la rose.	M.	VAGUET (Opéra).	Marron
	Jour et la Nuit (le). *Sous le regard*.	M.	Vaguet.	
2004	Si j'étais un petit serpent.	M.	BERTHAUD (Th. Monte-Carlo).	Marron
	Mam'zelle Nitouche. *Couplets de l'inspecteur*.	M.	Berthaud.	

Grande-Duchesse de Gérolstein (la) (OFFENBACH)

2515	Chanson militaire (DUO).	Mlle	LÉO DEMOULIN et	Marron
	Jour et la Nuit (le). *Duetto du IIe acte*.	M.	BERTHAUD.	
2514	Couplets des mariés (DUO).	Mlle	LÉO DEMOULIN et	Marron
	Duo de la consigne.	M.	BERTHAUD.	

Hans le joueur de flûte (GANNE)

2036	Chanson de la flûte (avec CHŒURS).	M.	PONZIO (Théâtre de la Monnaie).	Marron
	Boccace. *Chanson du tonnelier* (avec CHŒURS).	M.	Ponzio.	
2518	Duo du plaisir.	Mlle	ROSALIA LAMBRECHT et	Marron
		M.	BERTHAUD.	
	Poupée (la). *Duo de la séduction*.	Mlle	LÉO DEMOULIN et	
		M.	BERTHAUD.	
2005	Stances.	M.	BERTHAUD (Th. Monte-Carlo).	Marron
	Mascotte (la). *Je ne sais quoi*.	M.	Berthaud.	

J' te veux (FRED PEARLY, G. GABAROCHE, A. VALSIEN ET RENÉ MERCIER)

(Paroles de BATAILLE HENRI)

2049	C'est fou la place que ça tient.	M.	ADRIEN LAMY (Théâtre Marigny).	Marron
	Si c'était pour en arriver là.	M.	Adrien Lamy.	
2051	Grande vie (la).	M.	MILTON (Théâtre Marigny).	Marron
	Elles y pensent tout d'même.	M.	Milton.	
2052	Premier pas (le).	Mlle	NINA MYRAL (Palace).	Marron
	Je n'sais quoi (le).	Mlle	Nina Myral.	
2050	Quand on sait se débrouiller.	M.	MILTON (Théâtre Marigny).	Marron
	Java-Javi-Java (la).	M.	Milton.	

Joséphine vendue par ses sœurs (ROGER)

2003	Couplets de Putiphar.	M.	BERTHAUD (Th. Monte-Carlo).	Marron
	Fille du Tambour-major (la). *Couplets du tailleur*.	M.	Berthaud.	

CHANT. — OPÉRETTES (suite) (acc¹ d'orchestre)

Jour et la Nuit (le) (LECOCQ)

2515	Duetto du II⁰ acte.	M⁽⁾ LÉO DEMOULIN et	Marron
	Grande-Duchesse de Gérolstein (la). Chanson militaire (DUO).	M. BERTHAUD.	
0108	Sous le regard (Romance du I⁰ acte).	M. VAGUET (Opéra).	Marron
	Grand Mogol (le). Couplets du chou et de la rose.	M. Vaguet.	

Là-Haut (MAURICE YVAIN) (Lyrics d'ALBERT WILLEMETZ)

2055	Aime-moi Emma.	M. DRANEM (Eldorado).	Marron
	Couplet de l'Ange gardien.	M. Dranem.	
2057	C'est Paris.	M. MAURICE CHEVALIER (Casino de Paris).	Marron
	Ose Anna.	M. Maurice Chevalier.	
2058	Couplets de Là-haut.	M. M. CHEVALIER (Casino de Paris).	Marron
	Si vous n'aimez pas ça.	M. Maurice Chevalier.	
2059	Duo des Inséparables.	MM. MAURICE CHEVALIER et DRANEM.	Marron
	Parce que...	M⁽⁾ MARY MALBOS (Bouffes-Parisiens)	
2056	Hilarité céleste (l').	M. DRANEM (Eldorado).	Marron
	C'est la vie.	M. Dranem.	
2060	J'm'en balance.	M. DRANEM (Eldorado).	Marron
	A ce moment-là (chanson) (Paroles de PHYLO).	M. Dranem.	

Linottes (les) (EDOUARD MATHÉ)

2068	Cueillons les Roses.	M. BURNIER (Gaîté-Lyrique).	Marron
	Bobby, je vous adore (DUO).	M. BURNIER et M⁽⁾ ANDRÉE ALVAR (Gaîté-Lyrique).	
2067	Je commandite.	M. VILBERT (Odéon).	Marron
	Ma Lulu d'Honolulu (DUO).	M. VILBERT et M⁽⁾ NINA MYRAL (Palace).	
2071	Rends-moi mes billes.	M⁽⁾ NINA MYRAL (Palace).	Marron
	Où c'est-y qu' t'as eu ça.	M⁽⁾ Nina Myral.	
2069	Romance de son amant (la).	M⁽⁾ ANDRÉE ALVAR (Gaîté-Lyrique).	Marron
	Chanson des Linottes.	M⁽⁾ Andrée Alvar.	

Madame Favart (OFFENBACH)

2008	C'est la lumière.	M. BOYER (Opéra-Comique).	Marron
	Chanson de l'échaudé.	M. Boyer.	

Madame l'Archiduc (OFFENBACH)

2025	Couplets du petit bonhomme.	M⁽⁾ EDMÉE FAVART (Opéra-Com.).	Marron
	Tais-toi.	M⁽⁾ Edmée Favart.	
2026	Où je vais, j'en savons rien	M⁽⁾ EDMÉE FAVART (Opéra-Com.).	Marron
	Pas ça.	M⁽⁾ Edmée Favart.	

Disques PATHÉ double face.   69

CHANT. — OPÉRETTES (suite) (acc¹ d'orchestre) | COULEURS DES ÉTIQUETTES

Mam'zelle Nitouche (HERVÉ)

2020 { Babet et Cadet.   Mlle EDMÉE FAVART (Opéra-Com.). | Marron
     { Petit Duc (le). (LECOCQ). Rondeau de la Mlle Edmée Favart.
       Paysanne.

2561 { Célestin et Floridor.   M. VILBERT (Odéon). | Verte
     { Petit soldat de plomb (le) (DUO).   M. VILBERT et
                                                Mlle EDMÉE FAVART.

2004 { Couplets de l'Inspecteur.   M. BERTHAUD (Th. Monte-Carlo). | Marron
     { Grand Mogol (le). Si j'étais un petit ser- M. Berthaud.
       pent.

2512 { Duo du paravent.   Mlle LÉO DEMOULIN et | Marron
     { Fille du Tambour-major (la). Duo du   M. BERTHAUD.
       petit troupier.

Mascotte (la) (AUDRAN)

2009 { Air de Saltarello.   M. BOYER (Opéra-Comique). | Marron
     { Panurge. Dors bien tranquillement   M. Boyer.
       (Berceuse).

2011 { Ces envoyés du Paradis.   M. RIGAUX (Opéra-Comique). | Marron
     { Cloches de Corneville (les). J'ai fait trois M. Rigaux.
       fois.

2001 { Chanson du Capitaine.   Mlle LÉO DEMOULIN (Variétés). | Marron
     { Barbe-Bleue. Couplets de la Boulotte.   Mlle Léo Demoulin.

2005 { Couplets de « Je ne sais quoi ».   M. BERTHAUD (Th. Monte-Carlo). | Marron
     { Hans le joueur de flûte. Stances.   M. Berthaud.

0239 { Des courtisans qui passeront.   M. LAMY (Théâtre de Monte-Carlo). | Marron
     { Si j'étais Roi (Caroline). Un verger de M. Lamy.
       ses yeux.

2559 { Duo des dindons.   M. PONZIO et Mlle EDMÉE FAVART. | Verte
     { François les Bas-Bleus. Fanchon ! Ah !   M. Ponzio et Mlle Edmée Favart.
       c'est toi que je revois (DUO).

0269 { Un baiser c'est bien douce chose.   Mlle LUCY VAUTHRIN (Op.-Comique). | Marron
     { Miss Helyett. Déjà dans ma plus tendre   Mlle Lucy Vauthrin.
       enfance.

Miss Helyett (AUDRAN)

0269 { Déjà dans ma plus tendre enfance.   Mlle LUCY VAUTHRIN (Opéra-Com.). | Marron
     { Mascotte (la). Un baiser c'est bien douce Mlle Lucy Vauthrin.
       chose.

2544 { Duetto espagnol.   Mlle LÉO DEMOULIN et | Marron
     {   M. BERTHAUD.
     { Fille de Mme Angot (la). Duo politique. Mlle ROSALIA LAMBRECHT et
                                                M. CLERGUE.

Monsieur de la Palisse (CLAUDE TERRASSE)

2027 { Chanson des châteaux en Espagne.   Mlle SIMONE JUDIC (Apollo). | Marron
     { Cœur et la main (le). Un soir un capitaine. Mlle Simone Judic.

CHANT. — OPÉRETTES (suite) (acc¹ d'orchestre)

Mousquetaires au Couvent (les) (VARNEY)

2037	Gris, je suis gris... Cloches de Corneville (les). *Romance du Marquis.*	M. PONZIO (Théâtre de la Monnaie). M. Ponzio.	Marron
2017	Il serait vrai !... Cocorico ! (Nocturne). *Nuit d'amour...*	M. LAMY (Théâtre de Monte-Carlo). M. Lamy.	Marron
0103	Il serait vrai !... Fille de Mme Angot (la). *Elle est tellement innocente.*	M. VAGUET (Opéra). M. Vaguet.	Marron
2010	Pour faire un brave mousquetaire. François les Bas-Bleus. *A toi j'avais donné ma vie.*	M. BOYER (Opéra-Comique) M. Boyer.	Marron

Orphée aux Enfers (OFFENBACH)

0118	Couplets du roi de Béotie. Werther. *Pourquoi me réveiller...*	M. VAGUET (Opéra). M. Vaguet.	Marron

P'tites Michu (les) (MESSAGER)

2521	Rassurez-vous, Monsieur Gaston (DUO). Gillette de Narbonne. *Rappelez-vous nos promenades* (DUO).	Mlle ROSALIA LAMBRECHT et M. CLERGUE.	Marron

Panurge (PLANQUETTE)

2009	Berceuse (*Dors bien tranquillement*). Mascotte (la). *Air de Saltarello.*	M. BOYER (Opéra-Comique). M. Boyer.	Marron
0385	Berceuse. Mireille. Couplet d'Ourias « *Si les filles d'Arles sont Reines.*	M. ALLARD (Opéra-Comique). M. Allard.	Verte
0378	Chanson à boire. Griselidis. *Loin de sa femme.*	M. ALLARD (Opéra-Comique). M. Allard.	Verte

Pâris ou Le Bon Juge (CLAUDE TERRASSE)

2048	Couplet du Bélier. Couplet du Panache.	Mlle EDMÉE FAVART (Op.-Com.). Mlle Edmée Favart.	Marron

Périchole (la) (OFFENBACH)

0289	Air de la lettre. Barcarolle (acc¹ PIANO).	Mme EMMA CALVÉ. Mme Emma Calvé.	Verte
2516	Duo de l'Espagnol et de la jeune Indienne. Séguedille (DUO).	Mlle LÉO DEMOULIN et M. BERTHAUD.	Marron
2014	Griserie. Boccace. *Couplets du jardinier.*	Mlle Léo DEMOULIN (Variétés). Mlle Léo Demoulin.	Marron
2018	Lettre (la). Reine Joyeuse (la). *Oh ! la troublante volupté.*	Mlle EDMÉE FAVART (Opéra-Com.). Mlle Edmée Favart.	Marron

Disques PATHÉ double face. 91

CHANT. — OPÉRETTES (suite) (acc.t d'orchestre) | COULEURS DES ÉTIQUETTES

Petit Duc (le) (LECOCQ)

2007	Chanson du petit bossu.	M. BOYER (Opéra-Comique).	Marron
	Cœur et la Main (le). L'adjudant et sa monture.	M. Boyer.	
0267	Hélas elle a raison ma chère. Couplet.	M.lle LUCY VAUTHRIN (Opéra-Com.).	Marron
	Enfin, nous voici ma petite.	M.lle Lucy Vauthrin.	
2020	Rondeau de la paysanne.	M.lle EDMÉE FAVART (Opéra-Com.).	Marron
	Main'zelle Nitouche. Babet et Cadet.	M.lle Edmée Favart.	

Petit Faust (le) (HERVÉ)

2517	Duo du Martinet.	M.lle LÉO DEMOULIN et	Marron
	Duo du Vaterland.	M. BERTHAUD.	

Petite Bohème (HIRSCHMANN)

2013	Couplets de Mimi.	M.lle EDMÉE FAVART (Opéra-Com.).	Marron
	Fille de M.me Angot (la). Je vous dois tout.	M.lle Edmée Favart.	

Petite Fonctionnaire (la) (MESSAGER)

2029	Que l'homme est donc bête.	M. HENRY DEFREYN (Th. Mogador).	Marron
	Lettre de faire part (la).	M. Henry Defreyn.	

Petite Mariée (la) (LECOCQ)

2012	Dans la bonne société.	M.lle EDMÉE FAVART (Opéra-Com.).	Marron
	Fille du Tambour-major (la). Chanson de la fille.	M.lle Edmée Favart.	
2511	Duo de la lecture.	M.lle JANE MARIGNAN et	Marron
	Flûte enchantée (la). Ton cœur... (DUO).	M. BELHOMME.	
2513	Duo des larmes.	M.lle LÉO DEMOULIN et	Marron
	Giroflé-Girofla. Duo d'amour.	M. BERTHAUD.	

Phi-Phi (CHRISTINÉ)

2019	Ah ! cher monsieur.	M.lle EDMÉE FAVART (Opéra-Com.).	Marron
	Bien chapeautée.	M.lle Edmée Favart.	
3184	Ah ! tais-toi. Valse chantée.	M. LAMY (Théâtre de Monte-Carlo)	Marron
	Ton sourire (G. BONINCONTRO). Mélodie.	M. Lamy.	
3157	C'est une gamine charmante.	M. MARNY (Opéra-Comique).	Verte
	Pauvre Butterfly (RAYMOND HUBELL). Poor Butterfly.	M. Marny.	
5016	Chanson des Petits Païens (Phidias).	M. MARJAL (du Concert Mayol).	Bleue
	Si tu connaissais Loulou (PHILIP BRAHAM). Chanson.	M. Marjal.	
3183	Pour l'amour (avec CHŒURS).	M. LAMY (Théâtre de Monte-Carlo)	Marron
	Moulin de Longchamp (le) (CODINI). Chanson d'amour (avec CHŒURS).	M. Lamy.	

CHANT. — OPÉRETTES (suite) (acc^t d'orchestre)

Poupée (la) (AUDRAN)

2518	Duo de la séduction. Hans le joueur de flûte. Duo du plaisir.	Mlle LÉO DEMOULIN et M. BERTHAUD.	Marron

Reine Joyeuse (la) (CH. CUVILLIER)

2018	Oh ! la troublante volupté. Périchole (la). La lettre.	Mlle EDMÉE FAVART (Opéra-Com.). Mlle Edmée Favart.	Marron

Rip (PLANQUETTE)

0183	Air de la paresse (ACC^t PIANO). Timbre d'argent (le). De Naples à Florence (ACC^t PIANO).	M. SOULACROIX (Opéra-Comique). M. Soulacroix.	Marron
0362	Aux montagnes de Katskil (Légende). Benvenuto Cellini. De l'art splendeur immortelle.	M. VIGNEAU (Opéra-Comique). M. Vigneau.	Verte
0306	Couplets de la paresse. Rôtisserie de la Reine Pédauque. Air de Frère Ange.	M. ALLARD (Opéra-Comique) M. Allard.	Verte
0162	Romance des enfants. Roméo et Juliette. Ballade de la reine Mab.	M. BOYER (Opéra-Comique). M. Boyer.	Marron
0379	Romance des enfants. Basoche (la). Elle m'aime.	M. ALLARD (Opéra-Comique). M. Allard.	Verte

Saltimbanques (les) (LOUIS GANNE)

0268	Bergère Colinette. Après le sombre orage.	Mlle LUCY VAUTHRIN (Op.-Comique). Mlle Lucy Vauthrin.	Marron
0341	C'est l'amour (Valse). Grand Mogol (le). Air du Charlatan. Mon nom est Joquelet.	M. PONZIO (Théâtre de la Monnaie). Ponzio.	Marron

Ta Bouche (MAURICE YVAIN)

Paroles de YVES MIRANDE. - Couplets de A. WILLEMETZ

2041	Des terres et des coupons (DUO). Voilà comment est Jean (DUO).	Mme JEANNE CHEIREL et M. GUYON Fils (Théâtre Daunou). M. GUYON Fils (Théâtre Daunou).	Marron
2042	Non, non jamais les hommes. Ça, c'est une chose...	Mlle SAINT-BONNET et CHŒURS (Théâtre Daunou) M. VICTOR BOUCHER (Th. Daunou)	Marron
2043	Petit amant (le). De mon temps.	Mlle SAINT-BONNET (Théâtre Daunou) Mme JEANNE CHEIREL (Th. Daunou)	Marron
2044	Pour toi. Machinalement.	Mlle SAINT-BONNET (Th. Daunou) M. VICTOR BOUCHER (Th. Daunou)	Marron
2045	Quatuor. Quand on a du sens (DUO).	Mmes JEANNE CHEIREL, MARY-HETT, MM. GUYON Fils et GABIN. (Théâtre Daunou). Mme JEANNE CHEIREL et M. GUYON Fils (Théâtre Daunou).	Marron
2046	Ta Bouche (Valse) (DUO). La seconde étreinte (DUO).	Mlle SAINT-BONNET et M. VICTOR BOUCHER (Th. Daunou).	Marron

Disques PATHÉ double face. 93

CHANT. — OPÉRETTES (suite) (acc¹ d'orchestre)

COULEURS DES ÉTIQUETTES

Travaux d'Hercule (les) (CLAUDE TERRASSE)

0384	Invocation valse.	M. ALLARD (Opéra-Comique).	Verte
	Basoche (la). *Trop lourd est le poids du veuvage.*	M. Allard.	

Véronique (MESSAGER)

0270	Ah ! la charmante promenade.	Mlle LUCY VAUTHRIN (Opéra-Com.).	Marron
	Voyons ma tante à ma coiffure.	Mlle Lucy Vauthrin.	
2015	Air de la lettre (ACC¹ PIANO).	M. PÉRIER (Opéra-Comique).	Marron
	François les Bas-Bleus. *C'est François.* (ACC¹ PIANO).	M. Périer.	
0294	Couplets d'Estelle et de Véronique.	Mlle EDMÉE FAVART (Opéra-Com.).	Marron
	Petite dinde.	Mlle Edmée Favart.	
2002	Couplets d'Estelle et de Véronique.	Mlle LÉO DEMOULIN (Variétés).	Marron
	Gillette de Narbonne. *Couplets du dodo.*	Mlle Léo Demoulin.	
2522	Duetto de l'âne.	Mlle ROSALIA LAMBRECHT et	Marron
	Giroflé-Girofla. *Duo mauresque.*	M. CLERGUE.	
2557	Duetto de l'âne.	M. PONZIO (Théâtre de la Monnaie)	Verte
	Duo de l'escarpolette.	Mlle Edmée Favart (Opéra-Comique). M. Ponzio et Mlle Edmée Favart.	
0165	Rondo du IIe acte.	Mlle D'ELTY (Opéra).	Marron
	Roméo et Juliette. *Air du Page.*	Mlle D'Elty.	

Veuve Joyeuse (la) (FRANZ LEHAR)

2047	Pardonne-moi chère Patrie.	M. HENRY DEFREYN (Th. Mogador).	Marron
	Rêve de Valse. *(Valse).*	M. Henry Defreyn.	

You-You (VICTOR ALIX)

2038	Légende de l'ombrelle.	Mlle SIMONE JUDIC (Apollo).	Marron
	C'est pas chic.	Mlle Simone Judic.	
2039	Mots d'amour (les). *Fox-trot.*	M. PONZIO (Théâtre de la Monnaie).	Marron
	Fille de Madame Angot (la). *Certainement, j'aime Clairette.*	M. Ponzio.	
2040	Pour l'amour de You-You.	M. BURNIER (Gaîté-Lyrique).	Marron
	Aux oiseaux bleus, c'est le Paradis.	Mlle SIMONE JUDIC (Apollo).	

CHANT - DUOS

Opéras, Opéras-Comiques
(Enregistrements avec accompagnement d'orchestre)

Africaine (l') (MEYERBEER)

P. 2533 { O ma Sélika. — Mme COMÈS et M. AFFRE. — Marron
Cid (le). O jours de ma première tendresse. — Mme Comès et M. Affre.

Chalet (le) (ADAM)

2510 { Il faut me céder ta maîtresse. — MM. BERTHAUD et BELHOMME. — Marron
Il faut me céder ta maîtresse (suite). — MM. Berthaud et Belhomme.

Cid (le) (MASSENET)

P. 2533 { O jours de ma première tendresse. — Mme COMÈS et M. AFFRE. — Marron
Africaine (l'). O ma Sélika. — Mme Comès et M. Affre.

Contes d'Hoffmann (les) (OFFENBACH)

2504 { Chanson d'amour. — Mlle CHENAL et M. BEYLE. — Marron
Fille de Mme Angot (la). Jours fortunés de notre enfance. — Mlle CHENAL et Mlle TIPHAINE.

Dragons de Villars (les) (MAILLART)

2536 { Ah ! si j'étais dragon du roi. — Mlle J. MARIGNAN et M. VIGNEAU. — Marron
Moi jolie... — Mlle J. MARIGNAN et M. VAGUET.

Faust (GOUNOD)

2541 { Entrée de Méphisto. — MM. VAGUET et BELHOMME. — Marron
Entrée de Méphisto (suite). — MM. Vaguet et Belhomme.

2542 { Laisse-moi contempler ton visage. — Mme VALLANDRI et M. VAGUET. — Marron
Trio du duel. — MM. MURATORE, DANGÈS et BELHOMME.

2540 { Scène de l'Église (1re partie) (avec CHŒURS). — Mlle YVONNE GALL et M. NOTÉ. — Jaune
Scène de l'Église (2e partie) (avec CHŒURS). — Mlle Yvonne Gall et M. Noté.

DISQUES PATHÉ double face. 95

CHANT. — OPÉRAS, OPÉRAS-COMIQUES (suite) (acc¹ d'orchestre)

DUOS (suite)

COULEURS DES ÉTIQUETTES

Favorite (la) (DONIZETTI)

2537 { Ah ! idole si douce.   MM. CHAMBON et VAGUET.
      Robert le Diable. Ah ! l'honnête homme.   MM. Chambon et Vaguet.   Marron

0190 { Duo du IVᵉ acte (ACCᵗ PIANO).   Mᵐᵉ DELNA et M. ALVAREZ.
      Orphée. J'ai perdu mon Eurydice.   Mᵐᵉ Delna.   Marron

Fille du Régiment (la) (DONIZETTI)

2532 { La voilà ! la voilà !   Mˡˡᵉ KORSOFF et M. BELHOMME.
      Fille du Régiment (la). Oh ! transport...   Mˡˡᵉ Korsoff.   Marron

Flûte enchantée (la) (MOZART)

2511 { Ton cœur m'attend.   Mˡˡᵉ JANE MARIGNAN et
      Petite Mariée (la). Duo de la lecture.   M. BELHOMME.   Marron

Galathée (VICTOR MASSÉ)

2543 { Aimons, il faut aimer.   Mˡˡᵉ JANE MARIGNAN et
      Aimons, il faut aimer (suite).   M. BELHOMME.   Marron

Guillaume Tell (ROSSINI)

2547 { Ah ! Mathilde, idole de mon âme.   MM. FONTAINE et NOTÉ.
      Pêcheurs de perles (les): Duo du 1ᵉʳ acte.   MM. Fontaine et Noté.   Jaune

Hamlet (A. THOMAS)

2546 { Doute de la lumière.   Mˡˡᵉ YVONNE GALL et M. NOTÉ.
      Gloria patri (G. MARIETTI).   Mˡˡᵉ Yvonne Gall et M. Noté.   Jaune

Huguenots (les) (MEYERBEER)

P.
2501 { Grand duo du IVᵉ acte.   Mᵐᵉ COMÈS et M. AFFRE.
      Guillaume Tell. Ses jours (TRIO).   MM. AFFRE, ALBERS et BELHOMME.   Marron

Lakmé (LÉO DELIBES)

2555 { C'est le Dieu de la jeunesse.   Mᵐᵉ NINON VALLIN et M. MARNY.
      Roi d'Ys (le). A l'autel j'allais rayonnant.   Mᵐᵉ Ninon Vallin et M. Marny.   Jaune

Madame Butterfly (PUCCINI)

2558 { Duo du 1ᵉʳ acte (1ʳᵉ PARTIE).   Mᵐᵉ FANNY HELDY et M. JEAN MARNY.
      Duo du 1ᵉʳ acte (2ᵉ PARTIE).   Mᵐᵉ FANNY HELDY et M. JEAN MARNY.   Jaune

PATHÉPHONE, 30, Bd des Italiens, PARIS.

CHANT. — OPÉRAS, OPÉRAS-COMIQUES (suite) (acc¹ d'orchestre) — COULEURS DES ÉTIQUETTES

DUOS (suite)

Manon (MASSENET)

2503	Duo de la lettre. Duo de la rencontre.	Mme VALLANDRI et M. VAGUET. Mme Vallandri et M. Vaguet.	Marron
2519	Duo de la lettre. Mireille. Duo du 1ᵉʳ acte.	Mme NINON VALLIN et M. LÉON BEYLE.	Marron
2534	Duo de la rencontre (ACC¹ PIANO). Roi d'Ys (le). A l'autel j'allais (ACC¹ PIANO).	Mme MARGUERITE CARRÉ et M. LÉON BEYLE.	Marron
0193	Duo de la rencontre (1ʳᵉ PARTIE). Mignon. Adieu, Mignon, courage.	Mme NINON VALLIN et M. LÉON BEYLE. M. Léon Beyle.	Marron
2553	Duo du Séminaire (1ʳᵉ PARTIE). Duo du Séminaire (2ᵉ PARTIE).	Mme NINON VALLIN et M. MARNY. Mme Ninon Vallin et M. Marny.	Jaune

Mignon (A. THOMAS)

2535	Duo des Hirondelles. Pré aux Clercs (le). Les rendez-vous (DUO).	Mme VALLANDRI et M. BELHOMME. Mlle MARIGNAN et M. BELHOMME.	Marron

Mireille (GOUNOD)

2554	Chanson de Magali. La Foi de son flambeau divin.	Mme NINON VALLIN et M. MARNY. Mme Ninon Vallin et M. Marny.	Jaune
2519	Duo du 1ᵉʳ acte. Manon. Duo de la lettre.	Mme NINON VALLIN et M. LÉON BEYLE.	Marron
2520	Vincenette a votre âge. Roméo et Juliette. Madrigal.	Mme VALLANDRI et M. VAGUET. Mme Vallandri et M. Vaguet.	Marron

Muette de Portici (la) (AUBERT)

2548	Amour sacré. Reine de Chypre (la).	MM. FONTAINE et NOTÉ. MM. Fontaine et Noté.	Jaune

Pêcheurs de Perles (les) (BIZET)

2547	Duo du 1ᵉʳ acte. Guillaume Tell. Ah! Mathilde, idole de mon âme.	MM. FONTAINE et NOTÉ. MM. Fontaine et Noté.	Jaune

Pré aux Clercs (le) (HÉROLD)

2535	Rendez-vous (les) (DUO). Mignon. Duo des Hirondelles.	Mlle MARIGNAN et M. BELHOMME. Mme VALLANDRI et M. BELHOMME.	Marron

Reine de Chypre (la) (HALÉVY)

2548	Duo. Muette de Portici (la). Amour sacré.	MM. FONTAINE et NOTÉ. MM. Fontaine et Noté.	Jaune

Disques PATHÉ double face. 97

CHANT. — OPÉRAS, OPÉRAS-COMIQUES (suite) (acc¹ d'orchestre)

DUOS (suite)

Rigoletto (Verdi)

2545	Duo du II⁰ acte. Duo du III⁰ acte.	Mlle YVONNE GALL et M. NOTÉ. Mme Yvonne Gall et M. Noté.	Jaune

Robert le Diable (Meyerbeer)

| 2537 | Ah ! l'honnête homme.
Favorite (la). Ah ! j'étais si douce. | MM. CHAMBON et VAGUET.
MM. Chambon et Vaguet. | Marron |

Roi d'Ys (le) (E. Lalo)

2534	A l'autel j'allais rayonnant (ACC¹ PIANO). Manon. Duo de la rencontre (ACC¹ PIANO).	Mme MARGUERITE CARRÉ et M. LÉON BEYLE.	Marron
2555	A l'autel j'allais rayonnant. Lakmé. C'est le Dieu de la jeunesse.	Mme NINON VALLIN et M. MARNY. Mme Ninon Vallin et M. Marny.	Jaune
2560	Margared, ô ma sœur. Dans le jardin d'amour.	Mme LYSE CHARNY et Mlle YVONNE GALL.	Jaune

Roméo et Juliette (Gounod)

| 2520 | Madrigal.
Mireille. Vincenette à votre âge. | Mme VALLANDRI et M. VAGUET.
Mme Vallandri et M. Vaguet. | Marron |
| 2549 | Madrigal.
Nuit d'hyménée. | Mlle YVONNE GALL et M. MARNY.
Mlle Yvonne Gall et M. Marny. | Jaune |

Thaïs (Massenet)

| 2506 | Duo de l'oasis.
Te souvient-il du lumineux voyage ? | Mlle JANE MARIGNAN et
M. ALBERS.
Mlle JANE MARIGNAN et
M. DANGÈS. | Marron |

Tosca (la) (Puccini)

| 12554 | Amaro sol per te. DUETTO FINALE I. A
PARTE.
Trionfal di nuova speme. DUETTO
FINALE II. A PARTE. | M. TITO SCHIPA et
Mme BALDASSARE-TEDESCHI. | Verte |

Trouvère (le) (Verdi)

| 0192 | Scène du Miserere.
Rien, si ce n'est ton cœur (Mélodie). | Mme VALLANDRI et M. VAGUET.
M. Vaguet. | Marron |

PATHÉPHONE, 30, Bd des Italiens, PARIS.

Opérettes (duos)

(Enregistrements avec accompagnement d'orchestre)

Ciboulette (REYNALDO HAHN)

2064	Comme frère et sœur.	Mlle. EDMÉE FAVART et M. HENRY DEFREYN.	Verte
	Ah ! si vous étiez Nicolas.	Mlle EDMÉE FAVART et M. HENRY DEFREYN.	
2063	Nous avons fait un beau voyage.	Mlle EDMÉE FAVART et M. HENRY DEFREYN.	Verte
	J'ai vingt-huit ans, c'est le bel âge, monologue.	M. HENRY DEFREYN (Th. Mogador).	

Cocarde de Mimi-Pinson (la) (HENRI GOUBLIER FILS)

2066	Finale du IIe acte (DUO).	M. BURNIER (Gaité-Lyrique) et Mlle DENISE CAM (Casino de Monte-Carlo).	Marron
	Pour faire le jus « Chanson du jus ».	Mme NINA MYRAL (Palace) et CHŒURS	
2061	Un petit comptoir en étain (DUETTO BOUFFE).	M. HENRI JULLIEN (Gaité-Lyrique) et Mme NINA MYRAL (Palace).	Marron
	Air de la Cocarde.	Mlle DENISE CAM (Casino de Monte-Carlo) et CHŒURS.	

Dédé (CHRISTINÉ) (Paroles de ALBERT WILLEMETZ)

2031	Dans la vie faut pas s'en faire.	MM. MAURICE CHEVALIER et URBAN (Bouffes-Parisiens).	Marron
	Je m'donne.	M. Maurice Chevalier.	
2032	Si j'avais su.	M. MAURICE CHEVALIER et Mlle COCÉA (Bouffes Paris.).	Marron
	Et voilà comme.	Mlle Cocéa.	
2034	Tous les chemins.	Mlle COCÉA et M. URBAN (Bouf.-Par.).	Marron
	Elle porte un nom charmant.	M. Urban.	

Fille de Madame Angot (la) (LECOCQ)

2505	Duo de Clairette et Pitou	Mlle LÉO DEMOULIN et	Marron
	Duo du IIe acte.	M. BERTHAUD.	
2544	Duo politique.	Mlle ROSALIA LAMBRECHT et M. CLERGUE.	Marron
	Miss Helyett. Duetto espagnol.	Mlle LÉO DEMOULIN et M. BERTHAUD.	
2504	Jours fortunés de notre enfance.	Mlle CHENAL et Mlle TIPHAINE.	Marron
	Contes d'Hoffmann (les). Chanson d'amour.	Mlle CHENAL et M. LÉON BEYLE.	

Fille du Tambour-major (la) (OFFENBACH)

2512	Duo du petit troupier.	Mlle LÉO DEMOULIN et M. BERTHAUD.	Marron
	Mam'zelle Nitouche. Duo du paravent.		

DISQUES PATHÉ double face.

CHANTS. — OPÉRETTES (suite) (acc.^t d'orchestre)

DUOS (suite)

François les Bas-Bleus (BERNICAT et MESSAGER)

2559	Fanchon ! Ah ! c'est toi que je revois. Mascotte (la). Duo des Dindons.	Mlle EDMÉE FAVART et M. PONZIO. Mlle Edmée Favart et M. Ponzio.	Verte

Gillette de Narbonne (AUDRAN)

2521	Rappelez-vous nos promenades. P'tites Michu (les). Rassurez-vous, Monsieur Gaston.	Mlle ROSALIA LAMBRECHT et M. CLERGUE.	Marron

Giroflé-Girofla (LECOCQ)

2513	Duo d'amour. Petite Mariée (la). Duo des larmes.	Mlle LÉO DEMOULIN et M. BERTHAUD.	Marron
2522	Duo mauresque. Véronique. Duetto de l'Âne.	Mlle ROSALIA LAMBRECHT et M. CLERGUE.	Marron

Grande-Duchesse de Gérolstein (la) (OFFENBACH)

2515	Chanson militaire. Jour et la Nuit (le). Duetto du IIe acte.	Mlle LÉO DEMOULIN et M. BERTHAUD.	Marron
2514	Couplets des mariés. Duo de la consigne.	Mlle LÉO DEMOULIN et M. BERTHAUD.	Marron

Hans le joueur de flûte (GANNE)

2518	Duo du plaisir. Poupée (la). Duo de la séduction.	Mlle ROSALIA LAMBRECHT et M. BERTHAUD. Mlle LÉO DEMOULIN et M. BERTHAUD.	Marron

Jour et la Nuit (le) (LECOCQ)

2515	Duetto du IIe acte. Grande-Duchesse de Gérolstein (la). Chanson militaire.	Mlle LÉO DEMOULIN et M. BERTHAUD. Mlle Léo Demoulin et M. Berthaud.	Marron

Là-haut (MAURICE YVAIN) (Lyrics d'ALBERT WILLEMETZ)

2059	Duo des inséparables. Parce que...	MM. MAURICE CHEVALIER et DRANEM. Mlle MARY MALBOS (Bouffes-Paris).	Marron

Linottes (les) (EDOUARD MATHÉ)

2068	Bobby, je vous adore (DUO). Cueillons les Roses.	Mlle ANDRÉE ALVAR et M. BURNIER (Gaîté-Lyrique). M. BURNIER (Gaîté-Lyrique).	Marron
2067	Ma Lulu d'Honolulu (DUO). Je commande.	Mme NINA MYRAL (Palace) et M. VILBERT (Odéon). M. VILBERT (Odéon).	Marron

CHANTS. — OPÉRETTES (suite) (acc^t d'orchestre)

DUOS (suite)

N°	Titres	Interprètes	Couleurs des étiquettes
	Mam'zelle Nitouche (Hervé)		
2561	Petit soldat de plomb (le) (DUO).	Mlle EDMÉE FAVART et M. VILBERT.	Verte
	Célestin et Floridor.	M. VILBERT.	
	Mascotte (la) (Audran)		
2559	Duo des dindons.	Mlle EDMÉE FAVART et M. PONZIO.	Verte
	François les Bas-Bleus. *Fanchon ! Ah ! c'est toi que je revois.*	Mlle Edmée Favart et M. Ponzio.	
	Miss Helyett (Audran)		
2544	Duetto espagnol.	Mlle LÉO DEMOULIN et M. BERTHAUD.	Marron
	Fille de Mme Angot (la). *Duo politique.*	Mlle ROSALIA LAMBRECHT et M. CLERGUE.	
	P'tites Michu (les) (Messager)		
2521	Rassurez-vous, Monsieur Gaston.	Mlle ROSALIA LAMBRECHT et M. CLERGUE.	Marron
	Gillette de Narbonne. *Rappelez-vous...*		
	Périchole (la) (Offenbach)		
2516	Duo de l'Espagnol et de la jeune Indienne.	Mlle LÉO DEMOULIN et M. BERTHAUD.	Marron
	Séguedille.		
	Petit Faust (le) (Hervé)		
2517	Duo du Martinet.	Mlle LÉO DEMOULIN et M. BERTHAUD.	Marron
	Duo du Vaterland.		
	Petite Mariée (la) (Lecocq)		
2511	Duo de la lecture.	Mlle JANE MARIGNAN et M. BELHOMME.	Marron
	Flûte enchantée (la). *Ton cœur m'attend.*		
2513	Duo des larmes.	Mlle LÉO DEMOULIN et M. BERTHAUD.	Marron
	Giroflé-Girofla. *Duo d'amour.*		
	Poupée (la) (Audran)		
2518	Duo de la séduction.	Mlle LÉO DEMOULIN et M. BERTHAUD.	Marron
	Hans le joueur de flûte. *Duo du plaisir.*	Mlle ROSALIA LAMBRECHT et M. BERTHAUD.	
	Véronique (Messager)		
2522	Duetto de l'âne.	Mlle ROSALIA LAMBRECHT et M. CLERGUE.	Marron
	Giroflé-Girofla. *Duo mauresque.*		
2557	Duetto de l'âne.	M. PONZIO et Mlle EDMÉE FAVART.	Verte
	Duo de l'escarpolette.	M. Ponzio et Mlle Edmée Favart.	

Disques PATHÉ double face.

CHANT - TRIOS

Opéras

(Enregistrements avec accompagnement d'orchestre)

Faust (Gounod)

2542	Trio du Duel.	MM. MURATORE, DANGÈS et BELHOMME.	Marron
	Laisse-moi contempler ton visage (Duo).	Mme VALLANDRI et M. VAGUET.	

Guillaume Tell (Rossini)

2501	Ses jours.	MM. AFFRE, ALBERS et BELHOMME.	Marron
	Huguenots (les). Grand duo du IVe acte.	Mme COMES et M. AFFRE.	

QUATUORS RUSSES

Sans orchestre

Par MM. TCHOUPRINIKOFF — SAFONOFF — KEDROFF — TORSKY

4033	Notre Régiment.	Stern.	Marron
	Soirée (la).	Vidl.	
4032	Petite sérénade (la).	X. X. X.	Marron
	Une soirée d'été.	Mozart	
4031	Volga (chanson populaire Russe).	X X X	Marron
	Chanson populaire Russe.	X X X	

CHŒURS

Opéras, Opéras-Comiques

(Enregistrements avec accompagnement d'orchestre)

Africaine (l') (Meyerbeer)

2507	Chœur des Matelots.	MM. DE POUMAYRAC, NANSEN, DANGÈS et BELHOMME.	Marron
	Robert le Diable. Chœur des moines.		

CHANT. — OPÉRAS, OPÉRAS-COMIQUES (suite) (acc^t d'orchestre)

CHŒURS (suite)

Arlésienne (l') (Bizet)

2508 { Marche des Rois. — MM. DEVRIÈS, NANSEN, DANGÈS et BELHOMME.
Zampa. *Prière.* — MM. DEVRIÈS, DANGÈS et BELHOMME. — Marron

Chalet (le) (Adam)

2529 { Chœurs des buveurs. — CHŒURS (Opéra-Comique).
Mignon. *Chœur du dimanche.* — Chœurs. — Marron

Contes d'Hoffmann (les) (Offenbach)

2531 { Chœur des étudiants. — MM. DEVRIÈS, NANSEN,
Deux Avares (les). *La garde passe.* — DANGÈS et BELHOMME. — Marron

Deux Avares (les) (Grétry)

2531 { Garde passe (la). — MM. DEVRIÈS, NANSEN,
Contes d'Hoffmann (les). *Chœur des étudiants.* — DANGÈS et BELHOMME. — Marron

Faust (Gounod)

2538 { Chœur de la Kermesse. — MM. DEVRIÈS, NANSEN, DANGÈS et BELHOMME.
Régiment de Sambre-et-Meuse (le). — MM. DE POUMAYRAC, NANSEN, DANGÈS et BELHOMME. — Marron

2528 { Choral des Épées. — MM. DEVRIÈS, NANSEN,
Taverne des Trabans (la). *Chœur des buveurs.* — DANGÈS et BELHOMME. — Marron

Flûte enchantée (la) (Mozart)

2523 { Chœur des Prêtres. — MM. DE POUMAYRAC, NANSEN,
Marie-Magdeleine. *Prière.* — DANGÈS et BELHOMME. — Marron

Freischütz (le) ou Robin des Bois (Weber)

2524 { Chœur des chasseurs. — MM. DEVRIÈS, NANSEN,
Songe d'une nuit d'été (le). *Chœur des gardes-chasse.* — DANGÈS et BELHOMME. — Marron

Jolie Fille de Perth (la) (Bizet)

2526 { Chœur de la Forge. — MM. DE POUMAYRAC, NANSEN,
Cloches de Corneville (les). *Chanson et chœur du IIIe acte.* — DANGÈS et BELHOMME. — Marron

Marie-Magdeleine (Massenet)

2523 { Prière. — MM. DE POUMAYRAC, NANSEN,
Flûte enchantée (la). *Chœur des prêtres.* — DANGÈS et BELHOMME. — Marron

CHANT. — OPÉRAS, OPÉRAS-COMIQUES (suite) (acc¹ d'orchestre)

CHŒURS (suite)

Mignon (A. Thomas)

2529 { Chœur du Dimanche. / Chalet (le). Chœur des buveurs. — CHŒURS (Opéra-Comique). Chœurs. — Marron

Rigoletto (Verdi)

2525 { Chœur de la vengeance. / Zampa. Chœur des corsaires. — MM. DE POUMAYRAC, NANSEN, DANGÈS et BELHOMME. — Marron

Robert le Diable (Meyerbeer)

2507 { Chœur des Moines. / Africaine (l'). Chœur des matelots. — MM. DE POUMAYRAC, NANSEN, DANGÈS et BELHOMME. — Marron

Songe d'une nuit d'été (le) (A. Thomas)

2524 { Chœur des gardes-chasse. / Freischütz (le) ou Robin des Bois. Chœur des chasseurs. — MM. DEVRIÈS, NANSEN, DANGÈS et BELHOMME. — Marron

Tannhauser (le) (Wagner)

2527 { Chœur des pèlerins. / Fille de Mᵐᵉ Angot (la). Chœur des conspirateurs. — MM. DEVRIÈS, NANSEN, DANGÈS et BELHOMME. — Marron

Taverne des Trabans (la) (Maréchal)

2528 { Chœur des buveurs. / Faust. Choral des épées. — MM. DE POUMAYRAC, NANSEN, DANGÈS et BELHOMME. — Marron

Trouvère (le) (Verdi)

2509 { Chœur des Bohémiens. / Voyage en Chine (le). Chœur du cidre. — MM. DEVRIÈS, NANSEN, DANGÈS et BELHOMME. / MM. DEVRIÈS, GILLY, DANGÈS et BELHOMME. — Marron

Voyage en Chine (le) (Bazin)

2509 { Chœur du cidre. / Trouvère (le). Chœur des Bohémiens. — MM. DEVRIÈS, GILLY, DANGÈS et BELHOMME. / MM. DEVRIÈS, NANSEN, DANGÈS et BELHOMME. — Marron

Zampa (Hérold)

2525 { Chœur des corsaires. / Rigoletto. Chœur de la vengeance. — MM. DEVRIÈS, NANSEN, DANGÈS et BELHOMME. — Marron

2508 { Prière. / Arlésienne (l'). Marche des Rois. — MM. DEVRIÈS, DANGÈS et BELHOMME. / MM. DEVRIÈS, NANSEN, DANGÈS et BELHOMME. — Marron

PATHÉPHONE, 30, Bd des Italiens, PARIS.

Opérettes

(Enregistrements avec accompagnement d'orchestre)

Cloches de Corneville (les) (PLANQUETTE)

2526 { Chanson et chœur du IIIe acte.　　MM. DE POUMAYRAC, NANSEN,
　　　 Jolie Fille de Perth (la). *Chœur de la forge.*　　　DANGÈS et BELHOMME.　　Marron

Fille de Mme Angot (la) (LECOCQ)

2527 { Chœur des conspirateurs.　　MM. DEVRIÈS, NANSEN,.
　　　 Tannhauser (le). *Chœur des pèlerins.*　　DANGÈS et BELHOMME.　　Marron

Chœurs divers

(Enregistrements avec accompagnement d'orchestre)

2530 { Estudiantina (l') (LACOME).　　MM. DEVRIÈS, NANSEN
　　　 　　　　　　　　　　　　　　　　DANGÈS et BELHOMME.
　　　 Un peu d'tout (BERNON). (Chœur bur-　MM. DE POUMAYRAC, NANSEN,
　　　 lesque).　　　　　　　　　　　　　DANGÈS et BELHOMME.　　Marron

2550 { Montagnards (les) (A. ROLAND) (Tyro-　MM. DEVRIÈS, GILLY, DANGÈS et
　　　 lienne des Pyrénées, sans orchestre).　　　BELHOMME.
　　　 Allobroges (les) (DESAIX) (Chant national　MM. DE POUMAYRAC, NANSEN, DAN-
　　　 savoisien).　　　　　　　　　　　　GÈS et BELHOMME.　　Marron

Chœur National Ukranien

Sous la direction de M. MICOLAÏTCHOUC

2562 { Dans le jardin il y a l'ohier. — Chanson　M. LYSENKO.
　　　 populaire (en ukranien).
　　　 Priaha. — Chanson populaire (en ukranien)　X...　　Marron

2563 { Je file ma quenouille. — Chanson popu-　M. LEONTOWITCH.
　　　 laire (en ukranien).
　　　 Jeune Ouliana (la). — Chanson populaire
　　　 (en ukranien).　　　　　　　　　　M. KOCHITZ.　　Marron

Couleurs des étiquettes

Disques PATHÉ double face. 105

Mélodies et Romances

(Enregistrements avec accompagnement d'orchestre)

N°	Titres	Interprètes	Couleurs des étiquettes
3028	A l'Étendard (M. LAURENT). Cathédrales (les) (R. GEORGES).	M. MAGUENAT (Gaîté-Lyrique). M. Maguenat.	Marron
3056	A perdre haleine (L. FARJALL). Cri d'amour (L. FARJALL).	M. VAGUET (Opéra). M. Vaguet.	Marron
3168	A toi (BEMBERG), Mélodie. Mai (REYNALDO HAHN), Mélodie.	M. CAMPAGNOLA (Opéra). M. Campagnola.	Verte
2021	Absence (BERLIOZ) (Mélodie). Werther (MASSENET), *Invocation à la nature*.	M. CLÉMENT (Opéra-Comique). M. Clément.	Verte
3021	Absence (BERLIOZ). Procession (la) (C. FRANCK) (Mélodie).	Mme FELTESSE-OSCOMBRE (Th. Monnaie, Bruxelles).	Marron
3202	Adieu du matin (l') (E. PESSARD). Si tu le veux (CH. KOECHLIN) (Mélodies). Romance (A. C. DEBUSSY).	M. CLÉMENT (Opéra-Comique). M. Clément.	Verte
3057	Adieux du matin (E. CHIZAT). Matinée d'Avril (E. CHIZAT).	M. VAGUET (Opéra). M. Vaguet.	Marron
3176	Adorable cantilène (l') (HERBER SPENCER). Madame! C'est vous (CODINI) (Mélodie).	M. LAMY (Théâtre de Monte-Carlo). M. Lamy.	Marron
3015	Aimons-nous (L. FARJALL). Bouquet (le) (J. CLÉRICE).	M. VAGUET (Opéra). M. Vaguet.	Marron
3185	Aimons toujours (E. TRÉPARD) (Mélodie) (ACCt PIANO, VIOLON et FLUTE). Je pense toujours à toi (A. BARSIROLLI). Valse lente (ACCt PIANO, VIOLON et FLUTE).	M. VAGUET (Opéra). M. Vaguet.	Marron
3239	Alger la nuit (A. TERRIER). — Valse chantée. Griserie d'Opium (THÉO SPATHY). — Tango chanté.	M. LAMY (Théâtre de Monte-Carlo). M. Lamy.	Marron
P. 3049	Alléluia d'amour (FAURE). Habanera (DAREAU).	M. NOTÉ (Opéra). M. Noté.	Marron
3054	Alléluia d'amour (FAURE). Vous êtes jolie (P. DELMET).	M. VAGUET (Opéra). M. Vaguet.	Marron
3055	Allons tous les deux (J. SZULC). Le Désir (HIRLEMANN).	M. VAGUET (Opéra). M. Vaguet.	Marron
13082	Amarilli (CACCINI), Madrigal (en italien). Agnus Dei (BIZET), Chant religieux.	M. TITO SCHIPA (ténor italien). M. Tito Schipa.	Verte
3066	Amour d'un soir d'Automne (THOULOUZE). Élégie (MASSENET).	M. VAGUET (Opéra). M. Vaguet.	Marron
0288	Amour que veux-tu de moi (J.-B. LULLI) (Mélodie). Noces de Figaro (les) (MOZART) *Mon cœur soupire*.	Mme EMMA CALVÉ. Mme Emma Calvé.	Verte
0355	Amoureuse (MASSENET) (Mélodie). Werther (MASSENET), *Air des larmes*.	Mme LYSE CHARNY (Opéra). Mme Lyse Charny.	Verte
3078	Andalouse (l') (LEONCAVALLO). Rêve d'Amour (RUHLMANN).	M. VAGUET (Opéra). M. Vaguet.	Marron
3154	Andalouse (l') (BOURGAULT-DUCOUDRAY) (Chanson espagnole). Sérénade de Milenka (JAN BLOCKX).	M. VAGUET (Opéra). M. Vaguet.	Marron
3121	Angelus de la mer (l') (GOUBLIER). Credo du Paysan (le) (GOUBLIER).	M. NOTÉ (Opéra). M. Noté.	Marron

PATHÉPHONE, 30, Bd des Italiens, Paris.

CHANT. — MÉLODIES ET ROMANCES (suite) (acc¹ d'orchestre)

N°	Titre	Interprète	Couleurs des étiquettes
P. 3130	Angelus de la Mer (l') (GOUBLIER) (avec CHŒURS). Marche lorraine (GANNE) (avec CHŒURS).	M. NOTÉ (Opéra). M. Noté.	Marron
3063	Au caprice du vent (M. PESSE). Vos yeux (CLÉRICE).	M. VAGUET (Opéra). M. Vaguet.	Marron
3101	Au loin (SCHUMANN). J'ai pardonné (SCHUMANN).	M. ALBERS (Opéra-Comique). M. Albers.	Marron
3064	Au petit jour du matin (G. DORET). Biniou (le) (DURAND).	M. VAGUET (Opéra). M. Vaguet.	Marron
3186	Aux cloches de France (A. BARBIROLLI). Mélodie. Menuet (DIÉMER) (ACC¹ PIANO, VIOLON et FLUTE).	M. VAGUET (Opéra). M. Vaguet.	Marron
3147	Aubade d'amour (Noël de Pierrot) (V. MONTI). Pauvre fleur! (G. BONINCONTRO) (Mélodie).	M. LAMY (Théâtre de Monte-Carlo). M. Lamy.	Marron
3152	Aube naît (l') (S. BROCHE) (Mélodie) (ACC¹ PIANO). Cueillette (CH. LECOCQ) (Mélodie) (ACC¹ PIANO).	M. VAGUET (Opéra). M. Vaguet.	Marron
3017	Avec ton souvenir (R. GUTTINGUER). Berceuse à Bimboline (P. ALIN).	M. VAGUET (Opéra). M. Vaguet.	Marron
0289	Barcarolle (GOUNOD) (ACC¹ PIANO). Périchole (la) (OFFENBACH). Air de la lettre.	Mme EMMA CALVÉ. Mme Emma Calvé.	Verte
P. 3031	Barque volée (la) (COLLIGNON). Insensé (l') (RUPES).	M. NOTÉ (Opéra). M. Noté.	Marron
3173	Beau rêve (le) (FLÉGIER) (Barcarolle) (ACC¹ PIANO, VIOLON et FLUTE). Si vous l'aviez compris (L. DENZA) (Mélodie) (ACC¹ PIANO, VIOLON et FLUTE).	M. CAMPAGNOLA (Opéra) M. Campagnola.	Verte
3068	Berceaux (les) (FAURÉ). Mireille (MASSENET) (Chant provençal).	M. VAGUET (Opéra). M. Vaguet.	Marron
3240	Berceuse du cœur (BOREL-CLERC) (Berceuse). Tradimento « Trahison » (G. BONINCONTRO) (Mélodie).	M. LAMY (Théâtre de Monte-Carlo). M. Lamy.	Marron
3208	Berceuse improvisée (O. LAMART) (Mélodie berceuse). Je veux oublier (G. BONINCONTRO) (Mélodie)	M. LAMY (Théâtre de Monte-Carlo). M. Lamy.	Marron
3098	Bergère légère (WECKERLIN) (ACC¹ PIANO). Il neige (BEMBERG) (ACC¹ PIANO). Plaisir d'amour (ACC¹ PIANO).	M. CLÉMENT (Opéra-Comique). M. Clément. M. Clément.	Verte
3022	Biniou (le) (DURAND) (ACC¹ PIANO). Stances (FLÉGIER) (ACC¹ PIANO).	M. ALVAREZ (Opéra). M. Alvarez.	Marron
3209	Blue Song (CH. CODA) (Chanson d'Azur). Napolinata (CH. CODA) (Sérénade napolitaine).	M. LAMY (Théâtre de Monte-Carlo). M. Lamy.	Marron
3114	Bœufs (les) (P. DUPONT). Côte d'Or (la) (DE WENZEL).	M. ALBERS (Opéra-Comique). M. Albers.	Marron
P. 3140	Bon laboureur (le) (DE PEZZER) (Chanson à boire). Voix des chênes (la) (GOUBLIER).	M. NOTÉ (Opéra). M. Noté.	Marron

Disques PATHÉ double face. 107

CHANT. — MÉLODIES ET ROMANCES (suite) (acc' d'orchestre)

N°	Titres	Interprètes	Couleurs des étiquettes
P. 3052	Bonheur par l'Amour (le) (ANDUAGA). Si vous l'avlez compris (DENZA).	M. NOTÉ (Opéra). M. Noté.	Marron
3189	Bonjour Suzon (E. PESSARD). Aubade. Pour un baiser (PAOLO TOSTI). Mélodie.	M. CAMPAGNOLA (Opéra). M. Campagnola.	Verte
13080	Bruja (la) (CHAPI). La Jota (en espagnol). La Corte del Amor (JOSÉ PADILLA). La de ojos Azules (en espagnol).	M. TITO SCHIPA (ténor Italien). M. Tito Schipa.	Verte
P. 3033	C'est en Zélande (STÉNON DU PRÉ). Dis-moi quel est ton pays ! (SEILENICK). Chant alsacien.	M. NOTÉ (Opéra). M. Noté.	Marron
4080	Camomille (BOREL-CLERC) (Shimmy fox-trot). Salomé (DANIDERFF) (Fox-trot).	M. HENRY DEFREYN (Théâtre Mogador). M. Henry Defreyn.	Marron
3073	Caresse andalouse (G. CHARTON). Chanteclair (E. DURAND).	M. VAGUET (Opéra). M. Vaguet.	Marron
3075	Caresse de fleurs (CH. LEUNTJENS). Muletier (le) (FRAGEROLLE).	M. VAGUET (Opéra). M. Vaguet.	Marron
3139	Carillon de guerre (CLAUDE ROLAND). Espérance (CLAUDE ROLAND).	Mlle DELNA (Opéra). Mlle Delna.	Marron
3087	Ce matin-là (J. DARIEN). Je t'aime (E. GRIEG).	M. VAGUET (Opéra). M. Vaguet.	Marron
3003	Ce que disent les pierres (A. JOUBERTI). Petites Communiantes (les) (FOURDRAIN).	M. ALBERS (Opéra-Comique). M. Albers.	Marron
3109	Ce que dit la brise (WEKERLIN). Sourire (le) (E. PESSARD).	M. VAGUET (Opéra). M. Vaguet.	Marron
0275	Célèbre sérénade (GOUNOD). Les Contes d'Hoffmann (OFFENBACH). Barcarolle.	Mme EMMA CALVÉ. Mme Emma Calvé.	Verte
3222	Célèbre sérénade (GOUNOD). Mélodie (acc' PIANO). Après un rêve (GOUNOD). Mélodie (acc' PIANO).	Mme NINON VALLIN (Opéra-Comique). Mme Ninon Vallin.	Verte
3177	Célèbre « Sérénata » (ENRICO TOSELLI). Sérénade. Rêvons (G. BONINCONTRO). Valse chantée.	M. LAMY (Théâtre de Monte-Carlo). M. Lamy.	Marron
3111	Celle qui passe (GÉDALGE). Comme la nuit (CARL BOHM).	M. ALBERS (Opéra-Comique). M. Albers.	Marron
3077	Chanson (RUHLMANN). Roi de Thulé (le) (FRAGEROLLE). Il était un roi.	M. VAGUET (Opéra). M. Vaguet.	Marron
P. 3140	Chanson à boire (DE PEZZER). Le Bon laboureur. Voix des Chênes (la) (GOUBLIER).	M. NOTÉ (Opéra). M. Noté.	Marron
3158	Chanson de Barberine (SOREI). A quoi pensez-vous ! (BERGER).	M. MURATORE (Opéra). M. Muratore.	Jaune
3163	Chanson de Barberine (SOREI). Ballade d'ALFRED DE MUSSET. Sérénade Française (LEONCAVALLO).	M. CAMPAGNOLA (Opéra). M. Campagnola.	Verte
3172	Chanson de l'adieu (PAOLO TOSTI). Prière (O. CRÉMIEUX). Valse chantée.	M. CAMPAGNOLA (Opéra). M. Campagnola.	Verte
3127	Chanson de Marinette (la) (T. CLIAVICO). Voix des Chênes (la) (GOUBLIER).	M. VIGNEAU (Opéra). M. Vigneau.	Marron

CHANT. — MÉLODIES ET ROMANCES (suite) (acc¹ d'orchestre)

			Couleurs des étiquettes
3201	Chanson des échos (la) (P. CODINI et CH. LAURENT). Mélodie. — M. LAMY (Théâtre de Monte-Carlo). Chant de la mer (le) (P. CODINI). Chanson. — M. Lamy.		Marron
P. 3034	Chanson des peupliers (la) (DORIA). — M. NOTÉ (Opéra). Cór (e) (FLÉGIER). — M. Noté.		Marron
3004	Chanson des sonneux (la) (DELABRE). — M. ALBERS (Opéra-Comique). Noël des Gueux (A. BÉON). — M. Albers.		Marron
3187	Chanson du Chamelier (A. HOLMÈS). — M. VAGUET (Opéra). Sais-tu (H. DE FONTENAILLES). Poésie. — M. Vaguet.		Marron
3074	Chanson matinale (E. CHIZAT). — M. VAGUET (Opéra). Sonnet (DUPRATO). — M. Vaguet.		Marron
3137	Chanson pour Jean (E. CHIZAT). — M. BELHOMME (Opéra-Comique). Mignon (A. THOMAS). Berceuse. — M. Belhomme.		Marron
3046	Chanson pour Nina (L. BILLAUT). — M. VAGUET (Opéra). Prends mon baiser (M. DES CÉVENNES). — M. Vaguet.		Marron
3229	Chanson qui nous a bercé (la) ou La première chanson (ALFRED FOCK). Mélodie. — M. LAMY (Théâtre de Monte-Carlo). Spleen (G. BONINCONTRO) (Mélodie). — M. Lamy.		Marron
3090	Chanson triste (H. DUPARC). — M. VAGUET (Opéra). Voisinage (CHAMINADE). — M. Vaguet.		Marron
3019	Chant de l'ange Israfel (le) (HOLMÈS). — M. VAGUET (Opéra). Comme à vingt ans (DURAND). — M. Vaguet.		Marron
P. 3035	Chant de la nature (BARBIROLLI). — M. NOTÉ (Opéra). Prière des forêts (la) (CODINI). — M. Noté.		Marron
3230	Chant du soir (L. MASSOLINI) (Mélodie). — M. LAMY (Théâtre de Monte-Carlo). Je n'aime que toi (E. GANDOLFO) (Mélodie). — M. Lamy.		Marron
3007	Chant du soldat (le) (M. BURTY). — M. DANGÈS (Opéra). Louis d'or (les) (P. DUPONT). — M. Dangès.		Marron
3126	Charité (la) (FAURE). — M. ALBERS (Opéra-Comique). Véritable Manola (la) (BOURGEOIS). — M. Albers.		Marron
P. 3011	Charité (la) (FAURE). — M. NOTÉ (Opéra). Noël (ADAM). — M. Noté.		Marron
3206	Chevalier blanc (le) (BOREL-CLERC). — M. NOTÉ (Opéra). Réveil (le) (GUSTAVE GOUBLIER). — M. Noté.		Verte
13081	Chi se ne scorda cchiu (BARTHÉLÉMY). Canzonetta napolitana (en italien). — M. TITO SCHIPA (ténor Italien). Pesca d'amore (BARTHÉLÉMY). Mélodia napolitana (en italien). — M. Tito Schipa.		Verte
3203	Cimetière de campagne (REYNALDO HAHN). Poésie de GABRIEL VICAIRE. — M. CLÉMENT (Opéra-Comique). Amour s'envole (l') (J.-B. WECKERLIN). Mélodie. — M. Clément.		Verte
3231	Clair de lune (H. DE MERTENS) (Mélodie). — M. LAMY (Théâtre de Monte-Carlo). Santa Lucia Luntana (E. MARIO) (Chanson). — M. Lamy.		Marron
3175	Clair de lune (GABRIEL FAURÉ). Mélodie. — M. MARNY (Opéra-Comique). Rôtisserie de la reine Pédauque (la) (CHARLES LÉVADÉ). Rêverie de Jacques. — M. Marny.		Verte
3085	Credo d'amour (A. LUIGINI). — M. VAGUET (Opéra). Cosi fan tutte (MOZART). — M. Vaguet.		Marron

Disques PATHÉ double face. 109

CHANT. — MÉLODIES ET ROMANCES (suite) (acc¹ d'orchestre).

N°	Titres	Interprète	Couleurs des étiquettes
0139	Credo du paysan (le) (GOUBLIER). M. Hérodiade (MASSENET). *Vision fugitive.* M.	DANGÈS (Opéra). Dangès.	Marron
P. 3051	Croix du Chemin (la) (GOUBLIER). M. Novembre (TRÉMIZOT). M.	NOTÉ (Opéra). Noté.	Marron
P. 3037	Cruel mystère (MALOT). M. Il pleut (BARBIROLLI). M.	NOTÉ (Opéra). Noté.	Marron
0155	Debout! (L. FARJALL) (Chanson patriotique). M. Adieu à Ninon (l') (MAX GUILLAUME). (Célèbre intermezzo-valse). M.	VAGUET (Opéra). Vaguet.	Marron
3210	Dernière ivresse (Y. FOSSOUL) (Valse hésitation bercée). M. Zambiga (Y. Fossoul) (Fox-trot). M.	LAMY (Théâtre de Monte-Carlo). Lamy.	Marron
3178	Désir (ANGELO D'AMBROSIO). Aubade. M. Chitarrata (Guitare) (G. BONINCONTRO). M.	LAMY (Théâtre de Monte-Carlo). Lamy.	Marron
0233	Deux grenadiers (les) (R. SCHUMANN) (Mélodie). M. Trois hussards (les) (A. LIONNET) (Mélodie). M.	AQUISTAPACE (Opéra). Aquistapace.	Verte
0180	Deux Grenadiers (les) (SCHUMANN) (ACC¹ PIANO). M. Songe d'une nuit d'été (le) (A. THOMAS). *Allons, que tout s'apprête* (ACC¹ PIANO). M.	GRESSE (Opéra). Gresse.	Marron
3225	2ª Serenata (la) (ENRICO TOSELLI). *La dernière nuit.* M. Serenata (JOSEPH RICO). *Premier baiser.* M.	HENRY DEFREYN (Th. Monnaie). Henry Defreyn.	Marron
3020	Dis-lui (L. FARJALL). M. Dors, enfant (E. PESSARD) (ACC¹ PIANO). M.	VAGUET (Opéra). Vaguet.	Marron
0196	Dixie Land (Chant du Sud des États-Unis) (en anglais) (ACC¹ PIANO). Mme The star spangled Banner (Hymne américain) (en anglais) (ACC¹ PIANO). Mme	EMMA CALVÉ. Emma Calvé.	Verte
0086	Dormez, ma mie (L. BERGÉ). M. Projet (E. CHIZAT). M.	VAGUET (Opéra). Vaguet.	Marron
0122	Dors, mon enfant (E. PÉRIER) (ACC¹ PIANO). M. Mignonne amie (FIJAN) (ACC¹ PIANO). M.	PÉRIER (Opéra-Comique). Périer.	Marron
0174	Élégie (MASSENET). M. Si tu m'aimais (L. DENZA) (Mélodie). M.	CAMPAGNOLA (Opéra). Campagnola.	Verte
0237	En fermant les yeux (MAURICE PETITJEAN) (Mélodie). M. Aubade Florentine (LÉONARD MAZZA). *A song at Daybreak.* M.	LAMY (Théâtre de Monte-Carlo). Lamy.	Marron
3099	En passant par la Lorraine (TIERSOT). (ACC¹ PIANO). M. Filles de la Rochelle (les) (ACC¹ PIANO). M.	CLÉMENT (Opéra-Comique). Clément.	Verte
0148	Endors-toi! (SALVATORE SCUDERI) (Sérénade). M. Aimer, c'est forger sa peine (To love brings us all our pain) (A. BARBIROLLI) (Mélodie). M.	LAMY (Théâtre de Monte-Carlo). Lamy.	Marron
P. 5038	Enfant chantait la Marseillaise (l') (COLIN). M. Marche vers l'avenir (FAURE). M.	NOTÉ (Opéra). Noté.	Marron

PATHÉPHONE, 30, Bd des Italiens, PARIS.

CHANT. — MÉLODIES ET ROMANCES (suite) (acc¹ d'orchestre)

COULEURS DES ÉTIQUETTES

N°	Titres	Interprètes	Couleur
3119	Enfants (les) (MASSENET) (ACC¹ PIANO). O Sole Mio (DI CAPUA) (en italien).	Mme DELNA (Opéra). Mme Delna.	Marron
3110	Enfants (les) (MASSENET). Si tu le voulais (P. TOSTI).	Mlle MÉRENTIÉ (Opéra). Mlle Mérentié.	Marron
3159	Enlèvement (l') (LÉVADÉ). Reviens ! (FRAGSON).	M. MURATORE (Opéra). M. Muratore.	Jaune
3136	Escarcelle (l') (LE MÉNESTREL) (E. CHIZAT). Mon grand verre (E. CHIZAT) (Chanson à boire).	M. BELHOMME (Opéra-Comique). M. Belhomme.	Marron
P.- 3029	Étoile confidente (l') (ROBAUDI). Je ne sais que t'aimer (P. MARTIN).	M. NOTÉ (Opéra). M. Noté.	Marron
3080	Étoile d'amour (P. DELMET). Si tu le voulais (P. TOSTI).	M. VAGUET (Opéra). M. Vaguet.	Marron
3084	Faiblesse (MATHÉ). Inquiétude (E. PESSARD).	M. VAGUET (Opéra). M. Vaguet.	Marron
3153	Foins (les) (LECOCQ) (Idylle) (ACC¹ PIANO et VIOLON). A Trianon (RÉMY) (Menuet) (ACC¹ PIANO et VIOLON).	M. VAGUET (Opéra). M. Vaguet.	Marron
3165	Green (DEBUSSY). Mélodie (ACC¹ PIANO). Clair de lune (GABRIEL FAURÉ) (Mélodie) (ACC¹ PIANO).	M. CLÉMENT (Opéra-Comique). M. Clément.	Verte
3193	Heure exquise (The perfect hour) (REYNALDO HAHN) (Chanson grise) (ACC¹ PIANO). Derniers vœux (REYNALDO HAHN) (ACC¹ PIANO).	Mme EMMA CALVÉ. Mme Emma Calvé.	Verte
3217	Hymne à Éros (A. HOLMÈS) (Mélodie) (ACC¹ PIANO, VIOLON et FLUTE). Sérénade nocturne (A. BARBIROLLI) (Mélodie) (ACC¹ PIANO, VIOLON et FLUTE).	M. LAMY (Théâtre de Monte-Carlo). M. Lamy.	Marron
3162	Hymne à la France (BUSSER). Ceux qui pieusement... Poésie de VICTOR HUGO. Fille de Roland (la) (RABAUD). Chanson des épées.	M. FRANZ (Opéra). M. Franz.	Verte
P.- 3039	Hymne à la nuit (GOUNOD). Noël païen (MASSENET).	M. NOTÉ (Opéra). M. Noté.	Marron
P.- 3040	Hymne d'amour (LIONNET). Stances (GOUBLIER).	M. NOTÉ (Opéra). M. Noté.	Marron
3181	Idéale (PAOLO TOSTI). Mélodie. Reviens amour (BUZZI PECCIA). Mélodie.	M. CAMPAGNOLA (Opéra). M. Campagnola.	Verte
2022	Il est d'étranges soirs (ANDRÉ ROUBAUD). Mélodie. Lakmé (LÉO DELIBES). Cantilène. Ah ! viens dans la forêt.	M. CLÉMENT (Opéra-Comique). M. Clément.	Verte
3221	Il segretto di Susanna. O gioia ! la nube leggera (1re PARTIE). Il segretto di Susanna. O gioia ! la nube leggera (2e PARTIE) (En italien).	Mme NINON VALLIN (Op.-Comique). Mme Ninon Vallin.	Verte

Disques PATHÉ double face. 111

CHANT. — MÉLODIES ET ROMANCES (suite) (acc¹ d'orchestre)

N°	Titres	Interprète	Couleurs des étiquettes
3048	Ile des baisers (l') (BOREL-CLERC).	M. VAGUET (Opéra).	Marron
	Petite amie (la) (DELMAS).	M. Vaguet.	
3145	Ils sont jolis, vos yeux (CODINI) (Mélodie).	M. LAMY (Théâtre de Monte-Carlo).	Marron
	Tes baisers (Y baci tuoi...) (A. BARBIROLLI) (Mélodie).	M. Lamy.	
0197	Incrédule (R. HAHN) (acc¹ PIANO).	Mme LITVINNE.	Marron
	Troyens (les) (BERLIOZ). Air de Didon. (acc¹ PIANO).	Mme Litvinne.	
P. 3001	Insensé (l') (RUPÈS).	M. AFFRE (Opéra).	Marron
	Temps des cerises (le) (RENARD).	M. Affre.	
3156	J'aime les fleurs! One hour of flirt with you! (MAX DAREWSKY).	M. MARNY (Opéra-Comique).	Verte
	Veux-tu? (WENZEL) (Mélodie).	M. Marny.	
3182	Je me souviens de Naples (BONINCONTRO) (Mélodie) (avec chœurs).	M. LAMY (Théâtre de Monte-Carlo).	Marron
	Sous les tils de la Vierge (CODINI) (Berceuse) (avec chœurs).	M. Lamy.	
3144	Je ne veux que des fleurs (A. BARBIROLLI) (Mélodie).	M. LAMY (Théâtre de Monte-Carlo).	Marron
	Femmes, que vous êtes jolies!... (CODINI) (Mélodie).	M. Lamy.	
3100	Je ne veux que des fleurs (BARBIROLLI).	M. CLÉMENT (Opéra-Comique).	Verte
	Mal (REYNALDO HAHN).	M. Clément.	
3082	Je serai boulanger (P. MARTIN).	M. VAGUET (Opéra).	Marron
	Rêve ou folie (CH. MAME FILS).	M. Vaguet.	
3204	Je t'aime (E. GRIEG). Poésie de H. C. ANDERSEN.	M. CLÉMENT (Opéra-Comique).	Verte
	Hélas! C'est près de vous (PAER) (Mélodie).	M. Clément.	
3149	Je vous ai connue au printemps (MONTI) (Mélodie).	M. LAMY (Théâtre de Monte-Carlo).	Marron
	Frénésie... (G. BONINCONTRO) (Chanson).	M. Lamy.	
3128	Jérusalem (GOUNOD) Jérusalem, Jérusalem.	Mlle YVONNE GALL (Opéra).	Verte
	Jérusalem (GOUNOD). Les Tribus plaintives.	Mlle Yvonne Gall.	
3103	Lac (le) (NIEDERMEYER).	M. MARVINI (Opéra).	Marron
	Noël (A. HOLMÈS).	M. Marvini.	
3071	Lamento (J. DARIEN).	M. VAGUET (Opéra).	Marron
	Les Petits (P. ALINS).	M. Vaguet.	
3106	Larmes (les) (REYER).	M. DANGÈS (Opéra).	Marron
	Vin de France (le) (PAILLARD).	M. Dangès.	
3211	Livre de la vie (le) (E. MONTAGNE) (Mélodie).	M. LAMY (Théâtre de Monte-Carlo).	Marron
	Parmi les rêves (CH. CODA) (Mélodie valse).	M. Lamy.	
3212	Lolita (BUZZI-PECCIA) (Serenata bolero) (en italien).	M. LAMY (Théâtre de Monte-Carlo).	Marron
	E canta il grillo (V. BILLI) (Stornello) (en italien).	M. Lamy.	
3083	Ma bien-aimée (L. BOELLMANN).	M. VAGUET (Opéra).	Marron
	Ninon, voici les roses (J. DARIEN).	M. Vaguet.	
P. 0176	Malgré moi (PFEIFFER).	M. AFFRE (Opéra).	Marron
	Méphistophélès (BOITO) (Romance du IVe acte).	M. Affre.	
0308	Marguerite au rouet (SCHUBERT) (Poème lyrique).	Mlle YVONNE GALL (Opéra).	Verte
	Les Noces de Figaro (MOZART). Mon cœur soupire.	Mlle Yvonne Gall.	

CHANT. — MÉLODIES ET ROMANCES (suite) (acc¹ d'orchestre)

N°	Titre	Interprète	Couleurs des étiquettes
3166	Mariage des Roses (le), (CÉSAR FRANCK). (Mélodie) (ACC¹ PIANO).	M. CLÉMENT (Opéra-Comique).	Verte
	Amadis (LULLI). Bois épais redouble ton ombre (ACC¹ PIANO).	M. Clément.	
3179	Marinaresca (V. VALENTE) (en italien).	M. LAMY (Théâtre de Monte-Carlo).	Marron
	Reginella (GAETANO LAMA) (en italien).	M. Lamy.	
3198	Mary Rose (RALPH BURNHAM) (en anglais). (ACC¹ PIANO).	Mme EMMA CALVÉ.	Verte
	By the Waters of Minnetonka (TURLOVY LIEURANCE) (en anglais) (ACC¹ PIANO)..	Mme Emma Calvé.	
3023	Me calmouri (JASMIN) (ACC¹ PIANO).	M. ALVAREZ (Opéra).	Marron
	Rosilia (la) (YRADIER) (ACC¹ PIANO).	M. Alvarez.	
3188	Mendiant d'Espagne (le) (V. MARTYNS).	M. VAGUET (Opéra).	Marron
	Oiseaux légers (GRUMBERG) (Mélodie).	M. Vaguet.	
3115	Mes larmes (SCHUMANN).	M. ALBERS (Opéra-Comique).	Marron
	Quand je regarde dans tes yeux (SCHUMANN).	M. Albers.	
	Noyer (le) (SCHUMANN).	M. Albers.	
3213	Mimi Soleil (P. CODINI) (Mélodie).	M. LAMY (Théâtre de Monte-Carlo).	Marron
	Toi seule « Te sola » (L. MAZZA) (Sérénade Sorrentine).	M. Lamy.	
3200	Minuit (P. FAUCHEY) (Chanson).	M. LAMY (Théâtre de Monte-Carlo).	Marron
	Litanies (A. BARBIROLLI) (Poésie de JEAN LAHOR).	M. Lamy.	
3218	Miroir (le) (DELAQUERRIÈRE fils) (Mélodie) (ACC¹ PIANO, VIOLON et FLUTE).	M. LAMY (Théâtre de Monte-Carlo).	Marron
	Nos vieilles larmes (A. BARBIROLLI) (Mélodie) (ACC¹ PIANO, VIOLON et FLUTE).	M. Lamy.	
3183	Moulin de Longchamp (le) (CODINI) (Chanson d'amour (avec CHŒURS).	M. LAMY (Théâtre de Monte-Carlo).	Marron
	Phi-Phi (CHRISTINÉ) Pour l'amour (avec CHŒURS).	M. Lamy.	
3053	Musette neuve (la) (P. DUPONT) (ACC¹ PIANO).	M. ALVAREZ (Opéra).	Marron
	Pour faire sa voix chez Pathé frères (P. DELMET) (ACC¹ PIANO).	M. Alvarez.	
0264 P.	Musique lointaine (ANDRÉ ROUBAUD) (Mélodie).	M. FRANZ (Opéra).	Verte
	Lohengrin (WAGNER). Récit du Graal.	M. Franz.	
3042	Myrtes sont flétris (les) (FAURE).	M. NOTÉ (Opéra).	Marron
	Soir (le) (GOUNOD).	M. Noté.	
3102	Myrtes sont flétris (les) (FAURE).	M. ALBERS (Opéra-Comique).	Marron
	Oh ! si les fleurs avaient des yeux (MASSENET).	M. Albers.	
3214	Ne brisez pas un cœur (G. KRIER) (Chanson valse).	M. LAMY (Théâtre de Monte-Carlo).	Marron
	Sérénade pour Elle (R. GHISLAIN) (Sérénade).	M. Lamy.	
3024	Ninon (P. TOSTI) (ACC¹ PIANO).	M. ALVAREZ (Opéra).	Marron
	Si tu le voulais (P. TOSTI) (ACC¹ PIANO).	M. Alvarez.	
3120	Ninon la Gaité (G. MAQUIS).	Mlle ROSALIA LAMBRECHT (Trianon-Lyrique).	Marron
	Vireli et Virelette (CH. LECOCQ).		
3026	Noël d'amour (A. LUIGINI) (ACC¹ PIANO).	M. ALVAREZ (Opéra).	Marron
	Se tu m'ami, se sospiri (B. PERGOLESI) (ACC¹ PIANO).	M. Alvarez.	
3088	Noël d'amour (A. LUIGINI).	M. VAGUET (Opéra).	Marron
	On a oublié (L. FARJALL).	M. Vaguet.	

Disques PATHÉ double face.

CHANT. — MÉLODIES ET ROMANCES (suite) (acc¹ d'orchestre)

			COULEURS DES ÉTIQUETTES
0284	Noël de la Victoire (Fantaisie) (Mélodie). Jongleur de Notre-Dame (le) (MASSENET). O liberté, m'amie.	M. CHARLES FONTAINE (Opéra-Com.). M. Charles Fontaine.	Verte
0068	Noël des bergers (E. CHIZAT). Veilleur de nuit (le) (E. CHIZAT). Le chant du veilleur.	M. BELHOMME (Opéra-Comique). M. Belhomme.	Marron
P. 3043	Noël des gueux (GÉRALD VARGUES). Violon brisé (le) (HIRPIN).	M. NOTÉ (Opéra). M. Noté.	Marron
13077	Notte sul maro (V. VALENTE) (Gondoleria) (en italien). Dormi pure (SALVATORE GOUDERI) (Serenata) (en italien).	M. LAMY (Théâtre de Monte-Carlo). M. Lamy.	Marron
3150	Nuits de Naples (GAMBARDELLA) (Chanson sur la célèbre mélodie napolitaine : O Marenariello! (avec CHŒURS). Confession d'amour (CH. CODA) (Mélodie).	M. LAMY (Théâtre de Monte-Carlo). M. Lamy.	Marron
3192	O bimba bimbetta (G. SIBELLA) (Mélodie) (en italien). Torna amore (BUZZI PECCIA) (Mélodie) (en italien).	M. CAMPAGNOLA (Opéra). M. Campagnola.	Verte
3195	Œillets (les) (Chanson populaire) (en espagnol) (ACC¹ PIANO). Coplas andaluz (Refrains populaires) (en espagnol) (ACC¹ PIANO).	Mme EMMA CALVÉ. Mme Emma Calvé.	Verte
P. 3032	Oiseaux légers (GRUMBERT). Promenade du paysan (la) (DUPONT).	M. NOTÉ (Opéra). M. Noté.	Marron
0195	Où voulez-vous aller (GOUNOD). Barcarolle. Richard Cœur de Lion (GRÉTRY). O Richard, ô mon roi.	M. VIGNEAU (Opéra-Comique). M. Vigneau.	Marron
3238	Paloma (la) (Maestro YRADIER) (Cancion Madrilène). Partida (la) (F. M. ALVAREZ) (Cancion Espagnole).	M. LAMY (Théâtre de Monte-Carlo). M. Lamy.	Marron
0177	Parais à ta fenêtre (GREGH) (Sérénade). Carmen (BIZET). La fleur que...	M. AFFRE (Opéra). M. Affre.	Marron
3025	Pastorale (P. MARTIN). Poule chanteuse (la) (P. MARTIN).	M. BELHOMME (Opéra-Comique). M. Belhomme.	Marron
P. 0199	Patria (PONS). Hymne guerrier. Bal masqué (VERDI). Et c'est toi...	M. NOTÉ (Opéra). M. Noté.	Marron
P. 3036	Pauvres fous (TAGLIAFICO). Le soldat (PASTOR).	M. NOTÉ (Opéra). M. Noté.	Marron
P. 3041	Pensée d'Automne (MASSENET). Mireille (MASSENET) (Chant provençal).	M. NOTÉ (Opéra). M. Noté.	Marron
3133	Pensée d'Automne (MASSENET). O Sole Mio (E. DI CAPUA) (Chanson napolitaine).	M. VIGNEAU (Opéra-Comique). M. Vigneau.	Marron
3116	Pensez à moi (L. FARJALU). Vision (CH. DENEFVEU) (Mélodie).	M. VAGUET (Opéra). M. Vaguet.	Marron
P. 3013	Père Ra-fla (le) (DANGLAS). Marseillaise (la) (ROUGET DE LISLE).	M. NOTÉ (Opéra). M. Noté.	Marron
3094	Petit siffleur (le) (L. FARJALU). Tes yeux sont bleus (G. ORLE).	M. VAGUET (Opéra). M. Vaguet.	Marron

114 — PATHÉPHONE, 30, Bd des Italiens, PARIS.

CHANT. — MÉLODIES ET ROMANCES (suite) (acc¹ d'orchestre)

N°	Titre	Interprète	Couleurs des étiquettes
3097	Petits bambins d'amour (DELABRE). Simple valse (J. DALCROZE).	M. VAGUET (Opéra). M. Vaguet.	Marron
0073	Petits bambins d'amour (DELABRE). Roméo et Juliette. Valse.	Mme X... (Opéra). Mme X...	Marron
3157	Phi-Phi (CHRISTINÉ). C'est une gamine charmante (PHIDIAS). Pauvre Butterfly! (RAYMOND HUBELL). Poor Butterfly	M. MARNY (Opéra-Comique). M. Marny.	Verte
3112	Plouplous de France (CODINI). Sérénade (TCHAÏKOVSKY).	M. ALBERS (Opéra-Comique). M. Albers.	Marron
3134	Pluie (la) (P. ALIN). J'ai trouvé trois filles (GOUBLIER).	M. DEVRIÈS (Opéra-Comique). M. Devriès.	Marron
3095	Plus près de toi, mon Dieu (R.-P. LIGONNET). La Vierge à la crèche (J. CLÉRICE).	M. VAGUET (Opéra). M. Vaguet.	Marron
3199	Plus troublant poème (le) (YVES FOSSOUL) (Mélodie). Sérénade d'avril (A. GAUWIN et BONNARD).	M. LAMY (Théâtre de Monte-Carlo). M. Lamy.	Marron
13078	Povero fiore! (G. BONINCONTRO) (Mélodie) (en italien). O Marenariello (GAMBARDELLA) (Serenata) (en italien).	M. LAMY (Théâtre de Monte-Carlo). M. Lamy.	Marron
3096	Premier jour où je vis Jeanne (le) (E. CHIZAT). Sérénade du passant (MASSENET).	M. VAGUET (Opéra). M. Vaguet.	Marron
3138	Prière d'après l'Aria de la suite en ré (BACH). Angelus aux champs (l') (BOUSSAGOL).	M. ALBERS (Opéra-Comique). M. Albers.	Marron
0210	Procession (la) (C. FRANCK). Tosca (la). D'art et d'amour je vivais toute.	Mlle YVONNE GALL (Opéra). Mlle Yvonne Gall.	Verte
3008	Promenade du paysan (la) (DUPONT). Rameaux (les) (FAURE).	M. DANGÈS (Opéra). M. Dangès.	Marron
3093	Quand l'oiseau chante (TAGLIAFICO). Temps des cerises (le) (RENARD).	M. VAGUET (Opéra). M. Vaguet.	Marron
3135	Qu'en dis-tu, petite? (DELERUE). Mal (R. HAHN).	M. VAGUET (Opéra). M. Vaguet.	Marron
P. 3044	Rameaux (les) (FAURE). Sapins (les) (P. DUPONT).	M. NOTÉ (Opéra). M. Noté.	Marron
3091	Rancœur lasse (G. OBLE). Sylvette (BERGER).	M. VAGUET (Opéra). M. Vaguet.	Marron
P. 3045	Rappelle-toi! (RUPÈS). Stances au soleil (O. PETIT).	M. NOTÉ (Opéra). M. Noté.	Marron
2047	Rêve de Valse (STRAUSS). Valse. Veuve joyeuse (la). Pardonne-moi chère Patrie.	M. HENRY DEFREYN (Th. Mogador). M. Henry Defreyn.	Marron
0192	Rien, si ce n'est ton cœur (E. MISSA). Trouvère (le). Scène du Miserere (DUO).	M. VAGUET (Opéra). Mme VALLANDRI et M. VAGUET.	Marron
3194	Rondel de l'adieu (ISIDORE DE LARA) (Mélodie) (Acc¹ PIANO). Ma voisine (A. CARING THOMAS) (Mélodie) (Acc¹ PIANO).	Mme EMMA CALVÉ. Mme Emma Calvé.	Verte

Disques PATHÉ double face.

CHANT. — MÉLODIES ET ROMANCES *(suite)* (acc^t d'orchestre).

N°	Titres	Interprètes	Couleurs des étiquettes
3215	Rosita l'Argentine (R. GHISLAIN) (Chanson tango). Nuits qui chantent (les) (CH. CODA) (Barcarolle Vénitienne).	M. LAMY (Théâtre de Monte-Carlo). M. Lamy.	Marron
3113	Sabretache (la) (X. LEROUX). Sérénade de Don Juan (TCHAIKOVSKY).	M. ALBERS (Opéra-Comique). M. Albers.	Marron
3191	Sérénade (la) (PAOLO TOSTI). Je pense « Penso » (PAOLO TOSTI) (Mélodie).	M. CAMPAGNOLA (Opéra). M. Campagnola.	Verte
3067	Sérénade du passant (P. MAQUET). Veux-tu? (LEONCAVALLO).	M. VAGUET (Opéra). M. Vaguet.	Marron
3164	Sérénade napolitaine (LEONCAVALLO). (ACC^t PIANO, VIOLON et FLUTE). Petite amie (la) (E. DELMAS) (Mélodie valse) (ACC^t PIANO, VIOLON et FLUTE).	M. CAMPAGNOLA (Opéra). M. Campagnola.	Verte
0333	Sérénata (BRAGA) (en italien). Contes d'Hoffmann (les). *Barcarolle:* (DUO) (en français).	Mme CLAUDIA MUZIO. Mmes Claudia Muzio et Kathleen Howard.	Verte
P. 3030	Si j'étais Dieu (G. MARIETTI). Stances à la charité (CARMAN).	M. NOTÉ (Opéra). M. Noté.	Marron
3180	Sogniamo (G. BONINCONTRO) (en italien). Torna à Surriento (E. DE CURTIS). Chanson napolitaine (en italien).	M. LAMY (Théâtre de Monte-Carlo). M. LAMY.	Marron
0287	Soleil de la France (HENRI BUSSER). (Mélodie). Lohengrin (RICHARD WAGNER). *Les adieux de Lohengrin.*	M. FRANZ (Opéra). M. Franz.	Verte
3089	Sommeil (E. CHIZAT). Sylvie (DELAQUERRIÈRE).	M. VAGUET (Opéra). M. Vaguet.	Marron
3167	Sonnet matinal (MASSENET) (Mélodie) (ACC^t PIANO). Venez agréable printemps (WECKERLIN) (Mélodie) (ACC^t PIANO). Jeunes fillettes (WECKERLIN) Mélodie (ACC^t PIANO). Rondel (TH. DUBOIS) Mélodie (ACC^t PIANO).	M. CLÉMENT (Opéra-Comique). M. Clément. M. CLÉMENT (Opéra-Comique). M. Clément.	Verte
3002	Stances (FLÉGIER). Violettes (les) (F. RAMEAU).	M. AFFRE (Opéra). M. Affre.	Marron
3171	Sublime France (L. PLANEL) (Hymne patriotique) (Paroles de HUBERT DU PUY). Le retour après la victoire (GÉNÉRAL PÉLECIER) (ACC^t PIANO, VIOLON et FLUTE).	M. MARNY (Opéra-Comique). M. Marny.	Verte
3216	Sur la route grise (R. A. WHITING) (Chanson) Cloches (les) (YVES FOSSOUL) (Chanson).	M. LAMY (Théâtre de Monte-Carlo). M. Lamy.	Marron
3197	Swanie River (Chant populaire des Etats-Unis) (en anglais) (ACC^t PIANO). Comin' thro' the Rye (EDWARD et RIMBAULT) (Vieille chanson écossaise) (en anglais) (ACC^t PIANO).	Mme EMMA CALVÉ. Mme Emma Calvé.	Verte

PATHÉPHONE, 30, Bd des Italiens, PARIS.

CHANT. — MÉLODIES ET ROMANCES (suite) (acc^t d'orchestre)

N°	Titre	Interprète	COULEUR DES ÉTIQUETTES
3146	Tes yeux ! (G. Bonincontro) (Mélodie). Heureux temps ! (V. Valente) (Chanson).	M. LAMY (Théâtre de Monte-Carlo). M. Lamy.	Marron
3184	Ton sourire (G. Bonincontro) (Mélodie). Phi-Phi (Christiné). Ah ! tais-toi (Valse chantée).	M. LAMY (Théâtre de Monte-Carlo). M. Lamy.	Marron
0067	Vallon (le) (Gounod). Patrie (Paladilhe). Air du sonneur.	M. BELHOMME (Opéra-Comique). M. Belhomme.	Marron
0130	Variations (Proce). Traviata (la) (Verdi). Pour jamais.	Mme MIRANDA (Opéra). Mme Miranda.	Marron
3104	Vieilles de chez nous (les) (Lévadé). Verse, Margot (Doria).	M. BOYER (Opéra-Comique). M. Boyer.	Marron
3151	Vieni ! (Viens !) (Ch. Coda) (Sérénade vénitienne sur un motif de la valse : Rêve à l'aimée (avec chœurs). Toute ma vie (Codini) (Mélodie) (avec chœurs).	M. LAMY (Théâtre d Monte-Carlo). M. Lamy.	Marron
3005	Vieux polichinelle (Brunetti). Virelai d'Alsace (M. Legay).	M. ALBERS (Opéra-Comique). M. Albers.	Marron

Hymnes Nationaux et Chants Patriotiques

(Enregistrements avec accompagnement d'orchestre)

N°	Titre	Interprète	
P. 3142	Ce que c'est qu'un drapeau (La Mareille) (avec chœurs). Rhin allemand (le) (F. David) (avec chœurs).	M. NOTÉ (Opéra). M. Noté.	Verte
0052	Chant du Départ (le) (Méhul). Marseillaise (la) (Rouget de Lisle).	Mlle CHENAL (Opéra-Comique). Mlle Chenal.	Marron
3160	Chant du Départ (le) (Méhul). Régiment de Sambre-et-Meuse (le) (R. Planquette).	M. MURATORE (Opéra). M. Muratore.	Jaune
P. 3131	Clairon (le) (Déroulède et André). Chœur des Girondins (Méhul-Varney). Mourir pour la patrie (avec chœurs).	M. NOTÉ (Opéra). M. Noté.	Marron
3196	Dixie Land. Chant du Sud des États-Unis (en anglais) (acc^t piano). The star spangled Banner (Hymne américain) (en anglais) (acc^t piano).	Mme EMMA CALVÉ. Mme Emma Calvé.	Verte

Disques PATHÉ double face. 147

HYMNES NATIONAUX ET CHANTS PATRIOTIQUES (suite) (acc¹ d'orchestre)

N°	Titres	Interprètes	Couleurs des étiquettes
3117	Marseillaise (la) (ROUGET DE LISLE). Chant du Départ (le) (MÉHUL).	MM. ALBERS, LASSALLE et Mme LAPEYRETTE. M. BELHOMME (Opéra Comique).	Marron
P. 3013	Marseillaise (la) (ROUGET DE LISLE). Père Ra-fla (le).	M. NOTÉ (Opéra). M. Noté.	Marron
3161	Marseillaise (ROUGET DE LISLE). Quand Madelon (C. RABERT).	M. MURATORE (Op^a). M. Muratore.	Jaune
P. 3014	Nouvelle Brabançonne (1860) (la) (CAMPENHOUT). Vers l'Avenir (GEVAERT).	M. NOTÉ (Opéra). M. Noté.	Marron
3105	Régiment de Sambre-et-Meuse (le) (PLANQUETTE). Hosanna (Chant de Pâques).	M. DANGÈS (Opéra). M. Dangès.	Marron
2538	Régiment de Sambre-et-Meuse (le). Faust. Chœur de la Kermesse.	MM. DE POUMAYRAC, NANSEN, DANGÈS et BELHOMME. MM. DEVRIÈS, NANSEN, DANGÈS et BELHOMME.	Marron
3171	Sublime France (L. PLANEL) (Hymne patriotique) Paroles de HUBERT DU PUY. Le retour après la victoire (GÉNÉRAL PELLECIER) (Chant patriotique).	M. MARNY (Opéra-Comique). M. Marny.	Verte

Chants Révolutionnaires

(Enregistrements avec accompagnement d'orchestre)

N°	Titres	Interprètes	Couleurs
3010	Carmagnole (la) (A. STANISLAS). Internationale (l') (DEGEYTER).	M. MAGUENAT (Gaîté-Lyrique). M. Maguenat.	Marron

Morceaux religieux

(Enregistrements avec accompagnement d'orchestre)

N°	Titre	Interprète	Couleur
13082	Agnus Dei (BIZET). / Amarilli (CACCINI) (Madrigal) (en italien).	M. TITO SCHIPA (ténor italien). / M. Tito Schipa.	Verte
0051	Ave Maria (GOUNOD). / Tosca (la). *D'art et d'amour...*	Mlle CHENAL (Opéra-Comique). / Mlle Chenal.	Marron
3092	Ave Maria (GOUNOD) (ACCt ORGUE). / Ciel a visité la terre (le) (GOUNOD).	M. VAGUET (Opéra). / M. Vaguet.	Marron
3027	Bébé à Jésus (DELERUE) (Prière). / Crucifix (le) (DUO).	M. VAGUET (Opéra). / MM. VAGUET et ALBERS.	Marron
2539	Crucifix (le) (FAURE) (DUO). / Thaïs. *Duo de l'Oasis.*	Mlle YVONNE GALL et M. NOTÉ / Mlle Yvonne Gall et M. Noté.	Jaune
P. 3012	Hosanna (GRANIER) (Chant de Pâques). / Sancta Maria (FAURE).	M. NOTÉ (Opéra). / M. Noté.	Marron
3105	Hosanna (GRANIER) (Chant de Pâques). / Régiment de Sambre-et-Meuse (le).	M. DANGÈS (Opéra). / M. Dangès.	Marron
0026	Jésus de Nazareth (GOUNOD). / Ménestrel (le) *Cantique du pain.*	M. BELHOMME (Opéra-Comique). / M. Belhomme.	Marron
3050	Miserere du Marin (le) (PAUL GENNAC). / Hymne à la charité (DEPPE).	M. NOTÉ (Opéra). / M. Noté.	Marron
2502	Noël (ADAM). / Agnus Dei (BIZET) (DUO).	M. ALBERS (Opéra-Comique). / MM. ALBERS et DE POUMAYRAC.	Marron
P. 3011	Noël (ADAM). / Charité (la).	M. NOTÉ (Opéra). / M. Noté.	Marron
3103	Noël (A. HOLMÈS). / Lac (le).	M. MARVINI (Opéra). / M. Marvini.	Marron
3207	Noël (GEORGES et JEAN FRAGEROLLE). / Toussaint (la) (GEORGES et JEAN FRAGEROLLE).	M. NOTÉ (Opéra). / M. Noté.	Verte
3129	Notre Père qui êtes aux cieux (H. BUSSER) (ACCt VIOLON par M. ANDRÉ LE MÉTAYER et ORGUE par l'auteur). / Salutation angélique (la) (H. BUSSER). (ACCt VIOLON par M. ANDRÉ LE MÉTAYER et ORGUE par l'auteur.	Mlle YVONNE GALL (Opéra). / Mlle Yvonne Gall.	Verte
3132	O Salutaris (FAURE) (ACCt VIOLON et ORGUE). / Ave Maria (CHÉRUBINI) (ACCt VIOLON et ORGUE).	M. VAGUET (Opéra). / M. Vaguet.	Marron
13083	Panis angelicus (FRANCK). / Ave Maria (TITO SCHIPA).	M. TITO SCHIPA (Ténor Italien). / M. Tito Schipa.	Verte

MORCEAUX RELIGIEUX (suite) (avec Orchestre)

3006	Panis angelicus (FRANCK)	M. ALBERS (Opéra-Comique)	Marron
	Pater Noster (NIEDERMEYER)	M. Albers	
4143	Pie Jesu (STRADELLA) (avec violon et orgue)	M. VAGUET (Opéra)	Marron
	O Salutaris (FAURE) (avec violon et orgue)	M. Vaguet	
3232	Stabat Mater (ROSSINI) (acc. d'orgue)	M. DUPRÉ (Opéra-Comique)	Marron
	Panis Angelicus (César FRANCK) (acc. d'orgue, violon et harpe)	M. Dupré	
2564	Stabat Mater (ROSSINI), Inflammatus (1re PARTIE) (avec chœurs)	Mlle YVONNE GALL (Opéra)	Verte
	Stabat Mater (ROSSINI), Inflammatus (2e PARTIE) (avec chœurs)	Mlle Yvonne Gall	

Duos religieux
(Enregistrements avec accompagnement d'orchestre)

2502	Agnus Dei (BIZET)	MM. DE POUMAYRAC et ALBERS	Marron
	Noël (ADAM)	M. ALBERS	
1559	Crucifix (b) (FAURE)	Mlle YVONNE GALL et M. NOTÉ	Jaune
	Thaïs, Duo de l'Oasis	Mlle Yvonne Gall et M. Noté	
3027	Crucifix (la) (FAURE)	MM. VAGUET et ALBERS	Marron
	Bébé à Jésus	M. VAGUET	
1546	Gloria Patri (C. MARIETTI)	Mlle YVONNE GALL et M. NOTÉ	Jaune
	Hamlet (A. THOMAS) Doute de la lumière	Mlle Yvonne Gall et M. Noté	

Chœurs Religieux
(Enregistrements avec accompagnement d'orgue)

3223	Ave Maria de Lourdes, Cantique	Marie Jean.	Marron
	J'irai la voir un jour, Cantique	X X X	
3224	Pater noster, Chanté par M. Dupré basse de l'Opéra (avec chœurs)	Niedermeyer	Marron
	Tollite hostias, Chœur religieux	Saint-Saëns	
9593	Pater noster, Oraison dominicale (Version latine)	E. Chizat	Marron
	Notre père, Oraison dominicale	E. Chizat	
9594	Super Flumina Babylonis, Hymne de la captivité (1re PARTIE)	E. Chizat	Marron
	Super Flumina Babylonis, Hymne de la captivité (2e PARTIE)	E. Chizat	

Chants Hébraïques
par M. Samuell Grunwald et Chœurs
(Enregistrements avec accompagnement de piano)

3226	Atton Nigleso. Oumipné Chatonéou.	Marron
3227	Kedduscha "Mimekomo". Ribono Schel Olōm.	Marron
3228	Weal Jedé. Weseorew.	Marron

par M. Pessin, Premier Officiant de la Synagogue Brotsky à Kiev

3234	A chem, A chem (Acc¹ d'Orgue). Vinou scho seeny	Marron
3235	Kedisch (Acc¹ de Piano). Di Dudke (Acc¹ de Piano).	Marron
3236	Kevidé (Acc¹ d'Orgue). Omar Raby Elozor.	Marron

RÉPERTOIRES INDIVIDUELS

Chant

(Enregistrements avec accompagnement d'orchestre)

AFFRE, Ténor, de l'Opéra

Voir aussi : 1° CARMEN, opéra-comique complet en 27 disques, p. 2.
et 2° ROMÉO ET JULIETTE, opéra complet en 27 disques, p. 30.

	COULEURS DES ÉTIQUETTES
OPÉRAS ET OPÉRAS-COMIQUES	
0001 { Africaine (l') (MEYERBEER). — Air de Vasco de Gama. Aïda (VERDI). — O céleste Aïda.	Marron
P. 0002 { Astarté (X. LEROUX). — Les adieux d'Hercule. Dragons de Villars (les) (MAILLART). — Ne parle pas.	Marron
0003 { Attaque du Moulin (l') (BRUNEAU). — Les adieux à la forêt. Guillaume Tell (ROSSINI). — Asile héréditaire.	Marron
0177 { Carmen (BIZET). — La fleur que tu m'avais jetée. Parais à la fenêtre (Sérénade). GREGH	Marron
0004 { Faust (GOUNOD). — Salut, ô mon dernier matin. Favorite (la) (DONIZETTI). — Ange si pur.	Marron
P. 0005 { Hérodiade (MASSENET). — Air de Jean. Trouvère (le) (VERDI). — Exilé sur la terre (Romance).	Marron
0006 { Huguenots (les) (MEYERBEER). — Entrée de Raoul. Huguenots (les) (MEYERBEER). — Plus blanche que la blanche.	Marron
0007 { Mage (le) (MASSENET). — Air du Mage. Roméo et Juliette (GOUNOD). — Cavatine.	Marron
P. 0008 { Méphistophélès (BOÏTO). — Romance de Faust (1er acte). Sigurd (REYER). — Esprits gardiens.	Marron
P. 0176 { Méphistophélès (BOÏTO). — Romance de Faust (IVe acte). Malgré moi. PFEIFFER	Marron
0060 { Reine de Saba (la) (GOUNOD). — Inspirez-moi, race divine. Rigoletto (VERDI). — Comme la plume au vent.	Marron
0076 { Rigoletto (VERDI). — Qu'une belle, pour quelques instants. Trouvère (le) (VERDI). — Miserere.	Marron

PATHÉPHONE, 30, Bd des Italiens, PARIS

CHANT. — RÉPERTOIRES INDIVIDUELS (suite) (acc¹ d'orchestre)

AFFRE (suite)

MÉLODIES ET ROMANCES

			COULEURS DES ÉTIQUETTES
P. 3001	Insensé (l'!)	RUPÈS	Marron
	Temps des cerises (le) (Pastorale)	RENARD	
3002	Stances	PLÉGIER	Marron
	Violettes (les)	F. RAMEAU	

DUOS ET TRIO

P. 2533	Africaine (l') (MEYERBEER). — O ma Sélika (DUO) par M. Affre et Mme Coméa.	Marron
	Cid (le) (MASSENET). — O jours de ma première tendresse (DUO), par M. Affre et Mme Coméa.	
P. 2501	Guillaume Tell (ROSSINI) — Ses jours (TRIO), par MM. Affre, Albers et Belhomme.	Marron
	Huguenots (les) (MEYERBEER) — Grand duo du IV° acte, par M. Affre et Mme Coméa.	

ALBANI, Ténor, de la Scala de Milan

OPÉRAS

0009	Africaine (l') (MEYERBEER). — Air de Vasco de Gama.	Marron
	Huguenots (les) (MEYERBEER) — Plus blanche que la blanche hermine.	
0010	Aïda (VERDI). — O céleste Aïda.	Marron
	Rigoletto (VERDI). — Comme la plume au vent.	
0011	Guillaume Tell (ROSSINI). — Asile héréditaire.	Marron
	Otello (VERDI). — Tout m'abandonne.	
0012	Paillasse (LEONCAVALLO). — Pauvre Paillasse.	Marron
	Werther (MASSENET). — Pourquoi me réveiller ?	
0175	Prophète (le) (MEYERBEER). — Roi du ciel.	Marron
	Juive (la) (HALÉVY). — Rachel, quand du Seigneur.	

ALBERS, Baryton, de l'Opéra-Comique

Voir aussi : 1° **CARMEN**, opéra-comique complet en 27 disques, page 2 ; 2° **LA FAVORITE**, opéra complet en 21 disques, page 13 ; 3° **ROMÉO ET JULIETTE**, opéra complet en 27 disques, page 30 ; 4° **LA TRAVIATA**, opéra complet en 26 disques, page 34.

0013	Aben-Hamet (TH. DUBOIS). — Air d'Aben-Hamet (Reine, toi qu'Hamet...).	Marron
	Samson et Dalila (SAINT-SAËNS). — Maudite à jamais soit la race.	
0014	Aïgle (l') (J. NOUGUÈS). — Ah ! mes fidèles.	Marron
	Patrie (PALADILHE). — Pauvre martyr obscur.	

CHANT — RÉPERTOIRES INDIVIDUELS (suite) (acc¹ d'orchestre)

ALBERS (basse)

N°	Titre	Couleur
0015	Aiglon (l') (I. Nougues). — Tu sais bien que parfois. / Messaline (I. De Lara). — O nuit d'amour.	Marron
0149	Benvenuto Cellini (Diaz). — De l'art splendeur immortelle. / Hamlet (A. Thomas). — Chanson bachique.	Marron
0016	Charles VI (Halévy). — C'est grand'pitié. / Coupe du Roi de Thulé (la) (Diaz). — Il est venu (Grand air).	Marron
0017	Chemineau (le) (X. Leroux). — Chanson du moissonneur. / Favorite (la) (Donizetti). — Jardins de l'Alcazar.	Marron
0161	Cinq-Mars (Gounod). — Sur le flot qui vous entraîne (Cantabile). / Otello (Verdi). — Credo de Iago.	Marron
0150	Contes d'Hoffmann (les) (Offenbach). — Scintille diamant (Air de Dapertutto). / Quo Vadis? (J.-Ch. Nougues). — Air de Pétrone (1er acte).	Marron
0018	Damnation de Faust (la) (Berlioz). — Voici des roses. / Sigurd (Reyer). — Et toi, Freia.	Marron
0019	Don Juan (Mozart). — Sérénade. / Roi de Lahore (le) (Massenet). — Promesse de mon avenir.	Marron
0020	Faust (Gounod). — Scène de l'Eglise. / Paillasse (Leoncavallo). — Prologue.	Marron
0021	Grisélidis (Massenet). — L'Oiseau captif. / Mouette (Pons). — Des sourires d'enfants.	Marron
0022	Pardon de Ploërmel (le) (Meyerbeer). — O puissante, puissante magie. / Pardon de Ploërmel (le) (Meyerbeer). — Enfin l'heure est venu.	Marron
0151	Thérèse (Massenet). — Le danger s'accroît. / Thérèse (Massenet). — O Thérèse, regarde dans cette eau.	Marron
0200	Tosca (la) (Puccini). — Si pour de beaux yeux. / Rigoletto (Verdi). — Courtisans, race vile et damnée.	Marron
0152	Vaisseau-Fantôme (le) (Wagner). — Du temps passé. / Vaisseau-Fantôme (le) (Wagner). — Un seul espoir.	Marron

MÉLODIES ET ROMANCES

N°	Titre	Auteur	Couleur
3101	Au loin. / J'ai pardonné.	Schumann. / Schumann.	Marron
3114	Bœufs (les). / Cors d'Or (la) (Chanson).	Dupont. / De Wenzel.	Marron
3003	Ce que disent les pierres (Chanson). / Petites Communiantes (les).	Joubert. / Fourdrain.	Marron
3111	Celle qui passe. / Comme la nuit.	Gédalge. / Carl Bohm.	Marron
3004	Chanson des sonneux (la). / Noël des gueux.	Delabre. / Brun.	Marron

CHANT. — RÉPERTOIRES INDIVIDUELS (suite) (acc¹ d'orchestre)

ALBERS (suite)

N°	Titre	Auteur	Couleur
3126	Charité (la). / Véritable Manola (la).	FAURE. / BOURGEOIS.	Marron
3115	Mes larmes. — Quand je regarde dans tes yeux. / Noyer (le).	SCHUMANN / SCHUMANN.	Marron
3102	Myrtes sont flétris (les) (Aubade). / Oh ! si les fleurs avaient des yeux.	FAURE / MASSENET.	Marron
3112	Pioupious de France (Chanson de route). / Sérénade.	CODINI. / TCHAIKOVSKY.	Marron
3138	Prière (d'après l'Aria de la Suite en ré). / Angelus aux champs (l').	BACH. / BOUSSAGOL.	Marron
3119	Sabretache (la). / Sérénade de Don Juan.	LEROUX. / TCHAIKOVSKY.	Marron
3005	Vieux polichinelle. / Virelai d'Alsace.	BRUNETTI. / LEGAY.	Marron

DUOS ET TRIOS

N°	Titre	Couleur
P.	Guillaume Tell (ROSSINI). — Ses jours (TRIO), par MM. Albers, Affre et Belhomme.	
2501	Huguenots (les) (MEYERBEER). — Grand duo du IV° acte, par Mme Comès et M. Affre.	Marron
3117	Marseillaise (la) (ROUGET DE LISLE), par M. Albers, Mlle Lapeyrette et M. Lassalle. / Chant du Départ (le) (MEHUL), par M. Belhomme.	Marron
2506	Thaïs (MASSENET). — Duo de l'oasis, par M. Albers et Mlle Marignan. / Thaïs (MASSENET). — Te souvient-il du lumineux voyage, par Mlle Jane Marignan et M. Dangès.	Marron

MORCEAUX RELIGIEUX

N°	Titre	Auteur	Couleur
2502	Agnus Dei (Duo religieux), par MM. Albers et de Poumayrac. / Noël, par M. Albers.	BIZET. / ADAM.	Marron
3027	Crucifix (le) par MM. Albers et Vaguet. / Bébé à Jésus (Prière), par M. Vaguet.	FAURE. / DELERUE.	Marron
3006	Pater Noster (Offertoire). / Panis Angelicus.	NIEDERMEYER. / FRANCK.	Marron

---

ALLARD, Baryton, de l'Opéra-Comique

OPÉRAS-COMIQUES ET OPÉRETTE

N°	Titre	Couleur
0305	Barbier de Séville (Le) (ROSSINI). — Air de Bartholo. / Paillasse (LEONCAVALLO). — Prologue.	Verte

DISQUES PATHÉ double face.

CHANT. — RÉPERTOIRES INDIVIDUELS (suite) (acc¹ d'orchestre)

ALLARD (suite)

N°	Titre	Couleur
0349	Basoche (la) (MESSAGER). — Air du duc : Eh ! que ne parliez-vous. / Jongleur de Notre-Dame (le) (MASSENET). — Légende de la Sauge.	Verte
0384	Basoche (la) (MESSAGER). — Trop lourd est le poids du veuvage. / Travaux d'Hercule (les) (CLAUDE TERRASSE). — Invocation valse.	Verte
0378	Griselidis (MASSENET). — Loin de sa femme. / Panurge (PLANQUETTE). — Chanson à boire.	Verte
0385	Mireille (GOUNOD). — Si les filles d'Arles sont Reines « Couplet d'Ourrias ». / Panurge (PLANQUETTE). — Berceuse.	Verte
0379	Rip (PLANQUETTE). — Romance des enfants. / Basoche (la) (MESSAGER). — Elle m'aime.	Verte
0306	Rip (PLANQUETTE). — Couplets de la paresse. / Rôtisserie de la reine Pédauque (La) (LEVADÉ). — Air de frère Ange.	Verte

ALBERT ALVAREZ, Ténor de l'Opéra

OPÉRAS, OPÉRAS-COMIQUES ET DUO

N°	Titre	Couleur
0023	Africaine (l') (MEYERBEER). — Air de Vasco de Gama (ACC¹ PIANO). / Joseph (MÉHUL). — Champ paternel (ACC¹ PIANO).	Marron
0190	Favorite (la) (DONIZETTI). — Duo du IVᵉ acte (ACC¹ PIANO), par M. Alvarez et Mᵐᵉ Delna. / Orphée (GLUCK). — J'ai perdu mon Eurydice, par Mme Delna.	Marron
0025	Martha (FLOTOW). — Lorsqu'à mes yeux (ACC¹ PIANO). / Roméo et Juliette (GOUNOD). — Cavatine (ACC¹ PIANO).	Marron
0061	Paillasse (LEONCAVALLO). — Billrate de Pagliaccio (ACC¹ PIANO). / Paillasse (LEONCAVALLO). — Povero Pagliaccio (ACC¹ PIANO).	Marron
0204	Sigurd (REYER). — Un souvenir poignant (ACC¹ PIANO). / Paillasse (LEONCAVALLO). — Pauvre Paillasse (ACC¹ PIANO).	Marron

MÉLODIES ET ROMANCES

N°	Titre	Auteur	Couleur
3022	Biniou (le) (Chanson bretonne) (ACC¹ PIANO). / Stances (ACC¹ PIANO).	DURAND. / FLÉGIER.	Marron
3023	Me cal mouri (Chanson en patois gascon) (ACC¹ PIANO). / La Rosilla (Chanson espagnole) (ACC¹ PIANO).	JASMIN. / YRADIER.	Marron
3024	Ninon (ACC¹ PIANO). / Si tu le voulais (ACC¹ PIANO).	PAOLO TOSTI. / PAOLO TOSTI.	Marron
3026	Noël d'amour (ACC¹ PIANO). / Se tu m'ami, se sospiri (ACC¹ PIANO).	LUIGINI. / PERGOLÉSI.	Marron
3053	Pour faire sa voix chez Pathé frères (ACC¹ PIANO). / Musette neuve (la) (ACC¹ PIANO).	DELMET. / DUPONT.	Marron

CHANT. — RÉPERTOIRES INDIVIDUELS (suite) (acc. d'orchestre)

AQUISTAPACE, Baryton, de l'Opéra

OPÉRAS-COMIQUES

0350	Barbier de Séville (le) (ROSSINI). — Air de la Calomnie. Paillasse (LEONCAVALLO). — Prologue.	Verte
0352	Carmen (BIZET). — Air du Toréador. Tosca (la) (PUCCINI). — Va! Tosca (Final du 1ᵉʳ acte).	Verte
0388	Chalet (le) (ADAM). — Arrêtons-nous ici. Vallons de l'Helvétie. Hérodiade (MASSENET). — Air de Phanuel « Dors, ô Cité perverse ».	Verte
0389	Don Juan (MOZART). — Air de Leporello « Oui, Madame, des belles qu'il aime ». (1ʳᵉ PARTIE) Don Juan (MOZART). — Air de Leporello « Oui, Madame, des belles qu'il aime ». (2ᵉ PARTIE)	Verte
0353	Faust (GOUNOD). — Air du veau d'or. Lakmé (LEO DELIBES). — Ton doux regard se voile.	Verte
0348	Grisélidis (MASSENET). — Loin de sa femme. Flûte enchantée (la) (MOZART). — Couplet « C'est l'amour d'une belle ».	Verte
0351	Philémon et Baucis (GOUNOD). — Air de Vulcain. Médecin malgré lui (GOUNOD). — Air des glouglous.	Verte

MÉLODIES

3233	Deux grenadiers (les) (Mélodie). R. SCHUMANN. Trois hussards (les) (Mélodie). A. LIONNET.	Verte

AUMONIER, Basse, de l'Opéra de Nice

OPÉRAS ET OPÉRAS-COMIQUES

0153	Huguenots (les) (MEYERBEER). — Choral de Luther (Seigneur rempart). Huguenots (les) (MEYERBEER). — Pif Paf.	Marron
0154	Juive (la) (HALÉVY). — Vous qui du Dieu vivant (Malédiction). Pardon de Ploërmel (le) (MEYERBEER). — Air du chasseur.	Marron
0188	Reine de Saba (la) (GOUNOD). — Sous les pieds d'une femme. Roméo et Juliette (GOUNOD). — Invocation.	Marron

BAER, Basse, de l'Opéra

OPÉRAS ET OPÉRAS-COMIQUES

0077	Damnation de Faust (la) (BERLIOZ). — Voici des roses. Faust (GOUNOD). — Scène de l'Église.	Marron

Disques PATHÉ double face

CHANT. — RÉPERTOIRES INDIVIDUELS (suite) (acc. d'orchestre)

BAER (suite)

N°	Titre	Couleur
0079	Jolie Fille de Perth (la) (BIZET). — Quand la flamme de l'amour (ACC. PIANO) Lakmé (LÉO DELIBES). — Ton doux regard se voile (ACC. PIANO)	Marron
0080	Manon (MASSENET). — Épouse quelque brave fille. Philémon et Baucis (GOUNOD). — Air de Vulcain.	Marron
0078	Robert le Diable (MEYERBEER). — Évocation des nonnes. Roméo et Juliette (GOUNOD). — Bénédiction.	Marron
0181	Hérodiade (MASSENET). — Grand air de Phanuel. Saisons (les) (V. MASSÉ). — Chanson du Blé (ACC. PIANO).	Marron

---

BELHOMME, Basse, de l'Opéra-Comique

Voir aussi : 1° CARMEN, opéra-comique complet en 27 disques, page 21. 2° RIGOLETTO, opéra complet en 15 disques, page 27. 3° ROMÉO ET JULIETTE, opéra complet en 27 disques, page 30. 4° LA TRAVIATA, opéra complet en 10 disques, page 31.

OPÉRAS, OPÉRAS-COMIQUES ET MÉLODIES

N°	Titre	Couleur
0202	Barbier de Séville (le) (ROSSINI). — Air de la Calomnie. Faust (GOUNOD). — Ronde du Veau d'or.	Marron
0063	Caïd (le) (A. THOMAS). — La Diane. Pardon de Ploërmel (le) (MEYERBEER). — Air du chasseur.	Marron
0064	Chalet (le) (ADAM). — Dans le service de l'Autriche. Songe d'une nuit d'été (le) (A. THOMAS). — Chanson de Falstaff.	Marron
0065	Chalet (le) (ADAM). — Vallons de l'Helvétie. Domino noir (le) (AUBER). — Deo gratias.	Marron
0066	Colombe (la) (GOUNOD). — Couplets des amoureux. Postillon de Longjumeau (le) (A. ADAM). — Air bouffe.	Marron
0062	Haydée (AUBER). — A la voix séduisante. Caïd (le) (A. THOMAS). — Air du Tambour-major.	Marron
0026	Jésus de Nazareth (GOUNOD). — Chant évangélique. Ménestrel (le) (F. CHIZAT). — Cantique du pain.	Marron
0187	Jolie Fille de Perth (la) (BIZET). — Quand la flamme de l'amour. Martha (FLOTOW). — Chanson du Porter.	Marron
3137	Mignon (A. THOMAS). — Berceuse. Chanson pour Jean (F. CHIZAT). — (Mélodie).	Marron
0068	Noël des bergers (F. CHIZAT). — (Mélodie). Veilleur de nuit (le) (F. CHIZAT). — Le chant du veilleur (avec CLOCHES).	Marron
0067	Patrie (PALADILHE). — Air du sonneur. Vallon (le) (GOUNOD). — (Mélodie).	Marron
0098	Philémon et Baucis (GOUNOD). — Air de Vulcain. Faust (GOUNOD). — Vous qui faites l'endormie.	Marron

PATHÉPHONE, 30, Bd des Italiens, PARIS.

CHANT. — RÉPERTOIRES INDIVIDUELS (suite) (acc^t d'orchestre)

BELHOMME (suite)

MÉLODIES ET ROMANCES

| 3136 | Escarcelle, (l') (*Le Ménestrel*).
 Mon grand verre (Chanson à boire). | E. CHIZAT.
 E. CHIZAT. | Marron |
| 3025 | Pastorale.
 Poule chanteuse (la). | MARTIN.
 MARTIN. | Marron |

CHANTS PATRIOTIQUES

| 3117 | Chant du Départ (MÉHUL).
 Marseillaise (la) (ROUGET DE LISLE), <br> par Mlle Lapeyrette, MM. Albers et Lassalle. | | Marron |

DUOS, TRIOS ET CHŒURS

2507	Africaine (l') (MEYERBEER). — Chœur des matelots. Robert le Diable (MEYERBEER). — Chœur des moines, par MM. Belhomme, de Poumayrac, Nansen et Dangès.	Marron
2508	Arlésienne (l') (BIZET). — Marche des Rois, par MM. Belhomme, Devriès, Nansen et Dangès. Zampa (HÉROLD). — Prière, par MM. Belhomme, Devriès et Dangès.	Marron
2510	Chalet (le) (ADAM). — Il faut me céder ta maîtresse. Chalet (le) (ADAM). — Il faut me céder ta maîtresse (suite), par MM. Belhomme et Berthaud.	Marron
2526	Cloches de Corneville (les) (PLANQUETTE). — Chanson et Chœur du IIIe acte. Jolie Fille de Perth (la) (BIZET). — Chœur de la Forge, par MM. Belhomme, de Poumayrac, Nansen et Dangès.	Marron
2531	Contes d'Hoffmann (les) (OFFENBACH). — Chœur des étudiants. Deux Avares (les) (GRÉTRY). — La garde passe, par MM. Belhomme, Devriès, Nansen et Dangès.	Marron
2530	Estudiantina (l') (LACOME), par MM. Belhomme, Devriès, Nansen et Dangès. Un peu de tout (BERNON), par MM. Belhomme, de Poumayrac, Nansen et Dangès.	Marron
2542	Faust (GOUNOD). — Trio du duel, par MM. Belhomme, Dangès et Muratore. Faust (GOUNOD). — Laisse-moi contempler ton visage, par Mme Vallandri et M. Vaguet.	Marron
2538	Faust (GOUNOD). — Chœur de la kermesse, par MM. Belhomme, Devriès, Nansen et Dangès. Régiment de Sambre-et-Meuse (le) (PLANQUETTE), par MM. Belhomme, de Poumayrac, Nansen et Dangès.	Marron
2528	Faust (GOUNOD). — Choral des épées. Taverne des Trabans (la) (MARÉCHAL). — Chœur des buveurs, par MM. Belhomme, de Poumayrac, Nansen et Dangès.	Marron
2541	Faust (GOUNOD). — Entrée de Méphisto. Faust (GOUNOD). — Entrée de Méphisto (suite), par MM. Belhomme et Vaguet.	Marron
2527	Fille de Madame Angot (la) (LECOCQ). — Chœur des conspirateurs. Tannhauser (le) (WAGNER). — Chœur des pèlerins, par MM. Belhomme, de Poumayrac, Nansen et Dangès.	Marron
2532	Fille du Régiment (la) (DONIZETTI). — La voilà ! la voilà, par MM. Belhomme et Mlle Korsoff. Fille du Régiment (la) (DONIZETTI). — Oh ! transport..., par Mlle Korsoff.	Marron

COULEURS DES ÉTIQUETTES

Disques PATHÉ double face.

CHANT. — RÉPERTOIRES INDIVIDUELS (suite) (acc¹ d'orchestre)

BELHOMME (suite)

		COULEURS DES ÉTIQUETTES
2523	Flûte enchantée (la) (MOZART). — Chœur des prêtres. Marie-Magdeleine (MASSENET). — Prière, par MM. Belhomme, de Poumayrac, Nansen et Dangès.	Marron
2511	Flûte enchantée (la) (MOZART). — Ton cœur m'attend, Petite Mariée (la) (LECOCQ). — Duo de la lecture, par M. Belhomme et Mlle Jane Marignan.	Marron
2543	Galathée (VICTOR MASSÉ). — Aimons, il faut aimer (DUO). Galathée (V. MASSÉ). — Aimons, il faut aimer (DUO) (suite), par M. Belhomme et Mlle Jane Marignan.	Marron
P.	Guillaume Tell (ROSSINI). — Ses jours (TRIO), par MM. Belhomme, Affre et Albers	
2501	Huguenots (les) (MEYERBEER). — Duo du IV° acte, par Mme Comès et M. Affre.	Marron
2535	Pré aux Clercs (le) (HÉROLD). — Les rendez-vous (DUO), par M. Belhomme et Mlle Marignan. Mignon (A. THOMAS). — Duo des Hirondelles, par M. Belhomme et Mme Vallandri.	Marron
2525	Rigoletto (VERDI). — Chœur de la vengeance. Zampa (HÉROLD). — Chœur des corsaires, par MM. Belhomme, de Poumayrac, Nansen et Dangès.	Marron
2524	Robin des Bois (WEBER). — Chœur des chasseurs. Songe d'une nuit d'été (le) (A. THOMAS). — Chœur des gardes-chasse, par MM. Belhomme, Devriès, Nansen et Dangès.	Marron
2509	Trouvère (le) (VERDI). — Chœur des Bohémiens. Voyage en Chine (le) (BAZIN). — Chœur du cidre (sans ORCHESTRE), par MM. Belhomme, Devriès, Gilly et Dangès.	Marron

BERTHAUD, Ténor d'Opérette, de l'Opéra-Comique

OPÉRETTES

2003	Fille du Tambour-major (la) (OFFENBACH). — Couplets du tailleur. Joséphine vendue par ses sœurs (V. ROGER). — Couplets de Putiphar.	Marron
2004	Grand-Mogol (le) (AUDRAN). — Si j'étais un petit serpent. Mam'zelle Nitouche (HERVÉ). — Couplets de l'inspecteur.	Marron
2005	Hans le Joueur de flûte (GANNE). — Stances. Mascotte (la) (AUDRAN). — Couplets de « Je ne sais quoi ».	Marron

DUOS

2510	Chalet (le) (ADAM). — Il faut me céder ta maîtresse. Chalet (le) (ADAM). — Il faut me céder ta maîtresse (suite), par MM. Berthaud et Belhomme.	Marron
2505	Fille de Mme Angot (la) (LECOCQ). — Duo de Clairette et Pitou. Fille de Mme Angot (la) (LECOCQ). — Duo du II° acte, par M. Berthaud et Mlle Léa Demoulin.	Marron
2512	Fille du Tambour-major (la) (OFFENBACH). — Duo du petit troupier. Mam'zelle Nitouche (HERVÉ). — Duo du paravent, par M. Berthaud et Mlle Léa Demoulin.	Marron

CHANT. — RÉPERTOIRES INDIVIDUELS (suite) (acc¹ d'orchestre)

BERTHAUD (suite)

		Couleurs des étiquettes
2513	Girofié-Girofla (LECOCQ). — Duo d'amour. Petite Mariée (la) (LECOCQ). — Duo des larmes, par M. Berthaud et Mlle Léo Demoulin.	Marron
2514	Grande-Duchesse de Gérolstein (la) (OFFENBACH). — Couplets des mariés Grande-Duchesse de Gérolstein (la) (OFFENBACH). — Duo de la consigne, par M. Berthaud et Mlle Léo Demoulin.	Marron
2515	Grande-Duchesse de Gérolstein (la) (OFFENBACH). — Chanson militaire. Jour et la Nuit (le) (LECOCQ). — Duetto du IIe acte, par M. Berthaud et Mlle Léo Demoulin.	Marron
2544	Miss Helyett (AUDRAN). — Duetto espagnol, par M. Berthaud et Mlle Léo Demoulin. Fille de Madame Angot (la). — Duo politique, par Mlle Rosalia Lambrecht et M. Clergue.	Marron
2516	Périchole (la) (OFFENBACH). — Duo de l'Espagnol et de la jeune Indienne. Périchole (la) (OFFENBACH). — Séguedille, par M. Berthaud et Mlle Léo Demoulin.	Marron
2517	Petit Faust (le) (HERVÉ). — Duo du martinet. Petit Faust (le) (HERVÉ). — Duo du Vaterland, par M. Berthaud et Mlle Léo Demoulin.	Marron
2518	Poupée (la) (AUDRAN). — Duo de la séduction, par M. Berthaud et Mlle Léo Demoulin. Hans le joueur de flûte. — Duo du plaisir, par M. Berthaud et Mlle Rosalia Lambrecht.	Marron

BERTRAND, Ténor, du Capitole de Toulouse

OPÉRA ET OPÉRA-COMIQUE

0369	Tosca (la) (PUCCINI). — O de beautés égales. Sigurd (REYER). — Esprits gardiens.	Marron

LÉON BEYLE, Ténor, de l'Opéra-Comique

Voir aussi : FAUST, opéra complet en 28 disques, page 9.

OPÉRAS ET OPÉRAS-COMIQUES

0027	Carmen (BIZET). — La fleur que tu m'avais jetée. Manon (MASSENET). — Le rêve de Des Grieux.	Marron
0156	Cavalleria Rusticana (MASCAGNI). — Sicilienne (ACC¹ DE HARPE). Mireille (GOUNOD). — Anges du Paradis.	Marron
0028	Fille de Roland (la) (RABAUD). — Chanson des épées (ACC¹ PIANO). Grisélidis (MASSENET). — Chanson d'Alain (ACC¹ PIANO).	Marron
0157	Martha (FLOTOW). — Air des larmes. Tosca (la) (PUCCINI). — Air de la lettre.	Marron
0193	Mignon (A. THOMAS). — Adieu, Mignon, courage. Manon (MASSENET). — Duo de la rencontre, par Mme Ninon Vallin et M. Léon Beyle.	Marron

BORGATTI, Ténor Italien

BOUVET, Baryton de l'Opéra Comique

BOYER, Baryton de l'Opéra Comique

CHANT. — RÉPERTOIRES INDIVIDUELS (suite) (acc¹ d'orchestre)

BOYER (suite)

		COULEURS DES ÉTIQUETTES
2009	Mascotte (la) (AUDRAN). — Air de Saltarello. Panurge (PLANQUETTE). — Dors bien tranquillement (Berceuse).	Marron
0160	Noces de Jeannette (les) (V. MASSÉ). — Enfin, me voilà seul. Richard Cœur de Lion (GRÉTRY). — O Richard ! ô mon roi.	Marron
0162	Rip (PLANQUETTE). — Romance des enfants. Roméo et Juliette (GOUNOD). — Ballade de la reine Mab.	Marron

MÉLODIE ET ROMANCE

3104	Verse Margot. DORIA. Vieilles de chez nous (les). LEVADÉ.	Marron

ROBERT BURNIER, Baryton, de la Gaîté-Lyrique

OPÉRETTES

2070	Benjamin (RENÉ MERCIER). — Conseils à Benjamin ou Suis ton petit bonhomme de chemin. Benjamin (RENÉ MERCIER). — Comm' c'était ma vocation.	Marron
2062	Cocarde de Mimi-Pinson (la) (HENRI GOUBLIER FILS). — Votre cocarde « Finale du I⁹r acte » (AVEC CHŒURS). Cocarde de Mimi-Pinson (la) (HENRI GOUBLIER FILS). — Pour trente sous « Couplet du Gestionnaire » chanté par M. HENRI JULLIEN (AVEC CHŒURS).	Marron
2066	Cocarde de Mimi-Pinson (la) (HENRI GOUBLIER FILS). — Finale du II⁹ acte (DUO) par M. BURNIER et M¹¹⁹ DENISE CAM. Cocarde de Mimi-Pinson (la) (HENRI GOUBLIER FILS). — Pour faire le jus « Chanson du jus » chantée par Mᵐᵉ NINA MYRAL (AVEC CHŒURS).	Marron
2068	Linottes (les) (EDOUARD MATHÉ). — Cueillons les roses. Linottes (les) (EDOUARD MATHÉ). — Bobby, je vous adore (DUO), par M. BURNIER et M¹¹ᵉ ANDRÉE ALVAR.	Marron
2040	You-You (VICTOR ALIX). — Pour l'amour de You-You. You-You (VICTOR ALIX). — Aux oiseaux bleus, c'est le Paradis, chanté par M¹¹ᵉ SIMONE JUDIC, de l'Apollo.	Marron

VICTOR BOUCHER, du Théâtre Daunou

OPÉRETTE

2042	Ta bouche (MAURICE YVAIN). Ça c'est une chose... Ta bouche (MAURICE YVAIN). Non, non, jamais les hommes, chanté par M¹¹ᵉ Saint-Bonnet et CHŒURS.	Marron
2044	Ta bouche (MAURICE YVAIN). Machinalement. Ta bouche (MAURICE YVAIN). Pour toi, chanté par M¹¹ᵉ Saint-Bonnet.	Marron
2046	Ta bouche (MAURICE YVAIN) (Valse) (DUO). Ta bouche (MAURICE YVAIN). La seconde étreinte (DUO), par M. Victor Boucher et M¹¹ᵉ Saint-Bonnet.	Marron

Disques PATHÉ double face. 133

CHANT. — RÉPERTOIRES INDIVIDUELS (suite) (acct d'orchestre)

CAMPAGNOLA, Ténor, de l'Opéra

OPÉRAS ET OPÉRAS-COMIQUES

N°	Titres	Couleurs des étiquettes
0291	Manon (MASSENET). — Le Rêve de Des Grieux. / Paillasse (LEONCAVALLO). — Paillasse n'est plus.	Verte
0271	Tosca (la) (PUCCINI). — Le ciel luisait d'étoiles. / Werther (MASSENET). — Invocation à la nature.	Verte

MÉLODIES ET ROMANCES

N°	Titres	Auteurs	Couleurs
3168	A toi (Mélodie). / Mai (Mélodie).	BEMBERG. / REYNALDO HAHN.	Verte
3173	Beau rêve (le) (Barcarolle). / Si vous l'aviez compris (Mélodie).	FLÉGIER. / L. DENZA.	Verte
3189	Bonjour, Suzon (Aubade). / Pour un baiser (Mélodie).	E. PESSARD. / PAOLO TOSTI.	Verte
3163	Chanson de Barberine (Ballade d'Alfred de Musset). / Sérénade Française.	CH. SORET. / LEONCAVALLO.	Verte
3172	Chanson de l'adieu. / Prière (Valse chantée).	PAOLO TOSTI. / O. CRÉMIEUX.	Verte
3190	Chanson rêvée (Mélodie). / Loin de moi ta lèvre qui ment (Mélodie).	MAURICE PESSE. / MASSENET.	Verte
3174	Élégie. / Si tu m'aimais (Mélodie).	MASSENET. / L. DENZA.	Verte
3181	Idéale (Mélodie). / Reviens amour (Mélodie).	PAOLO TOSTI. / BUZZI PECCIA.	Verte
3192	O bimba bimbetta (Mélodie) (en italien). / Torna amore (Mélodie) (en italien).	G. SIBELLA. / BUZZI PECCIA.	Verte
3191	Sérénade (la). / Je pense a Penso » (Mélodie).	PAOLO TOSTI / PAOLO TOSTI.	Verte
3164	Sérénade napolitaine (acct piano). / Petite Amie (la) (acct piano).	LEONCAVALLO. / E. DELMAS.	Verte

CAPITAINE, Ténor, de l'Opéra-Comique

OPÉRAS-COMIQUES

N°	Titres	Couleurs
0227	Dame Blanche (la) (BOIELDIEU). — Ah ! quel plaisir d'être soldat (1re PARTIE). / Dame Blanche (la) (BOIELDIEU). — Ah ! quel plaisir d'être soldat (2e PARTIE).	Marron
0230	Dame Blanche (la) (BOIELDIEU). — Cavatine (1re PARTIE). / Dame Blanche (la) (BOIELDIEU). — Cavatine (2e PARTIE).	Marron
0231	Fille du Régiment (la) (DONIZETTI). — Pour me rapprocher de Marie. / Pré aux Clercs (le) (HÉROLD). — Ce soir j'arrive donc (Air).	Marron
0229	Lalla-Roukh (F. DAVID). — Ma maîtresse a quitté la tente. / Fanchonnette (la) (CLAPISSON). — Romance.	Marron
0228	Postillon de Longjumeau (le) (ADAM). — Ronde du postillon. / Postillon de Longjumeau (le) (ADAM). — Romance de la tourterelle.	Marron

PATHÉPHONE, 30, Bd des Italiens, PARIS.

CHANT. — RÉPERTOIRES INDIVIDUELS (suite) (acc¹ d'orchestre)

CHAMBON, Basse, de l'Opéra

DUOS

2537	Favorite (la) (DONIZETTI). — Ah ! idole si douce. Robert le Diable (MEYERBEER). — Ah ! l'honnête homme. par MM. Chambon et Vaguet.	Marron

EDMOND CLÉMENT, Ténor, de l'Opéra-Com.

OPÉRAS ET OPÉRAS-COMIQUES

3166	Amadis (LULLI). — Bois épais redouble ton ombre (ACC¹ PIANO) Mariage des roses (le) (Mélodie) (ACC¹ PIANO)	CÉSAR FRANCK	Verte
0279	Basoche (la) (ANDRÉ MESSAGER). — A ton amour simple. Basoche (la) (ANDRÉ MESSAGER). — Villanelle.		Verte
0280	Basoche (la) (ANDRÉ MESSAGER). — Chanson ancienne. Mage (le) (MASSENET). — Air de Zarastra.		Verte
0120	Cavalleria Rusticana (MASCAGNI). — Sicilienne (ACC¹ PIANO) Manon (MASSENET). — Ah ! fuyez, douce image.		Verte
0121	Dame blanche (la) (BOIELDIEU). — Cavatine. Manon (MASSENET). — Le rêve de Des Grieux.		Verte
0119	Lakmé (DELIBES). — Fantaisie aux ailes d'or. Werther (MASSENET). — Pourquoi me réveiller.		Verte
2022	Lakmé (LÉO DELIBES). — Ah ! viens dans la forêt (Cantilène). Il est d'étranges soirs (Mélodie)	ANDRÉ ROUBAUD	Verte
2021	Werther (MASSENET). — Invocation à la nature. Absence (Mélodie)	BERLIOZ	Verte

MÉLODIES

2021	Absence (Mélodie). Werther (MASSENET). — Invocation à la nature.	BERLIOZ	Verte
3202	Adieu du matin (l') (Mélodie). Si tu le veux (Mélodie). Romance.	E. PESSARD. CH. KOECHLIN. A. C. DEBUSSY.	Verte
3203	Cimetière de campagne (Poésie de GABRIEL VICAIRE). Amour s'envole (l') (Mélodie)	REYNALDO HAHN J.-B. WECKERLIN	Verte
3099	En passant par la Lorraine (ACC¹ PIANO). Filles de la Rochelle (les) (Chanson populaire) (ACC¹ PIANO)	TIERSOT. X. X. X.	Verte
3165	Green (Mélodie) (ACC¹ PIANO) Clair de lune (Mélodie) (ACC¹ PIANO)	DEBUSSY. GABRIEL FAURÉ	Verte
2022	Il est d'étranges soirs (Mélodie) Lakmé (DELIBES). — Ah ! viens dans la forêt (Cantilène)	ANDRÉ ROUBAUD	Verte
3098	Il neige. Bergère légère (ACC¹ PIANO) Plaisir d'amour (ACC¹ PIANO)	BEMBERG. WECKERLIN. MARTINI.	Verte
3100	Je ne veux que des fleurs. Mai.	BARBIROLLI. REYNALDO HAHN	Verte
3204	Je t'aime (Poésie de H. C. ANDERSEN). Hélas ! c'est près de vous (Mélodie).	E. GRIEG. PAER.	Verte

Disques PATHE double face. 135

CHANT. — RÉPERTOIRES INDIVIDUELS (suite) (acc¹ d'orchestre).

EDMOND CLÉMENT (suite)

		COULEURS DES ÉTIQUETTES
3166	Mariage des roses (le) (Mélodie) (acc¹ piano). . . . . . CÉSAR FRANK. Amadis (Lulli) Bois épais redouble ton ombre (acc¹ piano)	Verte
3167	Sonnet matinal (Mélodie) (acc¹ piano). . . . . MASSENET. Venez agréable Printemps (Mélodie) (acc¹ piano). WECKERLIN. Jeunes fillettes (Mélodie) (acc¹ piano). . . . . . . WECKERLIN. Rondel (Mélodie) (acc¹ piano). . . . . TH. DUBOIS.	Verte

CLERGUE, Baryton, du Trianon-Lyrique
DUOS D'OPÉRETTES

2544	Fille de Madame Angot (la) (LECOCQ). — Duo politique, par M. Clergue et Mlle Rosalia Lambrecht. Miss Helyett (AUDRAN). — Duetto espagnol par Mlle Léo Demoulin et M. Berthaud.	Marron
2521	Gillette de Narbonne (AUDRAN). — Rappelez-vous nos promenades. P'tites Michu (les) (MESSAGER). — Rassurez-vous, Monsieur Gaston) par M. Clergue et Mlle Rosalia Lambrecht.	Marron
2522	Girofle-Girofla (LECOCQ). — Duo mauresque. Véronique (MESSAGER). — Duetto de l'âne par M. Clergue et Mlle Rosalia Lambrecht.	Marron

CORPAIT, Baryton, de l'Opéra
OPÉRAS

0155	Henri VIII (SAINT-SAËNS). — Qui donc commande? Hérodiade (MASSENET). — Vision fugitive.	Marron

DANGÈS, Baryton, de l'Opéra
OPÉRAS ET OPÉRAS-COMIQUES

0179	Africaine (l') (MEYERBEER). — Ballade de Nélusko. Africaine (l') (MEYERBEER). — Fille des rois.	Marron
0136	Damnation de Faust (la) (BERLIOZ). — Voici des roses. Tannhauser (le) (WAGNER). — Romance de l'étoile.	Marron
0137	Faust (GOUNOD). — Mort de Valentin. Favorite (la) (DONIZETTI). — Pour tant d'amour.	Marron
0138	Guillaume Tell (ROSSINI). — Prière (Sois immobile). Hamlet (A. THOMAS). — Spectre infernal.	Marron
0139	Hérodiade (MASSENET). — Vision fugitive. Credo du paysan (le) (GOUBLIER).	Marron
0140	Jongleur de Notre-Dame (le) (MASSENET). — Légende de la sauge. Thaïs (MASSENET). — Air d'Alexandrie.	Marron
0163	Manon (MASSENET). — Epouse quelque brave fille. Rigoletto (VERDI). — Courtisans, race vile et damnée.	Marron
0141	Roi de Lahore (le) (MASSENET). — Promesse de mon avenir. Traviata (la) (VERDI). — Lorsqu'à de folles amours.	Marron
0142	Sigurd (REYER). — Et toi, Fréia. Trouvère (le) (VERDI). — Son regard, son doux sourire.	Marron

CHANT. — RÉPERTOIRES INDIVIDUELS (suite) (acc¹ d'orchestre)

DANGÈS (suite)

MÉLODIES, ROMANCES ET CHANTS PATRIOTIQUES

N°	Titre	Auteur	Couleur
3007	Chant du soldat (le) (Chant patriotique). / Louis d'or (les) (Vieille chanson).	BURTY.	Marron
0139	Credo du paysan (le) / Hérodiade (MASSENET). — Vision fugitive.	DUPONT. / GOUBLIER.	Marron
3105	Hosanna (Chant de Pâques). / Régiment de Sambre-et-Meuse (le).	GRANIER. / PLANQUETTE.	Marron
3106	Larmes (les) (Romance). / Vin de France (le) (Mélodie).	REYER. / PAILLARD.	Marron
3008	Promenade du paysan (la) (Chanson rustique). / Rameaux (les).	DUPONT. / FAURÉ.	Marron

DUOS, TRIOS ET CHŒURS

N°	Titre	Couleur
2507	Africaine (l') (MEYERBEER). — Chœur des matelots. / Robert le Diable (MEYERBEER). — Chœur des moines. par MM. Dangès, de Poumayrac, Nansen et Belhomme.	Marron
2508	Arlésienne (l') (BIZET). — Marche des rois. par MM. Dangès, Devriès, Nansen et Belhomme. / Zampa (HÉROLD). — Prière, par MM. Dangès, Devriès et Belhomme.	Marron
2526	Cloches de Corneville (les) (PLANQUETTE). — Chanson et Chœur du III° acte. / Jolie Fille de Perth (la) (BIZET). — Chœur de la forge. par MM. Dangès, de Poumayrac, Nansen et Belhomme.	Marron
2531	Contes d'Hoffmann (les) (OFFENBACH). — Chœur des étudiants. / Deux Avares (les) (GRÉTRY). — La garde passe. par MM. Dangès, Devriès, Nansen et Belhomme.	Marron
2530	Estudiantina (l') (LACOME) (Valse). par MM. Dangès, Devriès, Nansen et Belhomme. / Un peu d'tout (BERNON) (Chœur burlesque). par MM. Dangès, de Poumayrac, Nansen et Belhomme.	Marron
2538	Faust (GOUNOD). — Chœur de la kermesse. par MM. Dangès, Devriès, Nansen et Belhomme. / Régiment de Sambre-et-Meuse (le) (PLANQUETTE). par MM. Dangès, Belhomme, de Poumayrac et Nansen.	Marron
2528	Faust (GOUNOD). — Choral des Épées. / Taverne des Trabans (la) (MARÉCHAL). — Chœur des buveurs. par MM. Dangès, Devriès, Nansen et Belhomme.	Marron
2542	Faust (GOUNOD). — Trio du duel. par MM. Dangès, Muratore et Belhomme. / Faust (GOUNOD). — Laisse-moi contempler ton visage. par Mme Vallandri et M. Vaguet.	Marron
2527	Fille de Madame Angot (la) (LECOCQ). — Chœur des conspirateurs. / Tannhauser (le) (WAGNER). — Chœur des pèlerins. par MM. Dangès, Devriès, Nansen et Belhomme.	Marron
2523	Flûte enchantée (la) (MOZART). — Chœur des prêtres. / Marie Magdeleine (MASSENET). — Prière. par MM. Dangès, de Poumayrac, Nansen et Belhomme.	Marron
2524	Freischütz (le) ou « Robin des Bois » (WEBER). — Chœur des chasseurs. / Songe d'une nuit d'été (le) (A. THOMAS). — Chœur des gardes-chasse. par MM. Dangès, Devriès, Nansen et Belhomme.	Marron
2525	Rigoletto (VERDI). — Chœur de la vengeance. / Zampa (HÉROLD). — Chœur des corsaires. par MM. Dangès, de Poumayrac, Nansen et Belhomme.	Marron

Disques PATHÉ double face. 137

CHANT. — RÉPERTOIRES INDIVIDUELS (suite) (acc¹ d'orchestre)

DANGÈS (suite)

N°		Couleurs des étiquettes
2506	Thaïs (MASSENET). — Te souvient-il du lumineux voyage, par M. Dangès et Mlle Jane Marignan. Thaïs (MASSENET). — Duo de l'oasis, par Mlle Jane Marignan et M. Albers.	Marron
2509	Trouvère (le) (VERDI). — Chœur des Bohémiens, par MM. Dangès, Devriès, Nansen et Belhomme. Voyage en Chine (le) (BAZIN). — Chœur du cidre (sans ORCHESTRE), par MM. Dangès, Devriès, Gilly et Belhomme.	Marron

HENRY DEFREYN, du Théâtre Mogador

OPÉRETTES

N°		
2063	Ciboulette (REYNALDO HAHN). — J'ai vingt-huit ans, c'est le bel âge (Monologue). Ciboulette (REYNALDO HAHN). — Nous avons fait un beau voyage (DUO), par M. Henry Defreyn et Mlle Edmée Favart.	Verte
2064	Ciboulette (REYNALDO HAHN). — Comme frère et sœur (DUO), par M. Henry Defreyn et Mlle Edmée Favart. Ciboulette (REYNALDO HAHN). — Ah ! si vous étiez Nicolas (DUO), par M. Henry Defreyn et Mlle Edmée Favart.	Verte
2028	Dame en rose (La) (IVAN CARYLL). — Valse du baiser. Dame en rose (La) (IVAN CARYLL). — Charmante.	Marron
2029	Petite fonctionnaire (La) (MESSAGER). — Que l'homme est donc bête. Petite fonctionnaire (La) (MESSAGER). — La lettre de faire part.	Marron
2047	Veuve joyeuse (la) (FRANZ LEHAR). — Pardonne-moi, chère Patrie. Rêve de Valse. — Mélodie valse. STRAUSS	Marron

MÉLODIE

N°		
4080	Camomille (Shimmy-fox-trot). BOREL-CLERC Salomé (Fox-trot). ROBERT STOLZ	Marron
3225	2ᵉ Serenata (la). — La dernière nuit. ENRICO TOSELLI Serenata. — Premier baiser. JOSEPH RICO	Marron

DELMAS, Basse, de l'Opéra

OPÉRAS

N°		
0029	Faust (GOUNOD). — Scène de l'Église. Huguenots (les) (MEYERBEER). — Bénédiction des poignards.	Marron

DAVID DEVRIÈS, Ténor, de l'Opéra-Comique

OPÉRAS-COMIQUES

N°		
0124	Mignon (A. THOMAS). — Adieu, Mignon, courage. Mignon (A. THOMAS). — Elle ne croyait pas.	Marron
0125	Werther (MASSENET). — Pourquoi me réveiller. Werther (MASSENET). — Un autre est son époux.	Marron

CHANT. — RÉPERTOIRES INDIVIDUELS (suite) (acc¹ d'orchestre)

COULEURS DES ÉTIQUETTES

DAVID DEVRIÈS (suite)

MÉLODIE ET ROMANCE

3134 { Pluie (la). P. Alin.
      { J'ai trouvé trois filles. Goublier. — Marron

CHŒURS

2508 { Arlésienne (l') (Bizet). — Marche des rois,
         par MM. Devriès, Nansen, Dangès et Belhomme.
      { Zampa (Hérold). — Prière, par MM. Devriès, Dangès et Belhomme. — Marron

2531 { Contes d'Hoffmann (les) (Offenbach). — Chœur des étudiants.
      { Deux Avares (les) (Grétry). — La garde passe,
         par MM. Devriès, Nansen, Dangès et Belhomme. — Marron

2538 { Faust (Gounod). — Chœur de la kermesse,
         par MM. Devriès, Nansen, Dangès et Belhomme.
      { Régiment de Sambre-et-Meuse (le) (Planquette),
         par MM. de Poumayrac, Nansen, Dangès et Belhomme. — Marron

2528 { Faust (Gounod). — Choral des Épées.
      { Taverne des Trabans (la) (Maréchal). — Chœur des buveurs,
         par MM. Devriès, Nansen, Dangès et Belhomme. — Marron

2527 { Fille de Madame Angot (la) (Lecocq). — Chœur des conspirateurs.
      { Tannhauser (le) (Wagner). — Chœur des pèlerins,
         par MM. Devriès, Nansen, Dangès et Belhomme. — Marron

2524 { Freischütz (le) ou « Robin des Bois » (Weber). — Chœur des chasseurs.
      { Songe d'une nuit d'été (le) (A. Thomas). — Chœur des gardes-chasse,
         par MM. Devriès, Nansen, Dangès et Belhomme. — Marron

2509 { Trouvère (le) (Verdi). — Chœur des Bohémiens,
         par MM. Devriès, Nansen, Dangès et Belhomme.
      { Voyage en Chine (le) (Bazin). — Chœur du cidre (sans orchestre),
         par MM. Devriès, Gilly, Dangès et Belhomme. — Marron

ADAMO DIDUR, Basse (en italien)

OPÉRAS ET OPÉRAS-COMIQUES

0327 { Elisir d'amore (Donizetti). — Udite o rustici (en italien).
      { Oracolo (l') (Leoni). — Mio figlio (en italien). — Verte

0328 { Martha (Flotow). — Canzone del Porter (en italien).
      { Ernani (Verdi). — Infelice e tu credevi (en italien). — Verte

DUPRÉ, Basse, de l'Opéra-Comique

Voir aussi : 1° MANON, opéra-comique complet en 24 disques, page 21; 2° RIGOLETTO, opéra complet en 15 disques, page 27; 3° ROMÉO ET JULIETTE, opéra complet en 27 disques, page 30; LA TRAVIATA, opéra complet en 16 disques, page 34.

OPÉRA ET OPÉRAS-COMIQUES

0143 { Barbier de Séville (le) (Rossini). — Air de la Calomnie.
      { Jolie Fille de Perth (la) (Bizet). — Quand la flamme de l'amour. — Marron

0178 { Huguenots (les) (Meyerbeer). — Bénédiction des poignards.
      { Jongleur de Notre-Dame (le) (Massenet). — Tu sens pardonné. — Marron

MORCEAUX RELIGIEUX

DUTREIX, Ténor de l'Opéra

CHARLES FONTAINE, Ténor de l'Opéra

CHANT. — RÉPERTOIRES INDIVIDUELS (suite) (acc^t d'orchestre)

CHARLES FONTAINE (suite)

DUOS

N°	Œuvre	Couleur
2547	Guillaume Tell (ROSSINI). — Ah ! Mathilde, idole de mon âme. Pêcheurs de perles (les) (BIZET). — Duo du Ier acte, par MM. Fontaine et Noté.	Jaune
2548	Muette de Portici (la) (AUBER). — Amour sacré. Reine de Chypre (la) (HALÉVY), par MM. Fontaine et Noté.	Jaune

FRANZ, Ténor, de l'Opéra

OPÉRAS ET MÉLODIES

N°	Œuvre	Couleur
0286	Crépuscule des Dieux (le) (R. WAGNER). — Mort de Siegfried. Tristan et Isolde (R. WAGNER). — Où Tristan va se rendre.	Verte
0258	Damnation de Faust (la) (BERLIOZ). — Invocation à la nature. Cid (le) (MASSENET). — O noble lame (avec chœurs).	Verte
3162	Hymne à la France (BUSSER). — Ceux qui pieusement... Poésie de Victor Hugo. La Fille de Roland (RABAUD). — Chanson.	Verte
0264	Lohengrin (R. WAGNER). — Récit du Graal. Musique lointaine (Mélodie). ANDRÉ ROUBAUD.	Verte
0287	Lohengrin (R. WAGNER). — Les adieux de Lohengrin. Soleil de la France (Mélodie). HENRI BUSSER.	Verte
0272	Parsifal (R. WAGNER). — Une âme seule est pure. Maîtres-Chanteurs (les) (R. WAGNER). — L'aube vermeille.	Verte
0265	Roméo et Juliette (GOUNOD). — Salut, tombeau ! Sigurd (REYER). — Esprits gardiens.	Verte
0259	Samson et Dalila (SAINT-SAENS). — Scène de la Meule (avec CHŒURS). Samson et Dalila (SAINT-SAENS). — Scène de la Meule (suite et fin) (avec CHŒURS).	Verte
0266	Siegfried (R. WAGNER). — Chant de la forge. Walkyrie (la) (R. WAGNER). — Chanson du Printemps.	Verte
0260	Sigurd (REYER). — Air de Sigurd. Cid (le) (MASSENET). — Prière du Cid.	Verte
0278	Tannhauser (R. WAGNER). — Le Retour de Rome (1re partie). Tannhauser (R. WAGNER). — Le Retour de Rome (2e partie).	Verte

CHARLES FRIANT, Ténor, de l'Opéra-Comique

OPÉRAS ET OPÉRAS-COMIQUES

N°	Œuvre	Couleur
0359	Attaque du Moulin (l') (BRUNEAU). — Les adieux à la forêt. Sapho (MASSENET). — Qu'il est loin mon pays.	Verte
0356	Carmen (BIZET). — La fleur que tu m'avais jetée. Tosca (la) (PUCCINI). — Le ciel luisait d'étoiles.	Verte

DISQUES PATHÉ double face. [4]

	CHANT. — RÉPERTOIRES INDIVIDUELS (suite) (acc¹ d'orchestre)	COULEURS DES ÉTIQUETTES
	CHARLES FRIANT (suite)	
0360	Jongleur de Notre-Dame (le) (MASSENET). — O liberté, m'amie. Vie de Bohême (la) (PUCCINI). — Que cette main est froide.	Verte
0357	Lakmé (LÉO DELIBES). — Fantaisie aux ailes d'or. Werther (MASSENET). — Pourquoi me réveiller...	Verte
0358	Tosca (la) (PUCCINI). — O de beautés égales. Werther (MASSENET). — Invocation à la nature.	Verte

GABIN, du Théâtre Daunou
OPÉRETTE

2045	Ta bouche (MAURICE YVAIN). — Quatuor, par MM. Gabin et Guyon fils, Mme Jeanne Cheirel et Mary-Hett. Ta bouche (MAURICE YVAIN). — Quand on a du sens (DUO), par Mme Jeanne Cheirel et M. Guyon fils.	Marron

GAUTIER, Ténor, de l'Opéra
OPÉRAS ET OPÉRAS-COMIQUES

0145	Dragons de Villars (les) (MAILLART). — Ne parle pas. Faust (GOUNOD). — Salut, demeure chaste et pure.	Marron
0146	Guillaume Tell (ROSSINI). — Asile héréditaire. Guillaume Tell (ROSSINI). — O Mathilde...	Marron
0147	Huguenots (les) (MEYERBEER). — Plus blanche... Martha (FLOTOW). — Lorsqu'à mes yeux.	Marron
0148	Mignon (A. THOMAS). — Elle ne croyait pas. Werther (MASSENET). — Pourquoi me réveiller?	Marron

GHASNE, Baryton, de l'Opéra-Comique
OPÉRAS ET OPÉRAS-COMIQUES

P. 0030	Ame en peine (l') (FLOTOW). — Depuis l'instant. Farfadet (le) (ADAM). — On dirait que tout sommeille.	Marron
P. 0164	Messaline (I. DE LARA). — Viens aimer. Carillonneur de Bruges (le) (GRISAR). — Sonnez, sonnez.	Marron

GOFFIN, Ténor, de l'Opéra
OPÉRAS

0309	Aïda (VERDI). — O ! Céleste Aïda. Faust (GOUNOD). — Cavatine.	Verte
0325	Paillasse (LEONCAVALLO). — Pauvre Paillasse. Hérodiade (MASSENET). — Air de Jean.	Verte
0326	Rigoletto (VERDI). — Qu'une belle pour quelques instants. Rigoletto (VERDI). — Comme la plume au vent.	Verte
0310	Roméo et Juliette (GOUNOD). — Cavatine. Roméo et Juliette (GOUNOD). — Scène du tombeau.	Verte

CHANT. — RÉPERTOIRES INDIVIDUELS (suite) (acc^t d'orchestre)

COULEURS DES ÉTIQUETTES

GRESSE, Basse, de l'Opéra
OPÉRA ET MÉLODIE

0180 { Songe d'une nuit d'été (le) (A. THOMAS). — Allons, que tout s'apprête (Acc^t PIANO).
Deux Grenadiers (les) (SCHUMANN). — (Acc^t PIANO). } Marron

GUYON FILS, du Théâtre Daunou
OPÉRETTE

2041 { Ta bouche (MAURICE YVAIN). — Des terres et des coupons (DUO), par M. Guyon fils et Mme Jeanne Cheirel.
Ta bouche (MAURICE YVAIN). — Voilà comment est Jean (DUO), par M. Guyon fils et Mme Jeanne Cheirel. } Marron

2045 { Ta bouche (MAURICE YVAIN). — Quatuor, par MM. Guyon fils, Gabin, Mmes Jeanne Cheirel et Mary-Hett.
Ta bouche (MAURICE YVAIN). — Quand on a du sens (DUO), par M. Guyon fils et Mme Jeanne Cheirel. } Marron

HENRI JULLIEN, Ténor, de la Gaîté-Lyrique
OPÉRETTE

2062 { Cocarde de Mimi-Pinson (la) (HENRI GOUBLIER FILS). — Pour trente sous « Couplet du Gestionnaire » (AVEC CHŒURS).
Cocarde de Mimi-Pinson (la) (HENRI GOUBLIER FILS). — Votre cocarde « Finale du 1er acte », chanté par M. BURNIER (AVEC CHŒURS). } Marron

2061 { Cocarde de Mimi-Pinson (la) (HENRI GOUBLIER FILS). — Un petit comptoir en étain (duetto-bouffe), M. HENRI JULLIEN et Mme NINA MYRAL.
Cocarde de Mimi-Pinson (la) (HENRI GOUBLIER FILS). — Air de la Cocarde, chanté par Mlle DENISE CAM (AVEC CHŒURS). } Marron

JOURNET, Basse, de l'Opéra
Voir : ROMÉO ET JULIETTE, opéra complet en 27 disques, page 3

LAMY, Ténor, du Théâtre de Monte-Carlo
OPÉRAS, OPÉRAS-COMIQUES ET OPÉRETTES

0238 { Juive (la) (HALÉVY). — Loin de son amie.
Guillaume Tell (ROSSINI). — (Barcarolle). — Accours dans ma nacelle. } Marron

2017 { Mousquetaires au Couvent (les) (VARNEY). — Il serait vrai !...
Cocorico ! (GANNE). — (Nocturne). Nuit d'amour. } Marron

0346 { Mousquetaires de la Reine (les) (F. HALÉVY) (Couplets d'Olivier) « Enfin un jour plus doux se lève ».
Voyage en Chine (le) (FRANÇOIS BAZIN) (Romance). — « Vers notre beau pays de France. » } Marron

3184 { Phi-Phi (CHRISTINÉ). — Ah ! tais-toi (Valse chantée).
Ton sourire (Mélodie). BONINCONTRO. } Marron

Disques PATHÉ double face. 143

CHANT. — RÉPERTOIRES INDIVIDUELS (suite) (acc¹ d'orchestre)

LAMY (suite)

			Couleurs des étiquettes
3183	Phi-Phi (CHRISTINÉ). — Pour l'amour (avec CHŒURS) Moulin de Longchamp (le) (Chanson d'amour) (avec CHŒURS)	CODINI	Marron
0347	Postillon de Longjumeau (ADAM). — Romance de la Tourterelle Postillon de Longjumeau (ADAM). — Ronde du Postillon (I⁽ʳ⁾ acte)		Marron
0239	Si J'étais Roi (ADAM). — (Cavatine) Un regard de ses yeux Mascotte (la) (AUDRAN). — Des courtisans qui passeront		Marron

MÉLODIES

3176	Adorable cantilène (l') Madame ! c'est vous (Mélodie)	HERBER SPENCER P. CODINI	Marron
3239	Alger la nuit (Valse chantée) Griserie d'Opium (Tango chanté)	A. TERRIER THÉO SPATHY	Marron
3147	Aubade d'amour (Noël de Pierrot) Pauvre fleur ! (Mélodie)	V. MONTI G. BONINCONTRO	Marron
3240	Berceuse du cœur (Berceuse) Tradimento - Trahison - (Mélodie)	BOREL-CLERC G. BONINCONTRO	Marron
3208	Berceuse improvisée (Mélodie berceuse) Je veux oublier (Mélodie)	OCTAVE LAMART G. BONINCONTRO	Marron
3209	Blue Song (Chanson d'Azur) Napolinata (Sérénade napolitaine)	CH. CODA CH. CODA	Marron
3177	Célèbre « Serenata » (Sérénade) Rêvons (Valse chantée)	ENRICO TOSELLI G. BONINCONTRO	Marron
3201	Chanson des Échos (la) (Mélodie) Chant de la mer (le) (Chanson)	P. CODINI et CH. LAURENT P. CODINI	Marron
3229	Chanson qui nous a bercé (la) ou La première chanson (mélodie) Spleen (Mélodie)	ALFRED TOCK G. BONINCONTRO	Marron
3230	Chant du soir (Mélodie) Je n'aime que toi (Sicilienne)	L. MASSOLINI EUG. GANDOLFO	Marron
3231	Clair de lune (Mélodie) Santa Lucia Luntana (Chanson)	H. DE MERTENS E. MARIO	Marron
3210	Dernière ivresse (Valse hésitation bercée) Zambiga (Fox-trot)	YVES FOSSOUL YVES FOSSOUL	Marron
3178	Désir (Aubade) Paroles de (CHRISTINÉ) Chitarrata (Guitare) (Paroles de Géo CHARLEY)	ANGELO D'AMBROSIO G. BONINCONTRO	Marron
3237	En fermant les yeux (Mélodie) Aubade Florentine (A song at Daybreak)	MAURICE PETIT-JEAN LÉONARD MAZZA	Marron
3148	Endors-toi (Sérénade) Aimer, c'est forger sa peine ! (To love brings us all our pain) (Mélodie)	SALVATORE SCUDERI A. BARBIROLLI	Marron
3217	Hymne à Éros (Chanson) (Acc¹ PIANO, VIOLON et FLUTE) Sérénade nocturne (Mélodie) (Acc¹ PIANO, VIOLON et FLUTE)	A. HOLMES A. BARBIROLLI	Marron
3145	Ils sont jolis, vos yeux ! (Mélodie) Tes baisers (I baci tuoi...) (Mélodie)	CODINI A. BARBIROLLI	Marron
3182	Je me souviens de Naples (Mélodie) (avec CHŒURS) Sous les fils de la Vierge (Berceuse) (avec CHŒURS)	G. BONINCONTRO CODINI	Marron
3144	Je ne veux que des fleurs (Mélodie) Femmes, que vous êtes jolies !... (Mélodie)	A. BARBIROLLI CODINI	Marron
3149	Je vous ai connue au printemps (Mélodie) Frénésie... (Chanson)	MONTI G. BONINCONTRO	Marron
3211	Livre de la vie (le) (Mélodie) Parmi les rêves (Mélodie valse)	E. MONTAGNE CH. CODA	Marron

CHANT. — RÉPERTOIRES INDIVIDUELS (suite) (acc¹ d'orchestre)

LAMY (suite)

N°	Titres	Auteurs	Couleurs des étiquettes
3212	Lolita (Serenata bolero) (en italien). E Canta il grillo (Stornello) (en italien).	Buzzi-Peccia. V. Billi.	Marron
3179	Marinaresca (en italien). Reginella (en italien).	V. Valente. Gaétano Lama.	Marron
3213	Mimi Soleil (Mélodie). Toi seule « Te sola » (Sérénade sorrentine).	P. Codini. Leonard Mazza.	Marron
3200	Minuit (Chanson). Litanies (Poésie de Jean Labor).	P. Fauchey. A. Barbirolli.	Marron
3218	Miroir (le) (Mélodie) (Acc¹ piano, violon et flûte). Nos vieilles larmes (Mélodie) (Acc¹ piano, violon et flûte).	Delaquerrière fils. A. Barbirolli.	Marron
3214	Ne brisez pas un cœur (Chanson-valse). Sérénade pour Elle (Sérénade).	G. Krier. René Ghislain.	Marron
13077	Notte sul mare (Gondoleria) (en italien). Dormi pure (Serenata) (en italien).	V. Valente. Salvatore Scuderi.	Marron
3150	Nuits de Naples (Chanson sur la célèbre mélodie napolitaine « O Marenariello ») (avec chœurs). Confession d'amour (Mélodie).	Gambardella. Ch. Coda.	Marron
3238	Paloma (la) (Canción Madrilène). Partida (la) (Canción Espagnole).	Maestro Yradier. F. M. Alvarez.	Marron
3199	Plus troublant poème (le). Sérénade d'avril.	Yves Fossoul. A. Gauwin et Bonnard.	Marron
13078	Povero fiore ! (Mélodie) (en italien). O Marenariello ! (Serenata) (en italien).	G. Bonincontro. Gambardella.	Marron
3215	Rosita l'Argentine (Chanson tango). Nuits qui chantent (les) (Barcarolle vénitienne).	René Ghislain. Ch. Coda.	Marron
3180	Sogniamo (Valse) (en italien). Torna à Surriento (Chanson napolitaine) (en italien).	G. Bonincontro. E. De Curtis.	Marron
3216	Sur la route grise (Chanson). Cloches (les) (Chanson).	R. A. Whiting. Yves Fossoul.	Marron
3146	Tes yeux (Mélodie). Heureux temps ! (Chanson).	D. Bonincontro. V. Valente.	Marron
3151	Vieni ! (Viens) Sérénade vénitienne sur un motif de la valse Rêve d'aimée (avec chœurs). Toute ma vie (Mélodie) (avec chœurs).	Ch. Coda. Codini.	Marron

ADRIEN LAMY, du Théâtre Marigny
OPÉRETTE

N°	Titres	Couleurs
2049	J'te veux (G. Gabaroche et Fred Pearly). — C'est fou la place que ça tient. J'te veux (G. Gabaroche et Fred Pearly). — Si c'était pour en arriver là.	Marron

LASSALLE, Ténor, de l'Opéra
HYMNE NATIONAL

N°	Titres	Couleurs
3117	Marseillaise (la) (Rouget de Lisle), par MM. Lassalle et Albers et Mlle Lapeyrette. Chant du Départ (le) (Méhul), par M. Belhomme.	Marron

Disques PATHÉ double face.

CHANT. — RÉPERTOIRES INDIVIDUELS (suite) (acc¹ d'orchestre)

MAGUENAT, Baryton, de l'Opéra-Comique

CHANTS RÉVOLUTIONNAIRES

			COULEURS DES ÉTIQUETTES
3010	Carmagnole (la) du citoyen « BÉRARD » (1792) (avec CHŒURS).	STANISLAS.	Marron
	Internationale (l') (avec CHŒUR HOMMES).	DEGEYTER.	

MÉLODIES

3028	A l'Étendard (Hymne à Jeanne d'Arc) (avec CHŒURS).	LAURENT.	Marron
	Cathédrales (les).	GEORGES.	

JEAN MARNY, Ténor, de l'Opéra-Comique

Voir aussi : MANON, opéra-comique complet en 24 disques, page 21.

OPÉRAS, OPÉRAS-COMIQUES, OPÉRETTE ET MÉLODIES

3175	Clair de lune (Mélodie).	GABRIEL FAURÉ.	Verte
	Rôtisserie de la Reine Pédauque (la) (CHARLES LEVADÉ). Rêverie de Jacques.		
3156	J'aime les fleurs ! One hour of flirt with you !	MAX DAREWSKI.	Verte
	Veux-tu ! (Mélodie).	WENZEL.	
3157	Phi-Phi (CHRISTINE). — C'est une gamine charmante.	RAYMOND HUBEL.	Verte
	Pauvre Butterfly ! Poor Butterfly !		
3171	Sublime France (Hymne patriotique) (Paroles de HUBERT DU POUY).	L. PLANEL.	Verte
	Le retour après la victoire (Chant patriotique).	GÉNÉRAL PELISSIER.	
0337	Werther (MASSENET). — Entrée de Werther. — Invocation à la nature.		Verte
	Werther (MASSENET). — La mort de Werther.		

DUOS

2558	Madame Butterfly (PUCCINI). — Duo du 1ᵉʳ acte (1ʳᵉ partie).		Jaune
	Madame Butterfly (PUCCINI). — Duo du 1ᵉʳ acte (2ᵉ partie). par M. Jean Marny et Mme Fanny Heldy.		
2553	Manon (MASSENET). — Duo du Séminaire (1ʳᵉ partie).		Jaune
	Manon (MASSENET). — Duo du Séminaire (2ᵉ partie), par M. Jean Marny et Mme Ninon Vallin.		
2554	Mireille (GOUNOD). — Chanson de Magali (DUO).		Jaune
	Mireille (GOUNOD). — La foi de son flambeau divin (DUO), par M. Jean Marny et Mme Ninon Vallin.		
2555	Roi d'Ys (le) (ÉDOUARD LALO). — A l'autel j'allais rayonnant (DUO).		Jaune
	Lakmé (LÉO DELIBES). — C'est le Dieu de la jeunesse (DUO), par M. Jean Marny et Mme Ninon Vallin.		
2549	Roméo et Juliette (GOUNOD). — Madrigal. Duo du 1ᵉʳ acte, par M. Jean Marny et Mlle Yvonne Gall.		Jaune
	Roméo et Juliette (GOUNOD). — Nuit d'hyménée. Duo du IVᵉ acte, par M. Jean Marny et Mlle Yvonne Gall.		

CHANT. — RÉPERTOIRES INDIVIDUELS (suite) (acc¹ d'orchestre)

MARVINI, Basse, de l'Opéra

Voir aussi : **LA FAVORITE**, opéra complet en 21 disques, page 13.
2° **LE TROUVÈRE**, opéra complet en 19 disques, page 37.

OPÉRAS

0031 { Huguenots (les) (MEYERBEER). — Bénédiction des poignards.
Robert le Diable (MEYERBEER). — Valse infernale. — Marron

MÉLODIES

3103 { Lac (le). — NIEDERMEYER
Noël. — HOLMÈS — Marron

MILTON, du Théâtre Marigny

OPÉRETTE

2050 { J' te veux (G. GABAROCHE ET FRED PEARLY). — Quand on sait se débrouiller.
J' te veux (G. GABAROCHE ET FRED PEARLY). — La Java-Javi-Java. — Marron

2051 { J' te veux (G. GABAROCHE ET FRED PEARLY). — La grande vie.
J' te veux (A. VALSIEN). — Elles y pensent tout d'même. — Marron

MURATORE, Ténor, de l'Opéra

OPÉRAS, OPÉRAS COMIQUES ET MÉLODIES

0246 { Carmen (BIZET). — Halte-là.
Fortunio (MESSAGER). — La maison grise. — Jaune

0185 { Cavalleria Rusticana (MASCAGNI). — Brindisi (acc¹ PIANO).
Tosca (la) (PUCCINI). — Le ciel luisait d'étoiles. — Marron

3158 { Chanson de Barberine (Mélodie). — SORET
A quoi pensez-vous (Mélodie). — BERGER — Jaune

3159 { Enlèvement (l') (Mélodie). — LEVADE
Reviens ! (Mélodie). — FRAGSON et CHRISTINÉ — Jaune

0249 { Roi d'Ys (le) (LALO) (Aubade).
Manon (MASSENET). — Ah ! Fuyez douce image. — Jaune

0207 { Roméo et Juliette (GOUNOD). — Salut, tombeau !
Werther (MASSENET). — J'aurais sur ma poitrine. — Marron

0251 { Werther (MASSENET). — Pourquoi me réveiller ?
Mignon (THOMAS). — Elle ne croyait pas. — Jaune

DUO

2542 { Faust (GOUNOD). — Trio du duel,
  par MM. Muratore, Dangès et Belhomme.
Faust (GOUNOD). — Laisse-moi contempler ton visage,
  par Mme Vallandri et M. Vaguet. — Marron

HYMNE NATIONAL ET CHANTS PATRIOTIQUES

3160 { Chant du départ (le). — MÉHUL
Régiment de Sambre-et-Meuse (le). — R. PLANQUETTE — Jaune

3161 { Marseillaise (la). — ROUGET DE L'ISLE
Quand Madelon. — C. ROBERT — Jaune

DISQUES PATHÉ double face.

CHANT. — RÉPERTOIRES INDIVIDUELS (suite) (acc¹ d'orchestre)

NANSEN, Ténor, de l'Opéra
CHŒURS

N°	Titre	Couleur
2507	Africaine (l') (MEYERBEER). — Chœur des matelots. Robert le Diable (MEYERBEER). — Chœur des moines, par MM. Nansen, de Poumayrac, Dangès et Belhomme.	Marron
2508	Arlésienne (l') (BIZET). — Marche des rois, par MM. Nansen, Devriès, Dangès et Belhomme. Zampa (HÉROLD). — Prière, par MM. Devriès, Dangès et Belhomme.	Marron
2526	Cloches de Corneville (les) (PLANQUETTE). — Chanson et Chœur du III° acte. Jolie Fille de Perth (la) (BIZET). — Chœur de la forge, par MM. Nansen, de Poumayrac, Dangès et Belhomme.	Marron
2531	Contes d'Hoffmann (les) (OFFENBACH). — Chœur des étudiants. Deux Avares (les) (GRÉTRY). — La garde passe, par MM. Nansen, Devriès, Dangès et Belhomme.	Marron
2530	Estudiantina (l') (LACOME) (Valse), par MM. Nansen, Devriès, Dangès et Belhomme. Un peu d'tout (BERNON). — Chœur burlesque, par MM. Nansen, de Poumayrac, Dangès et Belhomme.	Marron
2538	Faust (GOUNOD). — Chœur de la kermesse, par MM. Nansen, Devriès, Dangès et Belhomme. Régiment de Sambre-et-Meuse (le) (PLANQUETTE), par MM. Nansen, de Poumayrac, Dangès et Belhomme.	Marron
2528	Faust (GOUNOD). — Choral des Épées. Taverne des Trabans (la) (MARÉCHAL). — Chœur des buveurs, par MM. Nansen, Devriès, Dangès et Belhomme.	Marron
2527	Fille de Madame Angot (la) (LECOCQ). — Chœur des conspirateurs. Tannhauser (le) (WAGNER). — Chœur des pèlerins, par MM. Nansen, Devriès, Dangès et Belhomme.	Marron
2523	Flûte enchantée (la) (MOZART). — Chœur des prêtres. Marie-Magdeleine (MASSENET). — Prière, par MM. Nansen, de Poumayrac, Dangès et Belhomme.	Marron
2524	Freischütz (le) ou « Robin des Bois » (WEBER). — Chœur des chasseurs. Songe d'une nuit d'été (le) (A. THOMAS). — Chœur des gardes-chasse, par MM. Nansen, Devriès, Dangès et Belhomme.	Marron
2525	Rigoletto (VERDI). — Chœur de la vengeance. Zampa (HÉROLD). — Chœur des corsaires, par MM. Nansen, de Poumayrac, Dangès et Belhomme.	Marron
2509	Trouvère (le) (VERDI). — Chœur des Bohémiens, par MM. Nansen, Devriès, Dangès et Belhomme. Voyage en Chine (le) (BAZIN). — Chœur du cidre, par MM. Devriès, Gilly, Dangès et Belhomme.	Marron

YVES NOEL, Baryton, de l'Opéra
OPÉRAS

N°	Titre	Couleur
0233	Bal masqué (le) (VERDI). — Et c'est toi qui déchires. Rigoletto (VERDI). — Courtisans, race vile et damnée.	Marron
0232	Hérodiade (MASSENET). — Vision fugitive. Faust (GOUNOD). — Mort de Valentin.	Marron

CHANT. — RÉPERTOIRES INDIVIDUELS (suite) (acc¹ d'orchestre)

NOTÉ, Baryton, de l'Opéra

Voir aussi : 1º FAUST, opéra complet en 28 disques, page 9; 2º RIGOLETTO, opéra complet en 15 disques, page 27; 3º LE TROUVÈRE, opéra complet en 19 disques, page 57.

OPÉRAS, OPÉRAS-COMIQUES ET OPÉRETTES

N°	Titres	Couleur
P. 0034	Aben-Hamet (Th. Dubois). — Air d'Aben-Hamet, Reine toi qu'Hamet… Lakmé (Léo Délibes). — Ton doux regard se voile.	Marron
P. 0035	Africaine (l') (Meyerbeer). — Ballade de Nélusko. Africaine (l') (Meyerbeer). — Fille des rois.	Marron
P. 0081	Bal masqué (le) (Verdi). — Ah ! c'est Dieu qui vous inspire (Cantabile). Néron (Rubinstein). — Hymen ! Hymen ! (Epithalame).	Marron
P. 0199	Bal masqué (le) (Verdi). — Et c'est toi qui déchires. Patrie (Pons). — Hymne guerrier.	Marron
P. 0082	Benvenuto Cellini (Diaz). — De l'art splendeur. Faust (Gounod). — Mort de Valentin.	Marron
P. 0083	Charles VI (Halévy). — Avec la douce chansonnette. Traviata (la) (Verdi). — Lorsqu'à de folles amours.	Marron
P. 0084	Charles VI (Halévy). — C'est grand pitié. Patrie (Paladilhe). — Air de Rysoor : C'est ici.	Marron
P. 0085	Cloches de Corneville (les) (Planquette). — J'ai fait trois fois. Coupe du Roi de Thulé (la) (Diaz). — Il est venu (Grand air).	Marron
P. 0086	Damnation de Faust (la) (Berlioz). — Voici des roses. Rois de Paris (G. Hüe). — Chanson de Longnac.	Marron
P. 0087	Faust (Gounod). — Invocation. Rigoletto (Verdi). — Ne parle pas au malheureux.	Marron
P. 0088	Favorite (la) (Donizetti). — Jardins de l'Alcazar. Favorite (la) (Donizetti). — Pour tant d'amour.	Marron
P. 0089	Hamlet (A. Thomas). — Chanson bachique. Hamlet (A. Thomas). — Comme une pâle fleur.	Marron
P. 0090	Henri VIII (Saint-Saëns). — Qui donc commande ? Roi de Lahore (le) (Massenet). — Promesse de mon avenir.	Marron
P. 0091	Hérodiade (Massenet). — Vision fugitive. Patrie (Paladilhe). — Pauvre martyr obscur.	Marron
P. 0036	Lucie de Lammermoor (Donizetti). — D'un amour qui me brave. Messaline (I. de Lara). — O nuit d'amour.	Marron
P. 0092	Ombre (l') (Flotow). — Couplets de midi, minuit. Paillasse (Leoncavallo). — Un jour comme un murmure.	Marron
P. 0093	Rigoletto (Verdi). — Courtisans, race vile et damnée. Sigurd (Reyer). — Et toi Freia.	Marron
P. 0094	Tannhauser (le) (Wagner). — Concours des chanteurs. Tannhauser (le) (Wagner). — Romance de l'Etoile.	Marron
P. 0097	Tannhauser (le) (Wagner). — En contemplant cette assemblée. Mireille (Gounod). — Si les filles d'Arles.	Marron

Disques PATHÉ double face.

CHANT. — RÉPERTOIRES INDIVIDUELS (suite) (acc¹ d'orchestre)

NOTÉ (suite)

MÉLODIES ET ROMANCES

			COULEURS DES ÉTIQUETTES
P. 3049	Alléluia d'amour. / Habanera.	FAURÉ. DANEAU.	Marron
P. 3121	Angelus de la Mer (l'). / Credo du Paysan.	GOUBLIER. GOUBLIER.	Marron
P. 3130	Angelus de la Mer (l') (avec CHŒURS). / Marche lorraine (avec CHŒURS).	GOUBLIER. GANNE.	Marron
P. 3031	Barque volée (la). / Insensé (l') (Scène dramatique).	COLLIGNON. RUPES.	Marron
P. 3052	Bonheur par l'amour (le). / Si vous l'aviez compris.	ANDUAGA. DENZA.	Marron
P. 3140	Bon laboureur (le) (Chanson à boire). / Voix des chênes (la).	DE PEZZER. GOUBLIER.	Marron
P. 3033	C'est en Zélande. / Dis-moi quel est ton pays (Chant alsacien).	STIÉNON DU PRÉ. SELLENICK.	Marron
P. 3140	Chanson à boire (Le bon laboureur). / Voix des chênes (la).	DE PEZZER. GOUBLIER.	Marron
P. 3034	Chanson des peupliers (la). / Cor (le).	DORIA. FLÉGIER.	Marron
P. 3035	Chant de la nature. / Prière des forêts (la) (Chanson).	BARBIROLLI. CODINI.	Marron
P. 3011	Charité (la) (HYMNE). / Noël (Cantique).	FAURÉ. ADAM.	Marron
P. 3206	Chevalier blanc (le). / Réveil (le).	BOREL-CLERC. G. GOUBLIER.	Verte
P. 3051	Croix du chemin (la). / Novembre (Poésie de PAUL BOURGET).	GOUBLIER. TRÉMIZOT.	Marron
P. 3037	Cruel mystère. / Il pleut.	MALOT. BARBIROLLI.	Marron
P. 3038	Enfant chantait la Marseillaise (l'). / Marche vers l'avenir.	COLLIN. FAURÉ.	Marron
P. 3039	Hymne à la nuit. / Noël païen.	GOUNOD. MASSENET.	Marron
P. 3040	Hymne d'amour. / Stances (Puisque tout est à toi).	LIONNET. GOUBLIER.	Marron
P. 3029	Je ne sais que t'aimer (Mélodie). / L'Étoile confidente (Mélodie).	P. MARTIN. ROBAUDI.	Marron
P. 3041	Mireille (Chant provençal). / Pensée d'Automne.	MASSENET. MASSENET.	Marron

CHANT. — RÉPERTOIRES INDIVIDUELS (suite) acc¹ d'orchestre

NOTÉ (suite)

N°	Titres	Auteurs	Couleurs des étiquettes
3042	P. Myrtes sont flétris (les). / Soir (le).	Fauré. / Gounod.	Marron
3043	P. Noël des gueux (Chanson). / Violon brisé (le) (Simple histoire).	Gérald-Vargues. / Herpin.	Marron
3036	P. Pauvres fous. / Le Soldat.	Tagliafico. / Pastor.	Marron
3032	P. Promenade du Paysan (la). / Oiseaux légers.	P. Dupont. / Grumbert.	Marron
3044	P. Rameaux (les). / Sapins (les).	Fauré. / P. Dupont.	Marron
3045	P. Rappelle-toi ! / Stances au soleil.	Rupès. / Petit.	Marron
3030	P. Stances à la Charité. / Si j'étais Dieu.	Carman. / Marietti.	Marron

MORCEAUX RELIGIEUX

N°	Titres	Auteurs	Couleurs
2539	Crucifix (le). — Duo par M. Noté et Mlle Yvonne Gall. / Thaïs (Massenet). — Duo de l'Oasis, par M. Noté et Mlle Yvonne Gall.	Fauré.	Jaune
3012	P. Hosanna (Chant de Pâques). / Sancta Maria (Hymne).	Granier. / Fauré.	Marron
3050	P. Miserere du Marin (le). / Hymne à la charité.	Paul Gennac. / Deppe.	Marron
3207	Noël (Chant religieux). / Toussaint (la) (Chant religieux).	Georges et Jean Fragerolle / Georges et Jean Fragerolle	Verte

HYMNE NATIONAL ET CHANTS PATRIOTIQUES

N°	Titres	Auteurs	Couleurs
3142	Ce que c'est qu'un drapeau (avec chœurs). / Rhin allemand (le) (avec chœurs).	La Mareille. / F. David.	Verte
3131	P. Clairon (le). / Chœur des Girondins (Mourir pour la patrie) (avec chœurs).	Déroulède et André. / Méhul, Varney.	Marron
3013	P. Marseillaise (la). / Père Ra-tia (le) (Chanson-marche).	Rouget de Lisle / Danglas.	Marron
3014	P. Nouvelle Brabançonne 1860 (la). / Vers l'avenir (Chant national dédié au Roi des Belges).	Campenhout. / Gevaert.	Marron

DUOS

N°	Titres		Couleurs
2540	Faust (Gounod). — Scène de l'Église (1re partie) (avec chœurs). / Faust (Gounod). — Scène de l'Église (2e partie) (avec chœurs), par M. Noté et Mlle Yvonne Gall.		Jaune
2547	Guillaume Tell (Rossini). — Ah ! Mathilde, idole de mon âme. / Pêcheurs de perles (les) (Bizet). — Duo du 1er acte, par MM. Noté et Fontaine.		Jaune

DISQUES PATHÉ double face. 151

CHANT. — RÉPERTOIRES INDIVIDUELS (suite) (acc¹ d'orchestre)

NOTÉ (suite)

		COULEURS DES ÉTIQUETTES
2546	Hamlet (A. Thomas). — Doute de la lumière. Gloria patri (G. Marietti). par M. Noté et Mlle Yvonne Gall.	Jaune
2548	Muette de Portici (la) (Auber). — Amour sacré. Reine de Chypre (la) (Halévy). par MM. Noté et Fontaine.	Jaune
2545	Rigoletto (Verdi). — Duo du II⁰ acte. Rigoletto (Verdi). — Duo du III⁰ acte. par M. Noté et Mlle Yvonne Gall.	Jaune
2539	Thaïs (Massenet). — Duo de l'Oasis. Crucifix (le) (Fauré). — DUO. par M. Noté et Mlle Yvonne Gall.	Jaune

PARMENTIER, Baryton, de l'Opéra-Comique

OPÉRAS-COMIQUES

0234	Contes d'Hoffmann (les) (Offenbach). — Scintille diamant. Contes d'Hoffmann (les) (Offenbach). — Air du juif Copélius.	Verte
0236	Grisélidis (Massenet). — Loin de sa femme. Maître de Chapelle (le) (Paër). — Grand air.	Verte
0235	Manon (Massenet). — A quoi bon l'économie. Manon (Massenet). — Ne bronchez pas.	Verte
0237	Marouf savetier du Caire (H. Rabaud). — Il est des musulmans. Marouf savetier du Caire (H. Rabaud). — La caravane.	Verte

JEAN PÉRIER, Baryton, de l'Opéra-Comique

OPÉRETTES ET MÉLODIES

2015	Véronique (Messager). — Air de la lettre (acc¹ piano). François les Bas-Bleus (Messager). — C'est François... (acc¹ piano).	Marron
3122	Dors mon enfant. — Berceuse (acc¹ piano). E. Périer. Mignonne amie. — Mélodie (acc¹ piano). Fijan.	Marron

PONZIO, Baryton, du Théâtre de la Monnaie de Bruxelles.

Voir aussi : 1º **MANON**, opéra-comique complet en 24 disques, page 21 ; 2º **LES NOCES DE JEANNETTE**, opéra-comique complet en 10 disques, page 25.

OPÉRAS, OPÉRAS-COMIQUES ET OPÉRETTES

2036	Boccace (Suppé). — Chanson du Tonnelier (avec chœurs). Hans le joueur de flûte (L. Ganne). — Chanson de la flûte (avec chœurs).	Marron
2037	Cloches de Corneville (les) (Planquette). — Romance du Marquis. Mousquetaires au Couvent (les) (L. Varney). — Gris, je suis gris.	Marron

152　　　　　PATHÉPHONE, 30, Bd des Italiens, PARIS.

CHANT. — RÉPERTOIRES INDIVIDUELS (suite) (acc¹ d'orchestre)　　COULEURS DES ÉTIQUETTES

PONZIO (suite)

0339 { François les Bas-Bleus (BERNICAT et ANDRÉ MESSAGER). — C'est François les Bas-Bleus (Ronde).
　　　 Surcouf (PLANQUETTE). — Mon navire si beau.　　Marron

0341 { Saltimbanques (les) (L. GANNE). — C'est l'amour (Valse).
　　　 Grand Mogol (le) (AUDRAN). — Air du charlatan. — Mon nom est Joquelet.　　Marron

0342 { Si j'étais roi (ADAM). — Dans le sommeil.
　　　 Mule de Pedro (la) (VICTOR MASSÉ). — Chanson de la Mule.　　Verte

2039 { You-You (VICTOR ALIX). — Les mots d'amour (Fox-trot).
　　　 Fille de Madame Angot (la) (LECOCQ). — Certainement, j'aime Clairette.　　Marron

DUOS

2559 { François les Bas-Bleus (BERNICAT et MESSAGER). — Fanchon! Ah! c'est toi que je revois (duo), par M. Ponzio et Mlle Edmée Favart.
　　　 Mascotte (la) (AUDRAN). — Duo des dindons, par M. Ponzio et Mlle Edmée Favart.　　Verte

2557 { Véronique (MESSAGER). — Duetto de l'âne, par M. Ponzio et Mlle Edmée Favart, de l'Opéra-Comique.
　　　 Véronique (MESSAGER). — Duo de l'escarpolette, par M. Ponzio et Mlle Edmée Favart, de l'Opéra-Comique.　　Verte

DE POUMAYRAC, Ténor, de l'Opéra-Comique

Voir aussi : 1º **LA FAVORITE**, opéra complet en 21 disques, page 13 ; 2º **RIGOLETTO**, opéra complet en 15 disques, page 27 ; 3º **LA TRAVIATA**, opéra complet en 16 disques, page 34.

DUO ET CHŒURS

2507 { Africaine (l') (MEYERBEER). — Chœur des matelots.
　　　 Robert le Diable (MEYERBEER). — Chœur des moines.
　　　 par MM. de Poumayrac, Nansen, Dangès et Belhomme.　　Marron

2502 { Agnus Dei,
　　　 par MM. de Poumayrac et Albers.　　BIZET.
　　　 Noël, par M. Albers.　　ADAM.　　Marron

2526 { Cloches de Corneville (les) (PLANQUETTE). — Chanson et Chœur du IIIᵉ acte.
　　　 Jolie Fille de Perth (la) (BIZET). — Chœur de la Forge,
　　　 par MM. de Poumayrac, Nansen, Dangès et Belhomme.　　Marron

2523 { Flûte enchantée (la) (MOZART). — Chœur des prêtres.
　　　 Marie-Magdeleine (MASSENET). — Prière,
　　　 par MM. de Poumayrac, Nansen, Dangès et Belhomme.　　Marron

2538 { Régiment de Sambre-et-Meuse (le),
　　　 par MM. de Poumayrac, Nansen, Dangès et Belhomme.　　PLANQUETTE.
　　　 Faust (GOUNOD). — Chœur de la kermesse,
　　　 par MM. Devriès, Nansen, Dangès et Belhomme.　　Marron

2525 { Rigoletto (VERDI). — Chœur de la vengeance.
　　　 Zampa (HÉROLD). — Chœur des corsaires,
　　　 par MM. de Poumayrac, Nansen, Dangès et Belhomme.　　Marron

2530 { Un peu d'tout (Chœur burlesque),
　　　 par MM. de Poumayrac, Nansen, Dangès et Belhomme.　　BERNON.
　　　 Estudiantina (l') (Valse),
　　　 par MM. Devriès, Nansen, Dangès et Belhomme.　　LACOME.　　Marron

Disques PATHÉ double face. 153

CHANT. — RÉPERTOIRES INDIVIDUELS (suite) (acc. d'orchestre)

RAVAZET, Ténor, du Théâtre de la Monnaie de Bruxelles
OPÉRAS ET OPÉRAS-COMIQUES

0372	Africaine (l') (MEYERBEER). — Grand air du 1er acte. Manon (MASSENET). — Ah ! fuyez douce image.	Marron
0373	Contes d'Hoffmann (les) (OFFENBACH). — O Dieu ! de quelle ivresse. Roméo et Juliette (GOUNOD). — Ah ! lève-toi soleil (Cavatine).	Marron
0374	Mireille (GOUNOD). — Anges du Paradis (Cavatine). Werther (MASSENET). — Invocation à la nature.	Marron
0363	Orphée (GLUCK). — J'ai perdu mon Eurydice (air). Mignon (A. THOMAS). — Adieu Mignon, courage.	Marron
0375	Paillasse (LEONCAVALLO). — Pauvre Paillasse. Huguenots (les) (MEYERBEER). — Plus blanche que la blanche hermine.	Marron
0364	Tosca (la) (PUCCINI). — O de beautés égales. Rigoletto (VERDI). — Comme la plume au vent.	Marron
0365	Tosca (la) (PUCCINI). — Le ciel luisait d'étoiles. Werther (MASSENET). — J'aurais sur ma poitrine.	Marron

RENAUD, Baryton, de l'Opéra
OPÉRAS, OPÉRAS-COMIQUES ET MÉLODIE

0037	Carmen (BIZET). — Air du Toréador (acc. PIANO). Damnation de Faust (la) (BERLIOZ). — Voici des roses (acc. PIANO).	Marron
0038	Favorite (la) (DONIZETTI). — Léonore, viens ! (Grand air) (acc. PIANO). Soir (le). — (Mélodie) (acc. PIANO). GOUNOD.	Marron

RIGAUX, Baryton, de l'Opéra-Comique
OPÉRETTES

2011	Cloches de Corneville (les) (PLANQUETTE). — J'ai fait trois fois. Mascotte (la) (AUDRAN). — Les envoyés du Paradis.	Marron

ROUSSELIÈRE, Ténor, de l'Opéra
OPÉRAS

0039	Damnation de Faust (la) (BERLIOZ). — Invocation à la nature. Faust (GOUNOD). — Salut, demeure chaste et pure.	Marron

SCHIPA (TITO), Ténor italien
OPÉRAS ET OPÉRAS-COMIQUES

10314	Cavalleria Rusticana (MASCAGNI). — Siciliana. Bohème (la) (PUCCINI). — Racconto di Rodolfo.	Verte

CHANT. — RÉPERTOIRES INDIVIDUELS (suite) (acc^t d'orchestre)

SCHIPA (TITO) (suite)

N°	Titre	Couleur
10244	Il Barbiero di Siviglia (ROSSINI). — Atto I. Ecco ridente in cielo... Il Barbiero di Siviglia (ROSSINI). — Cavatina II. a parte.	Verte
10243	Manon (MASSENET). — Sogno. Chiudo gli occhi. L'Arlesiana (BIZET). — Cilea. Lamenti di Frederico.	Verte
10316	Rigoletto (VERDI). — La donna e mobile. Rigoletto (VERDI). — Questa o quella.	Verte
0334	Somnambule (la) (BELLINI). — Prendi l'anel ti dono. Falstaff (VERDI). — Dal labbro il canto estasiato vola.	Verte
10315	Tosca (la) (PUCCINI). — Recondita armonia. Tosca (la) (PUCCINI). — E lucevan le stelle.	Verte
12554	Tosca (la) (PUCCINI). — Duetto finale I. a parte. — Amaro sol per te Tenore Schipa e soprano Baldassare-Tedeschi. Tosca (la) (PUCCINI). — Duetto finale II. a parte. Trionfal di nuova speme. Tenore Schipa e soprano Baldassare-Tedeschi.	Verte
0386	Tosca (la) (PUCCINI). — O dolci mani. Pagliacci (LEONCAVALLO). — Serenata d'Arlecchino.	Verte

MÉLODIES

N°	Titre	Compositeur	Couleur
13080	Bruja (la) La Jota (en espagnol). La Corte del Amor (JOSÉ PADILLA). La de ojos Azules (en espagnol).	CHAPI.	Verte
13081	Chi se ne scorda cchiu. Canzonetta napolitana (en Italien). Pesca d'amore. Mélodia napolitana (en italien).	BARTHÉLEMY. BARTHÉLEMY.	Verte

MORCEAUX RELIGIEUX

N°	Titre	Compositeur	Couleur
13082	Agnus Dei. — Chant religieux. Amarilli. — Madrigal (en italien).	BIZET. CACCINI.	Verte
13083	Panis angelicus. Ave Maria. — Chant religieux.	FRANCK. TITO SCHIPA.	Verte

SOULACROIX, Baryton, de l'Opéra-Comique

OPÉRA-COMIQUE ET OPÉRETTE

N°	Titre	Couleur
0183	Timbre d'argent (le) (SAINT-SAENS). — De Naples à Florence (ACC^t PIANO). Rip (PLANQUETTE). — Air de la paresse (ACC^t PIANO).	Marron

URBAN, des Bouffes Parisiens

OPÉRETTES ET COMÉDIE MUSICALE

N°	Titre	Couleur
2031	Dédé (CHRISTINÉ). — Dans la vie faut pas s'en faire (DUO), par M. Urban et M. Maurice Chevalier. Dédé (CHRISTINÉ). — Je m'donne, chanté par M. MAURICE CHEVALIER.	Marron
2034	Dédé (CHRISTINÉ). — Elle porte un nom charmant. Dédé (CHRISTINÉ). — Tous les chemins (DUO), par M. Urban et Mme Maguy Warna.	Marron

Disques PATHÉ double face.

CHANT. — **RÉPERTOIRES INDIVIDUELS** (suite) (acc¹ d'orchestre)

URBAN (suite)

N°		Couleurs des étiquettes
2033	Dédé (Christiné). — Tango lorsque tu nous tiens ! (DUO), par M. Urban et Mme Maguy Warna. Dédé (Christiné). — Le désir déjà (Valse), chantée par Mme Maguy Warna.	Marron
2054	Dédé (Christiné). — Voici des lis (Valse chantée). Dédé (Christiné). — J'avais tout ça... (Couplet).	Marron
2053	Amour masqué (l') (André Messager). — Tango chanté. Amour masqué (l') (André Messager). — Chanson des bonnes.	Marron

CHANSONNETTES

N°			
4056	Avalon. — Chanson fox-trot (Paroles de Lemarchand, Rouvray et Dahl). Poupée et le Pantin (la). — Le fox-trot de la « Boîte a Musique » (Paroles de Willemetz et Jacques Charles).	Jolson et V. Rose. Borel-Clerc.	Marron
4057	Blowing Bubbles. « Bulles légères ». — Chanson-boston (Paroles de Pierre Chapelle). Titin premier. — Fox-trot extrait de l'opérette « Titin » (Paroles de G. Dumestre et A. Ferréol).	Kenbrovin et J. W. Kellette. Joseph Szulc.	Marron
4058	Milonguita. — Célèbre mélodie argentine (Paroles de Lucien Boyer). Margie. — Chanson fox-trot (Paroles de Bataille Henri).	Enrique Delfino. J. R. Robinson.	Marron

VAGUET, Ténor, de l'Opéra

Voir aussi : GALATHÉE, opéra-comique complet en 15 disques, page 16.

OPÉRAS, OPÉRAS-COMIQUES ET OPÉRETTES

N°		Couleur
0040	Africaine (l') (Meyerbeer). — Air de Vasco de Gama. Carmen (Bizet). — La fleur que tu m'avais jetée.	
0095	Barbier de Séville (le) (Rossini). — Des rayons de l'aurore (acc¹ piano). Louise (Charpentier). — Dans la Cité lointaine.	Marron
0099	Barbier de Séville (le) (Rossini). — L'aube est tout près d'éclore. Don Juan (Mozart). — Sérénade.	
0104	Cavalleria Rusticana (Mascagni). — Sicilienne. Favorite (la) (Donizetti). — Ange si pur.	Marron
0115	Cid (le) (Massenet). — Prière. Lohengrin (Wagner). — Récit du Graal.	Marron
0096	Cloche du Rhin (la) (S. Rousseau). — Ervine, écoute-moi. Favorite (la) (Donizetti). — Un ange, une femme inconnue.	Marron
0100	Cloches de Corneville (les) (Planquette). — Je regardais en l'air. Cloches de Corneville (les) (Planquette). — Va, petit mousse.	Marron
0102	Damnation de Faust (la) (Berlioz). — Air de Faust. Haydée (Auber). — Ah ! que la nuit est belle !	
0101	Don Juan (Mozart). — Air d'Ottavio. Faust (Gounod). — Salut, demeure chaste et pure.	Marron
0103	Fille de Madame Angot (la) (Lecocq). — Elle est tellement innocente. Mousquetaires au Couvent (les) (Varney). — Il serait vrai...	Marron
0041	Fille du Tambour-major (la) (Offenbach). — Tout en tirant mon aiguille. Manon (Massenet). — Le rêve de Des Grieux.	Marron

156   PATHÉPHONE, 30, Bd des Italiens, PARIS.

CHANT. — RÉPERTOIRES INDIVIDUELS (suite) (acc¹ d'orchestre)

VAGUET (suite)

N°	Titre	Couleurs des étiquettes
0105	Fils de l'Arétin (le) (LAURENT). — Sérénade. Fortunio (MESSAGER). — Je suis très tendre et très timide.	Marron
0107	Flûte enchantée (la) (MOZART). — Jamais dans son rêve un poète. Damnation de Faust (la) (BERLIOZ). — Invocation à la nature.	Marron
0106	Fortunio (MESSAGER). — La maison grise. Fortunio (MESSAGER). — Si vous croyez que je vais dire.	Marron
0109	Freischütz (le) ou « Robin des Bois » (WEBER). — Scène et air de Max (1ʳᵉ partie). Freischütz (le) ou « Robin des Bois » (WEBER). — Scène et air de Max (2ᵉ partie).	Marron
0108	Grand Mogol (le) (AUDRAN). — Couplets du chou et de la rose. Jour et la nuit (le) (LECOCQ). — Sous le regard (Romance du 1ᵉʳ acte).	Marron
0117	Grisélidis (MASSENET). — Chanson d'Alain. Miarka (A. GEORGES). — Cantique d'Amour.	Marron
0114	Hérodiade (MASSENET). — Air de Jean. Jocelyn (B. GODARD). — Berceuse.	Marron
0042	Joseph (MÉHUL). — Vainement Pharaon. Roi d'Ys (le) (E. LALO). — Vainement, ma bien-aimée (Aubade).	Marron
0043	Lalla Roukh (F. DAVID). — Ma maîtresse a quitté la tente. Paul et Virginie (V. MASSÉ). — Par quel charme dis-moi !	Marron
0069	Lohengrin (WAGNER). — Ma confiance en toi s'est bien montrée. Sigurd (REYER). — Esprits gardiens (Air de Sigurd).	Marron
0044	Maître Pathelin (BAZIN). — Je pense à vous... Si j'étais Roi (ADAM). — J'ignorais son nom.	Marron
0112	Martha (FLOTOW). — Air des larmes. Roméo et Juliette (GOUNOD). — Scène du tombeau.	Marron
0116	Mignon (A. THOMAS.) — Adieu Mignon. Mignon (A. THOMAS). — Elle ne croyait p.	Marron
0110	Mireille (GOUNOD). — Anges du Paradis. Roméo et Juliette (GOUNOD). — Ah ! lève-toi soleil (Cavatine).	Marron
0111	Mousquetaires de la Reine (les) (HALÉVY). — Romance. Paillasse (LEONCAVALLO). — Pauvre Paillasse.	Marron
0113	Nuits persanes (les) (SAINT-SAËNS). — Air du sabre. Nuits persanes (les) (SAINT-SAËNS). — Air du cimetière.	Marron
0045	Patrie (PALADILHE). — Madrigal. Tosca (la) (PUCCINI). — Le ciel luisait d'étoiles.	Marron
0046	Rigoletto (VERDI). — Comme la plume au vent. Rigoletto (VERDI). — Qu'une belle...	Marron
0222	Songe d'une nuit d'été (le) (A. THOMAS). — Stances. Joseph (MÉHUL). — A peine au sortir de l'enfance.	Marron
0192	Trouvère (le) (VERDI). — Scène du Miserere, par M. Vaguet et Mme Vallandri. Rien, si ce n'est ton cœur (Mélodie) (E. MISSA), par M. Vaguet.	Marron
0118	Werther (MASSENET). — Pourquoi me réveiller ! Orphée aux Enfers (OFFENBACH). — Couplets du roi de Béotie.	Marron

MÉLODIES ET ROMANCES

N°	Titre	Interprètes	Couleurs
3056	A perdre haleine. Ori d'amour.	L. FARJALL L. FARJALL	Marron
3057	Adieux du matin. Matinée d'avril.	E. CHIZAT E. CHIZAT	Marron
3015	Aimons-nous. Bouquet (le).	L. FARJALL CLÉRICE	Marron

Disques PATHÉ double face.

CHANT. — RÉPERTOIRES INDIVIDUELS (Chant avec acc. d'orchestre)

VAGUET (suite)

N°	Titre	Auteur	Couleur
3185	Aimons toujours (Mélodie) (Acc. PIANO, VIOLON et FLUTE) / Je pense toujours à toi (Valse lente) (Acc. PIANO, VIOLON et FLUTE)	E. TRÉPARD	Marron
3054	Alleluia d'amour. / Vous êtes jolie.	FAURÉ / P. DELMET	Marron
3055	Allons tous les deux. / Désir (le).	J. SZULC / HIRLEMANN	Marron
3066	Amour d'un soir d'automne. / Vole (tiré de « Les Reynnies »).	TROUTOUZE / MASSENET	Marron
3078	Andalouse (l') (Aubade espagnole). / Rêve d'amour (extrait de VICTOR HUGO)	LEONCAVALLO	Marron
3154	Andalouse (l') Chanson espagnole. / Sérénade de Millet.	BOURGAULT-DUCOUDRAY	Marron
3063	Au caprice du vent. / Vos yeux.	PESSE / CLÉRICE	Marron
3064	Au petit jour du matin. / Bihiou (les Mendiants bretons).	DOREL / DURAND	Marron
3186	Aux cloches de France (Mélodie). / Menuet (Acc. PIANO, VIOLON et FLUTE).	A. BERTHOLD	Marron
3152	Aube naît (l') (Mélodie) (Acc. PIANO). / Cueillette (Mélodie) (Acc. PIANO).	S. BIGGINI / G. PESSARD	Marron
3017	Avec ton souvenir. (Romance). / Berceuse à Bimbirria.	GODEBOEUF / ALIN	Marron
3058	Berceaux (les). / Muraille (Chant provençal).	FAURÉ / MASSENET	Marron
3073	Caresse andalouse (Chanson sévillane). / Chantecler (chanson patriotique).	CHAPON / DOUARD	Marron
3075	Caresse de fleurs (Intermezzo-Valse). / Espletier (le) (Chanson espagnole).	L. BUNTINKS	Marron
3087	Ce matin-là. / Je t'aime.	DAUBY / SPIRO	Marron
3109	Ce que dit la brise. / Sourire (le).	WECKERLIN / PESSARD	Marron
3077	Chanson (Poésie de VICTOR HUGO). / Roi de Thulé (le). — Il était un roi... (Légende du Nord).	RUHLMANN / GOUBLIER	Marron
3187	Chanson du Chamelier. / Sais-tu.	A. HOLMÈS / H. DE FONTENAILLES	Marron
3074	Chanson matinale. / Sonnet (poésie de DU LOCLE).	R. CHILAT / GUIRAUD	Marron
3046	Chanson pour Nina. / Prends mon baiser.	BILLAT DES CÉVENNES	Marron
3090	Chanson triste (Acc. PIANO). / Viatique.	DUPARC / CHAMINADE	Marron
3019	Chant de l'ange fidèle (le). / Comme à vingt ans.	HOLMÈS / DURAND	Marron
3085	Cosi fan tutti. / Credo d'amour.	MOZART / LUIGINI	Marron
3155	Debout (chanson patriotique). / Adieu à Mimon (l') (Célèbre Intermezzo-valse).	L. FARIA / MAX WILLIAMS	Marron
3020	Oh! lui. / Dors enfant (Acc. PIANO par L'AUTEUR).	L. FARJAL	Marron

PATHÉPHONE, 30, Bd des Italiens, Paris.

CHANT. — RÉPERTOIRES INDIVIDUELS (*suite*) (acc¹ d'orchestre)

VAGUET (*suite*)

N°	Titre	Auteur	Couleurs des étiquettes
3086	Dormez ma mie (Berceuse). / Projet.	BERGÉ. / E. CHIZAT.	Marron
3080	Étoile d'amour. / Si tu voulais.	DELMET. / TOSTI.	Marron
3084	Faiblesse. / Inquiétude.	MATHÉ. / PESSARD.	Marron
3153	Foins (les)... (Idylle) (ACC¹ PIANO et VIOLON). / A Trianon (MENUET) (ACC¹ PIANO et VIOLON).	LECOCQ. / RÉMY.	Marron
3048	Ile des Baisers (l'). / Petite amie (la).	BOREL-CLERC. / DELMAS.	Marron
3082	Je serai boulanger. / Rêve ou folie.	MARTIN. / MAME FILS.	Marron
3071	Lamento. / Petits (les).	DARIEN. / ALIN.	Marron
3083	Ma bien-aimée. / Ninon, voici les roses (Chanson-valse).	BOELLMANN. / DARIEN.	Marron
3188	Mendiant d'Espagne (le). / Oiseaux légers (Mélodie).	U. MARTYNS. / GRUMBERG.	Marron
3088	On a oublié (Chanson rustique). / Noël d'amour (CLOCHES).	FARJALL. / LUIGINI.	Marron
3116	Pensez à moi. / Vision.	FARJALL. / LENEPVEU.	Marron
3094	Petit siffleur (le) (Chanson rustique). / Tes yeux sont bleus.	L. FARJALL. / OBLE.	Marron
3097	Petits bambins d'amour. / Simple valse.	DELABRE. / DALCROZE.	Marron
3095	Plus près de toi, mon Dieu. / Vierge à la crèche (la).	LIGONNET. / CLÉRICE.	Marron
3096	Premier jour où je vis Jeanne (le). / Sérénade du Passant.	CHIZAT. / MASSENET.	Marron
3093	Quand l'oiseau chante. / Temps des cerises (le) (Pastorale).	TAGLIAFICO. / RENARD.	Marron
3135	Quand dis-tu, petite Mal.	DELERUE. / R. HAHN.	Marron
3091	Rancœur lasse. / Sylvotte.	OBLE. / BERGÉ.	Marron
0192	Rien, si ce n'est ton cœur. / Trouvère (le) (VERDI). — Scène du Miserere, par Mme Vallandri et M. Vaguet.	E. MISSA.	Marron
3067	Sérénade du Passant. / Veux-tu !	MAQUET. / LEONCAVALLO.	Marron
3089	Sommeil (Berceuse). / Sylvie.	E. CHIZAT. / DELAQUERRIÈRE.	Marron

MORCEAUX RELIGIEUX

N°	Titre	Auteur	Couleurs des étiquettes
3132	Ave Maria (ACC¹ VIOLON et ORGUE). / O Salutaris (ACC¹ VIOLON et ORGUE).	CHERUBINI. / FAURE.	Marron
3092	Ave Maria. / Ciel a visité la terre (le).	GOUNOD. / GOUNOD.	Marron

Disques PATHÉ double face.

CHANT. — RÉPERTOIRES INDIVIDUELS (suite) (acct d'orchestre)

VAGUET (suite)

			COULEURS DES ÉTIQUETTES
3027	Bébé à Jésus (Prière), par M. Vaguet.	DELERUE.	Marron
	Crucifix (le), par MM. Vaguet et Albers.	FAURE.	
3143	Pie Jesu (acct violon et orgue).	STRADELLA.	Marron
	O Salutaris (acct violon et orgue).	FAURE.	

DUOS ET TRIOS

2536	Dragons de Villars (les) (MAILLART). — Moi jolie!..., par M. Vaguet et Mlle Jane Marignan.	Marron
	Dragons de Villars (les) (MAILLART). — Ah si j'étais dragon du roi, par Mlle Jane Marignan et M. Vigneau.	
2541	Faust (GOUNOD). — Entrée de Méphisto.	Marron
	Faust (GOUNOD). — Entrée de Méphisto (suite), par MM. Vaguet et Belhomme.	
2542	Faust (GOUNOD). — Laisse-moi contempler ton visage, par M. Vaguet et Mme Vallandri.	Marron
	Faust (GOUNOD). — Trio du duel, par MM. Muratore, Dangès et Belhomme.	
2537	Favorite (la) (DONIZETTI). — Ah! idole si douce.	Marron
	Robert le Diable (MEYERBEER). — Ah! l'honnête homme, par MM. Vaguet et Chambon.	
2503	Manon (MASSENET). — Duo de la lettre.	Marron
	Manon (MASSENET). — Duo de la rencontre, par M. Vaguet et Mme Vallandri.	
2520	Mireille (GOUNOD). — Vincenette à votre âge.	Marron
	Roméo et Juliette (GOUNOD). — Madrigal, par M. Vaguet et Mme Vallandri.	
0192	Trouvère (le) (VERDI). — Scène du Miserere, par M. Vaguet et Mme Vallandri.	Marron
	Rien si ce n'est ton cœur (R. MIASS) (Mélodie), par M. Vaguet.	

VIGNEAU, Baryton, de l'Opéra-Comique

OPÉRAS ET OPÉRAS-COMIQUES

0215	Barbier de Séville (le) (ROSSINI). — Air de Figaro.		Marron
	Hérodiade (MASSENET). — Vision fugitive.		
0047	Carmen (BIZET). — Air du toréador.		Marron
	Faust (GOUNOD). — Mort de Valentin.		
0343	Lakmé (LÉO DELIBES). — Ton doux regard se voile.		Verte
	Paillasse (LEONCAVALLO). — Prologue.		
0361	Mireille (GOUNOD). — Si les filles d'Arles sont Reines (Couplet d'Ourias).		Verte
	Roi de Lahore (le) (MASSENET). — Promesse de mon avenir.		
0195	Richard Cœur de Lion (GRÉTRY). — O Richard! ô mon roi.	GOUNOD.	Marron
	Où voulez-vous aller (Barcarolle).		
0362	Rip (PLANQUETTE). — Aux montagnes de Katskil (Légende).		Verte
	Benvenuto Cellini (DIAZ). — De l'art splendeur immortelle.		
0338	Tannhauser (le) (RICHARD WAGNER). — Romance de l'étoile.		Verte
	Thaïs (MASSENET). — Air d'Alexandre. Voilà donc la terrible Cité.		

MÉLODIES ET ROMANCES

3127	Chanson de Marinette (la).	TAGLIAFICO.	Marron
	Voix des chênes (la).	GOUBLIER.	
0195	Où voulez-vous aller, I — (Barcarolle).	GOUNOD.	Marron
	Richard Cœur de Lion (GRÉTRY). — O Richard, ô mon roi.		

PATHÉPHONE. 30, Bd des Italiens. PARIS.

CHANT. — RÉPERTOIRES INDIVIDUELS (suite) (acc' d'orchestre)

VIGNEAU (suite)

			COULEURS DES ÉTIQUETTES
3133	Pensée d'automne.	MASSENET.	Marron
	O Sole Mio (Chanson napolitaine).	E. DI CAPUA.	

DUOS

2536	Dragons de Villars (les) (MAILLART). — Ah ! si j'étais dragon du roi, par M. Vigneau et Mlle Jane Marignan.	Marron
	Dragons de Villars (les) (MAILLART). — Moi jolie..., par Mlle Jane Marignan et M. Vaguet.	

VILBERT, de l'Odéon

OPÉRETTES

2067	Linottes (les) (EDOUARD MATHÉ). — Je commandite.	Marron
	Linottes (les) (EDOUARD MATHÉ). — Ma Lulu d'Honolulu (DUO), par M. Vilbert et Mme Nina Myral.	
2561	Mam'zelle Nitouche (HERVÉ). — Célestin et Floridor.	Verte
	Mam'zelle Nitouche (HERVÉ). — Le petit soldat de plomb (DUO), par M. Vilbert et Mlle Edmée Favart.	

Mlle ANDREE ALVAR, de la Gaîté-Lyrique

OPÉRETTE

2069	Linottes (les) (EDOUARD MATHÉ). — La romance de son amant.	Marron
	Linottes (les) (EDOUARD MATHÉ). — Chanson des Linottes.	
2068	Linottes (les) (EDOUARD MATHÉ). — Bobby, je vous adore (DUO), par Mlle Andrée Alvar et M. Burnier.	Marron
	Linottes (les) (EDOUARD MATHÉ). — Cueillons les roses, chanté par M. Burnier.	

Mme BALDASSARE-TEDESCHI, Soprano italien

OPÉRA-COMIQUE (En italien)

12554	Tosca (la) (PUCCINI). — Duetto finale I. a parte. — Amaro sol per te. Soprano Baldassare-Tedeschi e tenore Schipa.	Verte
	Tosca (la) (PUCCINI). — Duetto finale II. a parte. Trionfal di nuova speme. Soprano Baldassare-Tedeschi e tenore Schipa.	

Mme EMMA CALVÉ

OPÉRAS-COMIQUES, MÉLODIES, ROMANCES ET CHANTS PATRIOTIQUES

0273	Carmen (BIZET). — L'amour est enfant de Bohême.	Verte
	Carmen (BIZET). — Air des cartes.	
0274	Carmen (BIZET). — Chanson bohême.	Verte
	Cavalleria Rusticana (MASCAGNI). — Romance de Santuza.	

Disques PATHÉ double face. 161

			COULEURS DES ÉTIQUETTES

CHANT. — RÉPERTOIRES INDIVIDUELS (*suite*) (acc' d'orchestre)

Mme EMMA CALVÉ (*suite*)

0275	Contes d'Hoffmann (les) (OFFENBACH). — Barcarolle. Célèbre sérénade.	GOUNOD.	Verte
3196	Dixie Land (Chant du Sud des Etats-Unis) (en anglais) (ACC' PIANO). The star spangled Banner (Hymne américain) (en anglais) (ACC' PIANO).		Verte
3193	Heure exquise (l') « The perfect hour » (Chanson grise) (ACC' PIANO). Derniers vœux (Mélodie) (ACC' PIANO).	R. HAHN. REYNALDO HAHN.	Verte
3198	Mary Rose (en anglais) (ACC' PIANO). By the Waters of Minnatonka (en anglais) (ACC' PIANO).	RALPH BURNHAM. TURLOW LIEURANCE.	Verte
0288	Noces de Figaro (les) (MOZART). — Mon cœur soupire. Amour que veux-tu de moi (Mélodie).	J.-B. LULLI.	Verte
3195	Œillets (les) (Chanson populaire) (en espagnol) (ACC' PIANO). Coplas andaluz (Refrain populaire) (en espagnol) (ACC' PIANO).		Verte
0289	Périchole (la) (J. OFFENBACH). — Air de la lettre. Barcarolle (ACC' PIANO).	GOUNOD.	Verte
0276	Perle du Brésil (la) (FÉLICIEN DAVID). — Couplets du Mysoli (1re partie). Perle du Brésil (la) (FÉLICIEN DAVID). — Couplets du Mysoli (2e partie).		Verte
3194	Rondel de l'adieu (Mélodie) (ACC' PIANO). Ma voisine (Mélodie) (ACC' PIANO).	ISIDORE DE LARA. A. CARING-THOMAS.	Verte
3197	Swanie River (Chant populaire des Etats-Unis) (en anglais) (ACC' PIANO). Comin' thro' the Rye (Vieille chanson écossaise) (en anglais) (ACC' PIANO).	EDWARD et RIMBAULT.	Verte
0290	Vivandière (la) (GODARD). — Viens avec nous, petit. Sapho (MASSENET). — Séduction.		Verte

Mlle DENISE CAM, du Casino de Monte-Carlo
OPÉRETTE

2061	Cocarde de Mimi-Pinson (la) (HENRI GOUBLIER FILS). — Air de la cocarde (avec CHŒURS). Cocarde de Mimi-Pinson (la) (HENRI GOUBLIER FILS). — Un petit comptoir en étain (duetto-bouffe), par M. Henri Jullien et Mme Nina Myral.	Marron
2066	Cocarde de Mimi-Pinson (la) (HENRI GOUBLIER FILS). — Finale du IIe acte (DUO), par Mlle Denise Cam et M. Burnier. Cocarde de Mimi-Pinson (la) (HENRI GOUBLIER FILS). — Pour faire le jus « chanson du jus », chantée par Mme Nina Myral (avec CHŒURS).	Marron

Mme MARGUERITE CARRÉ, Soprano,
de l'Opéra-Comique
DUOS

2534	Manon (MASSENET). — Duo de la rencontre. Roi d'Ys (le) (E. LALO). — A l'autel, j'allais rayonnant, par Mme Marguerite Carré et M. Boyer.	Marron

CHANT. — RÉPERTOIRES INDIVIDUELS (suite) (acc¹ d'orchestre)

COULEURS DES ÉTIQUETTES

Mme LYSE CHARNY, Contralto, de l'Opéra
OPÉRAS ET OPÉRAS-COMIQUES

0298	Ascanio (SAINT-SAËNS). — Chanson de Scozzone. Bohème (la) (LEONCAVALLO). — Chanson de Musette.	
0335	Carmen (BIZET). — La Seguedille. Près des remparts de Séville. Carmen (BIZET). — Chanson bohème.	Verte
0299	Carmen (BIZET). — Là-bas, là-bas dans la montagne. Colomba (HENRI BUSSER). — « Vocero » ni les canons.	Verte
0321	Carmen (G. BIZET). — Habanera. Colomba (H. BUSSER). — Berceuse corse.	Verte
0322	Hamlet (A. THOMAS). — Strophes. Attaque du Moulin (l') (BRUNEAU). — Ah ! la guerre.	Verte
0323	Hérodiade (MASSENET). — Air d'Hérodiade. Hérodiade (MASSENET). — Si Dieu l'avait voulu.	Verte
0340	Roi d'Ys (le) (E. LALO). — Air de Margared. — Lorsque je l'ai vu. Sapho (MASSENET). — Adieux de Divonne.	Verte
0336	Samson et Dalila (SAINT-SAËNS). — Printemps qui commence. Samson et Dalila (SAINT-SAËNS). — Amour ! viens aider ma faiblesse.	Verte
0354	Werther (MASSENET). — Air des lettres. Marie-Magdeleine (MASSENET). — C'est ici même à cette place.	Verte
0355	Werther (MASSENET). — Air des Larmes. Amoureuse (Mélodie). MASSENET.	Verte

DUOS

2560	Roi d'Ys (le) (E. LALO). — Margared, ô ma sœur (DUO). Dans le jardin d'amour (DUO), par Mme Lyse Charny et Mlle Yvonne Gall. HENRI BUSSER.	Jaune

Mlle MARGUERITE CHARPANTIER
Soprano, de l'Opéra-Comique
OPÉRAS ET OPÉRAS-COMIQUES

0048	Guillaume Tell (ROSSINI). — Sombre forêt. Mignon (A. THOMAS). — Air de Titania.	
0131	Noces de Figaro (les) (MOZART). — Je ne sais quelle ardeur me pénètre. Robert le Diable (MEYERBEER). — Robert, Robert, toi que j'aime.	Marron
0132	Noces de Jeannette (les) (V. MASSÉ). — Air du rossignol. Noces de Jeannette (les) (V. MASSÉ). — Parmi tant d'amoureux.	Marron

Mme JEANNE CHEIREL, du Théâtre Daunou
OPÉRETTE

2041	Ta bouche (MAURICE YVAIN). — Des terres et des coupons (DUO). Ta bouche (MAURICE YVAIN). — Voilà comment est Jean (DUO). par Mme Jeanne Cheirel et M. Guyon fils.	Marron

Disques PATHÉ double face. 163

CHANT. — RÉPERTOIRES INDIVIDUELS (suite) (acc.t d'orchestre)

Mme JEANNE CHEIREL (suite)

		COULEURS DES ÉTIQUETTES
2043	Ta bouche (MAURICE YVAIN). — De mon temps. Ta bouche (MAURICE YVAIN). — Le petit amant, chanté par Mlle Saint-Bonnet.	Marron
2045	Ta bouche (MAURICE YVAIN). — Quatuor, par Mme Jeanne Cheirel et Mary-Hett. MM. Guyon fils et Gabin. Ta bouche (MAURICE YVAIN). — Quand on a du sens (DUO), par Mme Jeanne Cheirel et M. Guyon fils.	Marron

Mlle CHENAL, Soprano dramatique, de l'Opéra-Comique

OPÉRAS, OPÉRAS-COMIQUES ET OPÉRETTES
CHANTS PATRIOTIQUES ET RELIGIEUX

0049	Carmen (BIZET). — Habanera. Werther (MASSENET). — Air des larmes.	Marron
0050	Hérodiade (MASSENET). — Il est doux, il est bon. Sigurd (REYER). — Salut, splendeur du jour.	Marron
0052	Marseillaise (la) (ROUGET DE LISLE) (avec CHŒURS). Chant du Départ (le) (MÉHUL) (avec CHŒURS).	Marron
0051	Tosca (la) (PUCCINI). — D'art et d'amour je vivais toute. Ave Maria (GOUNOD).	Marron

DUOS

2504	Contes d'Hoffmann (les) (OFFENBACH). — Chanson d'amour (DUO), par Mlle Chenal et M. Léon Beyle. Fille de Madame Angot (la) (LECOCQ). — Jours fortunés de notre enfance (DUO), par Mlles Chenal et Tiphaine.	Marron

Mme RITTER CIAMPI, Soprano, de l'Opéra

OPÉRAS-COMIQUES ET VARIATIONS

0380	Barbier de Séville (le) (ROSSINI) (Air). Je suis douce par caractère. Barbier de Séville (le) (ROSSINI) (Récit). Rien ne peut changer mon âme.	Verte
0381	Bohème (la) (PUCCINI) (Valse de Musette) (en italien). Célèbres variations de Rode (en italien). RODE.	Verte
0382	Faust (GOUNOD). — Air des bijoux. Variations du Carnaval de Venise. VICTOR MASSÉ.	Verte
0383	Noces de Figaro (les) (MOZART). — Air de Suzanne. — O nuit enchanteresse. Noces de Figaro (les) (MOZART). — Air de Suzanne (suite). — Viens cher amant.	Verte

Mlle COCÉA, des Bouffes Parisiens

OPÉRETTE

2032	Dédé (CHRISTINÉ). — Et voilà comme. Dédé (CHRISTINÉ). — Si j'avais su (DUO), par Mlle Cocéa et M. Maurice Chevalier.	Marron
2034	Dédé (CHRISTINÉ). — Tous les chemins (DUO), par Mlle Cocéa et M. Urban. Dédé (CHRISTINÉ). — Elle porte un nom charmant, chanté par M. Urban.	Marron

PATHÉPHONE, 30, Bd des Italiens, PARIS.

CHANT. — RÉPERTOIRES INDIVIDUELS (suite) (acc¹ d'orchestre).   COULEURS DES ÉTIQUETTES

Mme MATHILDE COMÈS, Soprano, de la Gaîté-Lyrique

OPÉRAS

0053 { Africaine (l') (MEYERBEER). — Air du sommeil.
       Juive (la) (HALÉVY). — Air de Rachel.   Marron

0054 { Africaine (l') (MEYERBEER). — Scène du mancenillier.
       Hérodiade (MASSENET). — Air de Salomé.   Marron

DUOS

P.   { Africaine (l') (MEYERBEER). — O ma Sélika (DUO).
2533 { Cid (le) (MASSENET). — O jours de ma première tendresse (DUO),
       par Mme Comès et M. Affre.   Marron

P.   { Huguenots (les) (MEYERBEER). — Grand duo du IVe acte,
         par Mme Comès et M. Affre.
2501 { Guillaume Tell (ROSSINI). — Ses jours (TRIO),
         par MM. Affre, Albers et Belhomme.   Marron

Mme DELNA, Contralto, de l'Opéra

OPÉRAS ET OPÉRAS-COMIQUES

0055 { Cavalleria Rusticana (MASCAGNI). — Romance de Santuza.
       Vivandière (la) (B. GODARD). — Hymne à la Liberté.   Marron

0134 { Miarka (A. GEORGES). — Hymne au soleil.
       Favorite (la) (DONIZETTI). — O mon Fernand.   Marron

0190 { Orphée (GLUCK). — J'ai perdu mon Eurydice...
       Favorite (la) (DONIZETTI). — Duo du IVe acte (ACC¹ PIANO).
         par Mme Delna et M. Alvarez.   Marron

0135 { Samson et Dalila (SAINT-SAËNS). — Cantabile.
       Werther (MASSENET). — Air des lettres.   Marron

0213 { Troyens (les) (BERLIOZ). — Air de Didon (ACC¹ PIANO).
       Carmen (BIZET). — Air des cartes (ACC¹ PIANO).   Marron

MÉLODIES

3139 { Carillon de guerre (ACC¹ PIANO).   CLAUDE ROHAND.
       Espérance (ACC¹ PIANO).   CLAUDE ROHAND. Marron

3119 { Enfants (les) (ACC¹ PIANO).   MASSENET.
       O Sole Mio (Chanson populaire) (en italien). DI CAPUA.   Marron

Mlle LÉO DEMOULIN, Première chanteuse d'opérettes, des Variétés

OPÉRETTES

2001 { Barbe-Bleue (OFFENBACH). — Couplets de la Boulotte.
       Mascotte (la) (AUDRAN). — Chanson du capitaine.   Marron

Disques PATHÉ double face. 165

CHANT. — RÉPERTOIRES INDIVIDUELS (suite) (acc¹ d'orchestre)

COULEURS DES ÉTIQUETTES

Mlle LÉO DEMOULIN (suite)

2014	Boccace (Suppé). — Couplets du jardinier. Périchole (la) (Offenbach). — Griserie.	Marron
2002	Gillette de Narbonne (Audran). — Couplets du dodo. Véronique (A. Messager). — Couplets d'Estelle et de Véronique.	Marron

DUOS

2505	Fille de Madame Angot (la) (Lecocq). — Duo de Clairette et Pitou. Fille de Madame Angot (la) (Lecocq). — Duo du II* acte, par Mlle Léo Demoulin et M. Berthaud.	Marron
2512	Fille du Tambour-major (la) (Offenbach). — Duo du petit troupier. Mam'zelle Nitouche (Hervé). — Duo du paravent, par Mlle Léo Demoulin et M. Berthaud.	Marron
2513	Giroflé-Girofla (Lecocq). — Duo d'amour. Petite Mariée (la) (Lecocq). — Duo des larmes, par Mlle Léo Demoulin et M. Berthaud.	Marron
2514	Grande-Duchesse de Gérolstein (la) (Offenbach). — Couplets des mariés. Grande-Duchesse de Gérolstein (la) (Offenbach). — Duo de la consigne, par Mlle Léo Demoulin et M. Berthaud.	Marron
2515	Grande-Duchesse de Gérolstein (la) (Offenbach). — Chanson militaire. Jour et la Nuit (le) (Lecocq). — Duetto du II* acte, par Mlle Léo Demoulin et M. Berthaud.	Marron
2544	Miss Helyett (Audran). — Duetto espagnol, par Mlle Léo Demoulin et M. Berthaud. Fille de Madame Angot (la) (Lecocq). — Duo politique, par Mlle Rosalia Lambrecht et M. Clergue.	Marron
2516	Périchole (la) (Offenbach). — Duo de l'Espagnol et de la jeune Indienne. Périchole (la) (Offenbach). — Séguedille, par Mlle Léo Demoulin et M. Berthaud.	Marron
2517	Petit Faust (le) (Hervé). — Duo du marinet. Petit Faust (le) (Hervé). — Duo du Vaterland, par Mlle Léo Demoulin et M. Berthaud.	Marron
2518	Poupée (la) (Audran). — Duo de la séduction, par Mlle Léo Demoulin et M. Berthaud. Hans le joueur de flûte (Ganne). — Duo du plaisir, par Mlle Rosalia Lambrecht et M. Declud.	Marron

Mlle MARGUERITE D'ELTY, Soprano,
de l'Opéra

Voir aussi : FAUST, opéra complet en 18 disques, page 9.

OPÉRAS ET OPÉRETTES

0056	Faust (Gounod). — Couplets de Siébel. Cloches de Corneville (les) (Planquette). — Couplets de Germaine.	Marron
0165	Roméo et Juliette (Gounod). — Air du page. Véronique (Messager). — Ronde du II* acte.	Marron

CHANT. — RÉPERPOIRES INDIVIDUELS (*suite*) (acc^t d'orchestre)

Mlle EDMÉE FAVART, Soprano, de l'Opéra-Com.

OPÉRA-COMIQUE ET OPÉRETTES

N°	Titre	Couleur
2065	Ciboulette (REYNALDO HAHN). — Moi j'm'appel' Ciboulette. Ciboulette (REYNALDO HAHN). — C'est sa banlieue.	Marron
0293	Cosi fan tutte (MOZART). — Chez des soldats... Cosi fan tutte (MOZART). — A quinze ans...	Verte
2552	Fille de Madame Angot (la) (LECOCQ). — Tournez...tournez (Valse) (avec CHŒURS). Fille de Madame Angot (la) (LECOCQ). — Chanson politique (avec CHŒURS).	Marron
2013	Fille de Madame Angot (la) (LECOCQ). — Je vous dois tout. Petite Bohême (la) (HIRSCHMANN). — Couplets de Mimi.	Marron
2012	Fille du Tambour-major (la) (OFFENBACH). — Chanson de la fille. Petite Mariée (la) (LECOCQ). — Dans la bonne société.	Marron
2025	Madame l'Archiduc (OFFENBACH). — Couplets du petit bonhomme (avec CHŒURS). Madame l'Archiduc (OFFENBACH). — Tais-toi.	Marron
2026	Madame l'Archiduc (OFFENBACH). — Où je vais, j'n'en savons rien Madame l'Archiduc (OFFENBACH). — Pas ça.	Marron
2048	Pâris ou Le bon Juge (CLAUDE TERRASSE). — Couplet du Bélier. Pâris ou Le bon Juge (CLAUDE TERRASSE). — Couplet du Panache.	Marron
2018	Périchole (la) (OFFENBACH). — La lettre. Reine joyeuse (la) (CH. CUVILLIER). — Oh ! la troublante volupté.	Marron
2020	Petit Duc (le) (LECOCQ). — Rondeau de la Paysanne. Mam'zelle Nitouche (HERVÉ). — Babet et Cadet.	Marron
2019	Phi-Phi (CHRISTINÉ). — Ah ! cher monsieur. Phi-Phi (CHRISTINÉ). — Bien chapeautée.	Marron
0294	Véronique (MESSAGER). — Couplets d'Estelle et de Véronique. Véronique (MESSAGER). — Petite dinde.	Marron

DUOS

N°	Titre	Couleur
2064	Ciboulette (REYNALDO HAHN). — Comme frère et sœur (DUO) par Mlle Edmée Favart et M. Henry Defreyn. Ciboulette (REYNALDO HAHN). — Ah ! si vous étiez Nicolas (DUO) par Mlle Edmée Favart et M. Henry Defreyn.	Verte
2063	Ciboulette (REYNALDO HAHN). — Nous avons fait un beau voyage (DUO) par Mlle Edmée Favart et M. Henry Defreyn. Ciboulette (REYNALDO HAHN). — J'ai vingt-huit ans, c'est le bel âge, monologue, par M. Henry Defreyn.	Verte
2559	François les Bas-Bleus (BERNICAT et MESSAGER). — Fanchon ! Ah ! c'est toi que je revois (duo), par Mlle Edmée Favart et M. Ponzio. Mascotte (la) (AUDRAN). — Duo des dindons, par Mlle Edmée Favart et M. Ponzio.	Verte
2561	Mam'zelle Nitouche (HERVÉ). — Le petit soldat de plomb (DUO) par Mlle Edmée Favart et M. Vilbert. Mam'zelle Nitouche (HERVÉ). — Célestin et Floridor, chanté par M. Vilbert.	Verte
2557	Véronique (MESSAGER). — Duetto de l'âne, par Mlle Edmée Favart et M. Ponzio, du Théâtre de la Monnaie de Bruxelles. Véronique (MESSAGER). — Duo de l'escarpolette, par Mlle Edmée Favart et M. Ponzio, du Théâtre de la Monnaie de Bruxelles.	Verte

Mme FELTESSE-OSCOMBRE, Soprano
du Théâtre de la Monnaie, Bruxelles

MÉLODIES

N°	Titre	Auteur	Couleur
3021	Absence. Procession (la).	BERLIOZ. C. FRANCK.	Marron

Disques PATHÉ double face.

CHANT: — RÉPERTOIRES INDIVIDUELS (suite) (acc' d'orchestre)

Mlle YVONNE GALL, Soprano, de l'Opéra

Voir aussi : ROMÉO ET JULIETTE, opéra complet en 27 disques, p. 30
(Enregistrements avec accompagnement d'orchestre, Dir. H. Busser)

OPÉRAS ET OPÉRAS-COMIQUES

N°	Œuvre	Couleur
0245	Aïda (VERDI). — Ritorna vincitor (en italien). / Rigoletto (VERDI). — Caro nome che il mio cor (en italien).	Verte
0244	Bohème (la) (PUCCINI). — Mi chiamano Mimi (en italien). / Tosca (la) (PUCCINI). — Preghiera. Vissi d'arte vissi d'amore (en italien)	Verte
0209	Cid (le) (MASSENET). — Alleluia. / Hérodiade (MASSENET). — Il est doux, il est bon.	Verte
0295	Colomba (HENRI BUSSER). — La jeune fille et la Palombe. / Colomba (HENRI BUSSER). — Quand l'épervier se lamente.	Verte
0366	Contes d'Hoffmann (les) (OFFENBACH). — Elle a fui la tou... / Lakmé (LÉO DELIBES). — Pourquoi dans les grands bois.	Verte
0212	Faust (GOUNOD). — Air des bijoux. / Faust (GOUNOD). — Ballade du roi de Thulé.	Verte
0307	Freischütz (le) (WEBER). — Air d'Agathe (1re partie). / Freischütz (le) (WEBER). — Air d'Agathe (2e partie).	Verte
0242	Guillaume Tell (ROSSINI). — Sombre forêt. / Thaïs (MASSENET). — Qui te fait si sévère ! (avec CHŒURS).	Verte
0292	Lohengrin (R. WAGNER). — Rêve d'Elsa. / Lohengrin (R. WAGNER). — Air du balcon.	Verte
0243	Louise (G. CHARPENTIER). — Depuis le jour où je me suis donnée. / Jocelyn (B. GODARD). — Berceuse.	Verte
0240	Manon (MASSENET). — Adieu notre petite table. / Manon (MASSENET). — Je marche sur tous les chemins.	Verte
0241	Manon (MASSENET). — A nous les amours et les roses (avec CHŒURS). / Manon (MASSENET). — Profitons bien de la jeunesse (avec CHŒURS).	Verte
0345	Noces Corinthiennes (les) (HENRI BUSSER). — Air de Daphné, Cher Hippias. / Noces Corinthiennes (les) (HENRI BUSSER). — Silence de la nuit.	Verte
0308	Noces de Figaro (les) (MOZART). — Mon cœur soupire. / Marguerite au rouet. — (Poème lyrique). SCHUBERT	Verte
0296	Otello (VERDI). — Ave Maria. / Otello (VERDI). — Chanson du saule.	Verte
0211	Rigoletto (VERDI). — Air de Gilda. / Manon (MASSENET). — Je suis encore tout étourdie.	Verte
0297	Tannhäuser (R. WAGNER). — Prière d'Élisabeth. / Tasse (le) (B. GODARD). — Les regrets.	Verte
0367	Tannhäuser (le) (WAGNER). — Air d'Élisabeth « Salut à toi ». / Tristan et Isolde (WAGNER). — Mort d'Isolde.	Verte
0208	Thaïs (MASSENET). — L'amour est une vertu rare. / Thaïs (MASSENET). — Scène du miroir : O mon miroir fidèle.	Verte
0210	Tosca (la) (PUCCINI). — D'art et d'amour je vivais toute. / Procession (la) — (Mélodie). C. FRANCK.	Verte

MÉLODIES

N°	Œuvre	Couleur
3128	Jérusalem. — Les Tribus plaintives. GOUNOD. / Jérusalem. — Jérusalem ! Jérusalem ! GOUNOD.	Verte
0210	Procession (la). C. FRANCK. / Tosca (la) (PUCCINI). — D'art et d'amour je vivais toute.	Verte

CHANT. — RÉPERTOIRES INDIVIDUELS (suite) (acc^t d'orchestre)

Mlle YVONNE GALL (suite)

CHANTS RELIGIEUX

N°	Titre	Compositeur	Couleur
2539	Crucifix (le) (DUO), par Mlle Yvonne Gall et M. Noté. — FAURÉ. Thaïs (MASSENET). — Duo de l'Oasis, par Mlle Yvonne Gall et M. Noté.		Jaune
3129	Notre Père qui êtes aux cieux (Prière) (Acc^t VIOLON par M. ANDRÉ LE MÉTAYER et ORGUE par l'auteur). — H. BUSSER. Salutation angélique (la). — Prière (Acc^t VIOLON par M. ANDRÉ LE MÉTAYER et ORGUE par l'auteur). — H. BUSSER.		Verte
2564	Stabat Mater. — Inflammatus (1re partie) (avec CHŒURS). ROSSINI. Stabat Mater. — Inflammatus (2e partie) (avec CHŒURS). ROSSINI.		Verte

DUOS

N°	Titre	Couleur
2540	Faust (GOUNOD). — Scène de l'Eglise (1re partie) (avec CHŒURS). Faust (GOUNOD). — Scène de l'Eglise (2e partie) (avec CHŒURS). par Mlle Yvonne Gall et M. Noté.	Jaune
2546	Hamlet (A. THOMAS). — Doute de la lumière. Gloria patri, H. MARIETTI. par Mlle Yvonne Gall et M. Noté.	Jaune
2545	Rigoletto (VERDI). — Duo du IIe acte. Rigoletto (VERDI). — Duo du IIIe acte, par Mlle Yvonne Gall et M. Noté.	Jaune
2560	Roi d'Ys (le) (E. LALO). — Margared, ô ma sœur (DUO). Dans le jardin d'amour (DUO), par Mlle Yvonne Gall et Mme Lyse Charny. HENRY BUSSER.	Jaune
2549	Roméo et Juliette (GOUNOD). — Madrigal. — Duo du 1er acte. Roméo et Juliette (GOUNOD). — (Nuit d'hyménée). — Duo du IVe acte, par Mlle Yvonne Gall et M. Marny.	Jaune
2539	Thaïs (MASSENET). — Duo de l'Oasis. Crucifix (le). — Duo, par Mlle Yvonne Gall et M. Noté.	Jaune

Mme MOGA GEORGESCO, Soprano

OPÉRAS ET OPÉRAS-COMIQUES

N°	Titre	Couleur
0304	Rigoletto (VERDI). — Air de Gilda (en italien). Traviata (la) (VERDI). — Adieu tout ce que j'aime (en italien).	Verte
0255	Somnambule (la) (BELLINI). — Cavatine (en italien). Somnambule (la) (BELLINI). — Rondo final (en italien).	Verte
0303	Somnambule (la) (BELLINI). — Cantabile (en italien). Marina (HENRIETTA). — Boléro-Valse (en italien).	Verte
0254	Thème avec variations (PROCH). — (en italien). Barbier de Séville (le) (ROSSINI). — Cavatine (en italien).	Verte
0253	Traviata (la) (VERDI). — Quel est donc ce trouble charmant (en italien). Flûte enchantée (la) (MOZART). — Aria (Air de la Reine de la Nuit) (en italien).	Verte

Mme FANNY HELDY, Soprano, de l'Opéra

Voir aussi : MANON, opéra-comique complet en 24 disques, page 21.

OPÉRAS ET OPÉRAS-COMIQUES

N°	Titre	Couleur
0317	Antar (GABRIEL DUPONT). — Air de l'Oasis. Madame Butterfly (PUCCINI). — Sur la mer calmée.	Verte

Disques-PATHÉ double face.

CHANT. — RÉPERTOIRES INDIVIDUELS (suite) (acc¹ d'orchestre)

Mme FANNY HELDY (suite)

N°		Couleurs des étiquettes
0320	Faust (GOUNOD). — Chanson de la Coupe du Roi de Thulé. Faust (GOUNOD). — Air des bijoux.	Verte
0319	Louise (CHARPENTIER). — Grand air. Roméo et Juliette (GOUNOD). — Valse.	Verte
0318	Traviata (la) (VERDI). — Grand air du 1ᵉʳ acte (1ʳᵉ partie). « Quel trouble ! ». Traviata (la) (VERDI). — Grand air du 1ᵉʳ acte (2ᵉ partie). « Quel trouble ! ».	Verte
0344	Thaïs (MASSENET). — Scène du miroir. Dis-moi que je suis belle. Traviata (la) (VERDI). — Adieu tout ce que j'aime.	Verte

DUOS

| 2558 | Madame Butterfly (PUCCINI). — Duo du 1ᵉʳ acte (1ʳᵉ partie),
par Mme Fanny Heldy et M. Jean Marny.
Madame Butterfly (PUCCINI). — Duo du 1ᵉʳ acte (2ᵉ partie),
par Mme Fanny Heldy et M. Jean Marny. | Jaune |

Mˡˡᵉ KORSOFF, Soprano, de l'Opéra-Comique

OPÉRA-COMIQUE

| 2532 | Fille du Régiment (la) (DONIZETTI). — O ! transport, douce ivresse,
par Mlle Korsoff.
Fille du Régiment (la) (DONIZETTI). — La voilà ! la voilà ! (DUO),
par Mlle Korsoff et M. Belhomme. | Marron |

Mᵐᵉ MARIA KOUSNEZOFF,
Soprano, de l'Opéra

OPÉRAS ET OPÉRAS-COMIQUES

2024	Esclarmonde (MASSENET). — Regarde-les, ces yeux. Tarass-Boulba (SAMUEL ROUSSEAU). — Oui, je t'aime (DUO), par Mme Maria Kousnezoff et M. G. Posemkovski.	Verte
0123	Faust (GOUNOD). — Ballade du roi de Thulé. Roméo et Juliette (GOUNOD). — Valse-ariette.	Verte
0198	Madame Butterfly (PUCCINI). — Un bel di vedremo (en italien). Bohème (la) (PUCCINI). — Mi chiamano mimi (en italien).	Verte
0122	Manon (MASSENET). — Adieu, notre petite table. Manon (MASSENET). — Gavotte.	Verte
2023	Tarass-Boulba (SAMUEL ROUSSEAU). — Non, je n'ai pas sommeil ce soir. Esclarmonde (MASSENET). — Comme il tient ma pensée.	Verte
3125	Tcharodeyko (TCHAYKOSKY) (Arioso) (acc¹ piano) (en russe). Mélodie tzigane (TCHERNIAVSKY) (acc¹ piano) (en russe).	Verte
0203	Tosca (la) (PUCCINI). — Preghiera. Vissi d'arte, vissi d'amore (en italien). Bohème (la) (PUCCINI). — Mi chiamano mimi (en italien).	Verte
0194	Traviata (la) (VERDI). — Ah ! Forse lui che l'animo (en italien). Traviata (la) (VERDI). — Follie, Follie (en italien).	Verte

MÉLODIES

| 3124 | Zaporogets « Ma mère me disait » (ARTEMOVSKY) (acc¹ piano) (en russe).
J'aime pour mon malheur (RACHMANINOV) (acc¹ piano) (en russe). | Verte |

CHANT. — RÉPERTOIRES INDIVIDUELS (suite) (acc¹ d'orchestre)

Mlle ROSALIA LAMBRECHT, Soprano, du Trianon-Lyrique

OPÉRETTES

N°		Couleurs des étiquettes
2016	Cigale et la Fourmi (la) (AUDRAN). — Ma mère j'entends le violon. Femme à papa (la) (HERVÉ). — Couplets du champagne.	Marron

DUOS

2544	Fille de Madame Angot (la) (LECOCQ). — Duo politique, par Mlle Rosalia Lambrecht et M. Clergue. Miss Helyett (AUDRAN). — Duetto espagnol, par Mlle Léo Demoulin et M. Berthaud.	Marron
2521	Gillette de Narbonne (AUDRAN). — Rappelez-vous nos promenades. P'tites Michu (les) (MESSAGER). — Rassurez-vous Monsieur Gaston, par Mme Rosalia Lambrecht et M. Clergue.	Marron
2522	Girofle-Girofla (LECOCQ). — Duo mauresque. Véronique (MESSAGER). — Duetto de l'âne, par Mlle Rosalia Lambrecht et M. Clergue.	Marron
2518	Hans, le joueur de flûte (GANNE). — Duo du plaisir, par Mlle Rosalia Lambrecht et M. Berthaud. Poupée (la) (AUDRAN). — Duo de la séduction, par Mlle Léo Demoulin et M. Berthaud.	Marron

MÉLODIES

| 3120 | Ninon la gaité.   MAQUIS.
Virell et Virelette (Chanson).   CH. LECOCQ. | Marron |

Mlle LAPEYRETTE, Contralto, de l'Opéra

Voir aussi : LA FAVORITE, opéra complet en 21 disques, page 13; 2° RIGOLETTO, opéra complet en 15 disques, page 27 ; 3° LE TROUVÈRE, opéra complet en 19 disques, page 37.

OPÉRAS

0226	Hamlet (A. THOMAS). — Dans son regard plus sombre. Hérodiade (MASSENET). — Ne me refuse pas.	Marron
0166	Prophète (le) (MEYERBEER). — Ah! mon fils. Samson et Dalila (SAINT-SAENS). — Cantabile.	Marron
0129	Sapho (GOUNOD). — O ma lyre immortelle. Sigurd (REYER). — Je sais des secrets merveilleux.	Marron

HYMNE NATIONAL

| 3117 | Marseillaise (la) (ROUGET DE LISLE),
soli par Mlle Lapeyrette, M. Albers et M. Lassalle.
Chant du Départ (le) (MÉHUL). — Par M. Belhomme (Op.-Com.). | Marron |

Mme LITVINNE, Soprano

OPÉRAS ET MÉLODIE

| 0196 | Sapho (GOUNOD). — O ma lyre immortelle (Stances) (ACC¹ PIANO).
Faust (GOUNOD). — Scène de l'Église (Fragment) (ACC¹ PIANO). | Marron |
| 0197 | Troyens (les) (BERLIOZ). — Air de Didon (ACC¹ PIANO).
Incrédule. — (Mélodie) (ACC¹ PIANO).   R. HAHN. | Marron |

Disques PATHÉ double face.

CHANT. — RÉPERTOIRES INDIVIDUELS (suite) (acc^t d'orchestre)

COULEURS DES ÉTIQUETTES

Mlle DE LUZA, Soprano dramatique, de l'Opéra

OPÉRAS-COMIQUES

0368 { Tosca (la) (PUCCINI). — Prière de Tosca.
     { Madame Butterfly (PUCCINI). — Sur la mer calmée.   Marron

Mlle MARY MALBOS, des Bouffes-Parisiens

OPÉRETTE

2059 { Là-Haut (MAURICE YVAIN). — Parce que... (LYRICS D'ALBERT WILLEMETZ).
     { Là-Haut (MAURICE YVAIN). — Duo des Inséparables,
     {   par MM. Maurice Chevalier et Dranem (LYRICS D'ALBERT WILLEMETZ).   Marron

Mlle JANE MARIGNAN, Soprano, de l'Opéra

DUOS

2536 { Dragons de Villars (les) (MAILLART). — Moi jolie...,
     {   par Mlle Jane Marignan et M. Vaguet.
     { Dragons de Villars (les) (MAILLART). — Ah ! si j'étais dragon du roi,
     {   par Mlle Jane Marignan et M. Vigneau.   Marron

2543 { Galathée (V. MASSÉ). — Aimons, il faut aimer.
     { Galathée (V. MASSÉ). — Aimons, il faut aimer (suite),
     {   par Mlle Jane Marignan et M. Belhomme.   Marron

2535 { Pré aux Clercs (le) (HÉROLD). — Les rendez-vous (DUO),
     {   par Mlle Jane Marignan et M. Belhomme.
     { Mignon (A. THOMAS). — Duo des Hirondelles,
     {   par Mme Vallandri et M. Belhomme.   Marron

2506 { Thaïs (MASSENET). — Duo de l'oasis,
     {   par Mlle Jane Marignan et M. Albers.
     { Thaïs (MASSENET). — Te souvient-il du lumineux voyage,
     {   par Mlle Jane Marignan et M. Dangès.   Marron

Mme MARY-HETT, du Théâtre Daunou

OPÉRETTE

2045 { Ta bouche (MAURICE YVAIN). — Quatuor,
     {   par Mmes Mary-Hett, Jeanne Cheirel, MM. Guyon fils et Gabin.
     { Ta bouche (MAURICE YVAIN). — Quand on a du sens (DUO),
     {   par Mme Jeanne Cheirel et M. Guyon fils.   Marron

CHANT. — RÉPERTOIRES INDIVIDUELS (suite) (acc' d'orchestre)

COULEURS DES ÉTIQUETTES

Mlle MÉRENTIE, Soprano dramatique, de l'Opéra

Voir aussi : CARMEN, opéra-comique complet en 27 disques, page 2.

OPÉRAS ET OPÉRAS-COMIQUES

0127	Ariane (MASSENET). — Ah ! le cruel. Faust (GOUNOD). — Ballade du roi de Thulé (Je voudrais bien savoir).	Marron
0070	Cid (le) (MASSENET). — Pleurez mes yeux (Air de Chimène). Werther (MASSENET). — Air des lettres.	Marron
0184	Marie-Magdeleine (MASSENET). — IIIe acte. Mon bien-aimé (Air). Samson et Dalila (SAINT-SAENS). — Mon cœur s'ouvre à ta voix.	Marron
0206	Mignon (A. THOMAS). — Connais-tu le pays. Werther (MASSENET). — Air des larmes.	Marron
0126	Salammbô (REYER). — Les colombes. Tosca (la) (PUCCINI). — Prière.	Marron
0128	Tannhauser (le) (WAGNER). — Prière d'Elisabeth. Werther (MASSENET). — Air des larmes.	Marron

MÉLODIE ET ROMANCE

3110	Enfants (les) (Romance). Si tu le voulais.	MASSENET. P. TOSTI.	Marron

Mme JANE MÉREY, Soprano, de l'Opéra-Com.

OPÉRAS, OPÉRAS-COMIQUES ET MÉLODIE

0057	Barbier de Séville (le) (ROSSINI). — Allegro du grand air de Rosine (ACC' PIANO). Fille du Régiment (la) (DONIZETTI). — Salut à la France (ACC' PIANO).	Marron
0071	Bohème (la) (PUCCINI). — On m'appelle Mimi (ACC' PIANO). Fille du Régiment (la) (DONIZETTI). — Il faut partir (ACC' PIANO).	Marron
0224	Flûte enchantée (la) (MOZART). — Air de Pamina (ACC' PIANO). Fille du Régiment (la) (DONIZETTI). — Couplets du 21e (ACC' PIANO).	Marron
0133	Lakmé (L. DELIBES). — Tu m'as donné le plus doux rêve (ACC' PIANO). Thaïs (MASSENET). — L'amour est une vertu rare (ACC' PIANO).	Marron
0225	Manon (MASSENET). — Adieu notre petite table (ACC' PIANO). Manon (MASSENET). — Je suis encore tout étourdie (ACC' PIANO).	Marron
0058	Manon (MASSENET). — A nous les amours et les roses (ACC' PIANO) Traviata (la) (VERDI). — Brindisi (ACC' PIANO).	Marron

Mme MIRANDA, Soprano,
du Théâtre de la Monnaie, Bruxelles

OPÉRA ET MÉLODIE

0130	Traviata (la) (VERDI). — Pour jamais la destinée. Variations.		Marron

Disques PATHÉ double face.

CHANTS. — RÉPERTOIRES INDIVIDUELS (suite) (acc¹ d'orchestre)

Mme MORLET, Soprano, du Trianon-Lyrique
OPÉRAS-COMIQUES

0182 { Louise (G. Charpentier). — Depuis le jour où je me suis donnée.
       Pré aux Clercs (le) (Hérold). — Jours de mon enfance. — Marron

Mme CLAUDIA MUZIO, Soprano (en italien)
OPÉRA ET OPÉRAS-COMIQUES

0329 { Aïda (Verdi). — Ritorna vincitor (Part. I) (en italien).
       Aïda (Verdi). — Ritorna vincitor (Part. II) (en italien). — Verte

0333 { Contes d'Hoffmann (les) (Offenbach). — Barcarolle (en français) (DUO), par Mmes Claudia Muzio et Kathleen Howard.
       Serenata (Braga). — Sérénade (en italien). — Verte

0330 { Madame Butterfly (Puccini). — Entrée de Butterfly (1er acte) (en italien).
       Bohème (la) (Puccini). — Mi chiamano Mimi (en italien). — Verte

Mlle MARCELLE RAGON, Soprano, de l'Opéra-Com.
OPÉRAS-COMIQUES ET OPÉRETTE

0257 { Lakmé (Léo Delibes). — Pourquoi dans les grands bois.
       Mireille (Gounod). — A vos pieds, hélas, me voilà (avec chœurs). — Marron

0256 { Noces de Jeannette (les) (Massé). — Cours, mon aiguille.
       Amoureux de Catherine (les) (H. Maréchal). — Doux pays d'Alsace (avec chœurs). — Marron

Mme ROSA RAISA, Soprano (en italien)
OPÉRAS

0331 { Africaine (l') (Meyerbeer). — In grembo-a me (en italien).
       Norma (Bellini). — Casta Diva (en italien). — Verte

0332 { Andrea Chénier (Giordano). — La mamma morta (en italien).
       Capelli d'oro. — Stornello (en italien). — Verte

Mlle SAÏMAN, Soprano, de l'Opéra-Comique
OPÉRAS-COMIQUES

0167 { Cadeaux de Noël (les) (Xavier Leroux). — Air du petit Pierre.
       Tosca (la) (Puccini). — Prière. — Marron

0168 { Manon (Massenet). — Adieu notre petite table.
       Fille du Régiment (la) (Donizetti). — Salut à la France. — Marron

CHANT. — RÉPERTOIRES INDIVIDUELS (suite) (acc^t d'orchestre)

Mlle SAINT-BONNET, du Théâtre Daunou

OPÉRETTE

2042	Ta bouche (MAURICE YVAIN). — Non, non, jamais les hommes (avec CHŒURS). Ta bouche (MAURICE YVAIN). — Ça, c'est une chose, chanté par M. Victor Boucher.	Marron
2043	Ta bouche (MAURICE YVAIN). — Le petit amant. Ta bouche (MAURICE YVAIN). — De mon temps, par Mme Jeanne Cheirel.	Marron
2044	Ta bouche (MAURICE YVAIN). — Pour toi. Ta bouche (MAURICE YVAIN). — Machinalement, chanté par M. Victor Boucher.	Marron
2046	Ta bouche (MAURICE YVAIN). — Ta bouche (DUO), par Mlle Saint-Bonnet et M. Victor Boucher. Ta bouche (MAURICE YVAIN). — La seconde étreinte (DUO), par Mlle Saint-Bonnet et M. Victor Boucher.	Marron

Mme MARIE THIÉRY, Soprano, de l'Opéra-Com.

OPÉRAS-COMIQUES

0201	Fille du Régiment (la) (DONIZETTI). — Il faut partir. Mireille (GOUNOD). — Heureux petit berger.	Marron

Mlle TIPHAINE, Soprano, de l'Opéra-Comique

OPÉRAS-COMIQUES

2504	Fille de Madame Angot (la) (LECOCQ). — Jours fortunés de notre enfance (DUO), par Mlles Tiphaine et Chenal. Contes d'Hoffmann (les) (OFFENBACH). — Chanson d'amour, par Mlle Chenal et M. Léon Beyle.	Marron

Mme ALINE VALLANDRI, Soprano, de l'Opéra-Comique

Voir aussi 1° CARMEN, opéra-comique complet en 27 disques, page 2 ;
2° RIGOLETTO, opéra complet en 15 disques, page 27.

OPÉRAS ET OPÉRAS-COMIQUES

0205	Grisélidis (MASSENET). — Il partit au printemps. Dragons de Villars (les) (MAILLART). — Il m'aime.	Marron

CHANT. — RÉPERTOIRES INDIVIDUELS (suite) (acc¹ d'orchestre)

Mme ALINE VALLANDRI (suite)

N°	Titre	Couleur
0059	Lakmé (Léo Delibes). — Air des clochettes. Mireille (Gounod). — Valse.	Marron

DUOS ET TRIOS

N°	Titre	Couleur
2542	Faust (Gounod). — Laisse-moi contempler ton visage, par Mme Vallandri et M. Vaguet. Faust (Gounod). — Trio du duel, par MM. Muratore, Dauges et Belhomme.	Marron
2503	Manon (Massenet). — Duo de la lettre. Manon (Massenet). — Duo de la rencontre, par Mme Vallandri et M. Vaguet.	Marron
2535	Mignon (A. Thomas). — Duo des Hirondelles, par Mme Vallandri et M. Belhomme. Pré aux Clercs (le) (Hérold). — Les rendez-vous, par Mlle Marignan et M. Belhomme.	Marron
2520	Mireille (Gounod). — Vincenette à votre âge. Roméo et Juliette (Gounod). — Madrigal, par Mme Vallandri et M. Vaguet.	Marron
0192	Trouvère (le) (Verdi). — Scène du Miserere, par Mme Vallandri et M. Vaguet. Rien si ce n'est ton cœur, par M. Vaguet. — E. Missa.	Marron

Mme NINON VALLIN, Soprano, de l'Opéra-Com.

OPÉRAS ET OPÉRAS-COMIQUES

N°	Titre	Couleur
0170	Bohème (la) (Puccini). — Adieux de Mimi. Madame Butterfly (Puccini). — Sur la mer calmée.	Verte
0262	Contes d'Hoffmann (les) (Offenbach). — Elle a fui la tourterelle (Romance). Manon (Massenet). — Air des regrets.	Verte
0261	Damnation de Faust (la) (Berlioz). — Chanson gothique. Damnation de Faust (la) (Berlioz). — D'amour l'ardente flamme (Romance).	Verte
0324	Faust (Gounod). — Ballade du roi de Thulé. Faust (Gounod). — Air des bijoux.	Verte
0171	Lakmé (Léo Delibes). — Dans la forêt profonde. Manon (Massenet). — Je suis encore tout étourdie.	Verte
0172	Lakmé (Léo Delibes). — Tu m'as donné le plus doux rêve. Paillasse (Leoncavallo). — Ballade de Nedda.	Verte
0075	Louise (G. Charpentier). — Depuis le jour... Manon (Massenet). — Adieu notre petite table.	Verte
0174	Madame Butterfly (Puccini). — Un bel di vedremo (en italien). Pagliacci (Leoncavallo). — Ballade di Nedda (en italien).	Verte

CHANT. — RÉPERTOIRES INDIVIDUELS (suite) (acc^t d'orchestre)

Mme NINON VALLIN (suite)

N°	Titre	Couleur étiquette
0169	Manon (MASSENET). — A nous les amours et les roses. Timbre d'argent (le) (SAINT-SAENS). — Le bonheur est chose légère (ACC^t PIANO).	Verte
0263	Méphistophélès (BOITO). — La mort de Marguerite. Noces de Figaro (les) (MOZART). — Air de Suzanne.	Verte
0074	Mignon (A. THOMAS). — Connais-tu le pays. Bohême (la) (PUCCINI). — Couplet de Mimi.	Verte
0173	Mignon (A. THOMAS). — Elle est là près de lui. Thaïs (MASSENET). — Scène du miroir.	Verte

MÉLODIES

N°	Titre	Compositeur	Couleur
3222	Célèbre sérénade. — Mélodie (ACC^t PIANO). Après un rêve. — Mélodie (ACC^t PIANO).	GOUNOD. GOUNOD.	Verte
3221	Il segreto di Susanna. — O gioia ! la nube leggera ; (1re partie) (en italien). Il segreto di Susanna. — O gioia ! la nube leggera ; (2e partie) (en italien).	ERMANNO WOLF FERRARI. ERMANNO WOLF FERRARI.	Verte
3220	Jota (en espagnol). El majo discreto. — Tonadilla (en espagnol).	MANUEL FALLA. ENRIQUE GRANADOS.	Verte
3219	Vidalita. — Air criollo (en espagnol). Amargura. — Estilo (en espagnol).	MARIO RODRIGUEZ ARENAS. GARDEL RAZZANO.	Verte

DUOS

N°	Titre	Couleur
2519	Manon (MASSENET). — Duo de la lettre. Mireille (GOUNOD). — Duo du 1er acte, par Mme Ninon Vallin et M. Léon Beyle.	Marron
0193	Manon (MASSENET). — Duo de la rencontre (1re partie), par Mme Ninon Vallin et M. Léon Beyle. Mignon (A. THOMAS). — Adieu Mignon, courage, par M. Léon Beyle.	Marron
2553	Manon (MASSENET). — Duo du Séminaire (1re partie). Manon (MASSENET). — Duo du Séminaire (2e partie), par Mme Ninon Vallin et M. Marny.	Jaune
2554	Mireille (GOUNOD). — Chanson de Magali (DUO). Mireille (GOUNOD). — La Foi de son flambeau divin (DUO), par Mme Ninon Vallin et M. Marny.	Jaune
2555	Roi d'Ys (le) (ÉDOUARD LALO). — A l'autel j'allais rayonnant (DUO). Lakmé (LÉO DELIBES). — C'est le Dieu de la jeunesse (DUO), par Mme Ninon Vallin et M. Marny.	Jaune

Disques PATHÉ double face

CHANT. — RÉPERTOIRES INDIVIDUELS (suite) (acc¹ d'orchestre)

Mlle LUCY VAUTHRIN, Soprano, de l'Opéra-Com.

OPÉRETTES

N°		Couleur
0267	Petit-Duc (le) (LECOCQ). — Hélas, elle a raison, ma chère (Couplet). Petit-Duc (le) (LECOCQ). — Enfin, nous voici, ma petite.	Marron
0270	Véronique (MESSAGER). — Ah ! la charmante promenade. Véronique (MESSAGER). — Voyons ma tante à ma coiffure.	Marron
0269	Mascotte (la) (AUDRAN). — Un baiser c'est bien douce chose. Miss Helyett (AUDRAN). — Déjà dans ma plus tendre enfance.	Marron
0268	Saltimbanques (les) (LOUIS GANNE). — Bergère Colinette. Saltimbanques (les) (LOUIS GANNE). — Après le sombre orage.	Marron

Mlle GENEVIÈVE VIX,
Soprano, de l'Opéra-Comique

OPÉRAS ET OPÉRAS-COMIQUES

N°		Couleur
0301	Contes d'Hoffmann (les) (OFFENBACH). — Barcarolle. Werther (MASSENET.) — Air des larmes.	Verte
0315	Louise (G. CHARPENTIER). — Depuis le jour où je me suis donnée. Contes d'Hoffmann (les) (OFFENBACH). — Elle a fui la tourterelle.	Verte
0302	Manon (MASSENET). — Gavotte. Manon (MASSENET). — Air du Cours-la-Reine.	Verte
0316	Sapho (MASSENET). — La séduction. Sapho (MASSENET). — La solitude.	Verte
0300	Thaïs (MASSENET). — Scène du miroir. Thaïs (MASSENET). — Qui te fais si sévère.	Verte

Mme MAGUY WARNA, des Bouffes-Parisiens

OPÉRETTES

N°		Couleur
2033	Dédé (CHRISTINÉ). — Le désir déjà (Valse). Dédé (CHRISTINÉ). — Tango lorsque tu nous tiens (DUO), par Mme MAGUY WARNA et M. URBAN.	Marron
2035	Dédé (CHRISTINÉ). — C'est un plaisir si grand. Flup (CHRISTINÉ). — La valse du baiser.	Marron

CHANT. — RÉPERTOIRES INDIVIDUELS (*suite*) (acc^t d'orchestre)

Mme X..., Soprano, de l'Opéra

OPÉRAS ET MÉLODIE

			COULEURS DES ÉTIQUETTES
0072	Hamlet (A. Thomas). — Air de la folie. Huguenots (les) (Meyerbeer). — O beau pays de la Touraine.		Marron
0073	Roméo et Juliette (Gounod). — Valse. Petits bambins d'amour Mélodie-berceuse).	Delabre.	Marron

CONCERT

(Enregistrements avec accompagnement d'orchestre)

COULEURS DES ÉTIQUETTES

AUDIFFRED, du Concert Mayol

5013	Arizona (Célèbre chanson anglaise).	MELVILLE GIDÉON.	Bleue
	Sa mimi d'amour (Chanson vécue).	A. RABLEY.	
4981	C'est la valse du soir (Chanson valse).	DESMOULINS.	Bleue
	Femmes de Panama (les) (Chanson).	LÉO LELIÈVRE.	
4980	Conseils aux dames.	GABAROCHE.	Bleue
	Si vous fermez les yeux.	F. CODINI.	
5012	Maisons de notre village (les) (Chanson).	CH. D'AVRAY et G. HAMEL.	Bleue
	Dans le Soumida (Chanson japonaise).	E. ROSI.	
5145	Notre grand Paris (Chanson).	PAUL-NAST.	Bleue
	Toutes les femmes (Fox-trot) (DUO), par M. Audiffred et Mme Nina Myral, du PALACE.	V. SCOTTO.	
4982	Pour un regard de vos beaux yeux (Chanson).	ALB. TOLLET.	Bleue
	Sous le ciel de tous les pays (Chanson).	GABAROCHE.	
4995	Quand on vient en permission (Chanson-marche).	DALBRET.	Bleue
	C'est la chanson la plus jolie.	V. SCOTTO.	
4993	Sans savoir... pour un baiser (Chanson vécue).	A. CHANTRIER.	Bleue
	Madelon de la victoire (la) (Chanson-marche) (avec CHŒURS).	BOREL-CLERC.	
4994	Sous les orangers fleuris (Mélodie) (avec CHŒURS).	BOREL-CLERC.	Bleue
	Poudre de riz (la) (Rondeau).	DALBRET.	

JEAN BATTAILLE, de la Pie-qui-Chante
DUOS

4804	Corbleu ! Marion (Chanson du XVIIIe siècle), par M. Jean Battaille et Mlle Lucy Dereymon (ACCt PIANO).	XXX.	Bleue
	Trois gosses (les), par Mlle Lucy Dereymon (ACCt PIANO).	BIREC.	
4734	Légende de Saint-Nicolas (la).	XXX.	Bleue
	Pimperline et Pimperlin, par M. Jean Battaille et Mlle Lucy Dereymon (ACCt PIANO).	HENRION.	

BÉRARD, de l'Eldorado

4498	A Bornéo (Fox-trot).	LOUIS MELRACK.	Marron
	Près de Saint-Cloud (Fox-trot).	LOUIS MELRACK.	
4667	A la Côte d'Azur.	BOREL-CLERC.	Bleue
	Valse aux Étoiles (la).	SEGO.	
4501	Amour brisé (l') (Valse chantée).	BOREL-CLERC.	Bleue
	Ondines (les) (Valse chantée).	SPENCER.	
4500	Aveugle (l') (Chanson vécue).	A. CALZELLI.	Marron
	Tapis vert (le) (Idylle d'amour).	BOREL-CLERC.	
4502	Berceuse à Juiot (Chanson réaliste).	GAVEL.	Bleue
	Cœur de Loulou (le) (Chanson de fou).	CODINI.	

CHANT. — CONCERT (suite) (acc' d'orchestre)

BÉRARD (suite)

N°	Titre	Auteur	Couleurs des étiquettes
4503	Bonsoir Mam'zell' Rose ! / Chand de ballons (Chanson).	BERNIAUX. / CHAUDOIR.	Bleue
4504	Carillonneur (le) (Chanson avec CLOCHES). / Quand chantent les grillons (Chanson provençale).	DANIDERFF. / BOREL-CLERC.	Bleue
4505	Carmélite (la) (Chanson). / Quand le cœur chante (Chanson).	DANIDERFF. / BOREL-CLERC.	Bleue
4053	Chanson de minuit (la) (Chanson fox-trot) / Prière d'amour. (Valse chantée).	CODINI. / CODINI.	Marron
4919	Chanson du cœur (la). / Plus y a d' l'amour (Chant populaire).	VERCOLIER. / BOREL-CLERC.	Bleue
4090	Chant de nos cloches (le) (Chanson). / Plumes au vent (Vocal one-step).	P. CODINI. / BOREL-CLERC.	Marron
4507	Chante Lisette (Chanson). / Matelots à l'abordage.	SPENCER. / JOUVE.	Bleue
4508	Chargaz ! / En la arena ou « Dans l'arène ».	MÉRELLY. / GAVEL.	Bleue
4499	Chevalier blanc (le) (Chanson). / Lison Lisette (Chanson populaire) « Version française ».	BOREL-CLERC. / BOREL-CLERC.	Marron
4509	Clown (le) (Chanson). / Loup de mer (le) (Chanson).	DANIDERFF. / BOREL-CLERC.	Bleue
4510	Cœur tzigane (le) (Valse viennoise). / Océan (l').	VERCOLIER. / SPENCER.	Bleue
4054	Coup de grisou (le) (Chanson dramatique). / Mon vieux clocher (Chanson).	BOREL-CLERC. / BOREL-CLERC.	Marron
4040	Corsaire (le) (Chanson dramatique). / C'est pour la payse (Chanson populaire française).	BOREL-CLERC. / BOREL-CLERC.	Marron
4511	Cupidon-Roi (Marche chantée). / Doute (le).	BOREL-CLERC. / SPENCER.	Bleue
4512	Départ du bleu (le). / Un baiser de femme jolie (Romance)	DANIDERFF. / GAVEL.	Bleue
4513	Elle. / Tes jolies choses.	BOREL-CLERC. / BOREL-CLERC.	Bleue
5022	Étendard étoilé (l') (Chanson). / Qui a gagné la guerre ! (Chanson).	BOREL-CLERC. / BOREL-CLERC.	Bleue
4515	Fanfan la fleur (Chanson-Marche). / Ma gosse chérie (Romance).	BOREL-CLERC. / BOREL-CLERC.	Bleue
4514	Folle d'amour (Chanson dramatique). / Traître (le).	BOREL-CLERC. / BOREL-CLERC.	Bleue
4041	Française blonde (Sérénade). / Sous le grand ciel de France (Mélodie)	A. CALZELLI. / A. CALZELLI.	Marron
4506	Fumeur d'opium (Chanson). / Profitez... Jeunesses (Chansonnette).	HELMER. / GAVEL.	Bleue
4516	Gaby (Romance). / Medjée (Chanson lointaine).	BOREL-CLERC. / BOREL-CLERC.	Bleue
4805	Gars de France (les) (Chanson-marche). / Tango rouge (le).	LÉO DANIDERFF. / BOREL-CLERC.	Bleue
4091	Gloire au Sport ! (Chanson marche). / Hussard de la mort (le) (chanson dramatique).	P. CODINI. / BOREL-CLERC.	Marron
4517	Guet d'amour (le) (Ronde de nuit). / Valse des ombres (la).	BOREL-CLERC. / P. SÉGO.	Bleue

Disques PATHÉ double face.

CHANT. — CONCERT (suite) (acc' d'orchestre)

BÉRARD (suite)

N°	Titres	Auteurs	Couleurs des étiquettes
4873	Homme rouge (l'). / Valse bleu horizon (la).	Borel-Clerc. / Borel-Clerc.	Bleue
4112	Japanese lanterns blues (Fox-trot chanté). / Pour t'écrire que je t'aime (Mélody blues).	Borel-Clerc. / Borel-Clerc.	Marron
4518	Je serai là. / Pour toi (Valse chantée).	Codini. / Codini-Courtioux.	Bleue
5023	Légende du calvaire (la) (Chanson). / Reprends-moi (Chanson).	Borel-Clerc. / A. Calzelli.	Bleue
4519	Loulou, restons chez nous (Chanson populaire). / Rana-Bebeck (la).	Borel-Clerc. / Borel-Clerc.	Bleue
4115	Mais il n'est qu'un Paris (Marche). / Folie d'amour (Chanson dramatique).	Borel-Clerc. / Borel-Clerc.	Marron
4520	Marche Aviation. / Musique qui passe (la) (Chanson-marche).	Berniaux. / Gauwin et Daris.	Bleue
4083	Moulin de Maître-Jean (le) (Chanson). / En quatre-vingt-treize (Chanson).	Borel-Clerc. / Daniderff.	Marron
4522	Musique! Folie! (Chanson). / Trésor caché (Chansonnette).	Borel-Clerc. / Borel-Clerc.	Bleue
4874	Orgie (l'). / Voilà ce qu'ils ont fait.	Calzelli. / Gavel.	Bleue
4523	Passant (le) (Chanson). / Trois folles (les) (Chanson).	Thiels. / Daniderff.	Bleue
4524	Peuple chante. / Soleil d'amour (Marche chantée).	Vercolier. / Borel-Clerc.	Bleue
4081	Pour que les femmes soient jolies (Valse chantée). / Moulin de Suzette (le) (Chanson-marche).	Borel-Clerc. / René Mercier.	Marron
4525	Roi Bohème (le). / Verse Babet (Chanson).	Daniderff. / Hervochon.	Bleue
4086	Rubans (Chanson fox-trot). Paroles de Willemetz et Jacques Charles. / Cotre maudit (le) (Chanson dramatique). Paroles de Émile Gilbert.	Borel-Clerc. / Borel-Clerc.	Marron
4521	Soleil (le) (Chanson). / Vous n'avez pas ça.	Borel-Clerc. / Spencer.	Bleue
4920	Sylvia. / Pitre (le).	Borel-Clerc. / Borel-Clerc.	Bleue
4055	Yorima. — Idylle chinoise. / Mimi garde-moi. — Valse chantée.	Borel-Clerc. / Borel-Clerc.	Marron

BERGERET, du Casino de Paris

N°	Titres	Auteurs	Couleurs
P. 4526	A la Cocodett'. / Ballade des p'tits poussins.	Thuillier fils. / Comès.	Bleue
P. 4527	Amour au poulailler (l'). / Clairons français (les).	Boussagol. / Thuillier fils.	Bleue
P. 4528	Au Cirque (N° 1). / Au Cirque (N° 2).	Comès. / Comès et Thuillier fils.	Bleue

CHANT. — CONCERT (suite) (acc¹ d'orchestre)

BERGERET (suite)

N°	Titres	Interprètes	Couleur
P. 4530	Brelan d'oiseaux. / Trompette rigolo (le).	ILPAIT. / BENOIT.	Bleue
P. 4533	Chanson du chevrier (avec OCARINA). / Moulin rustique (avec imitations).	COMÈS. / ALTEIRAC.	Bleue
P. 4531	Chanson du Montagnard (la). / Pifferaro (le).	COMÈS. / THUILLIER FILS.	Bleue
4492	Chantez petits oiseaux (Chansonnette avec chant d'oiseaux). / Vive l'Afrique (Chanson-marche avec clairon).	BERGERET. DUPERREY DE CHANTLOUP. / BERGERET-COMÈS.	Marron
P. 4534	Chant d'Afrique. / Troubadour sicilien.	THUILLIER FILS. / THUILLIER FILS.	Bleue
P. 4535	Charmeur des Tuileries (le). / En sifflant.	BERGERET. / BERGERET.	Bleue
P. 4536	Clairon goguenard (le) (Chansonnette militaire). / Marius à Paris (Scène d'imitation).	MAILFAIT. / BERGERET.	Bleue
P. 4537	Coucou, rossignol, pinson. / Ma trompette.	THUILLIER FILS. / THUILLIER FILS.	Bleue
P. 4532	Gigue aoh ! yes ! (la) (avec imitation). / Échos du Tyrol.	CARROL. / SAINT-SERVAN.	Bleue
P. 4538	Hyménée d'un pinson (l'). / Marche manœuvre.	THUILLIER FILS. / ROBERTY.	Bleue
4493	Je suis gris (Chansonnette comique). / Couic !! Couac !! (Chanson de route).	J. DORIN. / BERGERET-J.-DORIN.	Marron
P. 4529	Majestic Danc'. / Chanson du Turco.	THUILLIER FILS. / BRUNEL.	Bleue
.P 4540	Mon Chanteclerc. / Siffleur marcheur.	BERGERET. / THUILLIER FILS.	Bleue
P. 4541	Passe-temps. / Salade polyglotte.	THUILLIER FILS. / COMÈS.	Bleue
P. 4542	Polka des poulettes. / Sérénade villageoise.	COMÈS. / SAINT-SERVAN.	Bleue
4494	Printania (Valse du siffleur). / Voix du cor (la) (Chanson de chasse).	BERGERET-COMÈS. / BERGERET-COMÈS.	Marron
P. 4539	Refrains suisses. / Virtuose du trottoir.	SAINT-SERVAN. / THUILLIER FILS.	Bleue
P. 4543	Sous l'Aigle d'or. / Trombone en goguette (le).	ROBERTY. / COMÈS.	Bleue
4996	Ta-Ta-Ga-Da (les) (Chanson-marche). / Margot, verse du pinard (Chanson-marche).	THUILLIER. / PIERRE CHAGNON.	Bleue

CHANT. — CONCERT (suite) (acc⁺ d'orchestre)

BERVAL, de l'Alcazar de Marseille

N°	Titres	Artistes	Couleurs des étiquettes
4390	Ah ! si les femmes (Chansonnette grivoise). / Parfum du soir (Chanson japonaise).	Christiné. / Christiné.	Marron
4074	Amour c'est charmant (l') « Oh ! qué Fortune ! » (Revue) (duo) par M. Berval et Mᵐᵉ Cloé Vidiane. / Toinon « Oh ! qué Fortune » (Revue) (duo) par M. Berval et Mᵐᵉ Cléo Vidiane.	B. Poupon. / Motzan et Jérôme.	Marron
4025	Antoine (Chansonnette comique). / Venez danser le shimmy (Chansonnette légère).	A. Valsien. / E. Vibert.	Marron
4016	Au music-hall (Chansonnette). / Ce n'est qu'une petite femme (Chanson).	H. Christiné. / Walter Donaldson.	Marron
4396	C'est à Tahiti (Chanson exotique). / Pas plus que vous (Chansonnette comique).	Léo Daniderff. / Christiné.	Marron
4017	C'était un' petit' dactylo (Chansonnette grivoise). / Au thé tango (One-step comique).	Franceschini. / René Mercier.	Marron
4018	C'qui m'plait par-dessus tout (Chansonnette). / Môme Ban-ban (la) (Chansonnette).	Franceschini. / V. Scotto.	Marron
4098	Ça qu'est bon, Madame ! (Chansonnette). / C'est un rayon de soleil (Chanson).	Victor Alix. / Ch. Jardin.	Marron
4071	Dans notre quartier « Oh ! qué Fortune ! » (Revue). / Nistonne (la) « Oh ! qué Fortune ! » (Revue). — Chanson marseillaise.	C. Helmer. / C. Helmer.	Marron
4099	Fille à Choise (la) (Chansonnette). / Marsiale (la) (Chanson).	Franceschini. / F. Marafioti.	Marron
4394	Flirt en mer (Chansonnette comique). / Valse d'amour (la) (Chansonnette comique).	Ayer et Christiné / Franceschini.	Marron
4019	Gardien de la paix (le) (Chanson type). / C'est des amours... les hommes (Chanson grivoise).	V. Scotto et Franceschini / R. Cidale.	Marron
4024	Jazz band... partout ! (Chanson comique). / Sur un transatlantique (Chanson).	Harold de Bozi / V. Scotto.	Marron
4020	Jeunesse d'ici (la) (Chansonnette). / Mia bella Marseillaisa (Chansonnette presque italienne).	L. Sues. / Ch. Helmer.	Marron
4391	Ma Rosine (Chansonnette grivoise). / Valse à petits pas (la) (Chanson valse).	Desmoulins. / Paul Maye.	Marron
4027	Ma Poulidetto (Chansonnette locale). / Moi je t'aime, toi tu m'aimes (Chansonnette).	Franceschini. / V. Scotto.	Marron
4075	Ma Provençale « Oh ! qué Fortune ! » (Revue). / Son petit Fenestron. — Chansonnette grivoise.	Helmer et Raynaud / Marafioti.	Marron
4392	Mais quand c'est une petite femme (Chansonnette grivoise). / Ma petite Marseillaise (Chansonnette grivoise).	V. Scotto. / Desmoulins.	Marron
4100	Marine (la) (Chansonnette). / Jeunes bien balancés (les) (Chansonnette marseillaise).	F. Marafioti. / H. Poupon.	Marron
4395	Marsihalos (les) (Chansonnette marseillaise sur l'air des Petits Païens de Phi-Phi). / Chanson du Cabanon (la) (Rondeau marseillais) (Paroles de Fortuné cadet).	Christiné. / Ch. Helmer.	Marron
4026	Mia bella (Chansonnette). / Long des murs (le) (Chanson vécue).	Sparado et L. Sues. / Paul Maye.	Marron
4393	Nièce à Bertrand (la) (Chansonnette grivoise). / Valse du Pastis (la) (Chansonnette comique).	Franceschini. / E. Vibert.	Marron
4021	Oh ! ma quique (Chansonnette grivoise). / Marie !... Fagués pas de chichi !... (Chanson locale).	E. Vibert. / A. Bosc.	Marron

PATHÉPHONE, 30, Bd des Italiens, PARIS.

CHANT. — CONCERT (suite) (acc^t d'orchestre)

			COULEURS DES ÉTIQUETTES
	BERVAL (suite)		
4070	O viens, ma gosse. — Chansonnette.	HAROLD DE BOZI	Marron
	Jazzbandette (la). — Chansonnette.	HAROLD DE BOZI	
4022	Pétoulette (La) (Chansonnette grivoise).	E. MARAFIOTI	Marron
	Dansons la Marshlalotte (Chansonnette).	CH. HELMER et P. MARAFIOTI	
4073	Poulido Partisano (la). — Chansonnette marseillaise.	V. SCOTTO	Marron
	Conducteur de tram. — Chansonnette marseillaise.	V. SCOTTO	
4076	Sérénade à Carolina. — Chansonnette presque italienne.	LÉON JEAN MARAFIOTI	Marron
	Florina. — Chansonnette.		
4023	Sian de Viaire lei Marsihès (CH. HELMER).		Marron
	A Marseill' mon bon.		
	C'est Tilin (Nouveau one-step marseillais).	PAUL MAYE	
4101	Toinette (Chansonnette).	A. VALSIEN	Marron
	Si nous sommes sur la terre ou Vive la gaîté (Chansonnette).	EUG. GAVEL	

B. BLOCH, Humoriste alsacien

4781	Enterrement de Krumolt (l') (Monologue).	BLOCH	Bleue
	Mariage de Mlle Pippermann (le) (Monologue).	BLOCH	
4782	Erreur de M. Tsévelchmotz (l') (Monologue).	BLOCH	Bleue
	Tour de la cuillère (le) (Conte drôlatique).	BLOCH	

BOISSIER, Comique marseillais

5117	Au plus malin (Monologue).	MARC SIBERT	Bleue
	Léon de Gonfaron (Monologue).	H. POUPON	
4925	En chasse (Monologue).	MAUPREY	Bleue
	Pour qui que vous me prenez !... dites !...	JOUVE	
5076	Indiscrétion punie (Monologue marseillais).	J. COMBES et L. BOUSQUET	Bleue
	Truc de Pitalugue (Le) (Histoire marseillaise).	AGATHON	
5118	J'ai vu Napoléon Ier (Monologue).	BOISSIER	Bleue
	Petit Chichois (le) (Monologue).	BOISSIER	
5119	Langue musicale (Monologue).	BERARDI	Bleue
	Roi des Frutadous (le) (Monologue).	DALBRET	
5078	Lou marchand de cansons (Monologue grivois).	AGATHON	Bleue
	Création de la femme (La) (Monologue comique).	GRINDA-VAL	
5077	Marseillais malin (Le) (Monologue).	AGATHON	Bleue
	Poule couveuse (La) (Monologue).	POUPON	
4926	Noce à Piédalouette (la) (Scène comique).	MUFFAT-MAADER	Bleue
	Cocher marseillais (le) (Scène comique).	GERNY	
4927	Remèdes de l'Auvergnat (le) (Monologue).	DELORMEL	Bleue
	Mal de mer (le) (Monologue grivois).	G. VILLAR	
5079	Requin de Tartarin (Le) (Monologue).	LUD	Bleue
	Plus malin (Le) (Monologue).	BOSSY et GRINDA	
5120	Tilin le terrible (Monologue).	ROYDEL	Bleue
	Stations de tramways marseillais (les) (Monologue).	VIBERT	
5121	Tonnerre de Marseille (le) (Monologue).	VIBERT	Bleue
	Sian Proprès Lei Sorda (Monologue).	VIBERT	

DISQUES PATHÉ double face. 185

CHANT. — CONCERT (suite) (acc¹ d'orchestre) | COULEURS DES ÉTIQUETTES

THÉODORE BOTREL, le Barde breton

5155	Couteau (le) (Chanson).	TH. BOTREL.	Bleue
	Par le petit doigt (Chanson).	TH. BOTREL.	
5156	Druelle berceuse (la) (Chanson).	TH. BOTREL.	Bleue
	Lilas blanc (Idylle parisienne).	TH. BOTREL.	
5157	Dors, mon gas (Berceuse bretonne).	TH. BOTREL.	Bleue
	Paimpolaise (la) (Chanson).	E. FEAUTRIER.	
5158	Fil cassé (le) (Chanson de noce).	TH. BOTREL.	Bleue
	Marie ta fille (Chanson de noce).	TH. BOTREL.	
5084	Miracles d'amour (Les) (Chanson nouvelle).	TH. BOTREL.	Bleue
	Valse de la délivrance (La) (Valse alsacienne).	TH. BOTREL.	
5159	Mouchoir Rouge de Cholet (le) (1793) (Chanson).	TH. BOTREL.	Bleue
	Petit Grégoire (le) (1793) (Chanson).	TH. BOTREL.	

DÉCLAMATION

| 4309 | Leur jour de gloire (14 juillet 1919). — Poème de Th. Botrel, récité par l'auteur (Acc¹ MUSIQUE MILITAIRE). | TH. BOTREL. | Bleue |
| | Pour nos morts, sonnez clairons ! — Poème de Th. Botrel, récité par l'auteur (avec CLAIRON de la Garde Républicaine). | TH. BOTREL. | |

BOUCOT, du Casino de Paris

4043	Ah ! si vous connaissiez la vie (Chansonnette comique).	FRED PEARLY et GABAROCHE.	Marron
	Femmes de Landru (les) (Chanson grivoise d'actualité).	A. CHANTRIER.	
4490	Aux pommes (Chansonnette comique).	COLO-BONNET.	Marron
	Ballade hygiénique (Chansonnette comique).	GABAROCHE.	
4044	Gueule à l'envers (la) (Chanson comique).	MAURICE YVAIN.	Marron
	Champêtrerie (Chansonnette comique).	MAUPREY.	
4045	J'ai le téléphone (Chanson grivoise).	CHRISTINÉ.	Marron
	Mais voilà !... (Chansonnette grivoise).	CHRISTINÉ.	
4473	Musicien ambulant (Chanson).	CHRISTINÉ.	Marron
	Leçon de mazurka (la) ou « Mazurka alsacienne » (Chanson).	VARGUES.	
4474	Repentir (Chansonnette).	GABAROCHE.	Marron
	Une canne et des gants (Chansonnette).	GABAROCHE et FRED PEARLY.	
4491	Une toute petite (Chansonnette grivoise).	HALET et A. DE MAUPREY.	Marron
	Quatre saisons (les) (Chansonnette grivoise).	GABAROCHE.	

DUOS

| 4475 | Gri-Gri d'amour (le). — Légende hawaïenne (Duo grivois), par M. Boucot et Mlle Mistinguett. | MAURICE YVAIN. | Marron |
| | Chanteurs de cours (les) (Duo comique), par M. Boucot et Mlle Mistinguett. | CHRISTINÉ. | |

LUCIEN BOYER, Chansonnier

| 4087 | ... Tu verras Montmartre ! (Chanson populaire de la République de Montmartre). | BOREL-CLERC. | Marron |
| | Si d'Annunzio avait voulu (Monologue). | LUCIEN BOYER. | |

CHANT. — CONCERT (suite) (acc¹ d'orchestre)

| | | COULEURS DES ÉTIQUETTES |

BRUANT, Chansonnier montmartrois

4544	Chanson de la France. / Serrez vos rangs.	BRUANT. / BRUANT.	Bleue
4924	Garde à vous. / Halte-là.	BRUANT. / BRUANT.	Bleue
4824	Petits Joyeux (les). / Aux Bat' d'Af'.	BRUANT. / BRUANT.	Bleue
4953	Trompette (le). / 113ᵉ de ligne (le) (Chanson de route).	BRUANT. / BRUANT.	Bleue

RENÉ DE BUXEUIL, des Concerts Parisiens

5091	Aimer... aimer encore ou « Chanson de Printemps » (chanson). / Son amoureux (chanson).	DE BUXEUIL. / DE BUXEUIL.	Bleue
5161	C'est l'amour (One-step chanté). / Zaza (Fox-trot chanté).	DE BUXEUIL. / DE BUXEUIL.	Bleue
5092	Chanson pour mon chien (chanson). / Messe profane (chanson).	DE BUXEUIL. / DE BUXEUIL.	Bleue
5093	J'ai tout donné pour toi (chanson). / Vous n'aurez pas toujours vingt ans (valse populaire).	DE BUXEUIL. / DE BUXEUIL.	Bleue
4697	Lettre pour toi ou « Va-t'en ». / Tisseurs de rêve (les) (Mélodie).	DE BUXEUIL. / DE BUXEUIL.	Bleue

FORTUNÉ CADET, de l'Alcazar de Marseille

4064	El pas força. — Chansonnette marseillaise. / Moi, je n' suis pas exigeant. — Chansonnette.	GABAROCHE. / V. SCOTTO.	Marron
4063	Histoire de ma vie. — Monologue marseillais. / Zou ! un poou de mortier. — Monologue marseillais.	MESNIL et RICAU / FORTUNÉ CADET.	Marron
4062	Oh ! qué Fortune ! — Monologue marseillais. / Causerie sur l'ail. — Monologue marseillais.	FORTUNÉ CADET. / FORTUNÉ CADET.	Marron

CAMBARDI, du Concert Mayol

| 4969 | Bonjour Lison. / Je ne veux pas t'aimer. | MARINIER et L. LELIÈVRE / F. RENNER. | Bleue |

ROBERT CASA, de la Scala

| 4666 | Valse des gosses. / Ma Brune. | MAUPREY. / AREZZO. | Bleue |

CHARLESKY, Tyroliennomaniste, de l'Alhambra

4545	Amour alsacien (Chanson tyrolienne). / Trompette des Alpes (Chanson tyrolienne).	HAMEL. / LUST.	Bleue
4546	Aux Alpins (Chanson tyrolienne). / Fils du pâtre (le) (Chanson tyrolienne).	CHARLESKY. / PROVANDIER.	Bleue
4547	Aubade tyrolienne (Chanson tyrolienne). / Réveil au Tyrol (Chanson tyrolienne).	HAMEL. / HAMEL.	Bleue
4548	Berger philosophe (le) (Chanson tyrolienne). / Flûtiau (le) (Chanson tyrolienne).	CHARLESKY. / CHARLESKY.	Bleue

Disques PATHÉ double face.

CHANT. — CONCERT (suite) (acc^t d'orchestre)

COULEURS DES ÉTIQUETTES

CHARLESKY (suite)

N°	Titres	Interprètes	Étiquette
4825	Chevrier ! Chante (Tyrolienne). / Tyrolienne pour Lison.	TROULOUZE. / SAINT-SERVAN.	Bleue
4550	Cœur de pâtre (Tyrolienne sur un vieil air suisse). / Gai chevrier (Tyrolienne).	SAINT-SERVAN. / CHARLESKY-JEAN-LUS.	Bleue
4551	Colporteur égaré (le) (Chanson tyrolienne). / Première valse.	DEQUIN. / DEQUIN.	Bleue
4549	Écho Tyrolien (l'). / Titi tyrolien (le) (Chanson tyrolienne).	SAINT-SERVAN. / CHARLESKY.	Bleue
4819	Fleurs du Tyrol. / Professeur ès tyrolienne.	SAINT-SERVAN. / CHARLESKY.	Bleue
4862	Ma bergère (Chanson tyrolienne). / Tyrol-Valse.	NIVELET. / SAINT-SERVAN.	Bleue
4552	Mal tyrolien (Chanson tyrolienne). / Vallon rose (le) (Chanson tyrolienne).	LUST. / LUST.	Bleue
4553	Mon beau Tyrol (Chanson tyrolienne). / Roi des Tyroliens (le) (Valse tyrolienne).	CHARLESKY. / DEQUIN.	Bleue
4554	Nature et Soleil (Chanson tyrolienne). / Rentrée du troupeau (la) (Chanson tyrolienne).	HAMEL. / LUST.	Bleue
4555	Paris-Tyrol. / Vieux pâtre (le) (Chanson tyrolienne).	SAINT-SERVAN. / SAINT-SERVAN.	Bleue
4556	Pinsonnette et Pinsonnet (Tyrolienne). / Tyrolienne jolie.	SAINT-SERVAN. / CHARLESKY SAINT-SERVAN.	Bleue
4557	Salut au Tyrol (Chanson tyrolienne). / Vieux Tyrolien (le) (Tyrolienne pastorale).	BONVILLE. / SAINT-SERVAN.	Bleue

M. et Mme CHARLESKY

| 4558 | Éternelle nature. / Valse au Tyrol (la) | SAINT-SERVAN. / CHARLESKY-SAINT-SERVAN. | Bleue |

CHARLUS, de l'Alcazar

4560	A la Martinique ! (Chanson nègre). / Sympathique.	G.-M. COHAN et CHRISTINÉ. / LINCKE.	Bleue
4561	Affranchissons-la (Chansonnette). / Ah ! mon p'tit loup !	DOUBIS. / SOLER.	Bleue
4889	Ah ! bise-moi ou « Bise-moi donc » (Chansonnette grivoise). / Amour qui rit (l') (Chansonnette).	SANGUINE. / CHRISTINÉ.	Bleue
4562	Ah ! la musique américaine. / C'est pour les petites femmes.	CHRISTINÉ. / CHRISTINÉ.	Bleue
4638	Ah ! si vous voulez d' l'amour ! (Chansonnette). / C'est mon frère.	SCOTTO. / OUVRARD.	Bleue
4563	Anna, qu'est-ce que t'attends ou « Vas-y-ma poule ». / Baya (la) (Chanson chinoise).	MURPHY et FRAGSON. / CHRISTINÉ.	Bleue
4802	Article 214 (l'). / Monsieur qui attend (le).	MALFAIT. / GABAROCHE et FRED PEARLY.	Bleue
4801	Avec Madame Durand. / Tout petit.	JACK BILL. / CHRISTINÉ.	Bleue
4888	Aventure espagnole (avec SIFFLET). / Baigneuse de Beaucaire (la) (avec SIFFLET).	GANGLOFF. / VILLEMER-DELORMEL.	Bleue
4828	Baisers par-ci, baisers par-là (Chansonnette grivoise). / Elle est de Cuba.	DOUBIS. / SCOTTO.	Bleue

PATHÉPHONE, 30, Bd des Italiens, PARIS.

CHANT. — CONCERT (suite) (acc¹ d'orchestre)

CHARLUS *suite*

N°	Titre	Interprètes	Couleur
4783	Cas de M. Dupont (le) (Grivoiserie). / J'ai soif d'amour (Chansonnette grivoise).	SPENCER. / JOUVE.	Bleue
4564	Clématite (Polka japonaise chantée). / Épouseux du Berry (les) (Bourrée).	BOREL-CLERC. / THUILLIER.	Bleue
4887	Comme elle boite. / Noces de Fanchette (les) (Paysannerie comique).	L. JOREL. / THUILLIER FILS.	Bleue
4565	Course au chapeau (la) (Chansonnette). / Souris noire (la) (Chanson).	THOULOUZE. / DESMOULINS.	Bleue
4846	Demoiselles de mon quartier (les). / C'est pour les poires (Chansonnette).	VALSIEN. / DAULNAY.	Bleue
4884	Elle a perdu son zigomar (Cri parisien). / Elle faisait prout! prout! (Chansonnette).	GEORGES. / GEORGES.	Bleue
4567	Elle distribue des billets ou « Gentille comme tout ». / J'ai gagné l' gros lot.	RAITER et ELBÉ. / RAITER.	Bleue
4566	En écoutant le phono. / Petits cris suprêmes (les) (Scène comique).	SERPIERI. / DOUBIS.	Bleue
4708	Fille de Parthenay (la) (Chanson tourangelle). / Leçon d'Epinette (la) (Chanson populaire).	ROBILLARD. / KRYSINSKA.	Bleue
4826	Furiani-Furiana. / Visite du Major (la) (Monologue avec CLAIRONS).	VALSIEN. / CHARLUS.	Bleue
4857	Gentil Coiffeur (le) (Chansonnette). / Cochon-Chameau (les) (Monologue).	HEINTZ. / BELHIATUS.	Bleue
4568	J'ai engueulé l' patron (Chanson populaire). / Trompette et Robinet.	SPENCER. / DAULNAY.	Bleue
4699	J'm'en fous... je t'aime. / Polka de mes parents (la).	BOUCHAUD et GIRIER. / GEORGES.	Bleue
4882	J'suis vaseux (Chanson neurasthénique). / Jolie boiteuse (la) (Chansonnette).	SPENCER. / BERNIAUX.	Bleue
4886	Joli fruit (le) (Chansonnette). / Piston embarrassé (le) (Chansonnette).	VARQUES. / DÉROUVILLE.	Bleue
4803	Long du corridor (le). / Pour ses parents.	GABAROCHE et FRED PEARLY. / CHRISTINÉ.	Bleue
4997	Mais quand c'est un' petit' femme (Chansonnette grivoise). / C'est la femme à tout le monde (Chansonnette grivoise).	SCOTTO. / SCOTTO.	Bleue
4928	Muet mélomane (le) (Scène comique avec piston). / Sifflomanie (Chansonnette avec ORCHESTRE et SIFFLET).	GERNY. / SPENCER.	Bleue
4569	Nous en avons! (Chansonnette). / Vignes aux molneaux (la) (Chanson bourguignonne).	CODINI. / SIEULLE.	Bleue
4639	On dit qu' c'est l'amour. / Schujette.	SPENCER. / VALSIEN.	Bleue
4715	On s'en contrefout (Cri populaire). / Pourquoi elle se donne (Chansonnette).	CODINI. / CODINI.	Bleue
5102	Ousqu'est la baisse (Chansonnette comique). / Amoureux mélomanes (les) (Chansonnette comique).	PIERRE CHAGNON. / CH. THUILLIER FILS.	Bleue
4698	Ovairier (l'). / Radis noir.	GUINDANI et DOUBIS. / MAUPREY et CASA.	Bleue
4559	Petit Grégoire (le) « Répertoire Botrel » (Chanson). / Par le petit doigt « Répertoire Botrel » (DUO), par M. Charlus et Mme Pauline Bert.		Bleue
4958	Pampille (la) (Chanson-Danse). / Ohé! Dupont, ohé! Dubois.	DANDERFF. / BOURGES.	Bleue
4575	Petit panier (le) (Chansonnette). / Un tas de bêtises (Chansonnette).	JUST. / PONCIN.	Bleue

Disques PATHÉ double face. 189

CHANT. — CONCERT (suite) (acc¹ d'orchestre)

CHARLUS (suite)

N°	Titre	Artiste	Couleur
4855	Petits machins (les) (Scène comique). Chapeau à la main (le) (Chansonnette).	G. KRIER. DESMOULINS.	Bleue
4574	Que c'est gentil. Vive l'express de Normandie.	SCOTTO. L. BOYER.	Bleue
4847	Sa mère veillait sur elle. Allo ! Mademoiselle ! ou « la Demoiselle et le Pompier ».	CHRISTINÉ. DESMOULINS.	Bleue
4570	Tango argentin (le) (Chanson-Danse). Un coup de soleil (Chansonnette) (acc¹ SIFFLET et ORCHESTRE).	DESMOULINS. GANGLOFF.	Bleue
4883	Topinambours (les) (Chansonnette). Mon thermomètre (Chansonnette).	PICCOLINI. SERPIERI.	Bleue
4998	Véronique est malade (Chansonnette comique). Ma Rosine (Chansonnette comique).	SCOTTO. DESMOULINS.	Bleue
4885	Vous avez quéqu'chose (Chansonnette). Philomène (Chansonnette).	CHRISTINÉ. CHRISTINÉ.	Bleue

MONOLOGUES

N°	Titre	Artiste	Couleur
4891	Ah ! les assassins. Femme et la pipe (la).	MONTREUIL. BOURGÈS.	Bleue
4571	Candidat muet (le) (Scène comique avec PISTON). Colonel du 603ᵉ à la répétition (le) (Scène comique).	CHARLUS. THOULOUZE.	Bleue
4572	Enterrement de Chanuzot (l'). Général ! Caporal.	CHARLUS. HALET.	Bleue
5103	Moumoutte. — Monologue avec imitation de chat. Comm' tout l' monde. — Monologue.	GERNY. AMELET.	Bleue
4890	Papiers (les). Sales pipelets (les).	JODY et GERNY. BRIOLLET.	Bleue
4573	Riscard et Pleurnichard. Sabre du Colonel (le).	DEL-GARNIER. GURTEVILLE.	Bleue
4856	Six fiancés à l'épreuve (les). Poète des salons (le).	COLONGE et PION. PICCOLINI.	Bleue

SCÈNES DIALOGUÉES COMIQUES ET GRIVOISES

N°	Titre	Artiste	Couleur
4640	Deux bégayeurs, par MM. Charlus et Constantin. Pédicure amoureux (le), par M. Charlus et Mme Sévian.	GERNY. CHARLUS.	Bleue
4576	Deux bons copains, par MM. Charlus et Mansuelle. Période électorale, par M. Charlus.	GERNY. GERNY.	Bleue
4892	Poil au quoi (Scène dialoguée et comique), par M. Charlus et Mlle Lyverna. Chez le photographe (Scène dialoguée et grivoise), par M. Charlus et Mme Sévian.	CH. QUINEL.	Bleue
4881	Prière de Bébé (la) (Scène dialoguée et grivoise). Couronnement de la Rosière (le) (Scène dialoguée et très grivoise), par M. Charlus, de l'Alcazar, et Mme Pauline Bert, de Parisiana.	CHARLUS. CHARLUS.	Bleue

CHAVAT et GIRIER, de la Scala

N°	Titre	Artiste	Couleur
4900	Pas béni (Scène comique). Bourgeois et domestique (Scène comique).	CHAVAT et GIRIER. CHAVAT et GIRIER.	Bleue
4901	Prévenus rigolos (les) (Dialogue). Agent Coupetout (l') (Dialogue).	TH. AILLAUD. CHAVAT et GIRIER.	Bleue

PATHÉPHONE, 30, Bd des Italiens, PARIS.

CHANT. — CONCERT (suite) (acc¹ d'orchestre)

CHAVAT et GIRIER (suite)

N°	Titre	Interprète	Couleur
4903	Réservistes rigolos (les) (Dialogue). / Lettre anonyme (Duo comique).	DAULNAY, / DAULNAY,	Bleue
4899	Trouffion et Truffard (Scène comique). / Echo comique (l') (Scène comique).	CHAVAT et GIRIER. / HALET.	Bleue
4902	Un marchand de vin qui n'entend rien (Dialogue). / Electeur et candidat (Dialogue).	DAULNAY, / XXX.	Bleue

MAURICE CHEVALIER, du Casino de Paris

OPÉRETTES

N°	Titre	Couleur
2030	Dédé (CHRISTINÉ). — Pour bien réussir dans la chaussure. / Dédé (CHRISTINÉ). — J'ose pas.	Marron
2031	Dédé (CHRISTINÉ). — Je m'donne. / Dédé (CHRISTINÉ). — Dans la vie faut pas s'en faire (DUO), par M. MAURICE CHEVALIER et M. URBAN.	Marron
2032	Dédé (CHRISTINÉ). — Si j'avais su (DUO), par M. MAURICE CHEVALIER et Mlle COCÉA. / Dédé (CHRISTINÉ). — Et voilà comme, chanté par Mlle COCÉA.	Marron
2057	Là-haut (MAURICE YVAIN). — C'est Paris (LYRICS D'ALBERT WILLEMETZ). / Là-haut (MAURICE YVAIN). — Ose Anna (LYRICS D'ALBERT WILLEMETZ).	Marron
2058	Là-haut (MAURICE YVAIN). — Couplets de Là-haut (LYRICS D'ALBERT WILLEMETZ). / Là-haut (MAURICE YVAIN). — Si vous n'aimez pas ça (LYRICS D'ALBERT WILLEMETZ).	Marron
2059	Là-haut (MAURICE YVAIN). — Duo des Inséparables, par MM. Maurice Chevalier et Dranem (LYRICS D'ALBERT WILLEMETZ). / Là-haut (MAURICE YVAIN). — Parce que..., chanté par Mlle Mary Malbos, des Bouffes-Parisiens (LYRICS D'ALBERT WILLEMETZ).	Marron

CHANSONNETTES

N°	Titre	Auteur	Couleur
4397	A la gare (Chansonnette légère). / Poupée animée (la) (Chanson gaie).	MAURICE YVAIN. / LINDE.	Marron
4398	Ah ! la danse (Chansonnette grivoise). / Dame du cinéma (la) (Chansonnette grivoise).	J. LENOIR. / LAURENT HALET.	Marron
4495	Avec le sourire (Chansonnette). / Mesdemoiselles (Chansonnette grivoise).	MAURICE YVAIN-WILLEMETZ et J. CHARLES. / HARDY-CAROLL.	Marron
4496	C'est ma bonne. Parodie de « Mon homme » (Chansonnette). / Tous bolchevistes (Chansonnette grivoise).	MAURICE YVAIN-WILLEMETZ et JACQUES CHARLES. / SPARH.	Marron
4399	Chanson pour moi (Chansonnette). / Pruneaux-Figues (Chansonnette et parlé).	MERCIER. / MAURICE YVAIN.	Marron
4375	Dis-moi (Chansonnette légère). / Et tout c' qu'il faut (Chansonnette grivoise).	MAX KORTLANDER. / BUD DE SILVA.	Marron
4472	English Soldier (Chansonnette grivoise). / Je ne vous dis que ça (You'd be surprised) (Chans¹¹ᵉ grivoise).	CHRISTINÉ. / IRVING.	Marron
4497	Faut jamais dire ça aux femmes (Chansonnette). / Yacka Hula Hickey Dula (Chansonnette grivoise).	CHRISTINÉ-WILLEMETZ-TRÉBITSCH. / J. WERDING.	Marron

Disques PATHÉ double face.

CHANT. — CONCERT (suite) (acc' d'orchestre)

COULEURS DES ÉTIQUETTES

MAURICE CHEVALIER (suite)

4377	{ Femme et l'amour (la) (Chansonnette grivoise). { Jazz Bands (les) (Chansonnette grivoise).	E.-E. BAGLEY. LAURENT HALET.	Marron
4471	{ J'ai du Cinéma (Chansonnette grivoise). { Œil assassin (l') (Chansonnette).	LAURENT HALET. GABAROCHE et FRED PEARLY.	Marron
4372	{ J' n'ose pas (Chansonnette). { Si les femmes étaient toutes fidèles (Chansonnette).	MAURICE YVAIN. MILTON OGER et GEO W. MEYER.	Marron
4400	{ Jamais en colère (Chansonnette). { Fantaisie sur les petits Païens (Chansonnette grivoise).	CHRISTINÉ. CHRISTINÉ.	Marron
4374	{ Oh ! Maurice ! (Chansonnette). { C'était une fille (Chansonnette).	CHRISTINÉ. GABAROCHE et PEARLY.	Marron
4373	{ P'tites femmes de rien du tout (les) (Chansonnette). { Elle ne sait pas (Chansonnette).	LAURENT HALET. FRED PEARLY.	Marron
4051	{ Quand il y a une femme dans un coin (Chansonnette) (DUO), par M. Maurice Chevalier et Mlle Jane Myro, du Casino de Paris. { Je ne peux pas vivre sans amour (Chansonnette).	R. PENSO. GABAROCHE et FRED PEARLY.	Marron
4389	{ Tout en dansant le Fox-trot (Chansonnette grivoise). { Pourvu que je vive encore (Chansonnette grivoise).	MAURICE YVAIN. SAM MAYO.	Marron
4376	{ Un dans l'autre (l') (Chansonnette grivoise). { Pas pour moi (Chansonnette).	MAURICE YVAIN. H. CHRISTINÉ.	Marron

CHRIST'YAN, du Casino de Paris

4929	{ Là-haut sur la butte ou Lettre d'un poilu à sa Titine (ACC' PIANO). { Prière des ruines (la) (ACC' PIANO).	GUINDANI. DE BUXEUIL.	Bleue

CONSTANTIN, de la Scala

5150	{ Ça, c'est bien ma veine (Chansonnette). { Rigoleur (le) (Chanson à rire).	L. RAITER. E. SPENCER.	Bleue
5037	{ Je suis myope (Chansonnette). { Y a bon... Y a bon... (Chanson sénégalaise).	PICCOLINI. B. POUPON.	Bleue
4579	{ Né comme ça (Chanson à rire). { Rigolomanie (la).	HAMEL. PICCOLINI.	Bleue

CHANT. — CONCERT (suite) (acc¹ d'orchestre)

COULEURS DES ÉTIQUETTES

COUCHOUD, de la Scala

4784	Amour n'est qu'un beau rêve (l') (Chanson-valse).	L.-A. SIEBEL.	Bleue
	Pensez à la France.	DUCLOS.	
4642	Biche au Bois (la).	BOUSQUET.	Bleue
	Salut aux Pyrénées.	VARGUES.	
4580	C'est l'amour qui passe.	MARINIER.	Bleue
	Roulez tambours.	FAVART.	
4785	Canons (les).	HALET.	Bleue
	Prière du soir (la).	CODINI.	
4641	Cœur de Gitane (O fleur d'amour).	GRACEY.	Bleue
	Retour des Montagnards (le).	DEVAUX.	

DALBRET, des Concerts Parisiens

4481	Assez de bas d' soie (Chansonnette).	DALBRET.	Marron
	Plus belles femmes (les) (Chansonnette).	DALBRET.	
4581	Blonde aux yeux bleus.	CHRISTINÉ.	Bleue
	Cheveux blancs (les) (Etude sociale).	MAILFAIT-LIB.	
4582	C'est la pluie.	IZOIRD.	Bleue
	Notre Étoile (Chanson).	IZOIRD.	
4896	Chanson pour Mireille (Romance).	GUTTINGUER.	Bleue
	Petit ballon rouge (le) (Chanson).	MAILFAIT et IZOIRD.	
4353	Chant des coloniaux (le).	DALBRET.	Marron
	Chien de Madame Elise (le).	DALBRET.	
4583	Cœur d'enfant (Chanson).	DALBRET-SAINT-GILLES.	Bleue
	Dans mon vieux temps (Chanson).	TURINE.	
4008	Cœur d'artichaut (Chanson vécue).	DALBRET.	Marron
	Oh! là là! oui oui (Chansonnette).	GEORGE JESSÉE.	
4352	Descendez, on vous demande.	DALBRET.	Marron
	Un p'tit coup d' pinard.	DALBRET.	
4482	Fleur d'amour (la) (Chansonnette-tango).	DALBRET.	Marron
	On a décoré la ville (Chansonnette).	DALBRET.	
4895	Garde-le, ma jolie (Chanson légère).	BERNIAUX.	Bleue
	Femme médecin (la) (Chanson grivoise).	CHRISTINÉ.	
4897	Gosse et le trottin (le) (Chansonnette).	TASSIN.	Bleue
	Plume et porte-plume (Chansonnette).	MAILFAIT.	
4810	Hardi les gars (Chanson patriotique).	CHRISTINÉ.	Bleue
	Petite médaille en argent (la) (Chanson patriotique).	DALBRET.	
4351	Histoires de poupées A Broken Doll.	W. TATE-SALABERT	Marron
	Serments et les roses (les) (Mélodie).	DALBRET.	
4809	Ma petite Canadienne (Chansonnette).	DALBRET.	Bleue
	Tout le long du quai (Chansonnette).	DALBRET.	
4585	Mad'moisell' voulez-vous!	SCOTTO.	Bleue
	Napolitana.	ARINIER et LÉO LELIÈVRE.	
4894	Marchand de sable (le) (Chanson).	IZOIRD.	Bleue
	Amoureux sauvetage (Chansonnette).	BERNIAUX.	
4670	Mazurka des microbes (la) (Chanson satirique).	IZOIRD.	Bleue
	Sa poupée (Chanson).	GABAROCHE.	
4812	Merci, bons Allemands (Chanson satirique).	IZOIRD.	Bleue
	Tour pointue (la) (Chanson-valse).	KRIER.	
4354	Mesdames, vous en faites pas.	DALBRET.	Marron
	Ah! tais-toi.	R. MERCIER et PICCOLINI.	
4584	Oh! ma poupée d'amour! (Chanson sur les motifs de Beautiful Doll).	ROSI.	Bleue
	Valse chaloupée (la) (Valse chantée sur des motifs d'Offenbach).	DUBOURG.	

Disques PATHÉ double face. 193

	CHANT. — CONCERT (suite) (acc.¹ d'orchestre)		COULEURS DES ÉTIQUETTES
	DALBRET (suite)		
4893	Pauvre France ! Déserteur (le) ou « Lettre d'un déserteur » (Chanson)	Izoird et Mailfait. Izoird et Mailfait.	Bleue
4813	Rentrons, Mimi ! (Chansonnette) Sérénade à Magali (Romance)	Berniaux. Will-Thim.	Bleue
4898	Riras et les flas (les) (Chanson-marche) Je vous pardonne (Chanson légère)	Krier. Christiné.	Bleue
4483	Sans m'en apercevoir (Chansonnette) Vous êtes mouillée, mad'moiselle (Chansonnette grivoise)	Melville et Gidéon. Dalbret.	Marron
4009	Si ça durait tout l' temps (Chanson-marche) Yeux sont les reflets du cœur (les) (Mélodie)	F. Petit et Dalbret. Dalbret.	Marron
4010	Tant qu'il y aura de l'amour (Chanson-marche) Un p'tit mot (Chansonnette)	Dalbret. Dalbret.	Marron

DARBON, Chanteur populaire marseillais

5075	A l'aigo saou lei limacouns (Chanson en patois marseillais) Chanson des pierres plates (la) (Chanson sur les motifs de la « Marche de Paris »)	Chapuis et Cidale. Popy.	Bleue
4586	A l'Exposition Coloniale (Chansonnette comique) C'est une valse populaire (Chanson-valse)	Scotto. Fauchey.	Bleue
4587	Lou Parasou (Chanson provençale) Si tu veux venir (Sur les motifs de « Se tu vuoi venire »)	Chapuis. Chapuis.	Bleue

DUOS

| 4588 | Sous le clair de lune (Chansonnette)
 Tout en rose ! par M. Darbon et Mme Nodar | Scotto.
 Scotto. | Bleue |

G. DEBERNARD, Patois Limousin

5046	L'Hurouso Jardiniéro (en limousin) Un jour de l'Eltoulla (en limousin)	F. Richard. José Mozobrau.	Bleue
5045	Lo Méchanto Mairé (en limousin) Lou Chobrétairé (en limousin)	José Mozobrau. F. Richard.	Bleue
5047	Lou cœur de mio-mio (en limousin) Lo Brianço (en limousin) (acc.¹ piano)	F. Lagueny. José Mozobrau.	Bleue

DELMARRE, de l'Eldorado

| 4959 | Mes débuts dans le monde (Chansonnette-mazurka)
 Robe d'innocence (la) (Romance comique) | Holzer.
 Maquis. | Bleue |

DELMAS, des Concerts Parisiens

| 4786 | Fils d'un passant
 Va, mon gosse | Doubis.
 Guindani et Doubis. | Bleue |
| 4814 | Mad'moiselle Sourire (Chanson)
 Na Loulette (Chanson) | G. Krier.
 Berniaux. | Bleue |

DIAZ, de la Cigale

| 4589 | Cœur des mamans (le) (Romance)
 Elle n'était pas jolie (Chanson-valse) | Maquis.
 Christiné. | Bleue |

CHANT. — CONCERT (suite) (acc' d'orchestre)

COULEURS DES ÉTIQUETTES

DICKSON, de la Scala

4590	Aimer, c'est pleurer. (Valse chantée).	DÉROUVILLE-BUNEL.	Bleue
	Oublions le passé. (Valse chantée).	DICKSON.	
4593	Heure suprême (l') (Valse tzigane chantée).	ROSI.	Bleue
	Nos vingt ans (Valse chantée).	DICKSON.	
4591	Ne pleure pas, bébête (Chanson).	ATTIC.	Bleue
	Charme de ta voix (le) (Chanson).	ROSSI.	

CARL DITAN, de Parisiana

4913	Ça sent toujours l'amour (Chanson-marche).	GAUWIN-DARIS.	Bleue
	Amour frappe à ta porte (l') (Chanson).	CODINI.	
4911	Coccinelle (Chanson).	CHRISTINÉ.	Bleue
	Petit bonheur (Chanson).	CHRISTINÉ.	
4595	Cœur est un grelot (le) (Chanson).	PICQUET.	Bleue
	Dans ton cœur (Chanson).	PICQUET.	
4596	J'ai trouvé une fleur (Mélodie).	GEORGES.	Bleue
	Une femme a passé par là (Chanson).	GAVEL.	
4597	Joli roman d'amour.	FRAGSON.	Bleue
	Si vous aimez une femme (Chanson).	CODINI.	
4594	Lily jolie (C.ansonnette).	GUITTON.	Bleue
	Tutta Mia ! (Chanson napolitaine).	NAUDIN W.	
4910	Pour un baiser (Valse chantée).	PATIERNO.	Bleue
	Laisse-moi pleurer (Valse chantée).	VERCOLIER.	

DRANEM, de l'Eldorado

OPÉRETTE BOUFFE

2055	Là-haut (MAURICE YVAIN). — Aime-moi Emma (LYRICS D'ALBERT WILLEMETZ).		Marron
	Là-haut (MAURICE YVAIN). — Couplet de l'ange gardien (LYRICS D'ALBERT WILLEMETZ).		
2056	Là-haut (MAURICE YVAIN). — L'hilarité céleste (LYRICS D'ALBERT WILLEMETZ).		Marron
	Là-haut (MAURICE YVAIN). — C'est la vie (LYRICS D'ALBERT WILLEMETZ).		
2059	Là-haut (MAURICE YVAIN). — Duo des Inséparables, par MM. Dranem et Maurice Chevalier. (LYRICS D'ALBERT WILLEMETZ).		Marron
	Là-haut (MAURICE YVAIN). — Parce que, chanté par Mlle Mary Malbos, des « Bouffes-Parisiens (LYRICS D'ALBERT WILLEMETZ).		
2060	Là-haut (MAURICE YVAIN). — J'm'en balance. (LYRICS D'ALBERT WILLEMETZ).		Marron
	A ce moment-là (Chanson) (Paroles de PHYLO).	G. GABAROCHE.	

CHANSONNETTES

P. 4643	Accordéoni (l').	CHRISTINÉ.	Bleue
	Beau blond (le).	CHRISTINÉ.	
P. 4644	Ah ! les Chinois !	D'ORVICT.	Bleue
	Rencontre fleurie (Scène parlée).	LUD.	
4048	Ah ! que je suis content (Chansonnette comique).	GABAROCHE.	Marron
	Les yeux dans les yeux (Chansonnette comique).	GABAROCHE.	
P. 4645	Amour aux oiseaux (l') (Monologue).	GAVEL.	Bleue
	Jambe en bois (la) (Chanson grivoise).	SPENCER.	

Disques PATHÉ double face.

CHANT. — CONCERT (suite) (acc^t d'orchestre) | COULEURS DES ÉTIQUETTES

DRANEM. (suite).

N°	Titres	Interprètes	Étiquette
P. 4646	Andouill's Marche. / Oh ! les valses lentes (Valse épol... lente).	PERPIGNAN. / TAILMOUCHE.	Bleue
4368	Bibi la rousti (Chansonnette). / Méfiez-vous fillettes (Chansonnette).	GABAROCHE et FRED PEARLY. / GABAROCHE.	Marron
4366	Bon pour les animaux (Chansonnette comique). / Pas pressé (Chansonnette comique).	CH. JARDIN. / CH. JARDIN.	Marron
4360	Chapeau américain (le). / Vive la campagne.	GABAROCHE et FRED PEARLY. / GABAROCHE et FRED PEARLY.	Marron
P. 4647	Chasseurs, sachez chasser. / Manuel du chauffeur.	D'ORVICI. / SCOTTO.	Bleue
4049	Conseils à la mariée (Chansonnette grivoise). / Comme on change (Chansonnette grivoise).	GABAROCHE. / LAURENT HALET.	Marron
P. 4648	Content comme tout. / Femme greffée (la) (Monologue).	ROBERT CASA. / DÉROUVILLE-LUD.	Bleue
4369	Dans l'amidon (Chansonnette comique). / Histoire d'une pauvre enfant (Chansonnette).	J. LENOIR. / J. LENOIR.	Marron
4356	Dans ma gondole. / Il n'était pas là.	GABAROCHE et PEARLY.	Marron
P. 4650	En 1820. / Ma Portugaise.	DÉDÉ. / SERPIERI.	Bleue
P. 4651	Facteur rigolo (le). / Le garçon trottin.	D'ORVICI. / CHRISTINÉ.	Bleue
P. 4652	Folle complainte. / Héritiers Balandard (les).	GEORGES. / GRAMET.	Bleue
P. 4649	Fort au jeu (Monologue). / Mets des bigoudis.	EGBERS. / CHRISTINÉ.	Bleue
4363	J'ai bon caractère. / Elle le suivait.	CH. JARDIN et J. PÉREU. / MERCIER et PICCOLINI.	Marron
4365	J'ai mis du papier collant (Chansonnette). / Tous les amoureux font ça !	JARDIN. / GABAROCHE et F. PEARLY.	Marron
4364	K. K. K. Katy. / J'aime la mer.	GEOFFREY O'HARA. / GABAROCHE.	Marron
4361	Long du corridor (le). / Chevalier du guet (le).	GABAROCHE et FRED PEARLY. / GABAROCHE et FRED PEARLY.	Marron
P. 4655	Ménage modèle ou « Je t'aime ». / Fraternitas.	MAILFAIT. / GAVEL.	Bleue
P. 4654	Petite Marguerite (la) (Chansonnette). / Yeux cousus (les).	LAUDER-CHRISTINÉ. / CHRISTINÉ.	Bleue
P. 4653	Pom ! Pom ! Pom ! (Chansonnette). / Viens dans ma hutte (Valse glacée).	GUTTINGUER. / WILLY REDSTONE.	Bleue
P. 4860	Râle (la). / Cucurbitacé (le).	COMBES-BRIOLLET. / CHRISTINÉ.	Bleue
P. 4827	Re !... / Ramoneur, marche.	EGBERS. / BERNIAUX.	Bleue

CHANT. — CONCERT (suite) (acc' d'orchestre)

DRANEM (suite)

N°	Titres	Auteurs	Couleurs des étiquettes
4359	Rêve d'amour. / J'aim' ça.	GABAROCHE et PEARLY. / GABAROCHE et PEARLY.	Marron
4357	Sous les gothas. / Elle m'aime pas.	G. COBB. / CH. JARDIN.	Marron
4362	Talaut-Talaut (Chansonnette grivoise). / Employé de l'Ouest-État (l') (Chansonnette grivoise)	PICCOLINI. / PICCOLINI.	Marron
4358	Un homme économe. / Pas bileux.	GUINDANI. / RAITER.	Marron

DRÉAN, du Casino de Paris

4067	Beau Grenadier (le) (Chansonnette comique). / El Torero Catouillos (Chansonnette comique).	G. KRIER. / CODINI.	Marron
4066	C'est la faute à papa (Chansonnette comique). / Si vous vouliez prendre mon cœur (Chansonnette).	CIDALE. / HALET-TELLY.	Marron
5048	Cach' ton piano (Refrain populaire). / On m'a fait mon portrait (Chansonnette).	MAURICE YVAIN. / LAURENT HALET.	Bleue
4069	Curé et le rabbin (le) (Monologue comique). / Adieux au Concert (les) (Monologue comique).	TELLY. / CHICOT.	Marron
4105	Eléonore (version masculine) (avec chœurs). / Demoiselle du Cinéma (la) (Chanson fox-trot).	A. CHANTRIER. / JOSEPH SZULC.	Marron
4068	Javanette (la) (Chansonnette). / Compagnie! Bonjour! (Chansonnette marseillaise).	CIDALE. / B. POUPON.	Marron
4106	Si j'étais petit (Chansonnette). / Fernande (Chansonnette).	MAUPREY. / MAUPREY.	Marron

DUFLEUVE, de la Scala

4914	C'est mon Angélina (Chanson grivoise). / Bon tout d'même (Chansonnette comique).	HEINTZ. / NICOLAY.	Bleue
4598	Chantons clair (Chansonnette). / Disez-le (Romance comique).	BACHMANN. / GEORGES.	Bleue
4013	Dancing partout (Chansonnette grivoise). / Famille Kikempois (la) (Chansonnette grivoise).	G. KRIER. / JARDIN.	Marron
4806	Je la veux (Chansonnette légère). / Ma p'tite Nana (Chansonnette comique).	GEORGES. / HELMER.	Bleue
4014	Parce qu'ils étaient amoureux (Chansonnette comique). / Loi d'un an (la) (Chanson).	JARDIN. / G. KRIER.	Marron
4015	Troupier national (le) (Chansonnette comique). / J' m'en balance (Chansonnette).	P. CODINI. / P. CODINI.	Marron
4599	Un p'tit bibelot (Chansonnette grivoise). / Y en a plus (Chansonnette comique légère).	CASA. / GEORGES.	Bleue

M. et Mme DUPERREY DE CHANTLOUP, des Concerts Parisiens

| 4600 | Amour à Séville (l') (DUO). / Y a qu' les amoureux! (Diction à voix). | GOUBLIER. / ROBERTY. | Bleue |
| 4601 | Quand refleuriront les roses... (Mélodie). / Si j'ai ton cœur. | ROBERTY. / BERNIAUX. | Bleue |

Disques PATHÉ double face.

CHANT. — CONCERT (suite) (acc¹ d'orchestre)

COULEURS DES ÉTIQUETTES

ELVAL, du Théâtre royal de la Haye

4818	Chemineau, chemine ! (Chanson).	DANIDERFF.	Bleue
	Gaby (Romance).	BOREL-CLERC.	
4907	Nuit tragique (Chanson).	BOREL-CLERC.	Bleue
	Nuits de Naples (Mélodie).	GAMBARDELLA.	
4852	Pardon ! (Valse chantée).	RICO.	Bleue
	Rêve passe ! (le) (Chanson-marche avec CHŒURS).	HELMER-KRIER.	
4917	Père Ra-fla (le) (Chanson-marche).	DANGLAS.	Bleue
	Drapeau du paysant (le) (Chanson).	FRAGEROLLE.	

LES ENARD'S (Duettistes), Chanteurs populaires

4859	Angélus de la Mer (l').	GOUBLIER.	Bleue
	Marseillaise de l'aviation (la).	DUGAS.	

FERRÉAL, de la Scala

4811	Chiffons.	COLO-BONNET.	Bleue
	Maintenant... sur la Rivièra.	DELOIRE.	
4905	Elle était brune.	SCOTTO.	Bleue
	Glissons ! Glissette !	GABAROCHE-GUTTINGUER.	
4906	Morenita (Habanera).	PICKAERT.	Bleue
	Sous les minarets (Chanson orientale).	DE NOD et GABAROCHE.	
4904	Soldat (le) (Chanson militaire avec CLAIRON) (Paroles de P. Déroulède).	CANIBLON.	Bleue
	Méfie-toi, fillette ! (Chansonnette).	HALET.	

JEAN FLOR, de l'Alhambra

4011	Ah ! gardez-le Mesdames (Chansonnette).	SCOTTO.	Marron
	Pourquoi mentir ! (Chanson).	GABAROCHE.	
4046	Blondes (One-step marche).	LOUIS HILLIER.	Marron
	Millions d'Arlequin (les) (Tiré de la célèbre sérénade).	R. DRIGO.	
4933	Chanson de Manon (la).	SCOTTO.	Bleue
	Femme exquise.	SCOTTO.	
4916	Chante, petit ploupiou (Chanson-marche).	SCOTTO.	Bleue
	Mirka la gitane (Chanson).	COLO-BONNET.	
4012	Dansez le shimmy (Shimmy fox-trot).	HALET-TELLY.	Marron
	Une simple poupée (Chanson).	HALET-TELLY.	
4486	Delilah-Valse (Valse-hésitation).	HORATIO NICHOLLS.	Marron
	If you could care (Si vous aviez pour moi l'amour que j'ai pour vous) (Célèbre valse-boston).	H. DAREWSKI.	
4934	Dernier amour.	GABAROCHE.	Bleue
	Laissez pleurer mon cœur.	J. LENOIR et LAJOUS.	
4915	Écoutez votre cœur (Chanson).	SCOTTO.	Bleue
	Elle avait seize ans (Chanson).	SCOTTO.	
4991	En flânant boulevard Saint-Martin.	SCOTTO.	Bleue
	Viens près de moi ! (Habanera).	L. DANIDERFF.	

CHANT. — CONCERT (suite) (acc¹ d'orchestre)

JEAN FLOR (suite)

N°	Titre	Auteur	Couleur
4935	Gardez-vous de sortir le soir. / Amour est une folie (l').	Scotto. / Scotto.	Bleue
4107	Je vous aime... (Fox-trot chanté). / Toutes les mêmes (Chansonnette).	René Mercier. / Eug. Gavel.	Marron
4990	Je vous trouve si jolie. / Tout autour des tours de Notre-Dame.	Scotto. / Scotto.	Bleue
4050	Nids d'amour (Fox-trot). / Trottins (les) (Vocal One-step).	Borel-Clerc. / Borel-Clerc.	Marron
4989	Peuchère « La petite Marseillaise ». / Valse noire (la).	Scotto. / Scotto.	Bleue
4047	Serments d'amour (Valse chantée). / Pardonne-moi (Chanson de genre).	V. Scotto. / V. Scotto.	Marron
4484	Smiles « Mon soleil, c'est ton sourire ». / Je t'ai vue toute petite (Chanson).	Lee S. Roberts. / B. Poupon.	Marron
4485	The violet's song « La légende de la violette ». / En r'montant à Ménilmontant.	Maurice Yvain. / Scotto.	Marron

FORTUGÉ, de la Scala

N°	Titre	Auteur	Couleur
4113	Ah ! quand donc (Chansonnette comique (Paroles de Fred Pearly). / C'est jeune et ça n'sait pas (Fox-trot chanté). — Paroles de Willemetz et Jacques Charles.	Fred Pearly. / Borel-Clerc.	Marron
4908	Dans c'l'auto (Chansonnette). / Ah ! que l'amour (Chansonnette comique).	Krier. / Valsien.	Bleue
4114	Elle aime ça (Chansonnette comique). — Paroles de Fred Pearly. / J'suis le p'tit jeune homme que vous cherchez (Chansonnette comique) Paroles de Phylo.	Fred Pearly. / Gabaroche et Fred Pearly.	Marron
4964	J'veux garder mon chapeau. / Pâtre des Batignolles (le) ou « Abruti... rolienne ».	Krier. / L. Terret.	Bleue
4082	Je cherche papa (Chansonnette comique). / Chanson du Trombone (Fox-trot).	Eugène Gavel. / Laurent Halet.	Marron
4088	Mes parents sont venus me chercher (Chanson populaire). / Par jalousie (Mélodie nerveuse). — Paroles de H. Poupon.	Fred Pearly. / B. Poupon.	Marron
4089	P'tit rouquin du Faubourg St-Martin (le) (Chansonnette). Paroles de H. Montagard. / Je suis toujours là (Chansonnette). — Paroles de Fred Pearly.	Fred Mélé. / Gabaroche et Fred Pearly.	Marron
4909	Y n'savait pas, ou « C'était un gosse » (Bluette). / Ce gosse-là !	Valsien. / Valsien.	Bleue

FRAGSON, de la Scala

N°	Titre	Auteur	Couleur
4602	Adieu Grenade (Romance) (acc¹ piano). / Parisienne, y'a qu' ça (la) (Chanson-marche) (acc¹ piano).	Henrion. / Fragson.	Bleue
4603	Ça va s' passer (Chansonnette) (acc¹ piano). / Sympathique ! (acc¹ piano).	Spencer. / Lincke.	Bleue
4944	Dans mon pays (acc¹ piano). / Elle est Marseillaise (acc¹ piano).	Berlin et Snyder. / Scotto.	Bleue
4604	En avant les p'tits gars ! (acc¹ piano). / Toutou rusé (le) (acc¹ piano).	Archainbaud. / Fragson.	Bleue

Disques PATHÉ double face

CHANT. — CONCERT (suite) (acc¹ d'orchestre)

FRAGSON (suite)

N°	Titres	Artistes	Couleurs des étiquettes
4605	Excuse me ! (Politesse anglaise) (acc¹ piano). / M'amour (Valse lente) (acc¹ piano).	FRAGSON. / FRAGSON.	Bleue
4606	Fleur de Thé (Chanson) (acc¹ piano). / Valse nuptiale (acc¹ piano).	SPENCER. / SOLER.	Bleue
4607	Hitchy kou (Sur les motifs de la danse américaine) (a¹ piano). / Thé tango (le) (acc¹ piano).	LEWIS F. MUIR et ABRAHAMS / BERGER.	Bleue
4965	Hop ! Eh ! Ah ! Oh ! Ohé ! (acc¹ piano). / C'est pour vous (acc¹ piano).	BOSC et FLYNN. / ARR. SALABERT.	Bleue
4943	Je connais une blonde (acc¹ piano). / Mimi taxi (Chansonnette) (acc¹ piano).	RAY GETZ et BALDWIN-SLOANE. / SPENCER.	Bleue
4664	Lettre tendre (Romance) (acc¹ piano). / Pure comme les anges (acc¹ piano).	FRAGSON. / FRAGSON.	Bleue
4608	Sans qu'on le veuille (acc¹ piano). / Mariage aux oiseaux (acc¹ piano).	SILESU. / LINCKE.	Bleue
4609	Si tu veux... Marguerite (Chanson populaire) (acc¹ piano). / Notre Président (acc¹ piano).	VALSIEN. / FRAGSON.	Bleue

FERNAND FREY, de la Cigale

N°	Titres	Artistes	Couleurs
4808	Cigale et la Fourmi (la) (Fable qui n'est pas de La Fontaine). / Gaîtés du Téléphone (les) (Monologue comique).	F. FREY. / BLOCH.	Bleue
4858	Dans la rue (Cris parisiens) (Monologue). / Cidre (le) (Opéra fantaisiste interprété par Fernand Frey tout seul).	F. FREY. / F. FREY.	Bleue
4787	De l'influence des poissons sur les ondulations de la mer (Monologue-Conférence). / Fauteuil 52 (le) (Monologue comique).	F. FREY. / F. FREY.	Bleue

GEORGEL, des Concerts Parisiens

N°	Titres	Artistes	Couleurs
5030	A demain ! (Mélodie moderne). / Poule et le Renard (la) (Fox-trot).	MERCIER-RENÉ. / E. DOLOIRE.	Bleue
5029	Adieu d'étudiant (Chanson). / Sur un air américain (Chansonnette).	E. DOLOIRE. / LAURENT HALET.	Bleue
4036	Ah ! quel retard (Chanson). / Visionnaires (les) (Chanson).	V. SCOTTO. / RENÉ DE BUXEUIL.	Marron
4038	Ah ! si vous avez (Chanson). / Du moment qu'on n'en sait rien (Chanson naïve).	J. DORIN et A. ROGER. / V. SCOTTO.	Marron
4096	Amants (les) (Chansonnette). / J'ai r'trouvé mon pays (Chanson marche).	FRED MÉLÉ. / EUG. GAVEL.	Marron
4868	Aux Halles. / J'en demande.	V. SCOTTO. / V. SCOTTO.	Bleue
4788	Berceuse de Bébé (la). / Dans les cieux (Chanson).	VERCOLIER. / ALTIRAC.	Bleue
5055	Ca n'est pas américain (One-step). / Maintenant... Dansons la scottish espagnole (Chanson-danse).	LAURENT HALET. / R. CASABIANCA.	Bleue
4092	Caresses (les) (Mélodie). / Quand on fait le même chemin (Chanson sentimentale).	V. SCOTTO. / V. SCOTTO.	Marron
5052	Chacun de nous aime sa femme (Chansonnette). / Tango chaviré (le) (Chansonnette).	RENÉ DE BUXEUIL. / PAUL NAST.	Bleue

PATHÉPHONE, 30, Bd des Italiens, PARIS.

CHANT. — CONCERT (suite) (acc' d'orchestre)

GEORGEL (suite)

N°	Titre	Auteur	Couleurs des étiquettes
4093	Choses que l'on dit (les) (Chanson). / Quand une femme vous aime (Chanson fox-trot).	V. Scotto. / Laurent Halet.	Marron
4034	Chouette (la) (Chanson réaliste). / Danse Java (la) (Chanson réaliste).	L. Izoird et L. Raiter.	Marron
4094	Crime (le) (Chanson vécue). / Il la suivit (Chansonnette).	V. Scotto. / V. Scotto.	Marron
4984	Dans les bouges de Paris (Chanson réaliste). / Fossoyeur (le) (Chanson philosophique).	V. Scotto. / V. Scotto.	
5053	Dans les faubourgs (Chanson). / Tu finiras sur les planches (Chanson dramatique).	R. de Buxeuil. / V. Scotto.	Bleue
5031	Dansez-vous le Fox-trot ! (Chanson moderne). / Assommoir (l') (Chanson dramatique).	R. de Buxeuil. / Maurice Yvain.	Bleue
4035	Dansons le Shimmy (Chanson-danse). / Ne brisez pas vos joujoux (Chanson).	René de Buxeuil. / V. Scotto.	Bleue
4610	Dernier tango (le) (Chanson argentine). / Sous les ponts de Paris.	Laurent Halet. / Doloire.	Marron
4983	Ils vont au bois (Chanson-marche). / Je n' sais pas (Chansonnette grivoise).	V. Scotto. / Grock.	Bleue
5054	Jolie Dactylo (la) (Chansonnette grivoise). / Mais avec une femme (Chansonnette grivoise).	A. Chantrier. / V. Scotto.	Bleue
4789	Jolis cheveux (les) (Chanson). / On pardonne tout (Valse chantée).	V. Scotto. / Thuillier Fils.	Bleue
4790	Page d'amour (Chanson). / Petite horloge (la) (Valse vécue).	Raoul Georges. / Doloire.	Bleue
4097	Petit ruban vert (le) (Chansonnette). / Il m'a suffit (Fox-trot chanté).	Vergolier. / V. Scotto.	Bleue
5056	Plus jolie du monde (la) (Chanson). / Si ce n'est qu' pour ça (Chansonnette).	Borel-Clerc. / E. Gavel.	Marron
5028	Prenez donc une femme (Chanson). / Valse à Lili (la) ou le Retour au foyer.	V. Scotto. / Vincent Scotto.	Bleue
4791	Quand y a pas d'lune. / Sa Muguette (Idylle napolitaine).	Jean Daris. / Paolini, Closset et Saint-Gilles.	Bleue
4095	Quand Zézette zozote (Chansonnette fox-trot). / Il est secrétaire (Chansonnette).	Hug. Gavel. / V. Scotto.	Marron
4037	Si ma blonde était brune (Chanson). / Y a qu'un truc qui marche toujours (Chansonnette comique).	Fred Mélé. / V. Scotto.	Marron
4985	The Small String (La petite ficelle) (Chansonnette fox-trot). / Vos maîtresses, Messieurs (Chansonnette grivoise).	R. Dorcine. / V. Scotto.	Bleue
4869	Un soir en passant. / Valse des camoufleurs (la).	R. Mercier. / V. Scotto.	Bleue
5057	Viens chez moi... (Chanson réaliste). / Tango de Manon (le) (Chanson).	René Mercier. / Fernand Heintz.	Bleue
4039	Vipère (la) (Chanson réaliste). / Je suis noir (Chansonnette comique).	V. Scotto. / Labusquière.	Marron

GEORGIUS, des Concerts de Paris

N°	Titre	Auteur	Couleurs
4059	Archers du Roy (les) (Chanson grivoise). / Pour se faire remarquer (Chanson comique).	Gev. / Chagnon.	Marron
4110	Il n'osait pas se décider (Fox-trot sans résolution). / Tango neurasthénique (le) (Tango comique).	Pierre Chagnon et René Darlay. / Pierre Chagnon et René Darlay.	Marron
4111	Méfiez-vous d'Anatole ! (Chansonnette comique). / Ma gosse (Scottish espagnole).	Pierre Chagnon et René Darlay. / Pierre Chagnon et René Darlay.	Marron

Disques PATHÉ double face.

CHANT. — CONCERT *(suite)* (acc. d'orchestre)

COULEURS DES ÉTIQUETTES

GEORGIUS *(suite).*

4060	Sur la pointe des pieds (Chansonnette comique).	MERCIER.	Marron
	Un agent courait (Chansonnette comique).	CHAGNON.	
4061	Sur un air de Shimmy (Chansonnette comique).	MERCIER.	Marron
	Jules (Chansonnette comique).	ALIX.	

PAUL GESKY, de l'Olympia

5040	Bonheur d'être aimé (le) (Chanson).	LEARSI et ROGER MYRA.	Bleue
	Paris (Chanson).	RENÉ MERCIER.	
5038	Chanson d'un soir.	BENECH et DUMONT.	Bleue
	Ne rendez pas les hommes fous ou La chanson du passant.	BENECH.	
5126	Clochettes d'amour (les) (Mélodie).	HERPIN.	Bleue
	Lune Jolie (Grande berceuse).	R. SOLER.	
5130	Colombinella (Sérénade).	L. G. DELABRE.	Bleue
	Sheik (le). — Dans l'immense Sahara.	TED SNYDER.	
5032	Houdja-Marama (la) (Chanson orientale).	ALCID MARIO et CH. THUILLIER FILS.	Bleue
	Mado.	BOREL-CLERC.	
5036	Ils ont rendu l'Alsace (Chanson) (avec chœurs).	BOREL-CLERC.	Bleue
	Pas s'en faire (Chanson refrain) (avec chœurs).	BOUSQUET.	
5027	Père la Victoire (le) (Chanson sur l'air de *la Marche française*).	LOUIS GANNE.	Bleue
	Arc de triomphe (l') (Marche de la Victoire).	ALCID MARIO et CH. THUILLIER FILS.	
5025	Un Jour viendra (Mélodie-valse).	ROBICHON et JAQUINOT.	Bleue
	M'amour, sèche tes larmes (Chanson-valse).	RENÉ DE BUXEUIL.	

GIRARD (Imitateur), de l'Alhambra de Londres

4611	J' comprends les animaux (Scène d'imitations).	CHARLUS.	Bleue
	J' comprends les animaux *(suite)*.	CHARLUS.	

HAMEL, du Petit Casino

4986	Cocorico ! ou l'Aigle et le Coq (Légende).	DANIDERFF.	Bleue
	Jamais ! (Chanson satirique).	DÉDÉ.	
4988	Gosse du sixième (la) (Chansonnette).	SCOTTO.	Bleue
	Beauté de ma mie (la) (Mélodie).	FEBVRE.	
4987	Là-bas !... (Chanson de la grande guerre).	G. BARON.	Bleue
	Quand vient la saison nouvelle (Chanson-marche).	PICCOLINI.	

LOUIS IZAR, Patois Catalan et Toulousain

5098	Le noutou (Pastorale Languedocienne) (patois toulousain).	G. RUPPES.	Bleue
	Poulido (Romance) (en patois toulousain).	DARQUIER.	
5072	Lo Pardal « Le moineau » (Chanson populaire du Roussillon) (en catalan).	GABRIEL BAILLE.	Bleue
	Montanyas regaladas « Montagnes fortunées » (Chanson du Roussillon) (en catalan).	GABRIEL BAILLE.	

CHANT. — CONCERT (suite) (acc¹ d'orchestre)

JUNKA, des Concerts Parisiens

N°	Titres	Auteurs	Couleurs des étiquettes
4612	Âme des violons (l') (Valse tzigane). / Boniments printaniers (Chanson-marche).	DE BUXEUIL. / LECONTE.	Bleue
4769	Berceuse tendre (Il fait si bon près de toi). / Sur les flots du Bosphore (Valse orientale).	DANIDERFF. / DELTEIL-DEVAUX.	Bleue
4771	C'est pour ta fête (Chanson vécue). / Oublions les baisers (Chanson-valse).	VERCOLIER. / DEVAUX.	Bleue
4849	Chante, mon biniou (Mélodie bretonne). / T'es toujours mon gas (Chanson).	PLANEL-DEVAUX. / MATHÉ.	Bleue
4850	Éternelle chanson (l') (Chanson vécue). / Ferme tes jolis yeux (Berceuse).	DUCLUS. / DE BUXEUIL.	Bleue
4656	J'adore les brunes. / J'ai peur de trop t'aimer.	SCOTTO. / DICK-LAWRENCE.	Bleue
4770	Je n'ai que toi. / Sa robe blanche.	NOCETI. / DANIDERFF.	Bleue
4830	Malgré toi (Valse chantée). / Farandole de Provence (Ronde provençale).	RICO. / PLANEL-DEVAUX.	Bleue
4851	Père Chante-Misère (le) (Chanson vécue). / Pensez aux mamans.	VERCOLIER. / GAVEL.	Bleue
4772	Plus joli rêve (le) (Mélodie). / Prières de la vie (les) (Chanson vécue).	AREZZO. / VERCOLIER.	Bleue
4823	Rêve d'un soir. / Rubans de la Vie (les).	NILSON-FYSHER. / VERCOLIER.	Bleue
4848	Souviens-toi ! Ninon. / Amour s'envole (l') (Mélodie-valse).	SYLVIE et DEVAUX. / TRIANDAPHYL.	Bleue
4829	Tout passe un jour (Mélodie). / Ma mie Pâquerette (Idylle parisienne).	TH. WITTMANN. / R. GUTTINGUER.	Bleue

LANGLOIS, de l'Opéra-Comique

N°	Titres	Auteurs	
5019	C'est en Alsace (Marche française). / Mam'zelle la Victoire (Marche française).	A. CHANTRIER. / DARRIEN et E. PONCIN.	Bleue
5020	Légende de Marianne (la). / Noël tragique.	A. STANISLAS. / A. STANISLAS.	Bleue
5018	Soirs (les). / Noël neige.	DARDANY. / H. POURDRAIN.	Bleue
5021	Train des Conscrits (le). / Vœux suprêmes (Paroles de DÉROULÈDE).	G. KRIER. / DAGUERRE.	Bleue

HENRI LÉONI, de l'Olympia

N°	Titres	Auteurs	
4775	Je n'sais comment. / Yahama.	HOSCHNA. / HOSCHNA.	Bleue
4776	Je te veux. / Un an d'amour.	TEMPLETON. / GOUBLIER.	Bleue
4613	Long du Missouri (le) (avec chœurs). / Tendresses (Valse chantée).	CHRISTINÉ. / CLÉRICE.	Bleue
4777	Si vous n'étiez pas si jolie (Mélodie). / Un peu d'amour (Mélodie).	MATHÉ. / SILÉSU.	Bleue

Disques PATHÉ double face 203

CHANT. — CONCERT *(suite)* (acc¹ d'orchestre) — COULEURS DES ÉTIQUETTES

LYNEL, des Concerts Parisiens

5123	Ah ! les femmes des autres (Valse gaie).	Bénech et Dumont.	Bleue
	Lilette (Chanson marche gaie).	Bénech et Dumont.	
5133	Amour à Venise (l') (Chanson valse).	Bénech et Dumont.	Bleue
	C'est une belle (Romance fox-trot).	F.-L. Bénech.	
5100	Chevalier d'amour (le) (Légende) (avec cors).	Bénech et Dumont.	Bleue
	Ma petite femme (Mélodie).	Bénech et Dumont.	
5081	Cœur de lilas (Valse populaire).	Bénech et Dumont.	Bleue
	Plus beau des joujoux (le) (Chanson-valse).	Bénech et Dumont.	
5082	Étoile du marin (l') (Légende).	Bénech et Dumont.	Bleue
	Lorsqu'on a vieilli (Mélodie-valse).	F.-L. Bénech.	
5124	Joujou (Chanson fox-trot).	Bénech et Dumont.	Bleue
	Au rendez-vous d'amour (Chanson valse).	Bénech et Dumont.	
5134	Homme aux poupées (l') (Valse légende).	Bénech et Dumont.	Bleue
	Nuits de Chine (Fox-trot oriental).	Bénech et Dumont.	
5069	Lune d'amour (Chansonnette).	F.-L. Bénech.	Bleue
	Valsez midinettes (Valse populaire).	F.-L. Bénech.	
5083	Mariquita, jolie (Légende espagnole).	Bénech et Dumont.	Bleue
	On s'est connu (Habanera).	Bénech et Dumont.	
5125	Maritza (Chanson valse).	Bénech et Dumont.	Bleue
	Juif errant à Paris (Chanson marche).	Bénech et Dumont.	
5110	Ne demandez jamais aux femmes (Valse populaire).	Bénech et Dumont.	Bleue
	Train roulait (le) (Fox-trot chanté).	F.-L. Bénech.	
5070	Ne ferme pas les yeux (Chanson-valse).	F.-L. Bénech.	Bleue
	Petite rose (Chansonnette sentimentale).	F.-L. Bénech.	
5111	Ninon, voici le jour (Célèbre aubade).	Bénech et Dumont.	Bleue
	Marchand de chevelures (le) (Légende bretonne).	Bénech et Dumont.	
5096	On m'appelle Frisson (Chanson populaire).	Bénech et Dumont.	Bleue
	Quand il vous a parlé ou « Bella coscia » (Fox-trot).	Bénech et Dumont.	
5135	On n'est pas du même monde (Valse populaire).	Bénech et Dumont.	Bleue
	Si les femmes étaient des fleurs (One-step gai).	Bénech et Dumont.	
5097	Petite fleur des neiges (Romance-valse).	Bénech et Dumont.	Bleue
	Fou de minuit (le) (Légende) (avec cloches).	Bénech et Dumont.	
5112	Pour celle qui passe (Valse chantée).	F.-L. Bénech.	Bleue
	Caprice (Valse chantée).	Bénech et Dumont.	
5160	Si c'est une blonde ou Si c'est une brune (One-step chanté).	Bénech et Dumont.	Bleue
	Sur la rive enchantée (Valse espagnole chantée).	Bénech et Dumont.	
5071	Si vous rencontrez une blonde (Chanson-valse).	F.-L. Bénech.	Bleue
	Il faut croire au bonheur (Chanson valse).	F.-L. Bénech.	

MANESCAU, Ténor Béarnais

5080	Aqueros mountinos-Si Canté (en Béarnais) (avec chœurs).	Pœbus.	Bleue
	Beth cèu de Pau (Romance) (en Béarnais).	Lespine-Constantin.	
5024	Toulousaine (la) (avec chœurs).	L. Deffès.	Bleue
	Brésiliennes (les) (avec chœurs).	L. Bordèze.	

PATHÉPHONE, 30, Bd des Italiens, PARIS.

CHANT. — CONCERT (suite) (acc¹ d'orchestre)

FRANCIS MANOËL, de la Pie-qui-Chante

4778	Comment je veux t'aimer (Mélodie).	GABAROCHE et GUTTINGUER.	Bleue
	En fermant vos jolis yeux (Mélodie).		
4779	Douce chanson (la).	A. VON TILZER.	Bleue
	Je connais une blonde (Chansonnette).	RAY GOETZ et BALDWIN SLOANE.	

MANSUELLE, des Ambassadeurs

4854	Bamboulette (Chansonnette légère).	STERNY.	Bleue
	Il a tout du ballot (Refrain populaire).	DE BUXEUIL.	
4756	Célina.	STERNY.	Bleue
	Gamin de Paris (le).	FRAGSON.	
4807	Il est... content le chef de gare (Chanson populaire).	GRAMET.	Bleue
	Voulez-vous ma clef? (Chansonnette comique).	GEORGES.	
4757	Mais voilà !...	CHANTRIER.	Bleue
	Mon Eudoxie.	JOUVE.	
4758	Ne gueul' pas, Joséphine.	FLAMENT.	Bleue
	Vas-y Mélie (Chansonnette comique).	PLAIRE.	
4759	P'tite branche de lilas (Chanson grivoise).	SPENCER.	Bleue
	Une fille aimante (Chansonnette grivoise).	LEGAY-LELIEVRE.	

MARCELLY, de la Gaîté-Rochechouart

4880	A la France, donnons des ailes.	J. SIBULLE.	Bleue
	Petit matelot.	VALSIEN.	
5099	Addio Santiago (Fox-trot).	HAROLD DE BOZI.	Bleue
	T'aimer (Habanera).	JEAN DARIS.	
4665	Adorez-vous ! (Marche chantée).	BOREL-CLERC.	Bleue
	Clocher de mon village (le).	GUITTON.	
4669	Alza ! Manolita (Chanson espagnole).	DANIDERFF.	Bleue
	Hop ! Eh ! Ah ! Di ! Dhé ! (Chanson populaire).	BOSC et FLYNN.	
5088	Amour à la Pacha (l') (Zim). En Arménie, ménie (avec chœur).	RENÉ MERCIER.	Bleue
	Tendresse (Valse hésitation).		
4695	Amour brisé (l') (Valse chantée).	BOREL-CLERC.	Bleue
	Berceuse des Nuits (la) (Chanson vécue).	VERCOLIER.	
5131	Amour quand tu nous tiens (Chanson).	A. CHANTRIER.	Bleue
	Si vous voulez vous faire aimer (Chanson).	GABAROCHE et FRED PEARLY.	
5152	Au pays des clairs de lune (Fox-trot chanté).	P. POUPON.	Bleue
	Ton souvenir est là (Mélodie).	G. BARON.	
5066	Avec toi « Esclave d'amour » (Valse lente).	HAROLD DE BOZI.	Bleue
	Beautiful Ohio (Chanson).	EARL BASTA.	
5063	Bagnard (le) (Chanson).	BOREL-CLERC.	Bleue
	C'est la chanson de mon village (Chanson).	BOREL-CLERC.	
4684	Belle adorée.	F. BORDÈ.	Bleue
	Rouet d'amour (le).	BOREL-CLERC.	
4686	Bon Dieu des roses (le) (Mélodie).	GUTTINGUER.	Bleue
	Maman jolie (Lettre d'enfant).	ROBERT.	

Disques PATHÉ double face.

CHANT. — CONCERT (suite) acc¹ d'orchestre)

		COULEURS DES ÉTIQUETTES
	MARCELLY (suite)	
5095	C'est en passant (Mélodie). — R. DE BUXEUIL. Je n'ai jamais aimé (Valse chantée). — R. DE BUXEUIL.	Bleue
4975	C'est Paris! — ROSI. Vive l'oncle Sam. — BERNIAUX.	Bleue
4688	C'est pour l'armée. — HELMER. Dernier rendez-vous (Romance). — GOUBLIER.	Bleue
4689	C'est un refrain d'amour. — ATTIC. Rien que nous deux. — ROSI.	Bleue
4841	Carmen l'Andalouse (Habanera). — PATERNO. Un soir à Barcelone (Chanson). — R. SOLER.	Bleue
4867	Ce sont les yeux. — ROBICHON. Chanson des yeux clos (la) ou « J'ai perdu la lumière » (Chanson-valse). — R. DE BUXEUIL.	Bleue
5033	Chanson du bonheur (la). — P. SÉGO. Loulou (Valse moderne). — EUGÈNE ROSI.	Bleue
4939	Chanson du soir (la). — BOREL-CLERC. T'en fais pas Mimile. — BOREL-CLERC.	Bleue
4865	Chansons qui passent (les). — SPENCER. Tout le long de la Tamise. — E. ROSI.	Bleue
4973	Chant du retour (le). — WILLEMS. Berceuse au bleuet. — BOREL-CLERC.	Bleue
4691	Chapelet béni (le) (Romance). — BOREL-CLERC. Mimi d'amour (Chanson vécue). — VERCOLIER.	Bleue
4616	Charme secret. — LEO LENS. Donne-moi ton cœur (Chanson). — SAVEL.	Bleue
4674	Cœur de chêne (Légende bretonne) (Répertoire Botrel). — DURAND. Paimpolaise (la) (Répertoire Botrel). — BOTREL.	Bleue
4685	Cœur de ma jolie (le) (Romance). — GEORGES-MORIAS. Lettre d'adieu (Valse chantée). — LECONTE.	Bleue
4673	Cœur de voyou (Chanson vécue). — SPENCER. Mariolle (la). — BERNIAUX.	Bleue
4842	Cœur n'est pas un joujou (le) (Chanson). — GUTTINGUER. Un regard d'amour (Valse chantée). — ZURFLUCH.	Bleue
4671	Demain. — POPY et PICCOLINI. Réveil des aigles (le) (Chanson). — GEORGES.	Bleue
4844	Dernière chanson (Romance). — FINCK-FRAGSON. Marche à l'échelle. — BOREL-CLERC.	Bleue
4675	En marche vers l'amour (Chansonnette-marche). — PICCOLINI. Voix du Clocher (la) (Mélodie avec CLOCHES). — TAVERNIER et DEVAUX.	Bleue
4992	En revenant de Longchamp (Chanson). — L. HALET. Souvenir d'Alsace (Chanson). — DICKSON.	Bleue
4672	Étendard de la pitié (l') (Chanson). — WESLY. Femme aux bijoux (la) (Chanson). — DUMONT.	Bleue
4618	Fatma la brune (Chanson orientale). — DESMOULINS. Retraite passe (la) (Chanson-marche). — VARGUES.	Bleue
4976	Femmes! femmes! — SCOTTO. Dans les couloirs du métropolitain. — ROSI.	Bleue
5089	Fleur de thé (Japanese song) (avec CHŒURS). — BOREL-CLERC. Écoutez l'âme des cloches (Romance). — RENÉ DE BUXEUIL.	Bleue
4677	Fleurs que nous aimons (les) (Valse chantée). — CRÉMIEUX. Reviens, Musette (Chanson). — DELBRUE.	Bleue

CHANT. — CONCERT (suite) (acc¹ d'orchestre)

COULEURS DES ÉTIQUETTES

— MARCELLY (suite)

N°	Titres	Auteurs	Couleur
4619	Fou de Notre-Dame (le) (Chanson). Rendez-moi mes vingt ans (Valse populaire).	DESMOULINS. GAVEL.	Bleue
4872	Gars de France (les) (Chanson-marche). Drapeau passe (le) (Chanson-marche).	L. DANIDERFF. GUITTON.	Bleue
5061	Hindustan (Fox-trot). Sur l'éléphant blanc.	OLIVER G. WALLACE et HAROLD WEEKS CH. GUINDANI.	Bleue
5122	Homme aux guenilles (l') (Chanson). — Paroles de L. JORER. Promesses d'amour (les) (Valse chantée). — Paroles de V. VALLIER et R. BUZELIN.	PICCOLINI. EUG. ROSI.	Bleue
4615	Ida la Rouge (Chanson réaliste). Votre baiser d'adieu (Chanson-valse).	TERRET. SOLER.	Bleue
4875	Ils n'passeront pas (Chanson-marche). Angelus de Verdun (l').	DÉDÉ. A. RIEU.	Bleue
4693	Je croyais t'aimer (Valse chantée). Valse nuptiale.	RICO. SOLER.	Bleue
4678	Je meurs d'amour (Valse chantée). Tes yeux seront mes étoiles (Chanson idylle).	PICCOLINI. DUCLUS.	Bleue
4853	Je sais une étoile jolie (Mélodie). Coralie ou « La Fête de Coralie ».	ANDRÉAS. DESMOULINS.	Bleue
5101	Je suis gris (Chanson fantaisiste). Oh ! qu'c'est bête ! (Chanson).	LOUIS SUÈS. VINCENT PUGET.	Bleue
4679	Je t'apporte mon cœur... Folie ! (Chanson-valse). Quand les papillons (Mélodie).	SOLER. V. ECOLIER.	Bleue
4840	Karmi ou « l'Amour est plus fort que la mort » (Chanson corse). Mam'zelle Risette (Valse populaire).	L. DANIDERFF. C. ROBERT.	Bleue
4676	Légionnaire (le) (Chanson populaire). Si tu veux (Valse chantée).	IZOIRD. E. ROSI.	Bleue
4614	Loin de toi (Valse chantée). Quanto se bella « Que tu es jolie » (Chanson napolitaine).	DUCLUS. BONINCONTRO TELLAM.	Bleue
4694	Ma chérie si jolie (Chanson-valse). Une femme a passé par là.	TASSIN. GAVEL.	Bleue
4845	Ma Chinoise (Chansonnette). Je t'ai donné mon cœur.	V. SOULAIRE. JAMAR.	Bleue
4621	Ma Graziella (Chanson gitane). Micaëlla Mia (Chanson napolitaine).	MAXE. DANIDERFF.	Bleue
4974	Ma poupée blonde. Ton charme me grise.	BOREL-CLERC. ROSI.	Bleue
4682	Mais elle est si jolie (Chanson-Valse). Valse des Faubourgs « N'écoute pas Midinette ».	VARGUES. BERNIAUX.	Bleue
4658	Mais ton tour viendra. Souvenir de tango.	TRIANDAPHYL. MIGUEL PICAZO	Bleue
5034	Marche des hommes bleus. Madelon de la victoire (la) (avec CHŒURS).	VINCENT SCOTTO. BOREL-CLERC.	Bleue
4668	Marche des Nations. Valse chavirée.	NICOLI. DOLOIRE.	Bleue
5035	Margot la blonde ou J'ai peur des blondes. Choisis Lison (Chanson-marche) (avec CHŒURS).	BÉNECH. C. ROBERT.	Bleue
4681	Margot reste au village. Tu ne sauras jamais !... (Valse chantée).	ZÉVACOT-CORBEAU. RICO.	Bleue

Disques PATHÉ double face.

CHANT. — CONCERT (suite) (acc¹ d'orchestre)

COULEURS DES ÉTIQUETTES

MARCELLY (suite)

N°	Titres	Auteurs	Couleur
4657	Mélodie d'amour. / Pour une étoile.	SCOTTO. / GOUBLIER.	Bleue
5153	Mélodie câline (Mélodie). / Pourquoi m'avoir dit ?... (Chanson).	J. DARIS. / CH. JARDIN.	Bleue
4833	Mimosette (Chanson vécue). / Dans tes yeux si bleus (Valse chantée).	GALLIFER et MICHEL. / BERNIAUX.	Bleue
4680	Myrella la jolie. / Sorcière d'amour.	BERNIAUX. / BOREL-CLERC.	Bleue
4620	Ne parlons plus d'amour (Valse chantée). / Nuit tragique (Chanson).	AREZZO. / BOREL-CLERC.	Bleue
4877	Nuits à Séville (les). / Sur les cimes neigeuses.	BONIN. / GUINDANI.	Bleue
4843	Oiseau s'éveille (l') (Chanson). / Cœur est un trésor (le) (Chanson).	BOREL-CLERC. / FATTORINI-DOUBIS.	Bleue
4622	Oublions le passé (Chanson-valse). / Quand le coq chante (Chanson-marche).	DICKSON. / JAQUINOT.	Bleue
5062	Pélikette (la) « Danses des Pélicans » (Chansonnette). / Ah ! les femmes qui vous aiment (Chansonnette légère).	PAUL RIVIER. / RENÉ DE BUXEUIL.	Bleue
5115	Peut-être ou Chanson d'amour (Valse chantée). / Un p'tit bouquet de deux sous (Fox-trot chanté).	JEAN DARIS. / RENÉ MERCIER.	Bleue
5085	Pont du diable (Le) (Chanson). / Tango de la folie (Le) (Tango).	BOREL-CLERC. / LÉON DEQUIN.	Bleue
4687	Pour l'amour de Norma (Mélodie). / Grisante valse.	E. ROSI. / BOREL-CLERC.	Bleue
4879	Quand Madelon. / Toussaint rouge (la).	C. ROBERT. / SOLER.	Bleue
5065	Quand on a trop aimé (Valse chantée). / Garde-chasse (le) (Chanson).	RICO. / BOREL-CLERC.	Bleue
5154	Ronde du soir (la) (Valse nocturne). / Lison si jolie (Chanson valse).	V. SCOTTO. / R. SOLER.	Bleue
4692	Sérénade à Sorrente (Valse lente). / Tout's les femmes (Chanson).	LIEUTAUD et DEVAUX. / DE BUCOVICH.	Bleue
4856	Si tu m'as aimé... pardonne (Chanson-valse). / Laissez-moi vous parler d'amour.	E. ROSI. / E. ROSI.	Bleue
4878	Suprême enjeu. / Puisque ton cœur est pris (Chanson-valse).	SAINT-SERVAN. / CLOEREC.	Bleue
4617	Sur la Rivièra. / Tu m'as donné le grand frisson.	DANIDERFF. / BOREL-CLERC.	Bleue
5090	Swanie (One-step). / Whispering (Chanson américaine).	GEORGE GERSCHWIN. / JOHN SCHONBERGER.	Bleue
4838	Tao-Tao (le) (Danse japonaise). / Cacaouette-Cacaouette.	BOREL-CLERC. / DESMOULINS.	Bleue
5086	Tourne, tourne (Valse chantée). / Ne jouez pas avec le cœur d'une femme (Chansonnette).	CODINI. / E. ROSI.	Bleue
4977	Train fatal (le). / Permission (la).	BOREL-CLERC. / H. PANELLA.	Bleue
4957	Valse à Julot (la) ou « Vas-y ma poulette ». / Elle est de l'Italie ou « Mon Italienne ».	DUMONT. / GAVEL.	Bleue
5087	Voulez-vous de l'amour (Chanson). / Tango de Miarka (Tango).	E. ROSI. / L. DANIDERFF.	Bleue
4876	Vous êtes trop jolie. / Quand le soir.	R. DE BUXEUIL. / SCOTTO.	Bleue

PATHÉPHONE, 30, Bd des Italiens, PARIS

CHANT. — CONCERT (suite) (acc¹ d'orchestre)

COULEURS DES ÉTIQUETTES

MARJAL, du Concert Marjal

OPÉRETTES

5016	Phi-Phi (CHRISTINÉ) (Chanson des Petits Païens, Phidias). Si tu connaissais Loulou (Chanson).	PHILIP BRAHAM	Bleue
5149	Épous'-la (H. HIRCHMANN). — J'ai l'air d'un' poire (Fox-trot). Épous'-la (H. HIRCHMANN). — Va vit' rue Thérèse (One-step grivois).		Bleue

CHANSONS

4623	Amoureuse balade. Malgré tes serments.	SCOTTO. HOWARD.	Bleue
5017	For me and my gal (Pour toi et pour moi) (Chanson). Tous les amants (Chanson).	GEO W. MEYER IVOR NOVELLO	Bleue
4970	Maxixe d'amour. Allô! Chéri! (Chanson téléphonée), par M. Marjal et Mlle Polaire.	DOLOIRE. STAMPER	Bleue
5147	« O ma Gaby » (Chanson). Tchike Tchike (Chanson populaire grivoise).	MAURICE HERMITE VINCENT SCOTTO	Bleue
4625	Pluie, le Vent, la Neige (la). Une petite promenade.	SCOTTO SCOTTO	Bleue
5148	Pour être heureux (Fox-trot chanté). Quand les femmes font comme les enfants (Fox-trot chanté).	MAURICE YVAIN RAOUL MORETTI	Bleue
4972	Prends garde à Tchou-Tchin-Tchou. Ma petite yankee.	STAMPER RYLSFORD	Bleue
4624	Près de la porte Saint-Denis. Où vas-tu ! (Chanson sociale).	SCOTTO et IZOIR CAS.	Bleue
4971	Ton doux sourire. Charme de la femme (le).	L. RAY DOLOIRE	Bleue

MAYOL, du Concert Mayol

4401	A la Martinique (Chansonnette grivoise). C'est pour les p'tites femmes (Chansonnette gaie).	COHAN et CHRISTINÉ CHRISTINÉ	Marron
4402	Adoration du Shah (l') (Chansonnette grivoise). Ah ! Vou ! (Chansonnette grivoise).	LAURENT-HALET MARINIER et CHRISTINÉ	Marron
4403	Ah ! la musique américaine (Chansonnette gaie). Baltique (la) (Chansonnette grivoise).	CHRISTINÉ BOREL-CLERC	Marron
4404	Ah ! qu'on est bête (Chansonnette grivoise). Sous les minarets (Chansonnette orientale).	CHRISTINÉ DE NOD et GABAROCHE	Marron
4449	Ah ! vive le soleil (Chanson provençale). Cœur de la femme (le) (Chanson).	MARAFIOTTI H. BATAILLE	Marron
4439	Aïcha la Brune (Chanson algérienne). Et ils se sont aimés (Chanson grivoise).	FRANCESCHINI POUPON	Marron
4405	Amour au Chili (l') (Chansonnette grivoise). Cousine (Idylle provençale) (Chansonnette grivoise).	GOUBLIER VALSIEN	Marron
4406	Amoureux sauvetage (Chansonnette gaie). Gentil coiffeur (le) (Chansonnette grivoise).	BERNIAUX HEINTZ	Marron
4448	Antonin (Chansonnette grivoise). Au pays du Chrysanthème (Chansonnette grivoise).	LENOIR B. POUPON	Marron
4407	Arrouah-Sidi ! (Chansonnette grivoise). Come Darling (Y love you, Y love you) (Chansonnette).	VALSIEN CRÉMIEUX	Marron

Disques PATHÉ double face. 209

	CHANT. — CONCERT (suite) (acc¹ d'orchestre)		COULEURS DES ÉTIQUETTES

MAYOL (suite)

N°	Titres	Interprètes	Étiquette
4408	Aubade à la rose (Chansonnette gaie). / Long du Missouri (le) (Chansonnette gaie).	PUGET. / CHRISTINÉ.	Marron
4435	Autre cortège (l') (Monologue) (acc¹ PIANO). / Grand'mère marque du linge (Monologue) (acc¹ PIANO).	J. BASTIA. / J. AICARD.	Marron
4450	Bateaux parisiens (les) (Chansonnette grivoise). / Vieilles jeunes filles (les) (Chanson très grivoise).	MARINIER et LENOIR. / B. POUPON.	Marron
4440	Belle Andalouse (Chansonnette grivoise). / C'est un soir de Paris (Chanson grivoise).	POUPON et LAURENT HALET. / FRANCESCHINI.	Marron
4428	C'est la valse du faubourg (Idylle parisienne). / Ell' prend l'boul'vard Magenta (Chansonnette).	AL. POUPON. / V. SCOTTO.	Marron
4438	C'est une chanson d'amour (Chansonnette grivoise). / P'tit' dame des Galeries (la) (Chansonnette grivoise).	HAROLD DE ROSI et COURTOUX. / LAO SILESU.	Marron
4458	Cabotine (Chanson). / Hommage aux cols bleus (Monologue).	R. DESMOULINS. / LAURENT HALET.	Marron
4443	Cédilles (les) (Vieille chanson grivoise) (acc¹ PIANO). / Rondeau du Café-Concert (le) (Chanson rosse) (acc¹ PIANO).	VALSIEN. / PAUL FAUCHEY.	Marron
4409	Chanson des mouchoirs (la) (Chansonnette gaie). / Dans les cieux (Chanson).	GAST-GABAROCHE. / ALFREDAC.	Marron
4451	Charmante (Chansonnette). / Fâcheuse complaisance (Chansonnette).	IVAN CARYLL. / MARINIER et PICKAERT.	Marron
4442	Cinq minutes au Ciné-Journal (Chansonnette montmartroise) (A¹ P.). / J'étais pure... (Chansonnette grivoise) (acc¹ PIANO).	RENÉ MERCIER. / P. MARINIER.	Marron
4441	Comme une cigarette (Romance) (acc¹ PIANO). / Plaisir à travers les âges (Chanson) (acc¹ PIANO).	G. GOUBLIER. / MARINIER et PICKAERT.	Marron
4410	Conte Louis XV (Chanson). / Tout' les femmes (Chansonnette grivoise).	DESMOULINS et FRANCESCHINI / DE BUCOVICH.	Marron
4426	D' la Madeleine à l'Opéra (Chansonnette grivoise). / A Salonique (Chansonnette grivoise).	DOLOIRE. / V. SCOTTO.	Marron
4411	Dans mon pays (Chansonnette gaie). / Bou-Dou-Ba-Da-Bouh ! (Chanson).	SALABERT. / VALSIEN.	Marron
4412	Demoiselle du Journal (la) (Chansonnette gaie). / Mains de Femmes (les) (Chansonnette gaie).	CHRISTINÉ. / BERNIAUX.	Marron
4437	Elle a... (Chansonnette grivoise). / Monsieur et Madame Poisse (Chansonnette grivoise).	VALSIEN. / RENÉ GHISLAIN et A. VALSIEN.	Marron
4413	Encore ! (Chansonnette grivoise). / Yo t'aime (Chansonnette grivoise).	VALSIEN. / VALSIEN.	Marron
4414	Femme et le Bon Dieu (la) (Chanson). / Sac d'argent (le) (Chanson).	CHRISTINÉ. / GABAROCHE.	Marron
4415	Fille de la patronne (la) (Chansonnette grivoise). / Rose a perdu ce matin (Chansonnette gaie).	ATTIC. / MARINIER.	Marron
4416	Gosse et le chien (le) (Chanson). / Jouet (le) (Chanson).	GABAROCHE et JACK AYMEL. / GABAROCHE.	Marron
4417	Hala ! (Chansonnette grivoise). / Si l'on s'aime (Chansonnette gaie).	BERNIAUX. / VALSIEN.	Marron
4434	Henriette (Chansonnette) (acc¹ PIANO). / Trottins et apprentis ! (Chansonnette) (acc¹ PIANO).	VALSIEN. / GABAROCHE et PEARLY.	Marron
4423	Idylle hindoue (Chansonnette grivoise). / Bégonias (les) (Chansonnette grivoise).	HENRI TURCA. / ALB. TOLLET.	Marron
4444	Il était syndiqué (Chansonnette grivoise). / Célibataire (le) (Chansonnette grivoise).	A. VALSIEN. / ALCIB MARIO.	Marron

CHANT. — CONCERT (suite) (acc¹ d'orchestre)

MAYOL (suite)

N°	Titre	Interprète	Couleur
4431	Sœurs jumelles (les) (Chansonnette grivoise) (ACC¹ PIANO). / Il se disait (Chansonnette grivoise) (ACC¹ PIANO).	V. SCOTTO. / V. SCOTTO.	Marron
4418	Je vous aime toutes (Chansonnette gaie). / Un p'tit bout d'homme (Chansonnette grivoise).	GABAROCHE et GUTTINGUER. / GOUBLIER.	Marron
4436	Ma cousine Lison (Chansonnette grivoise). / Ma première chanson (Chansonnette).	COLO-BONNET, HALET. / COLO-BONNET.	Marron
4459	Mal de dents (le) (Chansonnette grivoise). / Poches (les) (Chansonnette comique).	VINCENT SCOTTO. / PAUL MARINIER.	Marron
4419	Monténégrine (la) (Chansonnette gaie). / En plantant un clou (Chansonnette gaie).	GABAROCHE. / GABAROCHE.	Marron
4455	Mousmé du joli Japon (Chansonnette). / Car moi j'aime ça (Chansonnette comique).	SCHIFF DE LABARQUE. / R. DESMOULINS.	Marron
4460	N'fais pas ça Marguerite (Chansonnette grivoise). / Canard marseillais (le). Le chien policier (Monologues). Paroles de DELORMEL et GARNIER.	ROBERT CASA.	Marron
4420	Ninette, si tu voulais (Chansonnette grivoise). / Schujette (Chansonnette grivoise).	HEINTZ. / VALSIEN.	Marron
4429	P'tit rat de l'Opéra (le) ou « La Danseuse et le vieux comte » (Chanson grivoise). / Au bon moment (Chanson grivoise).	V. SCOTTO. / F. PEARLY et GOURRIN.	Marron
4445	Parapluie (le) (Chansonnette grivoise). / Un tout p'tit bout de rien du tout (Chansonnette grivoise).	MORETTI. / MARINIER et PICKAERT.	Marron
4430	Petit matelot (ACC¹ PIANO). / Petit Grégoire (le) (ACC¹ PIANO).	VALSIEN. / TH. BOTREL.	Marron
4454	Petit prodige (le) (Chanson vécue). / Lilas blanc (Romance).	VALSIEN. / TH. BOTREL.	Marron
4424	Petite marraine (Chanson). / J'oublie tout, ma jolie (Chanson).	ALB. TOLLET. / HEINTZ.	Marron
4456	Quand une femme vous fait les doux yeux (Chansonnette griv.). / Vraie de vraie (la) (Chanson apacha-java).	VINCENT SCOTTO. / LÉO DANIDERFF.	Marron
4453	Que je n'ose pas dire (Chanson grivoise). / Quand Johnny va voir sa belle (Chanson nègre).	CHRISTINÉ. / P. WENRICK.	Marron
4452	Rien qu'un baiser (Chansonnette grivoise). / Elle vendait des petits gâteaux (Chansonnette grivoise).	M. YVAIN. / V. SCOTTO.	Marron
4432	Sérénade au clair de lune (Chansonnette grivoise) (ACC¹ PIANO). / Il était intimidé (Chanson grivoise) (ACC¹ PIANO).	P. MARINIER et HEINTZ. / L. HALET.	Marron
4422	Thérésa, Thérésine, Thérésina (Chanson provençale). / Trottin qui trotte (le) (Chansonnette grivoise).	F. MARAFIOTI. / P. MARINIER et HEINTZ.	Marron
4421	Tizi-Ouzou (la) (Chansonnette grivoise). / Margot, les p'tits défauts (Chansonnette grivoise).	BOREL-CLERC. / DE NOD.	Marron
4433	Tout doucement (Chansonnette) (ACC¹ PIANO). / Fleur de Paris (Chanson-valse) (ACC¹ PIANO).	P. MARINIER. / BOREL-CLERC.	Marron
4447	Tu l'as eu (Chansonnette grivoise). / Jolie blanchisseuse (la) (Chansonnette grivoise).	B. POUPON. / ASCIONE.	Marron
4427	Tu n'es qu'une poupée (Chanson). / Américaine (Chanson).	DESMOULIN. / DESMOULIN.	Marron
4446	Valse des gosses (Chansonnette grivoise). / N'allez pas au bois (Chansonnette grivoise).	MAUPREY. / P. MAYE.	Marron
4425	Vous pouvez recommencer (Chansonnette grivoise). / Petite porteuse de pain (la) (Chansonnette très grivoise).	VALSIEN. / V. SCOTTO.	Marron
4457	Yo lo sais ! (Chansonnette grivoise). / Mon numéro (Chansonnette grivoise).	VINCENT SCOTTO. / J. LENOIR.	Marron

Disques PATHÉ double face. 211

CHANT. — CONCERT (suite) (acc.t d'orchestre)

			COULEURS DES ÉTIQUETTES

MERCADIER, de l'Eldorado

4816	Adieux de Suzon (les).	GOUBLIER.	Bleue
	O and les lilas refleuriront.	DIHAU.	
4950	Amour quitte son nid (l') (Chanson).	GUITTON.	Bleue
	Si l'on connaissait la femme (Chanson).	GUITTON.	
4760	Après la rupture (Romance).	LEMERCIER.	Bleue
	C'était un rêve (Mélodie).	MAQUIS.	
5015	Bonjour Suzon (Chanson) (acc.t PIANO).	PESSARD.	Bleue
	Visite à Ninon (Chanson) (acc.t PIANO).	J. MAQUIS.	
4951	Fiançailles roses (les) (Romance).	CASABIANCA.	Bleue
	Prière de l'ouvrière (la) (Chanson).	GUITTON.	
4761	Il faut pour aimer (Chanson).	DOLOIRE.	Bleue
	Je vous ai tant aimée (Romance).	TAILLEFER.	
4762	Larmes de la vie (les) (Romance).	DEQUIN.	Bleue
	Selon la saison (Chanson).	FATTORINI.	
4952	Lison si jolie.	SOLER et MANESCAU.	Bleue
	Demain.	BUCOVICH.	
4370	Loups (les).	MARINIER.	Marron
	Petit chagrin.	DELMET.	

MILLER, de l'Eldorado

| 5014 | J'irai pas à son enterrement (Chansonnette). | G. KRIER. | Bleue |
| | Pour mes vingt sous (Chansonnette). | MAILFAIT. | |

Répertoire MONTÉHUS

4834	Quand les femmes sont belles (Romance).	CHANTEGRELET-DOUBIS.	Bleue
	Gueux et la lune (le) (Chanson).	CHANTEGRELET-JÉGU.	
4945	Vieux Cantonnier (le) (Monologue).	MONTÉHUS.	Bleue
	Charretier brutal (le) (Monologue).	MONTÉHUS.	

MONTY, du Petit Casino

5116	Cri-Cri (Chanson vécue).	LÉOJAC.	Bleue
	Un sourire s. v. p. (Chanson gaie).	LÉOJAC.	
5067	Déception (Valse sentimentale).	A. BOSC.	Bleue
	En rêve (Mélodie).	LÉOJAC.	
5146	Dis! passe la main (Cri populaire).	LÉON DEQUIN.	Bleue
	Gosse d'amour (Java).	J. BETTY.	
5073	Flacon d'Origan (le) (Romance).	E. MONTAUBRY.	Bleue
	Adieu ma p'tite Lili (Marche gaie).	DESMOULINS.	
5041	Place Pigalle (Scène vécue).	LÉOJAC.	Bleue
	C' que c'est qu' l'amour (Chansonnette).	LENOIR.	
5127	Quand un homme est amoureux (Chansonnette).	J. LENOIR.	Bleue
	Dans les taudis de Paris (Étude).	R. DESMOULINS.	
5068	Supplication (Valse chantée).	W. J. PAANS.	Bleue
	Valse du pavé (la).	J. LENOIR.	
5074	Tourbillon du soir (le) (Valse populaire).	P. CODINI.	Bleue
	Désir d'amour (Valse-boston).	TOULINS et CASELLA.	

PATHÉPHONE, 30, Bd des Italiens, PARIS.

CHANT. — CONCERT (suite) (acc¹ d'orchestre)   COULEURS DES ÉTIQUETTES

NIBOR, du Concert Mayol

N°	Titre	Interprètes	Étiquette
4004	Ah! qu' c'était bien (Chansonnette comique).	LÉON ROGÉE et J. GEY.	
	Si tout l'monde avait (Chanson naïve).	ELBÉ.	Marron
4384	C'est pas d' sa faute (Chansonnette comique).	GABAROCHE et FRED PEARLY.	
	Ah! qu'ils étaient heureux (Chansonnette comique).	GABAROCHE et FRED PEARLY.	Marron
4080	Ça passe le temps! (Chanson naïve). — Parole de Pauley et Julsam.		
	Mesdames! si vous n'aviez pas ça!! (Chanson fox-trot). Paroles de Jean Rodor et Dommel.	PUGET et JULSAM.	Marron
4005	Celle que l'on ne connaît pas (Chansonnette comique).	DESMOULINS. G. GABAROCHE et FRED PEARLY.	
	Fille du Croque-mort (la) (Chanson humoristique).	FRED MÉLÉ.	Marron
4006	Dagobert et Saint Éloi (Chansonnette comique).	L. RAITER et J. GEY.	
	J'ose pas, j' suis timide (Chanson naïve).	L. ROGÉE et J. GEY.	Marron
4378	Elle bavardait chez la concierge (Chansonnette).	H. MAILFAIT.	
	Trop grand pour moi (Chansonnette grivoise).	VINCENT SCOTTO.	Marron
4385	Elle était en train de lire (Chansonnette comique).	J. LENOIR.	
	Si j'étais... (Chansonnette comique).	ADAM.	Marron
4476	En attendant (Chansonnette grivoise).	LENOIR.	
	Elle avait un tout petit chien (Chansonnette grivoise).	FRED MÉLÉ.	Marron
4379	Femme et z'homme (Chansonnette grivoise).	GABAROCHE et FRED PEARLY.	
	Moi, je l' fais (Chansonnette comique).	H. CHRISTINÉ.	Marron
4007	Femme qu'il me faut (la) (Monologue satirique).	LÉON JOREB.	
	Reste paysan (Monologue satirique).	LÉON JOREB.	Marron
4478	Il est là (Chansonnette populaire).	FRED MÉLÉ.	
	Vague de paresse (la) (Chansonnette comique).	GABAROCHE et FRED PEARLY.	Marron
4388	J'ai pris un échantillon (Chansonnette grivoise).	J. LENOIR.	
	J' suis pas habitué (Chansonnette grivoise).	GABAROCHE et FRED PEARLY.	Marron
4477	Je voudrais du tabac? (Chanson satirique).	LEULIET.	
	Robe grenat (la) (Chansonnette comique).	GABAROCHE et FRED PEARLY.	Marron
4380	Sur son veston (Chansonnette).	H. MAILFAIT.	
	Lui non plus (Chansonnette comique).	GABAROCHE et FRED PEARLY.	Marron
4085	Vous avez trop (Chansonnette). — Paroles de Pauley et Julsam.	JULSAM et BERTIN.	
	Canard amoureux (le) (Chansonnette fox-trot). Paroles de René Paul Groffe.	CLOEREC MAUPAS.	Marron

FRED PEARLY, Auteur-Compositeur

Dans ses Œuvres

N°	Titre	Interprètes	Étiquette
5136	Elle ne sait pas (Chansonnette).	FRED PEARLY.	
	Ah! quand donc! (Chansonnette fox-trot).	FRED PEARLY.	Bleue
5137	Je suis toujours là (Chansonnette).	GABAROCHE et FRED PEARLY.	
	On n'me prend pas au sérieux (Chanson).	GABAROCHE et FRED PEARLY.	Bleue

CHANT. — CONCERT (*suite*) (acc¹ d'orchestre)

PERCHICOT, de l'Alhambra

N°	Titres	Interprètes	Couleurs des étiquettes
4077	Ah ! si vous saviez Mesdames ! (Chansonnette comique). Ça fait bien (Chansonnette comique).	Gabaroche. Gabaroche.	Marron
4028	Bonsoir, belle amie (Romance). Moi, j' m'en fous (Chanson comique).	Izoird et Raiter. Ch. Guindani.	Marron
4029	C'est la mode et voilà tout (Chansonnette). Ronde de nuit (La) (Chanson étude).	Pierre Chagnon. V. Scotto.	Marron
4381	C'est pas possible (Chanson vécue). Grande Rouquine (la) (Chanson réaliste).	Codini. Maurice Gracey.	Marron
4103	Ça n'existe pas ! (Chansonnette). Rosière (la) (Scène comique).	Ch. Jardin. R. Desmoulins.	Marron
4382	Demain (Chanson de salon). T'en as t'y du charbon ? (Chanson satirique).	Ch. de Bucovich. Doumel et Willems.	Marron
4078	Je gob' les femmes (Chanson comique). Dans la rue (Chanson vécue).	Laurent Bertin. Desmoulins.	Marron
4104	Môme Nana (la) (Chanson réaliste). Sors d'ici ! (Diction).	A. Valsien. R. Desmoulins.	Marron
4079	Quel bonheur ! Quelle joie ! ! (Chansonnette comique). P'tit's femmes qui passent (les) (Chansonnette).	Desmoulins. Gabaroche.	Marron
4487	Scottish espagnole (la) (Chansonnette). Je n'ai pas de gosse (Chansonnette vécue).	V. Scotto. L. Raiter.	Marron
4383	Sérénade de la purée (Chanson de rue). Perqui (Salade espagnole).	Georges Villard. Vargues.	Marron
4030	Valse des beaux dimanches (la) (Chansonnette). Si vous avez du pognon (Chanson satirique).	Terrier. V. Scotto.	Marron

PERVAL, de la Scala

N°	Titres	Interprètes	Couleurs
4626	A dame jolie (Mélodie). J'oublierai.	Codini. Goublier.	Bleue
4940	Au clair de la lune. Pour t'avoir encore (Chanson).	Marinier. Maquis.	Bleue
4961	Beau polichinelle (le). Envol de fleurs.	Gabaroche. P. Delmet.	Bleue
4627	C'est maman. J'ai trouvé une fleur.	Codini. Georges.	Bleue
4960	Chanson pour toi. Amour à Florence (l') (Barcarolle).	Mauprey. Borel-Clerc.	Bleue
4836	Couteau (le). Mioches (les).	Th. Botrel. E. Poncin.	Bleue
4941	Glu (la) (Légende bretonne). Serments de femme (Mélodie-valse).	Fragerolle. Nilson-Fysher.	Bleue
4831	Honneur (l'). Trahison.	G. Maquis. R. Marie.	Bleue
4832	Margot, reste au village. Mon p'tit copain.	Zévacot et Corbeau. Rambault et Boussagol.	Bleue
4820	Mélodie d'amour. On n'y pense pas.	Scotto. Christiné.	Bleue
4963	Quand l'amour meurt (Valse chantée). Chrysanthèmes.	Crémieux. Margis.	Bleue
4962	Stances amères. Avec ton souvenir (Romance).	E. Favart. Guttinguer.	Bleue
4837	Trésors de ma mie (les). Ronde du soir (la) (Valse nocturne).	Christiné. Scotto.	Bleue
4942	Vieilles larmes. J'ai rêvé de t'aimer.	Millandy. Goublier.	Bleue

214 PATHÉPHONE, 30, Bd des Italiens, PARIS.

CHANT. — CONCERT. (suite) (acc¹ d'orchestre)

COULEURS DES ÉTIQUETTES

POLIN, Comique militaire

N°	Titres	Interprètes	Étiquette
P. 4738	A la payse. / Ça, c'est de l'amour.	SAILLANT. / CHRISTINÉ.	Bleue
P. 4737	Ah ! je l'attends (Chanson de route). / Statue (la) (Chansonnette-monologue).	BOUSSAGOL. / DROUILLON et RIMBAULT.	Bleue
P. 4713	Amour (l'). / Nous sommes les troufions (Chanson).	CHRISTINÉ. / CAYRON-CHRISTINÉ.	Bleue
P. 4725	Anatomie du conscrit (l') (Chansonnette). / Bonne de saint Antoine (la) (Chansonnette).	SPENCER. / DEL-PONCIN.	Bleue
P. 4763	Apollon de Versailles (l'). / En frottant le salon (Chansonnette comique).	SPENCER et RIMBAULT. / SPENCER et RIMBAULT.	Bleue
P. 4744	Arrière-garde (l') (Chansonnette). / Cadres de l'armée (les) (Chansonnette comique).	RIMBAULT-CHRISTINÉ. / BÉRETTA et MORTREUIL.	Bleue
P. 4742	Aux Colonies (Rondeau). / Réformé (le) (Chansonnette comique).	DEROUVILLE-RATTER. / CHRISTINÉ.	Bleue
P. 4628	Balance automatique (la) (Chansonnette). / Vas-y, Mélina ! (Chansonnette comique).	DELORMEL. / MÉROT.	Bleue
P. 4764	Belle cuisinière (la). / O Ugénie.	BÉRETTA et MORTREUIL. / CHRISTINÉ-RIMBAULT.	Bleue
P. 4718	Bibiche. / Y a de bons moments (Chansonnette).	CHRISTINÉ. / CHRISTINÉ.	Bleue
P. 4629	Boiteuse du régiment (la) (Chanson). / Trésors de ma bonne amie (les).	DEL-PONCIN. / CHRISTINÉ.	Bleue
P. 4716	Bonjour Mam'zelle (Chansonnette). / Tu m'eus !	CHRISTINÉ. / CHRISTINÉ et RIMBAULT.	Bleue
P. 4630	Bridou au théâtre (Chansonnette comique). / Situation intéressante (Chansonnette).	SPENCER. / SPENCER.	Bleue
P. 4703	C'est aujourd'hui dimanche (Chansonnette comique). / Invitation d'amour (l') (Chansonnette monologuée).	CHRISTINÉ. / CHRISTINÉ.	Bleue
P. 4710	C'est gentil (Chansonnette comique). / Sacrée corvée ! (Chansonnette).	CHRISTINÉ. / DE THUISY-BELHIATUS.	Bleue
P. 4719	C' que tu m'as fait. / Chanson du Bonnet (la).	CHRISTINÉ. / JAMETZ-SIEGRIST.	Bleue
P. 4717	Ça va-t-et-ça vient (Chansonnette). / Lettre en panne (Monologue).	CHRISTINÉ. / GRAMET et RIMBAULT.	Bleue
P. 4765	Ça vous fait quequ' chose. / Té et pis mé.	DELORMEL. / BELHIATUS-CHRISTINÉ.	Bleue

Disques PATHÉ double face.

CHANT. — CONCERT (suite) (acc¹ d'orchestre)

POLIN (suite)

N°	Titres	Artistes	Couleurs des étiquettes
P. 4720	Candeur virginale (Chansonnette). / Marchons légèrement (Chanson de route).	Desormes. / Del-Pourny.	Bleue
P. 4726	Chantons quand même (Chansonnette). / Pense-bête (le) (Chansonnette-monologue).	Mailfait. / Christiné-Rimbault.	Bleue
P. 4743	Comme ça fait plaisir. / Soldat méfiant (le).	Christiné. / Béretta-Boussagol.	Bleue
P. 4723	Commission mal faite (la). / Petite Tonkinoise (la) (Chansonnette).	Rimbault. / Scotto.	Bleue
P. 4712	Elle est du Congo. / Marche donc.	Christiné. / Christiné.	Bleue
P. 4705	Femme au régiment (la) (Chansonnette comique). / P'tite pharmacienne (la) (Chansonnette comique).	Christiné. / Christiné.	Bleue
P. 4721	Frotteur de la Colonelle (le) (Chanson). / Moine du Commandant (le) (Chansonnette).	Del-Poncin. / Delormel.	Bleue
P. 4739	Gosse du Commandant (le) (Chanson monologuée). / Mon Écossaise (Chanson).	Boussagol-Rimbault. / Christiné.	Bleue
P. 4741	Histoire d'anguille (Grivoiserie). / Plis de la main (les) (Grivois).	Halet-Rimbault. / Christiné-Rimbault.	Bleue
P. 4731	Je le suis (Monologue). / Protégés (les) (Chansonnette-monologue).	Pourny. / Christiné.	Bleue
P. 4724	Jolie marchande de tabac (la) (Chansonnette). / Petite Masseuse (la) (Chanson).	Byrec. / Christiné.	Bleue
P. 4766	Jules et moi (Chansonnette). / Viens, Margarita.	Christiné. / Christiné.	Bleue
P. 4730	Lecture du rapport (Monologue) (avec clairon). / Ma petite Espagnole.	Rimbault. / Christiné.	Bleue
P. 4711	Lettre incohérente (Monologue). / Suzette.	Gramet. / Lincke.	Bleue
P. 4706	Maîtresse de piano (la) (Chansonnette comique). / Promenade aux Tuileries (la) (Chansonnette).	Christiné. / Delormel.	Bleue
P. 4722	Mam'zelle Juliette (Chanson). / Troupiers de Marguerite (les) (Chanson de route).	Christiné. / Britta.	Bleue
P. 4704	P'tit cochon d'Amour (Chansonnette). / Y a l'feu en ville (Chansonnette comique).	Mécham. / Mérot et Rimbault.	Bleue
P. 4631	P'tit objet (le) (Chansonnette). / Petites compensations (les) (Chansonnette).	Scotto-Christiné. / Spencer.	Bleue

PATHÉPHONE, 30, Bd des Italiens, PARIS.

CHANT. — CONCERT (suite) (acc' d'orchestre)

POLIN (suite)

N°	Titres	Interprètes	Couleurs des étiquettes
P. 4767	P'tit soldat (le). / Rendez-vous d'Élise (le).	CHRISTINÉ. / SPENCER-BERETTA.	Bleue
P. 4729	P'tits systèmes (les) (Chansonnette). / Sous Napoléon.	CHRISTINÉ. / CHRISTINÉ.	Bleue
P. 4768	Pépin de la dame (le) (Chansonnette comique). / Rigollot (le) (Chansonnette-monologue).	BERETTA-BELHIATUS. / CHRISTINÉ-RIMBAULT.	Bleue
P. 4714	Pour la République (Chanson de route). / Sérénade de pioupiou (Chansonnette comique).	CHRISTINÉ. / CHRISTINÉ.	Bleue
P. 4732	Pour m'amuser (Chansonnette). / Questions de Louise (les) (Chansonnette).	BLÉTRY. / SPENCER et RIMBAULT.	Bleue
P. 4740	Première revue (la) (Chansonnette monologuée). / Trop froide (Chansonnette).	CHRISTINÉ-BELHIATUS. / MAQUIS.	Bleue
P. 4727	Quand un soldat (Chanson-marche). / Troupiers mécontents (les) (Chansonnette-monologue).	CHRISTINÉ. / CHRISTINÉ-RIMBAULT.	Bleue
P. 4745	Si j'étais civil (Sur l'air de Mais voilà). / Soldat trottin (le) (Chansonnette).	CHANTRIER. / SPENCER.	Bleue
P. 4728	Soldat aviateur (le) ou (Le record de la hauteur). / Télégraphe sans fil (le) (Chansonnette-monologue).	CHRISTINÉ. / MAILFAIT.	Bleue

HENRI POUPON, Chansonnier Marseillais

N°	Titres	Interprètes	
5104	Adam et Ève. — Monologue grivois. / Histoire proverbiale. — Monologue comique grivois.	H. POUPON. / VILLARD et POUPON.	Bleue
5106	Bouillabaisse marseillaise. — Monologue comique. / Scoucisso de Mempenti. — Monologue marseillais.	H. POUPON. / POUPON et CIDALE.	Bleue
5105	Conférence macabre. — Monologue comique. / Causerie sur la chaise. — Monologue comique.	H. POUPON. / H. POUPON et GUION.	Bleue

RAIVAL, Chanteur-Imitateur, des Folies-Bergère

N°	Titres	Interprètes	
4780	Sérénade à ma mie (avec CARILLON et imitation de CLOCHES). / Sonneur des amours (le) (avec imitation de CLOCHES).	COLO-BONNET. / BARRÉGAT.	Bleue

ANDRÉ RANDALL, du Casino de Paris

N°	Titres	Interprètes	
4042	Une femme qui passe (One-step) (DUO), par M. ANDRÉ RANDALL et Mlle MISTINGUETT. / Oui... non (Fox-trot) (DUO), par M. ANDRÉ RANDALL et Mlle MISTINGUETT.	BOREL-CLERC. / MAURICE YVAIN.	Marron

CHANT. — CONCERT (suite) (acc¹ d'orchestre)

COULEURS DES ÉTIQUETTES

RESCA, des Concerts Parisiens

N°	Titres	Auteurs	Étiquette
4792	Ah ! le beau rêve (Mélodie-Valse). Homme qui rit (l') (Chanson).	GAUWIN-DARIS. GAUWIN.	Bleue
4733	Chevrier d'amour (le). Cœur de Gaby (le).	DANIDERFF. DANIDERFF.	Bleue
4683	Entends-tu la chanson ! Nocturnes (les).	GABAROCHE. GABAROCHE.	Bleue
4696	Tendre chanson (la) (Tango chanté). Chante, ma Lison (Chanson vécue).	DANIDERFF. GAUWIN et DARIS.	Bleue

SAINT-GRANIER, du Casino de Paris

| 4109 | C'est jeune et ça n'sait pas (Fox-trot chanté).
Pardon, Mam'zelle (Duo japonais), par M. Saint-Granier et Mlle Mistinguett. | BOREL-CLERC.
BOREL-CLERC. | Marron |

SALVATOR, de l'Eldorado

| 4817 | Chanson des Femmes.
Mam'zelle Quatr'sous. | GRACEY.
SOULAIRE. | Bleue |

SONNELLY, de l'Eldorado

4701	Absents (les). — Voilà le soleil... Roses d'automne (Mélodie-Valse).	POISE. AREZZO.	Bleue
4822	Adieu mon beau navire (Les deux Reines). Femmes que vous êtes jolies (Mélodie).	MONJOU. CODINI.	Bleue
4659	Beau rêve (le). Valse plaintive.	FLÉGIER. GILLET.	Bleue
4968	Comme l'oiseau (Mélodie). Un Nid d'amour.	DARPANY. DARDANY.	Bleue
4966	Dans la belle nuit d'amour (Valse chantée). Nous n'irons plus aux bois (Chanson de charme).	DE BUXEUIL. RIVES.	Bleue
4660	Fée aux roses (la). Prenez garde aux yeux bleus.	HALÉVY. MARINIER.	Bleue
4746	Idylle à Colombo. Je sais que vous êtes jolie (Mélodie).	CHRISTINÉ. CHRISTINÉ.	Bleue
4747	J'aime une brune. Tout simplement.	CHRISTINÉ. DELMET.	Bleue
4967	J'aurais voulu t'aimer (Mélodie). Prends garde à toi, petite !	DE BUXEUIL. DARDANY.	Bleue
4700	May (Mélodie). Dieu vous créa si jolie (Mélodie).	BRUET. CODINI.	Bleue
4861	Rêve de bonheur (Mélodie). Si j'osais vous le dire (Mélodie).	FLÉGIER. CODINI.	Bleue
4748	Romance des deux pigeons (Les Absents). Souvenir d'Argentine.	POISE. CHRISTINÉ.	Bleue

TRAMEL, des Folies-Bergère

| 4662 | J' m'aim' t'y !
Je suis nerveux. | SPENCER.
SPENCER. | Bleue |
| 4815 | Création de la femme (la).
Habitation à bon marché. | GRINDA et ROGER-V.
BOUCOT-MAUBON. | Bleue |

CHANT. — CONCERT (*suite*) (acc¹ d'orchestre)

COULEURS DES ÉTIQUETTES

VITRY, de l'Apollo

4489 { Berceuse langoureuse (Chanson).   BOREL-CLERC.
      { Lison Lisette (Chanson populaire, Version française).   BOREL-CLERC.   Marron

WILLEKENS et Mme LÉONNE

4799 { Charlatan (le) (Saynète dialoguée).   WILLEKENS.
      { Une tournée à la foire.   WILLEKENS.   Bleue

4632 { Chez le dentiste (Scène dialoguée comique).   WILLEKENS.
      { Tapage nocturne (Scène dialoguée comique).   WILLEKENS.   Bleue

4800 { Joyeuse entrée (la) (Saynète).   WILLEKENS.
      { Une terrible histoire (Saynète).   WILLEKENS.   Bleue

BORNÉO GARDINER, the new Zeland Siffleur

3062 { A little love, a little kiss.   LAO SILÉSU.
      { When irish eyes are smiling.   E.-R. BALL.
      { It' is a long, long way to Tipperary.   J. JUDJE et H. WILLIAMS.   Marron

3061 { Carmena (Valse).   H. LANE WILSON.
      { Traviata (la) (Fantaisie).   VERDI.   Marron

3059 { Il Bacio.   ARDITI.
      { The mocking bird.   XXX.   Marron

3060 { L'Été.   CHAMINADE.
      { Cachucha (Opérette).   GONDOLLIER.
      { The pipes of pan are calling.   LIONEL MONCKTON.   Marron

3058 { Rosebuds (Valse-Song).   ARDITI.
      { Sérénade.   GOUNOD.   Marron

Mlle YETTE ANCENY, de l'Eldorado

4661 { Chanson trompeuse.   CHANTEGRELET et DOUBIS.
      { Maisons (les).   CH. D'AVRAY et CABANNE.   Bleue

4946 { Panier à salade (le).   SPENCER.
      { Tu n' te souviens pas.   VALSIEN.   Bleue

Mme PAULINE BERT, de Parisiana

4559 { Par le petit doigt (*Répertoire Botrel*) (DUO), par Mme Pauline et M. Charlus.
      { Petit Grégoire (le) (*Répertoire Botrel*) (Chanson), par M. Charlus.   Bleue

4881 { Prière de Bébé (la) (Scène dialoguée et grivoise).   CHARLUS.
      { Couronnement de la Rosière (le) (Scène dialoguée et très grivoise), par Mme Pauline Bert, de Parisiana, et M. Charlus, de l'Alcazar.   CHARLUS.   Bleue

Mlle LUCY DEREYMON, du Concert Mayol

4804 { Corbleu ! Marion (du XVIIIe siècle) (DUO) (ACC¹ PIANO), par Mlle Lucy Dereymon et M. Jean Bataille.   XXX.
      { Trois gosses (les) (ACC¹ PIANO).   BYREC.   Bleue

4954 { Faut du courage.   GABAROCHE.
      { Pendulette d'Alsace.   GABAROCHE.   Bleue

Disques PATHÉ double face. 219

CHANT. — CONCERT (suite) (acc¹ d'orchestre)

			COULEURS DES ÉTIQUETTES

Mlle LUCY DEREYMON (suite)

4955	Innocente amourette (l').	GABAROCHE.	Bleue
	Comment l'esprit vient aux filles.	GABAROCHE.	
4734	Légende de saint Nicolas (la) (DUO).	HENRION.	Bleue
	Pimperline et Pimperlin (DUO) (acc¹ piano), par Mlle Lucy Dereymon et M. Jean Battaille.	XXX.	
4956	Qu'est-ce que je vois là !	GABAROCHE.	Bleue
	Oh ! les amoureux.	GABAROCHE.	

Mme GAUDET, des Concerts Parisiens

4923	Indiscrétions musicales (Chanson grivoise).	DOUBIS.	Bleue
	Mariage du manchot (le) (Chanson grivoise).	SPENCER.	
4921	P'tit jeune homme (le) (Chanson grivoise).	MÉTÉHEN.	Bleue
	Amour expliqué (l') (Chanson grivoise).	KRIER.	
4922	Retour de Paris (Chanson grivoise).	SPENCER.	Bleue
	Soldes et occasions (Chanson grivoise).	FREDLY.	

Mme YVETTE GUILBERT,
Etoile des Concerts Parisiens

| 4835 | Quand ça te prend (Chansonnette) (ACC¹ PIANO). | TISKA. | Bleue |
| | Mollet de Rose (le) (Chansonnette) (ACC¹ PIANO). | VARGUES. | |

Mlle SIMONE JUDIC, de l'Apollo

4001	Amants et les fleurs (les) (Fox-trot).	DAVE STAMPER.	Marron
	Venezia (Tango).	MAURICE YVAIN.	
4002	Billets doux (Fox-trot).	MAURICE YVAIN.	Marron
	Tango du rêve (le) (Tango).	E. MALDEREN.	
2556	Cloches de Corneville (les) (PLANQUETTE). — Chanson du Cidre (avec CHŒURS).		Marron
	Fille de Mme Angot (la) (LECOCQ). — Marchande de marée (avec CHŒURS).		
4003	Dame en rose (la) (IVAN CARYLL). — Valse du baiser.		Marron
	Marionnette's (Fox-trot).	E. GARERI.	
2027	Monsieur de la Palisse (CLAUDE TERRASSE). — Chanson des Châteaux en Espagne.		Marron
	Cœur et la main (le) (LECOCQ). — Un soir, un Capitaine.		
2038	You-You (VICTOR ALIX). — Légende de l'Ombrelle.		Marron
	You-You (VICTOR ALIX). — C'est pas chic.		
2040	You-You (VICTOR ALIX). — Aux oiseaux bleus, c'est le paradis.		Marron
	You-You (VICTOR ALIX). — Pour l'amour de You-You, chanté par M. Burnier, de la Gaîté-Lyrique.		

Mme EMMA LIÉBEL, de l'Eldorado

5044	Ah ! quelle tendresse (Valse).	BOREL-CLERC.	Bleue
	Tu n'es qu'un gosse (Chanson).	BOREL-CLERC.	
4663	Au bord du Rio.	VALSIEN.	Bleue
	Julot Tango (Chanson réaliste).	GAUWIN et DARIS.	
4753	Bonsoir m'amour.	SABLON.	Bleue
	Nos souvenirs (Mélodie).	GEORGES.	
4754	C'est toi m'amour !! (Valse lente).	DANIDERFF.	Bleue
	Ceux qui aiment sont des fous.	SCOTTO.	

PATHÉPHONE, 30, Bd des Italiens, PARIS

CHANT. — CONCERT (suite) (acc' d'orchestre)

COULEURS DES ÉTIQUETTES

Mme EMMA LIÉBEL (suite)

N°	Titre	Auteur	Couleur
5132	C'est une fleurette (Chanson)	Borel-Clerc	Bleue
	Y'en a qu'un (Chanson)	Gabaroche et Fred Pearly	
5060	Charlot Fox-trot (Chanson)	Jean Daris	Bleue
	Boue (la) (Chanson)	Collo-Bonnet	
5114	Est-ce bien toi ? (Chanson)	Desmoulins	Bleue
	Il est à moi (Chanson réaliste)	Laurent-Halet	
5144	Femme à la rose (la) (Valse)	Gabaroche	Bleue
	Premier rendez-vous (le) (Chansonnette)	Maurice Yvain	
5129	Fille et le chien (la) (Étude réaliste)	Borel-Clerc	Bleue
	Chante Cabotine (Chansonnette)	Eug. Cabanne et A. Lebail	
4821	Fleurs du pays (les) (Chanson)	Codini	Bleue
	Coco (la) (Chanson réaliste)	Ouvrard	
4755	Goélands (les) (Chanson)	Boyer	Bleue
	On pardonne tout (Valse chantée)	Georges	
4864	Lune vous regarde (la) (Chanson)	Bénech	Bleue
	Oiseaux du soir (les) (Chanson)	Dardany	
4930	Maison des Rosiers (la) (Chanson)	Codini	Bleue
	Rédemption	Piccolini	
5042	Papillons de nuit (les) (Valse)	Léo Daniderff	Bleue
	J'ai pleuré ! Je ris ! (Valse)	Guy d'Arvor	
5151	Passion (Chanson vécue)	Vincent Scotto	Bleue
	Mon tour de Java (Chanson réaliste)	Victor Alix	
4633	Quand il vous regarde	Bénech et Dumont	Bleue
	Valsez ! jolies gosses (Valse populaire)	Bénech et Dumont	
4932	Ruisseau (le)	Borel-Clerc	Bleue
	Écoute la chanson du soir	J. Lenoir	
4931	Sa môme (Chanson réaliste)	Borel-Clerc	Bleue
	Tout le long du Sébasto	J. Lenoir	
5113	Sur le Bosphore (Chanson)	Vincent Scotto	Bleue
	Mots d'amour (les) (Chanson)	Desmoulins	
5043	Tous les rêves d'amour (Chanson)	Léo Daniderff	Bleue
	Pour sa pomme (Valse)	E. Jaquinot	
5058	Tu voudrais me voir pleurer (Chanson)	F.-L. Bénech	Bleue
	Chant du Soleil (le) (Chanson)	F.-L. Bénech	
4863	Voix des pierres (la) (Chanson)	Bénech	Bleue
	Cailloux du Rhin (Chanson)	Codini	
5059	Votre jouet (Chanson)	Borel-Clerc	Bleue
	Sur la zone endormie (Chanson)	Borel-Clerc	

Mme MIETTE, la Cigale Parisienne

N°	Titre	Auteur	Couleur
4947	Panier d'œufs (le) (Chansonnette)	Pontio	Bleue
	Tout petits béguins (les) (Chansonnette)	Pontio	

Mme MIREPOIX, des Concerts Parisiens

N°	Titre	Auteur	Couleur
4797	J'aime ma mie (Mélodie)	Chapelle	Bleue
	Plus joli rêve (le) (Mélodie)	Arezzo	
4798	Si jamais !... (Mélodie)	Gauwin-Daris	Bleue
	Ton cœur est un oiseau (Mélodie)	Arezzo	

Mlle MISTINGUETT, du Casino de Paris

N°	Titre	Auteur	Couleur
4479	Elle s'appelle Caroline (Chansonnette)	Melville et Gidéon	Marron
	Toute petite (Chansonnette)	E. Doloire	
4108	En douce (Fox-trot chanté)	Maurice Yvain	Marron
	Java (la) (Fox-trot chanté)	Maurice Yvain	

DISQUES PATHÉ double face.

CHANT. — CONCERT (suite) (acc¹ d'orchestre)

COULEURS DES ÉTIQUETTES

Mlle MISTINGUETT (suite)

4052	J'en ai marre... (Fox-trot chanté). MAURICE YVAIN.	Marron
	Toute petite (Chansonnette). E. DOLOIRE.	
4480	Mon homme (Chanson réaliste). MAURICE YVAIN.	Marron
	Kalamazou (Chansonnette). HILLIER.	

DUOS

4475	Gri-Gri d'amour (le). Légende hawaïenne (Duo grivois), par Mlle Mistinguett et M. Boucot. MAURICE YVAIN.	Marron
	Chanteurs de cours (les) (Duo comique), par Mlle Mistinguett et M. Boucot. CHRISTINÉ.	
4109	Pardon, Mam'zelle (Duo japonais), par Mlle Mistinguett et M. Saint-Granier. BOREL-CLERC.	Marron
	C'est jeune et ça n'sait pas (Fox trot), chanté par M. Saint-Granier du Casino de Paris. BOREL-CLERC.	
4042	Une femme qui passe (One-step) (Duo), par Mlle Mistinguett et M. André Randall. BOREL-CLERC.	Marron
	Oui...non (Fox-trot) (Duo), par Mlle Mistinguett et M. André Randall. MAURICE YVAIN.	

Mlle GABY MONTBREUSE, de l'Olympia

5049	Bec de gaz (le) ou (Il est tombé sur un bec) (Chanson à refrain). V. SCOTTO.	Bleue
	C'est au bal musette (Chanson réaliste). CODINI.	
5050	D' la vraie amour ou N'en v'là d' l'amour (Chansonnette griv.). J. LENOIR.	Bleue
	Roudoudou (le) (Chansonnette grivoise). V. SCOTTO.	

Mme NINA MYRAL, du Palace

OPÉRETTES

2066	Cocarde de Mimi-Pinson (la) (HENRI GOUBLIER FILS). — Pour faire le jus « Chanson du jus » (avec chœurs).	Marron
	Cocarde de Mimi-Pinson (la) (HENRI GOUBLIER FILS). — Finale du IIe acte (DUO), par Mlle Denise Cam et M. Burnier.	
2061	Cocarde de Mimi-Pinson (la) (HENRI GOUBLIER FILS). — Un petit comptoir en étain (duetto-bouffe), par Mme Nina-Myral et M. Henri Jullien.	Marron
	Cocarde de Mimi-Pinson (la) (HENRI GOUBLIER FILS). — Air de la cocarde, chanté par Mlle Denise Cam (avec chœurs).	
2052	J'te veux (RENÉ MERCIER). — Le premier pas.	
	J'te veux (RENÉ MERCIER). — Le je n'sais quoi.	
2071	Linottes (les) (ÉDOUARD MATHÉ). — Rends-moi mes billes.	Marron
	Linottes (les) (ÉDOUARD MATHÉ). — Où c'est-y qu' t'as eu ça ?	
2067	Linottes (les) (ÉDOUARD MATHÉ). — Ma Lulu d'Honolulu (DUO), par Mme Nina-Myral et M. Vilbert.	Marron
	Linottes (les) (ÉDOUARD MATHÉ). — Je commandite, chanté par M. Vilbert.	

CHANSONS

5145	Toutes les femmes (Fox-trot) (DUO), par Mme Nina Myral et M. Audiffred, du Concert Mayol. V. SCOTTO.	Bleue
	Notre Grand Paris (Chanson), chantée par M. Audiffred du Concert Mayol. PAUL NAST.	

Mlle JANE MYRO, du Casino de Paris

4051	Quand il y a une femme dans un coin (Chansonnette) (Duo), par Mlle Jane Myro et M. Maurice Chevalier. R. PENSO.	Marron
	Je ne peux pas vivre sans amour (Chansonnette), chantée par M. Maurice Chevalier. GABAROCHE et FRED PEARLY.	

PATHÉPHONE, 30, Bd des Italiens, PARIS.

CHANT. — CONCERT *(suite)* (acc* d'orchestre)

COULEURS DES ÉTIQUETTES

Mme NITTA-JO, de l'Alhambra

4751	Ah ! Mireille ! (Chanson grivoise). Jeune homme du métro (le).	VARGUES. DAREWSKI.	Bleue
4752	Au chant des binious. Tour pointue (la) (Chanson-Valse).	SABLON. KRIER.	Bleue
4949	Bouss-Bouss-Mée (la) (Chanson légère). Marche d'amour (Chanson).	BOREL-CLERC. PERPIGNAN.	Bleue
4634	Ça sent toujours l'amour (Chansonnette). Napolinette.	GAUWIN-DARIS. GUTTINGUER-SOLER	Bleue
4635	Fille d'Espagne (Chanson-Marche). You-You sous les bambous (Chanson vécue).	SABLON. SCOTTO.	Bleue
4948	Fioretta d'amore (*Fleur d'amour*). Tire, tire, Ninette (Chansonnette légère).	VALSIEN. CHRISTINÉ.	Bleue

Mme JANE PIERLY, du Palais-Royal

4355	Nécessaire et le superflu (le) (Couplets d'actualité). Roulante (la).	L. BOYER et A. VILLEMETZ. L. BOYER.	Marron

Mme NINE PINSON, de l'Alhambra

4937	Corbeaux d'Allemagne. Bourre le crâne (Chanson-marche).	BOREL-CLERC. JEAN DARIS.	Bleue
4938	Mômes de la Cloche (les). Cri du poilu (le).	SCOTTO. SCOTTO.	Bleue
4936	Prends garde. Voilà le plaisir... Voilà l'amour.	BOREL-CLERC. BOREL-CLERC.	Bleue

Mme ROLLINI, des Folies-Bergère

4636	A la plaza (Valse tyrolienne). Morvandiau (le) (Chanson).	VARGUES. PLANQUETTE.	Bleue

Mme ANDRÉE TURCY, de l'Alcazar de Marseille

5109	Lou Cinéma (Chanson marseillaise). Frétadou-Polka (Chansonnette marseillaise).	PAULHENRY. PAULA CHABRAN.	Bleue

Mme LINA TYBER, de l'Olympia

5094	Baisers (les) (Chanson fox-trot). Chant d'amour, chanson divine (Chanson).	V. SCOTTO. V. SCOTTO.	Bleue

Mme SUZANNE VALROGER, de l'Olympia

4979	Américains (les). Grégoire (Chanson-marche).	E. GAVEL. GABAROCHE et PEARLY.	Bleue
4978	Chanson des yeux bleus (Chanson-valse). Tu le r'verras Panama.	L. HALET. CHANTRIER.	Bleue

DISQUES PATHÉ double face.

CHANT. — CONCERT (suite), (acc^t d'orchestre)

Mme VAN DER SMISSEN, Soprano
(Enregistrement avec accompagnement de piano)

N°	Titres		Couleurs des étiquettes
5141	Cadet-Rousselle (Chanson populaire). Roi Dagobert (le) (Chanson populaire).		Bleue
5142	Chevalier du guet (le) (Ronde populaire). En passant par la Lorraine (Ronde populaire).		Bleue
5143	Gentil coquelicot (Chanson populaire). Oh ! mon beau château. Sur le pont d'Avignon (Rondes populaires).		Bleue
5139	Il pleut, il pleut bergère (Chanson populaire). Marguerite, oh ! gai (la) (Ronde populaire).		Bleue
5140	Mon père m'a donné un mari (Ronde populaire). Nous n'irons plus au bois (Ronde populaire).		Bleue

Mlle CARMEN VILDEZ, de l'Eldorado

N°	Titres	Auteurs	Couleurs
4793	Adieu Mimi (Chanson). Valse de nos amours (la).	Berger. Arezzo.	Bleue
4870	Aimer (Chanson napolitaine). Ile des baisers (l').	De Christofaro. Borel-Clerc.	Bleue
4794	Chanson de Mireille (la). Frou-frous d'amour.	Tauchey. Lincke.	Bleue
4795	Embarquement pour Cythère (l'). Joli vin (le) (DUO), par Mlle Carmen Vildez et M. Delgal.	Borel-Clerc. Laurens.	Bleue
4702	Griserie d'amour (Mélodie-valse). Nuit sur mer (Barcarolle).	Desmoulins. Valente.	Bleue
5128	Je n'ose plus (Mélodie). Chante Miarka (Chanson bohémienne).	Dardany. J. B. Boldi.	Bleue
4796	Ninon, je vous aime (Valse chantée). Quand reviendront les hirondelles (Mélodie-valse).	Franz Lehar. Amouroux.	Bleue
4707	Torna a Surriente (*Reviens à Sorriente*). Rose de Tolède (la) (*Minuccia*).	De Curtis. Valente.	Bleue

Elsasser Aufnahmen (Patois Alsacien
Frau CRIQUI und Herr MAURER

N°	Titres	Couleurs
5002	D'Hüssmadame. D'Conscrit.	Bleue
5003	D'r Vetter Bläsel. E Bürehochzitt.	Bleue
5004	E Liews^eparel uff em Cuntades. E Partie in de bruemther wald. (Herr und Frau Criqui und Herr Maurer).	Bleue
5005	Ehmannsorje. E Namesdaa-Serenädel (Herr und Frau Criqui und Herr Maurer).	Bleue
5011	Einer üs de Crimée (Herr und Frau Criqui und Herr Maurer). E Pompier défilé in Strosburri.	Bleue
5001	Uff em Bezirkskommando. (Herr Criqui und Herr Maurer). Messti in Krüttkopfhüse.	Bleue

CHANT. — CONCERT *(suite)* (acc¹ d'orchestre)

Herr CRIQUI und Herr MAURER

5000	{ Bim Dentist. E Pompierfescht in Schnokepeterbach.	Bleue
4999	{ E Partie 66. Bim Gänselspiel.	Bleue
5001	{ Uff em Bezirkskommando. Messti in Krüttkopfhüse. (Frau CRIQUI und Herr MAURER).	Bleue

Herr und Frau CRIQUI und Herr MAURER

5010	{ Bindelesdaa. E Süferi G'sellschaft.	Bleue
5011	{ Einer üs de Crimée. E Pompier défilé in Strosburri. (Frau CRIQUI und Herr MAURER).	Bleue
5007	{ E Dienschtmann als Fremdeführer. Uff em Schlikem er Messti.	Bleue
5006	{ E Ehscheidungsprozeb. Kilwe in Schnokepeterbach.	Bleue
5008	{ Uff em Tram in Strosburri. D'r Backelehrhue.	Bleue
5009	{ Zwei Illfischer. Uns' ri Dienschtbotte von Hitt.	Bleue

Déclamation

THÉODORE BOTREL, le Barde breton

4309	{ Leur jour de gloire (14 juillet 1919). Poème de Th. BOTREL, récité par l'auteur (ACC¹ MUSIQUE MILITAIRE). Pour nos morts, sonnez clairons ! (Poème de Th. BOTREL, récité par l'auteur (avec CLAIRONS de la GARDE RÉPUBLICAINE).	Th. BOTREL. Th. BOTREL.	Bleue

MOUNET-SULLY, Sociétaire de la Com.-Française

4306	{ Fille de Roland (la). — *La France, dans ce siècle...* Œdipe Roi. — *O vous qui supplies...*	HENRI de BORNIER. LACROIX.	Verte

DISQUES PATHÉ double face.

DÉCLAMATION (suite)

SILVAIN, Sociétaire de la Comédie-Française

			COULEURS DES ÉTIQUETTES
4304	Cinna. — Prends un siège Cinna.... Cinna. — A qui voulez-vous désormais...	CORNEILLE. CORNEILLE.	Marron

Mme SUZANNE DESPRÈS, de la Com.-Française

| 4303 | Du mouron pour les petits oiseaux.
 Pour les pauvres petits pierrots (Ballade).
 Achetez mes belles violettes. | RICHEPIN.
 RICHEPIN.
 RICHEPIN. | Marron |

Scènes dialoguées du répertoire de
F. GALIPAUX, du Palais-Royal

4302	Aux omnibus de la Trinité (Récit dialogué). En auto (Saynète à deux personnages).	GALIPAUX. GALIPAUX.	Marron
4311	Chez le docteur. — Dialogue par MM. Galipaux et Koval. C'est fini ! — Dialogue par MM. Galipaux et Koval.	GALIPAUX. GALIPAUX et SAMSON.	Marron
4307	Heure du dîner (l') (Dialogue). Est-ce moral ? (Dialogue), par M. F. Galipaux et Mlle Suz. Goldstein.	GALIPAUX. GALIPAUX.	Marron
4308	Muet violoniste (le) (Monologue). Nous voulons donner une soirée (Dialogue), par M. F. Galipaux et Mlle Suz. Goldstein.	GALIPAUX. GALIPAUX.	Marron
4310	Restaurant dancing. — Monologue (acct. piano). Partie de cartes. — Dialogue par M. Galipaux et Mme Evelyn.	E. DEPRÉ. GALIPAUX.	Marron

Scènes imitatives et comiques

| 4102 | Chou Chou poids plume (Match de boxe). — Enregistrement réglé par M. Edmond Roze.
 Colonel du 603e à la répétition (le) (Scène comique), par M. Charlus de l'Alcazar. | | Marron |

Le Cid
Tragédie en 5 Actes, de Pierre CORNEILLE
Voir Enregistrement complet
par les ARTISTES DE LA COMÉDIE-FRANÇAISE, page 6

Le Malade Imaginaire
Comédie en 3 Actes, de MOLIÈRE
Voir Enregistrement complet
par les ARTISTES DE LA COMÉDIE-FRANÇAISE, page 18

ORCHESTRE

Opéras, Opéras-Comiques, Opérettes

		COULEURS DES ÉTIQUETTES

Africaine (l') (MEYERBEER)

| 6166 | Airs de Nélusko et du mancenillier (orchestre, direction AMALOU). Chœur des évêques (orchestre, direction AMALOU). | Marron |
| 6167 | Debout, matelots (orchestre, direction AMALOU). Roméo et Juliette (GOUNOD). — Fantaisie (orchestre, direction AMALOU). | Marron |

Aïda (VERDI)

| 8003 | Marche des trompettes (orchestre PATHÉ FRÈRES). Marche funèbre (CHOPIN) (orchestre PATHÉ FRÈRES). | Bleue |

Ambassadrice (l') (AUBER)

| 8019 | Ouverture (orchestre PATHÉ FRÈRES). Ernani (VERDI). — Cavatine (pour piston) (orchestre PATHÉ FRÈRES). | Bleue |

Apprenti Sorcier (l') (PAUL DUKAS)

| 6587 | Scherzo pour orchestre (1re partie) (ORCHESTRE DES CONCERTS LAMOUREUX, direction C. CHEVILLARD). Scherzo pour orchestre (2e partie) (ORCHESTRE DES CONCERTS LAMOUREUX, direction C. CHEVILLARD). | Verte |
| 6588 | Scherzo pour orchestre (3e partie) (ORCHESTRE DES CONCERTS LAMOUREUX, direction C. CHEVILLARD). Scherzo pour orchestre (4e partie) (ORCHESTRE DES CONCERTS LAMOUREUX, direction C. CHEVILLARD). | Verte |

Arlésienne (l') (BIZET)

8097	Adagietto (orchestre PATHÉ FRÈRES). Carillon (orchestre PATHÉ FRÈRES).	Bleue
6206	Intermezzo (ORCHESTRE SYMPHONIQUE, direction COLONNE). Ballet de Sylvia (LÉO DELIBES) (ORCHESTRE SYMPHONIQUE, direction COLONNE).	Marron
8081	Menuet (orchestre PATHÉ FRÈRES). Intermezzo (orchestre PATHÉ FRÈRES).	Bleue
6203	Ouverture (ORCHESTRE SYMPHONIQUE, direction COLONNE). Minuetto (ORCHESTRE SYMPHONIQUE, direction COLONNE).	Marron
8163	Prélude (orchestre PATHÉ FRÈRES). Farandole (orchestre PATHÉ FRÈRES).	Bleue

Athalie (MENDELSSOHN)

| 6493 | Marche Guerrière (Orchestre, direction GILLE). Prophète (le) (MEYERBEER): Marche du Sacre (Orchestre, direction AMALOU). | Marron |

Disques PATHÉ double face.

ORCHESTRE. — OPÉRAS, OPÉRAS-COMIQUES ET OPÉRETTES (suite) | COULEURS DES ÉTIQUETTES

Attaque du Moulin (l') (BRUNEAU)

6421 { Guerre (la) (GARDE RÉPUBLICAINE). / Forêt (la) (GARDE RÉPUBLICAINE). | Marron
6420 { Prélude et Lied (GARDE RÉPUBLICAINE). / Fiançailles (les) (GARDE RÉPUBLICAINE). | Marron
8009 { 1ʳᵉ Sélection (orchestre PATHÉ FRÈRES). / 2ᵉ Sélection (orchestre PATHÉ FRÈRES). | Bleue

Barbier de Séville (le) (ROSSINI)

6233 { Cavatine (pour piston) (orchestre PATHÉ FRÈRES). / Faust (GOUNOD). — Air de la Coupe (pour piston) (orchestre PATHÉ FRÈRES). | Bleue
6002 { Ouverture (orchestre, direction RUHLMANN). / Giralda (ADAM). — Ouverture (orchestre, direction RUHLMANN). | Marron

Basoche (la) (MESSAGER)

8010 { Passe-pied (orchestre PATHÉ FRÈRES). / Rigodon de Dardanus (RAMEAU) (orchestre PATHÉ FRÈRES). | Bleue

Caïd (le) (A. THOMAS)

6160 { Ouverture (orchestre, direction AMALOU). / Diamants de la Couronne (les) (AUBER) (orchestre, direction AMALOU). | Marron

Calife de Bagdad (le) (BOIELDIEU)

6214 { Ouverture (orchestre, direction RUHLMANN). / Pas des Marionnettes (PESSARD). — Ballet (orchestre, direction RUHLMANN). | Marron

Carmen (BIZET)

6169 { Castagnettes (les) (Entr'acte) (orchestre, direction RUHLMANN). / Contrebandiers (les) (Entr'acte) (orchestre, direction RUHLMANN). | Marron
6168 { Dragons d'Alcala (Entr'acte) (orchestre, direction RUHLMANN). / Toréadors (les) (Entr'acte) (orchestre, direction RUHLMANN). | Marron

Cavalerie légère (SUPPÉ)

6210 { Ouverture (orchestre, direction AMALOU). / Robert le Diable (MEYERBEER). — Ballet (La Séduction) (orchestre, direction AMALOU). | Marron

Cavalleria Rusticana (MASCAGNI)

8104 { Intermezzo (orchestre PATHÉ FRÈRES). / Cavatine (RAFF) (orchestre PATHÉ FRÈRES). | Bleue

Cent Vierges (les) (LECOCQ)

8012 { Valse (orchestre PATHÉ FRÈRES). / Madame Boniface (LACOME). — Valse (orchestre PATHÉ FRÈRES). | Bleue

ORCHESTRE. — OPÉRAS, OPÉRAS-COMIQUES ET OPÉRETTES. (suite)

		Couleurs des étiquettes

Chalet (le) (ADAM)

| 8011 | Grand air (solo de baryton) (orchestre PATHÉ FRÈRES).
Cœur et la Main (le) (LECOCQ). — Couplets du Casque (orchestre PATHÉ FRÈRES). | Bleue |
| 6235 | Grand air (solo de baryton) (GARDE RÉPUBLICAINE).
Le Coquet (C. BOURGEOIS) (Allegro de concert) (GARDE RÉPUBLICAINE). | Marron |

Chemineau (le) (XAVIER LEROUX)

| 6001 | Fantaisie (1re partie) (GARDE RÉPUBLICAINE).
Fantaisie (2e partie) (GARDE RÉPUBLICAINE). | Marron |

Cheval de Bronze (le) (AUBER)

| 6225 | 1re Fantaisie (orchestre PATHÉ FRÈRES).
2e Fantaisie (orchestre PATHÉ FRÈRES). | Bleue |

Cid (le) (MASSENET)

| 6439 | Airs de ballet (1re partie) (Entr'acte, Andalouse) (GARDE RÉPUBLICAINE).
Airs de ballet (2e partie). — Aragonaise et Finale (GARDE RÉPUBLICAINE). | Marron |

Cloches de Corneville (les) (PLANQUETTE)

6226	Air des on-dit (orchestre PATHÉ FRÈRES). Air du Cidre et des Cloches (orchestre PATHÉ FRÈRES).	Bleue
6161	Ouverture (1re partie) (GARDE RÉPUBLICAINE). Ouverture (2e partie) (GARDE RÉPUBLICAINE).	Marron
8006	Valse (orchestre PATHÉ FRÈRES). Valse des Bas noirs (MAQUIS) (orchestre PATHÉ FRÈRES).	Bleue

Cœur et la main (le) (LECOCQ)

| 8011 | Couplets du Casque (orchestre PATHÉ FRÈRES).
Chalet (le) (ADAM). — Grand air (solo de baryton) (orchestre PATHÉ FRÈRES). | Bleue |

Comte de Luxembourg (le) (LEHAR)

8336	Chant du désert (orchestre PATHÉ FRÈRES). Polka-danse (orchestre PATHÉ FRÈRES).	Bleue
8337	Cher ami (orchestre PATHÉ FRÈRES). Luxembourg-marche (orchestre PATHÉ FRÈRES).	Bleue
8335	Valse rondo (orchestre PATHÉ FRÈRES). Fantaisie du IIe acte (orchestre PATHÉ FRÈRES).	Bleue
8338	Valse (orchestre PATHÉ FRÈRES). Princesse Dollar (la). — Nous dansons (orchestre BUCHNER).	Bleue

Contes d'Hoffmann (les) (OFFENBACH)

| 8036 | Menuet et Barcarolle (Orchestre symphonique PATHÉ FRÈRES).
Marche d'entrée des Boyards (HALVORSEN) (Orchestre PATHÉ FRÈRES). | Bleue |

Disques PATHÉ double face.

ORCHESTRE. — OPÉRAS, OPÉRAS-COMIQUES ET OPÉRETTES (suite)

N°		Couleurs des étiquettes

Dame Blanche (la) (BOIELDIEU)

6356 { Ouverture (GARDE RÉPUBLICAINE).
Faust (GOUNOD). — Valse (GARDE RÉPUBLICAINE). — Marron

Dame de Pique (la) (SUPPÉ)

6221 { Ouverture (1re sélection) (orchestre PATHÉ FRÈRES).
Ouverture (2e sélection) (orchestre PATHÉ FRÈRES). — Bleue

Dame en rose (la) (IVAN CARYLL)

6525 { Saskatchewan (le) (Schottisch espagnole). Spécialement réglée pour la danse par Mlle MISTINGUETT (orchestre LAURENT HALET). IVAN CARYLL.
Dansez le shimmy (Fox-trot-shimmy). Spécialement réglé pour la danse par Mlle MISTINGUETT (orchestre LAURENT HALET). LAURENT HALET. — Marron

Dame qui rit (la) (LAURENT HALET)

6605 { Quand une femme vous aime (Fox-trot) (orchestre, direction G. GUIGNACHE).
Pour t'écrire que je t'aime (Fox-blues) (orchestre, direction G. GUIGNACHE). — Marron

Dédé (CHRISTINÉ)

6548 { Dédé-Valse (orchestre, direction LAURENT HALET).
Shimmy-Doll (Shimmy et fox-trot) (orchestre, direction LAURENT HALET). — Marron

6555 { Dans la vie faut pas s'en faire (Fox-trot) (orchestre MITCHELL'S JAZZ-KINGS).
Ta bouche. — Non, non jamais les hommes (One-step) (orchestre MITCHELL'S JAZZ-KINGS). — Marron

6556 { Si j'avais su (Shimmy) (orchestre MITCHELL'S JAZZ KINGS).
Je m'donne (Fox-trot-shimmy) (orchestre MITCHELL'S JAZZ-KINGS). — Marron

Déjanire (SAINT-SAENS)

6346 { Chœur dansé (Divertissement) (GARDE RÉPUBLICAINE).
Prélude du IIe acte (GARDE RÉPUBLICAINE). — Marron

6170 { Marche du cortège (GARDE RÉPUBLICAINE).
Prélude du Ier acte (GARDE RÉPUBLICAINE). — Marron

Diamants de la Couronne (les) (AUBER)

6160 { Ouverture (orchestre, direction AMALOU).
Caïd (le) (A. THOMAS). — Ouverture (orchestre, direction AMALOU). — Marron

Divorcée (la) (L. FALL)

8131 { Fragments du Ier acte (orchestre PATHÉ FRÈRES).
Romance et air de la Poupée (orchestre PATHÉ FRÈRES). — Bleue

6231 { Fantaisie (ORCHESTRE SYMPHONIQUE, direction SCHUMACKER).
Lettre de Manon (GILLET) (ORCHESTRE SYMPHONIQUE, direction SCHUMACKER). — Bleue

8042 { Marche finale du IIe acte (orchestre PATHÉ FRÈRES).
Somnambule (la) (1re sélection) (orchestre PATHÉ FRÈRES). — Bleue

8132 { Pot pourri (part. I) (orchestre PATHÉ FRÈRES).
Pot pourri (part. II) (orchestre PATHÉ FRÈRES). — Bleue

ORCHESTRE. — OPÉRAS, OPÉRAS-COMIQUES ET OPÉRETTES (suite)

COULEURS DES ÉTIQUETTES

Domino noir (le) (Auber)

6162 { Ouverture (orchestre, direction Amalou).
      Coppélia (L. Delibes). — Mazurka du ballet (orchestre, direction Flon). — Marron

Dragons de Villars (les) (Maillart)

8008 { Espoir charmant (orchestre Pathé Frères).
      Ne parle pas (orchestre Pathé Frères). — Bleue

Ernani (Verdi)

8019 { Cavatine (pour piston) (orchestre Pathé Frères).
      Ambassadrice (l') (Auber). — Ouverture (orchestre Pathé Frères). — Bleue

Faust (Gounod)

6233 { Air de la Coupe (pour piston) (orchestre Pathé Frères).
      Barbier de Séville (le) (Rossini). — Cavatine (pour piston) (orchest. Pathé Frères). — Bleue

8139 { Ballet N° 1 (orchestre Pathé Frères).
      Ballet N° 2 (orchestre Pathé Frères). — Bleue

6527 { Fantaisie (1re partie) (orchestre, direction Gille).
      Fantaisie (2e partie) (orchestre, direction Gille). — Marron

6356 { Valse (Garde Républicaine).
      Dame blanche (la) (Boïeldieu). — Ouverture (Garde Républicaine). — Marron

Fauvette du Temple (la) (Donizetti)

6293 { Fantaisie (Garde Républicaine).
      Troupe Joli-Cœur (la) (Coquart) (Fête foraine) (Garde Républicaine). — Marron

Favorite (la) (Donizetti)

8007 { Chœur et Romance (orchestre Pathé Frères).
      O mon Fernand (orchestre Pathé Frères). — Bleue

Fille de madame Angot (la) (Lecocq)

8018 { Fantaisie (orchestre Pathé Frères).
      Carnaval de Venise (le) (Génin) (Solo de flûte) (orchestre Pathé Frères). — Bleue

8061 { Fantaisie (orchestre Pathé Frères).
      Mascotte (la) (Audran). — Chœur, chanson et finale (orchestre Pathé Frères). — Bleue

Fille du Régiment (la) (Donizetti)

6229 { Au bruit de la guerre (orchestre Pathé Frères).
      Il faut partir (orchestre Pathé Frères). — Bleue

6176 { Fantaisie (1re partie) (Garde Républicaine).
      Fantaisie (2e partie) (Garde Républicaine). — Marron

Fille du Tambour-major (la) (Offenbach)

8093 { Fantaisie (orchestre Pathé Frères).
      Juive (la) (Halévy). — Cavatine (orchestre Pathé Frères). — Bleue

DISQUES PATHÉ double face.

ORCHESTRE. — OPÉRAS, OPÉRAS-COMIQUES ET OPÉRETTES (*suite*)

		COULEURS DES ÉTIQUETTES
	### Flûte enchantée (la) (Mozart)	
6325	Ouverture (1re partie) (orchestre, direction Gille). Ouverture (2e partie) (orchestre, direction Gille).	Marron
	### Freischütz (le) ou Robin des Bois (Weber)	
6326	Ouverture (1re partie) (orchestre, direction Gille). Ouverture (2e partie) (orchestre, direction Gille).	Marron
	### Galathée (V. Massé)	
8148	1re Sélection (pour piston) (orchestre Pathé Frères). 2e Sélection (pour piston) (orchestre Pathé Frères).	Bleue
	### Gillette de Narbonne (Audran)	
8157	Fantaisie (orchestre Pathé Frères). Jour et la nuit (le) (Lecocq) (orchestre Pathé Frères).	Bleue
	### Gioconda (la) (Ponchielli)	
8035	Danse des heures (orchestre Pathé Frères). Danse des heures (*suite*) (orchestre Pathé Frères).	Bleue
	### Giralda (Adam)	
6002	Ouverture (orchestre, direction Ruhlmann). Barbier de Séville (le) (Rossini). — Ouverture (orchestre, direction Ruhlmann).	Marron
	### Grande-Duchesse de Gérolstein (la) (Offenbach)	
6224	Sélection (orchestre Pathé Frères). Bouquet de Mélodies sur Lucie de Lammermoor (orchestre Pathé Frères).	Bleue
	### Guillaume Tell (Rossini)	
6222	Prélude (Ouverture) (orchestre Pathé Frères). Orage (l') (Ouverture) (orchestre Pathé Frères).	Bleue
6223	Ranz des vaches (Ouverture) (orchestre Pathé Frères). Fanfare finale (Ouverture) (orchestre Pathé Frères).	Bleue
	### Hans le joueur de flûte (Ganne)	
8040	Ouverture (orchestre Pathé Frères). Sélection (orchestre Pathé Frères).	Bleue
	### Henri VIII (Saint-Saens)	
6204	Ballet (Danse de la Gipsy) (orchestre symphonique, direction Colonne). Korrigane (la) (Widor). — Ballet (orchestre symphonique, direction Colonne).	Marron
	### Hériodiade (Massenet)	
6209	Ballet N° 4 (Les Phéniciennes) (orchestre symphonique, direction Colonne). Marche funèbre d'une Marionnette (Gounod) (Orc. symph., direction Colonne).	Marron
8060	Chœur, Fanfare et Finale (orchestre Pathé Frères). Ombre (l') (Flotow). — Ouverture (orchestre Pathé Frères).	Bleue

ORCHESTRE. — OPÉRAS, OPÉRAS-COMIQUES ET OPÉRETTES (suite)

Italienne à Alger (l') (ROSSINI)

8063 { Ouverture (orchestre PATHÉ FRÈRES).
Premier jour de bonheur (le) (AUBER). — Fantaisie (orchestre PATHÉ FRÈRES). — Bleue

J'te veux (FRED. PEARLY, GABAROCHE, A. VALSIEN et RENÉ MERCIER)

6600 { C'coquin d'porto (RENÉ MERCIER). — Tango (orchestre mondain José SENTIS).
Java-Javi-Java (G. GABAROCHE et FRED. PEARLY). — Java (orchestre mondain José SENTIS). — Bleue

6604 { J'te veux (RENÉ MERCIER). — Valse (orchestre, direction G. CUIGNACHE).
Là-bas (A. VALSIEN). — Oriental shimmy (orchestre, direction G. CUIGNACHE). — Marron

Jocelyn (B. GODARD)

6234 { Scènes du Bal (ORCHESTRE SYMPHONIQUE, direction COLONNE).
Ruines d'Athènes (BEETHOVEN). — Marche turque (ORCH. SYMPH. direct. COLONNE). — Marron

Jour et la nuit (le) (LECOCQ)

8157 { Fantaisie (orchestre PATHÉ FRÈRES).
Gillette de Narbonne (AUDRAN). — Fantaisie (orchestre PATHÉ FRÈRES). — Bleue

Juive (la) (HALÉVY)

8093 { Cavatine (orchestre PATHÉ FRÈRES).
Fille du Tambour-major (la) (OFFENBACH). — Fantaisie (orchest. PATHÉ FRÈRES). — Bleue

Korrigane (la) (WIDOR)

6204 { Ballet (ORCHESTRE SYMPHONIQUE, direction COLONNE).
Henri VIII (SAINT-SAENS). — Ballet (D. de la Gipsy) (ORCH. SYMPH., dir. COLONNE). — Marron

Là-haut (MAURICE YVAIN)

6607 { C'est Paris (Fox-trot) (orchestre MITCHELL'S JAZZ-KINGS).
Si vous n'aimez pas ça (Fox-trot) (orchestre MITCHELL'S JAZZ-KINGS). — Marron

6609 { C'est Paris (Fox-trot). Spécialement réglé pour la danse par Mlle Mistinguett (orchestre SYNCOPATED SIX, avec CHORUS chanté).
Là-haut (One-step). Spécialement réglé pour la danse par Mlle Mistinguett (ORCHESTRE SYNCOPATED SIX, avec CHORUS chanté). — Marron

6619 { Hilarité céleste (Fox-trot) (Orchestre, direction G. GUIGNACHE).
Osé Anna (Fox-trot et shimmy) (orchestre, direction G. CUIGNACHE). — Marron

Lakmé (LÉO DELIBES)

6404 { Fantaisie (Orchestre, direction RUHLMANN).
Mireille (GOUNOD). — Fantaisie (Orchestre, direction RUHLMANN). — Marron

6171 { Scène du marché et patrouille (orchestre, direction RUHLMANN).
Lohengrin (WAGNER). — Marche des fiançailles (orchestre, direction RUHLMANN). — Marron

Disques PATHÉ double face. 233

ORCHESTRE. — OPÉRAS, OPÉRAS-COMIQUES ET OPÉRETTES (suite)

		COULEURS DES ÉTIQUETTES
	## Lohengrin (Wagner)	
6208	Marche des Fiançailles (ORCHESTRE SYMPHONIQUE, direction COLONNE). Marche turque (MOZART) (ORCHESTRE SYMPHONIQUE, direction COLONNE)	Marron
6171	Marche des Fiançailles (orchestre, direction RUHLMANN). Lakmé (LÉO DELIBES). — Scène du marché et patrouille (orchestre, dir. RUHLMANN)	Marron
8116	Marche des Fiançailles (orchestre PATHÉ FRÈRES). Lugdunum (ALLIER) (Ouverture) (orchestre PATHÉ FRÈRES)	Bleue
	## Louise (G. Charpentier)	
6172	Marche de la Muse (orchestre, direction RUHLMANN). Prélude (orchestre, direction RUHLMANN)	Marron
	## Manon (Massenet)	
6174	Duo de la Rencontre (orchestre, direction RUHLMANN). Roi d'Ys (le) (E. LALO). — Finale et presto (orchestre, direction RUHLMANN)	Marron
6173	Finale du IIIe acte (orchestre, direction RUHLMANN). Fragments du 1er acte (orchestre, direction RUHLMANN)	Marron
6428	Menuet (orchestre, direction RUHLMANN). Mignon (A. THOMAS). — Entr'acte (orchestre, direction RUHLMANN)	Marron
	## Martha (Flotow)	
8037	Ouverture (1re partie) (orchestre PATHÉ FRÈRES). Ouverture (2e partie) (orchestre PATHÉ FRÈRES)	Bleue
6455	Romance (orchestre, direction AMALOU). Rigoletto (VERDI). — Fête militaire (orchestre, direction AMALOU)	Marron
	## Mascotte (la) (Audran)	
8061	Chœur, Chanson et Finale (orchestre PATHÉ FRÈRES). Fille de Madame Angot (la) (LECOCQ). — Fantaisie (orchestre PATHÉ FRÈRES)	Bleue
8245	Fantaisie (orchestre PATHÉ FRÈRES). Rip (PLANQUETTE). — Fantaisie (orchestre PATHÉ FRÈRES)	Bleue
8127	Quadrille (1re et 2e figures) (orchestre PATHÉ FRÈRES). Quadrille (3e et 4e figures) (orchestre PATHÉ FRÈRES)	Bleue
8119	Quadrille (5e figure) (orchestre PATHÉ FRÈRES). Scottish des Cloches (BAGARRE) (orchestre PATHÉ FRÈRES)	Bleue
	## Mignon (A. Thomas)	
8049	Connais-tu le pays (pour piston) (orchestre PATHÉ FRÈRES). Une simple idée (LEROUX) (pour hautbois et flûte) (orchestre PATHÉ FRÈRES)	Bleue
6428	Entr'acte (orchestre, direction RUHLMANN). Manon (MASSENET). — Menuet (orchestre, direction RUHLMANN)	Marron
6327	Ouverture (1re partie) (orchestre, direction GILLE). Ouverture (2e partie) (orchestre, direction GILLE)	Marron
	## Mireille (Gounod)	
6404	Fantaisie (orchestre, direction RUHLMANN). Lakmé (L. DELIBES). — Fantaisie (orchestre, direction RUHLMANN)	Marron

Miss Helyett (Audran)

8082 { Duo du portrait (orchestre Pathé Frères).
Mousquetaires au Couvent (les) (Varney). — Fantaisie (orchestre Pathé Frères). — Bleue

Mousquetaires au Couvent (les) (Varney)

8082 { Fantaisie (orchestre Pathé Frères).
Miss Helyett (Audran). — Duo du portrait (orchestre Pathé Frères). — Bleue

Mousquetaires de la Reine (les) (Halévy)

6227 { Fantaisie (orchestre Pathé Frères).
Somnambule (la) (Bellini). — 2e Sélection (orchestre Pathé Frères). — Bleue

Muette de Portici (la) (Auber)

6266 { Ouverture (Garde Républicaine).
Ouverture (suite et fin) (Garde Républicaine). — Marron

6405 { Ouverture (orchestre, direction Ruhlma).
Sémiramis (Rossini). — Ouverture (orchestre, direction Amalou). — Marron

Noces de Figaro (les) (Mozart)

6494 { Ouverture (orchestre, direction Gille).
Noces de Jeannette (les) (Massé). — Fantaisie (Garde Républicaine). — Marron

Noces de Jeannette (les) (Massé)

6494 { Fantaisie (Garde Républicaine, direction César Bourgeois).
Noces de Figaro (les) (Mozart) (orchestre, direction Gille). — Marron

Ombre (l') (Flotow)

8060 { Ouverture (orchestre Pathé Frères).
Hérodiade (Massenet). — Chœur, fanfare et finale (orchestre Pathé Frères). — Bleue

Or et l'Argent (l') (F. Lehar)

6357 { Valse (Garde Républicaine).
Valse (suite) (Garde Républicaine). — Marron

Paillasse (Leoncavallo)

8020 { Arioso (orchestre tzigane, direction Falk).
En relisant vos lettres (Massonkrek) (Orchestre tzigane, direction Falk). — Bleue

6497 { Fantaisie II (orchestre, direction Gille).
Fantaisie III (orchestre, direction Gille). — Marron

Patrie (Paladilhe)

6212 { Pavane (orchestre, direction Ruhlmann).
Danse macabre (Saint-Saens) (orchestre, direction Ruhlmann). — Marron

ORCHESTRE. — OPÉRAS, OPÉRAS-COMIQUES ET OPÉRETTES (suite)

COULEURS DES ÉTIQUETTES

Phèdre (Massenet)

6163 { Ouverture (1re partie) (Garde Républicaine).
Ouverture (2e partie) (Garde Républicaine). — Marron

Phi-Phi (Christiné)

6464 { Petits Païens (les) (Célèbre one-step) (orchestre, direction A. Bosc).
Pour l'amour (Célèbre fox-trot) (orchestre, direction A. Bosc). — Marron

6487 { Ah ! tais-toi (Valse) (orchestre, direction A. Bosc).
Tango du Rêve (le) (E.-V. Malderen) (Tango) (orchestre, direction A. Bosc). — Marron

Philémon et Baucis (Gounod)

6175 { Chœur des Bacchantes (orchestre, direction Ruhlmann).
Entr'acte et danse des Bacchantes (orchestre, direction Ruhlmann). — Marron

Poupée de Nuremberg (la) (Adam)

8092 { Ouverture (orchestre Pathé Frères).
Si j'étais Roi (Adam). — Sélection (orchestre Pathé Frères). — Bleue

Premier Jour de bonheur (le) (Auber)

8063 { Fantaisie (orchestre Pathé Frères).
Italienne à Alger (l') (Rossini). — Ouverture (orchestre Pathé Frères). — Bleue

Princesse Dollar (la) (Léo Fall)

8339 { Dollar-valse (orchestre Büchner).
Automobile-marche (orchestre Büchner). — Bleue

8338 { Nous dansons (orchestre Büchner).
Comte de Luxembourg (le). — Valse (orchestre Pathé Frères). — Bleue

6579 { Pot-pourri (1re partie) (orchestre, direction Gille).
Pot-pourri (2e partie) (orchestre, direction Gille). — Marron

Prince Igor (le) (Borodine)

6595 { Danses Polovtsiennes (1re partie) (orchestre des Concerts Lamoureux) direction C. Chevillard).
Danses Polovtsiennes (2e partie) (orchestre des Concerts Lamoureux, direction C. Chevillard). — Verte

6596 { Danses Polovtsiennes (3e partie) (orchestre des Concerts Lamoureux, direction C. Chevillard).
Danses Polovtsiennes (4e partie) (orchestre des Concerts Lamoureux, direction C. Chevillard). — Verte

Prophète (le) (Meyerbeer)

6493 { Marche du Sacre (Orchestre, direction Amalou).
Athalie (Mendelssohn). — Marche guerrière (orchestre, direction Gille). — Marron

Reine de Saba (la) (Gounod)

6178 { Marche du Cortège (orchestre, direction Ruhlmann).
Suite Algérienne (Saint-Saëns) (Marche militaire) (orchestre, direction Ruhlmann). — Marron

ORCHESTRE. — OPÉRAS, OPÉRAS-COMIQUES ET OPÉRETTES (suite)

COULEURS DES ÉTIQUETTES

Rigoletto (Verdi)

6455 { Fête militaire (orchestre, direction Amalou).
Martha (Flotow). — Romance (orchestre, direction Amalou). | Marron
6328 { Quatuor (orchestre, direction Gille).
Quatuor (suite) (orchestre, direction Gille). | Marron

Rip (Planquette)

8245 { Fantaisie (orchestre Pathé Frères).
Mascotte (la) (Audran). — Fantaisie (orchestre Pathé Frères). | Bleue

Robert le Diable (Meyerbeer)

6210 { Ballet (la Séduction) (orchestre, direction Amalou).
Cavalerie légère (Suppé). — Ouverture (orchestre, direction Amalou). | Marron

Roi d'Ys (le) (E. Lalo)

6164 { Ouverture (1re partie) (orchestre, direction Ruhlmann).
Ouverture (2e partie) (solo de cor anglais) (orchestre, direction Ruhlmann). | Marron
6174 { Finale et Presto (orchestre, direction Ruhlmann).
Manon (Massenet). — Duo de la rencontre (orchestre, direction Ruhlmann). | Marron

Roi l'a dit (le) (Léo Delibes)

6429 { Ouverture (orchestre, direction Fron).
Voyage en Chine (le) (Bazin). — Ouverture (orchestre, direction Amalou). | Marron

Roméo et Juliette (Gounod)

6167 { Fantaisie (orchestre, direction Amalou).
Africaine (l') (Meyerbeer). — Debout, matelots (orchestre, direction Amalou). | Marron

Ruy Blas (Mendelssohn)

6422 { Ouverture (1re partie) (Garde Républicaine, direction César Bourgeois).
Ouverture (2e partie) (Garde Républicaine, direction César Bourgeois). | Marron

Saltimbanques (les) (L. Ganne)

6511 { Fantaisie (Garde Républicaine, direction César Bourgeois).
Sigurd (Reyer) Pas guerrier, Fantaisie (Garde Républicaine, dir. César Bourgeois). | Marron

Samson et Dalila (Saint-Saëns)

6003 { Fantaisie (1re partie) (Garde Républicaine).
Fantaisie (2e partie) (Garde Républicaine). | Marron

Sémiramis (Rossini)

6405 { Ouverture (orchestre, direction Amalou).
Muette de Portici (la) (Auber). — Ouverture (orchestre, direction Ruhlmann). | Marron

DISQUES PATHÉ double face.

ORCHESTRE. — OPÉRAS, OPÉRAS-COMIQUES ET OPÉRETTES (suite)

		COULEURS DES ÉTIQUETTES
	Si j'étais Roi (ADAM)	
8092	Sélection (orchestre PATHÉ FRÈRES) Poupée de Nuremberg (la) (ADAM). — Ouverture (orchestre PATHÉ FRÈRES)	Bleue
	Sigurd (REYER)	
6353	Sélection (1re partie) (GARDE RÉPUBLICAINE, direction CÉSAR BOURGEOIS) Sélection (2e partie) (GARDE RÉPUBLICAINE, direction CÉSAR BOURGEOIS)	Marron
6511	Pas guerrier (Fantaisie) (GARDE RÉPUBLICAINE, direction CÉSAR BOURGEOIS) Saltimbanques (les) (L. GANNE) (Fantaisie) (GARDE RÉPUBLICAINE, direct. CÉSAR BOURGEOIS)	Marron
	Somnambule (la) (BELLINI)	
8042	1re Sélection (orchestre PATHÉ FRÈRES) Divorcée (la) (L. FALL). — Marche finale du 2e acte (orchestre PATHÉ FRÈRES)	Bleue
6227	2e Sélection (orchestre PATHÉ FRÈRES) Mousquetaires de la Reine (les) (HALÉVY). — Fantaisie (orchestre PATHÉ FRÈRES)	Bleue
	Songe d'une nuit d'été (le) (MENDELSSOHN)	
6492	Ouverture (1re partie) (ORCHESTRE SYMPHONIQUE) Ouverture (2e partie) (ORCHESTRE SYMPHONIQUE)	Marron
	Ta Bouche (MAURICE YVAIN)	
6557	Ça c'est une chose... (Shimmy) (orchestre MITCHELL'S JAZZ-KINGS) Machinalement (Fox-trot) (orchestre MITCHELL'S JAZZ-KINGS)	Marron
6555	Non-non jamais les hommes (One-step) (orchestre MITCHELL'S JAZZ-KINGS) Dédé. — Dans la vie faut pas s'en faire (Fox-trot) (orchestre MITCHELL'S JAZZ-KINGS)	Marron
	Tannhauser (le) (WAGNER)	
8151	Marche (orchestre PATHÉ FRÈRES) En avant pour l'Exposition de Charleroi (BAUDONCK) (orchestre PATHÉ FRÈRES)	Bleue
6591	Ouverture (1re partie) (orchestre des CONCERTS LAMOUREUX, direction C. CHEVILLARD) Ouverture (2e partie) (orchestre des CONCERTS LAMOUREUX, direction C. CHEVILLARD)	Verte
6592	Ouverture (3e partie) (orchestre des CONCERTS LAMOUREUX, direction C. CHEVILLARD) Ouverture (4e partie) (orchestre des CONCERTS LAMOUREUX, direction C. CHEVILLARD)	Verte
	Tosca (la) (PUCCINI)	
6230	Fragments (orchestre PATHÉ FRÈRES) Romance (orchestre PATHÉ FRÈRES)	Bleue
	Vaisseau fantôme (le) (WAGNER)	
6329	Chœur des Fantômes (orchestre, direction GILLE) Orage (l') (orchestre, direction GILLE)	Marron
6207	Chœur des Fileuses (ORCHESTRE SYMPHONIQUE, direction COLONNE) Moment musical (SCHUBERT) (ORCHESTRE SYMPHONIQUE, direction COLONNE)	Marron
	Véronique (A. MESSAGER)	
6025	Fantaisie (1re partie) (GARDE RÉPUBLICAINE, direction CÉSAR BOURGEOIS) Fantaisie (2e partie) (GARDE RÉPUBLICAINE, direction CÉSAR BOURGEOIS)	Marron

ORCHESTRE. — OPÉRAS, OPÉRAS-COMIQUES ET OPÉRETTES (suite)

Veuve Joyeuse (la) (Franz Lehar)

6560 { Marche des femmes (orchestre, direction Gille).
       Valse (orchestre, direction Gille). — Marron

8320 { Scène du bal (Solo de mandoline exécuté par M. Cattano).
       Valse (Solo d'ocarina exécuté par le Professeur Tapiero). — Bleue

8206 { Valse (orchestre Pathé Frères).
       Valse des Amazones (orchestre Pathé Frères). — Bleue

Vivandière (la) (B. Godard)

6211 { Fragments (orchestre, direction Amalou).
       Viens avec nous, petit (orchestre, direction Amalou). — Marron

Voyage en Chine (le) (Bazin)

6429 { Ouverture (orchestre, direction Amalou).
       Roi l'a dit (le) (L. Delibes). — Ouverture (orchestre, direction Flon). — Marron

Walkyrie (la) (Wagner)

6496 { Adieux de Wotan (les) (I) (orchestre, direction Gille).
       Adieux de Wotan (les) (II) (orchestre, direction Gille). — Marron

You-You (Victor Alix)

6552 { Mots d'amour (les) (Fox-trot) (orchestre, direction Laurent Halet).
       Shimmy du chien (le) (Shimmy) (orchestre, direction Laurent Halet). — Marron

6551 { Pour l'amour de You-You (One-step) (orchestre, direction Laurent Halet).
       Affaires sont les affaires (les) (Fox-trot) (orchestre, direction Laurent Halet). — Marron

Zampa (Hérold)

6165 { Ouverture (1re sélection) (orchestre, direction Ruhlmann).
       Ouverture (2e sélection) (orchestre, direction Ruhlmann). — Marron

Ouvertures

8019 { Ambassadrice (l') (orchestre Pathé Frères). — Auber.
       Ernani. — Cavatine (pour piston) (orchestre Pathé Frères). — Verdi. — Bleue

6203 { Arlésienne (l') (orchestre symphonique, direction Colonne). — Bizet.
       Arlésienne (l') (Minuetto) (orch. symphonique, direction Colonne). — Bizet. — Marron

6002 { Barbier de Séville (le) (orchestre, direction Ruhlmann). — Rossini.
       Giralda (orchestre, direction Ruhlmann). — Adam. — Marron

8154 { Bonne fortune (1re sélection) (orchestre Pathé Frères). — Canivez.
       Bonne fortune (2e sélection) (orchestre Pathé Frères). — Canivez. — Bleue

6160 { Caïd (le) (orchestre, direction Amalou). — A. Thomas.
       Diamants de la Couronne (les) (orchestre, direction Amalou). — Auber. — Marron

6214 { Calife de Bagdad (le) (orchestre, direction Ruhlmann). — Boieldieu.
       Pas des Marionnettes (orchestre, direction Ruhlmann). — Pessard. — Marron

6210 { Cavalerie légère (orchestre, direction Amalou). — Suppé.
       Robert le Diable. — Ballet (La Séduction) (orchestre, direction Amalou). — Meyerbeer. — Marron

Disques PATHÉ double face.

ORCHESTRE. — OUVERTURES (suite)

N°	Titre	Compositeur	Couleurs des étiquettes
6161	Cloches de Corneville (les) (1re partie) (GARDE RÉPUBLICAINE). / Cloches de Corneville (les) (2e partie) (GARDE RÉPUBLICAINE).	PLANQUETTE. / PLANQUETTE.	Marron
6356	Dame blanche (la) (GARDE RÉPUBLICAINE). / Faust. — (Valse) (GARDE RÉPUBLICAINE).	BOÏELDIEU. / GOUNOD.	Marron
6221	Dame de Pique (la) (1re sélection) (orchestre PATHÉ FRÈRES). / Dame de Pique (la) (2e sélection) (orchestre PATHÉ FRÈRES).	SUPPÉ. / SUPPÉ.	Bleue
6162	Domino noir (le) (orchestre, direction AMALOU). / Coppélia. — Mazurka du ballet (orchestre, direction FLON).	AUBER. / L. DELIBES.	Marron
6325	Flûte enchantée (la) (1re partie) (orchestre, direction GILLE). / Flûte enchantée (la) (2e partie) (orchestre, direction GILLE).	MOZART. / MOZART.	Marron
6326	Freischütz (le) ou Robin des Bois (orchestre, direction GILLE). / Freischütz (le) ou Robin des Bois (orchestre, direction GILLE).	WEBER. / WEBER.	Marron
6222	Guillaume Tell. — Prélude (orchestre PATHÉ FRÈRES). / Guillaume Tell. — Prélude (orchestre PATHÉ FRÈRES).	ROSSINI. / ROSSINI.	Bleue
6223	Guillaume Tell. — Ranz des vaches (orchestre PATHÉ FRÈRES). / Guillaume Tell. — Fanfare finale (orchestre PATHÉ FRÈRES).	ROSSINI. / ROSSINI.	Bleue
8040	Hans le joueur de flûte. — Ouverture (orchestre PATHÉ FRÈRES). / Hans le joueur de flûte. — Sélection (orchestre PATHÉ FRÈRES).	GANNE. / GANNE.	Bleue
8063	Italienne à Alger (l') (orchestre PATHÉ FRÈRES). / Premier jour de bonheur (le). — Fantaisie (orchestre PATHÉ FRÈRES)	ROSSINI. / AUBER.	Bleue
6452	Lac des fées (le) (1re partie) (GARDE RÉPUBLICAINE). / Lac des fées (le) (2e partie) (GARDE RÉPUBLICAINE).	AUBER. / AUBER.	Marron
8116	Lugdunum (orchestre PATHÉ FRÈRES). / Lohengrin. — Marche des Fiançailles (orchestre PATHÉ FRÈRES).	ALLIER. / R. WAGNER.	Bleue
8037	Martha (1re partie) (orchestre PATHÉ FRÈRES). / Martha (2e partie) (orchestre PATHÉ FRÈRES).	FLOTOW. / FLOTOW.	Bleue
6327	Mignon (1re partie) (orchestre, direction GILLE). / Mignon (2e partie) (orchestre, direction GILLE).	A. THOMAS. / A. THOMAS.	Marron
6266	Muette de Portici (la) (GARDE RÉPUBLICAINE). / Muette de Portici (la) (suite et fin) (GARDE RÉPUBLICAINE).	AUBER. / AUBER.	Marron
6405	Muette de Portici (la). — Ouverture (orchestre direction RUHLMANN) / Sémiramis. — Ouverture (orchestre, direction AMALOU).	AUBER. / ROSSINI.	Marron
6494	Noces de Figaro (les). — Ouverture (orchestre, direction GILLE). / Noces de Jeannette (les). — Fantaisie (GARDE RÉPUBLICAINE).	MOZART. / MASSÉ.	Marron
8060	Ombre (l') (orchestre PATHÉ FRÈRES). / Hérodiade. — Chœur, fanfare et finale (orchestre PATHÉ FRÈRES).	FLOTOW. / MASSENET.	Bleue
6163	Phèdre (1re partie) (GARDE RÉPUBLICAINE). / Phèdre (2e partie) (GARDE RÉPUBLICAINE).	MASSENET. / MASSENET.	Marron
6350	Poète et paysan (1re sélection) (GARDE RÉPUBLICAINE). / Poète et paysan (2e sélection) (GARDE RÉPUBLICAINE).	SUPPÉ. / SUPPÉ.	Marron
8092	Poupée de Nuremberg (la) (orchestre PATHÉ FRÈRES). / Si j'étais roi. — Sélection (orchestre PATHÉ FRÈRES).	ADAM. / ADAM.	Bleue
6164	Roi d'Ys (le) (1re partie) (orchestre, direction RUHLMANN). / Roi d'Ys (le) (2e partie) (orchestre, direction RUHLMANN).	LALO. / LALO.	Marron
6429	Roi l'a dit (le) (orchestre, direction FLON). / Voyage en Chine (le) (orchestre, direction AMALOU).	L. DELIBES. / BAZIN.	Marron
6422	Ruy-Blas (1re partie) (GARDE RÉPUBLICAINE). / Ruy-Blas (2e partie) (GARDE RÉPUBLICAINE).	MENDELSSOHN. / MENDELSSOHN.	Marron
8064	Saint-Hubert (la) (orchestre PATHÉ FRÈRES). / Chasse du jeun Henri (la) (orchestre PATHÉ FRÈRES).	PARÈS. / MÉHUL.	Bleue

ORCHESTRE. — OUVERTURES (suite)

N°	Titre	Compositeur	Couleur
6492	Songe d'une nuit d'été (le). — Ouverture (1re partie) (Orch. symph.). Mendelssohn. Songe d'une nuit d'été (le). — Ouverture (2e partie) (Orch. symph.). Mendelssohn.		Marron
6591	Tannhauser (le). — Ouverture (1re partie) (orchestre des Concerts Lamoureux, direction C. Chevillard). Wagner. Tannhauser (le). — Ouverture 2e partie) (orchestre des Concerts Lamoureux, direction C. Chevillard). Wagner.		Verte
6592	Tannhauser (le). — Ouverture (3e partie) (orchestre des Concerts Lamoureux, direction C. Chevillard). Wagner. Tannhauser (le). — Ouverture (4e partie) (orchestre des Concerts Lamoureux, direction C. Chevillard). Wagner.		Verte
6165	Zampa (1re sélection) (orchestre, direction Ruhlmann). Hérold. Zampa (2e sélection) (orchestre, direction Ruhlmann). Hérold.		Marron

Fantaisies

N°	Titre	Compositeur	Couleur
6166	Africaine (l'). — Chœur des Évêques (orchestre, direction Amalou). Meyerbeer. Africaine (l'). — Airs de Nélusko et du mancenillier (orchestre, direction Amalou). Meyerbeer.		Marron
6167	Africaine (l'). — Debout, matelots (orchestre, direction Amalou). Meyerbeer. Roméo et Juliette. — Fantaisie (orchestre, direction Amalou). Gounod.		Marron
8009	Attaque du Moulin (l') (1re sélection) (orchestre Pathé Frères). Bruneau. Attaque du Moulin (l') (2e sélection) (orchestre Pathé Frères). Bruneau.		Bleue
6168	Carmen. — Les toréadors (orchestre, direction Ruhlmann). Bizet. Carmen. — Dragons d'Alcala (orchestre, direction Ruhlmann). Bizet.		Marron
6169	Carmen. — Les contrebandiers (orchestre, direction Ruhlmann). Bizet. Carmen. — Les castagnettes (orchestre, direction Ruhlmann). Bizet.		Marron
8011	Chalet (le). — Grand air (solo de baryton) (orchestre Pathé). Adam. Cœur et la main (le). — Couplets du casque (orchestre Pathé). Lecocq.		Bleue
6235	Chalet (le). — Grand air (solo de baryton) (Garde Républicaine). Adam. Coquet (le) (Allegro de concert) (Garde Républicaine). C. Bourgeois.		Marron
6001	Chemineau (le) (1re partie) (Garde Républicaine). Xavier Leroux. Chemineau (le) (2e partie) (Garde Républicaine). Xavier Leroux.		Marron
6225	Cheval de bronze (le) (1re fantaisie) (orchestre Pathé Frères). Auber. Cheval de bronze (le) (2e fantaisie) (orchestre Pathé Frères). Auber.		Bleue
6226	Cloches de Corneville (les). — Airs du Cidre et des Cloches (orchestre Pathé Frères). Planquette. Cloches de Corneville (les). — Air des on-dit (orchestre Pathé Frères). Planquette.		Bleue
6170	Déjanire. — Prélude du Ier acte (Garde Républicaine). Saint-Saëns. Déjanire. — Marche du cortège (Garde Républicaine). Saint-Saëns.		Marron
6346	Déjanire. — Prélude du IIe acte (Garde Républicaine). Saint-Saëns. Déjanire. — Chœur dansé (Garde Républicaine). Saint-Saëns.		Marron
8008	Dragons de Villars (les). — Espoir charmant (orch. Pathé Frères). Maillart. Dragons de Villars (les). — Ne parle pas (orch. Pathé Frères). Maillart.		Bleue
6228	Erwin (Fantaisie pour clarinette) (orchestre Pathé Frères). Meister. Erwin (Fantaisie pour clarinette) (suite) (orchestre Pathé Frères). Meister.		Bleue
6293	Fauvette du Temple (la). — Fantaisie (Garde Républicaine). Messager. Troupe Joli-Cœur (la) (Fête Foraine) (Garde Républicaine). Coquard.		Marron
6527	Faust. — Fantaisie (1re partie). (Orchestre, direction Gille). Gounod. Faust. — Fantaisie (2e partie). (Orchestre, direction Gille). Gounod.		Marron
8007	Favorite (la). — O mon Fernand (orchestre Pathé Frères). Donizetti. Favorite (la). — Chœur et romance (orchestre Pathé Frères). Donizetti.		Bleue

Disques PATHÉ double face

ORCHESTRE. — FANTAISIES (suite)

N°	Titres	Compositeurs	Couleurs des étiquettes
8018	Fille de Madame Angot (la). — Fantaisie (orchestre PATHÉ FRÈRES). / Carnaval de Venise (le) (Solo de flûte) (orchestre PATHÉ FRÈRES).	LECOCQ. / GENIN.	Bleue
8061	Fille de Madame Angot (la) (orchestre PATHÉ FRÈRES). / Mascotte (la). — Chœur, chanson et finale (Orch. PATHÉ FRÈRES).	LECOCQ. / AUDRAN.	Bleue
6176	Fille du Régiment (la) (1ʳᵉ partie) (GARDE RÉPUBLICAINE). / Fille du Régiment (la) (2ᵉ partie) (GARDE RÉPUBLICAINE).	DONIZETTI. / DONIZETTI.	Marron
6229	Fille du Régiment (la). — Au bruit de la guerre (orchestre PATHÉ). / Fille du Régiment (la). — Il faut partir (orchestre PATHÉ FRÈRES).	DONIZETTI. / DONIZETTI.	Bleue
8093	Fille du Tambour-major (la) (orchestre PATHÉ FRÈRES). / Juive (la). — Cavatine (orchestre PATHÉ FRÈRES).	OFFENBACH. / HALÉVY.	Bleue
8157	Gillette de Narbonne. — Fantaisie (orchestre PATHÉ FRÈRES). / Jour et la Nuit (le). — Fantaisie (orchestre PATHÉ FRÈRES).	AUDRAN. / LECOCQ.	Bleue
6224	Grande-duchesse de Gérolstein (la). — Sélection (orchestre PATHÉ FRÈRES). / Bouquet de Mélodies sur LUCIE DE LAMMERMOOR (orchestre PATHÉ FRÈRES).	OFFENBACH. / DONIZETTI.	Bleue
6478	Hamlet. — (La Fête du Printemps) (GARDE RÉPUBLICAINE). / Parade militaire (GARDE RÉPUBLICAINE).	THOMAS. / MASSENET.	Marron
8040	Hans le Joueur de flûte. — Sélection (orchestre PATHÉ FRÈRES). / Hans le Joueur de flûte. — Ouverture (orchestre PATHÉ FRÈRES).	GANNE. / GANNE.	Bleue
6171	Lakmé. — Scène du marché et patrouille (orch., direct. RUHLMANN). / Lohengrin. — Marche des Fiançailles (orch., direct. RUHLMANN).	DELIBES. / WAGNER.	Marron
6404	Lakmé. — Fantaisie (orchestre, direction RUHLMANN). / Mireille. — Fantaisie (orchestre, direction RUHLMANN).	DELIBES. / GOUNOD.	Marron
6172	Louise. — Prélude (orchestre, direction RUHLMANN). / Louise. — Marche de la Muse (orchestre direction RUHLMANN).	CHARPENTIER. / CHARPENTIER.	Marron
6173	Manon. — Fragments du Iᵉʳ acte (orchestre direction RUHLMANN). / Manon. — Finale du IIIᵉ acte (orchestre direction RUHLMANN).	MASSENET. / MASSENET.	Marron
6174	Manon. — Duo de la rencontre (orchestre, direction RUHLMANN). / Roi d'Ys (le). — Finale et presto (orchestre, direction RUHLMANN).	MASSENET. / LALO.	Marron
8245	Mascotte (la) (orchestre PATHÉ FRÈRES). / Rip (orchestre PATHÉ FRÈRES).	AUDRAN. / PLANQUETTE.	Bleue
8049	Mignon. — Connais-tu le pays? (pour piston) (orch. PATHÉ FRÈRES). / Une simple idée (pour hautbois et flûte) (orch. PATHÉ FRÈRES).	A. THOMAS. / LEROUX.	Bleue
8082	Miss Helyett. — Duo du portrait (orchestre PATHÉ FRÈRES). / Mousquetaires au couvent (les) (orchestre PATHÉ FRÈRES).	AUDRAN. / VARNEY.	Bleue
6227	Mousquetaires de la Reine (les). — Fantaisie (orch. PATHÉ FRÈRES). / Somnambule (la) (2ᵉ sélection) (orchestre PATHÉ FRÈRES).	HALÉVY. / BELLINI.	Bleue
6494	Noces de Jeannette (les). — Fantaisie (GARDE RÉPUBLICAINE). / Noces de Figaro (les). — Ouverture (orchestre direction GILLE).	MASSÉ. / MOZART.	Marron
6497	Paillasse. — Fantaisie II (orchestre, direction GILLE). / Paillasse. — Fantaisie III (orchestre, direction GILLE).	LEONCAVALLO. / LEONCAVALLO.	Marron
6238	Pathé-Succès (GARDE RÉPUBLICAINE). / Pathé-Succès (suite) (GARDE RÉPUBLICAINE).	SIEGRIST. / SIEGRIST.	Marron
6239	Pathé-Succès (2ᵉ suite) (GARDE RÉPUBLICAINE). / Pathé-Succès (2ᵉ suite et fin) (GARDE RÉPUBLICAINE).	SIEGRIST. / SIEGRIST.	Marron
6175	Philémon et Baucis. — Chœur des Bacchantes (orchestre, direction RUHLMANN). / Philémon et Baucis. — Entr'acte et danse des Bacchantes (orchestre, direction RUHLMANN).	GOUNOD. / GOUNOD.	Marron

ORCHESTRE. — FANTAISIES (suite)

N°	Titre	Compositeur	Couleurs des étiquettes
8063	Premier Jour de bonheur (le) (orchestre PATHÉ FRÈRES).	AUBER.	Bleue
	Italienne à Alger (l'). — Ouverture (orchestre PATHÉ FRÈRES).	ROSSINI.	
8298	Rêve du Nègre (le). — Fantaisie américaine (orchestre PATHÉ FRÈRES).	BIDGOOD.	Bleue
	Rêve du Nègre (le). — Fant. américaine (suite) (orch. PATHÉ FRÈRES).	BIDGOOD.	
6328	Rigoletto. — Quatuor (orchestre, direction GILLE).	VERDI.	Marron
	Rigoletto. — Quatuor (suite) (orchestre direction GILLE).	VERDI.	
6455	Rigoletto. — Fête militaire (orchestre, direction AMALOU).	VERDI.	Marron
	Martha. — Romance (orchestre, direction AMALOU).	FLOTOW.	
6511	Saltimbanques (les). — Fantaisie (GARDE RÉPUBLICAINE, direction CÉSAR BOURGEOIS).	L. GANNE.	Marron
	Sigurd. — Pas guerrier. Fantaisie (GARDE RÉPUBLICAINE direction CÉSAR BOURGEOIS).	REYER.	
6531	Samson et Dalila (Solo de piston) (SERGEANT LEGGETT).	SAINT-SAËNS.	Marron
	The Rosary (Solo de piston) (SERGEANT LEGGETT).	NEVIN.	
6003	Samson et Dalila (1re partie) (GARDE RÉPUBLICAINE).	SAINT-SAËNS.	Marron
	Samson et Dalila (2e partie) (GARDE RÉPUBLICAINE).	SAINT-SAËNS.	
6353	Sigurd. — Sélection (GARDE RÉPUBLICAINE).	REYER.	Marron
	Sigurd. — Sélection (suite et fin) (GARDE RÉPUBLICAINE).	REYER.	
8042	Somnambule (la). — (1re sélection) (orchestre PATHÉ FRÈRES).	BELLINI.	Bleue
	Divorcée (la). — Marche finale du IIe acte (orch. PATHÉ FRÈRES).	LÉO FALL.	
6230	Tosca (la). — Romance (orchestre PATHÉ FRÈRES).	PUCCINI.	Bleue
	Tosca (la). — Fragments (orchestre PATHÉ FRÈRES).	PUCCINI.	
6530	Trouvère (le). Miserere. (Solo de piston) (SERGEANT LEGGETT).	VERDI.	Marron
	Sérénade (Solo de piston et flûte). Exécuté par (SERGEANT LEGGETT et CARL SIEMER).	TITL.	
6329	Vaisseau Fantôme (le). — Chœur des Fantômes (orchestre, direction GILLE).	WAGNER.	Marron
	Vaisseau Fantôme (le). — L'Orage (orchestre, direction GILLE).	WAGNER.	
6207	Vaisseau Fantôme (le). — Chœur des Fileuses (ORCHESTRE SYMPHONIQUE, direction COLONNE).	WAGNER.	Marron
	Moment musical (ORCHESTRE SYMPHONIQUE, direction COLONNE).	SCHUBERT.	
6025	Véronique. — Fantaisie (1re partie) (GARDE RÉPUBLICAINE).	MESSAGER.	Marron
	Véronique. — Fantaisie (2e partie) (GARDE RÉPUBLICAINE).	MESSAGER.	
6512	Vieux airs Limousins. — Fantaisie (GARDE RÉPUBLICAINE, direction CÉSAR BOURGEOIS).	G. ROUCHAUD.	Marron
	Vieux airs Limousins. — Fantaisie (suite) (GARDE RÉPUBLICAINE, direction CÉSAR BOURGEOIS).	G. ROUCHAUD.	
6211	Vivandière (la). — Fragments (orchestre, direction AMALOU).	GODARD.	Marron
	Vivandière (la). — Viens avec nous, petit (orchestre, direction AMALOU).	GODARD.	
6496	Walkyrie (la). — Les adieux de Wotan (I) (orchestre, direction GILLE).	WAGNER.	Marron
	Walkyrie (la). — Les adieux de Wotan (II) (orchestre, direction GILLE).	WAGNER.	

Marches de Concert

N°	Titre	Compositeur	Couleurs
8003	Aïda. — Marche des trompettes (orchestre PATHÉ FRÈRES).	VERDI.	Bleue
	Marche funèbre (orchestre PATHÉ FRÈRES).	CHOPIN.	
6493	Athalie. — Marche guerrière (orchestre, direction GILLE).	MENDELSSOHN.	Marron
	Prophète (le). — Marche du Sacre (orchestre, direction AMALOU).	MEYERBEER.	
6037	Banderilleros (los) (Marche espagnole) (orchestre PATHÉ FRÈRES).	VOLPATTI.	Bleue
	Petite Marche Orientale (orchestre PATHÉ FRÈRES).	THIELS.	

Disques PATHÉ double face.

ORCHESTRE. — MARCHES DE CONCERT (suite)

N°	Titre	Compositeur	Couleur étiquette
6260	Banderilleros (los) (Marche espagnole) (orchestre, direct. Bosc). / Lola (Marche espagnole) (orchestre, direction Bosc).	VOLPATTI. / CHIAMPAN.	Marron
6457	Bohême (la). — Marche tirée de l'opéra de Puccini (orchestre, direction GILLE). / Entrée des Gladiateurs (orchestre, direction A. Bosc).	GODFREY. / FUCIK.	Marron
6235	Coquet (le) (Allegro de concert) (GARDE RÉPUBLICAINE). / Chalet (le). — Grand air (solo de baryton) (GARDE RÉPUBLICAINE).	C. BOURGEOIS. / ADAM.	Marron
6036	Gourko (Marche héroïque des Balkans) (orchestre PATHÉ FRÈRES). / Patrouille turque (orchestre PATHÉ FRÈRES).	JANIN-JAUBERT. / MICHAELIS.	Bleue
6208	Lohengrin. — Marche des fiançailles (orchestre, direction COLONNE) / Marche turque (ORCHESTRE SYMPHONIQUE, direction COLONNE).	WAGNER. / MOZART.	Marron
8116	Lohengrin. — Marche des fiançailles (orch. PATHÉ FRÈRES). / Lugdunum. — Ouverture (orchestre PATHÉ FRÈRES).	WAGNER. / ALLIER.	Bleue
6528	Marche aux flambeaux N° 3 (Orch., direct. RUHLMANN). / Marche nuptiale (Orchestre, direction GILLE).	MEYERBEER. / MENDELSSOHN.	Marron
8036	Marche d'entrée des Boyards (orchestre PATHÉ FRÈRES). / Contes d'Hoffmann (les). — Menuet et Barcarolle (ORCHESTRE SYMPHONIQUE, PATHÉ FRÈRES).	HALVORSEN. / OFFENBACH.	Bleue
6026	Marche des Fantômes (orchestre, direction RUHLMANN). / Marche funèbre (ORCHESTRE SYMPHONIQUE, direction COLONNE).	RANZATO. / CHOPIN.	Marron
8160	Marche des Korrigans (orchestre PATHÉ FRÈRES). / Colombe (la). — Entr'acte (orchestre PATHÉ FRÈRES).	ROPARTZ. / GOUNOD.	Bleue
6177	Marche du Couronnement d'Édouard VII (orchestre, direction RUHLMANN). / Marche nuptiale (orchestre, direction RUHLMANN).	SAINT-SAENS. / MENDELSSOHN.	Marron
6209	Marche funèbre d'une Marionnette (orchestre, direction COLONNE). / Hérodiade. — Ballet n° 4 (Les Phéniciennes) (orchestre, direction COLONNE).	GOUNOD. / MASSENET.	Marron
6351	Marche héroïque (GARDE RÉPUBLICAINE). / Marche héroïque (suite et fin) (GARDE RÉPUBLICAINE).	SAINT-SAENS. / SAINT-SAENS.	Marron
6415	Marche hongroise de Rackoczy. — (Damnation de Faust) (Orchestre, direction COLONNE). / Invitation à la valse (orchestre, direction COLONNE).	BERLIOZ. / WEBER.	Marron
6213	Marche miniature (orchestre, direction RUHLMANN). / Invitation à la valse (l') (orchestre, direction RUHLMANN).	TCHAIKOVSKY. / WEBER.	Marron
8161	Marche nuptiale (orchestre PATHÉ FRÈRES). / Savoia-Roma (orchestre PATHÉ FRÈRES).	PÉCOUD. / CODINI.	Bleue
8156	Marche persane (avec CLOCHES) (orchestre PATHÉ FRÈRES). / Mascarade (Air de ballet n° 3) (orchestre PATHÉ FRÈRES).	FAHRBACH. / LACOME.	Bleue
6207	Moment musical (ORCHESTRE SYMPHONIQUE, direction COLONNE). / Vaisseau fantôme (le). — Chœur des Fileuses (ORCHESTRE SYMPHONIQUE, direction COLONNE).	SCHUBERT. / WAGNER.	Marron
6493	Prophète (le). — Marche du Sacre (orchestre, direction AMALOU). / Athalie. — Marche guerrière (orchestre, direction GILLE).	MEYERBEER. / MENDELSSOHN.	Marron
6178	Reine de Saba (la). — Marche du Cortège (orchestre, direction RUHLMANN). / Suite Algérienne (Marche militaire) (orch. direction RUHLMANN).	GOUNOD. / SAINT-SAENS.	Marron
6234	Ruines d'Athènes (Marche turque) (orchestre, direction COLONNE). / Jocelyn. — Scène du bal (ORCHESTRE SYMPHONIQUE, direction COLONNE).	BEETHOVEN. / GODARD.	Marron
6279	Sous bois (Allegro de concert) (GARDE RÉPUBLICAINE). / Marche du gas Loubet (GARDE RÉPUBLICAINE).	BALAY. / BERGER.	Marron
8151	Tannhäuser (le). — Marche (orchestre PATHÉ FRÈRES). / En avant pour l'exposition de Charleroi (Marche) (orchestre PATHÉ FRÈRES).	WAGNER. / BAUDONCK.	Bleue
6560	Veuve joyeuse (la). — Marche des femmes. (Orch. dir. GILLES). / Veuve joyeuse (la). — Valse. Orch. dir. GILLE.)	FRANZ LEHAR. / FRANZ LEHAR.	Marron

Airs de Ballets et Suites d'Orchestres

N°	Titre	Compositeur	Couleur
6447	Air à danser (orchestre, direction PHILIPPE FLON).	FLON.	Marron
	Valse de féerie (orchestre, direction PHILIPPE FLON).	FLON.	
8097	Arlésienne (l'). — Adagietto (orchestre PATHÉ FRÈRES).	BIZET.	Bleue
	Arlésienne (l'). — Carillon (orchestre PATHÉ FRÈRES).	BIZET.	
6206	Arlésienne (l'). — Intermezzo (orchestre, direction COLONNE).	BIZET.	Marron
	Ballet de Sylvia (orchestre, direction COLONNE).	DELIBES.	
8081	Arlésienne (l'). — Menuet. (orchestre PATHÉ FRÈRES).	BIZET.	Bleue
	Arlésienne (l'). — Intermezzo (orchestre PATHÉ FRÈRES).	BIZET.	
6203	Arlésienne (l'). — Ouverture (orchestre, direction COLONNE).	BIZET.	Marron
	Arlésienne (l'). — Minuetto (orchestre, direction COLONNE).	BIZET.	
8163	Arlésienne (l'). — Prélude (orchestre PATHÉ FRÈRES).	BIZET.	Bleue
	Arlésienne (l'). — Farandole (orchestre PATHÉ FRÈRES).	BIZET.	
6204	Ballet d'Henri VIII (Danse de la Gipsy) (ORCHESTRE SYMPHONIQUE, direction COLONNE).	SAINT-SAENS.	Marron
	Korrigane (la). — Ballet (orchestre, direction COLONNE).	WIDOR.	
6347	Ballet d'Isoline (1re partie) (GARDE RÉPUBLICAINE).	MESSAGER.	Marron
	Ballet d'Isoline (2e partie) (GARDE RÉPUBLICAINE).	MESSAGER.	
6348	Ballet d'Isoline (3e partie) (GARDE RÉPUBLICAINE).	MESSAGER.	Marron
	Ballet d'Isoline (suite et fin) (GARDE RÉPUBLICAINE).	MESSAGER.	
6453	Ballet de Coppélia (N° 1) (GARDE RÉPUBLICAINE).	DELIBES.	Marron
	Ballet de Coppélia (N° 2) (GARDE RÉPUBLICAINE).	DELIBES.	
8139	Ballet de Faust (N° 1) (orchestre PATHÉ FRÈRES).	GOUNOD.	Bleue
	Ballet de Faust (N° 2) (orchestre PATHÉ FRÈRES).	GOUNOD.	
6004	Ballet de Sylvia. — Pizzicati (orchestre, direction RUHLMANN).	DELIBES.	Marron
	Ballet de Sylvia. — Valse lente (orchestre direction RUHLMANN).	DELIBES.	
6005	Ballet de Sylvia. — Les Chasseresses (GARDE RÉPUBLICAINE).	DELIBES.	Marron
	Ballet de Sylvia. — Valse lente (Pizzicati) (GARDE RÉPUBLICAINE).	DELIBES.	
6247	Ballet de Sylvia. — Cortège de Bacchus (GARDE RÉPUBLICAINE).	DELIBES.	Marron
	Gavotte Ninon (GARDE RÉPUBLICAINE).	PARÈS.	
8109	Ballet de Sylvia. — Cortège de Bacchus (orchestre PATHÉ FRÈRES).	DELIBES.	Bleue
	Menuet poudré (orchestre PATHÉ FRÈRES).	ANDRIEU.	
6006	Ballet égyptien (N° 1) (orchestre, direction AMALOU).	LUIGINI.	Marron
	Ballet égyptien (N° 2) (orchestre, direction AMALOU).	LUIGINI.	
8160	Colombe (la). — Entr'acte (orchestre PATHÉ FRÈRES).	GOUNOD.	Bleue
	Marche des Korrigans (Marche de Concert) (orchestre PATHÉ FRÈRES).	ROPARTZ.	
6162	Coppélia. — Mazurka du ballet (orchestre, direction FLON).	L. DELIBES.	Marron
	Domino noir (le). — Ouverture (orchestre, direction AMALOU).	AUBER.	
6446	Danse persane (orchestre, direction FLON).	E. GUIRAUD.	Marron
	Myosotis (Valse du ballet) (orchestre, direction FLON).	PH. FLON.	
6007	Deux pigeons (les). — Entrée des Tziganes (GARDE RÉPUBLICAINE).	MESSAGER.	Marron
	Deux pigeons (les). — Pas des deux pigeons (GARDE RÉPUBLICAINE).	MESSAGER.	
6008	Deux pigeons (les). — Thème et Variations (GARDE RÉPUBLICAINE).	MESSAGER.	Marron
	Deux pigeons (les). — Divertissements (GARDE RÉPUBLICAINE).	MESSAGER.	
6009	Deux pigeons (les). — Danse hongroise (GARDE RÉPUBLICAINE).	MESSAGER.	Marron
	Deux pigeons (les). — Finale (GARDE RÉPUBLICAINE).	MESSAGER.	

Disques PATHÉ, double face.   245

ORCHESTRE. — AIRS DE BALLETS ET SUITES D'ORCHESTRES (suite)

N°	Titre	Compositeur	Couleurs des étiquettes
6010	Erinnyes (les) (1re sélection) (orchestre, direction AMALOU). / Erinnyes (les) (2e sélection) (orchestre, direction AMALOU).	MASSENET. / MASSENET.	Marron
6456	Erinnyes (les). — Bacchanale (GARDE RÉPUBLICAINE). / Erinnyes (les). — Bacchanale (suite et fin) (GARDE RÉPUBLICAINE).	MASSENET. / MASSENET.	Marron
6413	Erinnyes (les). — La Troyenne regrettant sa patrie (GARDE RÉPUBLICAINE). / Erinnyes (les). — Divertissement (GARDE RÉPUBLICAINE).	MASSENET. / MASSENET.	Marron
8165	Fantaisie-Ballet (1re partie) (orchestre PATHÉ FRÈRES). / Fantaisie Ballet (2e partie) (orchestre PATHÉ FRÈRES).	PARÈS. / PARÈS.	Bleue
6407	Feria (la) (N° 1 Los Toros) (GARDE RÉPUBLICAINE). / Feria (la) (N° 2 La Réja) (GARDE RÉPUBLICAINE).	LACOME. / LACOME.	Marron
6410	Feria (la) (N° 3 La Zarzuela) (GARDE RÉPUBLICAINE). / Danse vénitienne (GARDE RÉPUBLICAINE).	LACOME. / PARÈS.	Marron
8035	Gioconda (la) (Danse des heures) (orchestre PATHÉ FRÈRES). / Gioconda (la) (suite) (orchestre PATHÉ FRÈRES).	PONCHIELLI. / PONCHIELLI.	Bleue
6209	Hérodiade (N° 4). — Les Phéniciennes (orchest., direct. COLONNE). / Marche funèbre d'une Marionnette (orch.; direction COLONNE).	MASSENET. / GOUNOD.	Marron
8060	Hérodiade. — Chœur, fanfare et finale (orchestre PATHÉ FRÈRES). / Ombre (l'). — Ouverture (orchestre PATHÉ FRÈRES).	MASSENET. / FLOTOW.	Bleue
6011	Impressions d'Italie. — Sérénade (GARDE RÉPUBLICAINE). / Impressions d'Italie. — A la fontaine (GARDE RÉPUBLICAINE).	CHARPENTIER. / CHARPENTIER.	Marron
6012	Impressions d'Italie. — A mules (GARDE RÉPUBLICAINE). / Impressions d'Italie. — Sur les cimes (GARDE RÉPUBLICAINE).	CHARPENTIER. / CHARPENTIER.	Marron
8155	Mascarade (Air de ballet n° 1) (orchestre PATHÉ FRÈRES). / Mascarade (Air de ballet n° 2) (orchestre PATHÉ FRÈRES).	LACOME. / LACOME.	Bleue
8156	Mascarade (Air de ballet n° 3) (orchestre PATHÉ FRÈRES). / Marche persane (avec CLOCHES) (orchestre PATHÉ FRÈRES).	LACOME. / FAHRBACH.	Bleue
8174	Monsieur Beaucaire. — Incidental Music (1re partie) (ORCHESTRE SYMPHONIQUE). / Monsieur Beaucaire. — Incidental Music (2e partie) (ORCHESTRE SYMPHONIQUE).	F. ROSSE. / F. ROSSE.	Bleue
6212	Patrie. — Pavane (orchestre, direction RUHLMANN). / Danse macabre (orchestre, direction RUHLMANN).	PALADILHE. / SAINT-SAËNS.	Marron
6402	Peer Gynt. — Le matin (orchestre, direction RUHLMANN). / Peer Gynt. — La mort d'Ase (orchestre, direct. PHILIPPE FLON).	GRIEG. / GRIEG.	Marron
6460	Peer Gynt. — La danse d'Anitra (orchestre, dir. RUHLMANN). / Peer Gynt. — Dans le hall du roi de la montagne (orchestre, direction PHILIPPE FLON).	GRIEG. / GRIEG.	Marron
6013	Rapsodie norvégienne (1re partie) (GARDE RÉPUBLICAINE). / Rapsodie norvégienne (2e partie) (GARDE RÉPUBLICAINE).	LALO. / LALO.	Marron
6243	Scènes Alsaciennes. — Dimanche matin (GARDE RÉPUBLICAINE). / Scènes Alsaciennes. — Au cabaret (GARDE RÉPUBLICAINE).	MASSENET. / MASSENET.	Marron
6354	Scènes Alsaciennes (N° 3). — Sous les tilleuls (Soli de Saxophone, clarinette et flûte) (GARDE RÉPUBLICAINE). / Devant la Madone (Nuit de Noël 1864) (Souvenir de Rome) (Soli de hautbois) (GARDE RÉPUBLICAINE).	MASSENET. / MASSENET.	Marron
6267	Scènes Alsaciennes. — Dimanche soir (GARDE RÉPUBLICAINE). / Scènes Alsaciennes. — Dimanche soir (suite et fin) (GARDE RÉPUBLICAINE).	MASSENET. / MASSENET.	Marron
6349	Scènes Bohémiennes. — Prélude (GARDE RÉPUBLICAINE). / Scènes Bohémiennes. — Sérénade (GARDE RÉPUBLICAINE).	BIZET. / BIZET.	Marron

ORCHESTRE. — AIRS DE BALLETS ET SUITES D'ORCHESTRES (suite)

N°	Titre	Compositeur	Couleurs des étiquettes
6027	Scènes Bohémiennes. — Marche (GARDE RÉPUBLICAINE). Scènes Bohémiennes. — Danse bohémienne (GARDE RÉPUBLICAINE).	BIZET. BIZET.	Marron
6215	Scènes Pittoresques. — Marche (GARDE RÉPUBLICAINE). Scènes Pittoresques. — Angélus (GARDE RÉPUBLICAINE).	MASSENET. MASSENET.	Marron
6352	Scènes Pittoresques. — Air de ballet (GARDE RÉPUBLICAINE). Scènes Pittoresques. — Fête bohème (GARDE RÉPUBLICAINE).	MASSENET. MASSENET.	Marron
6355	Suite printanière. — Fleurs et papillons (GARDE RÉPUBLICAINE). Suite printanière. — Ronde villageoise (GARDE RÉPUBLICAINE).	WESLY. WESLY.	Marron
8189	Suite printanière. — Ronde villageoise (orchestre PATHÉ FRÈRES). Polonaise (Morceau de genre) (orchestre PATHÉ FRÈRES).	WESLY. FOARE.	Bleue
8158	Tribut de Zamora (le). — Air de ballet (orchestre PATHÉ FRÈRES). Tribut de Zamora (le). — Tarentelle (orchestre PATHÉ FRÈRES).	GOUNOD. GOUNOD.	Bleue

Morceaux de genre

N°	Titre	Compositeur	Couleurs des étiquettes
6014	Adagio du 34ᵉ Quatuor (Thème, 2ᵉ et 3ᵉ variations) (Quatuor à cordes TOURRET). Adagio du 34ᵉ Quatuor (Thème, 4ᵉ variation) (Quatuor à cordes TOURRET).	HAYDN. HAYDN.	Marron
6277	Amina (Egyptian Sérénade) (GARDE RÉPUBLICAINE). Danse des Plébéiens (Saltarelle) (GARDE RÉPUBLICAINE).	LINCKE. MAQUET.	Marron
8179	Annette et Lubin (Gavotte) (orchestre PATHÉ FRÈRES). Chant du gondolier (le) (Barcarolle) (orchestre PATHÉ FRÈRES).	DURAND. MEZZACAPO.	Bleue
6443	Aubade printanière (orchestre, direction GILLE). Madame la lune (Valse) (orchestre, direction GILLE).	LACOME. LINCKE.	Marron
8010	Basoche (la). — Passe-pied (orchestre PATHÉ FRÈRES). Rigodon de Dardanus (orchestre PATHÉ FRÈRES).	MESSAGER. RAMEAU.	Bleue
8175	Beauté mystique (ORCHESTRE SYMPHONIQUE). Sur la route de zag-à-zig (ORCHESTRE SYMPHONIQUE).	FINCK. FINCK.	Bleue
6038	Boléro (pour flûte) (orchestre PATHÉ FRÈRES). Sur le lac (Rêverie) (orchestre PATHÉ FRÈRES).	LEBLOND. SELLENICK.	Bleue
6540	Boléro de concert (orchestre, direction LAURENT HALET). Méharis (les) (Marche) (orchestre, direction LAURENT HALET).	A. VIVIEN. A. VIVIEN.	Marron
6039	Brise du soir (ORCHESTRE SYMPHONIQUE, direct. SCHUMACKER). Robert E. Lee (ORCHESTRE SYMPHONIQUE, direct. SCHUMACKER).	GILLET. SALABERT.	Bleue
6040	Carmen, l'Andalouse (orchestre PATHÉ FRÈRES). Mimi Bohème ou La Marscha (orchestre PATHÉ FRÈRES).	PATERNO. SARRABLO.	Bleue
8018	Carnaval de Venise (le) (Solo de flûte) (orchestre PATHÉ FRÈRES). Fille de Mme Angot (la). Fantaisie (orchestre PATHÉ FRÈRES).	GENIN. LECOCQ.	Bleue
8104	Cavalleria Rusticana. — Intermezzo (orchestre PATHÉ FRÈRES). Cavatine (orchestre PATHÉ FRÈRES).	MASCAGNI. RAFF.	Bleue
6338	Célèbre Menuet (Quatuor à cordes TOURRET). Menuet dans le style ancien (Quatuor à cordes TOURRET).	BOCCHERINI. DENS.	Marron

Disques PATHÉ double face. 247

ORCHESTRE. — MORCEAUX DE GENRE (suite)

N°	Titre	Auteur	Couleurs des étiquettes
6440	Cette méprisable petite armée (Patrouille militaire anglaise) (GARDE RÉPUBLICAINE) / Tout le long de la Tamise (Mélodie-Scottish) (GARDE RÉPUBLICAINE)	G. BALAY. / L. HALET.	Marron
6423	Chanson arabe (GARDE RÉPUBLICAINE) / Flor de Navarra (Tango habanera) (GARDE RÉPUBLICAINE)	BAUDONCK / DELABRE	Marron
6217	Chanson de la Grand'maman (Quatuor à cordes TOURRET) / Danses anciennes — Menuet (Quatuor à cordes TOURRET)	PIERNÉ / VIDAL	Marron
6043	Chanson des Abeilles (la) (ORCHESTRE SYMPHONIQUE, SCHUMACKER) / Marche des P'tits Japonais (ORCHESTRE SYMPHONIQUE, dir. GAUWIN)	FILIPUCCI. / GAUWIN.	Bleue
6029	5ᵉ Symphonie en ut mineur (2ᵉ mouvement, andante con molto) (ORCHESTRE SYMPHONIQUE, direction RUHLMANN) / 5ᵉ Symphonie en ut mineur (Suite du 2ᵉ mouvement, andante con molto) (orchestre, direction RUHLMANN)	VAN BEETHOVEN. / VAN BEETHOVEN.	Marron
6030	5ᵉ Symphonie en ut mineur (Suites nᵒˢ 1 et 2 du 3ᵉ mouvement, allegro) (orchestre, direction RUHLMANN) / 5ᵉ Symphonie en ut mineur (Suites nᵒˢ 3 et 4 du 3ᵉ mouvement, allegro) (ORCHESTRE SYMPHONIQUE, direction RUHLMANN)	VAN BEETHOVEN. / VAN BEETHOVEN.	Marron
6216	5ᵉ Symphonie en ut mineur (Suite nᵒ 5 du 3ᵉ mouvement, allegro) (ORCHESTRE SYMPHONIQUE, direction RUHLMANN) / 5ᵉ Symphonie en ut mineur (3ᵉ mouvement, allegro) (orchestre, direction RUHLMANN)	VAN BEETHOVEN. / VAN BEETHOVEN.	Marron
6398	5ᵉ Symphonie en ut mineur (Suite nᵒ 2 du 2ᵉ mouvement, andante con molto) (ORCHESTRE SYMPHONIQUE, direction RUHLMANN) / 2ᵉ Symphonie en ré (1ᵉʳ mouvement, adagio molto allegro con brio) (ORCHESTRE SYMPHONIQUE, direction RUHLMANN)	VAN BEETHOVEN. / VAN BEETHOVEN.	Marron
6042	Clochettes et musettes (orchestre PATHÉ FRÈRES) / Souvenir de Saint-Rome (orchestre PATHÉ FRÈRES)	WALTER. / FARIGOUL.	Bleue
6450	Cœur de Daisy (le) (ORCHESTRE SYMPHONIQUE, dir. ARCHAINBAUD) / Papillon volage (ORCHESTRE SYMPHONIQUE, dir. ARCHAINBAUD)	DOLDIRE / PARADIS.	Marron
6015	Concertino pour clarinette (Andante) (GARDE RÉPUBLICAINE) / Concertino pour clarinette (Allegro) (GARDE RÉPUBLICAINE)	WEBER / WEBER	Marron
8036	Contes d'Hoffmann (les) — Menuet et Barcarolle (ORCHESTRE SYMPHONIQUE PATHÉ FRÈRES) / Marche d'entrée des Boyards (orchestre PATHÉ FRÈRES)	OFFENBACH. / HALVORSEN.	Bleue
8181	Danse boshlaque (ORCHESTRE SYMPHONIQUE PATHÉ FRÈRES) / Danse de l'ours (Danse américaine) (ORCHESTRE SYMPHONIQUE PATHÉ FRÈRES)	L. BALLERON. / JACK HARRIG.	Bleue
8173	Danse d'amour (la) (Intermezzo) (ORCHESTRE SYMPHONIQUE) / Jardin de Cupidon (le) (Intermezzo) (ORCHESTRE SYMPHONIQUE)	HOSCHNA / EUGÈNE	Bleue
8167	Danse des lutins (orchestre PATHÉ FRÈRES) / Gardes de la reine (les) (Valse) (orchestre PATHÉ FRÈRES)	EILENBER / GODFREY.	Bleue
6205	Danse hongroise (nᵒ 5) (ORCHESTRE SYMPHONIQUE, dir. COLONNE) / Danse hongroise (nᵒ 5) (ORCHESTRE SYMPHONIQUE, dir. COLONNE)	BRAHMS. / BRAHMS.	Marron
6212	Danse macabre (orchestre, direction RUHLMANN) / Patrie. — Pavane (orchestre, direction RUHLMANN)	SAINT-SAENS / PALADILHE.	Marron
6016	Danse napolitaine (GARDE RÉPUBLICAINE) / Tarentelle de la Poupée (GARDE RÉPUBLICAINE)	DESORMES. / WITTMANN.	Marron
8059	Danse sauvage (ORCHESTRE SYMPHONIQUE PATHÉ FRÈRES) / Or et l'argent (l') (Valse) (ORCHESTRE SYMPHONIQUE PATHÉ FRÈRES)	VALVERDE et CALLEJA. / L. LEHAR.	Bleue
6237	Danses anciennes (Gavotte) (Quatuor à cordes TOURRET) / Menuet à la zingaresa (Quatuor à cordes TOURRET)	VIDAL. / HAYDN.	Marron

ORCHESTRE. — MORCEAUX DE GENRE (suite)

N°	Titres	Auteurs	Couleurs des étiquettes
8192	Napoli (orchestre PATHÉ FRÈRES). Sérénade de Gillotin (orchestre PATHÉ FRÈRES).	MEZZACAPO. GOUBLIER.	Bleue
6046	Napolitana (Tarentelle) (orchestre PATHÉ FRÈRES). Quanto sei bella ! (Que tu es jolie !) (orchestre PATHÉ FRÈRES).	ISTRES. BONINCONTRO.	Bleue
8198	Nell Gwyn. — Merry makers dance (ORCHESTRE SYMPHONIQUE). Old English Country Dance (ORCHESTRE SYMPHONIQUE).	EDWARD GERMAN. BALFOUR.	Bleue
8168	Nouveaux jouets parisiens (les) (n° 1). — Le Carillonneur (Impressions) (ORCHESTRE SYMPHONIQUE, direction GAUWIN). Nouveaux jouets parisiens (les) (n° 2). — Mme Pipciet (Air de balai) (ORCHESTRE SYMPHONIQUE, direction GAUWIN).	GAUWIN. GAUWIN.	Bleue
6340	Novellettes. — Alla spagnola (Quatuor à cordes TOURRET). Novellettes. — Orientale (Quatuor à cordes TOURRET).	GLAZOUNOW. GLAZOUNOW.	Marron
8094	O Sole Mio (Intermezzo) (orchestre PATHÉ FRÈRES). Viva España (Marche espagnole) (orchestre PATHÉ FRÈRES).	E. DI CAPUA. ROMSBERG.	Bleue
8016	Paloma (la) (avec xylophone et tubophone) (orch. PATHÉ FRÈRES). Brune andalouse (Valse) (orchestre PATHÉ FRÈRES).	CORBIN. LECOMTE.	Bleue
6214	Pas des Marionnettes (orchestre, direction RUHLMANN). Calife de Bagdad (le) (orchestre, direction RUHLMANN).	PESSART. BOIELDIEU.	Marron
8189	Polonaise (orchestre PATHÉ FRÈRES). Suite printanière. — Ronde villageoise (orchestre PATHÉ FRÈRES).	FOARE. WESLY.	Bleue
8180	Pot pourri sur des cramignons liégeois (1re partie) (orchestre PATHÉ FRÈRES). Pot pourri sur des cramignons liégeois (2e partie) (orchestre PATHÉ FRÈRES).	BRAET. BRAET.	Bleue
6594	Prélude à l'après-midi d'un Faune (1re partie) (orchestre des CONCERTS LAMOUREUX, direction C. CHEVILLARD). Prélude à l'après-midi d'un Faune (suite et fin) (orchestre des CONCERTS LAMOUREUX, direction C. CHEVILLARD).	CLAUDE DEBUSSY. CLAUDE DEBUSSY.	Verte
8043	Retraite aux flambeaux japonaise (orchestre PATHÉ FRÈRES). Danse marocaine (orchestre PATHÉ FRÈRES).	ZEHLE. NEHL.	Bleue
8195	Rêverie (ORCHESTRE SYMPHONIQUE PATHÉ FRÈRES). Rieuse (Mazurka) (ORCHESTRE SYMPHONIQUE PATHÉ FRÈRES).	V. THIELS. L. BALLERON.	Bleue
6268	Ronde des Aéroplanes (GARDE RÉPUBLICAINE). Siamese patrol (GARDE RÉPUBLICAINE).	PAANS. LINCKE.	Marron
8084	Sous les étoiles (Sérénade) (orchestre PATHÉ FRÈRES). Sérénade (orchestre PATHÉ FRÈRES).	PARÈS. SCHUBERT.	Bleue
8200	Très Doggy (Intermezzo) (ORCHESTRE SYMPHONIQUE). Old Love is never forgotten (ORCHESTRE SYMPHONIQUE).	LOLA MORETTI. VOLLSTEDT.	Bleue
8024	Tu Espera (Habanera) (ORCHESTRE TZIGANE, direction FALK). Brise argentine (Valse) (ORCHESTRE TZIGANE, direction FALK).	SANCHEZ FUENTES. DEQUIN.	Bleue
6023	Voix des cloches (la) (GARDE RÉPUBLICAINE). Marche funèbre (GARDE RÉPUBLICAINE).	LUIGINI. CHOPIN.	Marron

ORCHESTRE DES CONCERTS LAMOUREUX
Direction C. CHEVILLARD

N°	Titres	Auteurs	Couleurs
6587	Apprenti sorcier (l'). — Scherzo pour orchestre (1re partie). Apprenti sorcier (l'). — Scherzo pour orchestre (2e partie).	PAUL DUKAS. PAUL DUKAS.	Verte

Disques PATHÉ double face. 251

ORCHESTRE DES CONCERTS LAMOUREUX (suite).

N°	Titres	Auteurs	Couleurs des étiquettes
6588	Apprenti sorcier (l'). — Scherzo pour orchestre (3e partie). Apprenti sorcier (l'). — Scherzo pour orchestre (4e partie).	Paul Dukas. Paul Dukas.	Verte
6584	Capriccio espagnol. — Alborada et variazoni (1re partie). Capriccio espagnol. — Alborada et variazoni (2e partie).	Rimsky Korsakow. Rimsky Korsakow.	Verte
6585	Capriccio espagnol. — Alborada. Capriccio espagnol. — Scèna e canto gitano, fandango et astusiano (1re partie).	Rimsky Korsakow. Rimsky Korsakow.	Verte
6586	Capriccio espagnol. — Fandango et astusiano (2e partie). Scherzo pour orchestre.	Rimsky Korsakow. E. Lalo.	Verte
6593	Espana. — Rapsodie pour orchestre (1re partie). Espana. — Rapsodie pour orchestre (2e partie).	Chabrié. Chabrié.	Verte
6594	Prélude à l'après-midi d'un Faune (1re partie). Prélude à l'après-midi d'un Faune (suite et fin).	Claude Debussy. Claude Debussy.	Verte
6595	Prince Igor (le). — Danses Polovtsiennes (1re partie). Prince Igor (le). — Danses Polovtsiennes (2e partie).	Borodine. Borodine.	Verte
6596	Prince Igor (le). — Danses Polovtsiennes (3e partie). Prince Igor (le). — Danses Polovtsiennes (4e partie).	Borodine. Borodine.	Verte
6591	Tannhäuser (le). — Ouverture (1re partie). Tannhäuser (le). — Ouverture (2e partie).	Wagner. Wagner.	Verte
6592	Tannhäuser (le). — Ouverture (3e partie). Tannhäuser (le). — Ouverture (4e partie).	Wagner. Wagner.	Verte

ORCHESTRE MONDAIN JOSÉ SENTIS

N°	Titres	Auteurs	Couleurs
8357	Aragon (Paso-doble). Corrientes (Tango).	J. Sentis. R. Huguet.	Bleue
8305	Arenas (Paso-doble). Invocation (Tango argentin).	José Sentis. José Sentis.	Bleue
8317	Asleep in the Deep (Mélodie boston). Roses de Picardie (Mélodie fox-trot).	Petrie Martel. Haydn Wood.	Bleue
8318	Balancello (le) (Danse de caractère). Polca criolla.	G. Noceti. José Sentis.	Bleue
8314	Bright eyes (Fox-trot). Naughty waltz (Boston hésitation).	Otto Motzan et M. Jérôme. Sol et Lévy.	Bleue
8332	Callate Roberto (Tango). Lula (Valse hawaïenne).	B. Calvete. Borel-Clerc.	Bleue
8321	Capricho (Tango). My isle of golden Dreams (Boston hésitation).	José Sentis. W. Blauffuss.	Bleue
8322	Clelito mio (Tango milonga). Poupée et le Pantin (la) (Le fox-trot de la « Boîte à musique »).	O. N. Fresedo. Borel-Clerc.	Bleue
8333	Criollita (Tango). Coleta (la) (Paso-doble).	José Sentis. R. Huguet.	Bleue
8246	De 5 à 7 (Tango). Pierrette (Tango).	José Sentis. Lebourdy.	Bleue
8058	Dolores (Marche espagnole). El Mas Criollo (Tango).	José Sentis. José Sentis.	Bleue
8356	Hawaïana (Valse). Pura clase (Tango).	Borel-Clerc. A. Rosquellas.	Bleue

ORCHESTRE MONDAIN JOSÉ SENTIS (suite)

N°	Titres	Artistes	Couleur
8319	Humming (Fox-trot). / Paso-doble-boléro.	Brean-Henderson / José Sentis	Bleue
6600	J't'e veux (René Mercier). — C'coquin d'Porto (Tango). / J't'e veux (G. Gabaroche et Fred Pearly). — La Java-Javi-Java (Java).		Bleue
8066	Los Chulos (Marche espagnole). / Tentación (Tango).	José Sentis / José Sentis	Bleue
8323	Mangia, Mangia, Papirusa (Tango milonga). / Sunshine (Boston hésitation).	A. De Bassi / Jack Rynier	Bleue
8306	Marquisette (Boston hésitation). / Whispering « Murmures » (Fox-trot).	José Sentis / John Schonberger	Bleue
8315	Peggy (Fox-trot). / Jueves (Tango milonga).	Neil Moret / Toranzo	Bleue
8316	Robert Macaire (Fox-trot). / 9 Julio (Tango milonga).	Maurice Yvain / José Padilla	Bleue
8355	Samba da Carnaval (Samba). / Samba da Noite (Samba).	Smet. / Smet.	Bleue
8334	Some little bird (Song fox-trot). / Tell me little Gypsy (Fox-trot).	Gillespie M. Phail et Van Alstyne / Irving Berlin	Bleue
8307	Tasse de thé (la) (Fox-trot). / Clochettes d'amour (Habanera tango).	Joseph Szulc / Pineras	Bleue

DISQUES DE DANSES

À la demande d'une grande partie de notre clientèle, nous donnons ci-dessous une liste de disques spécialement enregistrés pour la danse et qui par leur rythme et leur force, donneront entière satisfaction aux amateurs de Danses anciennes et modernes.

Polkas

N°	Titres	Couleur
7001	Polka du grain de beauté (Scotto). — Polka (Orchestre Pathé Frères). / Ninette (Christiné). — Polka (Orchestre, direction Bosc).	Marron
7002	L'amour (Christiné). — Polka-marche (Orchestre, direction Bosc). / Le gamin de Paris (Fragson). — Polka-Marche (Orchestre, direction Bosc).	Marron
7003	Polka des petites Parisiennes (L. Diodet). — Polka (Orchestre, direction Bosc). / Frangesa (Mario-Costa). — Polka-Marche (Orchestre, direction Bosc).	Marron
7004	Joyeux Monôme (Choquard). — Polka-Marche (Orchestre Pathé Frères). / Brindilles parfumées (Turine). — Mazurka (Orchestre Pathé Frères).	Marron

Mazurkas

N°	Titres	Couleur
7005	Le Rhin (O. Métra). — Mazurka (Orchestre Pathé Frères). / Mazurka jolie (Codini). — Mazurka (Orchestre Pathé Frères).	Marron
7006	Sous les tilleuls (Griffon). — Mazurka (Orchestre Pathé Frères). / Reine des bals (Auriacombe). — Mazurka (Orchestre Pathé Frères).	Marron
7007	La Néva (O. Métra). — Mazurka (Orchestre Pathé Frères). / La Mousmé (Ganne). — Mazurka (Orchestre Pathé Frères).	Marron
7008	A la Hongroise (Gonnier). — Mazurka (Orchestre, direction Bosc). / L'Héroïne de Beauvais (Wittmann). — Scottish (Orchestre Pathé Frères).	Marron

Disques PATHÉ double face.

DISQUES DE DANSES (suite)

COULEURS DES ÉTIQUETTES

Scottishs

7009	Lucette (DUCLOS). — Scottish (Orchestre PATHÉ FRÈRES). Mandarine (BOISSON). — Scottish (Orchestre PATHÉ FRÈRES).	Marron
7010	Hortensia (ANDRIEU). — Scottish (Orchestre PATHÉ FRÈRES). Rosette (GODARD). — Scottish (Orchestre PATHÉ FRÈRES).	Marron
7011	Sur la Riviera (DANIDERFF). — Scottish de genre (Orchestre, direction BOSC). Le beau Danube bleu (STRAUSS). — Valse (Orchestre PATHÉ FRÈRES).	Marron
7027	La poupée animée (LYNDE). — Scottish espagnole (Orchestre, direction BOSC). El Barrio (AUBRY). — Scottish espagnole (Orchestre, direction BOSC).	Marron

Valses

7012	Argentina (DIET). — Valse sentimentale (Orchestre, direction BOSC). Les cent Vierges (LECOCQ). — Valse (Orchestre PATHÉ FRÈRES).	Marron
7013	Estudiantina (WALDTEUFEL). — Valse (Orchestre PATHÉ FRÈRES). España (CHABRIER-WALDTEUFEL). — Valse (Orchestre PATHÉ FRÈRES).	Marron
7014	Grenade (MULLOT). — Valse (Orchestre PATHÉ FRÈRES). Très jolie (WALDTEUFEL). — Valse (Orchestre PATHÉ FRÈRES).	Marron
7015	Sphinx (POPY). — Valse (Orchestre PATHÉ FRÈRES). Vénus Shimmy (MAURICE YVAIN). — Shimmy (Orchestre, dir. MAURICE YVAIN).	Marron
7024	Delilah Valse (HORATIO NICHOLLS). — Valse-hésitation (Orch., dir. LAUR. HALET). If you could care (H. DAREWSKY). — Célèbre valse-boston (Orch., dir. L. HALET).	Marron
7025	La Reine joyeuse (CUVILLIERS). — Valse-boston (Orchestre, direction BOSC). Irène (TIERNY). — Valse (Orchestre, direction LAURENT HALET).	Marron

Shimmys

7016	Sur un air de Shimmy (RENÉ MERCIER). — Shimmy fox-trot (Orchestre, direction LAURENT HALET). Antoine (W. STERLING). — Shimmy (Orchestre, direction LAURENT HALET).	Marron
7017	J'en ai marre... (MAURICE YVAIN). — Fox-trot Shimmy (Orch. MITCHELL'S JAZZ KING'S). Oh me! Oh my! (V. YOUMANS). — Fox-trot Shimmy (Orchestre MITCHELL'S JAZZ KING'S).	Marron

Tangos

7018	Le lys noir (MAURICE YVAIN). — Tango (Orch., dir. LAURENT HALET). Le Tango du Rêve (MALDEREN). — Tango (Orchestre, direction BOSC).	Marron
7019	Florida (PETILLO). — Tango milonga (Orchestre, direction LAURENT HALET). Allo ! Chéri ! (DAVE STAMPER). — One-Step (Orchestre, direction BOSC).	Marron
7020	Mexico (BOB COLE). — Tango habanera (Orchestre, direction BOSC). De 5 à 7 (JOSÉ SENTIS). — Tango (Orch. symphonique, dir. JOSÉ SENTIS).	Marron

One-Steps

7021	Cach' ton piano (MAURICE YVAIN). — One Step (Orchestre, direction BOSC). C'est du Jazz-Band (H. DE BOZI). — Fox-trot (Orch., direction LAURENT HALET).	Marron
7022	Sur un air américain (LAURENT HALET). — One-step (Orchestre, direction LAURENT HALET). Swanee (GEORGE GERSHWIN). — Vocal one-step (Orch., direction MAURICE YVAIN).	Marron
7023	Une femme qui passe (BOREL-CLERC). — One-step (Orch., MITCHELL'S JAZZ KING'S). Le Perroquet (LOUIS HILLIER). — One-step (Orch., direction LAURENT HALET).	Marron

PATHÉPHONE, 30, Bd des Italiens, PARIS.

DISQUES DE DANSES (suite)

COULEURS DES ÉTIQUETTES

Fox-Trots

N°	Titres	Couleur
7028	Dansez-vous le fox-trot (MAURICE YVAIN). — Fox-trot (Orch., direction Bosc). Marionette's fox-trot (GARELI). — Fox-trot (Orchestre, direction Bosc).	Marron
7029	Whispering (SCHONBERGER). — Fox-trot (Orch., direction LAURENT HALET). Japanese Sandman (WHITING). — Shimmy fox-trot (Orchestre, direction LAURENT HALET).	Marron
7030	La tasse de thé (SZULC). — Fox-trot (Orchestre, direction LAURENT HALET). The Vamp (BYRON-GAY). — Fox-trot oriental (Orchestre, direction Bosc).	Marron
7031	Salomé (STOLZ). — Fox-trot (BANDA MILANO). Patchès (LEE S. ROBERTS). — Fox-trot (Orchestre, direction Bosc).	Marron
7032	The violet's song (MAURICE YVAIN). — Fox-trot (Orch., direction MAURICE YVAIN). Dans un fauteuil (BOREL-CLERC). — Fox-trot (Orch., direction LAURENT HALET).	Marron
7033	Mister Ragtime (MAURICE YVAIN). — One-step (Orch., direction MAURICE YVAIN). Avec le sourire (MAURICE YVAIN). — Fox-trot (Orch., direction LAURENT HALET).	Marron

Quadrilles

N°	Titres	Couleur
7034	Les Lanciers (O. MÉTRA). — 1re figure : Le Pantalon. (Orchestre de la Garde Républicaine, direction CÉSAR BOURGEOIS). Les Lanciers (O. MÉTRA). — 2e figure : Été. (Orchestre de la Garde Républicaine, direction CÉSAR BOURGEOIS).	Marron
7035	Les Lanciers (O. MÉTRA). — 3e figure : Poule (Orchestre de la Garde Républicaine, direction CÉSAR BOURGEOIS). Les Lanciers (O. MÉTRA). — 4e figure : Pastourelle. (Orchestre de la Garde Républicaine, direction CÉSAR BOURGEOIS).	Marron
7036	Les Lanciers (O. MÉTRA). — 5e figure : Galop final. (Orchestre de la Garde Républicaine, direction CÉSAR BOURGEOIS). Polka des petites Parisiennes (L. DIODET). — Polka. (Orchestre, direction Bosc).	Marron

ORCHESTRE (suite)

Valses

N°	Titres	Auteurs	Couleur
6017	A mi Querida (Valse espagnole) (orchestre, direction A. Bosc). Sous l'éventail (Valse espagnole) (orchestre, direction A. Bosc).	GAUWIN. DAUVIN.	Marron
8186	Abnégation (orchestre PATHÉ FRÈRES). Aimer toujours (orchestre PATHÉ FRÈRES).	MONNIER. PARADIS.	Bleue
6195	Alza Manolita (tirée de la chanson) (orchestre PATHÉ FRÈRES). Fita (Valse espagnole) (orchestre PATHÉ FRÈRES).	DANIDERFF. PARÈS.	Bleue
8141	Amoureuse (orchestre PATHÉ FRÈRES). Toute petite (Polka) (orchestre PATHÉ).	ALLIER. PAPONAUD.	Bleue
6051	Andalucia (orchestre PATHÉ FRÈRES). Santiago (orchestre PATHÉ FRÈRES).	POPY. CORBIN.	Bleue
6470	Ardente ! (Valse anglaise) (orchestre, direction A. Bosc). Golden Fox-trot (nouvelle danse américaine) (orch. dir. A. Bosc).	A. BOSC. P. SALABERT et HUGUET-TAGELL.	Marron
6393	Argentina (Valse sentimentale) (orchestre, direction A. Bosc). Enivrement (Valse lente) (orchestre, direction A. Bosc).	DIET. PANELLA.	Marron
8317	Asleep in the Deep (Mélodie boston) (orchestre symphonique direction JOSÉ SENTIS). Roses de Picardie (Mélodie fox-trot) (Orchestre symphonique, direction JOSÉ SENTIS).	H. W. PETRIE MARTELL. HAYDN WOOD.	Marron

Disques PATHÉ double face. 255

ORCHESTRE. — VALSES (suite)

N°	Titres	Auteurs	Couleurs des étiquettes
8215	Bal de la Reine (le) (orchestre PATHÉ FRÈRES). Diablotine (orchestre PATHÉ FRÈRES).	PARADIS. BOISSON.	Bleue
8048	Beau Danube bleu (le) (ORCHESTRE SYMPHONIQUE PATHÉ FRÈRES). Orphée aux Enfers (5ᵉ figure) (orchestre PATHÉ FRÈRES).	J. STRAUSS. OFFENBACH.	Bleue
8187	Bellerive (orchestre PATHÉ FRÈRES). Reine-Marguerite (orchestre PATHÉ FRÈRES).	PAPONAUD. DUCLOS.	Bleue
6179	Belle Sultane (orchestre, direction A. BOSC). Salut printemps (orchestre, direction A. BOSC).	BOSC. BOSC.	Marron
6052	Bettina (orchestre PATHÉ FRÈRES). Souvenir de Croisset (orchestre PATHÉ FRÈRES).	LAUNAY. SELLÉNICK.	Bleue
8185	Boîte de Pandore (la) (orchestre PATHÉ FRÈRES). Tout bleu, tout bleu (orchestre PATHÉ FRÈRES).	LITOLFF. CODINI.	Bleue
6363	Bourra (la) (orchestre, direction A. BOSC). Valse des p'tits pois (orchestre, direction A. BOSC).	NICOLAY. BOSC.	Marron
8024	Brise argentine (ORCHESTRE TZIGANE, direction FALK). Tu Espera (Habanera) (ORCHESTRE TZIGANE, direction FALK).	DEQUIN. SANCHEZ FUANTES.	Bleue
8196	Brise d'amour (orchestre PATHÉ FRÈRES). Clotilda (orchestre PATHÉ FRÈRES).	ALLIER. DOUARD.	Bleue
8121	Brise du soir (orchestre PATHÉ FRÈRES). J'ai tant pleuré (Valse lente) (orchestre PATHÉ FRÈRES).	KESSELS. RICO.	Bleue
8016	Brune Andalouse (orchestre PATHÉ FRÈRES). Paloma (la) (avec xylophone et tubophone) (orchestre PATHÉ FRÈRES).	LECONTE. CORDIN.	Bleue
8358	Caprice (Célèbre valse) (Orchestre, direction CÉSAR BOURGEOIS). Écho de la plaine (l') (Mazurka avec imitation) (Orchestre, direction CÉSAR BOURGEOIS).	F. L. BÉNECH. F. L. BÉNECH.	Bleue
8012	Cent Vierges (les) (orchestre PATHÉ FRÈRES). Madame Boniface (orchestre PATHÉ FRÈRES).	LECOCQ. LACOME.	Bleue
8231	Chagrins d'amour (orchestre PATHÉ FRÈRES). Nuit d'été (orchestre PATHÉ FRÈRES).	CAIRANNE. WETTS.	Bleue
6381	Chante Manon (orchestre, direction A. BOSC). Valse Câline (orchestre, direction A. BOSC).	VARGUES. TURINE.	Marron
6286	Chants du soir (orchestre, direction A. BOSC). Pile ou face (Scottish) (orchestre, direction A. BOSC).	LAFITTE. G. AUBRY.	Marron
6553	Charlie (Valse ballade) (Orchestre, direction LOUIS HILLIER). Béguin (le) (Fox-trot) (Orchestre, direction LOUIS HILLIER).	LOUIS HILLIER. LOUIS HILLIER.	Marron
6059	Christmas (avec CLOCHES) (orchestre PATHÉ FRÈRES). Pomone (orchestre PATHÉ FRÈRES).	MARGIS. WALDTEUFEL.	Bleue
6370	Christmas (orchestre, direction A. BOSC). Un peu, beaucoup, passionnément (orchestre, direction A. BOSC).	A. MARGIS. P. FAUCHEY.	Marron
8006	Cloches de Corneville (les). — Valse (orchestre PATHÉ FRÈRES). Valse des bas noirs (orchestre PATHÉ FRÈRES).	PLANQUETTE. MAQUIS.	Bleue
8222	Cœur de Madeleine (orchestre PATHÉ FRÈRES). Cannes la jolie (orchestre PATHÉ FRÈRES).	RAOUL GEORGES. GOUIRAND.	Bleue
8209	Cœur de tzigane (le) (ORCHESTRE TZIGANE). Hâtez-vous d'aimer (ORCHESTRE TZIGANE).	VERCOLIER. SCHMALTZE.	Bleue
8103	Coquelicots (les) (orchestre PATHÉ FRÈRES). Toast à l'Alsace (orchestre PATHÉ FRÈRES).	VIVET. SENI.	Bleue

ORCHESTRE. — VALSES (suite)

N°	Titre	Auteur	Couleur
6548	Dédé-Valse. — Sur les motifs de Dédé (Opérette) (orchestre, direction Laurent Halet).	Christiné.	Marron
	Shimmy-Doll (Shimmy et fox-trot) (orchestre, direction Laurent Halet).	Maurice Yvain.	
6498	Delilah-Valse (hésitation) (orch., dir. Laurent Halet).	Horatio Nicholls.	Marron
	Hong-Kong (Jazz One-step) (orch., dir. Laurent Halet).	V. Holstein et Sanders.	
6541	Dernière ivresse. — Valse hésitation bercée (Orch. dir. L. Halet).	Yves Fossoul.	Marron
	C'est du jazz-band. — Fox-trot (Orch. dir. Laurent Halet).	Harold de Bozi.	
6516	Destiny (Waltz) (The Imperial Symphony Orchestra).	S. Baynes.	Marron
	Nights of gladness (Waltz) (The Imperial Symphony, Orchestra).	Gu. Ancliffe.	
6486	Divine (Valse hésitation) (orchestre, direction A. Bosc).	A. Bosc.	Marron
	Flegmatic dance (Fox-trot) (orchestre, direction A. Bosc).	A. Leducq.	
8125	Edera (orchestre Pathé Frères).	Cardsio.	Bleue
	Immensité (l'). (orchestre Pathé Frères).	L. Gregh.	
8204	Edelweiss (orchestre Pathé Frères).	Tuedee.	Bleue
	Sobre las Olas. (Sur les flots) (orchestre Pathé Frères).	Rosas.	
8124	Églantine (orchestre Pathé Frères).	Andrieu.	Bleue
	Chèvrefeuille (orchestre Pathé Frères).	A. Petit.	
8293	El Nene (Le Petit Enfant) (Célèbre tango argentin) (Orchestre symphonique, direction Nast).	Raoul Georges.	Bleue
	Ne parlons plus d'amour (Valse) (Orchest. symphonique, dir. Nast).	Pierre Arezzo.	
6448	Elle est Marseillaise (orchestre, direction A. Bosc).	Scotto.	Marron
	Avec Ugène (orchestre, direction A. Bosc).	Laurent Halet.	
6034	Émanations parfumées (orchestre, direction A. Bosc).	Demesmacker.	Marron
	El Guadalquivir (Valse espagnole) (orchestre, direction A. Bosc).	Maquet.	
8120	En buissonnant (orchestre Pathé Frères).	Kling.	Bleue
	Napolinetta (Polka-Marche) (orchestre Pathé Frères).	Rico.	
6054	Espana (orchestre Pathé Frères).	Chabrier-Waldteufel.	Bleue
	Estudiantina (l') (orchestre Pathé Frères).	Waldteufel.	
6520	Étrange valse (l') (Valse hawaïenne). Spécialement réglée pour la danse par Mlle Mistinguett (Orchestre Laurent Halet).	Maurice Yvain.	Marron
	Jambes de Paris (les) (Fox-trot). Spécialement réglé pour la danse par Mlle Mistinguett (Orchestre Laurent Halet).	Maurice Yvain.	
6056	Fascination (Orchestre Tzigane, direction Falk).	Marchetti.	Bleue
	Ninuccia (Orchestre Tzigane, direction Falk).	Valente.	
8201	Faunes (les) (orchestre Pathé Frères).	Métra.	Bleue
	Valse favorite (orchestre Pathé Frères).	Blémant.	
6356	Faust. — Valse (Garde Républicaine).	Gounod.	Marron
	Dame blanche (la) — Ouverture (Garde Républicaine).	Boieldieu.	
6623	Favori (le) (Valse hésitation) (Orchestre tzigane, Di Piramo).	Stoltz.	Marron
	Sunray (Fox-trot) (orchestre tzigane, Di Piramo).	Amadei.	
6057	Feuilles du matin (orchestre Pathé Frères).	Strauss.	Bleue
	Flots du Danube (les) (orchestre Pathé Frères).	Ivanovicci.	
6196	Fiançailles (orchestre Pathé Frères).	Wisely.	Bleue
	Ronde du soir (la) (Valse) (orchestre Pathé Frères).	Scotto.	
8221	Fugitive ivresse (orchestre Pathé Frères).	Bousquet.	Bleue
	Nuit (la) (orchestre Pathé Frères).	O. Métra.	
8167	Gardes de la Reine (les) (orchestre Pathé Frères).	Godfrey.	Bleue
	Danse des Lutins (orchestre Pathé Frères).	Eilenberg.	
6377	Gervaise (orchestre, direction A. Bosc).	A. Bosc.	Marron
	The Quaker Girl (orchestre, direction A. Bosc).	L. Monckton.	

Disques PATHÉ double face. 257

ORCHESTRE. — VALSES (suite)

N°	Titres	Auteurs	Couleurs des étiquettes
6261	Gitana (la) (orchestre, direction A. Bosc). Santiago (orchestre, direction A. Bosc).	Buccalosi. A. Corbin.	Marron
8068	Gitana (la) (orchestre Pathé Frères). Toutes les femmes (Polka-Marche) (orchestre Pathé Frères).	Buccalosi. Butovich.	Bleue
6058	Grain de beauté (orchestre Pathé Frères). Grenade (orchestre Pathé Frères).	Stoupan. Mulldt.	Bleue
8356	Hawaïiana (Valse) (orchestre mondain José Sentis). Pura clase (Tango) (orchestre mondain José Sentis).	Borel-Clerc. A. Rosquellas.	Bleue
8123	Hirondelles du village (les) (orchestre Pathé Frères). Valse des Blondes (orchestre Pathé Frères).	Strauss. L. Ganne.	Bleue
6435	Housarde (la) (Valse militaire) (orchestre, direction A. Bosc). Dans mon aéroplane (orchestre, direction A. Bosc).	L. Ganne. Bosc.	Marron
6500	If you could care (Si vous aviez pour moi l'amour que j'ai pour vous) (Célèbre valse-boston) (orch., dir. Laurent-Halet). Sand dunes (One-step oriental) (orch., direction Laurent-Halet).	H. Darewski. Byron-Gay.	Marron
6524	Irène (Valse). Spécialement réglée pour la danse par Mlle Mistinguett (Orchestre Laurent Halet). Avalon (Fox-trot). Spécialement réglé pour la danse par Mlle Mistinguett (Orchestre Laurent Halet).	Harry Tierney. Al. Jolson et Vincent Rose.	Marron
6604	J'te veux (Valse), tirée de l'Opérette « J'te veux » (orchestre, direction G. Cuignache). Là-bas (Oriental-shimmy), tiré de l'Opérette « J'te veux » (orch., direction G. Cuignache).	René Mercier. A. Vaslien.	Marron
6364	Jardin d'amour (Valse-boston) (orchestre, direction A. Bosc). Big Boot Dance (Danse des grands souliers) (orchestre A. Bosc).	Levalli. Bosc.	Marron
6062	Jolie patineuse (la) (orchestre Pathé Frères). Sérénade (orchestre Pathé Frères).	Bagaure. O. Metra.	Bleue
6412	Juana (Valse espagnole) (orchestre, direction A. Bosc). Hongroise (A la) (Mazurka) (orchestre, direction A. Bosc).	Aubry. Goublier.	Marron
6061	Juana (Valse espagnole) (orchestre Pathé Frères). Monte-Cristo (orchestre Pathé Frères).	Mélé. Koltar.	Bleue
8051	Juanita (Valse espagnole) (orchestre Pathé Frères). Valse basque (orchestre Pathé Frères).	Cairanne. Wittmann.	Bleue
6390	Kœniginball ou le Bal de la reine (orchestre, direction A. Bosc). Ma Miette (Valse chantée) (orchestre, direction A. Bosc).	H. Paradis. V. Scotto.	Marron
6378	Liserons (les) (orchestre, direction A. Bosc). Parfum d'Eventail (orchestre, direction A. Bosc).	G. Aubry. Nico-Ghika.	Marron
8332	Lula (Valse hawaïenne) (orchestre mondain José Sentis). Callate Roberto (Tango) (orchestre mondain José Sentis).	Borel-Clerc. R. Calvete.	Bleue
6295	M'amour (Valse lente) (orchestre, direction A. Bosc). Miralda (orchestre, direction A. Bosc).	Fragson. Bosc.	Marron
6060	Ma Miette (orchestre Pathé Frères). Quand l'amour meurt (orchestre Pathé Frères).	Scotto. Crémieux.	Bleue
6443	Madame la Lune (orchestre, direction Gille). Aubade printanière (Morceau de genre) (orchestre, direction Gille).	Lincke. Lacombe.	Marron
8202	Marcelle (orchestre Pathé Frères) Simplette (orchestre Pathé Frères)	Rolle. Blémant.	Bleue
8205	Marielle (la) (orchestre Pathé Frères) Diabolo (la) (Boston-Valse) (orchestre Pathé Frères).	Berniaux. Druysels.	Bleue

ORCHESTRE. — VALSES (suite)

N°	Titre	Compositeur	Couleur
8306	Marquisette (Boston-hésitation) (Orchestre symphonique José Sentis).	José Sentis.	Bleue
	Whispering (Fox-trot) (Orchestre symphonique José Sentis).	John Schonberger.	
8108	Merveilleuses (les) (Valse tirée de la Fille de Madame Angot) (orchestre Pathé Frères).	Lecocq.	Bleue
	Thérèse (orchestre Pathé Frères).	Carl Faust.	
6491	Mi noche triste (Tango) (orchestre, direction A. Bosc).	Samuel Castriota.	Marron
	Mitzy (Valse-Boston) (orchestre, direction A. Bosc).	Paul Fauchey.	
8062	Micaëlla-Mia (Valse napolitaine) (orchestre Pathé Frères).	L. Danidorff.	Bleue
	Cacaouette-Cacaouette (Polka-Marche) (orchestre Pathé Frères).	Desmoulins.	
6547	Milongulta. — Célèbre mélodie argentine (Orchestre, direction Laurent Halet).	Enrique Delfino.	Marron
	Margie. — Fox-trot (Orchestre, direction Laurent Halet).	J.-R. Robinson.	
6503	Miss (Valse). Spécialement réglée pour la danse par Mlle Mistinguett (orchestre Yvain).	Maurice Yvain.	Marron
	Oouin (Fox-trot). Spécialement réglé pour la danse par Mlle Mistinguett (orchestre Yvain).	Maurice Yvain.	
6432	Mondaine (Valse-Berceuse) (orchestre, direction A. Bosc).	Bosc.	Marron
	Printemps passé (orchestre, direction A. Bosc).	G. Aubry.	
8321	My Isle of Golden Dreams (Boston-hésitation) (Orchestre mondain José Sentis).	W. Blaufuss.	Bleue
	Capricho (Tango) (orchestre mondain José Sentis).	José Sentis.	
8314	Naughty Waltz (Boston-hésitation) (orchestre, direction José Sentis).	Sol et Lévy.	Bleue
	Bright eyes (Fox-trot). (orchestre, direction José Sentis).	Motzan et Jerome.	
6198	Ninon, voici les roses (Orchestre Tzigane, direction Falk).	Darien.	Bleue
	Valse basque (orchestre Pathé Frères).	Wittmann.	
6287	Ohé ! Ohé ! Hop ! Là ! (orchestre, direction A. Bosc).	Bosc.	Marron
	Pour toi (orchestre, direction Bosc).	Bosc.	
6357	Or et l'Argent (l') (Garde Républicaine).	F. Lehar.	Marron
	Or et l'Argent (l') (suite) (Garde Républicaine).	F. Lehar.	
8059	Or et l'Argent (l') (Orchestre symphonique, Pathé Frères).	F. Lehar.	Bleue
	Danse sauvage (Morceau de genre) orch. Pathé Frères.	Valverde et Galleja.	
6442	Où fleurit l'oranger. (orchestre, direction Gille).	Strauss.	Marron
	Ville et Campagne (Mazurka) (orchestre, direction Gille).	Strauss.	
8207	Parisienne (orchestre Pathé Frères).	Wesly.	Bleue
	Il Bacio (Le Baiser) (orchestre Pathé Frères).	Arditi.	
6053	Patineurs (les) (orchestre Pathé Frères).	Waldteufel.	Bleue
	Sirènes (les) (orchestre Pathé Frères).	Waldteufel.	
8184	Pervenche (orchestre Pathé Frères).	Andrieu.	Bleue
	Anémone (orchestre Pathé Frères).	Andrieu.	
6219	Petite fleur (orchestre, direction A. Bosc).	Marie.	Marron
	Scottish de Mimi (orchestre, direction A. Bosc).	Bosc.	
8050	Petits chagrins (les) (orchestre Pathé Frères).	Rogister.	Bleue
	Petite Tonkinoise (la) (Scottish) (orchestre Pathé Frères).	Scotto.	
8212	Petits oiseaux (les) (pour flûte) (orchestre Pathé Frères).	Douard.	Bleue
	Oiseau tapageur (l') (polka pour flûte) (orchestre Pathé Frères).	Balleron.	
6487	Phi-Phi (Valse) (orchestre, direction A. Bosc).	Christiné.	Marron
	Tango du Rêve (le) (Tango) (orchestre, direction A. Bosc).	H.-V. Maldeken.	
6535	Plus troublant poème (le) (Valse) (orch., dir. Laur. Halet).	Yves Fossoul.	Marron
	Avec le sourire (Fox-trot) (orchestre, dir. Laurent Halet).	Maurice Yvain.	

Disques PATHÉ double face

ORCHESTRE. — VALSES (suite)

N°	Titres	Auteurs	Couleurs des étiquettes
8210	Pourquoi n'as-tu rien dit ! (Valse lente) (ORCHESTRE TZIGANE). Magyar-Czardas (ORCHESTRE TZIGANE).	LEDUCQ. BALLERON.	Bleue
6218	Première Valse (GARDE RÉPUBLICAINE). Valse militaire (pour trompettes) (GARDE RÉPUBLICAINE).	DURAND. MATON.	Marron
8166	Prends-moi (ORCHESTRE TZIGANE, direction FALK). C' que tu m'as fait (ORCHESTRE TZIGANE, direction FALK).	FYSHER. CHRISTINÉ.	Bleue
6538	Princesse Lilly (Valse-hésitation) (orch., dir. LAURENT HALET). Princesse Lilly (Tango) (orch., direction LAURENT HALET).	VICTOR ALIX. VICTOR ALIX.	Marron
6451	Quand y a pas d'lune (orchestre, direction A. BOSC). Amorosa (Mazurka italienne) (orchestre, direction A. BOSC).	KRIER. PIO NERI.	Marron
6434	Rose-Mousse (Valse lente) (orchestre, direction A. BOSC). Pitchounetta (Valse provençale (orchestre, direction A. BOSC).	BOSC. BOSC.	Marron
8242	Rose rouge (orchestre, PATHÉ FRÈRES). Mimosa (orchestre PATHÉ FRÈRES).	LEHAR. MARGIS.	Bleue
8223	Select (Double boston-valse) (orchestre PATHÉ FRÈRES). Songeuse (Triple boston-valse lente) (orchestre PATHÉ FRÈRES).	CARL LOUYS. RIBIOLLET.	Bleue
8122	Si tu savais (orchestre PATHÉ FRÈRES). Malgré moi (orchestre PATHÉ FRÈRES).	PENAUILLE. PARADIS.	Bleue
8194	Si tu veux (Boston-valse) (avec CLOCHES) (orchestre PATHÉ FRÈRES). Célèbre pas de l'ours (le) (orch. PATHÉ FRÈRES).	LARRIEU. BERLIN et SALABERT.	Bleue
6302	Sonando (orchestre, direction R. GASCON). Hong-Kong (Cake-Walk) (orchestre, direction R. GASCON).	GASCON. GASCON.	Bleue
6449	Sous les ponts de Paris (orchestre, direction A. BOSC). Ah ! c'qu'on s'aimait (orchestre, direction A. BOSC).	SCOTTO. MARINIER.	Marron
6055	Sphinx (orchestre PATHÉ FRÈRES). Très jolie (orchestre PATHÉ FRÈRES).	POPY. WALDTEUFEL.	Bleue
8203	Stella amorosa (Valse lente) (orchestre PATHÉ FRÈRES). Valse des chasseurs (orchestre PATHÉ FRÈRES).	RICO. SELLENICK.	Bleue
8323	Sunshine (Boston hésitation) (orch. mondain JOSÉ SENTIS). Mangia Mangia Papirusa ! ! (Tango milonga) (orchestre mondain JOSÉ SENTIS).	JACK RYMER. A. DE BASSI.	Bleue
6050	Sympathie (orchestre PATHÉ FRÈRES). Triple boston mondain (orchestre PATHÉ FRÈRES).	MEZZACAPO. POPY.	Bleue
8211	Tesoro Mio (Mon trésor) (ORCHESTRE TZIGANE). Malgré toi (ORCHESTRE TZIGANE).	BECUCCI. RICO.	Bleue
6499	Till we meet again (Valse) (orchestre, dir. LAURENT HALET). Chong He come from Hong-Kong) (Jazz Fox-trot) (orchestre direction LAURENT HALET).	RICHARD A. WHITING. HAROLD WEEKS.	Marron
6523	Till we meet again (Valse), Spécialement réglée pour la danse par Mlle MISTINGUETT (Orch. LAURENT HALET). Mariposa (la) " Le Papillon " (Tango). Spécialement réglé pour la danse par Mlle MISTINGUETT (Orch. LAURENT HALET).	RICHARD A. WHITING. LAURENT HALET.	Marron
8170	Ton cœur a pris mon cœur (Valse lente) (ORCHESTRE TZIGANE, direction FALK). Gavotte-Idylle (Morceau de genre) (orch. TZIGANE, direct. FALK).	SCOTTO. LINCKE.	Bleue
6063	Toujours ou jamais (orchestre PATHÉ FRÈRES). Valse bleue (orchestre PATHÉ FRÈRES).	WALDTEUFEL. MARGIS.	Bleue
6534	Tourne, tourne (Valse) (orchestre, direction LAURENT HALET). Oh ! ! ! ! ! ! (Fox-trot) (orchestre, direction LAURENT HALET).	P. CODINI. P. CODINI.	Marron

ORCHESTRE. — VALSES (suite)

N°	Titre	Auteur	Couleurs des étiquettes
6064	Vague (la) (orchestre Pathé Frères). / Venezia (orchestre Pathé Frères).	O. Métra. / Desormes.	Bleue
8296	Valse Banffy (orchestre tzigane). / Valse mauve (orchestre tzigane).	Banffy. / X.	Bleue
8140	Valse brune (orchestre Pathé Frères). / Sprée (la) sur les motifs de : Ah ! qu'on est bien, Mademoiselle (orchestre Pathé Frères).	G. Krier. / Hollaender.	Bleue
6495	Valse de la Cigogne. / Valse du prince paysan.	De Vos. / C. Van Wezzel.	Marron
8091	Valse des Cambrioleurs (orchestre Pathé Frères). / Petits Clairons (les) (Polka) (orchestre Pathé Frères).	L. Vasseur. / Moeremans.	Bleue
8208	Valse des roses (orchestre Pathé Frères). / Frères joyeux (orchestre Pathé Frères).	O. Métra. / Fremaux.	Bleue
8252	Valse militaire belge (orchestre Pathé Frères). / Quadrille américain (5ᵉ figure et galop) (orchestre Pathé Frères).	Fremaux. / Legendre.	Bleue
6383	Valse nuptiale (orchestre, direction A. Bosc). / Valse pathétique (Valse-boston) (orchestre, direction A. Bosc).	Soler. / Bosc.	Marron
8025	Valse plaintive (orchestre tzigane, direction Falk). / Fleurs que nous aimons (les) (Morceau de genre) (orch. tzigane, direction Falk).	Gillet. / Crémieux.	Bleue
8102	Valse poudrée (orchestre Pathé Frères). / Belle de New-York (la) (orchestre Pathé Frères).	Popy. / Kerker.	Bleue
6518	Valse Remembrance (The Imperial Infantry Band). / Fallen Roses (Valse) (The Imperial Symphony Orchestra).	L. Fall. / Arthur de Blonc	Marron
8304	Valse sincère (The Imperial Symphony, Orchestra). / The Pink Lady (Waltz) (Sapini, Orchestra).	Francis Day et Hunter / Caryll.	Bleue
8326	Valsez Mignonettes (Valse) (orchestre, direction Laurent Halet). / Chanson d'un soir (Valse) (orchestre, direction Laurent Halet).	F. L. Bénech. / F. L. Bénech.	Bleue
8206	Veuve joyeuse (la) (orchestre Pathé Frères). / Valse des Amazones (orchestre Pathé Frères).	F. Lehar. / Moeremans.	Bleue
8143	Violettes (les) (orchestre Pathé Frères). / Capucine (Polka) (orchestre Pathé Frères).	Waldteufel. / Andrieu.	Bleue

Polkas

N°	Titre	Auteur	Couleurs des étiquettes
8236	A la fête de Saint-Cloud (Polka burlesque) (orch. Pathé Frères). / Petit panier (le) (orchestre Pathé Frères).	Etiesse. / Lost.	Bleue
6431	A la Martinique (Polka nègre) (orchestre, direct. A. Bosc). / Bayadère (la) sur la célèbre chanson Sympathique (orchestre direction A. Bosc).	Christiné et G. M. Cohan. / P. Linckr.	Marron
6065	A vous (pour deux pistons) (orchestre Pathé Frères). / Amant de la Tour Eiffel (l') (orchestre Pathé Frères).	Boisn. / Robrnewski.	Bleue
6646	Alpestra (Polka pour piston) (orchestre Pathé Frères). / A travers la forêt (Pas redoublé) (orchestre Pathé Frères).	V. Hahn. / Karl Kuhaupt.	Bleue

ORCHESTRE. — POLKAS (suite)

N°	Titre	Auteur	Étiquette
6426	Célina (orchestre, direction A. Bosc)	STERNY	Marron
	Fémina-Féminette (Polka humoristique) (orchestre, direct. A. Bosc)	L. BILLAUT	
8134	Cette petite femme-là (orchestre PATHÉ FRÈRES)	TURLET	Bleue
	Polka des dindons (orchestre PATHÉ FRÈRES)	PARÈS	
8152	Chanson des Bois (Polka imitative) (orchestre PATHÉ FRÈRES)	SAMBIN	Bleue
	Diamant (pour piston) (orchestre PATHÉ FRÈRES)	REYNAUD	
8219	Chichirinette (la) (orchestre PATHÉ FRÈRES)	VILLARD	Bleue
	Polka des Grelots (orchestre PATHÉ FRÈRES)	SIGNARD	
8033	Chiens et chats (Polka imitative) (orchestre PATHÉ FRÈRES)	STOURAN	Bleue
	Courriers (les) (Polka imitative) (orchestre PATHÉ FRÈRES)	LAUNAY	
8214	Cliquettes (les) (Polka-Marche) (orchestre PATHÉ FRÈRES)	KREYER	Bleue
	Camélia (Polka-Marche) (orchestre PATHÉ FRÈRES)	ANDRIEU	
8297	Clochettes enchantées (Polka) (orchestre PATHÉ FRÈRES)	KAMP	Bleue
	Sur le Bosphore (Scottish) (orchestre PATHÉ FRÈRES)	LINCKE	
6076	Compère et Compagnon (pour bugle et piston) (orch. PATHÉ FRÈRES)	VAN HYFTE	Bleue
	Deux amis (les) (pour clarinettes) (orchestre PATHÉ FRÈRES)	MOEREMANS	
8013	Coquerico (pour flûte) (orchestre PATHÉ FRÈRES)	TURLAIS-BELVAL	Bleue
	Eva (pour piston) (orchestre PATHÉ FRÈRES)	PETIT	
6077	Coquerico (pour piston) (orchestre PATHÉ FRÈRES)	TURLAIS-BELVAL	Bleue
	Jean qui pleure et Jean qui rit (orchestre PATHÉ FRÈRES)	LABIT	
6079	Coquetterie (pour piston) (orchestre PATHÉ FRÈRES)	LACOSTE	Bleue
	Pluie de perles (pour piston) (orchestre PATHÉ FRÈRES)	GOUFFES	
6080	Cornette (pour deux pistons) (orchestre PATHÉ FRÈRES)	PIQUE	Bleue
	Max (orchestre PATHÉ FRÈRES)	SALABERT	
6081	Corso blanc (le) (Polka-Marche) (orchestre PATHÉ FRÈRES)	H. TELLAM	Bleue
	Heureux en choix (orchestre PATHÉ FRÈRES)	BRUNIN	
6365	Corso-blanc (le) (orchestre, direction A. Bosc)	J. TELLAM	Marron
	London-Polka (orchestre, direction A. Bosc)	O. METRA	
8243	Coucou et rossignol (Polka imitative) (orchestre PATHÉ FRÈRES)	MAILLY	Bleue
	En bombe (Polka-Marche) (orchestre PATHÉ FRÈRES)	LECOMTE	
6181	Coup de Jarnac (le) (orchestre, direction A. Bosc)	TONY	Marron
	Polka des souris blanches (orchestre, direction A. Bosc)	ALLIER	
8220	Dans le biplan (Polka-Marche) (orchestre PATHÉ FRÈRES)	CHIAROLANZA et SOLER	Bleue
	Diabolette (la) (orchestre PATHÉ FRÈRES)	BOREL-CLERC	
6082	Deauville (pour clarinette) (orchestre PATHÉ FRÈRES)	CORBIN	Bleue
	Deux bavards (les) (pour pistons) (orchestre PATHÉ FRÈRES)	ANDRIEU	
6083	Double-Quatre (orchestre PATHÉ FRÈRES)	ROUX	Bleue
	Petite folle (orchestre PATHÉ FRÈRES)	ANDRIEU	
6084	El Coréo (orchestre PATHÉ FRÈRES)	CORBIN	Bleue
	Forgerons (les) (orchestre PATHÉ FRÈRES)	BLÉGER	
6292	Elle et Lui (GARDE RÉPUBLICAINE)	STROBL	Marron
	Polka orientale (GARDE RÉPUBLICAINE)	CORBIN	
6085	Emma Livry (pour clarinette) (orchestre PATHÉ FRÈRES)	PIROUELLE	Bleue
	Piston et pistonnette (pour pistons) (orchestre PATHÉ FRÈRES)	DUCLOS	
8182	En r'venant d'la revue (Polka-Marche) (orchestre PATHÉ FRÈRES)	DÉSORMES	Bleue
	A pas légers (Polka-Marche) (orchestre PATHÉ FRÈRES)	KREYER	
6197	En Tunisie (orchestre PATHÉ FRÈRES)	PÉRICAT	Bleue
	Verre en main (le) (orchestre PATHÉ FRÈRES)	FAHRBACH	
6086	Enclume (l') (orchestre PATHÉ FRÈRES)	PARLOW	Bleue
	Fifreline (orchestre PATHÉ FRÈRES)	BALLERON	

ORCHESTRE. — POLKAS (suite)

COULEURS DES ÉTIQUETTES

N°	Titre	Auteur	Couleur
6262	English spoken (orchestre, direction A. Bosc). Polka des Petites Parisiennes (orchestre, direction A. Bosc).	FAHRBACH. L. DIODET.	Marron
8133	Étoile d'Angleterre (l') (pour piston) (orchestre PATHÉ FRÈRES). Chant d'alouette (Polka-rondeau pour flûte) (orch. PATHÉ FRÈRES).	LAMOTTE. REYNAUD.	Bleue
8238	Étoile du Casino (l') (pour piston) (orchestre PATHÉ FRÈRES). Fine lame (pour piston) (orchestre PATHÉ FRÈRES).	GUILLE. STOUPAN.	Bleue
8130	Fantaisie brillante (solo de xylophone) (orchestre PATHÉ FRÈRES). Joyeuse (pour xylophone) (orchestre PATHÉ FRÈRES).	DITTRICH. P. MULLER.	Bleue
8216	Fille de la Meunière (la) ou *La Gigouillette* (orch. PATHÉ FRÈRES). Bras dessus, bras dessous (orchestre PATHÉ FRÈRES).	TABERNIACO. STOUPAN.	Bleue
6087	France qui passe (la) (orchestre PATHÉ FRÈRES). Moineaux (les) (Polka-Marche) (orchestre PATHÉ FRÈRES).	BOREL-CLERC. SIEULLE.	Bleue
6371	Françesa (Polka-Marche) (orchestre, direction A. Bosc). Serafina (Polka-Marche) (orchestre, direction A. Bosc).	MARIO COSTA. VALVERDE.	Marron
6256	Frères Siamois (les) (pour 2 pistons) (GARDE RÉPUBLICAINE). Gavotte des baisers (Morceau de genre) (GARDE RÉPUBLICAINE).	ROUSSEAU. F. POPY.	Marron
8213	Gais refrains militaires (Polka-Marche) (orchestre PATHÉ FRÈRES). Fanfare-Polka (orchestre PATHÉ FRÈRES).	DRUMMER. JULLIAN.	Bleue
8230	Héritage de Pierrot (l') (Polka-Marche) (orchestre PATHÉ FRÈRES). Lozi (Polka originale) (orchestre PATHÉ FRÈRES).	GAUWIN. MAGNAN.	Bleue
6088	J'ai soif d'amour (Polka-Marche) (orchestre PATHÉ FRÈRES). Mariette (orchestre PATHÉ FRÈRES).	JOUVÉ. STERNY-COURQUIN.	Bleue
6379	Jambe en bois (la) (orchestre, direction A. Bosc). Philomène (orchestre, direction A. Bosc).	E. SPENCER. CHRISTINÉ.	Marron
8232	Joconde (la) (orchestre PATHÉ FRÈRES). Gamin de Paris (le) (Polka-Marche) (orchestre PATHÉ FRÈRES).	ALLIER. FRAGSON.	Bleue
8162	Joli fruit (le) (Polka-Marche) (orchestre PATHÉ FRÈRES). Joyeuse entrée du Prince Carnaval (orchestre PATHÉ FRÈRES).	VARGUES. WESLY.	Bleue
8218	Joyeux Monôme (Polka-Marche) (orchestre PATHÉ FRÈRES). A l'Américaine (Scottish) Danse de salon (orch. PATHÉ FRÈRES).	CHOQUARD. SCOTTO.	Bleue
6089	Latteurance (solo de flûte) (orchestre PATHÉ FRÈRES). Polka des oiseaux (orchestre PATHÉ FRÈRES).	MAYEUR. CONOR.	Bleue
8324	Lilette (Polka-marche) (orchestre, direction LAURENT HALET). Grand rouquin (le) (Polka-marche) (orch., direct. LAURENT HALET).	F. L. BENECH. F. L. BENECH.	Bleue
6078	Lola (orchestre PATHÉ FRÈRES). Virtuosité (pour flûte) (orchestre PATHÉ FRÈRES).	CHIAMPAN. LIGNER.	Bleue
6296	Luba (Polka russe) (orchestre, direction A. Bosc). Tout à la joie (orchestre, direction A. Bosc).	GAUWIN. FAHRBACH.	Marron
6090	Madeleine (pour piston) (orchestre PATHÉ FRÈRES). Marche de nuit (Polka-Marche) (orchestre PATHÉ FRÈRES).	PETIT. POPY.	Bleue
8233	Madrilena (la) (Polka espagnole) (orchestre PATHÉ FRÈRES). Pas des siffleurs (orchestre PATHÉ FRÈRES).	L. DANIDERFF. F. POPY.	Bleue
8229	Ma Nine..a (orchestre PATHÉ FRÈRES). Moulinet-Polka (orchestre PATHÉ FRÈRES).	GAUWIN et GUILLE. STRAUSS.	Bleue
8135	Marche à l'échelle (orchestre PATHÉ FRÈRES). Pas sur la bouche (Polka-Marche) (orchestre PATHÉ FRÈRES).	BOREL-CLERC. FURGEOT.	Bleue
6366	Mariette (orchestre, direction A. Bosc). Petit panier (le) (orchestre, direction A. Bosc).	STERNY-COURQUIN. L. LUST.	Marron
8142	Mattchiche (la) (orchestre PATHÉ FRÈRES). Vidalinette (la) (Danse moderne) (orchestre PATHÉ FRÈRES).	BOREL-CLERC. P.-A. VIDAL.	Bleue

PATHÉPHONE, 30, Bd des Italiens, PARIS.

ORCHESTRE. — POLKAS (suite)

N°	Titre	Auteur	Couleurs des étiquettes
6091	Mimi-Mélo (pour flûte) (orchestre PATHÉ FRÈRES) Messager d'amour (pour piston) (orchestre PATHÉ FRÈRES)	MÉLÉ. WIDMANN.	Bleue
8234	Miss Love (orchestre PATHÉ FRÈRES) London-Polka (orchestre PATHÉ FRÈRES)	TARELLI. O. METRA.	Bleue
6374	Moineaux (les) (Polka-Marche) (orchestre, direction A. Bosc) Tous en chœur ! (Polka-Marche) (orchestre, direction A. Bosc)	J. SLEUISE. TAILLEFER.	Marron
8047	Monôme-Polka (orchestre PATHÉ FRÈRES) Jean et Jeannette (Polka) (orchestre PATHÉ FRÈRES)	GARCIAN. ALLIER.	Bleue
8128	Moustaches-Polka (orchestre PATHÉ FRÈRES) Reine des bals (la) (Mazurka) (orchestre PATHÉ FRÈRES)	VESPES. A GIACOMBE.	Bleue
8235	Muguet (orchestre PATHÉ FRÈRES) Zipholo (le) (orchestre PATHÉ FRÈRES)	ANDRIEU. CHRISTINÉ.	Bleue
8153	Murmures de la Forêt (les) (pour flûte) (orchestre PATHÉ FRÈRES) Cloches de Mai (Mazurka) (avec cloches) (orchest. PATHÉ FRÈRES)	SOUTAIRE. DITTRICH.	Bleue
6093	Musotte (orchestre PATHÉ FRÈRES) Paye tes dettes (orchestre PATHÉ FRÈRES)	CAIRANNE. FILLEVESTRE.	Bleue
8120	Napolinetta (Polka-Marche) (orchestre PATHÉ FRÈRES) En buissonnant (Valse) (orchestre PATHÉ FRÈRES)	RIGO. KLING.	Bleue
6360	Nina (Polka-Marche) (orchestre, direction A. Bosc) Lanciers (les) Quadrille anglais (5e figure). Galop final. Garde républicaine, direction CÉSAR BOURGEOIS)	JUST. O. METRA.	Marron
6411	Ninette (orchestre, direction A. Bosc) Chanteclerette (la) (Polka imitative) (orchestre, direction A. Bosc)	CHRISTINÉ. BOSC.	Marron
6018	Ninette (orchestre, direction A. Bosc) Polka du grain de beauté (orchestre, direction GILLE)	CHRISTINÉ. SCOTTO.	Marron
8256	Nouvelle Étoile (pour piston) (orchestre PATHÉ FRÈRES) Cécile (pour piston) (orchestre PATHÉ FRÈRES)	ANDRIEU. BILLAUT.	Bleue
8212	Oiseau tapageur (l') (pour flûte) (orchestre PATHÉ FRÈRES) Petits oiseaux (Valse pour flûte) (orchestre PATHÉ FRÈRES)	BALDRON. DOUARD.	Bleue
6092	Olympienne (l') (pour baryton) (orchestre PATHÉ FRÈRES) Polka des souris blanches (orchestre PATHÉ FRÈRES)	RUCHE. ALLIER.	Bleue
6444	Petite Bretonne (la) (Polka-Marche) (orchestre, direction A. Bosc) Polka des Râticrons (orchestre, direction A. Bosc)	BERNIAUX. RIVET.	Marron
8091	Petits Clairons (les) (orchestre PATHÉ FRÈRES) Valse des Cambrioleurs (Valse) (orchestre PATHÉ FRÈRES)	MOEREMANS. R. VASSEUR.	Bleue
8217	Philomène (orchestre PATHÉ FRÈRES) Amateur explorateur (l') (Polka-Marche) (orch. PATHÉ FRÈRES)	CHRISTINÉ. GÉLAS et CHRISTINÉ.	Bleue
6301	Pica-Pica (orchestre, direction R. GASCON) Giralda (la) (Marche andalouse) (orchestre, direction R. GASCON)	GASCON. LOPEZ.	Bleue
8226	Poignée de mains (orchestre PATHÉ FRÈRES) Sonnez, trompettes (Polka militaire) (orchestre PATHÉ FRÈRES)	CORBIN. WETTGE.	Bleue
8318	Polca criolla (orchestre symphonique, dir. JOSÉ SENTIS) Balancello (le) (Danse de caractère) (Orchestre symphonique, direction JOSÉ SENTIS)	JOSÉ SENTIS. G. NOCITI.	Bleue
8249	Polka de Polichinelle (orchestre PATHÉ FRÈRES) Polka des laitiers (orchestre PATHÉ FRÈRES)	CORBIN. DUCLUS.	Bleue
8239	Polka des bébés (Polka imitative) (orchestre PATHÉ FRÈRES) Polka des Clochettes (orchestre PATHÉ FRÈRES)	PIVOT. BALLFRON.	Bleue

Disques PATHÉ double face

ORCHESTRE — POLKAS (suite)

N°	Titre	Auteur	Couleurs des étiquettes
8057	Polka des Clairons (orchestre PATHÉ FRÈRES) / Polka des Pachas (orchestre PATHÉ FRÈRES)	BRUN / ALLIER	Bleue
6095	Polka des Clowns (orchestre PATHÉ FRÈRES) / Polka des Commères (orchestre PATHÉ FRÈRES)	ALLIER / ALLIER	Bleue
6246	Polka des Coiffeurs (GARDE RÉPUBLICAINE) / Carillon printanier (Scottish) (GARDE RÉPUBLICAINE)	POPY / L. LACROIX	Marron
6096	Polka des Officiers (orchestre PATHÉ FRÈRES) / Suévroise (la) (avec CLOCHES) (orchestre PATHÉ FRÈRES)	FAHRBACH / EUSTACE	Bleue
8118	Polka orientale (orchestre PATHÉ FRÈRES) / Cœur et la main (le) (Quadrille 5ᵉ figure) (orchestre PATHÉ FRÈRES)	CORBIN / LECOCQ	Bleue
8117	Polka originale (Polka avec CLOCHES) (orchestre PATHÉ FRÈRES) / Coquelicot (Quadrille, 5ᵉ figure) (orchestre PATHÉ FRÈRES)	BELLANGER / O. METRA	Bleue
6255	Polka réaliste (orchestre, direction A. BOSC) / Mariposa (la) (Danse américaine) (orchestre, direction A. BOSC)	GARNE / E. WIELER	Marron
6097	Pour les bambins (orchestre PATHÉ FRÈRES) / Smartness (orchestre PATHÉ FRÈRES)	FAHRBACH / POPY	Bleue
8098	Promenade-Polka (orchestre PATHÉ FRÈRES) / Polka Villageoise (orchestre PATHÉ FRÈRES)	O. METRA / SELLENICK	Bleue
6094	Retour de Vienne (orchestre PATHÉ FRÈRES) / Poisson d'Avril (Polka-Marche) (orchestre PATHÉ FRÈRES)	CLERICE / ALLIER	Bleue
8225	Sans se biler (Polka-Marche) (orchestre PATHÉ FRÈRES) / Polka des Boulevardiers (orchestre PATHÉ FRÈRES)	CHARTON / GROGNET	Bleue
8144	Satanella (orchestre PATHÉ FRÈRES) / Petit lapin (orchestre PATHÉ FRÈRES)	STEENEBRUGEN / POPY	Bleue
8248	Séduisante (la) (orchestre PATHÉ FRÈRES) / Cajolerie (orchestre PATHÉ FRÈRES)	DAUNOT / SCHLESINGER	Bleue
8359	Si les femmes... (Polka one-step) (orchestre, direction CÉSAR BOURGEOIS) / Joujou (Fox-trot) (orchestre, direction CÉSAR BOURGEOIS)	F. L. BENECH / F. L. BENECH	Bleue
8083	Tourterelle (la) (pour flûte) (orchestre PATHÉ FRÈRES) / Merle blanc (le) (pour flûte) (orchestre PATHÉ FRÈRES)	DAMARE / DAMARE	Bleue
8141	Toute petite (orchestre PATHÉ FRÈRES) / Amoureuse (Valse) (orchestre PATHÉ FRÈRES)	PAPONAUD / ALLIER	Bleue
8068	Tout's les femmes (Polka-Marche) (orchestre PATHÉ FRÈRES) / Gitana (la) (Valse) (orchestre PATHÉ FRÈRES)	BUCOVICI / BUCCALOSI	Bleue
8240	Troïka (la) (Polka russe) (orchestre PATHÉ FRÈRES) / Demoiselles de magasin (les) (orchestre PATHÉ FRÈRES)	ELSEN / MULLOT	Bleue
8228	Troïka de Moscou (orchestre PATHÉ FRÈRES) / Vie parisienne (la) (Quadrille, 5ᵉ figure) (orchestre PATHÉ FRÈRES)	JOUVE / OFFENBACH	Bleue
6275	Verre en main (le) (orchestre, direction A. BOSC) / Catalans (les) (Marche espagnole) (orchestre, direction A. BOSC)	FAHRBACH / POPY	Marron
8244	Villageoise (la) (pour hautbois) (orchestre PATHÉ FRÈRES) / Cornettine (Mazurka pour piston) (orchestre PATHÉ FRÈRES)	FOURNOLLE / R. R. SALI	Bleue
8312	Virtuosité (Polka pour piston) (Orchestre PATHÉ FRÈRES) / Virtuosité (Polka pour piston) (suite) (Orchestre PATHÉ FRÈRES)	LIGNER / LIGNER	Bleue
8193	Walking (Polka anglaise) (orchestre PATHÉ FRÈRES) / Dans les bois (Mazurka de genre) (orchestre PATHÉ FRÈRES)	GUERIN / WELTERSON	Bleue

ORCHESTRE (suite)

Mazurkas

N°	Titre	Auteur	Couleur
6182	A la hongroise (orchestre, direction A. Bosc).	GOUBLIER.	Marron
	Discrète (Mazurka parisienne) (orchestre, direction A. Bosc).	BOSC.	
6451	Amorosa (Mazurka italienne) (orchestre, direction A. Bosc).	PIO NERI.	Marron
	Quand y a pas d'lune (Valse) (orchestre, direction A. Bosc).	KRIER.	
8237	Au bord de la Loire (orchestre PATHÉ FRÈRES).	EUSTACE.	Bleue
	Frimas (Varsoviana) (orchestre PATHÉ FRÈRES).	HEMMERLÉ.	
8137	Auvergnate (l') (Mazurka-Bourrée) (orchestre PATHÉ FRÈRES).	L. GANNE.	Bleue
	Caroline ! Caroline ! (Polka-Marche) (orchestre PATHÉ FRÈRES).	V. SCOTTO.	
6098	Bergères Watteau (pour hautbois) (orchestre PATHÉ FRÈRES).	CORBIN.	Bleue
	Carte postale (orchestre PATHÉ FRÈRES).	STROBL.	
6220	Brindilles parfumées (orchestre PATHÉ FRÈRES).	TURINE.	Bleue
	Scottish du Carillon (orchestre PATHÉ FRÈRES).	CORBIN.	
6100	Chasse aux cailles (orchestre PATHÉ FRÈRES).	PARADIS.	Bleue
	Clématite (orchestre PATHÉ FRÈRES).	ANDRIEU.	
6099	Cloches de Mai (pour cloches) (orchestre PATHÉ FRÈRES).	DITTRICH.	Bleue
	Sentier fleuri (le) (orchestre PATHÉ FRÈRES).	GOUIRAND.	
8153	Cloches de Mai (avec CLOCHES) (orchestre PATHÉ FRÈRES).	DITTRICH.	Bleue
	Murmures de la Forêt (les) (Polka pour flûte) (orch. PATHÉ FRÈRES).	SOULAIRE.	
6101	Czarine (la) (orchestre PATHÉ FRÈRES).	GANNE.	Bleue
	Emma (orchestre PATHÉ FRÈRES).	BRU.	
8193	Dans les bois (Mazurka de genre) (orchestre PATHÉ FRÈRES).	WALDTEUFEL.	Bleue
	Walking (Polka anglaise) (orchestre PATHÉ FRÈRES).	GUÉRIN.	
6403	Discrète (orchestre, direction A. Bosc).	BOSC.	Marron
	Kraquette (la) (Danse originale) (orchestre, direction A. Bosc).	CLÉRICE.	
6391	Douce tendresse (orchestre, direction A. Bosc).	H. PARADIS.	Marron
	Petite Souris (orchestre, direction A. Bosc).	A. BOSC.	
8358	Écho de la plaine (l') (Mazurka avec imitation) (orchestre, direction CÉSAR BOURGEOIS).	F. L. BÉNECH.	Bleue
	Caprice (célèbre valse) (orchestre, direction CÉSAR BOURGEOIS).	F. L. BÉNECH.	
6102	Enfants terribles (les) (orchestre PATHÉ FRÈRES).	CORBIN.	Bleue
	Fleur d'antan (orchestre PATHÉ FRÈRES).	SIGNARD.	
6103	Fête militaire (orchestre PATHÉ FRÈRES).	PETIT.	Bleue
	Finlandaise (la) (orchestre PATHÉ FRÈRES).	LÉVÊQUE.	
8241	Fiametta (orchestre PATHÉ FRÈRES).	G. PARÈS.	Bleue
	Douce tendresse (orchestre PATHÉ FRÈRES).	PARADIS.	
6104	Floréal (orchestre PATHÉ FRÈRES).	CORBIN.	Bleue
	Scandinave (la) (Mazurka norvégienne) (orchestre PATHÉ FRÈRES).	GANNE.	
6106	Gloire aux femmes (orchestre PATHÉ FRÈRES).	STROBL.	Bleue
	Rhin (le) (orchestre PATHÉ FRÈRES).	O. MÉTRA.	
8100	Gracieux sourire (orchestre PATHÉ FRÈRES).	FURGEOT.	Bleue
	Sous les Quinconces (orchestre PATHÉ FRÈRES).	LAULIER.	
6105	Hongroise (la) (orchestre PATHÉ FRÈRES).	PARÈS.	Bleue
	Gage d'amour (orchestre PATHÉ FRÈRES).	MARIE.	
6412	Hongroise (à la) (orchestre, direction Bosc).	GOUBLIER.	Marron
	Juana (Valse espagnole) (orchestre, direction Bosc).	MÉLÉ.	
6183	Insouciante (orchestre, direction A. Bosc).	BOSC.	Marron
	Romanitcha (la) (orchestre, direction A. Bosc).	AUBRY.	
6425	Jaloux et Coquette (orchestre, direction A. Bosc).	A. CORBIN.	Marron
	Floréal (orchestre, direction A. Bosc).	A. CORBIN.	

DISQUES PATHÉ double face

ORCHESTRE (suite)

MAZURKAS (suite)

N°	Titre	Auteur	Couleur
6107	Mazurka jolie (orchestre PATHÉ FRÈRES). Zingara (la) (orchestre PATHÉ FRÈRES).	CODINI. GANNE.	Bleue
6108	Mousmé (la) (Mazurka japonaise) (orchestre PATHÉ FRÈRES). Patins et fourrures (orchestre PATHÉ FRÈRES).	GANNE. WITTMANN.	Bleue
6109	Néva (la) (orchestre PATHÉ FRÈRES). Violette bleue (la) (orchestre PATHÉ FRÈRES).	O. MÉTRA. GUNG'L.	Bleue
6110	Panache et Pompon (orchestre PATHÉ FRÈRES). Sous les tilleuls (orchestre PATHÉ FRÈRES).	ANDRIEU. GRIFFON.	Bleue
6368	Pâtre des Batignolles (le) (orchestre, direction A. Bosc). Violettes de Cannes (orchestre, direction A. Bosc).	L. TERRET. BALLERON.	Marron
8128	Reine des bals (la) (orchestre PATHÉ FRÈRES). Moustaches-Polka (orchestre PATHÉ FRÈRES).	AURIACOMBE. VARGUES.	Bleue
8195	Rieuse (ORCHESTRE SYMPHONIQUE PATHÉ FRÈRES). Rêverie (morceau de genre) (ORCH. SYMPHONIQUE PATHÉ FRÈRES).	L. BALLERON. V. THIELS.	Bleue
8099	Valérie (orchestre PATHÉ FRÈRES). Premier pas (le) (orchestre PATHÉ FRÈRES).	MEISTER. LABIT.	Bleue
6442	Ville et campagne (orchestre, direction GILLE). Où fleurit l'oranger (Valse) (orchestre, direction GILLE).	STRAUSS. STRAUSS.	Marron
8107	Violettes de Bretagne (orchestre PATHÉ FRÈRES). Plus jolie (la) (orchestre PATHÉ FRÈRES).	FARIGOUL. RADOUX.	Bleue

Scottishs

N°	Titre	Auteur	Couleur
8106	Anita (orchestre PATHÉ FRÈRES). Gavotte Directoire (Gavotte) (orchestre PATHÉ FRÈRES).	KESSELS. KLING.	Bleue
6111	A la Martinique (Scottish exotique) (orchestre PATHÉ FRÈRES). Christine de Suède (orchestre PATHÉ FRÈRES).	CHRISTINÉ. BLÉGER.	Bleue
8218	A l'Américaine (orchestre PATHÉ FRÈRES). Joyeux Monôme (Polka-Marche) (orchestre PATHÉ FRÈRES).	SCOTTO. CHOQUARD.	Bleue
6364	Big Boot Dance (orchestre, direction A. Bosc). Jardin d'amour (Valse-boston) (orchestre, direction A. Bosc).	BOSC. LEVALLI.	Marron
6112	Blanche de Castille (orchestre PATHÉ FRÈRES). Carillon printanier (orchestre PATHÉ FRÈRES).	BLÉGER. LACROIX.	Bleue
6184	Bora-Bora (la) (orchestre, direction A. Bosc). Tao-Tao (le) (orchestre, direction A. Bosc).	CASABIANCA. BOREL-CLERC.	Marron
8164	Bora-Bora (la) (orchestre PATHÉ FRÈRES). Zuiderzee ou Le vrai Diabolo (Danse) (orch. PATHÉ FRÈRES).	CASABIANCA. BENNETT-SCOTT.	Bleue
6246	Carillon printanier (GARDE RÉPUBLICAINE). Polka des coiffeurs (GARDE RÉPUBLICAINE).	LACROIX. E. POPY.	Marron
6113	Cloches du Castel (les) (orchestre PATHÉ FRÈRES). Rosalba (orchestre PATHÉ FRÈRES).	DREYFUS. EUSTACE.	Bleue
6525	Dame en rose (la) (IVAN CARYLL). — Le Saskatchewan (Scottish espagnole), spécialement réglée pour la danse par Mlle MISTINGUETT (Orchestre LAURENT HALET). Dansez le Shimmy (Fox-trot Shimmy). Spécialement réglé pour la danse par Mlle MISTINGUETT (Orchestre LAURENT HALET).	 LAURENT HALET.	Marron
6507	El Barie (Scottish espagnole) (orchestre, direction A. Bosc). Cach' ton piano (One-step) (orchestre, direction A. Bosc).	AUBRY. MAURICE YVAIN.	Marron

PATHÉPHONE, 30, Bd des Italiens, PARIS

ORCHESTRE (suite)

SCOTTISHS (suite)

N°	Titre	Auteur	Couleur
6199	Equitha (orchestre PATHÉ FRÈRES). Marmousetta (orchestre PATHÉ FRÈRES).	FLORIAN JULLIAN FLORIAN JULLIAN	Bleue
6383	Éternel refrain (l') (orchestre, direction A. Bosc). Sur la Riviera (Scottish de genre) (orchestre, direction A. Bosc).	BOREL-CLERC DANIDERFF	Marron
6114	Étoile du Berger (l') (orchestre PATHÉ FRÈRES). Héroïne de Beauvais (l') (orchestre PATHÉ FRÈRES).	CAIRANNE WITTMANN	Bleue
6115	Hortensia (orchestre PATHÉ FRÈRES). Long du Missouri (le) (orchestre PATHÉ FRÈRES).	ANDRIEU CHRISTINÉ	Bleue
6116	Lucette (orchestre PATHÉ FRÈRES). Scottish des Pierrots (orchestre PATHÉ FRÈRES).	DUCLOS LAMOTTE	Bleue
6117	Mandarine (orchestre PATHÉ FRÈRES). Perruche et perroquet (orchestre PATHÉ FRÈRES).	BOISSON CORBIN	Bleue
8360	Mimi voici la nuit (Scottish) (orchestre, direction CÉSAR BOURGEOIS). Nuits de Chine (Célèbre fox-trot) (orchestre, direction CÉSAR BOURGEOIS).	F.-L. BÉNECH F.-L. BÉNECH	Bleue
8080	Modern Style (orchestre PATHÉ FRÈRES). Scottish des priseurs (orchestre PATHÉ FRÈRES).	BERGER LOGER	Bleue
6502	Mon homme (Scottish espagnole). Spécialement réglée pour la danse, par Mlle MISTINGUETT (orchestre YVAIN). Rosina (La véritable Java). Spécialement réglée pour la danse, par Mlle MISTINGUETT (orchestre YVAIN).	MAURICE YVAIN ALCEO	Marron
8050	Petite Tonkinoise (la) (orchestre PATHÉ FRÈRES). Petits Chagrins (les) (Valse) (orchestre PATHÉ FRÈRES).	SCOTTO ROGISTER	Bleue
6286	Pile ou face (Scottish anglaise) (orchestre, direction A. Bosc). Chants du soir (Valse) (orchestre, direction A. Bosc).	AUBRY LAFITTE	Marron
6509	Poupée animée (la) (Scottish espagnole) (orchestre, direction A. Bosc). I'm glad I can make you cry (March or one-step) (orchestre, direction A. Bosc).	LYNDE CHAS. R. M. CARRON et CAREY MORGAN	Marron
6118	Rosette (orchestre PATHÉ FRÈRES). Scottish des trompettes (orchestre PATHÉ FRÈRES).	GODART BRUN	Bleue
6232	Sabrette (orchestre PATHÉ FRÈRES). Sous les platanes (orchestre PATHÉ FRÈRES).	WITTMANN CAIRANNE	Bleue
6219	Scottish de Mimi (orchestre, direction A. Bosc). Petite fleur (Valse) (orchestre, direction A. Bosc).	BOSC MARIE	Marron
8119	Scottish des Cloches (orchestre PATHÉ FRÈRES). Mascotte (la) (Quadrille, 5° figure) (orchestre PATHÉ FRÈRES).	BAGARRE AUDRAN	Bleue
6220	Scottish du Carillon (orchestre PATHÉ FRÈRES). Brindilles parfumées (Mazurka) (orchestre PATHÉ FRÈRES).	CORBIN TURINE	Bleue
8297	Sur le Bosphore (Scottish) (orchestre PATHÉ FRÈRES). Clochettes enchantées (Polka) (orchestre PATHÉ FRÈRES).	LINCKE KAMP	Bleue

Galops

N°	Titre	Auteur	Couleur
6119	Coquelicot (orchestre PATHÉ FRÈRES). Razzia (Galop militaire) (orchestre PATHÉ FRÈRES).	ANDRIEU CORBIN	Bleue
8029	Furioso (orchestre PATHÉ FRÈRES). Variétés parisiennes (Quadrille, 5° figure) (orchestre PATHÉ).	CORBIN RENAUSY	Bleue
8356	Galop tonnerre (orchestre PATHÉ FRÈRES). Châtelaine (Quadrille, 5° figure) (orchestre PATHÉ FRÈRES).	G. LAMOTTE G. WITTMANN	Bleue

ORCHESTRE (suite)

Berlines, Pas de Quatre, Pas de Deux et Pas des Patineurs

N°	Titre	Auteur	Couleur
8357	Aragon (Paso-doble) (Orchestre mondain José Sentis) / Corrientes (Tango) (Orchestre mondain José Sentis)	J. Sentis / R. Huguet	Bleue
8305	Arenas (Paso-doble) (Orchestre mondain José Sentis) / Invocation (Tango argentin) (Orchestre mondain José Sentis)	José Sentis / José Sentis	Bleue
6200	Berline française (orchestre Pathé Frères) / Pas de quatre (orchestre Pathé Frères)	Samuel / Mayer-Lutz	Bleue
6120	Catarina (Two-Step-Marche) (orchestre Pathé Frères) / Pas des Patineurs (orchestre Pathé Frères)	Christiné / Jouve	Bleue
8333	Coleta (la) (Paso-doble) (Orchestre mondain José Sentis) / Criolita (Tango) (Orchestre mondain José Sentis)	R. Huguet / J. Sentis	Bleue
8295	Cordoba (Paso-doble flamenco) (orch. dir. Laurent Halet) / Pélican (le) (Fox-trot) (orch. direction Laurent Halet)	Lozano et Saurreau / Grayson	Bleue
6201	Cyclamen (Pas des Patineurs) (orchestre Pathé Frères) / Trèfle incarnat (Pas de quatre) (orchestre Pathé Frères)	Andrieu / Andrieu	Bleue
6505	El Cameo (Paso-doble) (orchestre, direction A. Bosc) / Ballade argentine (Tango argentin) (orch. direction A. Bosc)	Antonio Pareja / E. Mendizer	Marron
8254	Pas des aviateurs (Pas des patineurs) (orch. Pathé Frères) / Pas de minuet (orchestre Pathé Frères)	Jouve / E. Gillingham	Bleue
8319	Paso-doble Bolero (Orchestre mondain, direction José Sentis) / Humming (Fox-trot) (Orchestre mondain, direction José Sentis)	José Sentis / Brantch Henderson	Bleue
8260	Patins dorés (Pas des Patineurs) (orchestre Pathé Frères) / Paris-Metro (Quadrille croisé) (5e figure) (orchestre Pathé Frères)	Duclos / Desmarquoy	Bleue

Quadrilles

N°	Titre	Auteur	Couleur
8257	Châteaudun (1re et 2e figures) (orchestre Pathé Frères) / Châteaudun (3e et 4e figures) (orchestre Pathé Frères)	G. Wittmann / G. Wittmann	Bleue
8258	Châteaudun (5e figure) (orchestre Pathé Frères) / Galop tonnerre (orchestre Pathé Frères)	G. Wittmann / G. Lamotte	Bleue
8111	Cœur et la Main (le) (1re et 2e figures) (orchestre Pathé Frères) / Cœur et la Main (le) (3e et 4e figures) (orchestre Pathé Frères)	Lecocq / Lecocq	Bleue
8118	Cœur et la Main (le) (5e figure) (orchestre Pathé Frères) / Polka orientale (orchestre Pathé Frères)	Lecocq / Corbin	Bleue
8101	Coquelicot (1re et 2e figures) (orchestre Pathé Frères) / Coquelicot (3e et 4e figures) (orchestre Pathé Frères)	O. Métra / O. Métra	Bleue
8117	Coquelicot (5e figure) (orchestre Pathé Frères) / Polka originale (avec cloches) (orchestre Pathé Frères)	O. Métra / Bellanger	Bleue
6258	Goupillon (le) (1re, 2e et 3e figures) (orchestre, direct. A. Bosc) / Goupillon (le) (4e et 5e figures) (orchestre, direction A. Bosc)	Rivet / Rivet	Marron
6121	Lanciers (les) (Quadrille anglais, 1re figure) (orchestre Pathé) / Lanciers (les) (Quadrille anglais, 2e figure) (orchestre Pathé)	O. Métra / O. Métra	Bleue
6122	Lanciers (les) (Quadrille anglais, 3e figure) (orchestre Pathé) / Lanciers (les) (Quadrille anglais, 4e figure) (orchestre Pathé)	O. Métra / O. Métra	Bleue
6123	Lanciers (les) (Quadrille anglais, 5e figure) (orchestre Pathé) / Patineuses norvégiennes (Pas des Patineurs) (orch. Pathé Frères)	O. Métra / Guyard	Bleue

ORCHESTRE (suite)

QUADRILLES (suite)

N°	Titre	Auteur	Couleur
6274	Lanciers (les). — Quadrille anglais (1re figure). — Le Pantalon (GARDE RÉPUBLICAINE, direction CÉSAR BOURGEOIS). / Lanciers (les). — Quadrille anglais (2e figure). — Été (GARDE RÉPUBLICAINE, direction CÉSAR BOURGEOIS).	O. MÉTRA / O. MÉTRA	Marron
6382	Lanciers (les). — Quadrille anglais (3e figure). — Poule (GARDE RÉPUBLICAINE, direction CÉSAR BOURGEOIS). / Lanciers (les). — Quadrille anglais (4e figure). — Pastourelle (GARDE RÉPUBLICAINE, direction CÉSAR BOURGEOIS).	O. MÉTRA / O. MÉTRA	Marron
6360	Lanciers (les). — Quadrille anglais (5e figure). — Galop final (GARDE RÉPUBLICAINE, direction CÉSAR BOURGEOIS). / Nina (Polka-marche) (Orchestre, direction A. Bosc).	O. MÉTRA / LUST	Marron
8127	Mascotte (la) (1re et 2e figures) (orchestre PATHÉ FRÈRES). / Mascotte (la) (3e et 4e figures) (orchestre PATHÉ FRÈRES).	AUDRAN / AUDRAN	Bleue
8119	Mascotte (la) (5e figure) (orchestre PATHÉ FRÈRES). / Scottish des Cloches (orchestre PATHÉ FRÈRES).	AUDRAN / BAGARRE	Bleue
8261	Orphée aux Enfers (1re et 2e figures) (orchestre PATHÉ FRÈRES). / Orphée aux Enfers (3e et 4e figures) (orchestre PATHÉ FRÈRES).	OFFENBACH / OFFENBACH	Bleue
8048	Orphée aux Enfers (5e figure) (orchestre PATHÉ FRÈRES). / Beau Danube bleu (le) (Valse) (orch. SYMPHONIQUE PATHÉ FRÈRES).	OFFENBACH / J. STRAUSS	Bleue
6361	Orphée aux Enfers (1re, 2e et 3e figures) (orchestre, dir. A. Bosc). / Orphée aux Enfers (4e et 5e figures) (orchestre, direction A. Bosc).	OFFENBACH / OFFENBACH	Marron
8259	Paris-Métro (Quadrille croisé) (1re et 2e figures) (orch. PATHÉ FRÈRES). / Paris-Métro (Quadrille croisé) (3e et 4e figures) (orch. PATHÉ FRÈRES).	DESMARQUOY / DESMARQUOY	Bleue
8260	Paris-Métro (Quadrille croisé) (5e figure) (orch. PATHÉ FRÈRES). / Patins dorés (Pas des Patineurs) (orchestre PATHÉ FRÈRES).	DESMARQUOY / DUCLOS	Bleue
8251	Quadrille américain (1re et 2e figures) (orchestre PATHÉ FRÈRES). / Quadrille américain (3e et 4e figures) (orchestre PATHÉ FRÈRES).	LEGENDRE / LEGENDRE	Bleue
8252	Quadrille américain (5e figure et galop) (orchestre PATHÉ FRÈRES). / Valse militaire belge (orchestre PATHÉ FRÈRES).	LEGENDRE / FREMAUX	Bleue
8027	Quadrille des Variétés parisiennes (1re figure) (orch. PATHÉ FRÈRES). / Quadrille des Variétés parisiennes (2e figure) (orch. PATHÉ FRÈRES).	RENAUSY / RENAUSY	Bleue
8028	Quadrille des Variétés parisiennes (3e figure) (orch. PATHÉ FRÈRES). / Quadrille des Variétés parisiennes (4e figure) (orch. PATHÉ FRÈRES).	RENAUSY / RENAUSY	Bleue
8029	Quadrille des Variétés parisiennes (5e figure) (orch. PATHÉ FRÈRES). / Furioso (Galop) (orchestre PATHÉ FRÈRES).	RENAUSY / CORBIN	Bleue
6259	Refrains de l'Armée (les) (1re, 2e et 3e figures) (orch. A. Bosc). / Refrains de l'Armée (les) (4e et 5e figures) (orchestre A. Bosc).	ARBAN / ARBAN	Marron
8030	Touche à tout (1re et 2e figures) (orchestre PATHÉ FRÈRES). / Touche à tout (3e et 4e figures) (orchestre PATHÉ FRÈRES).	BRUNIN / BRUNIN	Bleue
8031	Touche à tout (5e figure) (orchestre PATHÉ FRÈRES). / Gigue (la) (orchestre PATHÉ FRÈRES).	BRUNIN / GODARD	Bleue
6430	Vie parisienne (la) (1re, 2e et 3e figures) (orchestre direct. A. Bosc). / Vie parisienne (la) (4e et 5e figures) (orchestre direction A. Bosc).	OFFENBACH / OFFENBACH	Marron
8227	Vie parisienne (la) (1re et 2e figures) (orchestre PATHÉ FRÈRES). / Vie parisienne (la) (3e et 4e figures) (orchestre PATHÉ FRÈRES).	OFFENBACH / OFFENBACH	Bleue
8228	Vie parisienne (la) (5e figure) (orchestre PATHÉ FRÈRES). / Troïka de Moscou (Polka) (orchestre PATHÉ FRÈRES).	OFFENBACH / JOUVE	Bleue

Bourrées

8137	Auvergnate (l') (Mazurka-bourrée) (orchestre PATHÉ FRÈRES)	L. GANNE	Bleue
	Caroline ! Caroline ! (Polka-marche) (orchestre PATHÉ FRÈRES)	V. SCOTTO	
8255	Bourrée auvergnate (orchestre PATHÉ FRÈRES)	THOMAS	Bleue
	En Auvergne (orchestre PATHÉ FRÈRES)	MARIUS	
6061	Célèbres bourrées (orchestre, direction CÉSAR BOURGEOIS)	LAUSSEDAT	Marron
	Célèbres montagnardes (orchestre, direction CÉSAR BOURGEOIS)	LAUSSEDAT	

Danses Originales

8318	Balancelle (la) (Danse de caractère) (orchestre mondain, direction JOSÉ SENTIS)	G. NOCETI	Bleue
	Polca criolla (orch. mondain, direction JOSÉ SENTIS)	JOSÉ SENTIS	
6124	Battura (la) (Jota) (Danse espagnole) (orchestre PATHÉ FRÈRES)	LEO TORRES	Bleue
	Chiquito (Boléro espagnol) (orchestre PATHÉ FRÈRES)	LEROUX	
6612	Brègeiro (Maxixe) (orchestre THIBAUX)	F. NAZARETH	Marron
	Batutas (Samba) (orchestre THIBAUX)	SMET	
6125	Carmela (Jota) (Danse espagnole) (orchestre PATHÉ FRÈRES)	MANCI	Bleue
	Olé (Jota) (Danse espagnole) (orchestre PATHÉ FRÈRES)	LUCENA	
6255	Célèbre et véritable Maxixe brésilienne (la) (orch. direction A. BOSC)	SALABERT	Marron
	Indiana (Marche américaine) (orch. direction A. BOSC)	CRÉMIEUX et J. BOLDI	
8194	Célèbres pas de l'ours (le) (orchestre PATHÉ FRÈRES)	BERLIN et SALABERT	Bleue
	Si tu veux (Boston-Valse) (avec CLOCHES) (orch. PATHÉ FRÈRES)	LAREDO	
6561	Célèbres montagnardes (orch., direction CÉSAR BOURGEOIS)	LAUSSEDAT	Marron
	Célèbres bourrées (orch., direction CÉSAR BOURGEOIS)	LAUSSEDAT	
8159	Couplonnette (la) (Danse originale) (orchestre PATHÉ FRÈRES)	JOSÉ	Bleue
	Sherlockinette (Two-Step-Polka) (orchestre PATHÉ FRÈRES)	VELLENOT	
6126	Danse annamite (orchestre PATHÉ FRÈRES)	MAQUET	Bleue
	Danse des bouges londoniens (orchestre PATHÉ FRÈRES)	GOUBLIER	
8181	Danse de l'ours (Danse américaine) (ORCH. SYMPH. PATHÉ FRÈRES)	JACK HARNIG	Bleue
	Danse bosniaque (Morceau de genre) (ORCH. SYMPH. PATHÉ FRÈRES)	L. BALLERON	
6613	Danse Russe (orchestre THIBAUX)	G. BAYNES	Marron
	Pins and Needles (fox-trot) (orchestre THIBAUX)		
6410	Danse vénitienne (GARDE RÉPUBLICAINE)	PARÈS	Marron
	Feria (la) (La Tarzuela) (GARDE RÉPUBLICAINE)	LACOME	
6127	Danse du Zambéza et Bousé-Mée (orchestre PATHÉ FRÈRES)	BORREL-CLERC	Bleue
	Djemmileh (Danse nubienne) (orchestre PATHÉ FRÈRES)	TURINE	
8023	Dengozo (maxixe brésilienne) (ORCHESTRE TZIGANE, direct. FALK)	NAZARETH	Bleue
	Vrai tango brésilien almapá (le) (ORCHESTRE TZIGANE, direct. FALK)	STORONI	
6459	Dengozo (Maxixe brésilienne) (orchestre, direct. A. BOSC)	NAZARETH	Marron
	Tango de la Butte (le) (orchestre, direction A. BOSC)	LEDUC	
6128	Extra Dry (orchestre, direction R. ANDRÉ)	RENÉ ANDRÉ	Bleue
	Dernier tango (le) (orchestre, direction R. ANDRÉ)	DOLOIRE	
6185	Diabolic Dance (Danse humoristique) (orchestre BOSC)	FRAGSON	Marron
	Esquinazo (el) (Tango criollo) (orchestre, direction A. BOSC)	VILLOLDO	
6129	Furlana (la) (orchestre PATHÉ FRÈRES)	VINCENTI	Bleue
	Granada (Marche espagnole) (orchestre PATHÉ FRÈRES)	GARCIA et SALABERT	
6202	Gaucha (la) (Tango) (ORCHESTRE SYMPHONIQUE, direct. ANDRÉ)	DELBRUCK	Bleue
	Malaga (Boléro espagnol) (orchestre PATHÉ FRÈRES)	ABRIET	
8031	Gigue (la) (Danse anglaise) (orchestre PATHÉ FRÈRES)	GODARD	Bleue
	Touche à tout (Quadrille) (5e figure) (orchestre PATHÉ FRÈRES)	BRUNIN	

PATHÉPHONE, 30, Bd des Italiens, PARIS.

ORCHESTRE (suite)

FOX-TROTS (suite)

N°	Titres	Auteurs	Couleurs des étiquettes
6483	Casoar (le) (Fox-trot) (orchestre, direction A. Bosc).	Georges Aubry.	Marron
	Tulip Time (Fox-trot) (orchestre, direction A. Bosc).	Dave Stamper.	
6562	"Chérie" (Fox-trot) (orch., direction César Bourgeois).	Irving Bibo.	Marron
	Demoiselle du Cinéma (la) (Fox-trot et Shimmy) (orchestre, direction César Bourgeois).	Joseph Szulc.	
6598	« Chicago » (Fox-trot) (orchestre Mitchell's Jazz-Kings).	Fred Fisher.	Marron
	Japanese lanterns blues (Fox-trot) (orchestre Mitchell's Jazz-Kings).	Borel-Clerc.	
6499	Chong « Ie come from Hong-Kong » (Jazz-Fox-trot) (orch., direction Laurent Halet).	Harold Weeks.	Marron
	Till we meet again (Valse) (orchestre, dir. Laurent Halet).	Richard A. Whiting.	
6567	Coal black mammy (Fox-trot et shimmy) (orchestre, direction Laurent Halet).	Ivy St-Hélier, A. Mario.	Marron
	Up to date (One-step) (orchestre direction Laurent Halet).		
6564	Cutie (Fox-trot) (orchestre Mitchell's Jazz-Kings).	Rudolf Friml.	Marron
	Oh gee! Oh gosh! (Fox-trot) (orchestre Mitchell's Jazz-Kings).	William Daly.	
6618	Dancing Time (Fox-trot) (orchestre, direction G. Cuignache).	Jérôme Kern.	Marron
	Yo-ri-ma (Japanese fox-trot) (orchestre, direction G. Cuignache).	Borel-Clerc.	
6539	Dans un fauteuil (Fox-trot) (Spécialement réglé pour la danse par Mlle Mistinguett). (Orchestre Laurent Halet).	Borel-Clerc.	Marron
	Perroquet (le) (One-step) (Spécialement réglé pour la danse par Mlle Mistinguett) (Orchestre Laurent Halet).	Louis Hillier.	
6525	Dansez le shimmy (Fox-trot-shimmy). Spécialement réglé pour la danse par Mlle Mistinguett (orchestre Laurent Halet).	Laurent Halet.	Marron
	Dame en rose (la) (Le Saskatchewan) (Scottish espagnole). Spécialement réglée pour la danse par Mlle Mistinguett (orchestre Laurent Halet).	Ivan Caryll.	
6485	Dansez-vous le Fox-trot! (Fox-trot) (orchestre, dir. A. Bosc).	Maurice Yvain.	Marron
	When the boys from Dixie eat the melon on the Rhine (Fox-trot) (orchestre, direction A. Bosc).	Ernest Brener.	
6555	Dédé. — Dans la vie faut pas s'en faire (Fox-trot) (Orchestre Mitchell's Jazz-Kings).	Christiné.	Marron
	Ta bouche. — Non, non jamais les hommes (One-step) (Orchestre Mitchell's Jazz-Kings).	Maurice Yvain.	
6556	Dédé. — Je m'donne (Fox-trot-shimmy) (Orchestre Mitchell's Jazz-Kings).	Christiné.	Marron
	Dédé. — Si j'avais su (Shimmy) (Orchestre Mitchell's Jazz-Kings).	Christiné.	
6624	Dreams of India (Fox-trot) (Billy Arnold's) (Novelty Jazz-Band).	Percy Wenrich.	Marron
	Swingin' down the Lane (Fox-trot) (Billy Arnold's) (Novelty Jazz-Band).	Gus Kahn et Isham Jones.	
6617	Electric girl (Fox-trot) (Billy Arnold's) (Novelty Jazz-Band).	Helmburg-Holmes.	Marron
	Louisville Lou (Shimmy) (Billy Arnold's) (Novelty Jazz-Band).	Milton Ager.	
6602	En douce (Fox-trot et shimmy). Spécialement réglé pour la danse par Mlle Mistinguett (orchestre Lanin's Jazz-Band).	Maurice Yvain.	Marron
	I'll Build a Stairway to Paradise (Fox-trot). Spécialement réglé pour la danse par Mlle Mistinguett (orchestre Lanin's Jazz-Band).	George Gershwin.	
6574	Everybody step (Fox-trot) (orchestre Mitchell's Jazz-Kings).	Irving Berlin.	Marron
	Jimmy (Fox-trot) (orchestre Mitchell's Jazz-Kings).	Al Trebla et Fr. Capie.	

Disques PATHÉ double face.

ORCHESTRE (suite)

FOX-TROTS (suite)

N°	Titres	Auteurs	Couleurs des étiquettes
6610	Fate (Fox-trot). Spécialement réglé pour la danse par Mlle Mistinguett (orchestre Syncopated Six). — Tu verras Montmartre (Popular one-step). Spécialement réglé pour la danse par Mlle Mistinguett (orchestre Syncopated Six), (avec chorus chanté).	H. Nicholls. / Borel-Clerc.	Marron
6486	Flegmatic dance (Fox-trot) (orchestre, direction A. Bosc). — Divine (Valse-hésitation) (orchestre, direction A. Bosc).	A. Leduco. / A. Bosc.	Marron
6490	Foolish Crab (Fox-trot rag) (orchestre, direction A. Bosc). — To night « Cette nuit » (Célèbre fox-trot américain) (orchestre, direction A. Bosc).	Léarsi. / L. G. Delabre.	Marron
6570	Georgia Blues (Fox-trot) (Orchestre Jazz the Melody six). — Ty-Tee (Fox-trot) (orchestre Jazz the Melody six).	Walter Donaldson. / Bibo Irving.	Marron
6470	Golden Fox-trot (Nouvelle danse américaine) (orchestre, direction A. Bosc). — Ardente (Valse anglaise) (orchestre, direction A. Bosc).	P. Salabert et Huguet Tagell. / A. Bosc.	Marron
6513	Harem (Fox-trot). Spécialement réglé pour la danse par Mlle Mistinguett (orchestre Yvain). — Swanee (Vocal one-step). Spécialement réglé pour la danse par Mlle Mistinguett (orchestre Yvain).	Maurice Yvain. / George Gershvyin.	Marron
6469	Hello!! Charley (The shimmy-shake) (arrangé en Fox-trot) (orchestre, direction A. Bosc). — Hello!! Charley (Le Waikiki) (Fox-trot) or., dir. A. Bosc).	H. Darewski. / Richard A. Whiting.	Marron
6543	Hep! (Fox-trot). Spécialement réglé pour la danse par Mlle Mistinguett (orch. Mitchell's Jazz-Kings). — Sally won't you come back (Fox-trot). Spécialement réglé pour la danse par Mlle Mistinguett (orch. Mitchell's Jazz-Kings).	Mitchell's et Withers. / Dave Stamper.	Marron
6558	Hooch. — An Indian Idol (Fox-trot) (Orchestre Mitchell's Jazz-Kings). — Ten little fingers and Ten little toes-Down in Tennessee (Fox-trot) (Orchestre Mitchell's Jazz-Kings).	Pierre de Caillaux-Frank D. Withers. / Ira Schuster et E. G. Nelson.	Marron
8319	Humming (Fox-trot) (orch. mondain, dir. José Sentis). — Paso-doble Bolero (orch. mondain, dir. José Sentis).	Dréan et Anderson. / José Sentis.	Bleue
6472	Indianola (Célèbre fox-trot) (orchestre, direction A. Bosc). — Tu le r'verras, Paname (One-step) (orchestre, dir. A. Bosc).	A. Chantrier.	Marron
6563	Hold me (Fox-trot) (orch., direction César Bourgeois). — Cairo (One-step) (orchestre, direction César Bourgeois).	William Sterling. / William Sterling.	Marron
6554	Indécision " Big or small hat " (Fox-trot) (orchestre Mitchell's Jazz-Kings). — Camomille (Shimmy-fox-trot) (orch. Mitchell's Jazz-Kings).	Borel-Clerc. / Borel-Clerc.	Marron
6589	In the devils Garden (Fox-trot) (orchestre Jazz the Melody six). — Stars (Fox-trot) (orchestre Jazz the Melody six).	Fred Fisher. / Jhon Alden.	Marron
6544	J'en ai marre... (Fox-trot-shimmy). Spécialement réglé pour la danse par Mlle Mistinguett (orchestre Mitchell's Jazz-Kings). — Une femme qui passe (One-step). Spécialement réglé pour la danse par Mlle Mistinguett (orchestre Mitchell's Jazz-Kings).	Maurice Yvain. / Borel-Clerc.	Marron
6520	Jambes de Paris (les) (Fox-trot). — Spécialement réglé pour la danse par Mlle Mistinguett (orchestre Laurent Halet). — Étrange Valse (l') (Valse havanêne). Spécialement réglée pour la danse par Mlle Mistinguett (orchestre Laurent Halet).	Laurent Halet. / Laurent Halet.	Marron

PATHÉPHONE, 30, Bd des Italiens, PARIS.

ORCHESTRE (suite)

FOX-TROTS (suite)

N°	Titres	Auteurs	Couleurs des étiquettes
6529	Salomé (Fox-trot) (Banda Alliano).	STOLZ.	Marron
	Nil parco di Salice (Fox-trot) (Banda Alliano).	RANZATO.	
6568	Say it with music (Fox-trot et shimmy) (orchestre, direction LAURENT HALET).	IRVING BERLIN.	Marron
	Éléonore (Shimmy et fox-trot) (orchestre, direction LAURENT HALET).	A. CHANTRIER.	
6578	Sendback my honeyman (Fox-trot) (orchestre MITCHELL'S JAZZ-KINGS).	LOU HANDMAN.	Marron
	Turkish Ideals (Fox-trot) (orchestre MITCHELL'S JAZZ-KINGS).	DAN PARRISH.	
6575	Some sunny day (Fox-trot) (orchestre MITCHELL'S JAZZ-KINGS).	IRVING BIBO.	Marron
	Say it with music (Fox-trot) (orchestre MITCHELL'S JAZZ-KINGS).	IRVING BERLIN et AL MOQUIN.	
8347	Sheik (the) (Fox-trot) (LANIN'S ORCHESTRA).	TED SNYDER.	Bleue
	Wimmin (One-step) (LEW SHILKRET'S NOVELTY ORCHESTRA).	CANTOR FISHER.	
8334	Some little Bird (Song fox-trot) (orchestre mondain JOSÉ SENTIS).	GILLESPIE, M. PHAIL et VAN ALSTYNE.	Bleue
	Tell me little Gypsy (Fox-trot) (orchestre mondain JOSÉ SENTIS).	IRVING BERLIN.	
6599	Sing 'em blues (Fox-trot) (orchestre MITCHELL'S JAZZ-KINGS).	DAN PARRISH.	Marron
	Who Cares? (Fox-trot) (orch. MITCHELL'S JAZZ-KINGS).	MILTON AGER et J. YELLEN.	
6549	Spooning (Fox-trot). Spécialement réglé pour la danse par Mlle MISTINGUETT (orch. MITCHELL'S JAZZ-KINGS).	DAN PARRISH.	Marron
	When Happiness Reigns (Fox-trot). Spécialement réglé pour la danse par Mlle MISTINGUETT (orchestre MITCHELL'S JAZZ-KINGS).	DAN PARRISH.	
6623	Sunray (Fox-trot) (orchestre tzigane DI PIRAMO).	AMADEI.	Marron
	Favori (le) (Valse hésitation) (orchestre tzigane DI PIRAMO).	STOLTZ.	
6590	Sweet Lady (Fox-trot) (orchestre JAZZ THE MELODY SIX).	FRANK CRUMIT et DAVE ZOOB.	Marron
	When the sun goes down (Fox-trot) (orchestre JAZZ THE MELODY SIX).	WALT STONEHAM et MARTY BLOOM.	
6557	Ta bouche. — Machinalement (Fox-trot) (Orchestre MITCHELL'S JAZZ-KINGS).	MAURICE YVAIN.	Marron
	Ta bouche. — Ça, c'est une chose... (Shimmy) (Orchestre MITCHELL'S JAZZ-KINGS).	MAURICE YVAIN.	
6523	Tasse de Thé (la) (Fox-trot). Spécialement réglé pour la danse par Mlle MISTINGUETT (orchestre LAURENT HALET).	JOSEPH SZULC.	Marron
	Till we meet again (Valse). Spécialement réglé pour la danse par Mlle MISTINGUETT orchestre LAURENT HALET).	RICHARD A. WHITING.	
8307	Tasse de thé (la) (Fox-trot) (Orchestre mondain JOSÉ SENTIS).	JOSEPH SZULC.	Bleue
	Clochettes d'amour (Habanera-tango) (Orchestre mondain JOSÉ SENTIS).	PINÉRAS.	
6566	The Montmartre rag (Fox-trot) (orchestre MITCHELL'S JAZZ-KINGS).	WITHERS et LOWIS A. MITCHELL.	Marron
	Wabash Blues (Fox-trot) (orchestre MITCHELL'S JAZZ-KINGS).	DAVE RINGLE et FRED MEINKEN.	
6550	The Sheik of Araby (Fox-trot). Spécialement réglé pour la danse par Mlle MISTINGUETT (orchestre MITCHELL'S JAZZ-KINGS).	TED SNYDER.	Marron
	Now and Then (Song fox-trot). Spécialement réglé pour la danse par Mlle MISTINGUETT (orchestre MITCHELL'S JAZZ-KINGS).	NORMAN SPENCER.	
6465	They Called it Dixieland (Fox-trot) (orchestre, direct. A. BOSC).	RICHARD A. WHITING.	Marron
	One hour of flirt with you - J'aime les fleurs (Que-step) (orchestre, direction A. BOSC).	MAX DAREWSKI.	

DISQUES PATHÉ double face

ORCHESTRE (suite)

FOX-TROTS (suite)

N°	Titres	Interprètes	Couleurs des étiquettes
6501	The violet song (Fox-trot). Spécialement réglé pour la danse par Mlle MISTINGUETT (orchestre YVAIN). / Mister ragtime (One-step). Spécialement réglé pour la danse par Mlle MISTINGUETT (orchestre YVAIN).	MAURICE YVAIN. / MAURICE YVAIN.	Marron
6626	Touareg (Fox-trot) (BILLY ARNOLD'S) (Novelty Jazz-Band). / Tricks (Fox-trot) (BILLY ARNOLD'S) (Novelty Jazz-Band).	RAOUL MORETTI / ZEZ CONFREY-WRITER.	Marron
6580	Variety Star (Fox-trot) (BANDA MILANO). / Apache (One-step) (BANDA MILANO).	MULLER. / RULLI.	Marron
6627	Virginia Blues (Fox-trot et Blues) (BILLY ARNOLD'S) (Novelty Jazz-Band). / Wind in the trees (Fox-trot) (BILLY ARNOLD'S) (Novelty Jazz-Band).	FRED MEINKEN. / BETTY BOUTEILLE.	Marron
6611	Way down yonder in new Orleans (Fox-trot). Spécialement réglé pour la danse par Mlle MISTINGUETT (orchestre SYNCOPATED SIX) (avec chorus chanté). / Lovin' Sam (Fox-trot). Spécialement réglé pour la danse par Mlle MISTINGUETT (orchestre SYNCOPATED SIX) (avec chorus chanté).	CREAMER et LAYTON. / MILTON AGER.	Marron
8306	Whispering (Fox-trot) (orchestre mondain JOSÉ SENTIS). / Marquisette (Boston-hésitation) (orchestre mondain JOSÉ SENTIS).	JOHN SCHONBERGER. / JOSÉ SENTIS.	Bleue
6614	You've got see Mamma every night (Fox-trot). Spécialement réglé pour la danse par Mlle MISTINGUETT (orch. POLLARD'S SIX). / I'm just wild about Harry (One-step). Spécialement réglé pour la danse par Mlle MISTINGUETT (orchestre POLLARD'S SIX).	BILLY ROSE et C. CONRAD / SISSLE et BLAKE.	Marron
6552	You-You. Les mots d'amour (Fox-trot) (orch. direction LAURENT HALET). / You-You. Le shimmy du chien (Shimmy) (orchestre, direction LAURENT HALET).	VICTOR ALIX. / VICTOR ALIX.	Marron
6551	You-You. Les affaires sont les affaires (Fox-trot) (orchestre direction LAURENT HALET). / You-You. Pour l'amour de You-You (One-step) (orchestre, direction LAURENT HALET).	VICTOR ALIX. / VICTOR ALIX.	Marron

One-Steps

N°	Titres	Interprètes	Couleurs
6473	Allo ! Chéri] « Hello ! my Dearie » (One-step lent) (orchestre, direction A. BOSC). / Allègrement ! (One-step) (orchestre, direction A. BOSC).	DAVE STAMPER. / F. PERPIGNAN.	Marron
6580	Apache (One-step) (BANDA MILANO). / Variety Star (Fox-trot) (BANDA MILANO).	RULLI. / MULLER.	Marron
6582	Ascenseur (l') (Marche one-step) (orchestre, direction A. BOSC). / Kimono (Fox-trot) (orchestre, direction A. BOSC).	A. BOSC. / GEORGES AUBRY.	Marron
6386	Baltique (la) (One-step) (orchestre, direction A. BOSC). / Guistiti (le) (One-step) (orchestre, direction A. BOSC).	BOREL-CLERC. / PARADIS.	Marron
6622	Bluff (One-step) (BANDA MILANO). / Oh ! le rose bleu (Ideal shimmy) (BANDA MILANO).	MOLETI. / MOLETI.	Marron
6507	Cach' ton piano (One-step) (orchestre, direction A. BOSC). / El Barrio (Scottish espagnole) (orchestre, direction A. BOSC).	MAURICE YVAIN. / AUBRY.	Marron
6563	Cairo (One-step) (orchestre, direct. CÉSAR BOURGEOIS). / Hold me (Fox-trot) (orchestre, direction CÉSAR BOURGEOIS).	WILLIAM STERLING. / WILLIAM STERLING.	Marron
6128	Extra-Dry (One-step) (orchestre, direction ANDRÉ). / Dernier tango (le) (orchestre, direction ANDRÉ).	RENÉ ANDRÉ. / DOLOIRE.	Bleue

ORCHESTRE (suite)

ONE-STEPS (suite)

N°	Titres	Auteurs	Couleurs des étiquettes
6514	Himalaya (One-step fox-trot) Spécialement réglé pour la danse par Mlle Mistinguett (orchestre Yvain). O. (Oh ! fox-trot). Spécialement réglé pour la danse par Mlle Mistinguett (orchestre Yvain).	By S. P. Heurtaud. D. Onivas. By Byron Gay and Arnold Johnson	Marron
6498	Hong Kong (Jazz one-step) (orch. dir. Laurent Halet). Delilah-Valse (Hésitation) (orchestre, dir. Laurent Halet).	V. Holstein et Sanders. Horatio Nicholls.	Marron
6482	How ya gonna keep' em down on the Farm (One-step) (orch., direction A. Bosc). Bicot (le) (Polka argentine) (orchestre, direction A. Bosc).	Walter Donaldson. G. Salt.	Marron
6509	I'm glad I can make you cry (March or one-step) (orchestre, direction A. Bosc). Poupée animée (la) (Scottish espagnole) (orch., dir. A. Bosc).	Chas. R. M. Carron et Carey Morgan. Lynde.	Marron
6565	I'm Just Wild About Harry (One-step) orchestre Mitchell's Jazz-Kings). Lovable eyes (Slow fox-trot) (orchestre Mitchell's Jazz-Kings).	Sissle et Blake. Atteridge et Schwartz.	Marron
6614	I'm just wild about Harry (One-step). Spécialement réglé pour la danse par Mlle Mistinguett (orchestre Pollard's six). You've got see Mamma every night (Fox-trot). Spécialement réglé pour la danse par Mlle Mistinguett (orchestre Pollard's six).	Sissle et Blake. Billy Rose et C. Conrad.	Marron
6609	Là-haut (Maurice Yvain). — Là-haut (One-step). Spécialement réglé pour la danse par Mlle Mistinguett (orchestre Syncopated six). Là-haut (Maurice Yvain). — C'est Paris (Fox-trot). Spécialement réglé pour la danse par Mlle Mistinguett (orchestre Syncopated six) (avec chorus chanté).		Marron
8302	Lison Lisette (One-step) (Orchestre, direction Laurent Halet). Tout droit (One-step) (Orchestre, direction Laurent Halet).	Borel-Clerc. Laurent Halet.	Bleue
6131	Mississipi (One-step) (orchestre symphonique, direct. André). Vrai tango brésilien amapa (le) (orchestre, direction André).	Carol et Fields. Storoni.	Bleue
6501	Mister ragtime (One-step). Spécialement réglé pour la danse par Mlle Mistinguett (orchestre Yvain). The violet'song (Fox-trot). Spécialement réglé pour la danse par Mlle Mistinguett (orchestre Yvain).	Maurice Yvain. Maurice Yvain.	Marron
6515	O-La-La-wee wee (One-step). Spécialement réglé pour la danse par Mlle Mistinguett (orchestre Yvain). Venus Shimmy (Shimmy). Spécialement réglé pour la danse par Mlle Mistinguett (orchestre Yvain).	Harry Ruby et George Jessel. Maurice Yvain.	Marron
6489	Ohé ! Mélanie (One-step) (orchestre, direction A. Bosc). Tibi-Dabo (le) (Fox-trot-danse) (orchestre, direction A. Bosc).	A. Courquin. Borel-Clerc.	Marron
6465	One hour of flirt with you « J'aime les fleurs » (One-step) (orchestre, direction A. Bosc). They called it Dixieland (Fox-trot) (orch., direction A. Bosc).	Max Darewski. Richard A. Whiting.	Marron
6601	Pardon Mam'zelle (One-step). Spécialement réglé pour la danse par Mlle Mistinguett (orchestre Lanin's Jazz-Band). C'est jeune et ça n'sait pas (Fox-trot). Spécialement réglé pour la danse par Mlle Mistinguett (orchestre Lanin's Jazz-Band).	Borel-Clerc. Borel-Clerc.	Marron
6539	Perroquet (le) (One-step). Spécialement réglé pour la danse, par Mlle Mistinguett (orch. Laurent Halet). Dans un fauteuil (Fox-trot). Spécialement réglé pour la danse, par Mlle Mistinguett (orchestre Laurent Halet).	Louis Hillier. Borel-Clerc.	Marron
6464	Phi-Phi (Les Petits Païens) (Célèbre one-step) (orch., dir. A. Bosc). Phi-Phi (Pour l'amour) (Célèbre fox-trot) (orch., dir. A. Bosc).	Christiné. Christiné.	Marron

Disques PATHÉ, double face.

ORCHESTRE (suite)

ONE-STEPS (suite)

N°	Titre	Auteur	Couleur
6500	{ Sand dunes (One-step oriental) (orch., dir. LAURENT HALET) / If you could care (Si vous saviez pour moi l'amour que j'ai pour vous) (Célèbre valse-Boston) (orch., dir. LAURENT HALET)	BYRON GAY / H. DAREWSKI	Marron
8359	{ Si les femmes... (Polka one-step) (orchestre, direction César BOURGEOIS) / Joujou (Fox-trot) (orchestre, direction César BOURGEOIS)	F. L. BENECH / F. L. BENECH	Bleue
8300	{ Si vous vouliez prendre mon cœur (One-step) (orchestre, direction LAURENT HALET) / Funny frog dance (Two-step) (orchestre, dir. LAURENT HALET)	LAURENT HALET / LAURENT HALET	Bleue
8301	{ Sur un air américain (One-step) (orch., dir. LAURENT HALET) / Little Pig (American dance) (orch., dir. LAURENT HALET)	LAURENT HALET / LAURENT HALET	Bleue
6513	{ Swanee (vocal one-step), spécialement réglé pour la danse par Mlle MISTINGUETT (orchestre YVAIN) / Hanem (Fox-trot), spécialement réglé pour la danse par Mlle MISTINGUETT (orchestre YVAIN)	GEORGE GERSHWIN / MAURICE YVAIN	Marron
6555	{ Ta bouche. Non, non, jamais les hommes (One-step) (orch. MITCHELL'S JAZZ-KINGS) / Dédé. Dans la vie, faut pas s'en faire (Fox-trot) (orchestre MITCHELL'S JAZZ-KINGS)	MAURICE YVAIN / CHRISTINÉ	Marron
6458	{ Trémoussante (la) (Nouveau one-step) (orchestre dir. A. BOSC) / Lu-lu Fado (Le vrai fado portugais) (orch., dir. A. BOSC)	LYNDS / SALADRER	Marron
6472	{ Tu le verras Paname ! (One-step) (orch., dir. A. BOSC) / Indianola (Célèbre fox-trot) (orch., direction A. BOSC)	A. CHANTRIER / S. R. HENRY et DONIVAS	Marron
6583	{ ... Tu verras Montmartre (Marche one-step) (orchestre, direction A. BOSC) / Rubans (Shimmy-fox-trot) (orchestre, direction A. BOSC)	BOREL-CLERC / BOREL-CLERC	Marron
6610	{ ... Tu verras Montmartre (Populaire one-step). Spécialement réglé pour la danse par Mlle MISTINGUETT (Orchestre SYNCOPATED SIX) (avec chorus chanté) / Fate (fox-trot). Spécialement réglé pour la danse par Mlle MISTINGUETT (orchestre SYNCOPATED SIX)	BOREL-CLERC / H. NICOLLS	Marron
6544	{ Une femme qui passe (One-step). Spécialement réglé pour la danse, par Mlle MISTINGUETT (orchestre MITCHELL'S JAZZ-KINGS) / J'en ai marre... (Fox-trot chanté). Spécialement réglé pour la danse par Mlle MISTINGUETT (orchestre MITCHELL'S JAZZ-KINGS)	BOREL-CLERC / MAURICE YVAIN	Marron
6567	{ Up to date (One-step) (orchestre, direction LAURENT HALET) / Coal-black mammy (Fox-trot et shimmy) (orchestre, direction LAURENT HALET)	A. MARIO / IVY ST-HELIER	Marron
6477	{ Victoire ! ! ! (One-step marche) (orchestre, direction A. BOSC) / Choisis Léon (Marche sur la chanson populaire de LOUIS BOUSQUET) (orchestre, direction A. BOSC)	A. BOSC / CAMILLE ROBERT	Marron
6468	{ You! You, Marie (Célèbre one-step) (orch., direct. A. BOSC) / Ronde des petites Pierrettes (Two-step) (orch., dir. A. BOSC)	FRED FISHER / A. BOSC	Marron
8347	{ Wimbim (One-step) (LEW SHILKRET'S NOVELTY ORCHESTRA) / Sheik (the) (Fox-trot) (LANIN'S ORCHESTRA)	CANTOR FISHER / TED SNYDER	Bleue
6551	{ You-You. Pour l'amour de You-You (One step) (orchestre, direction LAURENT HALET) / You-You. Les Affaires sont les affaires (Fox-trot) (orchestre, direction LAURENT HALET)	VICTOR ALIX / VICTOR ALIX	Marron
6471	{ Zig-Zag (The Ragtime Germ) (One-step fox-trot) (orchestre, direction A. BOSC) / The Missouri Waltz (Célèbre valse américaine) (orchestre, direction A. BOSC)	DAPHNE POLLARD et LADS DOWNING / F. K. LOGAN et J. V. EPPEL	Marron

Shimmys

N°	Titres	Auteur	Couleur
6536	Antoine (Shimmy) (orchestre, direction Laurent Halet).	William Sterling	Marron
	Carne de Cabaret (Tango) (orchestre, direction Laurent Halet).	William Sterling	
6625	Caïd (le) (Fox-trot et shimmy) (Billy Arnold's) (Novelty Jazz-Band).	Raoul Moretti	Marron
	Carolina in the morning (Fox-trot) (Billy Arnold's) (Novelty Jazz-Band).	Walter Donaldson	
6554	Camomille (Shimmy-fox-trot) (orchestre Mitchell's Jazz-Kings).	Borel-Clerc	Marron
	Indécision. « Big or small hat » (Fox-trot) (orchestre Mitchell's Jazz-Kings).	Borel-Clerc	
6556	Dédé. — Si j'avais su (Shimmy) (orchestre Mitchell's Jazz-Kings).	Christiné	Marron
	Dédé. — Je m'donne (Fox-trot) (orchestre Mitchell's Jazz-Kings).	Christiné	
6568	Éléonore (Shimmy et fox-trot) (orchestre, direction Laurent Halet).	A. Chantrier	Marron
	Say it with music (Fox-trot et shimmy) (orchestre, direction Laurent Halet).	Irving Berlin	
6604	Là-bas (Oriental shimmy), tiré de l'opérette « J'te veux » (orch., direction G. Cuignale).	A. Valsien	Marron
	J'te veux (Valse), tirée de l'opérette « J'te veux » (orchestre, direction G. Cuignache).	René Mercier	
6619	Là-haut (Maurice Yvain). — Ose Anna (Fox-trot et shimmy) (orchestre, direction G. Cuignache).		Marron
	Là-haut (Maurice Yvain). — L'hilarité céleste (Fox-trot) (orch., direction G. Cuignache).		
6617	Louisville lou (Shimmy) (Billy Arnold's) (Novelty Jazz-Band).	Milton Ager	Marron
	Electric girl (Fox-trot) (Billy Arnold's) (Novelty Jazz-Band).	Hehnburgh-Holmes	
6546	Love Nest. — Nid d'amour (Romance américaine) (orchestre, direction Laurent Halet).	L. A. Hirsch	Marron
	Pays de Rêve (Shimmy-fox-trot) (orchestre, direction Laurent Halet).	Y. R. Robinson	
6620	Mes parents sont venus me chercher (Fox-trot et shimmy) (orchestre, direction G. Cuignache).	Fred Pearly	Marron
	When Bhudda Smiles (Fox-blues) orchestre, direction G. Cuignache).	Nacio Herb Brown	
6622	Oh! la rose bleu (Ideal shimmy) (Banda Milano).	Moleti	Marron
	Bluff (One-step) (Banda Milano).	Moleti	
6583	Rubans (Shimmy-fox-trot) (orchestre, direction A. Bosc).	Borel-Clerc	Marron
	Tu verras Montmartre (Marche one-step) (orch., dir. A. Bosc).	Borel-Clerc	
6548	Shimmy Doll (Shimmy et fox-trot) (orchestre, direction Laurent Halet).	Maurice Yvain	Marron
	Dédé-Valse (Sur les motifs de Dédé) (orchestre, direction Laurent Halet).	Christiné	
6621	Shimmy-Shimmy (Shimmy fox-trot) (Banda Milano).	Moleti	Marron
	Marion (Fox-trot) (Banda Milano).	Co. Topassi	
6537	Sur un air de Shimmy (Shimmy-fox-trot) (orchestre, direction Laurent Halet).	René Mercier	Marron
	Gosse d'amour (Java) (orchestre, direction Laurent Halet).	William Sterling	
6557	Ta bouche. — Ça, c'est une chose... (Shimmy) (orchestre Mitchell's Jazz-Kings).	Maurice Yvain	Marron
	Ta bouche. — Machinalement (Fox-trot) (orchestre Mitchell's Jazz-Kings).	Maurice Yvain	

DISQUES PATHÉ double face. 283

ORCHESTRE (suite)

SHIMMYS (suite)

N°	Titre	Interprète	Couleur
6552	You-You. — Le shimmy du chien (Shimmy) (orchestre, direction LAURENT HALET). You-You. — Les mots d'amour (Fox-trot) (orchestre, direction LAURENT HALET).	VICTOR ALIX. VICTOR ALIX.	Marron

Tangos

N°	Titre	Interprète	Couleur
6505	Ballade argentine (Tango argentin) (orch. direction A. BOSC). El capeo (Paso doble) (orchestre, direction A. BOSC).	E. M'ALDEREN. ANTONIO PARERA.	Marron
6387	Bayo-Baya (Tango maxixe) (orchestre, direction A. BOSC). Pensiamento (el) (Tango argentin) (orchestre, direction A. BOSC).	DICKSTONE. JOSÉ MARTINEZ.	Marron
6600	J'te veux (RENÉ MERCIER). — C'coquin d' Porto (orchestre mondain JOSÉ SENTIS). J'te veux (GABAROCHE et FRED PEARLY). — La Java-Javi-Java (Java) (orchestre mondain JOSÉ SENTIS).		Bleue
8332	Callate Roberto (Tango) (orchestre mondain JOSÉ SENTIS). Lida (Valse hawaïenne) (orchestre mondain JOSÉ SENTIS).	B. CALVETE. BOREL-CLERC.	Bleue
8321	Capricho (Tango) (orchestre mondain JOSÉ SENTIS). My isle of golden dreams (Boston-hésitation) (orchestre mondain JOSÉ SENTIS).	JOSÉ SENTIS. W. BLAUFFUS.	Bleue
6536	Carne de Cabaret (Tango) (orchestre, direction LAURENT HALET). Antoine (Shimmy) (orchestre, direction LAURENT HALET).	WILLIAM STERLING. WILLIAM STERLING.	Marron
6484	Chanson argentine (Tango) (orchestre, direction A. BOSC). Caroli (Tango) (orchestre, direction A. BOSC).	A. BOSC. EL CHINO.	Marron
6019	Che !... (Tango criollo) (orchestre, direction A. BOSC). Joaquina (Célèbre tango argentin) (orchestre, dir. A. BOSC).	HUGUET-TAGELL. BERGAMINO.	Marron
6020	Che mi amigo (Tango argentin) (orchestre, direct. A. BOSC). Y... como le va (Tango argentin) (orchestre, dir. A. BOSC).	VALVERDE-HERPIN. VALVERDE-HERPIN.	Marron
8322	Cielito Mio (Tango milonga) (orchestre mondain JOSÉ SENTIS). Poupée et le Pantin (la) (Le Fox-trot de la Boîte à Musique) (orchestre mondain JOSÉ SENTIS).	O. N. FRESEDO. BOREL-CLERC.	Bleue
8307	Clochettes d'Amour (Habanera-Tango) (orch. mondain JOSÉ SENTIS). Tasse de thé (la) (Fox-trot) (orchestre mondain JOSÉ SENTIS).	PIÑERAS. JOSEPH-SZULC.	Bleue
8357	Corrientes (Tango) (orchestre mondain JOSÉ SENTIS). Aragon (Paso-doble) (orchestre mondain JOSÉ SENTIS).	R. HUGUET. J. SENTIS.	Bleue
8333	Criolita (Tango) (orchestre mondain JOSÉ SENTIS). Coleta (la) (Paso-doble) (orchestre mondain JOSÉ SENTIS).	J. SENTIS. R. HUGUET.	Bleue
8246	De 5 à 7 (Tango) (Trio, direction SENTIS). Pierrette (Tango) (Trio, direction SENTIS).	JOSÉ SENTIS. LEBOURDY.	Bleue
6128	Dernier tango (le) (orchestre, direction ANDRÉ). Extra Dry (orchestre, direction ANDRÉ).	DOLOIRE. RENÉ ANDRÉ.	Bleue
8247	El Guanaco (Tango) (ORCHESTRE SYMPHONIQUE, dir. ANDRÉ). Araguaya (Tango) (ORCHESTRE SYMPHONIQUE, dir. ANDRÉ).	RENÉ ANDRÉ. M. CHAPUIS.	Bleue
8069	El irrésistible (Tango) (orchestre PATHÉ FRÈRES). El Bollitero (Tango) (orchestre PATHÉ FRÈRES).	LOCCATTI. CIMAGLIA.	Bleue
8058	El mas criollo (Tango) (Trio, direction SENTIS). Dolores (Marche espagnole) (Trio, direction SENTIS).	J. SENTIS. J. SENTIS.	Bleue
8293	El Nene « Le petit enfant » (Célèbre tango argentin) (orchestre, direction NASI). Ne parlons plus d'amour (Valse) (ORCHESTRE SYMPHONIQUE, direction NASI).	RAOUL GEORGES. PIERRE AREZZO.	Bleue

ORCHESTRE (suite)

TANGOS (suite)

N°	Titres	Auteurs	Couleurs des étiquettes
8070	El Otario (Tango) (orchestre PATHÉ FRÈRES). Joaquina (Tango) (orchestre PATHÉ FRÈRES).	METALLO. BERGAMINO.	Bleue
6185	Esquinazo (el) (Tango criollo) (orchestre, direction A. Bosc). Diabolic dance (Danse humoristique) (orchestre, dir. A. Bosc).	VILLOLDO. FRAGSON.	Marron
6423	Flor de Navarra (Tango habanera) (GARDE RÉPUBLICAINE). Chanson arabe (Morceau de genre) (GARDE RÉPUBLICAINE).	DELABRE. BAUDONCK.	Marron
6467	Folle escapade (la) (Havana) (Célèbre tango) (orch. dir. A. Bosc). Zig-Zag (Wiffe-offhe-one-step) (Fox-trot) (orch. dir. A. Bosc).	O. CRÉMIEUX. DAVE STAMPER.	Marron
6202	Gaucha (la) (Tango) (ORCHESTRE SYMPHONIQUE, dir. ANDRÉ). Malaga (Boléro espagnol) (orchestre PATHÉ FRÈRES).	DELBRUCK. AUBRET.	Bleue
8072	Hôtel Victoria (Tango) (orchestre PATHÉ FRÈRES). El Punga (Tango) (orchestre PATHÉ FRÈRES).	H. D. TULASNE.	Bleue
8305	Invocation (Tango argentin) (orchestre mondain JOSÉ SENTIS). Arenas (Paso doble) (orchestre mondain JOSÉ SENTIS).	JOSÉ SENTIS. JOSÉ SENTIS.	Bleue
8315	Jueves (Tango milonga) (orchestre mondain JOSÉ SENTIS). Peggy (Fox-trot) (orchestre mondain JOSÉ SENTIS).	TORANZO. NEIL MORET.	Bleue
6284	Loulou (Célèbre tango argentin) (orchestre, direction A. Bosc). Tanguinette (la) (Nouveau tango) (orchestre, direction A. Bosc).	FERNANDEZ. A. BOSC.	Marron
6533	Lys noir (le) (Tango) (orchestre, direction LAURENT HALET). Florida (Tango milonga) (orchestre, direction LAURENT HALET).	MAURICE YVAIN. R. PETILLO.	Marron
6396	Matamudo (Vrai tango argentin) (orchestre, direction A. Bosc). Reservas (Célèbre tango argentin) (orchestre, direction A. Bosc).	FERNANDEZ. FERNANDEZ.	Marron
8041	Magic-Tango (ORCHESTRE SYMPHONIQUE, direction ANDRÉ). Vénus-Tango (ORCHESTRE SYMPHONIQUE, direction ANDRÉ).	RENÉ ANDRÉ. BEVILACQUA.	Bleue
8323	Mangia Mangia Papirusa ! (Tango milonga) (orchestre mondain JOSÉ SENTIS). Sunshine (Boston hésitation) (orchestre mondain JOSÉ SENTIS).	A. DE BASSI. JACK RYNER.	Bleue
6506	México (Tango habanera) (orchestre, direction A. Bosc). Pa-ta-poum (Fox-trot) (orchestre, direction A. Bosc).	BOB COLE. E. MALDEREN.	Marron
6491	Mi noche triste (Tango) (orchestre, direction A. Bosc). Mitzy (Valse boston) (orchestre, direction A. Bosc).	S. CASTRIOTA. PAUL FAUCHEY.	Marron
8316	9 Julio (Tango milonga) (orchestre mondain, direction JOSÉ SENTIS). Robert Macaire (Fox-trot) (orchestre mondain, direction JOSÉ SENTIS).	JOSÉ et PADULA. MAURICE YVAIN.	Bleue
6466	Peosia campera (Tango criollo) (orchestre, dir. A. Bosc). Beware of Chu-Chin-Chow • Prends garde à Tchou-Tchin-Tchou ! (Fox-trot) (orchestre, direction A. Bosc).	SARIACLO et H. CANDIOLO. DAVE STAMPER.	Marron
6538	Princesse Lily (Tango) (orchestre, direction LAURENT HALET). Princesse Lily (Valse-hésitation) (Orchestre, direction LAURENT HALET).	VICTOR ALIX. VICTOR ALIX.	Marron
8356	Pura clase (Tango) (orchestre mondain JOSÉ SENTIS). Hawaiiana (Valse) (orchestre mondain JOSÉ SENTIS).	A. ROSQUELLAS. BOREL-CLERC.	Bleue
6367	Suzanita (Tango argentin) (orchestre, direction A. Bosc). Pampille (la) (Nouvelle danse) (orchestre, direction A. Bosc).	GAUWIN et VILLEGAS. DANIDERFF.	Marron
6459	Tango de la Butte (le) (orchestre, direction A. Bosc). Dengozo (Maxixe brésilienne) (orchestre, direction A. Bosc).	LEDUC. NAZARETH.	Marron
8071	Tango du pendu (le) (ORCHESTRE SYMPHONIQUE, dir. ANDRÉ). Seduction (la) (Tango) (ORCHESTRE SYMPHONIQUE, dir. ANDRÉ).	SMET. G. NOCETI.	Bleue

Disques PATHÉ double face.

ORCHESTRE (suite)

TANGOS (suite)

6487	Tango du Rêve (le) (Tango) (orchestre, direction A. Bosc).	E. V. MALPERTUIS	Marron
	Phi-Phi (Ah! tais-toi) (Valse) (orchestre, direction A. Bosc).	CHRISTINÉ	
8294	Tango rouge (ORCHESTRE SYMPHONIQUE, direction NAST).	BOREL-CLERC	Bleue
	Oui, à gagné la guerre (Marche populaire française) (ORCHESTRE SYMPHONIQUE, direction NAST).	BOREL-CLERC	
8264	Tanguinette (la) (Tango argentin) (orchestre PATHÉ FRÈRES).	HEINTZ	Bleue
	Vrai bostang (le) (Two-step tango) (orchestre PATHÉ FRÈRES).	J. DORIN	
8066	Tentation (Tango) (Trio) (direction SENTIS).	J. SENTIS	Bleue
	Los Chulos (Marche espagnole) (Trio, direction SENTIS).	J. SENTIS	
8311	Tranéros (Tango) (orchestre, direction R. GASCON).	R. GASCON	Bleue
	Milaguenas (Danse originale) (orchestre, direction R. GASCON).	R. GASCON	
6474	Un Cimarron (Tango argentin) (orchestre, direction A. Bosc).	JUAN J. CASTRO	Marron
	C'est Rigadin (Two-step) (orchestre, direction A. Bosc).	A. Bosc	
8023	Vrai tango brésilien amapa (le) (ORCHESTRE TZIGANE, dir. PAUL).	STORONI	Bleue
	Dengozo (Maxixe brésilienne) (ORCH. TZIGANE, direction PAUL).	NAZARETH	

Two-Steps

6474	C'est Rigadin (Two-step) (orchestre, direction A. Bosc).	A. Bosc	Marron
	Un Cimarron (Tango argentin) (orchestre, direction A. Bosc).	JUAN J. CASTRO	
8300	Funny trop dance (Two-step) (orchestre, dir. LAURENT HALET).	LAURENT HALET	Bleue
	Si vous voulez prendre mon cœur (One-step) (orchestre, direction LAURENT HALET).	LAURENT HALET	
8176	Heureux hippos (les) (Two-step) (ORCHESTRE SYMPHONIQUE).	KENNEDY	Bleue
	Silly Billy (Danse grotesque) (ORCHESTRE SYMPHONIQUE).	BENDIX	
6395	Lancashire Clogs (Two-step) (orchestre, direction A. Bosc).	GRIMSHAW	Marron
	Tabasco March (Marche américaine) (orchestre, direction A. Bosc).	CHADWICK	
8303	Popsy Wopsy (Two-step) (THE EMPIRE ORCHESTRA).	BENNETT SCOTTO	Bleue
	Get out and get under (Two-step) (THE EMPIRE, ORCHESTRA).	H. E. PETHER	
6488	Ronde des petites Pierrettes (Two-step) (orchestre, dir. A. Bosc).	A. Bosc	Marron
	Voui! voui Marie (Célèbre one-step) (orchestre, dir. A. Bosc).	FRED. FISHER	
8159	Sherlockinette (Two-step polka) (orchestre PATHÉ FRÈRES).	VELLENOT	Bleue
	Croupionnette (la) (Danse originale) (orchestre PATHÉ FRÈRES).	JOSÉ	
6517	The Rum Tum Tiddle Dance (Two-step) (THE EMPIRE ORCHESTRA).	SCHWARTZ	Marron
	Ki-Yi (Two-step) (THE IMPERIAL SYMPHONY ORCHESTRA).	NORMAN KENNEDY	
8299	Très-moutarde (Two-step) (orchestre PATHÉ FRÈRES).	MACKLINS	Bleue
	Anniversaire de Billikens (l') (orchestre PATHÉ FRÈRES).		
8264	Vrai bostang (le) (Two-step tango) (orchestre PATHÉ FRÈRES).	J. DORIN	Bleue
	Tanguinette (la) (Tango argentin) (orchestre PATHÉ FRÈRES).	HEINTZ	

COULEURS DES ÉTIQUETTES

DISQUES DE DANSES

Spécialement réglés par Mlle Mistinguett

N°	Titres	Auteurs	Étiquette
6542	Ain't we got fun (Fox-trot) (orchestre Mitchell's Jazz-Kings). / Oh me! oh my! (Fox-trot) (orchestre Mitchell's Jazz-Kings).	R. A. Whiting. / V. Youmans.	Marron
6524	Avalon (Fox-trot) (orchestre Laurent Halet). / Irène (Valse) (orchestre Laurent Halet).	Al Jolson et Vincent Rose. / H. Tierney.	Marron
6519	Billets doux (Fox-trot) (orchestre Laurent Halet). / P'tit's femmes de rien du tout (les) (Fox-trot) (orchestre Laurent Halet).	Maurice Yvain. / Laurent Halet.	Marron
6601	C'est jeune et ça n'sait pas (Fox-trot) (orchestre Lanin's Jazz-Band). / Pardon Mam'zelle (One-step) (orchestre Lanin's Jazz-Band).	Borel-Clerc. / Borel-Clerc.	Marron
6525	Dame en rose (la) « Le Saskatchewan » (Schottisch espagnole) (orchestre Laurent Halet). / Dansez le shimmy (Fox-trot-shimmy) (orch. Laurent Halet).	Ivan Caryll. / Laurent Halet.	Marron
6539	Dans un fauteuil (Fox-trot) (orchestre Laurent Halet). / Perroquet (le) (One-step) (orchestre Laurent Halet).	Borel-Clerc. / Louis Hillier.	Marron
6602	En douce (Fox-trot et shimmy) (orchestre Lanin's Jazz-Band). / I'll Build a Stairway to Paradise (Fox-trot) (orchestre Lanin's Jazz-Band).	Maurice Yvain. / George Gershwin.	Marron
6590	Étrange valse (l') (Valse hawaïenne) (orchestre Laurent Halet). / Jambes de Paris (les) (Fox-trot) (orchestre Laurent Halet).	Maurice Yvain. / Maurice Yvain.	Marron
6513	Harem (Fox-trot) (orchestre Maurice Yvain). / Swanee (Vocal one-step) (orchestre Maurice Yvain).	Maurice Yvain. / George Gershwin.	Marron
6543	Hep! (Fox-trot) (orchestre Mitchell's Jazz-Kings). / Sally won't you come back (Fox-trot) (orchestre Mitchell's Jazz-Kings).	Mitchell et Withers. / Dave Stamper.	Marron
6514	Himalya (One-step-fox-trot) (orchestre Maurice Yvain). / O « Oh! » (Fox-trot) (orchestre Maurice Yvain).	S. R. Henry and D. Onivas. / Byron Gay et A. Johnson.	Marron
6544	J'en ai marre... (Fox-trot-shimmy) (orchestre Mitchell's Jazz-Kings). / Une femme qui passe (One-step) (orchestre Mitchell's Jazz-Kings).	Maurice Yvain. / Borel-Clerc.	Marron
6521	Japanese Sandman (Shimmy-fox-trot) (orchestre Laurent Halet). / Whispering « Murmures » (Fox-trot) (orchestre Laurent Halet).	R. A. Whiting. / J. Schönberger.	Marron
6603	Java (la) (Fox-trot) (orchestre Lanin's Jazz-Band). / Hot lips (Fox-trot) (orch. Lanin's Jazz-Band).	Maurice Yvain. / Henry Busse, Jack Lange et Lou Davis.	Marron
6609	Là-haut (Maurice Yvain). — C'est Paris (Fox-trot) (orchestre Syncopated Six). / Là-haut (Maurice Yvain). — Là-haut (One-step) (orchestre Syncopated Six).		Marron
6526	Mazie (Fox-trot) (orchestre Laurent Halet). / My Mammy (Fox-trot) (orchestre Laurent Halet).	Jack Glieman. / W. Donaldson.	Marron
6501	Mister Ragtime (One-step) (orchestre Maurice Yvain). / The violet-song (Fox-trot) (orchestre Maurice Yvain).	Maurice Yvain. / Maurice Yvain.	Marron
6502	Mon homme (Schottisch espagnole) (orchestre Maurice Yvain). / Rosina (La véritable Java) (orchestre Maurice Yvain).	Maurice Yvain. / Niccio.	Marron
6522	My Star (Shimmy-fox-trot) (orchestre Laurent Halet). / Tasse de thé (la) (Fox-trot) (orchestre Laurent Halet).	Laurent Halet. / Joseph Szulc.	Marron

ORCHESTRE (suite)

DISQUES DE DANSES (suite)

N°	Titres	Interprètes	Couleurs des étiquettes
6515	O-la-la-wee-wee (One-step) (orchestre MAURICE YVAIN) Venus shimmy (shimmy) (orchestre MAURICE YVAIN)	HARRY RUBY et GEORGE JESSEL MAURICE YVAIN	Marron
6503	Ooiun (Fox-trot) (orchestre MAURICE YVAIN) Miss (Valse) (orchestre MAURICE YVAIN)	MAURICE YVAIN MAURICE YVAIN	Marron
6549	Spooning (Fox-trot) (orchestre MITCHELL'S JAZZ-KINGS) When happiness Reigns (Fox-trot) (orchestre MITCHELL'S JAZZ-KINGS)	DAN PARRISH DAN PARRISH	Marron
6550	The Sheik of Araby (Fox-trot) (orchestre MITCHELL'S JAZZ-KINGS) Now and Then (Fox-trot) (orchestre MITCHELL'S JAZZ-KINGS)	TED SNYDER NORMAN SPENCER	Marron
6523	Till we meet Again (Valse) (orchestre LAURENT HALET) Mariposa - Le Papillon (Tango) (orchestre LAURENT HALET)	R. A. WHITING LAURENT HALET	Marron
6610	Tu verras Montmartre (Popular one-step) (orchestre SYNCOPATED SIX) (avec chorus chanté) Fate (Fox-trot) (orchestre SYNCOPATED SIX)	BOREL-CLERC H. NICHOLLS	Marron
6611	Way down yonder in new Orleans (Fox-trot) (orchestre SYNCOPATED SIX) (avec chorus chanté) Lovin' Sam (Fox-trot) (orchestre SYNCOPATED SIX) (avec chorus chanté)	CREAMER et LAYTON MILTON AGER	Marron
6614	You've got see Mamma every night (Fox-trot) (orchestre POLLARD'S SIX) I'm just wild about Harry (One-step) (orchestre POLLARD'S SIX)	BILLY ROSE et C. CONRAD SISSLE et BLACKE	Marron

Marches américaines

N°	Titres	Interprètes	Couleurs
8114	Bell of Chicago (the) (orchestre PATHÉ FRÈRES) Thunderer (the) (orchestre PATHÉ FRÈRES)	SOUSA SOUSA	Bleue
6186	Boston (GARDE RÉPUBLICAINE) Roosevelt (GARDE RÉPUBLICAINE)	ALLIER ROOS	Marron
6021	Cadets (les) (GARDE RÉPUBLICAINE) The British Patrol (GARDE RÉPUBLICAINE)	SOUSA GEORG ASCH	Marron
8014	Hail to the spirit of Liberty (orchestre PATHÉ FRÈRES) King Cotton (orchestre PATHÉ FRÈRES)	SOUSA SOUSA	Bleue
8178	High shool cadets (the) (orchestre PATHÉ FRÈRES) Liberty bell (the) (orchestre PATHÉ FRÈRES)	SOUSA SOUSA	Bleue
6255	Indiana (Marche américaine) (two-step) (orch. dir. BOSC) Célèbre et véritable Maxixe brésilienne (la) (orchestre BOSC)	CRÉMIEUX et J.-B. BOLDI SALABERT	Marron
8113	Loyal legion (the) (orchestre PATHÉ FRÈRES) Capitan (el) (orchestre PATHÉ FRÈRES)	SOUSA SOUSA	Bleue
6417	Stars and Stripes for ever (the) (orchestre, direction A. BOSC) Salut à la Patrie (Pas redoublé) (orchestre, direction BOSC)	SOUSA SOYER	Marron
6395	Tabasco March (orchestre, direction A. BOSC) Lancashire Clogs (Two-Step) (orchestre direction A. BOSC)	CHADWICK GRIMSHAW	Marron
8263	Zoological Garden (orchestre PATHÉ FRÈRES) Blue Bell (orchestre PATHÉ FRÈRES)	THUILLIER FILS GRACEY	Bleue

ORCHESTRE (suite)

Hymnes et Airs nationaux

N°	Titre	Auteur	Couleur
6132	A la Liberté. — Chant suisse des Épées. — Chanson des soldats (Airs suisses) (orchestre PATHÉ FRÈRES).	GROSS.	Bleue
	Diane et la retraite fédérale (la) (orchestre PATHÉ FRÈRES).	METZGER.	
6133	Brabançonne (la) et Chant populaire belge (orch. PATHÉ FRÈRES).	DEPLACE.	Bleue
	Air national suédois (orchestre PATHÉ FRÈRES).	DEPLACE.	
6134	Chant du Départ (le) (orchestre PATHÉ FRÈRES).	MÉHUL.	Bleue
	Marseillaise (la) (orchestre PATHÉ FRÈRES).	ROUGET DE LISLE.	
6135	Départ de la Garde pour la Revue (orchestre PATHÉ FRÈRES).	MARIUS.	Bleue
	Marseillaise (la) (orchestre PATHÉ FRÈRES).	ROUGET DE LISLE.	
	Chant du Départ (le) (orchestre PATHÉ FRÈRES).	MÉHUL.	
6136	Dieu pour le Tsar et gloire au Tsar (orchestre PATHÉ FRÈRES).	DUBUQUE.	Bleue
	Dieu protège le Tsar (Hymne national) (orchestre PATHÉ FRÈRES).	DUBUQUE.	
8039	Hymne mexicain (orchestre PATHÉ FRÈRES).	XXX.	Bleue
	Hymne national anglais et Rule Britannia (orchestre PATHÉ FRÈRES).	XXX.	
6022	Hymne roumain (GARDE RÉPUBLICAINE).	XXX.	Marron
	Hymne serbe (GARDE RÉPUBLICAINE).	XXX.	
6138	Hymne populaire danois (orchestre PATHÉ FRÈRES).	SVEND WAAGE.	Bleue
	The British Grenadiers. — God bless the Prince of Wales. — God save the King (orchestre PATHÉ FRÈRES).	WELLS.	
6137	Inno di Garibaldi (orchestre PATHÉ FRÈRES).	OLIVIERI.	Bleue
	Marcia Reale Italiana (orchestre PATHÉ FRÈRES).	GABETTI.	
6437	K(im)gayo (Hymne national japonais) (GARDE RÉPUBLICAINE).	XXX.	Marron
	Hymne portugais (GARDE RÉPUBLICAINE).	A. KEIL.	
6436	Star Spangled Banner (The) (Hymne national américain) (GARDE RÉPUBLICAINE).	WESLY.	Marron
	Marche canadienne (GARDE RÉPUBLICAINE).	LECAIL.	

Chants Révolutionnaires

N°	Titre	Auteur	Couleur
8112	Internationale (l') (orchestre PATHÉ FRÈRES).	DEGEYTER.	Bleue
	Carmagnole (la) (orchestre PATHÉ FRÈRES).	BIRARD.	

Marches, Défilés et Pas redoublés

N°	Titre	Auteur	Couleur
6280	A nous! (Pas redoublé) (GARDE RÉPUBLICAINE).	PERRIN.	Marron
	A nous! un, deux (Pas redoublé) (GARDE RÉPUBLICAINE).	MOUSSARD.	
8046	A travers la forêt (Pas redoublé) (orchestre PATHÉ FRÈRES).	MARIUS SUZANNE.	Bleue
	Aigrette (Polka pour piston) (orchestre PATHÉ FRÈRES).	F. SALI.	
6139	A travers les obstacles (ORCHESTRE MILITAIRE).	URBACH.	Bleue
	Régiment qui passe (le) (ORCHESTRE MILITAIRE).	EILENBERG.	
6362	Aéro-Lune (orchestre, direction A. Bosc).	TARELLI.	Marron
	Retraite joyeuse (orchestre, direction A. Bosc).	JOSE.	
8138	Aéroplane (l') (Marche) (orchestre PATHÉ FRÈRES).	KREVER.	Bleue
	Tout en rose (Marche) (orchestre PATHÉ FRÈRES).	V. SCOTTO.	
6438	Albert de Belgique (Marche) (GARDE RÉPUBLICAINE).	G. BALAY.	Marron
	Marche des Alsaciens-Lorrains (GARDE RÉPUBLICAINE).	E. GANNET.	
8095	Allobroges (les) (Pas redoublé) (orchestre PATHÉ FRÈRES).	POROT.	Bleue
	Algérien (l') (Marche) (orchestre PATHÉ FRÈRES).	GONEYTES.	
6187	Après l'étape (Marche) (GARDE RÉPUBLICAINE).	GAUDEFROY.	Marron
	Boula-Matari (Marche congolaise) (GARDE RÉPUBLICAINE).	LECAIL.	
6271	Armons-nous (Pas redoublé) (GARDE RÉPUBLICAINE).	CHAPUIS.	Marron
	Allés au vent (Pas redoublé) (GARDE RÉPUBLICAINE).	BALAY.	

Disques PATHÉ double face

ORCHESTRE. — MARCHES, DÉFILÉS ET PAS REDOUBLÉS (suite)

N°	Titre	Auteur	Couleurs des étiquettes
6035	Aux armes (Marche) (orchestre, direction A. Bosc)	Bosc	Marron
	Aux bombardiers (Marche) (Garde Républicaine)	Dubrain	
6359	Aux avant-postes (Marche autrichienne) (Garde Républicaine)	Cibulka	Marron
	Marche des gymnastes autrichiens (Garde Républicaine)	J. Pénel	
6270	Aventurier (l') (Pas redoublé) (Garde Républicaine)	Allier	Marron
	Vieux brisquard (le) (Garde Républicaine)	Noussard	
6242	Bains de mer (les) (Marche) (Garde Républicaine)	Damare	Marron
	Cocarde (la) (Défilé) (Garde Républicaine)	Trévillot	
8089	Beauvaisienne (la) (Marche) (orchestre Pathé Frères)	Garrut	Bleue
	En goguette (Marche) (avec chant et mirliton) (orchestre Pathé Frères)	Paimerre	
6188	Bon train (Marche) (Garde Républicaine)	Balleron	Marron
	Héros (le) (Pas redoublé) (Garde Républicaine)	Allier	
6250	Bourbaki (Pas redoublé) (Garde Républicaine)	Rousseau	Marron
	Pas redoublé (Garde Républicaine)	Mastio	
8136	Bruxelles en joie (Marche) (orchestre Pathé Frères)	Heirowech	Bleue
	Au pas (Pas redoublé) (orchestre Pathé Frères)	Moremans	
8052	Bruxelles-Kermess (Pas redoublé) (orchestre Pathé Frères)	Lauciani	Bleue
	Bruxelles-Exposition (Pas redoublé) (orchestre Pathé Frères)	Lecail	
6389	C'est Ripaille (Marche) (orchestre, direction A. Bosc)	Bosc	Marron
	Viens, Titine (Polka-Marche) (orchestre, direction A. Bosc)	Cloarec-Maupas	
8145	Cadets d'Autriche (les) (Pas redoublé) (orchestre Pathé Frères)	Parès	Bleue
	Marche cosaque (Pas redoublé) (orchestre Pathé Frères)	Parès	
6251	Cadets de Brabant (les) (orchestre, direction Bosc)	Turine	Marron
	Amour qui rit (l') (Polka-Marche) (orchestre, direction A. Bosc)	Christiné	
6141	Cadets de Russie (les) (orchestre militaire)	Sellenick	Bleue
	Magyar (le) (Pas redoublé) (orchestre militaire)	Allier	
6281	Caïd (la) (Défilé) (Garde Républicaine)	Michel	Marron
	Victoire ou la Mort (la) (Défilé) (Garde Républicaine)	Chomel	
6257	Castillane (Marche espagnole) (Garde Républicaine)	Delabre	Marron
	Soldats dans le parc (les) (Garde Républicaine)	Lionel Moncketon	
6275	Catalans (les) (Marche espagnole) (orchestre, direction A. Bosc)	Popy	Marron
	Verre en main (le) (Polka) (orchestre, direction A. Bosc)	Fahrbach	
6479	Chant du retour (le) (Défilé) (Garde Républicaine)	Willms-Bourgeois	Marron
	Arc de triomphe (l') (Défilé) (Garde Républicaine)	G. Balay	
6273	Chevau-Légers (les) (Pas redoublé) (Garde Républicaine)	Wetge	Marron
	Parade de Clowns (Garde Républicaine)	Razigade	
6477	Choisis Lison (Marche sur la chanson populaire de Louis Bousquet) (orchestre, direction A. Bosc)	Camille Robert, A. Bosc	Marron
	Victoire !!! (One-step marche) (orchestre, direction A. Bosc)		
6343	Colombo (Pas redoublé) (Garde Républicaine)	Gadenne	Marron
	Léopold II (Pas redoublé) (Garde Républicaine)	Christophe	
8090	Conscrit (le) (Allegro) (orchestre Pathé Frères)	Allier	Bleue
	Ce que c'est qu'un drapeau (orchestre Pathé Frères)	Dionet	
8017	Coq Wallon (le) (orchestre militaire)	Muldermans	Bleue
	Défilé joyeux (orchestre militaire)	Daunot	
8086	Crocodile (le) (Pas redoublé) (orchestre Pathé Frères)	Ch. Leroux	Bleue
	Grondeur (le) (Pas redoublé) (orchestre Pathé Frères)	Guriner	
6189	Croissant d'or (Marche orientale) (Garde Républicaine)	Valaid	Marron
	D'Artagnan (Pas redoublé) (Garde Républicaine)	Allier	
8079	Cyrano de Bergerac (Pas redoublé) (orchestre Pathé Frères)	Allier	Bleue
	Défilé des Nations (Pas redoublé) (orchestre Pathé Frères)	Fremeaux	
6142	Défilé de la Garde Républicaine (orchestre symphonique)	Wetge	Bleue
	Défilé Harmonie Pathé (orchestre militaire)	Bellanger	
8044	Défilé de la 85e division (Pas redoublé) (orchestre Pathé Frères)	Chaulier	Bleue
	Pas au drapeau (Défilé) (orchestre Pathé Frères)	Turine	

ORCHESTRE. — MARCHES, DÉFILÉS ET PAS REDOUBLÉS (suite)

N°	Titre	Auteur	Couleur
8042	Divorcée (la) (Marche finale du 2e acte) (orch. PATHÉ FRÈRES).	LÉO FALL.	Bleue
	Somnambule (la) (1re sélection) (orchestre PATHÉ FRÈRES).	BELLINI.	
6194	1804 (Marche française) (GARDE RÉPUBLICAINE).	BOREL-CLERC.	Marron
	Paris resto Paris (Marche) (GARDE RÉPUBLICAINE).	CRESPAILLE.	
8058	Dolorès (Marche espagnole) (trio, direction SENTIS).	J. SENTIS.	Bleue
	El Bas Criollo (Tango) (trio, direction SENTIS).	J. SENTIS.	
6283	Dunkerque (GARDE RÉPUBLICAINE).	HOUZIAUX.	Marron
	Salut au 85e (Marche) (GARDE RÉPUBLICAINE).	PETIT.	
6265	Éclaireur (l') (Pas redoublé) (GARDE RÉPUBLICAINE).	ALLIER.	Marron
	Entry of the Bulgars (Marche slave) (GARDE RÉPUBLICAINE).	LEITER.	
6282	En avant! (Pas redoublé) (GARDE RÉPUBLICAINE).	MENZEL.	Marron
	Castaldo March (GARDE RÉPUBLICAINE).	R. NOVACEK.	
8151	En avant pour l'Exposition de Charleroi (orchestre PATHÉ FRÈRES).	BAUDONCK.	Bleue
	Tannhauser (le) (Marche de Concert) (orchestre PATHÉ FRÈRES).	WAGNER.	
6143	En avant, toujours en avant (Défilé) (ORCHESTRE MILITAIRE).	THIÉRON.	Bleue
	Salut au 128e (Défilé) (ORCHESTRE MILITAIRE).	CHOQUART.	
6192	En bon ordre (GARDE RÉPUBLICAINE).	PETIT.	Marron
	Marche flamande (GARDE RÉPUBLICAINE).	GOESLETT.	
6433	English Midinett (Marche) (orchestre, direction A. BOSC).	DELABRE.	Marron
	Peach-Brandy (Marche) (orchestre, direction A. BOSC).	R. WIBIER.	
6276	En Orient (Marche orientale) (GARDE RÉPUBLICAINE).	BOURGEOIS.	Marron
	Condé (Pas redoublé) (GARDE RÉPUBLICAINE).	WETTGE.	
8087	Entrée à Tananarive (l') (Pas redoublé) (orchestre PATHÉ FRÈRES).	MARSAL.	Bleue
	Fives-Lille (Pas redoublé) (orchestre PATHÉ FRÈRES).	SELLENICK.	
8149	Esprit léger (Pas redoublé) (orchestre PATHÉ FRÈRES).	PARADIS.	Bleue
	Belliqueux (le) (Pas redoublé) (orchestre PATHÉ FRÈRES).	ALLIER.	
6345	Esprit viennois (l') (GARDE RÉPUBLICAINE).	MEZZACAPO.	Marron
	Souvenir d'Orient (Marche orientale) (GARDE RÉPUBLICAINE).	LOUDET.	
6190	Étoile (l') (Marche) (orchestre, direction A. BOSC).	BOSC.	Marron
	Vivandière et Houzarde (Marche) (orchestre, direction A. BOSC).	BOSC.	
6288	Faust (Défilé) (GARDE RÉPUBLICAINE).	BALAY.	Marron
	Marche farandole (GARDE RÉPUBLICAINE).	PERRIER.	
6263	Fier Gaulois (Pas redoublé) (GARDE RÉPUBLICAINE).	FURGEOT.	Marron
	Marche tartare (GARDE RÉPUBLICAINE).	YEBAR ENEZ.	
8146	Fringant (le) (Pas redoublé) (orchestre PATHÉ FRÈRES).	PARÈS.	Bleu
	Trompette-Marche (Pas redoublé) (orchestre PATHÉ FRÈRES).	PARÈS.	
6272	Gai compagnon (Pas redoublé) (GARDE RÉPUBLICAINE).	BORREL.	Marron
	Marche des Petits Français (GARDE RÉPUBLICAINE).	FURGEOT.	
6144	Gamera (Marche) (avec CARILLON) (ORCHESTRE MILITAIRE).	GUNS'L.	Bleue
	Fend l'air (Défilé) (ORCHESTRE MILITAIRE).	MOMMEJA.	
6252	Gand-Attractions (Marche) (orchestre, direction A. BOSC).	PRESCHER.	Marron
	Paris-Fêtard (Marche) (orchestre, direction A. BOSC).	CLÉRICE.	
6269	Gayant (Pas redoublé) (GARDE RÉPUBLICAINE).	CHAULIER.	Marron
	Régiment des braves (le) (GARDE RÉPUBLICAINE).	BORREL.	
8197	Gayant (Pas redoublé) (orchestre PATHÉ FRÈRES).	CHAULIER.	Bleue
	4e de ligne en campagne (le) (Pas redoublé) (orch. PATHÉ FRÈRES).	GURTNER.	
6301	Giralda (la) (Marche) (orchestre, direction R. GASCON).	LÓPEZ.	Bleue
	Pica-Pica (Polka) (orchestre, direction R. GASCON).	GASCON.	
8015	Grand Sully (le) (Pas redoublé) (ORCHESTRE MILITAIRE).	FURGEOT.	Bleue
	Triomphe (Pas redoublé) (ORCHESTRE MILITAIRE).	POPY.	
6291	Grenadier du Caucase (le) (GARDE RÉPUBLICAINE).	MEISTER.	Marron
	Cadets de Russie (les) (GARDE RÉPUBLICAINE).	SELLENICK.	
6145	Grognard (le) (Pas redoublé) (ORCHESTRE MILITAIRE).	PARÈS.	Bleue
	Paris-Marche (ORCHESTRE MILITAIRE).	MEZZACAPO.	
6290	Hirondelles de Vienne (les) (GARDE RÉPUBLICAINE).	SELSLOBEL.	Marron
	Sous l'Aigle double (Marche) (GARDE RÉPUBLICAINE).	WAGNER.	
6248	Horse Guard's (Garde à cheval) (GARDE RÉPUBLICAINE).	PARADIS.	Marron
	Marche des Lutins (GARDE RÉPUBLICAINE).	ROUSSEAU.	

Disques PATHÉ double face.

ORCHESTRE. — MARCHES, DÉFILÉS ET PAS REDOUBLÉS (suite)

N°	Titre	Auteur	Couleur
6255	Indiana (Marche américaine) (orchestre, direction Bosc). / Célèbre et véritable Maxixe brésilienne (la) (orchestre, direction Bosc).	O. CRÉMIEUX. J.-B. BOLDI. SALABERT.	Marron
6249	Infanteria Ligeria (Marche) (GARDE RÉPUBLICAINE). / Marseillaise de l'Aviation (la) (GARDE RÉPUBLICAINE).	COMBELLE. BALAY.	Marron
6299	It's a long way to Tipperary (orchestre de « The Empire »). / Hello ! Hello ! who's your lady friend ? (orchestre de « The Empire » avec effets de voix).	BAYNES. FRAGSON.	Bleue
6408	Jolie Boiteuse (la) (Pas redoublé) (orchestre, direction Bosc). / Marche algérienne (orchestre, direction Bosc).	BERNIAUX. BOSC.	Marron
6397	Jubilé impérial (Marche) (GARDE RÉPUBLICAINE). / Marche de l'Oberland (GARDE RÉPUBLICAINE).	J. MATYS. SKALLA.	Marron
6146	Ké-Son (Pas redoublé) (ORCHESTRE MILITAIRE). / Marche tricolore (ORCHESTRE MILITAIRE).	BIDEGAIN. POPY.	Bleue
8032	Légion qui passe (la) (orchestre PATHÉ FRÈRES). / Père la Victoire (le) (orchestre PATHÉ FRÈRES).	QUERU. GANNE.	Bleue
6342	Lille en fête (Pas redoublé) (GARDE RÉPUBLICAINE). / Place à la Liberté (Pas redoublé) (GARDE RÉPUBLICAINE).	RICHARD. FREI BECK.	Marron
8116	Lohengrin (Marche des Fiançailles) (orchestre PATHÉ FRÈRES). / Lugdunum (Ouverture) (orchestre PATHÉ FRÈRES).	R. WAGNER. ALLIER.	Bleue
8066	Los Chulos (Marche espagnole) (trio, direction SENTIS). / Tentacion (Tango) (trio, direction SENTIS).	J. SENTIS. J. SENTIS.	Bleue
6344	Machicha (la) (Paso Doble) (GARDE RÉPUBLICAINE). / Punao de Rosas (el) (Paso Doble) (GARDE RÉPUBLICAINE).	MARQUINA. CHAPI.	Marron
6341	Madrid (Marche espagnole) (GARDE RÉPUBLICAINE). / Marche des Éclaireurs de France (GARDE RÉPUBLICAINE).	LACÔME. WATELLE.	Marron
6528	Marche aux flambeaux (n° 3) (orchestre, direct. RUHLMANN). / Marche nuptiale (orchestre, direction GILLE).	MEYERBEER. MENDELSSOHN.	Marron
6436	Marche canadienne (GARDE RÉPUBLICAINE). / Star Spangled Banner (The) (Hymne national américain) (GARDE RÉPUBLICAINE).	LECAIL. WESLY.	Marron
8026	Marche de l'Indépendance (orchestre PATHÉ FRÈRES). / Sart-Attraction (Marche) (orchestre PATHÉ FRÈRES).	NOREL. NOREL.	Bleue
6240	Marche de Paris (la) (GARDE RÉPUBLICAINE). / Semper fidelis (Marche) (GARDE RÉPUBLICAINE).	POPY. SOUSA.	Marron
6285	Marche des artistes (orchestre, direction A. Bosc). / Ronde des Bébés (orchestre, direction A. Bosc).	BOSC. BOSC.	Marron
6380	Marche des Brasseurs belges (orchestre, direction A. Bosc). / Marche Lilloise (orchestre, direction A. Bosc).	G. AUBRY. P. LEDUC.	Marron
6191	Marche des Brésiliennes (GARDE RÉPUBLICAINE). / Picas y Banderillas (Marche espagnole) (GARDE RÉPUBLICAINE).	BOYER. ANDUAGA.	Marron
6424	Marche des conscrits (orchestre, direction A. Bosc). / Aux armes (Marche) (orchestre, direction A. Bosc).	J. GUNG'L. BOSC.	Marron
6264	Marche des Galibots (GARDE RÉPUBLICAINE). / Marche des Parisiennes (GARDE RÉPUBLICAINE).	GABEILLES. CLÉRICE.	Marron
6244	Marche des Gardes françaises (GARDE RÉPUBLICAINE). / Marche provençale (GARDE RÉPUBLICAINE).	BOISSON. CAIRANNE.	Marron
6147	Marche des Grenadiers belges (ORCHESTRE MILITAIRE). / Sidi-Brahim (la) (ORCHESTRE MILITAIRE).	BENDER. POROT.	Bleue
8096	Marche des Midinettes (orchestre PATHÉ FRÈRES). / Marche des Musiciens (orchestre PATHÉ FRÈRES).	DESJARDINS. ALLIER.	Bleue

PATHÉPHONE, 30, Bd des Italiens, PARIS.

ORCHESTRE. — MARCHES, DÉFILÉS ET PAS REDOUBLÉS (suite)

N°	Titre	Auteur	Couleurs des étiquettes
6289	Marche du 113ᵉ d'Infanterie (GARDE RÉPUBLICAINE). Retour au camp (Marche) (GARDE RÉPUBLICAINE).	PERRIER. STROBL.	Marron
6279	Marche du gas Loubet (GARDE RÉPUBLICAINE). Sous bois (Allegro de concert) (GARDE RÉPUBLICAINE).	BERGER. BALAY.	Marron
6241	Marche grecque (GARDE RÉPUBLICAINE). Marche patriotique (GARDE RÉPUBLICAINE).	GANNE. FUCK.	Marron
6372	Marche du roi Marie Iᵉʳ (orchestre, direction A. Bosc). Vieille Garde (la) (Marche) (orchestre, direction A. Bosc).	FAHRBACH. A. BOSC.	Marron
6023	Marche funèbre (GARDE RÉPUBLICAINE). Voix des Cloches (la) (GARDE RÉPUBLICAINE).	CHOPIN. LUCINI.	Marron
8085	Marche héroïque (Marche de concert) (orchestre PATHÉ FRÈRES). Marche royale espagnole et Hymne de Riego (orch. PATHÉ FRÈRES).	THIELS. DEPLACE.	Bleue
6415	Marche hongroise de Rackoczy (orchestre, direction COLONNE). Invitation à la valse (orchestre, direction COLONNE).	BERLIOZ. WEBER.	Marron
6409	Marche lorraine (GARDE RÉPUBLICAINE). Marche russe (GARDE RÉPUBLICAINE).	GANNE. GANNE.	Marron
6419	Marche mutine (orchestre, direction A. Bosc). Enthousiasme (Marche) (orchestre, direction A. Bosc).	G. ROBICHON. DELAMARCHE et L. HALET.	Marron
8045	Marche provençale (Pas redoublé) (orchestre PATHÉ FRÈRES). Marche des Sultanes (Pas redoublé) (orchestre PATHÉ FRÈRES).	CAIRANNE. ALLIER.	Bleue
6540	Méharis (le) (Marche) (orchestre, direction LAURENT HALET). Boléro de Concert (orchestre, direction LAURENT HALET).	A. VIVIEN. A. VIVIEN.	Marron
6148	Mes adieux au 68ᵉ de ligne (Défilé) (ORCHESTRE MILITAIRE). Michel Strogoff (marche) (ORCHESTRE MILITAIRE).	BINOT. ARTUS.	Bleue
6297	Nationale Marche (orchestre, direction A. Bosc). Marche des sports (orchestre, direction A. Bosc).	ED. DIET. BOSC.	Marron
6388	Notre Président (Marche) (orchestre, direction A. Bosc). Y a qu' les amoureux (Polka-Marche) (orchestre Bosc).	FRAGSON. ROBERTY et MELLINGER.	Marron
6375	Oh ! les femmes (Célèbre marche) (orchestre, direction A. Bosc). Petite Guerre (la) (Polka-Marche) (orchestre, direction A. Bosc).	P. LINCKE. M. BAGGERS.	Marron
8331	P'tit Quinquin (le) (Marche) (orch. direction GEORGES CUIGNACHE). C'est pour la Payse (Marche sur la chanson populaire) (orchestre, direction GEORGES CUIGNACHE).	R. MASTIO. BOREL-CLERC.	Bleue
6149	Papa l'Arbi (Défilé des zouaves) (ORCHESTRE MILITAIRE). Sambre-et-Meuse (Défilé) (ORCHESTRE MILITAIRE).	PÉRICAT. PLANQUETTE-RAUSKI.	Bleue
6254	Parade des soldats de plomb (orchestre, direction A. Bosc). Chez l'horloger (orchestre, direction A. Bosc).	JESSEL. HOUTH.	Marron
6478	Parade militaire (GARDE RÉPUBLICAINE). Hamlet (LA FÊTE DU PRINTEMPS) (GARDE RÉPUBLICAINE).	MASSENET. THOMAS.	Marron
8265	Paris-Belfort (Défilé) (orchestre PATHÉ FRÈRES). Marche militaire française (orchestre PATHÉ FRÈRES).	BARIGOUL. E. GAIDON.	Bleue
6150	Paris-Bruxelles (Marche) (ORCHESTRE MILITAIRE). Parisien (le) (Pas redoublé) (ORCHESTRE MILITAIRE).	TURINE. ALLIER.	Bleue
6376	Parisienne y a qu' ça (la) (orchestre, direction A. Bosc). Vive Monsieur le Maire ! (orchestre, direction A. Bosc).	LINCKE. SLOTH.	Marron

Disques PATHÉ double face.

ORCHESTRE. — MARCHES, DÉFILÉS ET PAS REDOUBLÉS (suite)

N°	Titre	Auteur	Couleurs des étiquettes
8067	Plouploup de France (Défilé) (avec TAMBOURS et CLAIRONS) (orchestre PATHÉ FRÈRES).	CODINI.	Bleue
	Marche du Phono-Cinéma (Pas redoublé) (orchestre PATHÉ FRÈRES)	BELLANGER.	
6414	Pélo (le) (Marche espagnole) (orchestre, direction A. Bosc).	BOREL-CLERC.	Marron
	A grandes guides (orchestre, direction A. Bosc).	LINCKE.	
6441	Quand Madelon (Défilé-Marche) (GARDE RÉPUBLICAINE).	ALLIER.	Marron
	Colbert (Marche). (GARDE RÉPUBLICAINE)	LOGER.	
6510	Retour après la Victoire (le). Vieille marche du 60° (GARDE RÉPUBLICAINE, direction CÉSAR BOURGEOIS).	GÉNÉRAL PELLETIER.	Marron
	Hymne national de la République chinoise (GARDE RÉPUBLICAINE, direction CÉSAR BOURGEOIS).	JEAN HAUTSTONT.	
6369	Retraite montmartroise (orchestre, direction A. Bosc).	BOSC.	Marron
	Si tu veux... Marguerite (orchestre, direction A. Bosc).	VALSIEN.	
6024	Rêve passe (le) (Marche) (GARDE RÉPUBLICAINE).	KRIER.	Marron
	Sans peur et sans reproche (Marche) (GARDE RÉPUBLICAINE).	EILENBERG.	
6418	Ronde des petits pierrots (Marche) (orchestre, direction A. Bosc).	BOSC.	Marron
	Marche des chauffeurs (orchestre, direction A. Bosc).	BOSC.	
6278	Royal Picard (Pas redoublé) (GARDE RÉPUBLICAINE).	WETTGE.	Marron
	Sambre-et-Meuse (Défilé) (GARDE RÉPUBLICAINE).	PLANQUETTE-RAUSKI.	
6454	Saint-Georges (Pas redoublé) (GARDE RÉPUBLICAINE).	ALLIER.	Marron
	Over There (Pas redoublé) (GARDE RÉPUBLICAINE).	COHAN.	
6151	Salut à Copenhague (Marche) (ORCHESTRE MILITAIRE).	FAHRBACH.	Bleue
	The belle of London (Marche) (ORCHESTRE MILITAIRE).	LAURANER.	
6245	Salut à Copenhague (Marche) (GARDE RÉPUBLICAINE).	FAHRBACH.	Marron
	Tram (le) (Défilé) (avec CLAIRONS) (GARDE RÉPUBLICAINE).	MOUGEOT.	
6417	Salut à la Patrie (Pas redoublé) (orchestre, direction A. Bosc).	SOYER.	Marron
	Stars and Stripes for ever (the) (orchestre, direction A. Bosc).	SOUSA.	
8088	Salut lointain (Pas redoublé) (orchestre PATHÉ FRÈRES).	DÖRING.	Bleue
	Krasnoë-Selo (Pas redoublé) (orchestre PATHÉ FRÈRES).	SAINT-SERVAN.	
6140	Sous l'aigle double (Marche) (ORCHESTRE MILITAIRE).	WAGNER.	Bleue
	Marche indienne (ORCHESTRE MILITAIRE).	SELLENICK.	
6193	Sous le ciel bleu (Marche) (GARDE RÉPUBLICAINE).	PETIT.	Marron
	Sous les armes (Marche) (GARDE RÉPUBLICAINE).	SOYER.	
6445	Suzette (Marche) (orchestre, direction A. Bosc).	LINCKE.	Marron
	Amour qui rit (L') (Polka-Marche) (orchestre, direction A. Bosc).	CHRISTINÉ.	
8294	Qui a gagné la guerre (Marche populaire française) (ORCHESTRE SYMPHONIQUE, direction NAST).	BOREL-CLERC.	Bleue
	Tango rouge (ORCHESTRE SYMPHONIQUE, direction NAST).	BOREL-CLERC.	
8114	The Bel of Chicago (Marche américaine) (orchestre PATHÉ FRÈRES).	SOUSA.	Bleue
	The Tu derer (Marche américaine) (orchestre PATHÉ FRÈRES).	SOUSA.	
8113	The Loyal Legion (Marche américaine) (orchestre PATHÉ FRÈRES).	SOUSA.	Bleue
	El Capitan (Marche américaine) (orchestre PATHÉ FRÈRES).	SOUSA.	
8147	Vercingétorix (Marche romaine) (orchestre PATHÉ FRÈRES).	CLÉRICE.	Bleue
	Lion de Flandre (le) (Pas redoublé) (orchestre PATHÉ FRÈRES).	MORTELMANS.	
8094	Viva Espana (Marche espagnole) (orchestre PATHÉ FRÈRES).	ROMBERG.	Bleue
	O Sole Mio (Intermezzo) (orchestre PATHÉ FRÈRES).	E. DI CAPUA.	

Retraites

8001	Retraite de Crimée (orchestre PATHÉ FRÈRES).	MAGNIER.	Bleue
	Retraite tartare (orchestre PATHÉ FRÈRES).	SELLENICK.	

ORCHESTRE (suite)

Soli d'instruments divers

exécutés par les Solistes de l'Opéra,
de l'Opéra-Comique et de la Garde Républicaine

			COULEURS DES ÉTIQUETTES
6065	A vous (Polka pour deux pistons) (orchestre Pathé Frères). Amant de la Tour Eiffel (l') (orchestre Pathé Frères).	Soinе. Rosenzwieg.	Bleue
6067	Après la guerre (Polka pour piston) (orchestre Pathé Frères). Hiawatha (Polka-Marche) (orchestre Pathé Frères).	Renaud. Neil-Moret.	Bleue
6071	Bengali (le) (Polka pour flûte) (orchestre Pathé Frères). Bruxelles (Polka pour flûte) (orchestre Pathé Frères).	Bougnol. Batifort.	Bleue
6098	Bergères Watteau (Mazurka pour hautbois) (orch. Pathé Frères). Carte postale (Mazurka) (orchestre Pathé Frères).	Corbin. Stroel.	Bleue
6038	Boléro (pour flûte) (orchestre Pathé Frères). Sur le lac (Rêverie) (orchestre Pathé Frères).	Leblond. Sellenick.	Bleue
6072	Bressières (les) (Polka pour flûte) (orchestre Pathé Frères). Capricieuse (Polka pour piston) (orchestre Pathé Frères).	Magnan. Vidal.	Bleue
6073	Bruxelles (Polka pour piston) (orchestre Pathé Frères). Gracieux murmures (Polka pour piston) (orchestre Pathé Frères).	Batifort. Maquet.	Bleue
8018	Carnaval de Venise (le) (Solo de flûte) (orchestre Pathé Frères). Fille de madame Angot (la). — Fantaisie (orchestre Pathé Frères).	Genin. Lecocq.	Bleue
6075	Cécile (Polka pour flûte) (orchestre Pathé Frères). Gracieux murmures (Polka pour flûte) (orchestre Pathé Frères).	Billaut. Maquet.	Bleue
6235	Chalet (le) (Solo de baryton) (Garde Républicaine). Coquet (le) (Allegro de Concert) (Garde Républicaine).	Adam. G. Bourgeois.	Marron
8011	Chalet (le) (Solo de baryton) (orchestre Pathé Frères). Cœur et la main (le). — Couplets du casque (orch. Pathé Frères).	Adam. Lecocq.	Bleue
6042	Clochettes et musettes (pour hautbois) (orchestre Pathé Frères). Souvenir de Saint-Rome (pour cloches) (orchestre Pathé Frères).	Waldée. Farigoul.	Bleue
6070	Colibri (le) (Polka pour flûte) (orchestre Pathé Frères). Bella Bocca (Polka) (orchestre Pathé Frères).	Waldteufel. Sellenick.	Bleue
6076	Compère et compagnon (Polka pour bugle et piston) (orchestre Pathé Frères). Deux amis (les) (Polka pour clarinettes) (orch. Pathé Frères).	Van Hytte. Moremans.	Bleue
6015	Concertino pour clarinette (Andante) (Garde Républicaine). Concertino pour clarinette (Allegro) (Garde Républicaine).	Weber. Weber.	Marron
6077	Coquerico (Polka pour piston) (orchestre Pathé Frères). Jean qui pleure et Jean qui rit (orchestre Pathé Frères).	Labit. Tuelais-Belval.	Bleue
8013	Coquerico (Polka pour flûte) (orchestre Pathé Frères). Eva (pour piston) (orchestre Pathé Frères).	Tuelais-Belval. Petit.	Bleue

ORCHESTRE. — SOLI D'INSTRUMENTS DIVERS (suite)

N°	Titre	Auteur	Couleur
6079	Coquetterie (Polka pour piston) (orchestre PATHÉ FRÈRES). / Pluie de perles (Polka pour piston) (orchestre PATHÉ FRÈRES).	LACOSTE. / GOUBYLES.	Bleue
6080	Cornette (Polka pour deux pistons) (orchestre PATHÉ FRÈRES). / Max (Polka) (orchestre PATHÉ FRÈRES).	PIQUE. / SALABERT.	Bleue
6311	Cornemuse du Marin (la) (Soli de flûte). / Keel Row (Soli de flûte avec variations), par M. G. Ackroyd (acc. d'orchestre).	XXX. / XXX.	Marron
6082	Deauville (Polka pour clarinette) (orchestre PATHÉ FRÈRES). / Deux bavards (les) (Polka pour pistons) (orchestre PATHÉ FRÈRES).	CORBIN. / ANDRIEU.	Bleue
6085	Emma Livry (Polka pour clarinette) (orchestre PATHÉ FRÈRES). / Piston et pistonnette (Polka pour pistons) (orchestre PATHÉ FRÈRES).	PROUELLE. / DUCLUS.	Bleue
8019	Ernani. — Cavatine (pour piston) (orchestre PATHÉ FRÈRES). / Ambassadrice (l') — Ouverture. (orchestre PATHÉ FRÈRES).	VERDI. / AUBER.	Bleue
6228	Erwin (Fantaisie pour clarinette) (orchestre PATHÉ FRÈRES). / Erwin (Fantaisie pour clarinette) (suite) (orchestre PATHÉ FRÈRES).	MEISTER. / MEISTER.	Bleue
8238	Étoile du Casino (l') (Polka pour piston) (orchestre PATHÉ FRÈRES). / Fine lame (Polka pour pistons) (orchestre PATHÉ FRÈRES).	GUILLE. / STOUPAN.	Bleue
8148	Galathée. — 1ʳᵉ sélection (pour piston) (orchestre PATHÉ FRÈRES). / Galathée. — 2ᵉ sélection (pour piston) (orchestre PATHÉ FRÈRES).	V. MASSÉ. / V. MASSÉ.	Bleue
8188	Il pleut bergère (Air varié pour piston) (orchestre PATHÉ FRÈRES). / Absence (l') (Mélodie pour cor) (orchestre PATHÉ FRÈRES).	J. REYNAUD. / NOREL.	Bleue
6089	Lafleurance (Polka) (Solo de flûte) (orchestre PATHÉ FRÈRES). / Polka des oiseaux (orchestre PATHÉ FRÈRES).	MAYEUR. / CONOR.	Bleue
6090	Madeleine (Polka pour piston) (orchestre PATHÉ FRÈRES). / Marche de nuit (orchestre PATHÉ FRÈRES).	PETIT. / POPY.	Bleue
8002	Malborough (Variations pour flûte) (orchestre PATHÉ FRÈRES). / Paloma (la) (Chanson espagnole) (orchestre PATHÉ FRÈRES).	GENIN. / YRADIER.	Bleue
6091	Méli-Mélo (Polka pour flûte) (orchestre PATHÉ FRÈRES). / Messager d'amour (Polka pour piston) (orchestre PATHÉ FRÈRES).	MLLE WITTMANN.	Bleue
8256	Nouvelle Étoile (Polka pour piston) (orchestre PATHÉ FRÈRES). / Cécile (Polka pour piston) (orchestre PATHÉ FRÈRES).	ANDRIEU. / BILLAUT.	Bleue
8212	Oiseau tapageur (l') (Polka pour flûte) (orchestre PATHÉ FRÈRES). / Petits oiseaux (les) (Valse pour flûte) (orchestre PATHÉ FRÈRES).	BALLERON. / DOUARD.	Bleue
6092	Olympienne (l') (Polka pour baryton) (orchestre PATHÉ FRÈRES). / Polka des Souris blanches (orchestre PATHÉ FRÈRES).	ROCHE. / ALLIER.	Bleue
6531	The Rosary (Solo de piston) (Sergeant LEGGETT). / Samson et Dalila (Solo de piston) (Sergeant LEGGETT).	NEVIN. / SAINT-SAENS.	Marron
6530	Trouvère. Miserere (Solo de piston) (Sergeant LEGGETT). / Sérénade (Solo de piston et flûte) (Sergeant LEGGETT et CARL STEMIER).	VERDI. / THL.	Marron
8244	Villageoise (la) (Polka pour hautbois) (orchestre PATHÉ FRÈRES). / Cornettine (Mazurka pour piston) (orchestre PATHÉ FRÈRES).	TOURNOLLE. / R. F. SAL.	Bleue
6078	Virtuosité (Polka pour flûte) (orchestre PATHÉ FRÈRES). / Lola (Polka-Mazurka) (avec XYLOPHONE) (orchestre PATHÉ FRÈRES).	LIGNER. / CHIAMPAN.	Bleue

Musique de Chambre

TRIO ACKROYD
VIOLON, FLUTE et HARPE

6330	Ave Maria. / Sérénade.	GOUNOD-BACH. / GOUNOD.	Marron
6313	Contes d'Hoffmann (les). / Sérénade.	OFFENBACH. / SCHUBERT.	Marron
6315	Sérénade des Anges. / Vieux chant d'amour.	BRAGA. / MOLLOY.	Marron
6322	Si mes vers avaient des ailes. / Ouvre tes yeux bleus.	HAHN. / MASSENET.	Marron
6324	Simple aveu. / Murmurez et j'entendrai.	THOMÉ. / PICCOLOMINI.	Marron

TRIO CÉCILIA
VIOLON, FLUTE et HARPE

6317	Ave Maria. / Sérénade.	GOUNOD. / GOUNOD.	Marron

VIOLON, VIOLONCELLE et HARPE
par Mlles Marguerite, Jeanne et Geneviève MARX

9510	Célèbre largo. / Sérénade.	HAENDEL. / WIDOR.	Marron

TRIO CHERNIAVSKY
VIOLON, VIOLONCELLE et PIANO
par MM. Léon, Jean et Michel CHERNIAVSKY

6308	Kol Nidrei. / Peer Gynt. — Danse d'Anitra (arrangée pour trio).	/ GRIEG.	Marron

QUATUOR ROSÉ
VIOLONS, VIOLONCELLES
par MM. ROSÉ, FISCHER, RUZITSKA et WALTER

9604	Andante du quatuor en ré mineur. / Scherzo du quatuor en ré mineur.	SCHUBERT. / SCHUBERT.	Verte
9595	Op. 18. N° 4. Allegro. / Op. 18. N° 5. Menuetto.	BEETHOVEN. / BEETHOVEN.	Verte
9596	Op. 18. N° 5. Thème et variations (1re partie). / Op. 18. N° 5. Thème et variations (2e partie).	BEETHOVEN. / BEETHOVEN.	Verte
9598	Op. 15. — Orientale. / Nocturno.	GLAZOUNOFF. / BORODINE.	Verte

COULEURS DES ÉTIQUETTES

ORCHESTRE. — MUSIQUE DE CHAMBRE (suite)

SOLI DE VIOLON

Exécutés par BUICA, le célèbre violoniste Roumain
Accompagnement de piano par M. GRÉGOIRE ALEXANDRESCO

9601	Carnaval de Venise (le). — Variations de BUICA. Danses populaires Roumaines. — Variations de BUICA.	A. THOMAS. BUICA.	Marron
9602	Deux guitares (les). — Variations de BUICA. Doïna (la) et Danses Roumaines. — Variations de BUICA.	MAFAROS. BUICA.	Marron
9603	Imitation de Cornemuse (Violon seul). Tambourin Chinois.	BUICA. KREISLER.	Marron

SOLI DE VIOLON

Exécutés par M. L. CHERNIAVSKY
(Enregistrements avec accompagnement d'orchestre)

6331	Salut d'amour. Hejre Kati.	ELGAR. HUBAY.	Marron

SOLI DE VIOLON

Exécutés par M. Charles HERMAN
(Enregistrements avec accompagnement d'orchestre)

9542	Aubade. Chanson de printemps.	PROVINCIALI. MENDELSSOHN.	Verte
9539	Danse hongroise n° 5. Mazurka (opus 26).	JOACHIM BRAHMS. A. ZARZYKI.	Verte
9537	Introduction et Humoresque. 1ᵉʳ Caprice de Paganini.	A. D'AMBROSIO. PAGANINI-HERMAN.	Verte
9540	Nocturne en mi bémol. Sonate en la majeur.	CHOPIN-SARASATE. A. VIVALDI.	Verte
9543	Rêverie. Chant sans paroles.	SCHUMANN. TSCHAIKOWSKY.	Verte
9541	Sarabande et passe-pied. Romance.	MOSZKOUSKI. RUBINSTEIN.	Verte
9538	Valse de Concert. Mazurka de Concert.	OVIDE MUSIN. OVIDE MUSIN.	Verte

(Enregistrements avec accompagnement d'orchestre)

9544	Deuxième Concerto (Romance). Chants russes.	WIENIAWSKI. LALO.	Verte
9545	Déluge (le). — Prélude. Aphrodite. — Prélude (IVᵉ acte).	SAINT-SAENS. B. ERLANGER.	Verte

SOLI DE VIOLON

Exécutés par LEUNTJENS, de l'Opéra
(Enregistrements avec accompagnement d'orchestre)

9503	Caresse de fleurs (Intermezzo-Valse). Charme astral (Valse lente).	LEUNTJENS.	Marron

ORCHESTRE. — MUSIQUE DE CHAMBRE (suite)

SOLI DE VIOLON
par M. Emile MENDELS, 1er Prix du Conservatoire

9546	A da. / Déluge (le). — Fragment.	BACH. / SAINT-SAËNS.	Marron
9501	Berceuse. / Thaïs. — Méditation.	G. FAURÉ. / MASSENET.	Marron

(Enregistrements avec accompagnement de piano)

9502	Berceuse de Jocelyn. / Légende.	B. GODARD. / WIENIAWSKI.	Marron
9512	Concerto. / Andante du Concerto.	MENDELSSOHN. / MENDELSSOHN.	Marron
9592	2e Sérénade de Tóselli. / Ronde des Lutins.	TOSELLI. / BAZZINI.	Marron
9519	Gavotte de Mignon. / Sérénata (la).	A. THOMAS. / G. BRAGA.	Marron
9518	Obertass (Mazurka). / Polonaise.	WIENIAWSKI. / WIENIAWSKI.	Marron
9551	Séduction (la) (Seduzione) (Air de ballet). / Carnaval de Venise (le). — Thème et variations.	PIETRO ACCORDI. / PAGANINI.	Marron
9591	Sérénade. / Barcarolle.	GABRIEL PIERNÉ. / TSCHAIKOWSKY.	Marron
9511	Simple aveu. / Tesoro Mio (Célèbre Valse italienne).	THOMÉ. / BECUCCI.	Marron

SOLI DE VIOLON
Exécutés par M. MISCHA-ELMAN
(Enregistrements avec accompagnement d'orchestre)

9547	Sérénade. / Gavotte.	DRIGO. / BACH.	Marron

SOLI DE VIOLON
Exécutés par M. MISCHA ELZON
Prix d'Excellence du Conservatoire de Paris
(Enregistrements avec accompagnement d'orchestre)

9589	Sonate. Fragment n° 1. Allegretto ben moderato. / Sonate. Fragment n° 2. Allegro.	CÉSAR FRANCK. / CÉSAR FRANCK.	Marron
9590	Sonate. Fragment n° 3. Récitativo-Fantaisie. / Sonate. Fragment n° 4. Final.	CÉSAR FRANCK. / CÉSAR FRANCK.	Marron

SOLI DE VIOLON
Exécutés par M. RANZATO, Maestro-Compositeur diplômé du Conservatoire royal de Milan
(Enregistrements avec accompagnement de piano)

6332	A Galoppo. / Ballo Sylvia. — (Pizzicato Sylvia). — (Pizzicato du ballet).	RANZATO. / LÉO DELIBES.	Marron
6333	Assolo nell' opera l'Albatro (l'Albatros). — Solo. / Serenata (Sérénade).	PACCHIEROTTI. / TIRINDELLI.	Marron

Disques PATHÉ double face. 299

ORCHESTRE. — MUSIQUE DE CHAMBRE (suite)

M. RANZATO (suite)

(Enregistrements avec accompagnement de piano)

N°	Titre	Auteur	Couleurs des étiquettes
6334	Forza del Destino (la) (*la Force du Destin*). / Thaïs. — Méditation.	Verdi. / Massenet.	Marron
6336	Mandolinata. / Sérénade des Mandolines (Pizzicati).	Carosio. / Eilenberg.	Marron
6335	Romanza senza parole (*Romance sans paroles*). / Sérénade galante.	Ranzato. / Ranzato.	Marron
9578	Sérénade de Toselli. / Célèbre menuet.	Toselli. / Mozart.	Marron

SOLI DE VIOLON
Exécutés par Jean RUDENYI

(Enregistrements avec accompagnement de piano)

N°	Titre	Auteur	
6312	Caprice. / Tarentelle romantique.	Raimond Pechotsch. / Raimond Pechotsch.	Marron
6318	Cavatine. / Chanson.	Raff. / A. D'Ambrosio.	Marron
6320	Cavalleria Rusticana. — Intermezzo. / Salut d'amour.	Mascagni. / Edv. Elgar.	Marron
6321	Chant d'amour. / Sérénade des anges.	Kreisler. / Braga.	Marron
6323	Chant d'été. / Romance.	Mendelssohn. / Svendsen.	Marron
6319	Cygne (le). / Tarentelle.	Saint-Saëns. / Raff.	Marron
9558	Élégie. / Souvenir de Moscou.	Ernst. / H. Wieniawski.	Marron
9555	Gavotte. / Annie Laurie.	F.-J. Gossec. / J. Rudenyi.	Marron
9556	Saint Patrick's Day (With variations). / Idyll.	Vieuxtemps. / Miles.	Marron
6314	Sérénade. / Rapsodie hongroise.	A. D'Ambrosio. / Raimond Pechotsch.	Marron
9559	Sérénade (acc. d'orchestre). / Souvenir (acc. d'orchestre).	Drdla. / Drdla.	Marron
6316	Sérénade amoureuse. / Mélodie.	Rudenyi. / Tchaikowsky.	Marron
9557	Violin Concerto n° 2 (2° mouvement). / Capriccio-Valse.	Vieuxtemps. / H. Wieniawski.	Marron

SOLI DE VIOLON
Exécutés par M. Jacques THIBAUD

(Enregistrements avec accompagnement de piano)

N°	Titre	Auteur	
9523	Aria. / Romance sans paroles.	Bach. / Fauré.	Verte
9560	Berceuse. / Deuxième polonaise brillante.	G. Fauré. / H. Wieniawski.	Verte

ORCHESTRE. — MUSIQUE DE CHAMBRE (suite)

JACQUES THIBAUD (suite)

(Enregistrements avec accompagnement de piano)

N°	Titre	Compositeur	Étiquette
9521	Canzonetta.	D'AMBROSIO.	Verte
	Orientale. Accompagnateur : M. MAURICE AMOUR.	D'AMBROSIO.	
9520	Havanaise.	SAINT-SAËNS.	Verte
	Havanaise (suite). Accompagnateur : M. MAURICE AMOUR.	SAINT-SAËNS.	
9525	Mélodie norvégienne.	OLE BULL-J.-S. SVENDSEN.	Verte
	N° 1 - Adagio.	FIORILLO.	
	N° 2 Saltarello.	H. WIENIAWSKI-JACQUES THIBAUD.	
9524	Scherzando.	MARSICK.	Verte
	Feuillets d'album (Regret). Accompagnateur : M. M. AMOUR.	VIEUXTEMPS.	

(Enregistrements avec accompagnement d'orchestre)

N°	Titre	Compositeur	Étiquette
9526	Concerto en mi (Andante 1re partie).	MENDELSSOHN.	Verte
	Concerto en mi (Andante 2e partie).	MENDELSSOHN.	
9527	Introduction et ronde capricieuse (1re partie).	SAINT-SAËNS.	Verte
	Introduction et ronde capricieuse (2e partie).	SAINT-SAËNS.	

SOLI DE VIOLON

Exécutés par Mlle COMBARIEU

(Enregistrements avec accompagnement de piano)

N°	Titre	Compositeur	Étiquette
9552	Allegro de concert.	SAINT-SAËNS.	Marron
	Allegro de concert (suite).	SAINT-SAËNS.	

SOLI DE VIOLONCELLE

Exécutés par M. Jean BEDETTI, Violoncelle-solo de l'Opéra-Comique

(Enregistrements avec accompagnement d'orchestre)

N°	Titre	Compositeur	Étiquette
9553	Chants russes.	LALO.	Marron
	Caprice hongrois.	DUNKLER.	
9504	Samson et Dalila. — Mon cœur s'ouvre à ta voix.	SAINT-SAËNS.	Marron
	Samson et Dalila. — Printemps qui commence.	SAINT-SAËNS.	
9554	Walkyrie (la). — Chant d'amour.	WAGNER.	Marron
	Maîtres-chanteurs de Nuremberg (les).	WAGNER.	

Disques PATHÉ double face

ORCHESTRE — MUSIQUE DE CHAMBRE

SOLI DE VIOLONCELLE
Exécutés par M. J. HOLLMAN
(Enregistrements avec accompagnement de piano)

N°	Titre	Compositeur	Couleur
9517	Andante / Gavotte	J. HOLLMAN / HOLLMAN	Vert
9514	Air de Bach / Idylle	ALBERT COWA / E. SIVA	Vert
9518	Aria de la Sonata (op. 11) / Rêverie	SCHUMANN / HOLLMAN / HOLLMAN	Vert
9505	Arlésienne (l') — Adagietto / Menuette	BIZET / CHOPIN	Vert
9506	Ave Maria / Fleur d'Automne (Herbstblum)	SCHUBERT / DJECK	Vert
9515	Ave Maria / Sérénade	GOUNOD / J. HOLLMAN	Vert
9516	Cinquantaine (la) / Mélodie	G. MARIE / RUBINSTEIN	Vert
9585	Concerto Andante / Romance en mi	GEORGES GOLTERMANN / ANDRÉ ROUBAUD	Vert
9509	Cygne (le) / Werther — Solo du clair de lune	SAINT-SAËNS / MASSENET	Vert
9507	Nocturne (de Chopin) / Petite Valse	SERVAIS / HOLLMAN	Vert
9586	Rêverie / Werther — Solo du clair de lune	SCHUMANN / MASSENET	Vert
9508	Romance sans paroles / Rouet (le) / Extase	FAURÉ / / HOLLMAN	Vert
9513	Sérénade Milenka / Canzonetta	JAN BLOCKX / WIDOR	Vert

SOLI DE PIANO
Exécutés par M. J. CHERNIAVSKY

N°	Titre	Compositeur	Couleur
6309	Rhapsodie hongroise n° 6 (1re partie) / Rhapsodie hongroise n° 6 (2e partie)	LISZT / LISZT	Marron

SOLI DE PIANO
Exécutés par M. Rudolph GANZ

N°	Titre	Compositeur	Couleur
9600	2e Mazurka / Nocturne en si♭ mineur	GODARD / CHOPIN	Vert
9599	Polonaise en la majeur / Gazouillement du Printemps	CHOPIN / SINDING	Vert

PATHÉPHONE, 30, Bd des Italiens, PARIS.

ORCHESTRE. — MUSIQUE DE CHAMBRE (suite)

SOLI DE PIANO
Exécutés par M. Édouard RISLER

N°	Titres	Auteurs	Couleurs des étiquettes
9529	1° Coucou (le). — Daquin. 2° Tic-Toc-Choc ou les Maillotins. 1° Rappel des oiseaux (le). 2° Tambourin (le).	COUPERIN. RAMEAU.	Verte
9536	Danse espagnole en sol majeur. Deuxième mazurka.	GRANADOS. GODARD.	Verte
9531	Étude en sol bémol. Mazurka en la mineur.	CHOPIN. CHOPIN.	Verte
9532	Final de la sonate en la bémol. Scherzo en mi mineur.	BEETHOVEN. MENDELSSOHN.	Verte
9533	Idylle. Valse nonchalante.	CHABRIER. SAINT-SAËNS.	Verte
9534	Invitation à la valse. Invitation à la valse (suite).	WEBER. WEBER.	Verte
9530	Nocturne en la dièse majeur. Valse en do dièse mineur.	CHOPIN. CHOPIN.	Verte
9535	Rhapsodie n° 11. Rhapsodie n° 11 (suite).	LISZT. LISZT.	Verte

SOLI D'ORGUE
Exécutés par M. MUSTEL, sur Orgue Mustel

N°	Titres	Auteurs	Couleurs
9549	Vesper. Choral en mi bémol majeur.	MUSTEL. J.-S. BACH.	Verte

SOLI DE BANJO
Exécutés par M. Sam COLLINS
(Enregistrements avec accompagnement d'orchestre)

N°	Titres	Auteurs	Couleurs
6304	Andante et Valse. Réveil du Nègre (le).	CAMMEYER. LANSING.	Bleue

SOLI DE BANJO
Exécutés par M. OLLY OAKLEY
(Enregistrements avec accompagnement d'orchestre)

N°	Titres	Auteurs	Couleurs
9579	College Rag. Mister Jolly Boy.	HUNTER. GRIMSHAW.	Marron
9571	Nigger in a fit. Torchlight Parade.	ROGER et MORLEY. MORLEY.	Marron
9574	The Darkies' Patrol. Camptown Carnival.	LOUVINE. MORLEY.	Marron

ORCHESTRE — MUSIQUE DE CHAMBRE (suite)

SOLI DE BANJO
Exécutés par M. John PIDOUX
(Enregistrements avec accompagnement d'orchestre)

N°	Titres	Auteurs	Couleurs des étiquettes
8053	Grande Patrouille des fusiliers (la) (Marche) Dame de Carreau (la) (Barn-Dance)	ELLIS PIDOUX	Bleue
8056	Nègres comiques (les) Folâtre Rossie (la)	GRIMSHAW ROSSITER	Bleue
8054	Retour du Nègre (le) Épisode de plantation	ELLIS GRIMSHAW	Bleue
8055	Sabots de Lancashire (les) Délices du Nègre (les)	GRIMSHAW PIDOUX	Bleue
9576	The Fusilier Grand Patrol, March Queen of Diamonds, Barn Dance	ELLIS PIDOUX	Marron

SOLI D'OCARINA
(Enregistrements avec accompagnement de piano)

N°	Titres	Auteurs	Couleur
6152	Mattchiche (la) (Polka) Sémiramis (Allegro)	BOREL-CLERC ROSSINI	Bleue
8002	Paloma (la) (Chanson espagnole) Malborough (Variations pour flûte)	YRADIER GENIN	Bleue
6307	Rossignol (le) (Valse) (par le professeur TAPIERO) Tourterelle (la) (Polka) (par le professeur TAPIERO)	BOCCACIO DAMARÉ	Bleue

SOLO D'OCARINA

N°	Titres	Auteurs	Couleur
8320	Veuve Joyeuse (la) (Valse) Veuve Joyeuse (la) Scène du Bal (Solo de mandoline), exécuté par M. CATTANEO	FRANZ LEHAR FRANZ LEHAR	Bleue

SOLI D'ACCORDÉON
Exécutés par M. A. de BENEDETTO, accordéoniste Liégeois

N°	Titres	Auteurs	Couleur
6156	Bout-en-train (Pas redoublé) Mia Vina (Valse)	A. DE BENEDETTO A. DE BENEDETTO	Bleue
8034	Défilé des Nations (Marche) Séville (Valse)	FRÉMEAUX A. DE BENEDETTO	Bleue
6157	Joyeux (le) (Polka) Joyeux buveur (le) (Polka)	A. DE BENEDETTO COCO	Bleue
6158	Napoli la Bella (Gavotte-Scottish) Plus jolie (la) (Valse)	A. DE BENEDETTO A. DE BENEDETTO	Bleue

SOLI D'ACCORDÉON

N°	Titres	Auteurs	Couleur
6306	Papillon (le) Enfants d'Écosse (les)	BENDIX XXX	Bleue

ORCHESTRE. — MUSIQUE DE CHAMBRE (suite)

SOLI D'ACCORDÉON

Exécutés par les fameux accordéonistes suédois HERMAN GELLIN et ERNST BORGSTROM

8327	Eldtangen (Fox-trot). Forget me not (Fox-trot).	LAUDEN. RICHARD.	Bleue
8328	Tyrole (Mazurka). Hoch Heidesburg (Marche).	GELLIN et BORGSTROM. HERZER.	Bleue

SOLI DE MANDOLINE

9563	Sérénade d'autrefois. Chiado Scherzo.	Marron

SOLO DE MANDOLINE

8320	Veuve Joyeuse (la). — Scène du bal (Solo de mandoline exécuté par M. CATTANEO). Veuve Joyeuse (la). — Valse (Solo d'ocarina exécuté par le Professeur TAPIERO).	FRANZ LEHAR. FRANZ LEHAR.	Bleue

SOLI DE HARPE

Exécutés par M. Marcel GRANDJANY, Harpe-Solo des Concerts Lamoureux

9587	Source (la). Prière.	ALBERT ZABEL HASSELMANS.	Marron
9588	Hearts and Flowers (Cœurs et Fleurs). Polnische Tanze (Danses Polonaises).	A. CZIBULKA. SCHARWENSKA.	Marron

SOLI DE CLOCHES

Exécutés par M. Harry LOUSDALE
(Enregistrements avec accompagnement d'orchestre)

9570	Gavotte de Mignon. Stéphanie Gavotte.	THOMAS. CZIBULKA.	Marron

SOLI DE CLOCHES

Exécutés par M. WILLIAM DITCHAM
(Enregistrements avec accompagnement d'orchestre)

9580	Dancing with my baby. Keep a' Shuffling.	ANTHONY. STORY.	Marron
9582	Go as you please Polka. Hayrick' Dance.	FAIRMA. CROSLY.	Marron

SOLI DE SIFFLETS

Exécutés par M. Charles CAPPER
(Enregistrements avec accompagnement d'orchestre)

9573	Swiss Echo Song. I'll sing thee Songs of Araby.	ECKERY. CLAY.	Marron

Disques PATHÉ double face. 305

ORCHESTRE (suite)

SOLI DE TUBOPHONE
Exécutés par M. Georges ISON
(Enregistrements avec accompagnement d'orchestre)

9572	Shooting Stars.	REEVES	Marron
	The Butterfly.	BENDIX	

Trompettes de Cavalerie

6153	Sonneries réglementaires de Cavalerie.	Bleue
	Sonneries réglementaires d'Infanterie (Clairons et tambours).	

Clairons

6153	Sonneries réglementaires d'Infanterie (Clairons et tambours).	Bleue
	Sonneries réglementaires de Cavalerie.	

Trompes de Chasse
SOLI

8004	Cerf (le). — 4 et 5 têtes. — Dix cors.	Bleue
	Bec de lièvre (le). — La Cornu. — Les pleurs du cerf (trio).	

Trompes de Chasse
Société Rallye Montmartre. Directeur M. KONNERADT
(Dix Cors)

8308	Messe de Saint-Hubert (1re partie).	Bleue
	Messe de Saint-Hubert (2e partie).	
8309	Messe de Saint-Hubert (Benedictus).	Bleue
	Nicolas (La). — La loge de Raboue.	

Trompes de Chasse
par le Cercle du « BIEN ALLER »

6154	Chabrillant (la) (avec cloches). — Le Rallye-Vendée.	Bleue
	Marche des cerfs. — Rallye-les-Charmes.	
6155	Moulin de la Vierge (le).	Bleue
	Souvenirs de Rouen.	
8005	Pleurs du Cerf (les) (solo et trio). — Les adieux de Moulière.	Bleue
	Sportman (le). — Rallye-les-Charmes.	

PATHÉPHONE, 30, Bd des Italiens, PARIS.

ORCHESTRE (suite)

COULEURS DES ÉTIQUETTES

Trompes de Chasse

Société « LE RÉVEIL D'ALFORTVILLE »
Direction : M. DEFRANCE, de la Garde Républicaine

8329	Point du jour (le). — Le Réveil. — La sortie du chenil. Débuché (le). — Le vol ce l'est. — L'hallali sur pied. — Les honneurs.	Bleue
8330	Lancé (le). — Le sanglier. — Le loup. — Le renard. Bonsoir (le). — Marche de la Vènerie. — Le nouveau départ.	Bleue

BILLY ARNOLD'S
Novelty Jazz-Band

6616	Caravan (Fox-trot). Runnin' Wild (Fox-trot).	Gene Williams. A. Harrington Gibbs.	Marron
6625	Carolina in the morning (Fox-trot). Caïd (le) (Fox-trot et shimmy).	Walter Donaldson. Raoul Moretti.	Marron
6624	Dreams of India (Fox-trot). Swingin' down the Lane (Fox-trot).	Percy Wenrich. Gus Kahn et Isham Jones.	Marron
6617	Electric girl (Fox-trot). Louisville lou (Shimmy).	Hehnburgh-Holmes. Milton Ager.	Marron
6626	Touareg (Fox-trot). Tricks (Fox-trot).	Raoul Moretti. Zez Confrey-Writer.	Marron
6627	Virginia Blues (Fox-trot et Blues). Wind in the trees (Fox-trot).	Fred Meinken. Betty Bouteille.	Marron

JAZZ BAND

(Orchestre Américain)

F. HOWARD JACKSON, Orchestra

8266	A baby's prayer at twylight (For her Daddy over there) (one-step). Hello central give me no man's land (Fox-trot).	M. K. Jerome. J. Schwartz.	Bleue
8267	How'd you like to be my daddy (Fox-trot). Liberty bell (intro Mister Butterfly) (One-step).	Ted Sydner. Halsey K. Mohr.	Bleue
8268	I hate to lose you (Fox-trot). They were all out of step but Jim (one-step two step of march).	Archie Gottler. Irving Berlin.	Bleue

ORCHESTRE (suite)

ORCHESTRE SYNCOPATED SIX
Direction GORDON STRETTONS

6609	{ La-haut (MAURICE YVAIN). — C'est Paris (Fox-trot). Spécialement réglé pour la danse par M.lle Mistinguett (avec chorus chanté). La-haut (MAURICE YVAIN). — La-haut (One-step). Spécialement réglé pour la danse par M.lle Mistinguett.		Marron
6610	{ Tu verras Montmartre (Popular one-step) Spécialement réglé pour la danse par M.lle Mistinguett (avec chorus chanté). BOREL-CLERC. Fate (Fox-trot). Spécialement réglé pour la danse par M.lle Mistinguett. H. NICHOLLS.		Marron
6611	{ Way down yonder in new Orleans (Fox-trot). Spécialement réglé pour la danse par M.lle Mistinguett (avec chorus chanté). CREAMER et LAYTON. Lovin' Sam (Fox-trot). Spécialement réglé pour la danse par M.lle Mistinguett (avec chorus chanté). MILTON AGER.		Marron

ORCHESTRE POLLARD'S SIX

6614	{ You've got see Mamma every night (Fox-trot). Spécialement réglé pour la danse par M.lle Mistinguett. BILLY ROSE et C. CONRAD. I'm just wild about Harry (One-step). Spécialement réglé pour la danse par M.lle Mistinguett. SISSLE et BLAKE.		Marron

MARCEL'S, Orchestre des Folies-Bergère

8276	{ Are you from Dixie. For me and my Gal.	ALBERT GUMBLE. GEO. W. MEYER.	Bleue
8277	{ Hallow of your hand. Smiles.	A. EMMET ADAMS. LEE S. ROBERTS.	Bleue
8275	{ In Grandmas Days. Arizona.	DAVE STAMPER. MELVILLE GIDEON.	Bleue

JAZZ BAND

8273	{ Lawzy Massy (A Trombone smear). Hungarian Rag.	FRED JEWELL. JULIUS LENZBERG.	Bleue
8272	{ Muttering Fritz (Characteristic march). N'Everything (Fox-trot).	F. H. LOSEY. DE SYLVA, KAHN et JOLSON.	Bleue
8271	{ Regimental March. Old Glory goes marching on.	GUNGLE. HENRI KLICKMANN.	Bleue
8270	{ When Alexander takes his Ragtime Band to France (One-step). The Story Book Ball (Fox-trot).	ALFRED BRYAN. BILLY MONTGOMERY.	Bleue
8269	{ When the war is over I'll return to you (One-step). The dark town Strutter's Ball (Fox-trot).	FREDRIC WATSO. SHELTON BROOK.	Bleue

ORCHESTRE (suite)

COULEURS DES ÉTIQUETTES

JAZZ THE MELODY SIX

6570	Georgia Blues (Fox-trot). / Ty-Tee (Fox-trot).	Walter Donaldson. / Bibo Irving.	Marron
6571	Ma (Fox-trot). / In a boat (Fox-trot).	Conrad. / Liggy E. Klapholtz.	Marron
6589	In the devil's Garden (Fox-trot). / Stars (Fox-trot).	Fred Fisher. / John Alden.	Marron
6590	Sweet Lady (Fox-trot). / When the sun goes down (Fox-trot).	Frank Crumit et Dave Zoob. / Walt Stoneham et Marty Bloom.	Marron

MITCHELL'S JAZZ-KINGS

6572	All that I need is you (Fox-trot). / Stumbling (Fox-trot).	Lester Santly et Abel Baer. / Zez Confrey.	Marron
6576	Angel Child (Fox-trot song). / Dancing fool (Fox-trot song).	George Price, Abner Silver et Benny Davis. / Ted Snyder.	Marron
6577	April Showers (Fox-trot). / Do It again (Fox-trot).	Al Jolson. / G. Gershwin.	Marron
6573	Bimini Bay (Fox-trot). / Ty-Tee (Fox-trot).	Richard A. Whiting. / Bibo Irving.	Marron
6606	Blue (Fox-trot). / To-morrow (Fox-trot).	By Edgar Leslie, Grand Clark et Lou Handmann. / Roy Turk et J. Russel Robinson.	Marron
6597	By the sapphire sea (Fox-trot). / Ji-Ji-Boo (Fox-trot).	Ted Snyder. / W. White, H. White et J. Meyer.	Marron
6554	Camomille (Shimmy fox-trot). / Indécision - Big or small hat (Fox-trot).	Borel-Clerc. / Borel-Clerc.	Marron
6608	Carolina in the morning (Fox-trot). / Toot, toot, tootsie (Fox-trot).	Walter Donaldson. / Gus Kahn, Ernie Erdmann et Dan Russo.	Marron
6598	Chicago (Fox-trot). / Japanese lanterns blues (Fox-trot).	Fred Fisher. / Borel-Clerc.	Marron
6564	Cutie (Fox-trot). / Oh gee ! Oh gosh ! (Fox-trot).	Rudolf Friml. / William Daly.	Marron
6556	Dédé. — Si j'avais su (Shimmy). / Dédé. — Je m'donne (Fox-trot shimmy).	Christiné. / Christiné.	Marron
6555	Dédé. — Dans la vie faut pas s'en faire (Fox-trot). / Ta bouche. — Non, non, jamais les hommes (One-step).	Christiné. / Maurice Yvain.	Marron
6574	Everybody step (Fox-trot). / Jimmy (Fox-trot).	Irving Berlin. / Al Trebla et Fa Café.	Marron
6558	Hooch, An Indian Idol (Fox-trot). / Ten little fingers and Ten little toes Down in Tennessee (Fox-trot).	P. de Caillaux et F. D. Withers. / Ira Schuster et E. G. Nelson.	Marron
6565	I'm Just Wild about Harry (One-step song). / Lovable eyes (Slow fox-trot).	Sissle et Blacke. / Attridge et Schwartz.	Marron
6607	La-haut (Maurice Yvain). — C'est Paris (Fox-trot). / La-haut (Maurice Yvain). — Si vous n'aimez pas ça (Fox-trot).		Marron
6578	Sendback my honeyman (Fox-trot). / Turkish Ideals (Fox-trot).	Lou Handman. / Dan Parrish.	Marron

Disques PATHÉ double face.

ORCHESTRE (suite)

COULEURS DES ÉTIQUETTES

MITCHELL'S JAZZ-KINGS (suite)

6599	Sing'em blues (Fox-trot).	DAN PARRISH.	Marron
	Who Cares? (Fox-trot).	MILTON AGER et J. YELLEN.	
6575	Some sunny day (Fox-trot).	BIBO IRVING.	Marron
	Say it with music (Fox-trot).	IRVING BERLIN et AL MOQUIN.	
6557	Ta bouche. — Ça, c'est une chose (Shimmy).	MAURICE YVAIN.	Marron
	Ta bouche. — Machinalement (Fox-trot).	MAURICE YVAIN.	
6566	The Montmartre rag (Fox-trot).	WITHERS et LOWIS A. MITCHELL.	Marron
	Wabash Blues (Fox-trot).	DAVE RINGLE et FRED MEINKEN.	

SCRAPIRON JAZZ BAND

6463	A. M. E. R. I. C. A. « I love you, my Yankee land » (One-step, march or two-step).	JACK FROST.	Marron
	The Pickaninnies Paradise (Fox-trot).	NAT OSBORNE.	
6462	Oh! How I hate to get up in the morning (One-step or two-step).	IRVING BERLIN.	Marron
	Way down in Macon Georgia. « I'll be makin Georgia mine » (Fox-trot).	BIESE et KLICKMANN.	
6461	The ragtime volunteers are off to war. « Jazz » (One-step).	HANLEY.	Marron
	The dirty dozen. « a Jazz Drag » (Fox-trot).	CLARENCE JONES.	

Musique du 158th Infantry Band, U. S. Army
Band Leader : 2nd Lieutenant A. R. Etzweiler

8274	K-K-K-Katy (Fox-trot).	GEOFFREY O'HARA.	Bleue
	Huckleberry Finn (Fox-trot).	CLIFF HESS LEWIS et YOUNG.	

AMERICAN REPUBLIC BAND

8291	After you're gone. Intro (Watch hope and wait little girl). Sweet and pretty (Medley fox-trot) (American Republic Band). I'm always chasing rainbows, from « Oh, look » (Fox-trot) (American Republic Band).	CARROLL.	Bleue
8290	Beautiful Ohio (Waltz) (American Republic Band).	EARL.	Bleue
	Arabian nights (One-step) (American Republic Band).	DAVID HEWITT.	
8278	Canadian Patrol (March).	LLEWELLYN.	Bleue
	Allies Patrol (March).	GRANT.	
8285	Ojer kiss (Waltz) (American Republic Band).	AGER.	Bleue
	Peta pink (One-step) (American Republic Band).	COBB.	
8287	Ida, sweet as apple cider (One-step) (Xylophone orchestra).	GREEN.	Bleue
	Vanity fair (One-step) (Xylophone orchestra).		

ORCHESTRE (suite)

AMERICAN REPUBLIC BAND (suite)

N°	Titres	Auteurs	Couleurs des étiquettes
8288	Mary (Fox-trot) (American Republic Band). Smiles (Fox-trot) (American Republic Band).	FREY. ROBERTS.	Bleue
8286	Nearer, my God, to thee (Chimes with gran orgau). Lead, kindly light (Chimes with gran orgau).	MASON. MASON.	Bleue
8289	One fleeting hour (Waltz) (Xylophone solo, orchestra accomp.). Valse classique (Xylophone solo, orchestra, accomp.).	LEE. DARNEY.	Bleue
8292	Millions d'Arlequin (les) (Valse boston) (Solo de Saxophone) (accomp. d'orchestre). Hindustan (Dance orchestre, saxophone, xylophone et piano).	R. DRIGO. WALLACE WEEKS.	Bleue

SARDANES

Exécutés par la Célèbre Cobla ANTIGUA PEP, de Figueras
(Orchestre Catalan)

N°	Titres	Auteurs	Couleurs
8073	Brinchs de Bruch. Orfi.	SOLER. SOLER.	Bleue
8077	Camprodon. Somniada.	MANEM. CARBO.	Bleue
8074	Cant dels Ausellats (Cant popular). Per to Ploru (Cant popular).	VENTURA. VENTURA.	Bleue
8075	Flors Boscanas. Pont del Fresser (Lo).	MORERA. MORERA.	Bleue
8076	Maynada. Cant de Pastoret (Lo).	MORERA. VICENS.	Bleue
8078	Recorts de ma Terra. Gegant del Pi (El).	SERRA. LAMBERT.	Bleue

ORCHESTRE TZIGANE

N°	Titres	Auteurs	Couleurs
8209	Cœur tzigane (le) (Valse). Hâtez-vous d'aimer (Valse).	VERCOLIER. SCHMALTZER.	Bleue
8210	Pourquoi n'as-tu rien dit (Valse lente). Magyar-Czardas (Valse).	LEDUCQ. BALLERON.	Bleue
6623	Sunray (Fox-trot) (orchestre tzigane, DI PIRAMO). Favori (le) (Valse hésitation) (orchestre tzigane, DI PIRAMO).	AMADEI. STOLTZ.	Marron
8211	Tesoro Mio « Mon trésor » (Valse). Malgré toi (Valse).	BECUCCI. RICO.	Bleue
8296	Valse Banffy (Valse). Valse mauve (Valse).	BANFFY. N...	Bleue

Disques PATHÉ double face.

ORCHESTRE (suite)

COULEURS DES ÉTIQUETTES

ORCHESTRE TZIGANE
Direction FALCK

N°	Titres	Auteurs	Étiquette
8022	Boating. / Pour ton baiser.	JOYCE. / LAO SILESU.	Bleue
8023	Dengozo (Maxixe brésilienne). / Vrai tango brésilien Amapa (le).	NAZARETH. / STORONI.	Bleue
8021	Dernier baiser. / Serenata.	TORSI. / GERNASIO.	Bleue
8020	En relisant vos lettres. / Paillasse. — Arioso.	MASSONKREK. / TAVEN.	Bleue
6056	Fascination (Valse). / Ninuccia (Valse).	MARCHETTI. / VALENTE.	Bleue
6048	Fête du Nègre (la). / Oieng-Li.	LINCKE. / X X X.	Bleue
8025	Fleurs que nous aimons (les) (Romance). / Valse plaintive (Valse).	CRÉMIEUX. / GILLET.	Bleue
8170	Gavotte Idille. / Ton cœur a pris mon cœur (Valse lente).	LINCKE. / SCOTTO.	Bleue
6198	Ninon voici les roses (Valse). / Valse basque (orchestre PATHÉ FRÈRES).	DARIEN. / WITTMANN.	Bleue
8166	Prends-moi (Valse). / C'que tu m'as fait (Valse).	FYSHER. / CHRISTINÉ.	Bleue
8024	Tu espera (Habanera). / Brise Argentine (Valse).	SANCHEZ FUANTES. / DEQUIN.	Bleue

ORCHESTRE HAWAIIAN

N°	Titres	Auteurs	Étiquette
8341	Cunha Medley (Fox-trot). / Ka-Lua (Fox-trot).	X. / JÉRÔME KERN.	Bleue
8340	Saint-Louis blues (Melody). / Moe Uhane (Valse).	X. / X.	Bleue

ORCHESTRE HAWAIIAN
FERERA ET FRANCHINI

N°	Titres	Auteurs	Étiquette
8342	Dreamy Paradise (Hawaiian Guitars). / Mo-na-lu (Fox-trot) (Hawaiian Guitars).	VAN ALTYNE SMIDT. / BREAN.	Bleue

ORCHESTRE (suite)

ORCHESTRE HAWAIIAN (suite)

N°	Titres	Auteurs	Couleurs des étiquettes
8344	In my tippy Canoe (Hawaiian Guitars with Saxophone). Dream Kiss (Hawaiian Guitars with saxophone).	Fisher. Rienzo.	Bleue
8345	Hawaiian Butterfly (Hawaiian Guitars). Valse bleue (Hawaiian Guitars).	Santly. Margis.	Bleue
8343	Lily of the Valley (Hawaiian Guitars). Along the way to Waikiki (Hawaiian Orchestra).	L. Wolfe Gilbert et A. Friedland. R. A. Whiting.	Bleue
8346	Naughty Hawaii (Hawaiian Guitars). Somewhere in Honolulu (Hawaiian Guitars).	Sanders Carlo Brean. Sherwood Vandersloot.	Bleue
8348	Drifting (Hawaiian Guittars). Tripoli (Hawaiian Guitars).	Lamb Polla. Weill.	Bleue
8349	Hawaiian eyes (Hawaiian Guitars). Rio-Nights (Hawaiian Guitars).	Coots. Thompson Vincent.	Bleue
8350	Honolulu Paradise (Hawaiian Guitars). Sweet Hawaiian Girl of Mine (Hawaiian Guitars).	Savino. Perry.	Bleue
8351	Mahaina Malamalama (Hawaiian Guitars). Kawaha (Hawaiian Guitars).		Bleue
8352	Oahu (Hawaiian Guitars). Honolulu Bay (Hawaiian Guitars).	Ferera. Ferera.	Bleue
8353	My land of memory (Hawaiian Guitars and Xylophone). Dreamy Hawaii (Hawaiian Guitars).	Behr. Vandersloot.	Bleue

Musique Humoristique

N°	Titres	Auteurs	Couleurs
6068	Aux Tuileries (Polka) (orchestre Pathé Frères). Nachtigal (Polka du rossignol) (orchestre Pathé Frères).	Allier. Max Siebold.	Bleue
6074	Caille et coucou (Polka) (orchestre Pathé Frères). Sifflez Pierrettes (orchestre Pathé Frères).	Flèche. Popy.	Bleue
6159	Charge de l'Armée française (orchestre Pathé Frères). Ronde des Petits Pierrots (Marche) (orchestre Pathé Frères).	Bellanger. Bosc.	Bleue
6254	Chez l'Horloger (orchestre, direction Bosc). Parade des soldats de plomb (orchestre, direction Bosc).	Horth. Jessel.	Marron
6300	Dengozo (Mattchiche) (Banjo orchestre). Patrouille nocturne (Banjo solo).	Nazareth. Lousing.	Bleue
6305	Marche victorieuse (Solo de cloches). Ne désespérez jamais (Solo de cloches).	Whitlock. Whitlock.	Bleue
6095	Polka des clowns (orchestre Pathé Frères). Polka des commères (orchestre Pathé Frères).	Allier. Allier.	Bleue

MÉTHODE LOUIS WEILL

Enseignement des Langues vivantes
AVEC L'AIDE DU PHONOGRAPHE

Savoir une langue c'est la **comprendre, la parler, la lire** et **l'écrire**.

Les méthodes que nous présentons mènent le débutant depuis l'étude élémentaire des sons jusqu'à la lecture des auteurs classiques et à la rédaction :

1º **Comprendre** : grâce au phonographe, l'oreille s'habitue à l'émission et à l'accent des mots ainsi qu'au rythme de la phrase. La répétition des mêmes paroles grave dans la mémoire les expressions et les tournures. Loin d'être inutile, cette répétition favorise l'assimilation totale et *instinctive* de la parole. Après l'explication du sens, de nouvelles auditions aussi nombreuses qu'on le jugera nécessaire, permettront à l'élève de comprendre et d'apprendre.

2º **Parler** : il suffit de reproduire les intonations des modèles sûrs et constants pour s'exercer à parler. En l'absence du maître, l'élève, grâce au phonographe, peut se livrer en toute confiance aux exercices oraux.

3º **Lire et écrire** : en suivant le texte, le livre sous les yeux (1), on s'entraîne à la lecture exacte et rapide.

Une fois le sens de chaque phrase dûment compris à l'aide de la traduction annotée, on écoute le disque (en totalité ou par fragments) assez souvent pour que la lecture du texte devienne familière. On peut varier à volonté l'usage du triple instrument de travail que nous

---

(1) Les textes de la méthode *Louis Weill* sont publiés par la Librairie Delagrave, 15, rue Soufflot, Paris, 5º.

présentons au public : tantôt on s'exerce à comprendre la parole à la simple audition, vérifiant ensuite sur le livre ; tantôt on déchiffre la leçon écrite et l'on se fait corriger par le disque, tantôt encore l'élève lit à haute voix en même temps qu'il écoute la leçon enregistrée sur le disque. Lorsque plusieurs élèves sont réunis, ce dernier mode d'étude est particulièrement fécond.

Quant aux travaux écrits, notre méthode n'exclut ni les dictées, ni les thèmes et les versions, ni les groupements de mots, ni les exercices d'imitation. Les dictées seront fournies soit par les textes des leçons, soit par les morceaux choisis de nos collections ; l'élève s'efforcera de les écrire sous la dictée du phonographe et il vérifiera ensuite dans son livre.

Les traductions se feront soit d'après les textes des leçons, soit sur nos corrigés. La vérification sera aisée, puisque l'élève dispose de l'un ou l'autre volume. Les petits exercices qui suivent chaque leçon serviront de modèles pour des exercices du même genre. On pourra les multiplier à loisir. Car chaque leçon comporte deux parties : une série de phrases courantes, et des explications grammaticales accompagnées de petits exercices.

Mais nous n'avons pas cru devoir nous borner à l'étude de la langue la plus élémentaire.

Par une collection d'œuvres choisies, en prose et en vers, dont la récitation a été confiée à des artistes de premier ordre, nous permettrons à ceux et à celles qui savent déjà un peu une langue, de goûter les charmes de la langue littéraire et de s'élever jusqu'à la diction et au chant.

Les professeurs que nous ne prétendons nullement évincer, mais dont nous cherchons au contraire à rendre la tâche moins fatigante et plus profitable, trouveront, dans notre méthode, un répétiteur sûr et un guide discret qui leur laisse toute liberté d'action.

AVIS IMPORTANT. — Pour toutes les commandes concernant la Méthode LOUIS WEILL, avoir soin de faire toujours précéder *les numéros des disques de la lettre W.*

DISQUES PATHÉ double face.

MÉTHODE LOUIS WEILL

ENSEIGNEMENT DES LANGUES VIVANTES
avec l'aide du Phonographe

Disques PATHÉ double face de 29 cm. (Prix du disque : 13 fr.)

LANGUE FRANÇAISE

LEÇONS DE FRANÇAIS (illustré), par Louis WEILL, Professeur agrégé au Lycée Louis-le-Grand, enregistrées sur 26 disques PATHÉ double face de 29 cm., numérotés de W 801 à W 826 (1 volume in-18, cartonné). . . . . 3 fr. 80
LA MÉTHODE COMPLÈTE (en 78 disques). Prix du disque . . . . 13 francs
French Lessons for English people (Traduction à l'usage des élèves de langue anglaise), by Mrs M. E. FLORENT (1 volume in-18, cartonné). . . . . 3 fr. 80
Französische Stunden (Traduction à l'usage des élèves de la langue allemande), par A. LANG (1 volume in-18, cartonné). . . . . 3 fr. 80
Lecciones de Francés (Traduction à l'usage des élèves de langue espagnole), par la Señora Dolores URABIETA (1 volume in-18 cartonné). . . . . 3 fr. 80
Dialogues et textes français (choisis tout spécialement pour se perfectionner dans l'étude de la langue française), enregistrés sur 52 disques PATHÉ, double face de 29 cm., numérotés de W 827 à W 878 . . . . 6 francs

Volumes édités par la Librairie DELAGRAVE, 15, rue Soufflot, à Paris

DIALOGUE

W 0827 { Dialogue I. — A l'Hôtel.
Dialogue II — En Chemin de fer.

W 0828 { Dialogue III. — L'Aviation.
Dialogue IV. — Les Œuvres de Guerre.

W 0829 { Dialogue V. — Le Fantassin.
Dialogue VI. — Les différentes Armes.

TEXTES FRANÇAIS

0830 { Malborough s'en va t'en guerre, par Mme Irma Nordmann, des Concerts Colonne.
Malborough s'en va t'en guerre (*suite*), par Mme Irma Nordmann, des Concerts Colonne.

0831 { La Légende de Saint Nicolas, par Mme Irma Nordmann, des Concerts Colonne.
Frère Jacques. — La Mère Michel, par Mme Irma Nordmann, des Concerts Colonne.

0832 { Au Clair de Lune (CRÉPON, musique de LULLI), par Mme Irma Nordmann, des Concerts Colonne.
Il était une Bergère, par Mme Irma Nordmann, des Concerts Colonne (harmonisé par M. Ed. MATHÉ).

0833 { Verduron, Verduronette, par Mme Irma Nordmann, des Concerts Colonne (acc! piano par M. Ed. MATHÉ).
Ah ! vous dirai-je Maman, par Mme Irma Nordmann, des Concerts Colonne (harmonisé par M. Ed. MATHÉ).

0834 { Les Trois Princesses, par Mme Irma Nordmann, des Concerts Colonne.
L'Orage (Il pleut, Il pleut, Bergère) (FABRE D'ÉGLANTINE), par Mme Irma Nordmann, des Concerts Colonne (harmonisé par M. Ed. MATHÉ).

0835 { La Cigale et la Fourmi. — Le Corbeau et le Renard (LA FONTAINE), par Mme de Chauveron, de la Comédie-Française.
Le Loup et l'Agneau. — La Mort et le Bûcheron (LA FONTAINE), par M. Delbost, Professeur de diction.

0836 { Le Chat, la Belette et le Petit Lapin (LA FONTAINE), par Mme de Chauveron, de la Comédie-Française.
La Laitière et le Pot au Lait (LA FONTAINE), par Mme de Chauveron, de la Comédie-Française.

0837 { Scène du Bourgeois Gentilhomme (MOLIÈRE), par M. Louis Weill, Professeur agrégé au Lycée Louis-le-Grand, et M. Delbost, Professeur de diction.
Scène du Bourgeois Gentilhomme (MOLIÈRE) (*suite*), par M. Louis Weill, Professeur au Lycée Louis-le-Grand, et M. Delbost, Professeur de diction.

0838 { Les Voyages à pied (J.-J. ROUSSEAU), par M. Delbost, Professeur de diction.
La Montagne (E. RECLUS), par M. Louis Weill, Professeur agrégé au Lycée Louis-le-Grand.

0839 { Le Pélican (extr. de la Nuit de Mai) (A. DE MUSSET), par M. Alexandre, de la Comédie-Française.
La Chanson de Mimi Pinson. — Le Rideau de ma Voisine (A. DE MUSSET), par Mme de Chauveron, de la Comédie-Française.

0840 { Portrait du Pauvre (LA BRUYÈRE), par M. Louis Weill, Professeur agrégé au Lycée Louis-le-Grand.
Portrait du Riche (LA BRUYÈRE), par M. Louis Weill, Professeur agrégé au Lycée Louis-le-Grand.

0841 { Les animaux malades de la Peste (LA FONTAINE), par M. Alexandre, de la Comédie-Française.
Le Savetier et le Financier (LA FONTAINE), par M. Delbost, Professeur de diction.

0842 { Les Hirondelles (BÉRANGER), par M. Delbost, Professeur de diction.
Les Souvenirs du Peuple (BÉRANGER), par M. Dorival, de la Comédie-Française.

0843 { Stances du Cid (CORNEILLE), par M. Dorival, de la Comédie-Française.
Stances de Polyeucte (CORNEILLE), par M. Dorival, de la Comédie-Française.

0844 { Scène de Tartufe (acte I, scène V) (MOLIÈRE), par M. Dorival et Mme de Chauveron, de la Comédie-Française.
M. Diafoirus (Le Malade Imaginaire) (MOLIÈRE), par M. Delbost, Professeur de diction.

0845 { Rondeau (CH. D'ORLÉANS). — Le beau Voyage (J. DE BELLAY), par M. Delbost, Professeur de diction.
Sonnet pour Hélène (RONSARD). — Stances à la Marquise (CORNEILLE), par M. Dorival, de la Comédie-Française.

Disques PATHÉ double face.

TEXTES FRANÇAIS (suite)

N°	
W 0846	Pêcheurs normands (Le Carrefour) (M. LE GOUPILS), par M. Louis Weill, Professeur agrégé au Lycée Louis-le-Grand. Le bon Forçat (récit d'un Garde-Chiourme) (M. LE GOUPILS), par M. Louis Weill, Professeur agrégé au Lycée Louis-le-Grand.
W 0847	Un Homme flegmatique. — Une Fête coûteuse (CHAMFORT), par M. Louis Weill, Professeur agrégé au Lycée Louis-le-Grand. Joseph II et le Passant (Mme DU DEFFAND). — Une prédiction réalisée (DIDEROT), par M. Louis Weill, Professeur agrégé au Lycée Louis-le-Grand.
W 0848	Plaidoyer de Zadig (VOLTAIRE), par M. Louis Weill, Professeur agrégé au Lycée Louis-le-Grand. Le Cochon de lait et le Comédien. — Le Goût des Comédiens (LESAGE), par M. Louis Weill, Professeur agrégé au Lycée Louis-le-Grand.
W 0849	La Voulzie (H. MOREAU), par M. Dorival, de la Comédie-Française. La Chute des Feuilles (MILLEVOYE), par M. Dorival, de la Comédie-Française.
W 0850	Jeanne d'Arc (MICHELET), par M. Louis Weill, Professeur agrégé au Lycée Louis-le-Grand. La Mission de l'Historien (FUSTEL DE COULANGES), par M. Louis Weill, Professeur agrégé au Lycée Louis-le-Grand.
W 0851	L'Isolement (LAMARTINE), par M. Dorival, de la Comédie-Française. La Maison du Moustoir (BRIZEUX), par M. Dorival, de la Comédie-Française.
W 0852	Irène (LA BRUYÈRE), par M. Louis Weill, Professeur agrégé au Lycée Louis-le-Grand. Reproches de dom Louis à dom Juan (MOLIÈRE), par M. Dorival, de la Comédie-Française.
W 0853	La Jeune Tarentine (A. CHÉNIER), par M. Dorival, de la Comédie-Française Chanson du blé (BRIZEUX), par M. Delbost, Professeur de diction.
W 0854	L'Enfant grec (V. HUGO), par M. Alexandre, de la Comédie-Française. Après la Bataille V. HUGO), par M. Dorival, de la Comédie-Française.
W 0855	Le Cor (A. DE VIGNY), par M. Dorival, de la Comédie-Française. Le Cor (A. DE VIGNY) (suite), par M. Dorival, de la Comédie-Française.
W 0856	Lorsque l'Enfant paraît (V. HUGO), par M. Dorival, de la Comédie-Française. La Fleur et le Papillon. — Elle avait pris ce pli (V. HUGO), par M. Dorival, de la Comédie-Française.
W 0857	Une Journée en Suède (A. BELLESSORT), par M. Bellessort, Homme de lettres Honneur Japonais (A. BELLESSORT), par M. Bellessort, Homme de lettres.
W 0858	Phèdre (récit de Théramène) (RACINE), par M. Dorival, de la Comédie-Française. Phèdre (récit de Théramène) (RACINE) (suite), par M. Dorival, de la Comédie-Française.
W 0859	Stances à Dupérier (MALHERBE), par M. Dorival, de la Comédie-Française. Ode (GILBERT), par M. Dorival, de la Comédie-Française.
W 0860	Lettre persane (MONTESQUIEU), par M. Louis Weill, Professeur agrégé au Lycée Louis-le-Grand. Un bon Magistrat (DIDEROT), par M. Louis Weill, Professeur agrégé au Lycée Louis-le-Grand.
W 0861	Horace (Horace et Curiace) (CORNEILLE), par M. Dorival, de la Comédie-Française. Horace (Horace et Curiace) (CORNEILLE) (suite), par M. Dorival, de la Comédie-Française.
W 0862	La Marseillaise (R. DE L'ISLE), par M. Alexandre, de la Comédie-Française. Ballade des Épées (la Fille de Roland) (H. DE BORNIER), par M. Dorival, de la Comédie-Française.
W 0863	Les Deux Pigeons (LA FONTAINE), par Mlle Valpreux, de la Comédie-Française. Les Deux Pigeons (LA FONTAINE) (suite), par Mlle Valpreux, de la Comédie-Française.

TEXTES FRANÇAIS (suite)

0864 W
- Un Enfant heureux (ANATOLE FRANCE), par M. Louis Weill, Professeur agrégé au Lycée Louis-le-Grand.
- Colomba (P. MÉRIMÉE), par M. Louis Weill, Professeur agrégé au Lycée Louis-le-Grand.

0865 W
- Les Vieux (A. DAUDET), par M. Louis Weill, Professeur agrégé au Lycée Louis-le-Grand, et Mme Irma Nordmann, des Concerts Colonne.
- Les Trois Hussards (G. NADAUD), par M. Alexandre, de la Comédie-Française.

0866 W
- Sonnet (ARVERS). — Fantaisie (G. DE NERVAL), par M. Dorival, de la Comédie-Française.
- L'Horloge (BAUDELAIRE), par M. Dorival, de la Comédie-Française.

0867 W
- Le Chêne et le Roseau (LA FONTAINE), par M. Delbost, Professeur de diction.
- Le Loup et le Chien (LA FONTAINE), par Mlle Valpreux, de la Comédie-Française.

0868 W
- Au Pays Basque (P. LOTI), par M. Louis Weill, Professeur agrégé au Lycée Louis-le-Grand.
- Ma Mère (P. LOTI), par M. Louis Weill, Professeur agrégé au Lycée Louis-le-Grand.

0869 W
- Iphigénie (RACINE), par Mlle Valpreux, de la Comédie-Française.
- Cinna (acte V, scène I) (CORNEILLE), par M. Dorival, de la Comédie-Française.

0870 W
- Portrait d'Arsinoé par Célimène (Le Misanthrope) (MOLIÈRE), par Mlle Valpreux, de la Comédie-Française.
- Le Barbier de Séville, a) (Figaro), b) (La Calomnie) (BEAUMARCHAIS), par Louis Weill, Professeur agrégé au Lycée Louis-le-Grand.

0871 W
- Fragments (La Nuit d'Août). — Lettre à Lamartine (A. DE MUSSET), par M. Dorival, de la Comédie-Française.
- Les deux Cortèges. — Rêves ambitieux (J. SOULARY), par M. Dorival, de la Comédie-Française.

0872 W
- Le Berceau (SAMAIN), par M. Dorival, de la Comédie-Française.
- Antoine et Cléopâtre. — Les Conquérants (DE HÉRÉDIA), par Mlle Valpreux, de la Comédie-Française.

0873 W
- Sermon sur la mort (BOSSUET), par M. Louis Weill, Professeur agrégé au Lycée Louis-le-Grand.
- Prière d'Esther (RACINE), par Mlle Valpreux, de la Comédie-Française.

0874 W
- Candide (VOLTAIRE), pa M. A. Bellessort, Homme de lettres.
- M. Graindorge (TAINE), par M. Louis Weill, Professeur agrégé au Lycée Louis-le-Grand.

0875 W
- Le Génie hébreu (RENAN), par M. Louis Weill, Professeur agrégé au Lycée Louis-le-Grand.
- Le Savant (BERTHELOT), par M. Louis Weill, Professeur agrégé au Lycée Louis-le-Grand.

0876 W
- Le Coche et la Mouche. — Le Rat de Ville et le Rat des Champs (LA FONTAINE), par Mlle Valpreux, de la Comédie-Française.
- Les Abeilles (MAETERLINCK), par M. Louis Weill, Professeur agrégé au Lycée Louis-le-Grand.

0877 W
- L'Idole (A. BARBIER), par M. Dorival, de la Comédie-Française.
- Midi (LECONTE DE L'ISLE), par M. Dorival, de la Comédie-Française.

0878 W
- Mort de Virginie (BERNARDIN DE SAINT-PIERRE), par M. Dorival, de la Comédie-Française.
- Un Paysan Vendéen (CHATEAUBRIAND), par M. Louis Weill, Professeur agrégé au Lycée Louis-le-Grand.

DISQUES PATHÉ double face. 319

LANGUE ANGLAISE

ENGLISH LESSONS (tome I, illustré), by F.-L. BENASSY, Professeur agrégé au Lycée Carnot, enregistrées sur 30 disques PATHÉ, double face de 29 cm., numérotés de W 201 à W 230 (1 volume in-18 cartonné) . . . . 3 fr. 60
LA MÉTHODE COMPLÈTE (en 136 disques). Prix du disque . . . . 13 francs
ENGLISH LESSONS (tome II, illustré), by F.-L. BENASSY, Professeur agrégé au Lycée Carnot, enregistrées sur 26 disques PATHÉ, double face de 29 cm., numérotés de W 231 à W 256 (1 volume in-18, cartonné) . . . . 3 fr. 60
LEÇONS D'ANGLAIS (tome II) (Traduction à l'usage des élèves français), par F.-L. BENASSY, Professeur agrégé au Lycée Louis-le-Grand (1 volume in-18, cartonné) . . . 3 fr. 60
LEÇONS D'ANGLAIS (tome II) (Traduction à l'usage des élèves français), par F.-L. BENASSY, Professeur agrégé au Lycée Carnot (1 volume in-18 cartonné) . . . 3 fr.
English Texts (morceaux choisis anglais), enregistrés sur 52 disques PATHÉ, double face de 29 cm., numérotés de W 260 à W 285 et de W 374 à W 399 . . . .
Learn English (tome I, illustré), by F.-L. BENASSY, Professeur agrégé au Lycée Carnot, enregistrées sur 20 disques PATHÉ, double face de 29 cm., numérotés de W 301 à W 329 . . . 3 fr. 60
Apprenez l'anglais (Traduction à l'usage des élèves français), par F.-L. BENASSY, Professeur agrégé au Lycée Carnot . . . . 3 fr. 60

Volumes édités par la librairie DELAGRAVE, 15, rue Soufflot, à Paris.

ENGLISH TEXTS

W 0260
- W How the English became Christians.
- How the thistle saved Scotland.
- The Niagara Falls (E. WARBURTON).

W 0261
- My little doll (CH. KINGSLEY).
- The holiday (Mrs. HAWTREY).
- The house that Jack built.

W 0262
- The babes in the wood.
- The burial of poor Cock-Robin.

W 0263
- Pussy's Class.
- Colours (CHRISTINA C. ROSSETTI).
- Gently Touch the warbling Lyre.
- Gently stir and blow the Fire (Dr HAYES).

W 0264
- The echoing green (BLAKE).
- Lines written in March (WORDSWORTH).
- Those evening bells (MOORE).
- The three little Kittens.
- The mountain and the squirrel (EMERSON).
- Pippa's song (BROWNING).

W 0265
- The peasant and the spectacles.
- Acquitted but guilt.
- How to choose Geese.

ENGLISH TEXTS (suite)

0266 W
- The arrow and the song (LONGFELLOW).
- The fairy artist.
- Persevere (LONGFELLOW).
- Mysterious Origin of Patriotism (SYDNEY SMITH).

0267 W
- The village Blacksmith (LONGFELLOW).
- The Farries' song (HERRICK).
- Curfew (LONGFELLOW).

0268 W
- Daybreak (LONGFELLOW).
- I remember (TH. HOOD).
- W 2077. D. P. — The childrens hour (LONGFELLOW).
- The sands of Dee (KINGSLEY).

0269 W
- The whistle (BENJAMIN FRANKLIN).
- The peasant girl.
- Good manners.

0270 W
- Dr. Johnson's Penance.
- Heroims in a Mine (THOMAS CARLYLE).

0271 W
- Barbarism (OUIDA).
- The Wreck of the Forfarshire.

0272 W
- The minstrel boy.
- The wearin of the green.
- The Merchant of Venice (SHAKESPEARE).

0273 W
- God save the King.
- Rule Britannia (Dr. ARNE).
- The Bells.

0274 W
- Home sweet home (LAYNE).
- Ben bolt (KNEASS).

0275 W
- Battle hymn of the Republic (Julia WARD HOWE).
- The star spangled banner.
- America.

0276 W
- Auld lang syne (Scotch air) (Rob. BURNS).
- Bonnie Dundee (WALTER-SCOTT).

0277 W
- Sweet and low (par TENNYSON, mus. BARNBY).
- Believe me if all those endearing young charms (THOMAS MOORE).

0278 W
- Bannockburn Robert Bruce's address to his Army (ROBERT BURNS).
- Come unto these yellow sands.
- Full Fathom Five (Dr. HAYES).

0279 W
- Drink me only with thine eyes.
- Dirge (CYMBELINE 2).

0280 W
- Long, long ago (HAYNES BABY).
- The British Grenadiers.

0281 W
- Would God I were the tender apple blossom (Old IRISH LOVE SONG).
- All through the night (Old WELSH FOLK-SONG).

0282 W
- What is Sylvia (Cymbeline) (SHAKESPEARE-SCHUBERT).
- Hark, hark the lark (Cymbeline) (SHAKESPEARE-SCHUBERT).

0283 W
- Ariels song (Dr. ARNE).
- Ingratitude (Blow, Blow, Thou Winter Wind) (R. J. S. STEVENS).

0284 W
- Brutus speech.
- Julius Cæsar.

DISQUES PATHÉ double face   321

ENGLISH TEXTS (suite)

W 0285	Macbeth's Soliloquy (Act. II sc. I) (SHAKESPEARE). Tubal Cain. (CHARLES MACKAY).
W 0374	Evening in Paradise (MILTON). Sonnet on his Blindness (MILTON).
W 0375	Bishop Hatto (Part. 1) (Rob. SOUTHEY). Bishop Hatto (Part. 2) (Rob. SOUTHEY).
W 0376	My Heart is in the Highlands (Rob. BURNS). Love of Country (LAY of the LAST MINSTREL) (SCOTT).
W 0377	The Rainy Day (LONGFELLOW). The Windmill (LONGFELLOW).
W 0378	The Bridge (LONGFELLOW). We are seven (W. WORDSWORTH).
W 0379	The Battle of Blenheim (R. SOUTHEY). The Gladiator (BYRON).
W 0380	The May Queen (TENNYSON). The Three Fishers (KINGSLEY).
W 0381	Wynken, Blynken and Nod (EUGENE FIELD). The Inchape Rock (R. SOUTHEY).
W 0382	The Month (SARAH COLERIDGE). The Solitary Reaper (WORDSWORTH).
W 0383	The Sea (BARRY CORNWALL). Daffodils by Ullswater (WORDSWORTH).
W 0384	The Ancient Mariner (COLERIDGE). The Ancient Mariner (COLERIDGE).
W 0385	Stanzas to the Ocean (BYRON). The Sailor Boy (TENNYSON).
W 0386	The Destruction of Sennacharib (Hebrew Melodies) (BYRON). Ode to Autumn (KEATS).
W 0387	The Song of the Shirt (THOMAS HOOD). The boy of the Children (Mrs. BROWNING).
W 0388	The Lighthouse (LONGFELLOW). Excelsior (LONGFELLOW).
W 0389	O Captain! My Captain! (for the death of Lincoln) (WALT WHITMAN). A Thing of Beauty (J. KEATS).
W 0390	Pioneers O Pioneers! (Part. 1) (WALT WHITMAN). Pioneers O Pioneers! (Part. 2) (WALT WHITMAN).
W 0391	Give me the splendid silent Sun (Part. 1) (WALT WHITMAN). Give me the splendid silent Sun (Part. 2) (WALT WHITMAN).
W 0392	The Raven (Part. 1) (POE). The Raven (Part. 2) (POE).
W 0393	The Raven (Part. 3) (POE). The Charge of the Light Brigade.

ENGLISH TEXTS (suite)

0394 W
- The Dead Warrior,
- The Brook (TENNYSON).

0395 W
- The Execution of Lady Jane Grey (DAVID HUME).
- The Dismissal of the Rump (Wednesday 29 th April 1653) (THOMAS CARLYLE).

0396 W
- The Black Hole of Lord Macaulay.
- Famous « William Pitt's answer to (ROBERT WALPOLE).

0397 W
- A Noble-Minded Speech (WILLIAM GLADSTONE).
- The Art of Pleasing (Lord CHESTERFIELD).

0398 W
- Women's Tongues (JOSEPH ADDISON).
- A Meditation upon a Broomstick (JONATHAN SWIFT).

0399 W
- Olivier Goldsmith (THACKERAY).
- The Slave Ship (JOHN RUSKIN).

LANGUE ESPAGNOLE

APRENDED EL ESPANOL ! (Método Louis WEILL). Veinticuatro lecciones reproducidas en discos Pathé por Carlos de Battle, double face 29 cm., numérotés de W-601 à W 612.

LANGUE ALLEMANDE

DEUTSCHE STUNDEN (tome I, illustré, von Prof. H. MASSOUL und Prof. L. WEILL, enregistrées sur 27 disques PATHÉ, double face de 29 cm., numérotés de W 401 à W 427 (1 volume in-18, cartonné). .... 3 fr. 80

LA MÉTHODE COMPLÈTE (en 61 disques). Prix du disque. .... 13 francs

Leçons d'allemand (Traduction à l'usage des élèves français), par Mme IRMA NORDMANN (1 volume in-18, cartonné). .... 3 fr. 80

Deutsche Lesestücke (morceaux choisis), enregistré sur 35 disques PATHÉ, double face de 29 cm., numérotés de W 501 à W 534. .... 3 fr. 11

Volumes édités par la Librairie DELAGRAVE, 15, rue Soufflot, à Paris.

DEUTSCHE LESESTUCKE

0501 W
- Ein kleines Lied (M. von EBNER ESCHENBACH).
- Wie ist doch die Erde schön (ROBERT REINICK).
- Sommerlied (HOFFMANN von FALLERSLEBEN).
- Hirtenlied (SCHILLER).
- Handwerksleute (JULIUS STURM).
- Der Baumeister (HOFFMANN von FALLERSLEBEN).
- Sehnsucht nach dem Frühling (HOFFMANN von FALLERSLEBEN).

0502 W
- Aus der Kinderzeit « Ein Kinderbrief » (DETLEV von LILIENGRON).
- Der Weg zur Schule (HOFFMANN von FALLERSLEBEN).
- Das Brot.
- Die Geschichte vom Suppen-Kaspar (H. HOFFMANN).

DEUTSCHE LESESTUCKE (suite)

0503 w
- Die Riesen und die Zwerge (RÜCKERT).
- Katze und Schwalbe (REINICK).
- Das taube Mütterlein (HALM).
- Der reichste Fürst (J. KERNER).

0504 w
- Lied des Fischerknaben (SCHILLER).
- Lied des Alpen-Jægers (AUS Wilhelm Tell) (SCHILLER)
- Die vier Brüder (SCHILLER).
- 2 Abseits (THEODOR STORM).
- Die Stadt (THEODOR STORM).

0505 w
- Regenwetter (HALM).
- Barbarossa.
- Frühlingsgruss (HEINE).
- Das Mædchen aus der Fremde (SCHILLER).
- Der Lenz ist angekommen (DES KNABEN WUNDERHORN).

0506 w
- Der gute Kamerad (UHLAND).
- Der Wirtin Tœchterlein (UHLAND).
- Waldkonzert (DIEFFENBACH).
- Das Dorf (ROBERT REINACK).

0507 w
- Siegfrieds-Schwert (UHLAND).
- Die Rache (UHLAND).
- Die Kapelle (UHLAND).
- Des Knaben Berglied (UHLAND).
- Walderlied (G. KERNER).

0508 w
- Heidenrœslein (GŒTHE).
- Der Kœnig in Thule (GŒTHE).
- Mignon (GŒTHE).
- Vom sieben Nixen Chor (MŒRIKE).

0509 w
- Erlkœnig (GŒTHE).
- Die Teilung der Erde (SCHILLER).

0510 w
- Die alte Waschfrau (CHAMISSO).
- Das Schloss Boncourt (CHAMISSO).

0511 w
- Die nœchtliche Heerschau (ZEDLITZ).
- Die Grenadiere (HEINE).

0512 w
- Die Heimkehr (A. GRUN).
- Die drei Zigeuner (LENAU).
- Erntetag (PAUL KERNER).
- Reiters Morgengesang (HAUFF).

0513 w
- Der Weihnachtsmann (HOFFMANN von FALLERSLEBEN).
- Der Gænsedieb (ANSCHUTZ).
- Sehnsucht nach dem Frühling (HOFFMANN von FALLERSLEBEN).

0514 w
- Der Tannenbaum (VOLKSLIED).
- Winter ade! (VOLKSLIED).

0515 w
- Komm, lieber Mai (Musik von MOZART).
- Frühlingsgruss (HEINE) (Musik von MENDELSSOHN BARTHOLDY).
- Die Uhren (Musik von MENDELSSOHN BARTHOLDY).

0516 w
- Schützenlied (Musik von A. WEBER).
- Des Knaben Berglied (UHLAND) (Volkslied).

0517 w
- Waldkonzert (DIEFFENBACH) (Musik von MENDELSSOHN BARTHOLDY).
- Waldkonzert (DIEFFENBACH) (Musik von MENDELSSOHN BARTHOLDY) (2 Teil).

0518 w
- Die Kapelle (UHLAND) (Volksweise).
- Der gute Kamerad (UHLAND) (Volksweise).

Bd des Italiens, PARIS.

DEUTSCHE LESESTÜCKE

W 0519
Die Heimat (E. HALM) (Volkslied)
Wanderlied (KERNER) (Volkslied)

W 0520
Das zerbrochene Ringlein (Eichendorff) (Musik von GLUCK)
Der Lindenbaum (WILHELM MÜLLER) (Musik von SCHUBERT)

W 0521
Das Veilchen (GOETHE)
Der Handschuh (SCHILLER)

W 0522
Der Sänger (GOETHE)
Der Fischer (GOETHE)

W 0523
Der Postillon (LENAU)
Heimkehr (HERMANN LINGG)
Der offene Schrank (LENAU)

W 0524
Tod in Ähren (DETLEV von LILIENCRON)
Denk' es o Seele ! (EDOUARD MÖRIKE)
Sommernacht (GOTTFRIED KELLER)

W 0525
Das Schloss am Meere (UHLAND)
Vineta (W. MÜLLER)

W 0526
Die Lorelei (HEINE) (Musik von SILCHER)
Einkehr (UHLAND) (Musik von BERNHARD KLEIN)

W 0527
Die Mühle (ANSCHÜTZ)
Die grüne Stadt
Mein Vaterland (HOFFMANN von FALLERSLEBEN) (Musik von BERNHARD KLEIN)

W 0528
An meine Mutter (HEINE)
Abenddämmerung (HEINE)
Die Lorelei. — Die Heimat (F. HALM)

W 0529
Die beiden Grenadiere (HEINE) (Musik von SCHUMANN)
Die beiden Grenadiere (2. Teil) (HEINE) (Musik von SCHUMANN)

W 0530
Sommertag (REINICK) (Musik von WEBER)
Heidenröslein (GOETHE) (Musik von SCHUBERT)
Heidenröslein (GOETHE) (Musik von HEINRICH WERNER)

W 0531
Der Lindenbaum (WILHELM MÜLLER)
Einkehr (UHLAND)
Die Wacht am Rhein (SCHNECKENBURGER) (Musik von WILHELM)

W 0532
Das zerbrochene Ringlein (EICHENDORFF)
Mein Vaterland (HOFFMANN von FALLERSLEBEN)
Die Wallfahrt nach Kevlaar (HEINE)

W 0533
Das zerbrochene Ringlein (EICHENDORFF) (Musik von GLUCK)
Der Wirtin Töchterlein (UHLAND) (Volksweise)

W 0534
Her Koenig in Thule (GOETHE) (Musik von ZELTER)
Das Veilchen (GOETHE) (Musik von MOZART)